これまでになかった

ラグビー防御戦術の教科書

井上正幸 Inoue Masayuki

KANZEN

はじめに

2019年、日本で開催されたラグビーワールドカップにおけるジャパンの快進撃は多くのラグビー関係者やファンのみならず、ラグビーとは接点のなかった人々をも感動の渦に巻き込み、ラグビーの魅力を知らしめることとなりました。

その一方、サッカーなどに比べれば、まだまだ戦術的視点でのラグビーの情報や議論が多いとは言えない現状があり、〝ラグビーの戦術的な面白さを伝えたい、そしてそれを知る一つのきっかけとなってほしい〟との思いから、2020年3月に『これまでになかったラグビー戦術の教科書』を出版させていただきました。

前回は戦術を知る入門編として、攻撃を中心に広く網羅する形でしたが、今回は防御にフォーカスして書かせていただきました。

ただ、ラグビーは野球のように攻撃と守備が分かれているスポーツではありません。ですから、防御を解説するために、相対するものとして攻撃に関する内容も触れております。

本書の構成としまして、ラグビーの防御戦術や構造の理解を深めるために、前作と同じように歴史的な背景から書いております。

歴史的な背景を知っていただくことで、「なぜそういう考えに至ったのか」を知り、一つ一つバラバラに捉えていた現象を、まとまりのある「構造」として理解していただけるのではないかと思います。

構造を理解することは、個別の現象についてどのように考えれば良いかとする指針を得ることにつながります。

例えば、「ブレイクダウンが発生したらピラー、ポストからポジショニングする」という原則がありますが、その位置に順目側に2人ポジショニングすることが決まっているのであれば、ポストからポジショニングする方が合理的です。

しかし、大きくゲインされた状況で2人ポジショニングすることが遅れる可能性があるのにポストからポジショニングすると、ブレイクダウンからボールを持ち出されて最短距離でゲインされてしまいます。

「ピラーからポジショニングする」という原則は、ブレイクダウンからボールを持ち出されて最短距離でゲインされないためであり、ラインディフェンスのポジショニングの構造を理解しておくことは、それぞれの事象に対しての適した対応を可能にするのです。

さて、第3章の防御戦術で「シュートディフェンス」を紹介しています。本書で説明している「シュートディフェンス」は、あくまでも筆者がその現象を連想しやすいように名前をつけたものです。このように、ラグビー界では同じ用語でも違った使われ方をしているケースもあり、チームによって呼び方が違うものもあるとは思います。

従って本書で使用している名称のすべてがラグビー界において一般的なものではない、ということをあらかじめお断りしておきます。

どのような意図を持ったプレイなのかを知るための記号として理解してもらえればと思います。

今のラグビーはブレイクダウンが基準であり、ここのリサイクルスピードを巡る戦いです。防御はここを遅らせてターンオーバーするために、戦術やスキルを駆使しますが、最強の防御というものはありません。

ラグビーの戦術は日々進化しています。

もちろんトレンドもありますし、変わらないものもあります。この本を通じて、ゲームの本質や構造を理解し、駆け引きを楽しむことができるお手伝いができれば幸いです。

2021年2月　井上正幸

目次

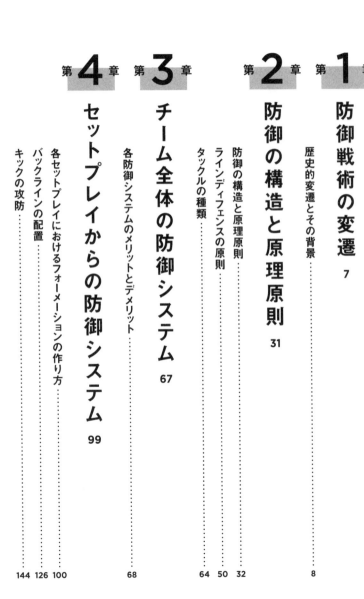

Profile

井上正幸（いのうえ・まさゆき）

オーストラリアラグビーコーチング資格レベル2保持。大東市立住道中学校でラグビーを始め、大阪府立大東高校を経て大阪体育大学に入学しラグビー部に在籍。大学卒業後、整形外科のインプラントを販売する会社「オルソテック(株)」に勤務する傍ら、1998年、関西ラグビー協会に所属する「くすのきクラブ」を創設し、2020年近畿クラブリーグのカテゴリーAに昇格する。また、2008年から兵庫医科大学でコーチを始め、09年西日本医科学生総合大会4位、11年関西医歯薬学生ラグビーフットボールリーグ2位、12年同大会3位、13年同大会2位の成績を収める。14年に京都成章高校スポットコーチとして、全国高校ラグビー大会4位、15年同大会8位、16年大阪体育大学スポットコーチとして、関西大学ラグビーBリーグ優勝、17年ヘッドコーチとして同リーグで優勝。入れ替え戦にも勝利してAリーグへ昇格させた(2019年に退任)。著書に『これまでになかったラグビー戦術の教科書』(小社刊)『ラグビー3カ月でうまくなる基本スキル』(学研)がある。

<参考書籍>

- 『ラグビーとイギリス人』エリク・ダニング/ケネス・シャド共著、大西鉄之祐/大沼賢治共訳（ベースボールマガジン社）
- 『オフサイドはなぜ反則か』中村敏雄著（平凡社）
- 『メンバーチェンジの思想』中村敏雄著（平凡社）
- 『500年前のラグビーから学ぶ』杉谷健一郎著（文芸社）
- 『エディー・ジョーンズ　異端の指揮官』マイク・コールマン著　高橋紹子訳（東洋館出版社）
- 『「サッカー」とは何か』林舞輝著（ソル・メディア）
- 『戦術脳を鍛える最先端トレーニングの教科書』山口透著（ソル・メディア）

第1章

防御戦術の変遷

歴史的変遷とその背景

ピラー、ポストの誕生

1980年代のディフェンスは、ブレイクダウン（密集でボールを奪い合う局面）の内側と外側で分業されていました。そのためディフェンスでの連続性が存在しておらず、内側のフォワードのアタックは内側のフォワードのディフェンス、ボールをバックスに展開すると、内側のフォワードはバックスのラインディフェンスの後方を移動し、抜けてくるアタックやスペースのある外側へのカバーディフェンスを狙っていたのです（図1から8）。つまり、フォワードとバックスで対面に対する「マンマーク」を基調としたゲームデザインでディフェンスは成立していました。

やがて、アタックの進歩とともに、ディフェンスも変化を求められるようになります。ブレイクダウン周囲にいるフォワードのディフェンスの役割を、バックスラインの後方を移動するのではなく、内側からバックスのラインと連続性を持たせることにしたのです（図9から13）。

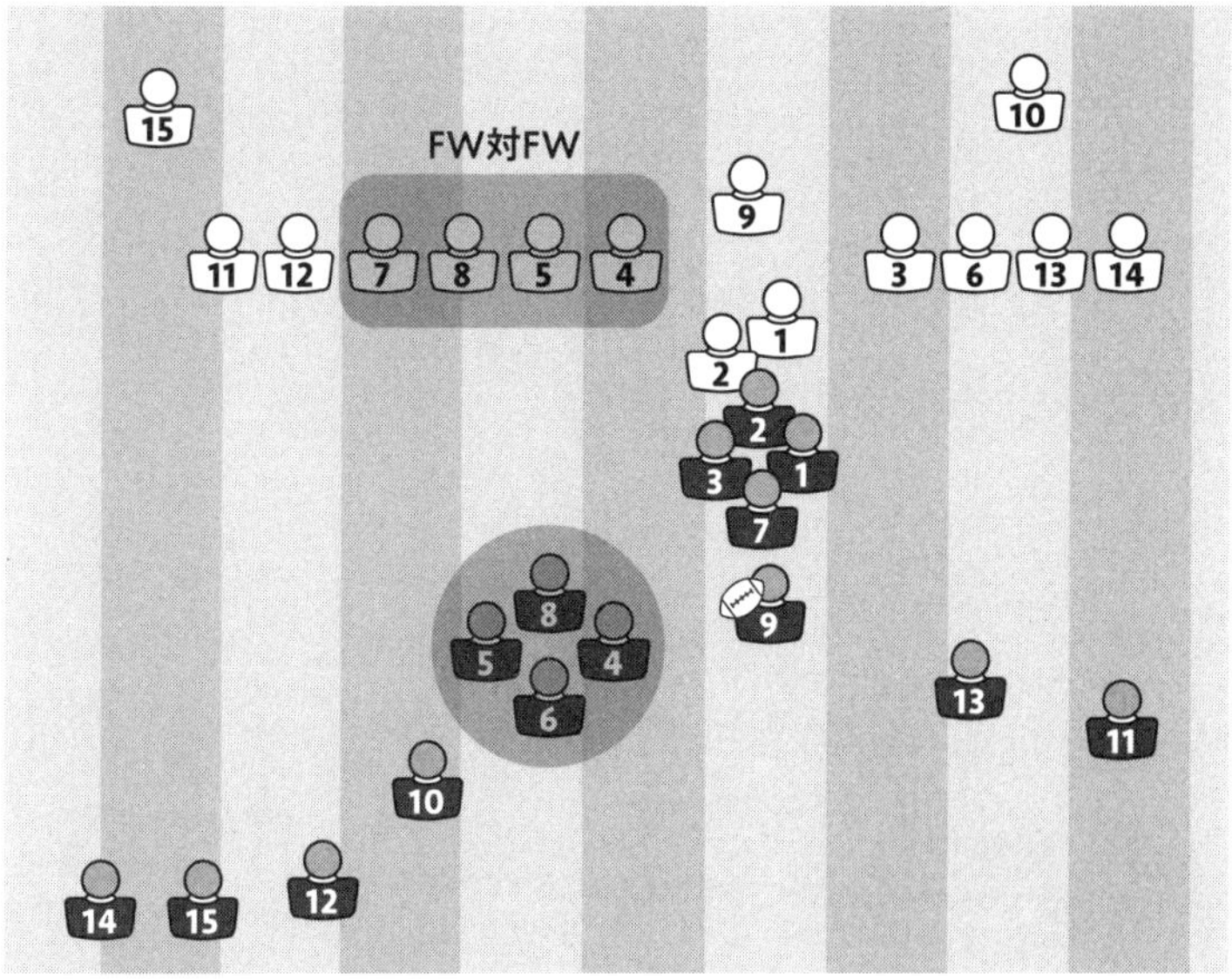
FW対FW
15
10
9
11
12
7
8
5
4
3
6
13
14
1
2
2
3
1
7
8
9
5
4
6
13
11
10
14
15
12

図1

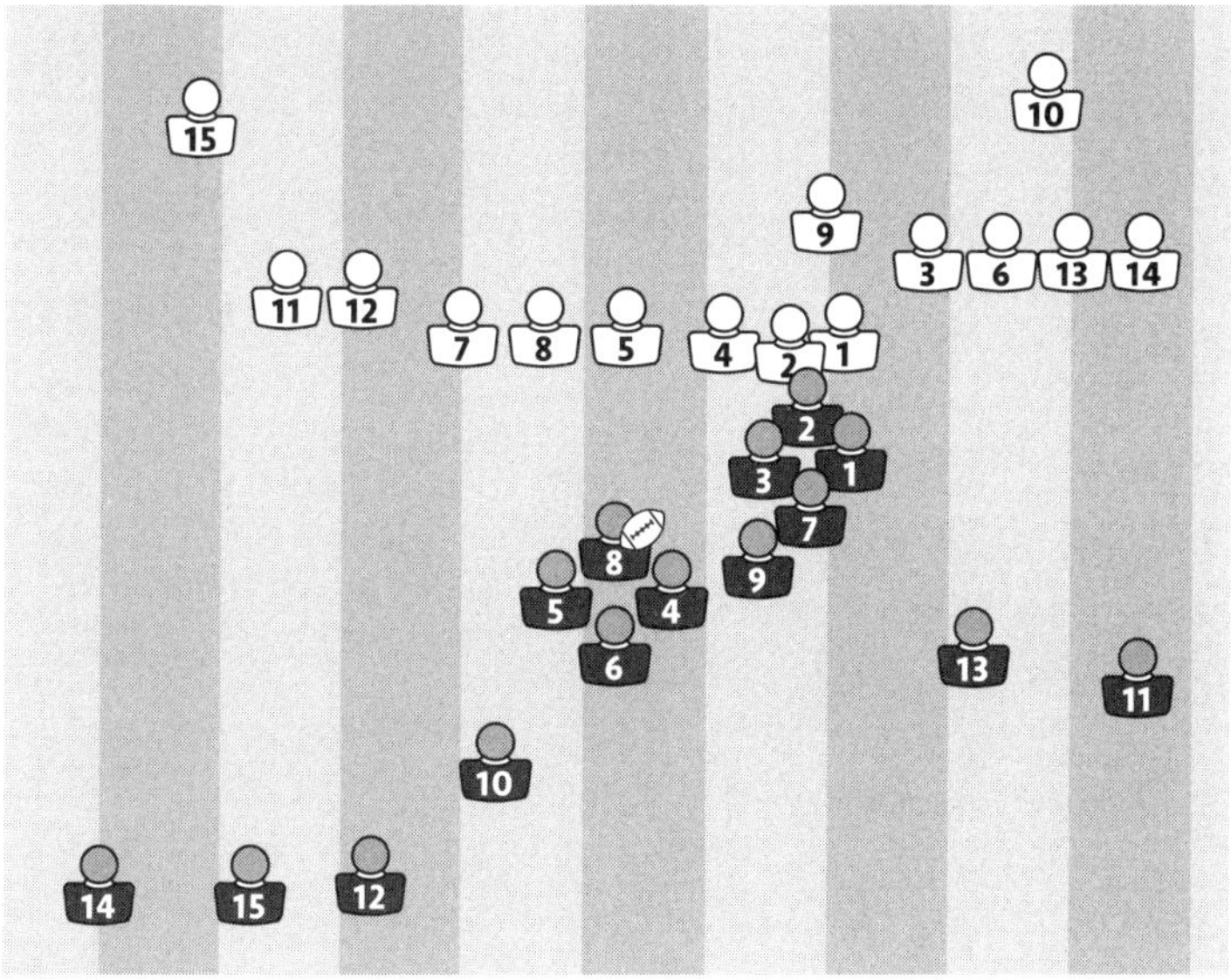
15
10
9
3
6
13
14
11
12
7
8
5
4
2
1
2
3
1
7
8
5
4
9
6
13
11
10
14
15
12

図2

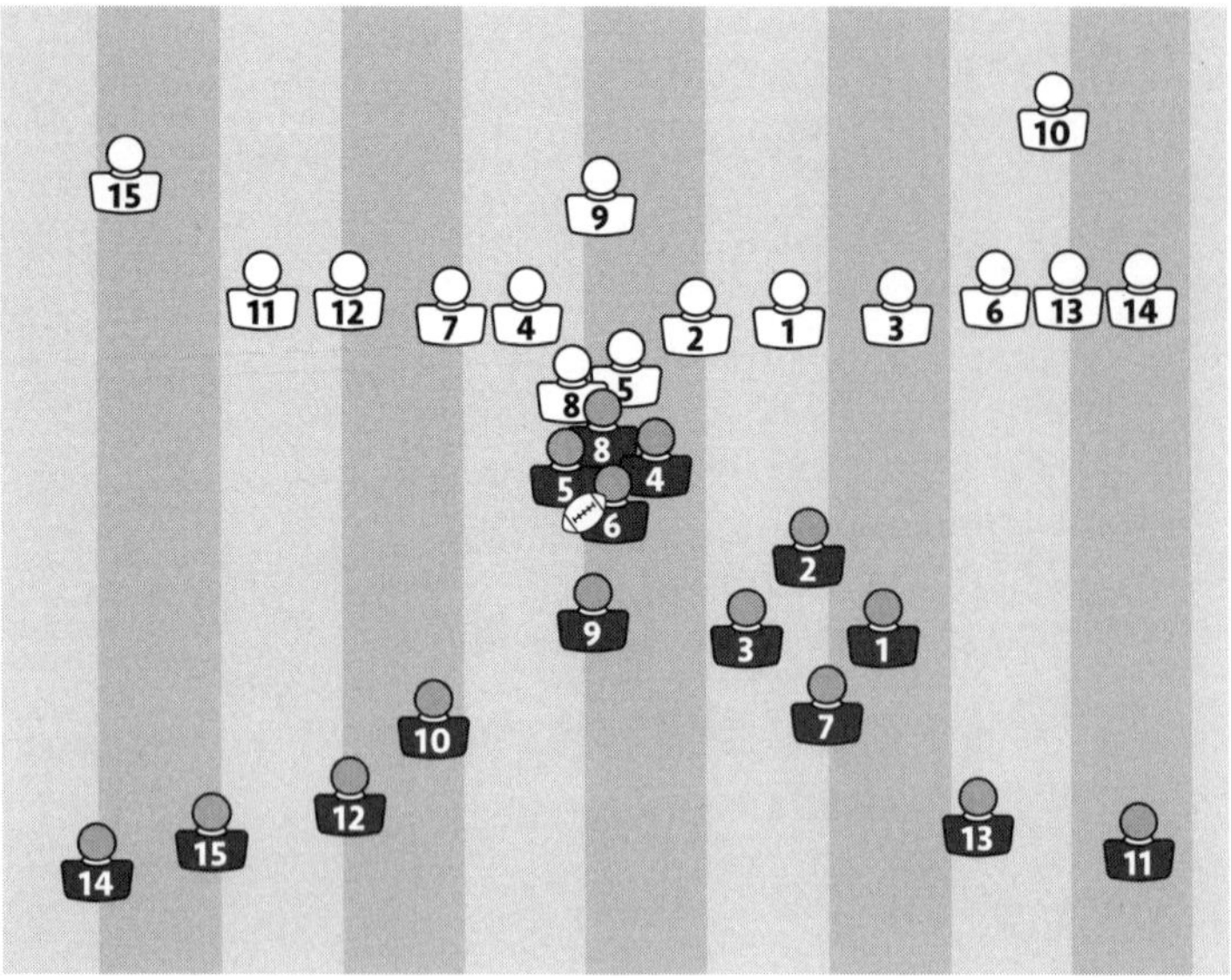
15
9
10
11
12
7
4
2
1
3
6
13
14
8
5
8
5
4
6
2
9
3
1
7
10
12
15
14
13
11

図3

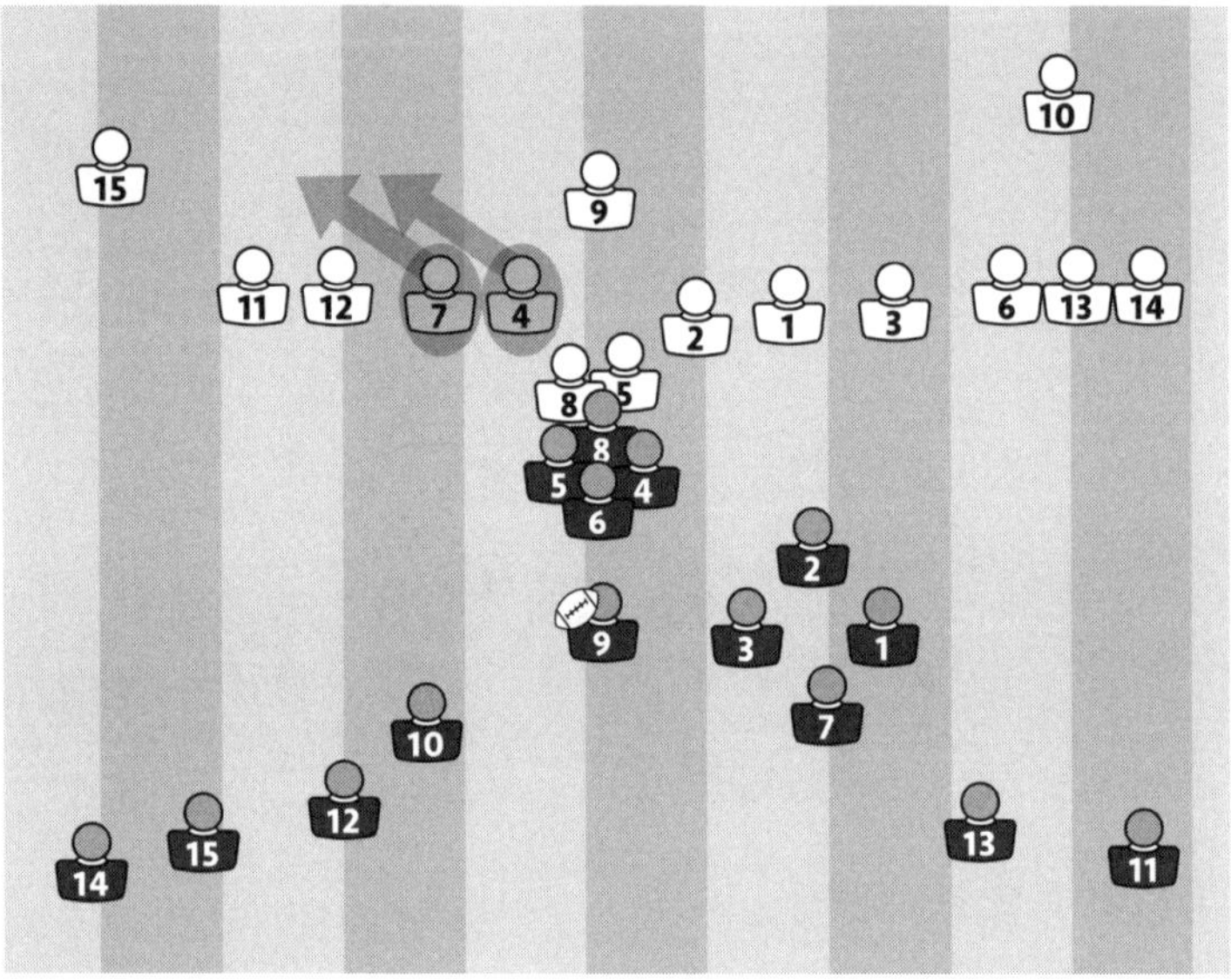
15
9
10
11
12
7
4
2
1
3
6
13
14
8
5
8
5
4
6
2
9
3
1
7
10
12
15
14
13
11

図4

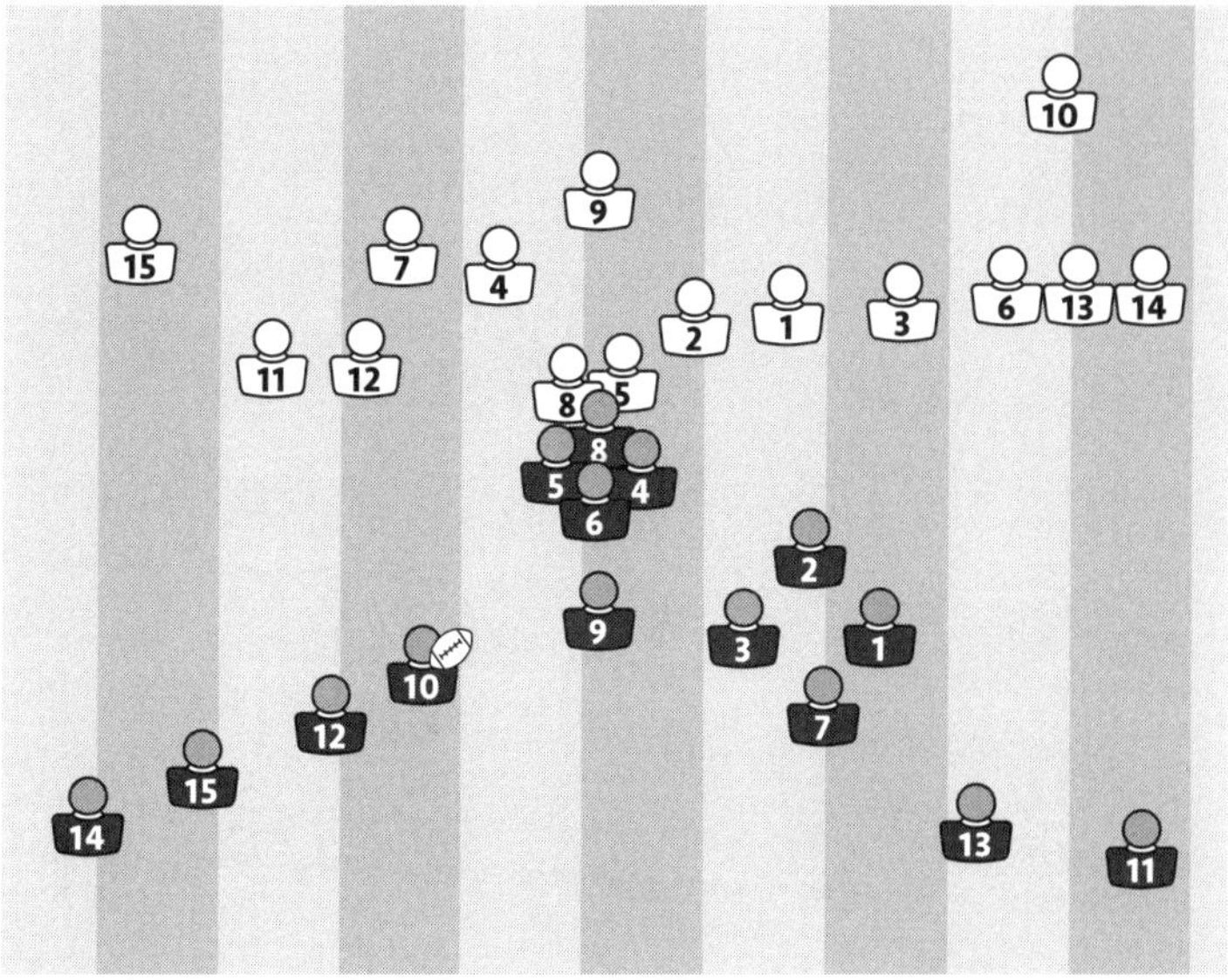
10
9
15
7
4
2
1
3
6
13
14
11
12
8
5
8
5
4
6
2
9
3
1
10
7
12
15
14
13
11

図5

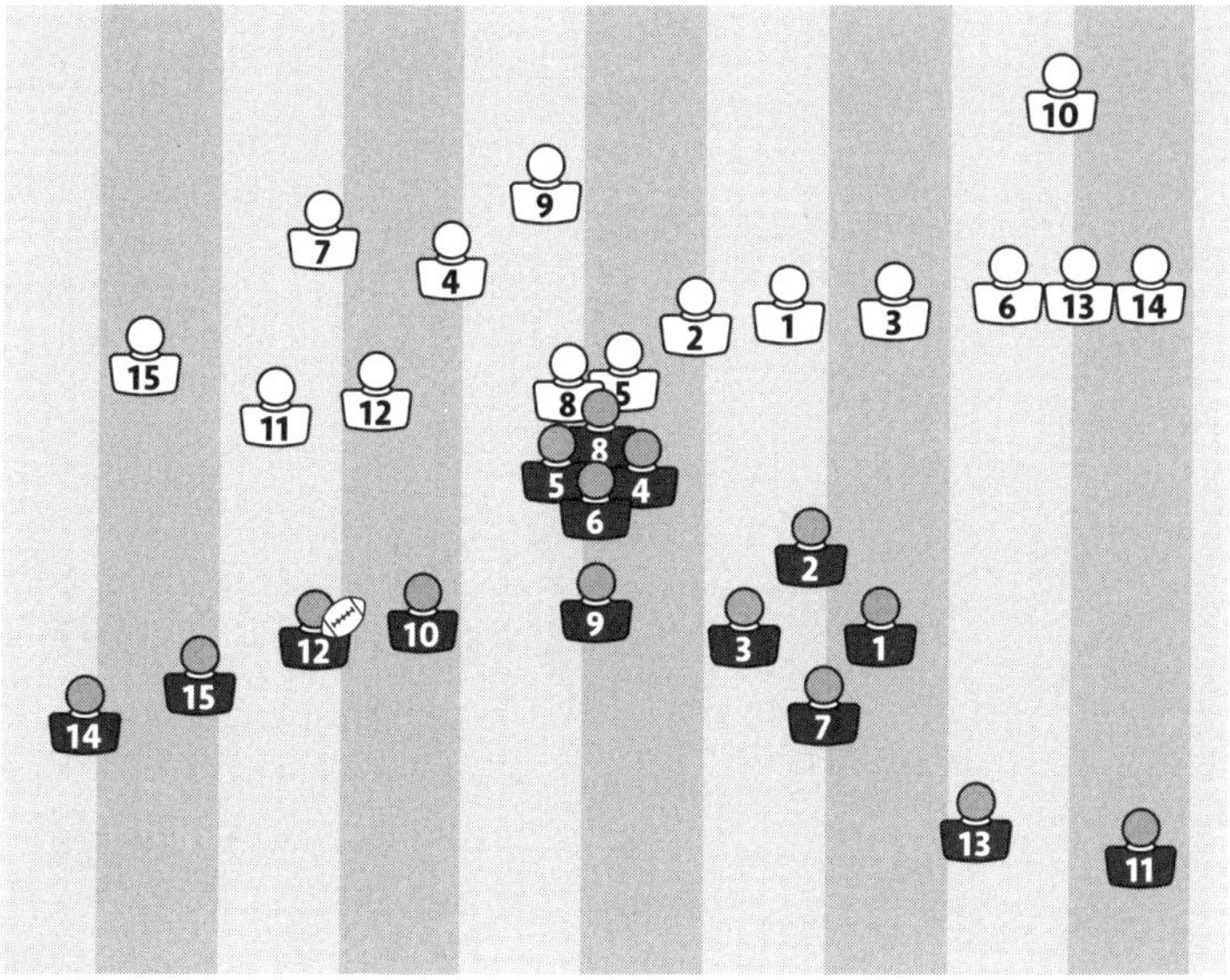
10
9
7
4
2
1
3
6
13
14
15
11
12
8
5
8
5
4
6
2
12
10
9
3
1
15
7
14
13
11

図6

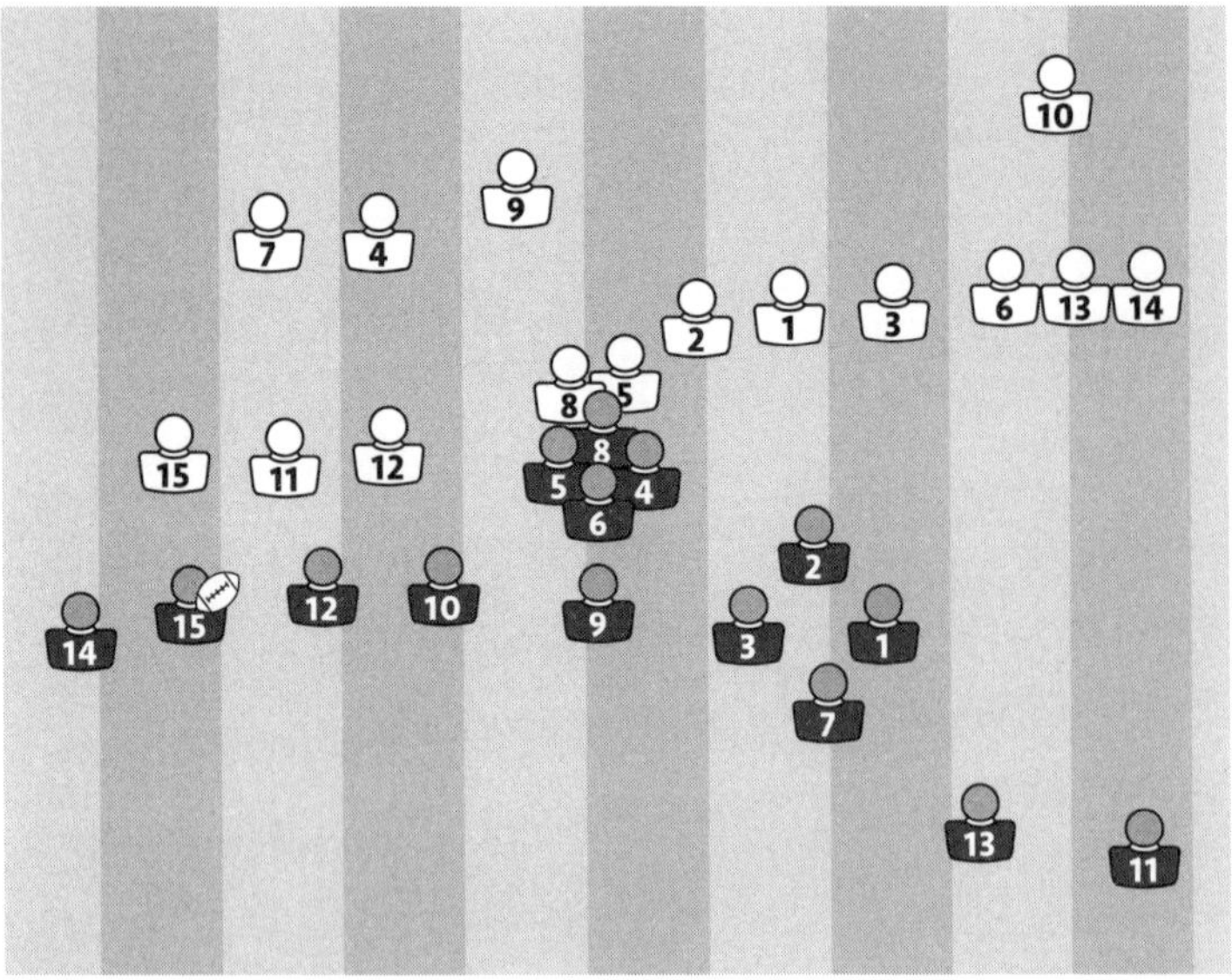
10
9
7
4
6
13
14
2
1
3
8
5
15
11
12
8
5
4
6
2
14
15
12
10
9
3
1
7
13
11

図7

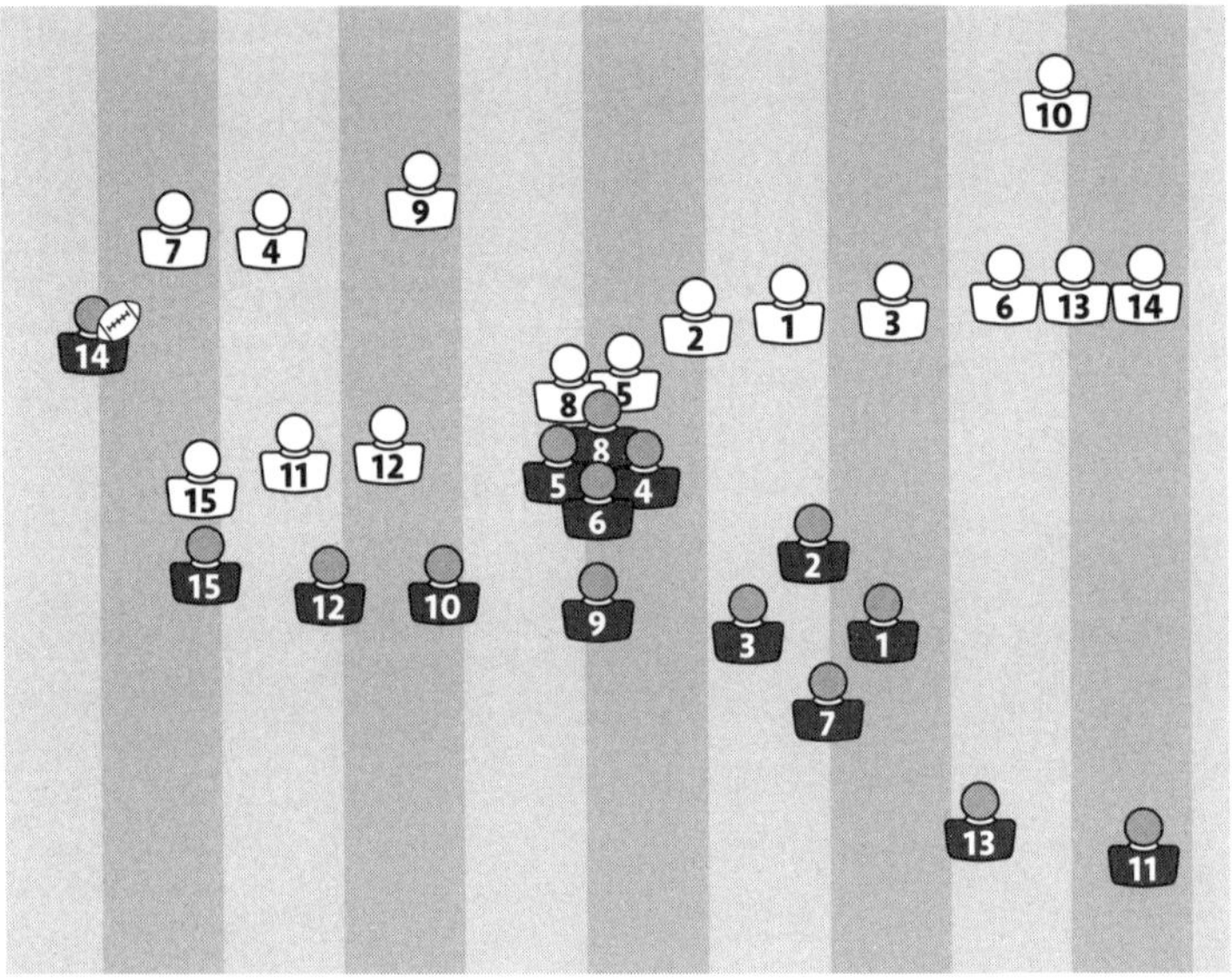
10
9
7
4
6
13
14
14
2
1
3
8
5
15
11
12
8
5
4
6
2
15
12
10
9
3
1
7
13
11

図8

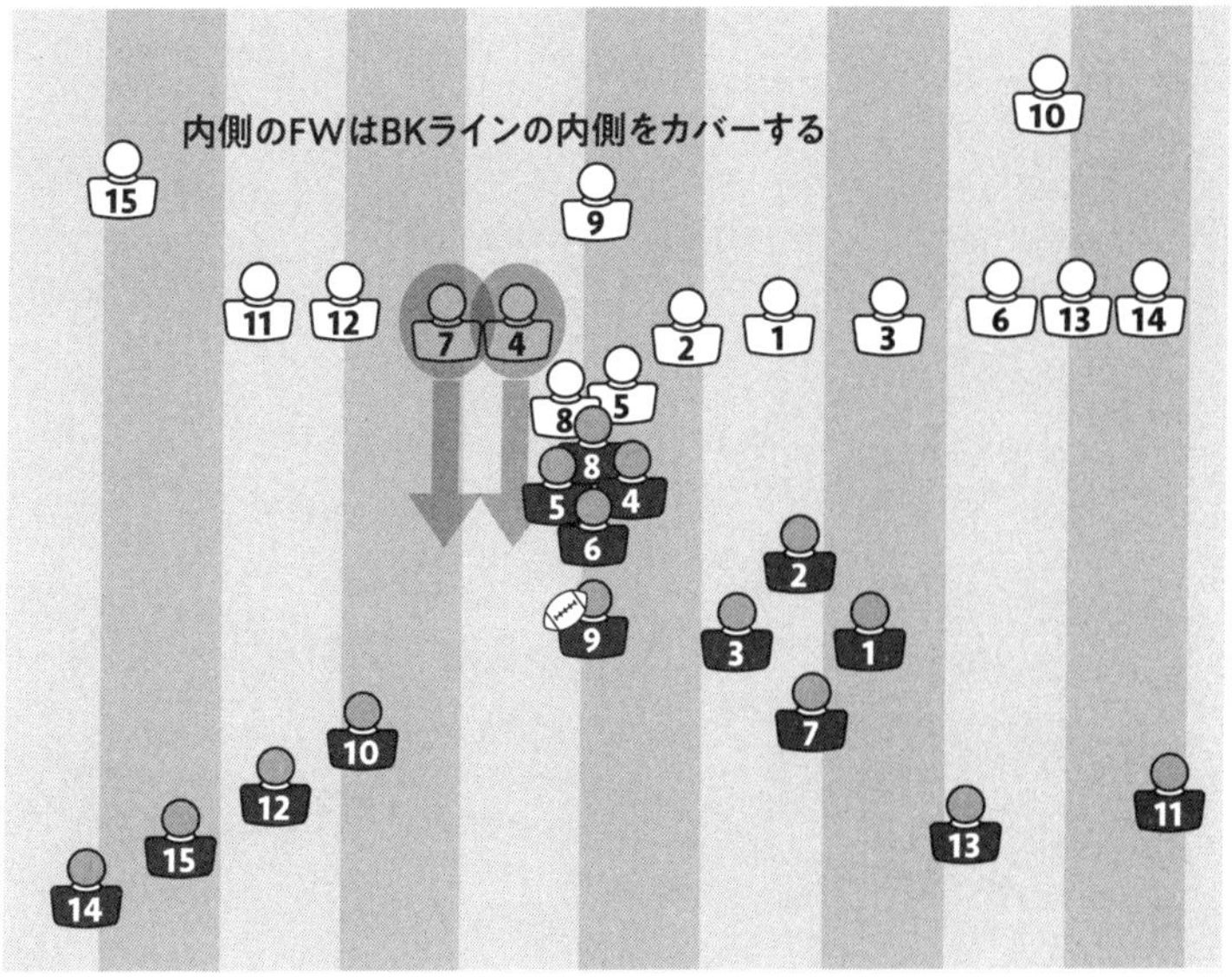
内側のFWはBKラインの内側をカバーする
10
15
9
11
12
7
4
2
1
3
6
13
14
8
5
8
5
4
6
2
9
3
1
7
10
12
15
14
13
11

図9

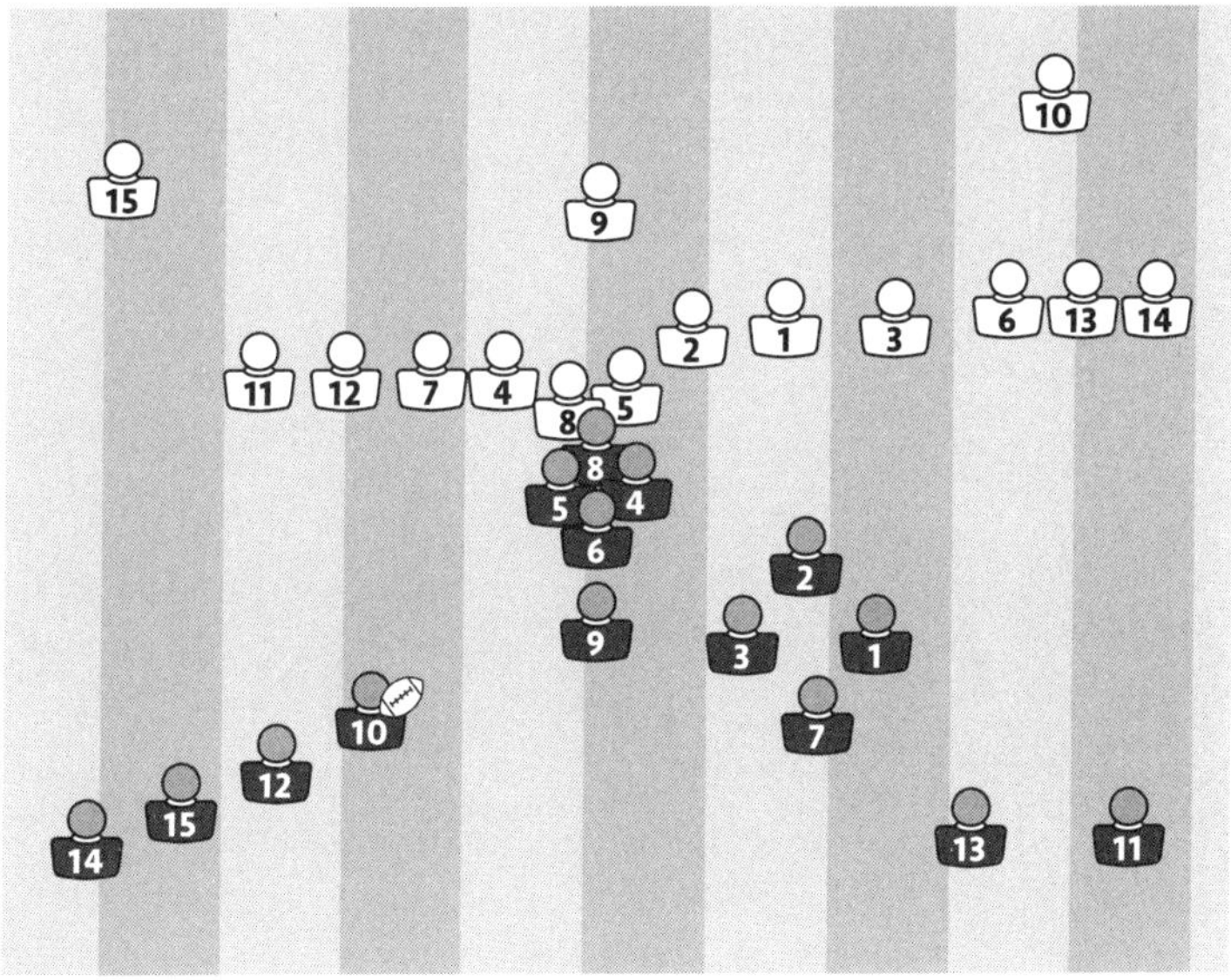
10
15
9
2
1
3
6
13
14
11
12
7
4
8
5
8
5
4
6
2
9
3
1
10
7
12
15
14
13
11

図10

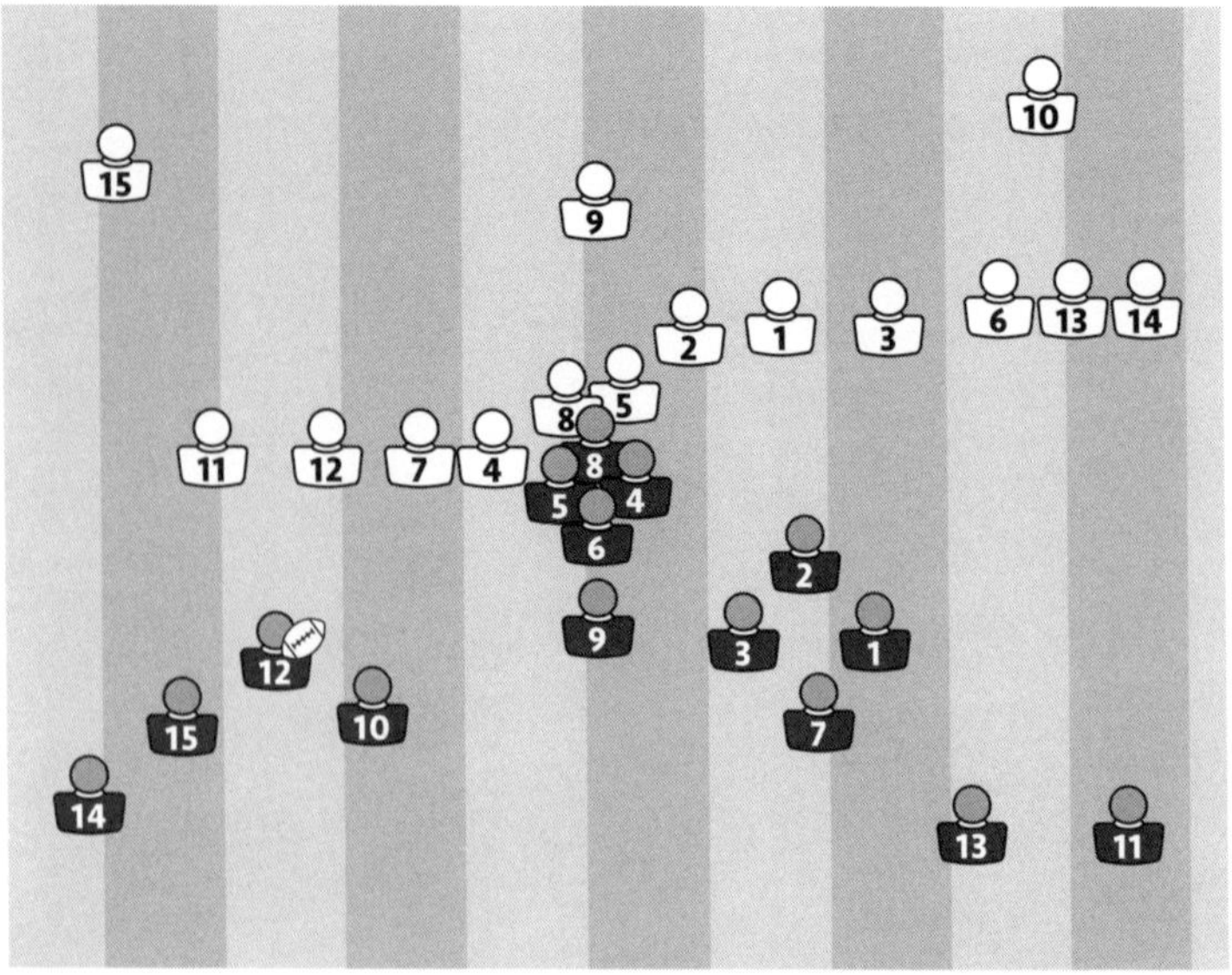
15
9
10
2
1
3
6
13
14
8
5
11
12
7
4
8
5
4
6
2
9
3
1
12
15
10
7
14
13
11
図11

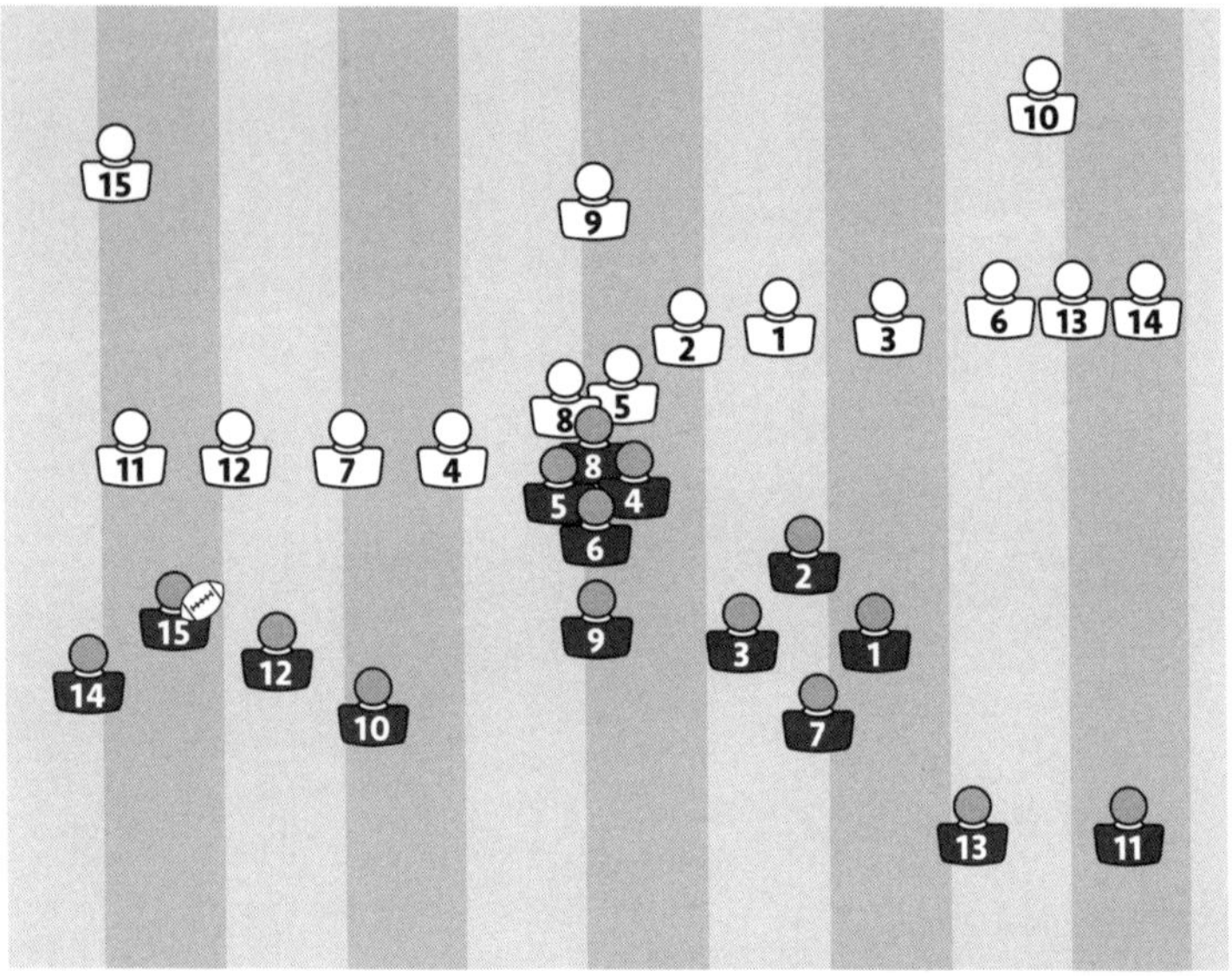
15
9
10
2
1
3
6
13
14
8
5
11
12
7
4
8
5
4
6
2
15
9
3
1
14
12
10
7
13
11
図12

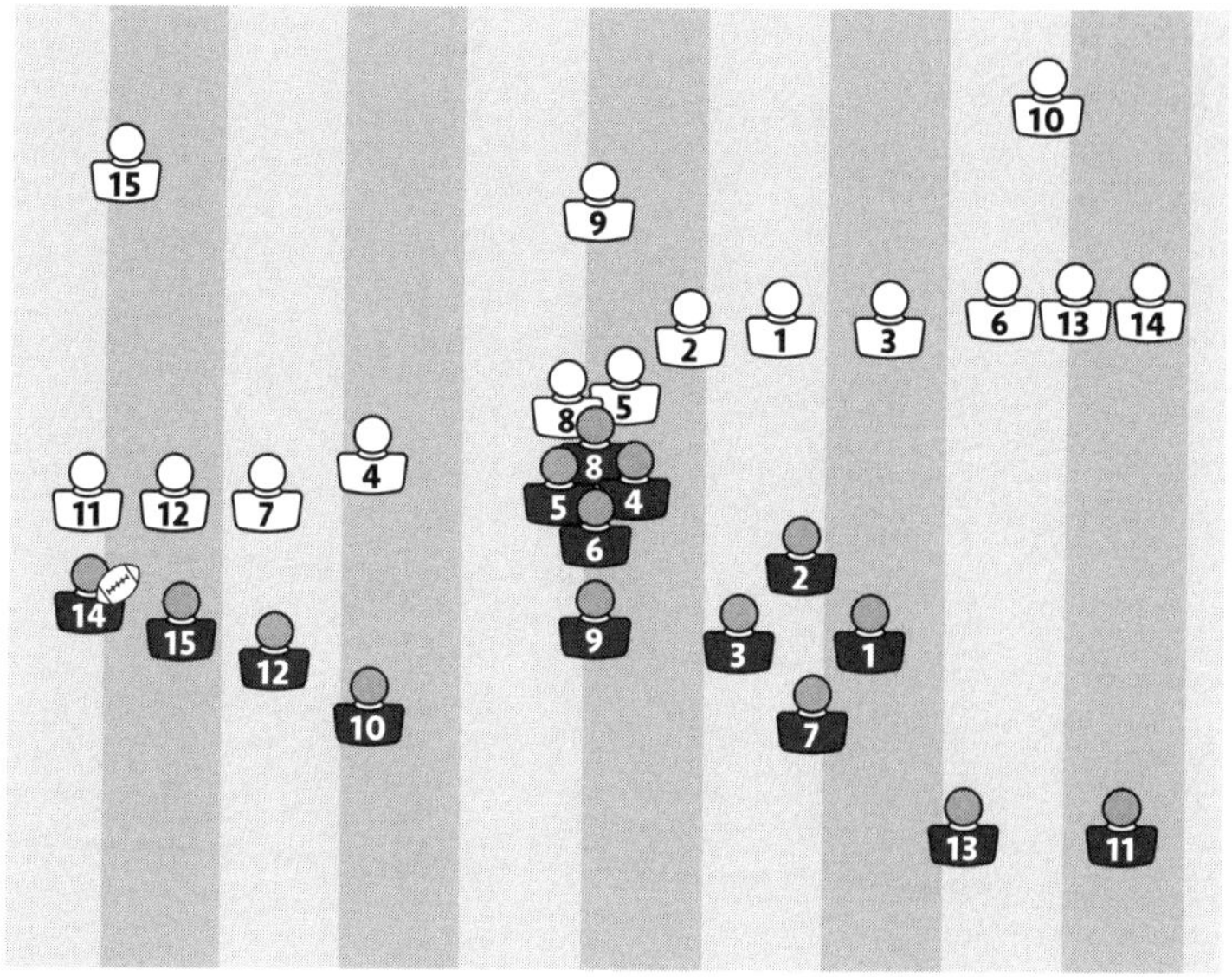

図13

このブレイクダウン周囲に立つディフェンスの選手を「ピラー」「ポスト」（詳細は2章で解説）と概念化していきます。この概念はディフェンスを大きく進化させ、グラウンド全体に網を張るような陣型を可能にしました。

1990年代後半には、無闇にブレイクダウンに入らず、ピラー、ポストにポジショニングして次の展開に備えて横一列にポジショニングするようになっていき、この現象は「シールドロック」と呼ばれるようになります。

この背景には、オーストラリアのスーパー12（現在のスーパーラグビー）のチーム、ACTブランビーズの「シーケンス」と呼ばれるアタック戦術が大きく影響しています。

これは、1997年ACTブランビーズのヘッドコーチだったエディー・ジョーンズさん（現イングランド、ヘッドコーチ）が当時使っていた戦術ではありますが、考案したのはACTブランビーズ、前ヘッドコーチのロッド・マックイーンさんだと言われています。

シークエンスとは、あらかじめどこを攻撃するかをサインで共有しておく戦術で、1フェイズだけ決めるのではなく、アタック側が数フェイズ先までデザインしておくというものです。

攻撃地点とサポートの選手までをも明確化することで、アタック側は次の展開を予測して動くことができるようになります。それにより、ディフェンスよりも先にブレイクダウンに到達することが可能となり、連続してアタックを仕掛けることができるようになったのです。

この戦術によりアタック側のブレイクダウンは安定し、ブレイクダウンを前提とした「マルチフェイズアタック（多局面攻撃）」を実現させました。

シールドロックと呼ばれるディフェンスの現象は、このあらかじめ決められた攻撃であるシークエンスに対抗するために生まれた手段と考えられるのです。

ポッドの誕生

シールドロックされてからではディフェンスを破ることが難しくなったアタック側は、ラインが形成される前にアタックを仕掛けることでディフェンスを突破しようと考えます。

ディフェンスはピラー、ポストという概念が生まれたことにより、「ピラーにポジショニングすること」が目的化し、ブレイクダウンができると一旦ピラーを目指して集まってから広がるという現象が起こりました（図14から図19）。

この現象を逆手に取り、ディフェンスが広がるより先に、すなわちシールドロックがかかる前に、アタックを仕掛けようとする動きができてきます。

シーケンスはブレイクダウンを速くリサイクルすることで、ディフェンスラインが形成する前にアタックを仕掛けることはできますが、デザインしておくフェイズには限りがあります。3フェイズまで作っておくことはできても、5フェイズ以上になると覚えるのが大変になったり、いくつもパターンが作れず同じパターンになり、ディフェンスに読まれがちになるという欠点がありました。

その欠点を克服するために、事前にユニットをいくつか作っておいて、チャンスのある場所にボールを運んでディフェンスを崩すという戦術が考え出されます。

そのユニットのことを「ポッド」と呼び、そのポッド内でブレイクダウンをリサイクルすることでより速いアタックが可能になりました。

この戦術にはシーケンスのように決められたフェイズの制限はありません。「パスは人が走

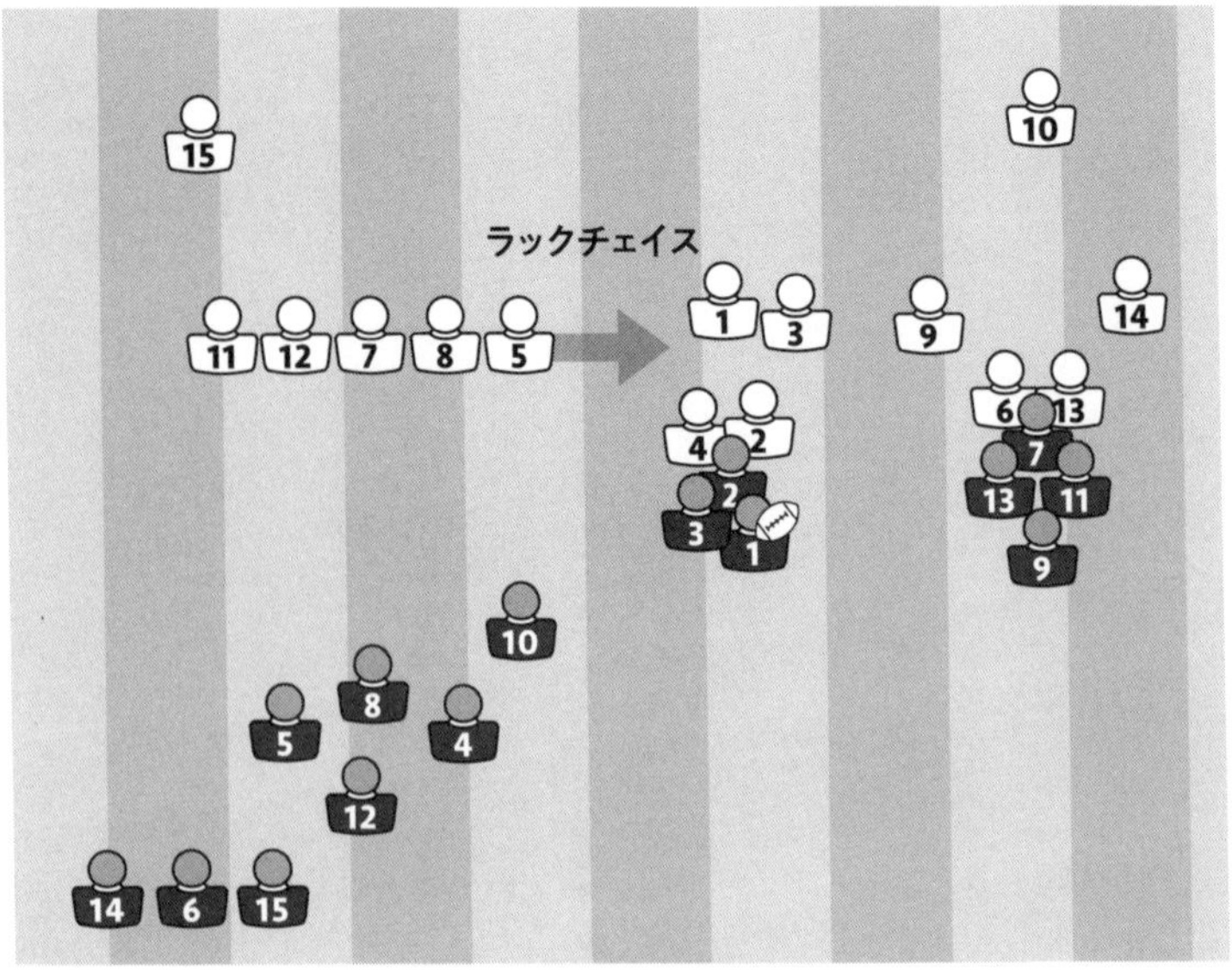
15
10
ラックチェイス
1
3
9
14
11
12
7
8
5
6
13
4
2
7
2
13
11
3
1
9
10
8
5
4
12
14
6
15
図14

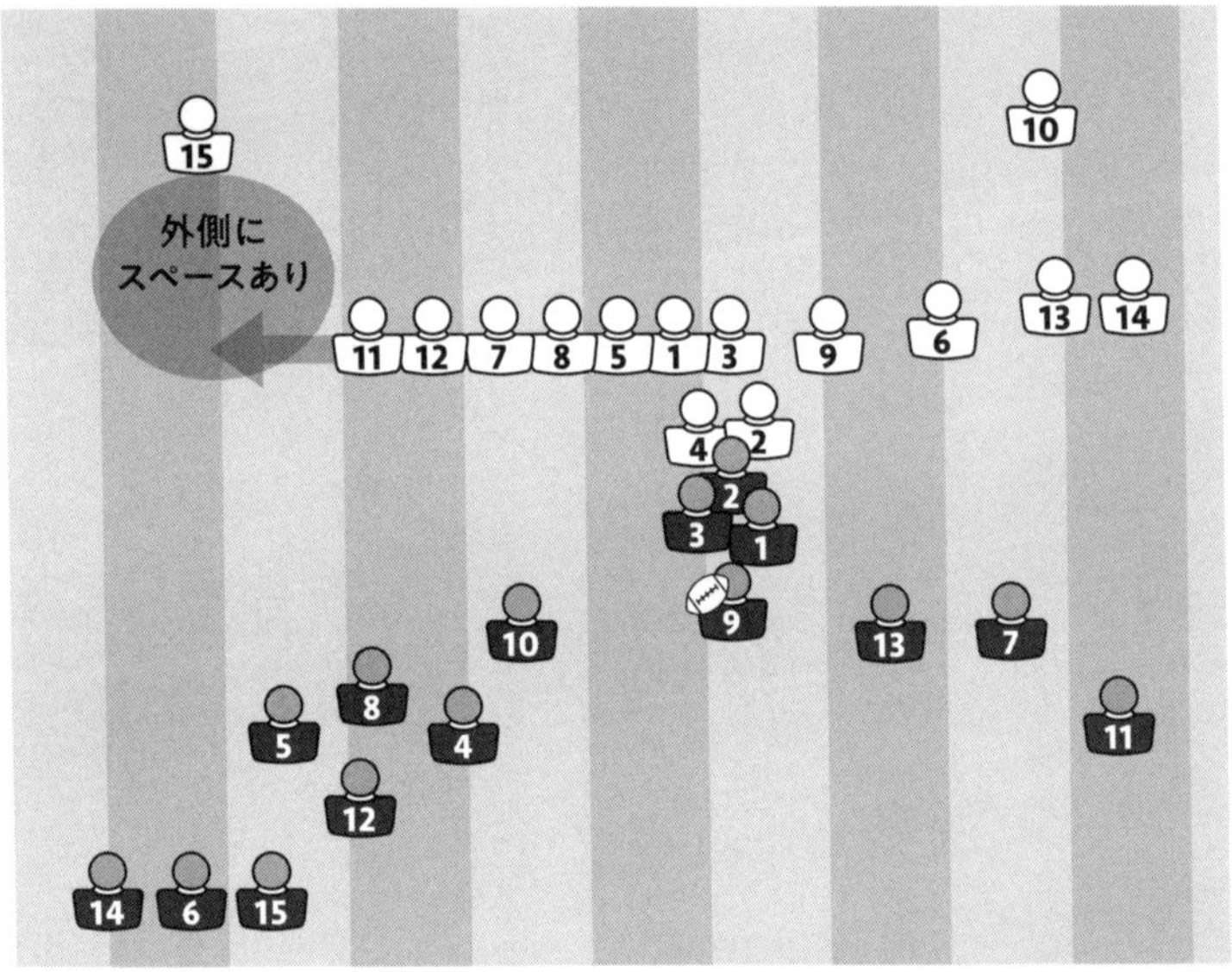
15
10
外側に
スペースあり
13
14
11
12
7
8
5
1
3
9
6
4
2
2
3
1
9
10
13
7
8
5
4
11
12
14
6
15
図15

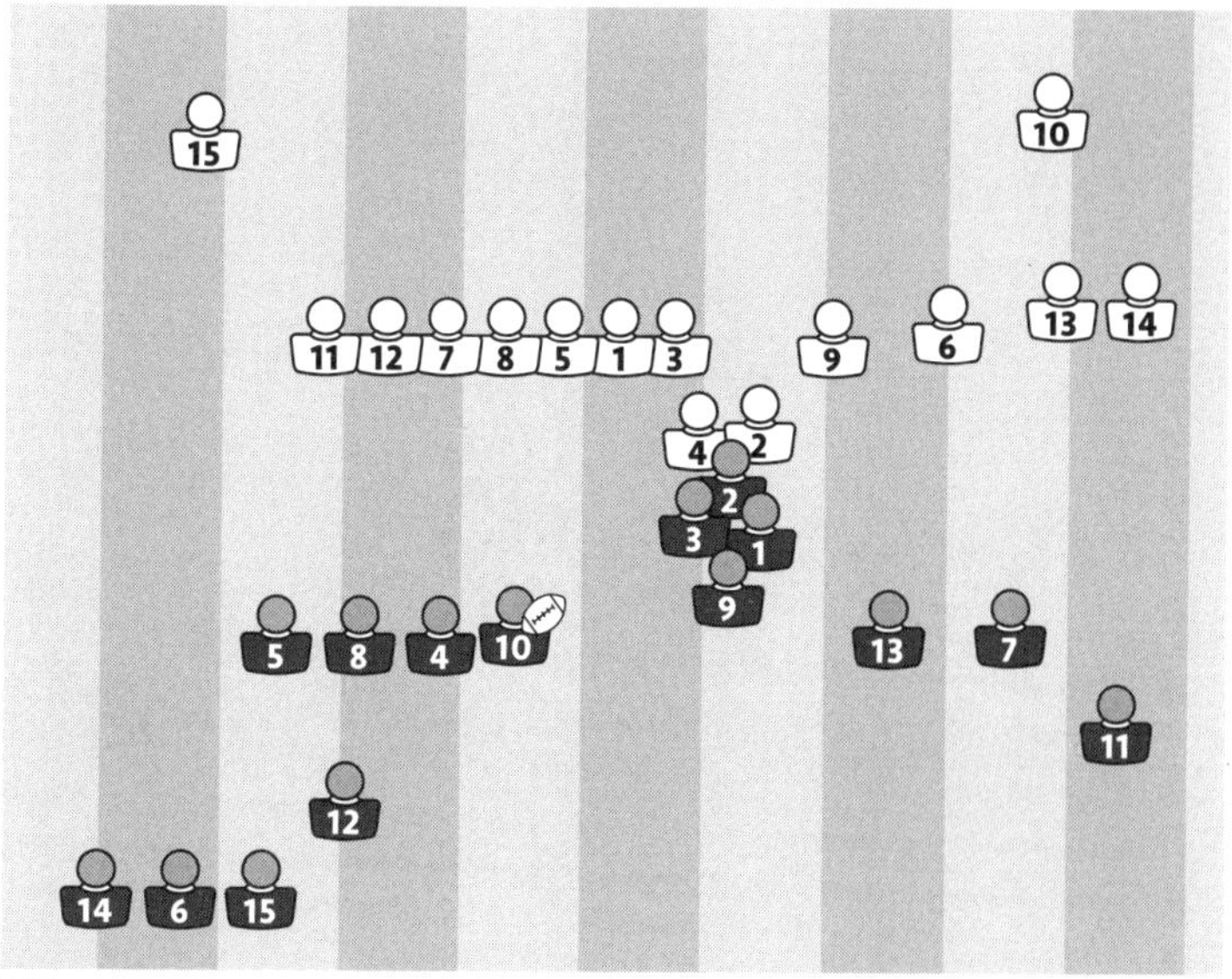
15
10
11
12
7
8
5
1
3
9
6
13
14
4
2
2
3
1
9
5
8
4
10
13
7
11
12
14
6
15

図16

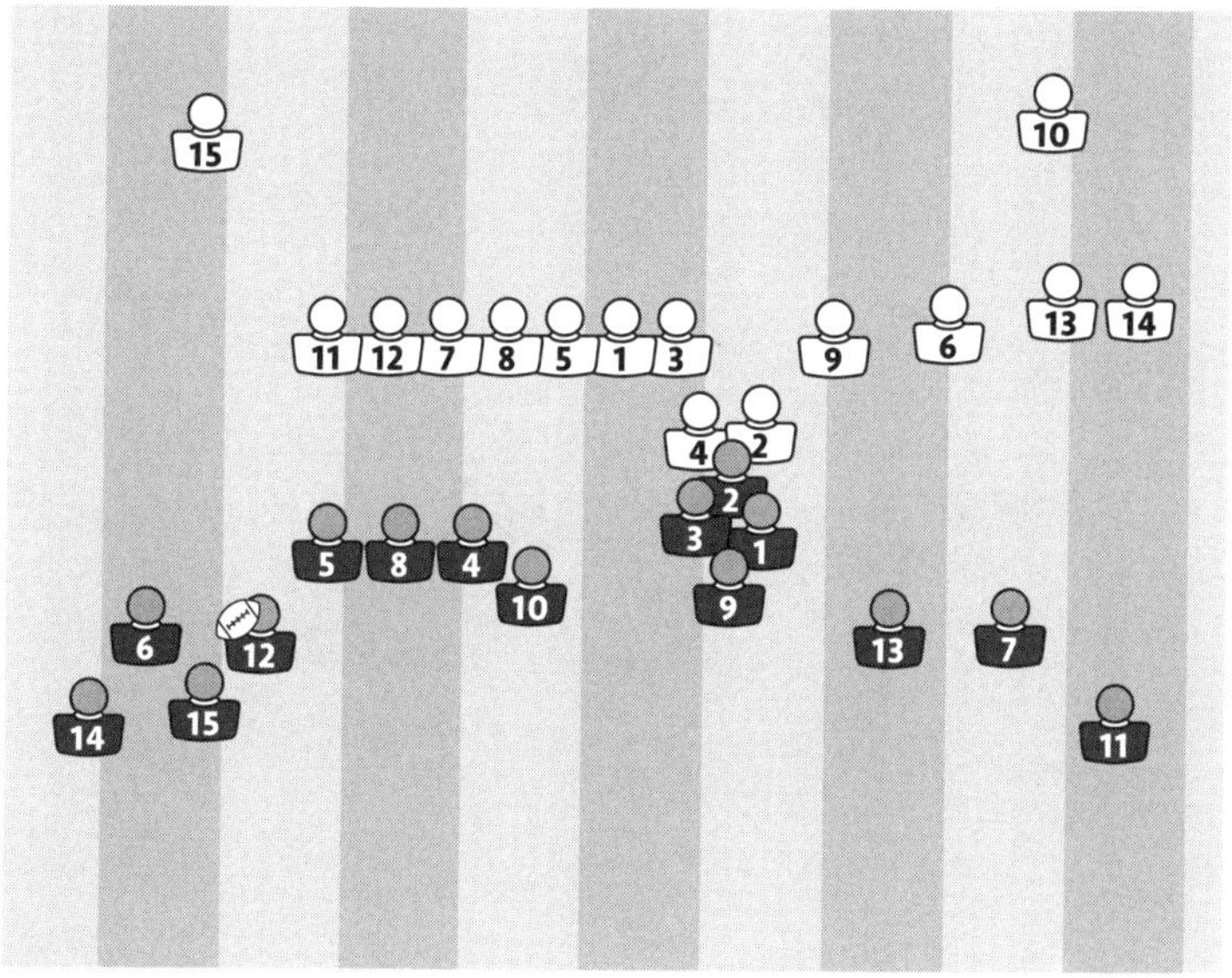
15
10
11
12
7
8
5
1
3
9
6
13
14
4
2
2
3
1
5
8
4
10
9
6
12
13
7
14
15
11

図17

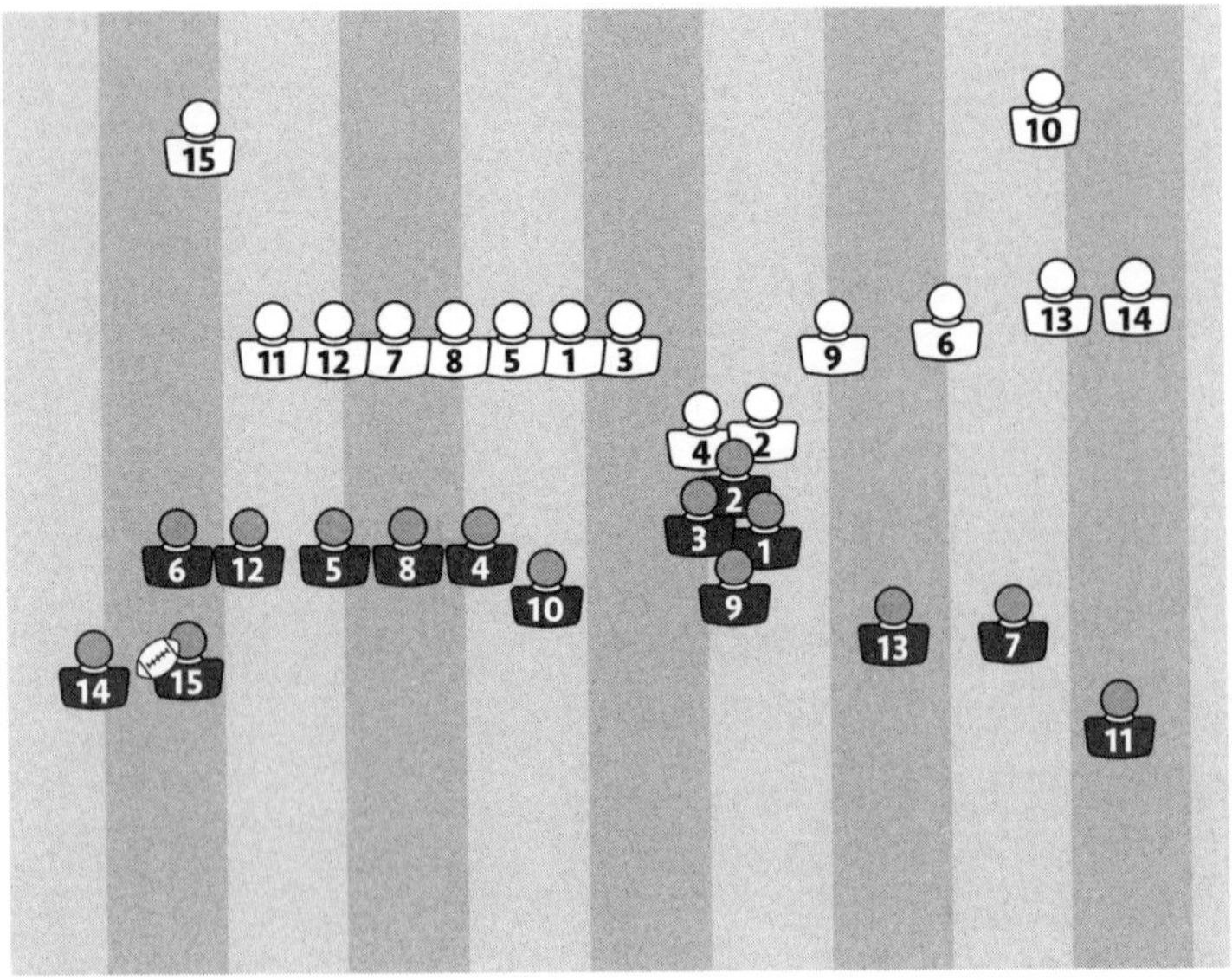

図18

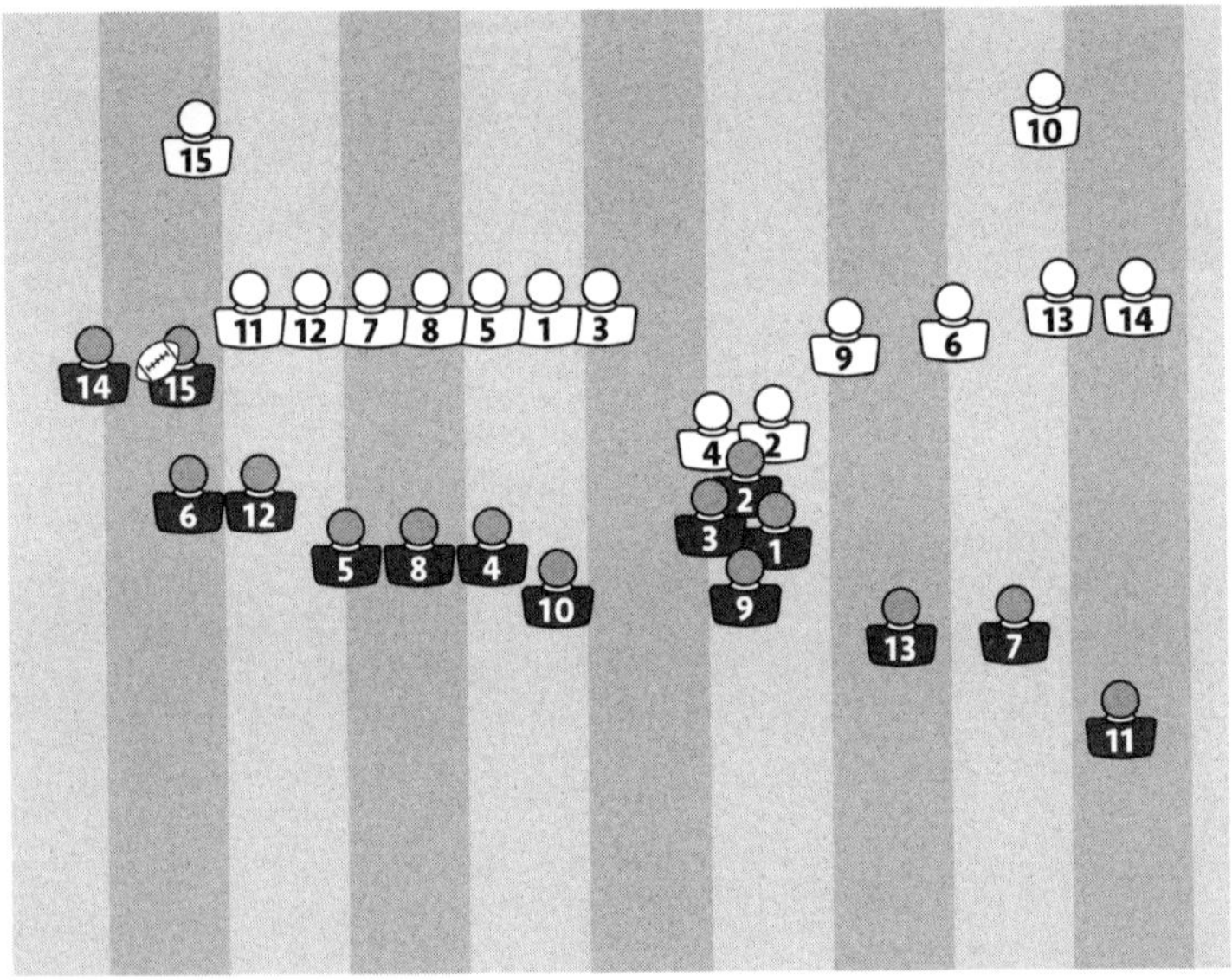

図19

るより速い」というゴール型球技の原則を用いて、空いているポッドにより速くボールを運んでいくことで、シールドロックを上回ろうと考えたのです。

ポッドに対応したディフェンス

ポッドアタックが流行したことにより、どのチームのディフェンスもそれに対応していくことになります。

ポッドというのはアタックの人の配置、つまりフォーメーションのことなので、自チームでポッドを使っていればその原理原則は理解できます。これは長所もわかれば短所もわかるということを意味します。

ブレイクダウン周囲のディフェンスは、逆目側や前のブレイクダウンにいた選手がポジショニングし直すことを見越しているため、外側はそのままノミネートを変えずにポジショニングするシステムが導入されています（図20から24）。

それにもかかわらず、アタックはディフェンスのブレイクダウン周囲のポジショニングが間に合っていないのにそこを攻めずに、ディフェンスがいる外側にボールを運んでプレッシャーを受けるという極めて不可解な現象が起こったのです。

なぜ、アタックはディフェンスがいないブレイクダウン周囲を攻めずに、ディフェンスがい

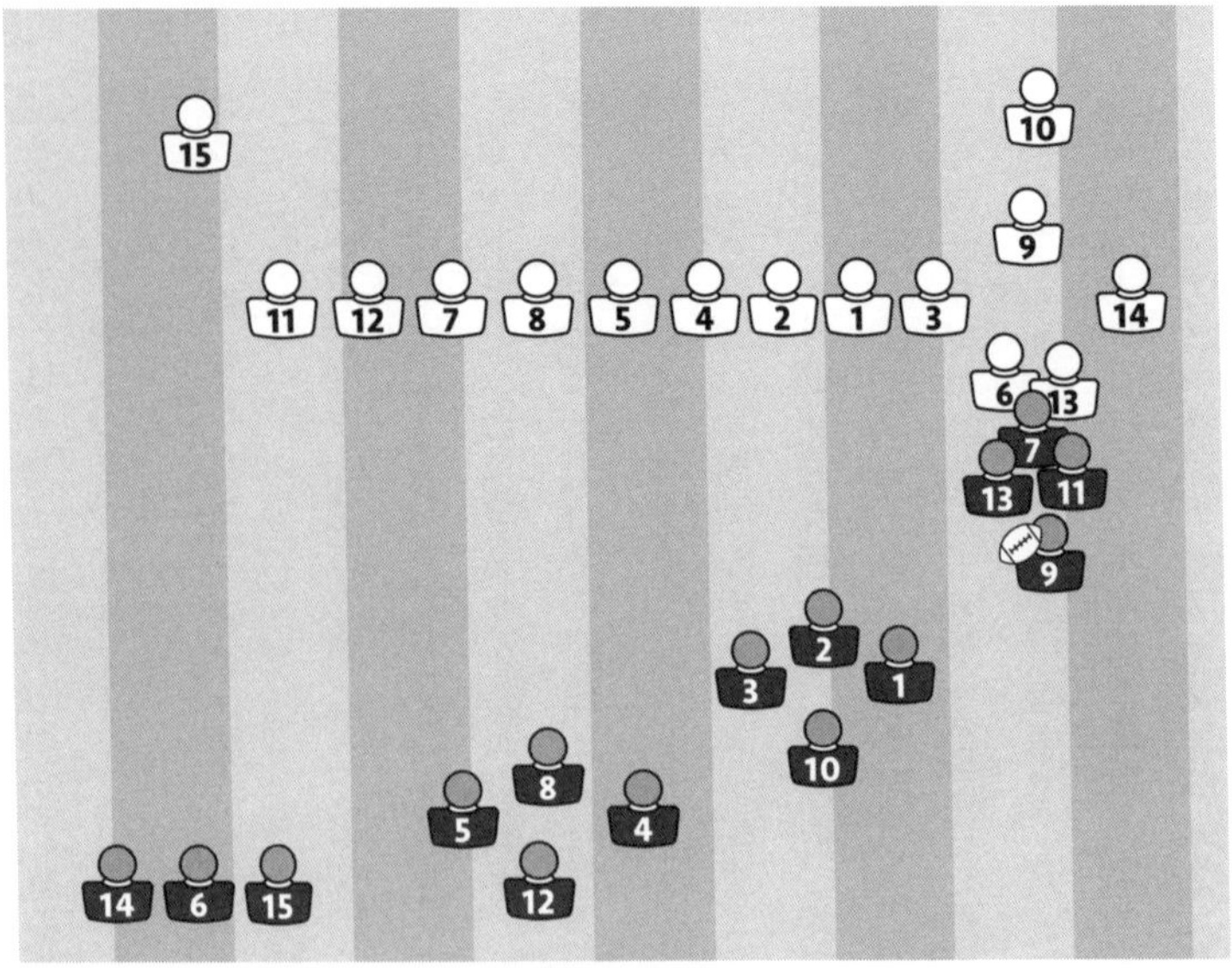
15
10
9
11
12
7
8
5
4
2
1
3
14
6
13
7
13
11
9
2
3
1
10
8
5
4
14
6
15
12
図20

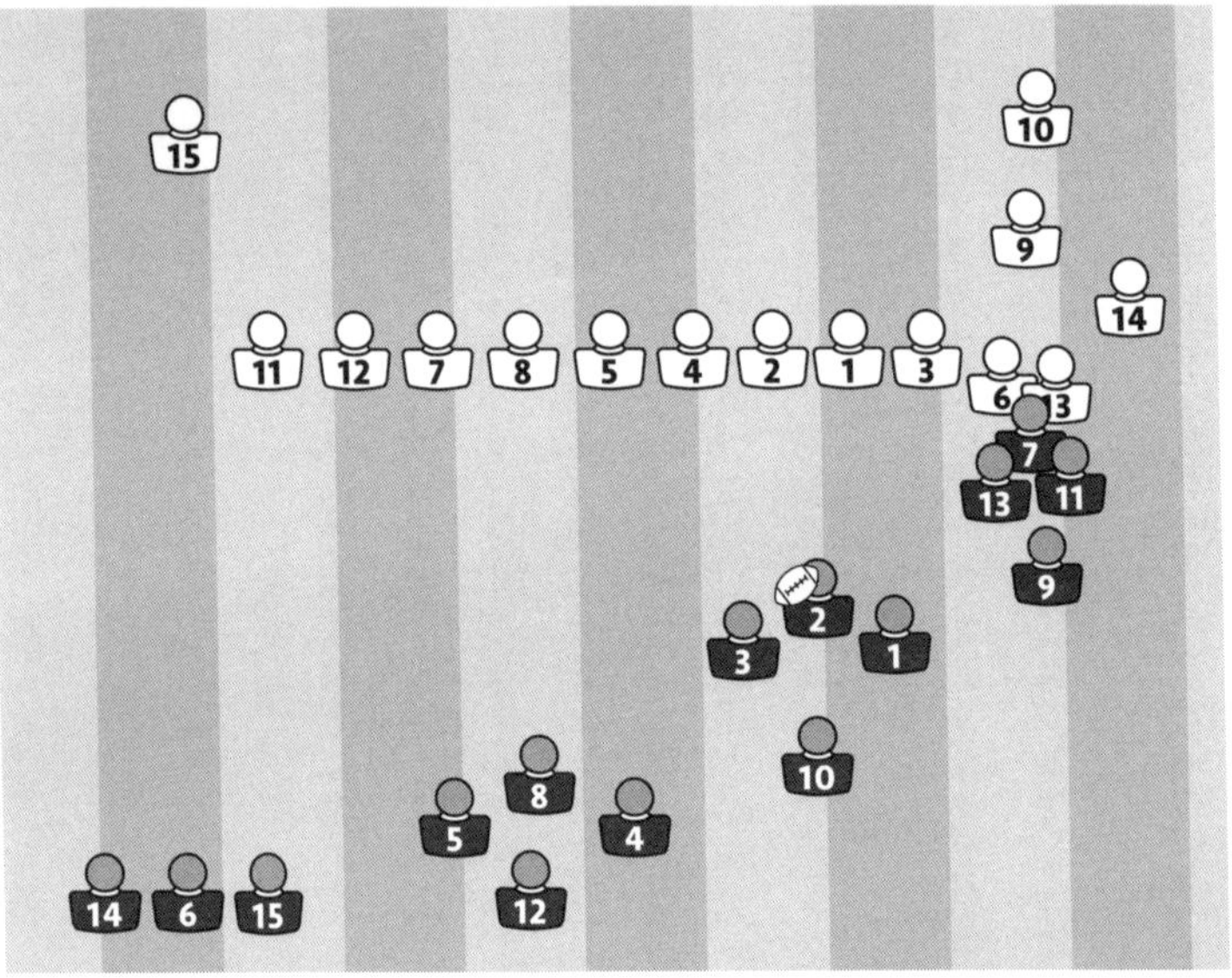
15
10
9
14
11
12
7
8
5
4
2
1
3
6
13
7
13
11
9
2
3
1
10
8
5
4
14
6
15
12
図21

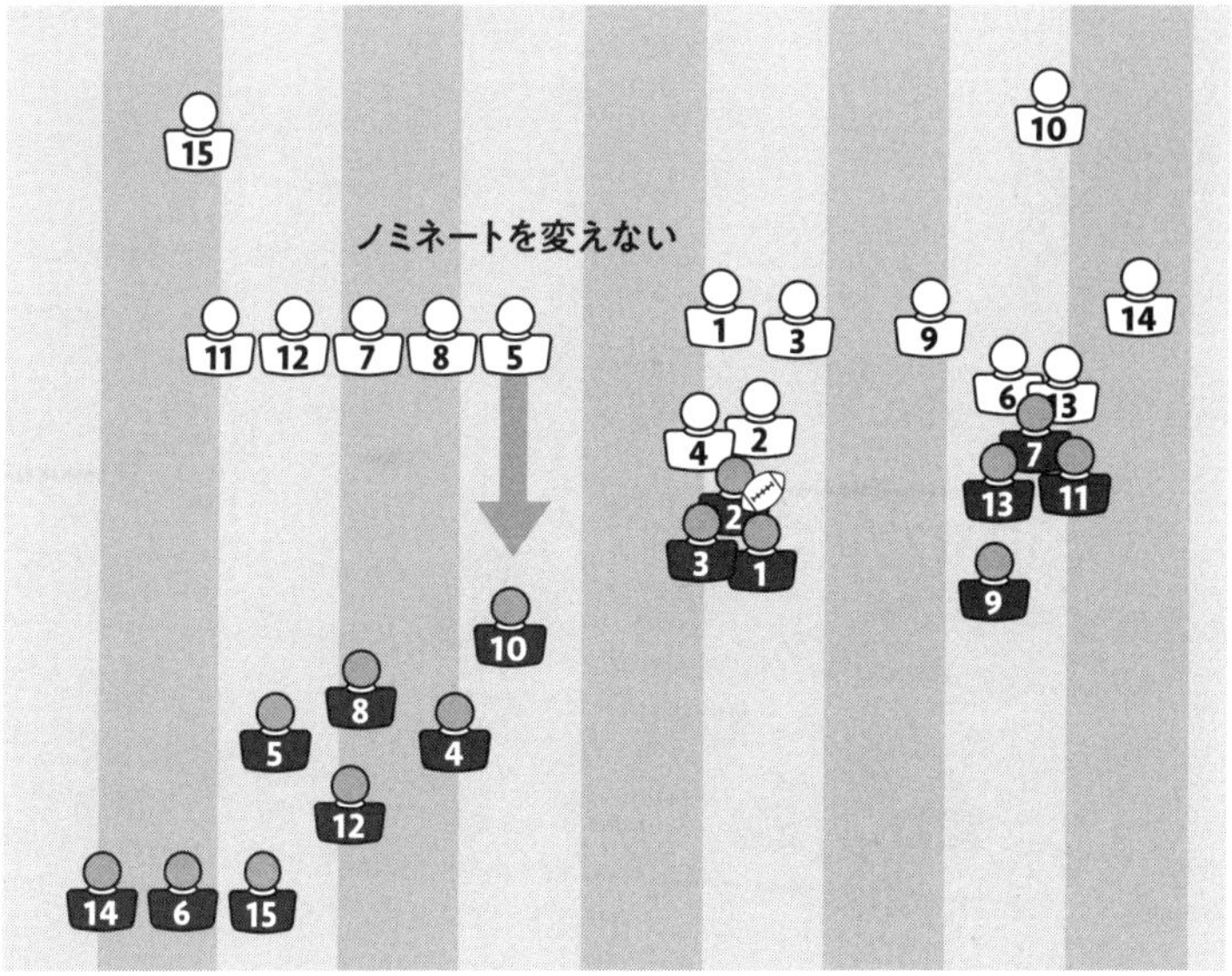
ノミネートを変えない
15
10
11
12
7
8
5
1
3
9
14
6
13
4
2
2
7
13
11
3
1
9
10
8
5
4
12
14
6
15

図22

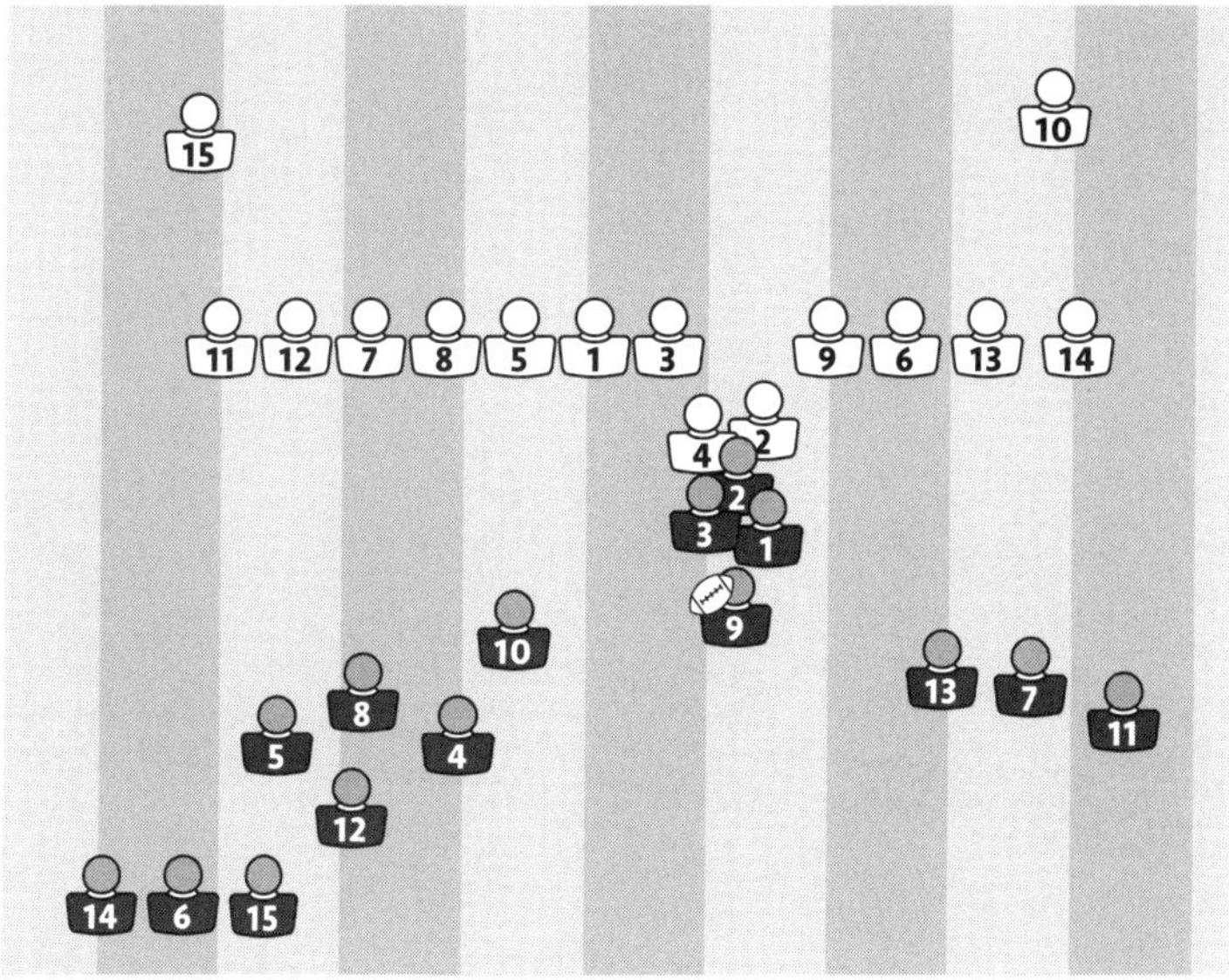
15
10
11
12
7
8
5
1
3
9
6
13
14
4
2
2
3
1
9
10
13
7
11
8
5
4
12
14
6
15

図23

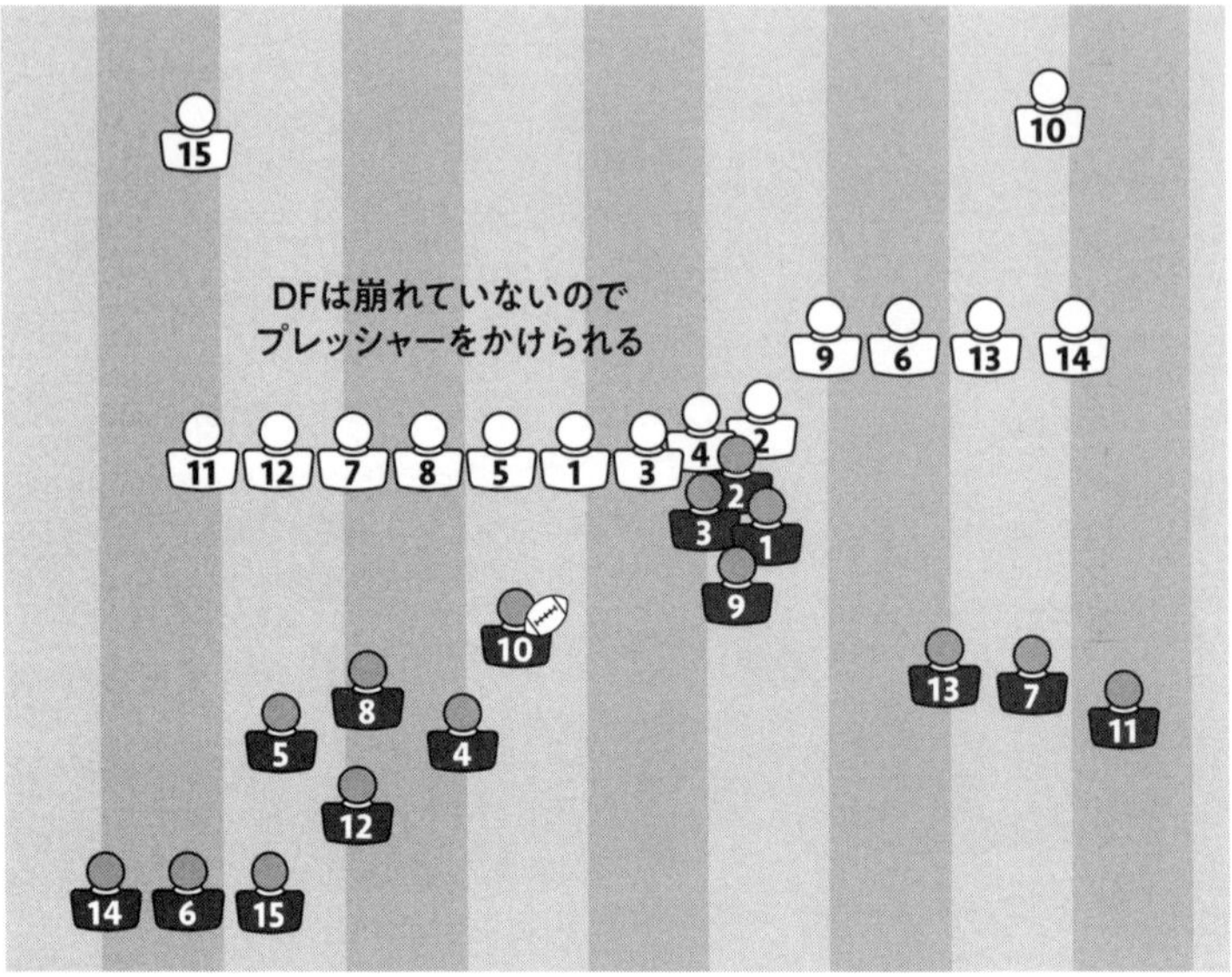
DFは崩れていないので
プレッシャーをかけられる

図24

る外側にボールを運ぶのでしょうか。

その原因は、フォーメーションとポッドの原則にあります。

ポッドはブレイクダウンに参加する人数を決めて、そこを起点に他の選手を配置することでフォーメーションを作りますが、ブレイクダウン周囲に人を配置していないので、攻めたくてもフォーメーションに縛られてできないのです。

この現象を逆手に取ったのが2016年のサントリーサンゴリアスです。2010年にオーストラリア人のエディー・ジョーンズさんがヘッドコーチに就任してから「シェイプ」というポッドとは違ったフォーメーションで、ブレイクダウン周囲を「ピック&ゴー」でアタックするオプションを採用しました。

その後国内では、エディー・ジョーンズさんがジャパンのヘッドコーチを務めたこともあって、シェイプを使うチームが多かったのですが、２０１３年にパナソニックワイルドナイツにニュージーランド人のロビー・ディーンズさんがスポットコーチとして来日、２０１４年にはヘッドコーチに就任して、２０１３〜15年シーズンのトップリーグを制覇したことにより、ポッドが徐々に浸透していきます。

２０１６年にはニュージーランド人のジェイミー・ジョセフさんがジャパンのヘッドコーチに就任、それにあわせてパナソニックワイルドナイツが連覇していることもあり、ほとんどのチームがポッドを取り入れ、結果としてポッドに対応したディフェンスシステムを導入することになるのです。

このシーズンは、ポッドの完成度の高いチームほどブレイクダウン周囲にスペースが生まれましたが、ただ1チームを除いてそのスペースをアタックすることはありませんでした。

その唯一のチームが先に述べたサントリーサンゴリアス。シェイプを使ったアタックで空いているブレイクダウン周囲を、ピック＆ゴーが得意なヘンドリック・ツイ選手や畠山健介選手が突いてトライにつなげ、見事にトップリーグを制したのです（図25から29）。

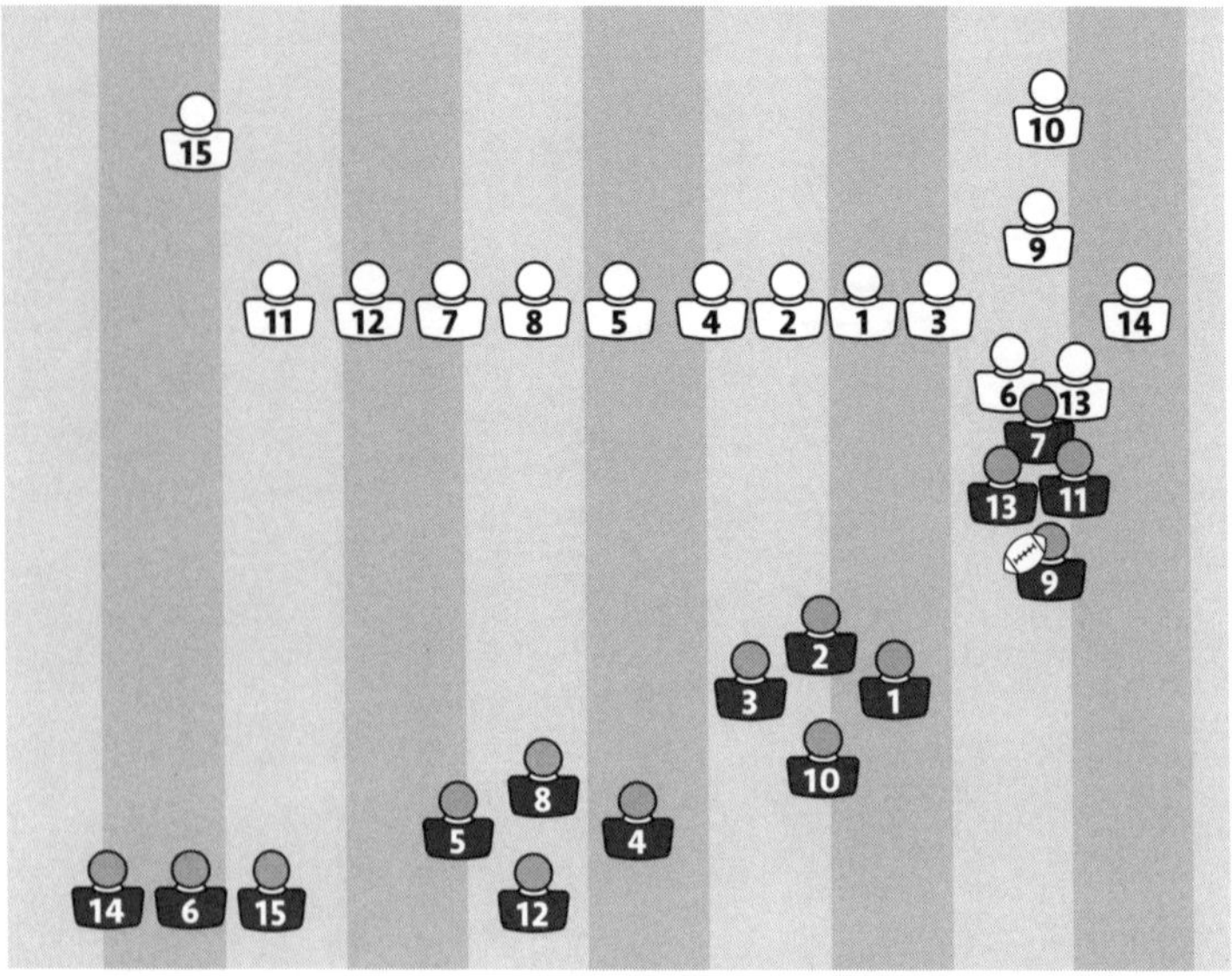
15
10
9
11
12
7
8
5
4
2
1
3
14
6
13
7
13
11
9
2
3
1
10
8
5
4
12
14
6
15
図25

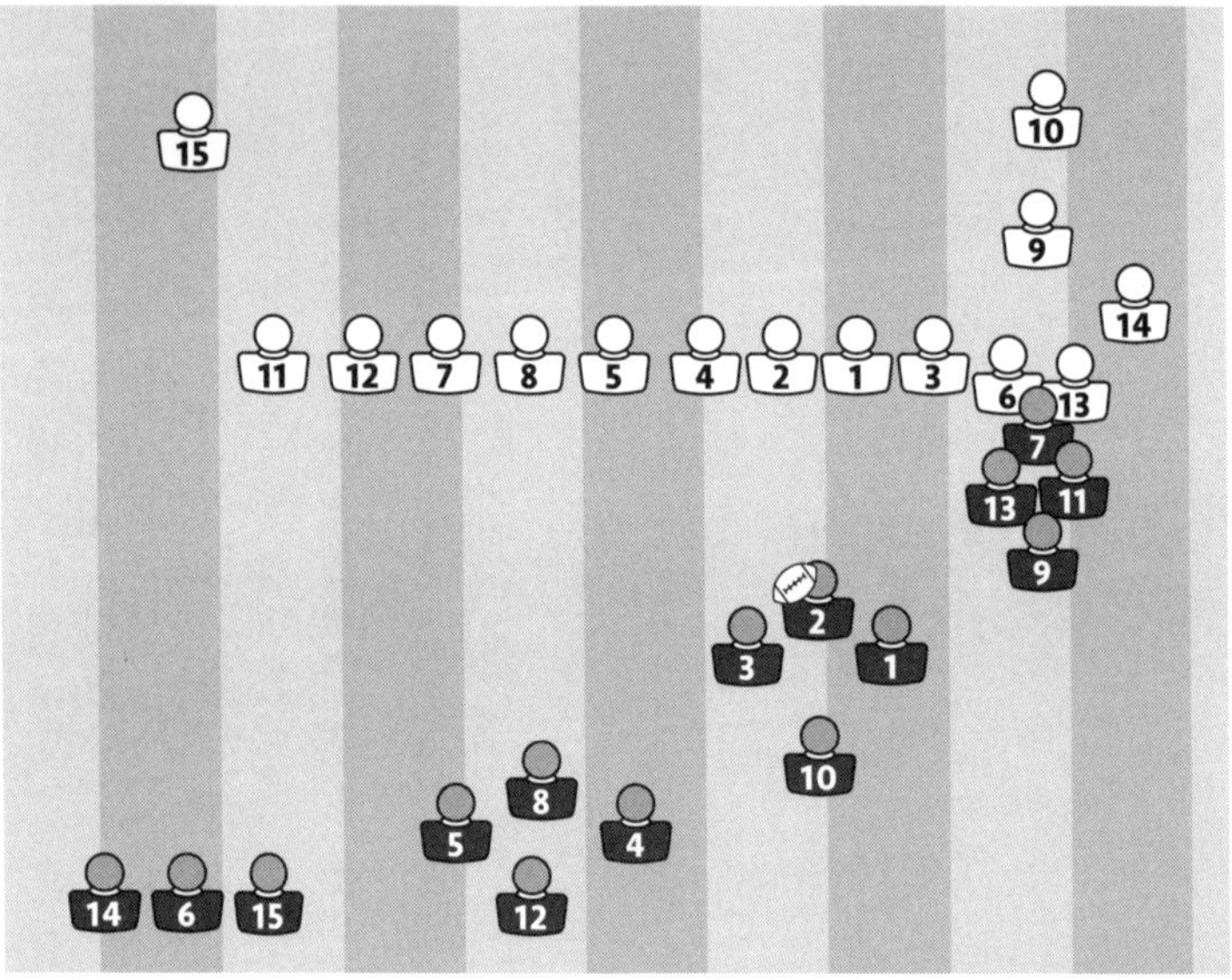
15
10
9
14
11
12
7
8
5
4
2
1
3
6
13
7
13
11
9
2
3
1
10
8
5
4
12
14
6
15
図26

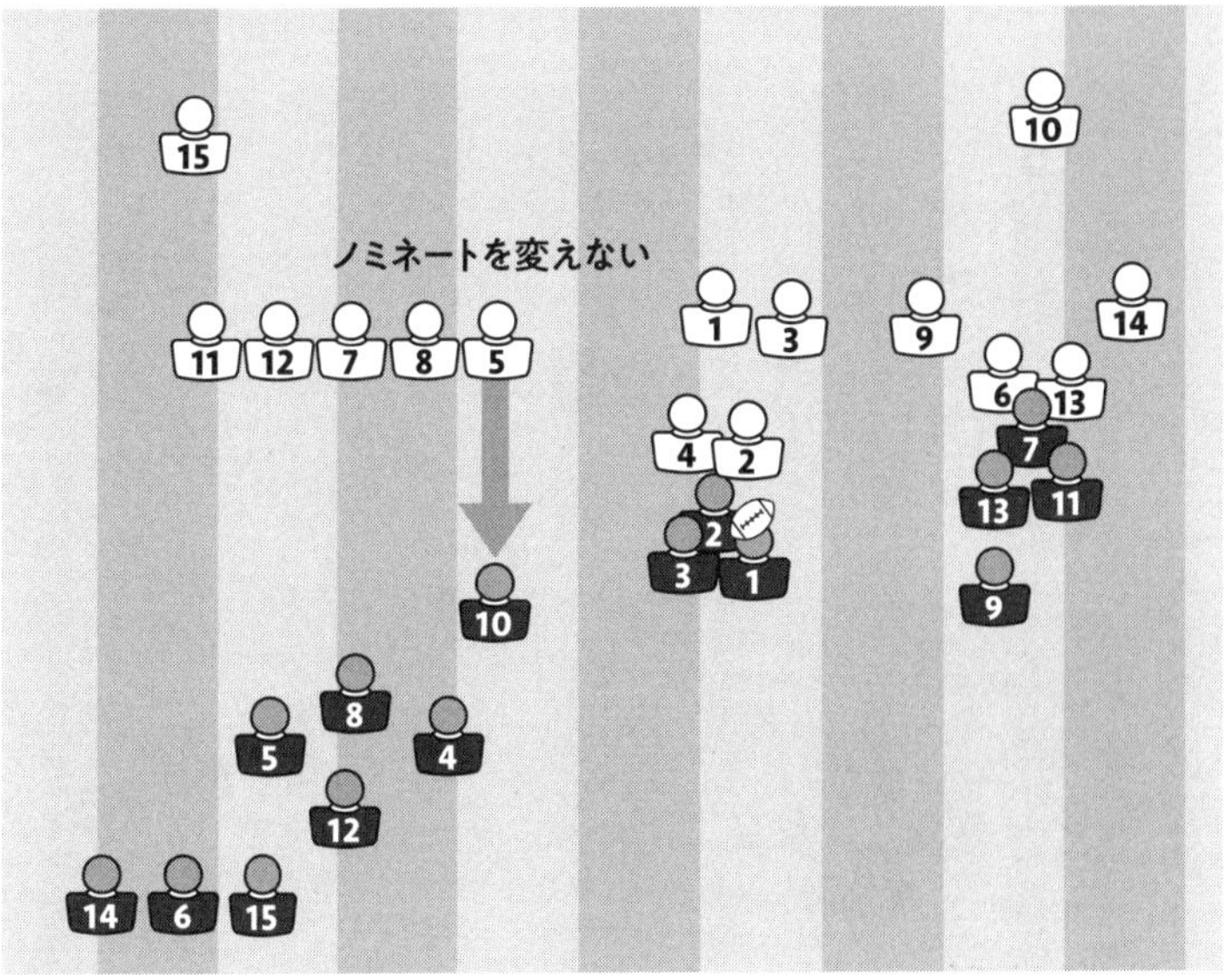

図27

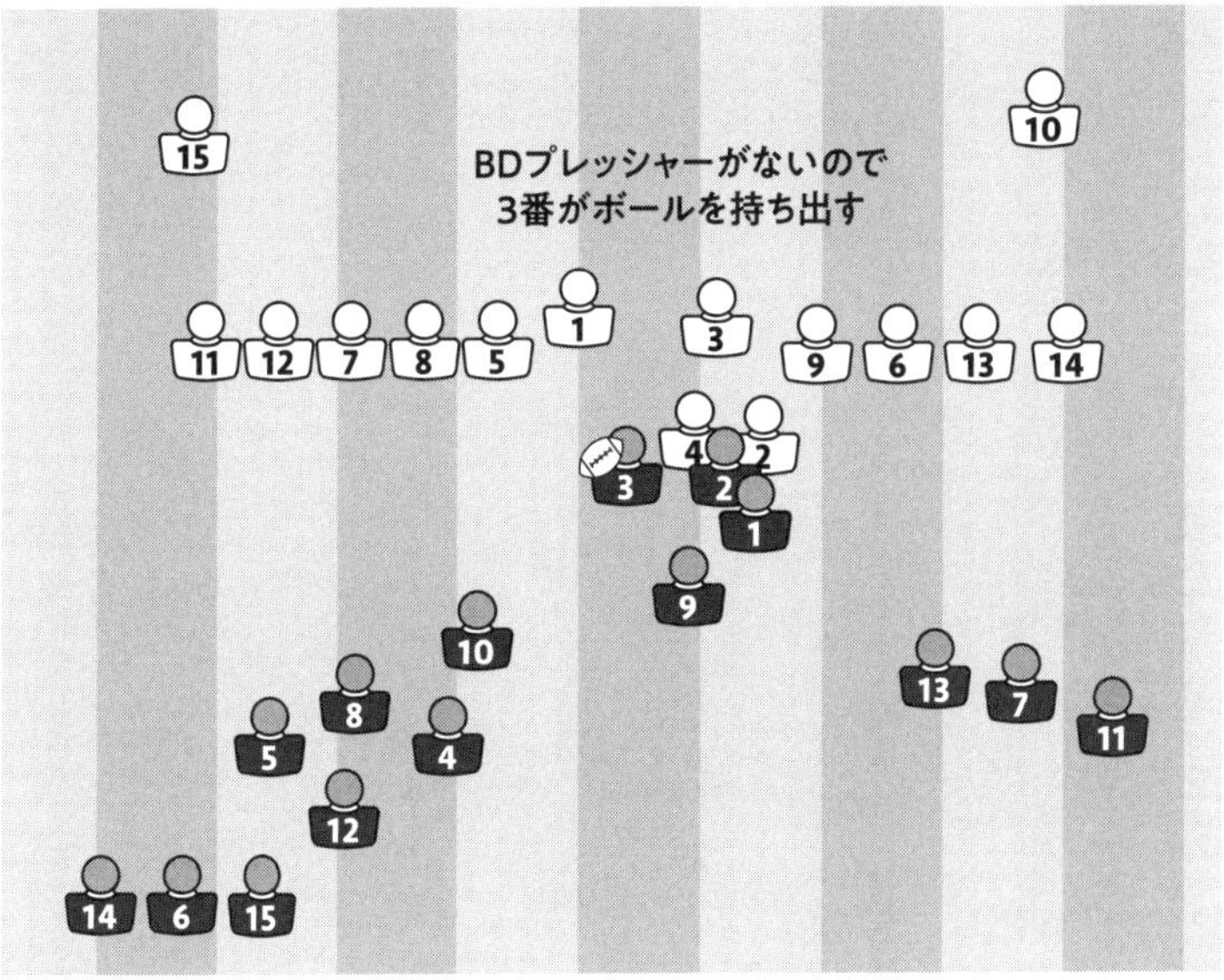

図28

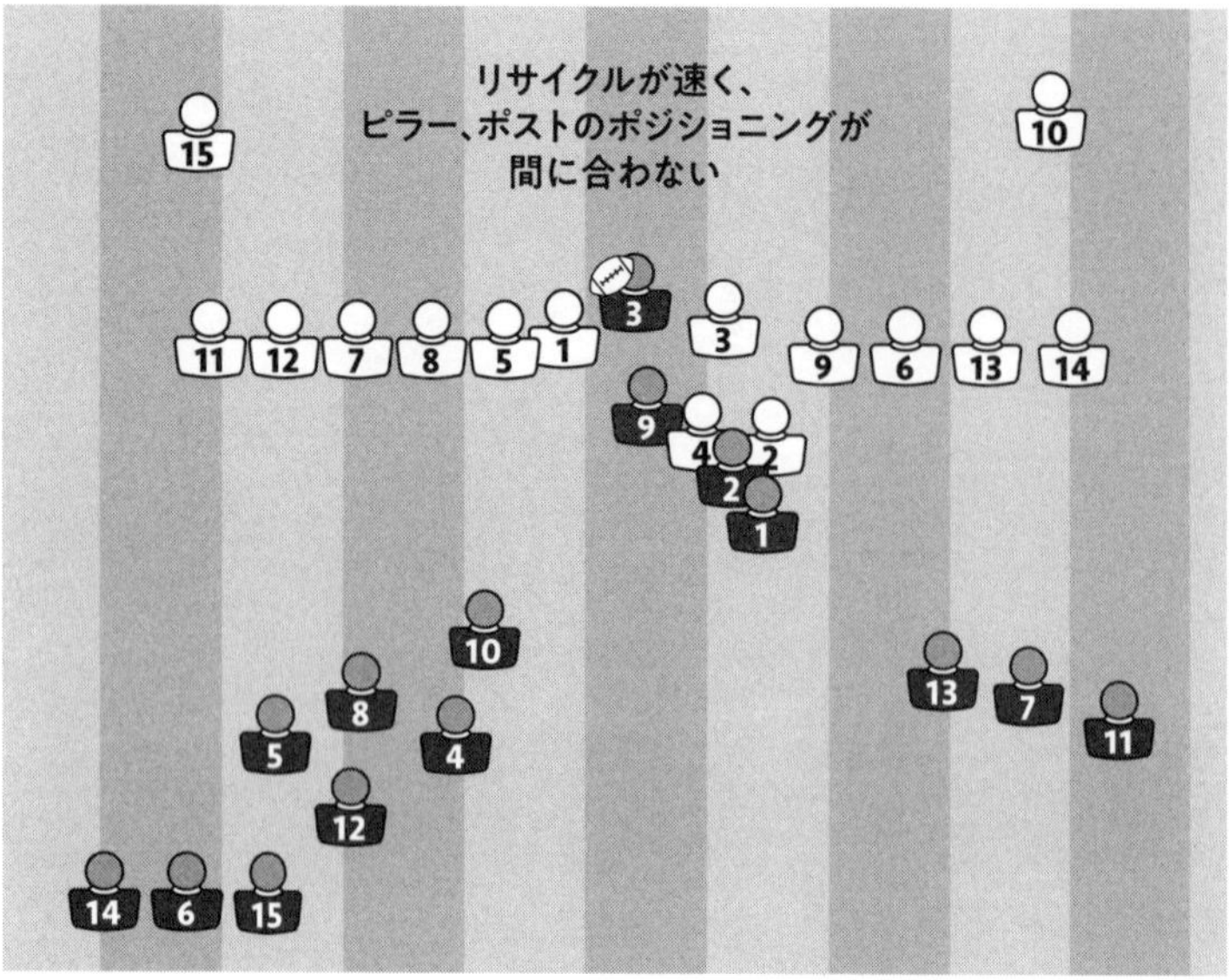
リサイクルが速く、
ピラー、ポストのポジショニングが
間に合わない
15
10
3
11
12
7
8
5
1
3
9
6
13
14
9
4
2
2
1
10
13
7
11
8
5
4
12
14
6
15

図29

ブレイクダウンへのプレッシャー

アタックはポッドが固定されたものから、フォーメーションの自由度が高いものに変化していきます。ピック＆ゴーや人が移動することでアタックの配置の規則性が失われたため、ディフェンスもアタックの配置を先回りしてポジショニングするということができなくなってきたのです。

そこで、ディフェンス側はブレイクダウンのリサイクルを遅らせることで余裕をもって相手の配置を見ながらポジショニングするという方向へシフトします。

ブレイクダウンのリサイクルを遅らせるためには、ブレイクダウンにプレッシャーをかけなければなりません。そのためには、アタックにゲインされたり、ディフェンスがネガティブタックル（タックルを受ける）しているようではいけないのです。

ブレイクダウンにプレッシャーをかけるために、前に上がってゲインラインの攻防に勝ち、なおかつネガティブではなくドミネント（相手を仰向けに倒す支配的な）タックルが必要になり、横に動いてタッチラインに追い込んでいく「スライドディフェンス」ではなく、前に出てパスする時間を奪う「ラッシュアップディフェンス」が主流となっていきます。

皆様も記憶に新しいと思いますが、2019年のワールドカップで南アフリカはこのラッシュアップディフェンスを使い、見事に優勝を果たしました。

前に出るディフェンスと聞くと、日本には以前から「シャローディフェンス」というものがありますが、大きな違いは、内側のフォワードの役割です。

ラッシュアップディフェンスは、内側のピラー、ポストが外側と同じように面になって上がるのに対して、シャローディフェンスは、バッキングアップとしてラインディフェンスの後方をタッチラインに向けて走り、裏を抜けてくるアタックを止める役割を果たしていました（図4から7）。

ちなみに、シャローディフェンスを使っていた当時、サインプレイとしての「ダブルライン」はあったものの、配置そのものが「ダブルライン」になっているものは存在せず、システムとしてどのようにプレッシャーをかけるのかといったアイデアはありませんでした。つまり、コンセプトは同じではありますが、別物だといえます。

このように、効果的な防御戦術は攻撃の変化とともに、日々進化していきます。次の章からはもう少し具体的に、近代ラグビーの防御戦術について話を進めていきましょう。

第2章

防御の構造と原理原則

防御の構造と原理原則

ディフェンスの構造

ディフェンスの目的はアタックの前進を止めてボールを奪い返すことです。

そのためにはゲインラインの攻防に勝ち、ボールを奪い返すために相手を仰向けに倒す支配的な(ドミネント)タックルを行い、ブレイクダウンでボールの争奪に勝たなければなりません。

アタックの前進を止めるためには、ディフェンスはできるだけ前でタックルを仕掛けるのが効果的です。バラバラに飛び出してはアタックにそのギャップを突かれてしまうので、一列で面になって前に出る必要があるのです。

ラグビーには「ブレイクダウンの後方にディフェンスは下がらなければならない」といったオフサイドルールがあります。これは、ブレイクダウンが発生するたびにブレイクダウンの後方にポジショニングし直さなければならないということを意味します。

アタックがブレイクダウンからパスアウトするよりも、ディフェンスのポジショニングが遅れればディフェンスラインを揃えることはできません。ブレイクダウンのポジショニングが遅れれば遅れるほど、ディフェンスは前に出ることができず、ゲインラインの攻防において不利になっていくのです。

それでは、どのようにすればディフェンスのポジショニングを揃えることができるのでしょうか？

ブレイクダウンからアタックのパスアウトを遅らせることができれば、ディフェンスは余裕を持ってポジショニングすることができます。

アタックはゲインしたり、ブレイクダウンから速くボールを出したりして、次の攻防で有利な状況を作ろうとします。そこでディフェンスはブレイクダウンにプレッシャーをかけてポジショニングする時間を稼ぎ、面になったディフェンスで前に出ることでゲインラインの攻防で優位に立ち、支配的なタックルを行う。その結果、ボールを奪い返すのです。

もし奪い返せない場合は「アタックのブレイクダウンのリサイクルを遅らせることで、ディフェンスのポジショニングをする時間を稼いで、前に出て……」とボールを奪い返すまで繰り返し粘り強くディフェンスを積み重ねていくのです。

これがディフェンスの構造となります。

ピラー、ポストの役割

ブレイクダウンが発生して、ディフェンスがポジショニングする時の指標は、ブレイクダウンから一番近くの選手と2人目の選手です。この2人の選手のポジショニングが完了することでその外側が決まっていくのです。

ブレイクダウンから一番近くにポジショニングする選手を「ピラー」、その外側の選手を「ポスト」と呼びます。

ピラーの役割はスクラムハーフやピックで持ち出す選手のノミネートになります。

ポストはブレイクダウンから2人目の選手であり、その役割はブレイクダウンから一番近い選手のノミネートになります（図30）。ブレイクダウンから一番近い選手が4メートル以上離れていれば、ブレイクダウンとその選手の間にポジショニングして、スペースをゾーンで守ります（図31）。

具体的にはスクラムハーフからのフォワードのアタックである「9シェイプ」がある場合は、9シェイプのブレイクダウンから一番近い選手をポストがノミネート、9シェイプなしでスタンドオフが立つ場合は4メートル以上離れて立つケースが多い（基準は7メートル）ので、この場合はゾーンで立ちます（図31）。

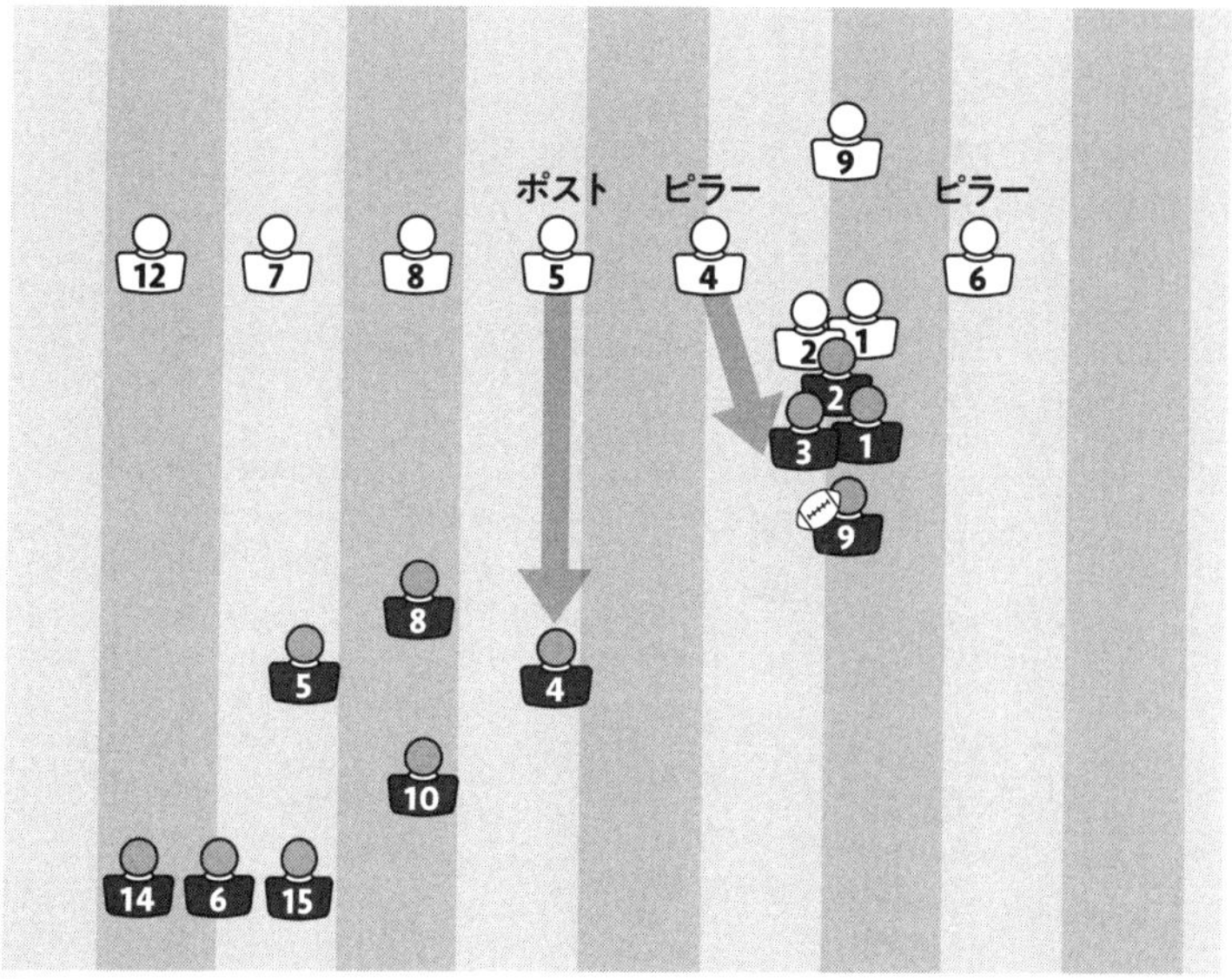
ポスト
ピラー
ピラー
9
12
7
8
5
4
6
2
1
2
3
1
9
8
5
4
10
14
6
15

図30

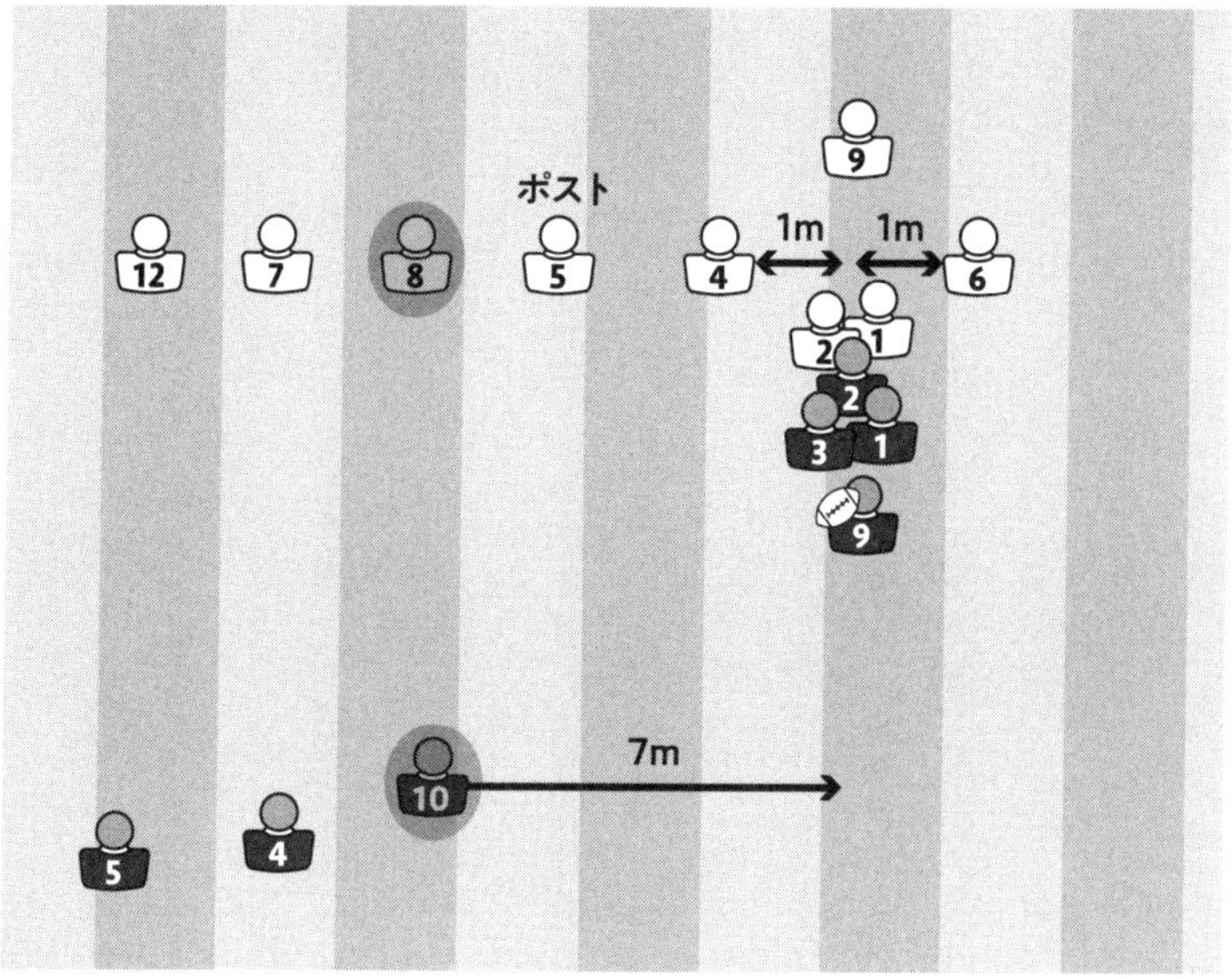
9
ポスト
1m
1m
12
7
8
5
4
6
2
1
2
3
1
9
7m
10
5
4

図31

以前はブレイクダウンができると一番最初にピラーがポジショニングしてボールの持ち出しを防いでいましたが、今は順目側にポジショニングする「フォールディング」の枚数が2人ということをチームの約束事としている場合もあり、効率を求めてポストからポジショニングすることが主流となっています。

もちろん、大きくゲインされて2人が速く順目側にポジショニングすることが想定できない場合などはピラーからポジショニングしていきます。

優先度が高いのはピラーのポジショニングですが、ディフェンスのポジショニングを考える上で、2人フォールディングするのであればポストからポジショニングすることは合理的であり、なおかつ有効だと考えます（図32から37）。

ピラーとポストの間隔

ピラーとポストのポジショニングの間隔ですが、先ほどブレイクダウンから4メートル以内にアタックの選手がいるかいないかという基準を出しました。ただし、トップレベルのゲームでは、9シェイプがない場合のスタンドオフのポジショニングは、ブレイクダウンから7メートル離れて立つので、ピラーはブレイクダウンから1メートル、ポストはピラーと3人目のディフェンスの選手の中間にポジショニングします（図31）。

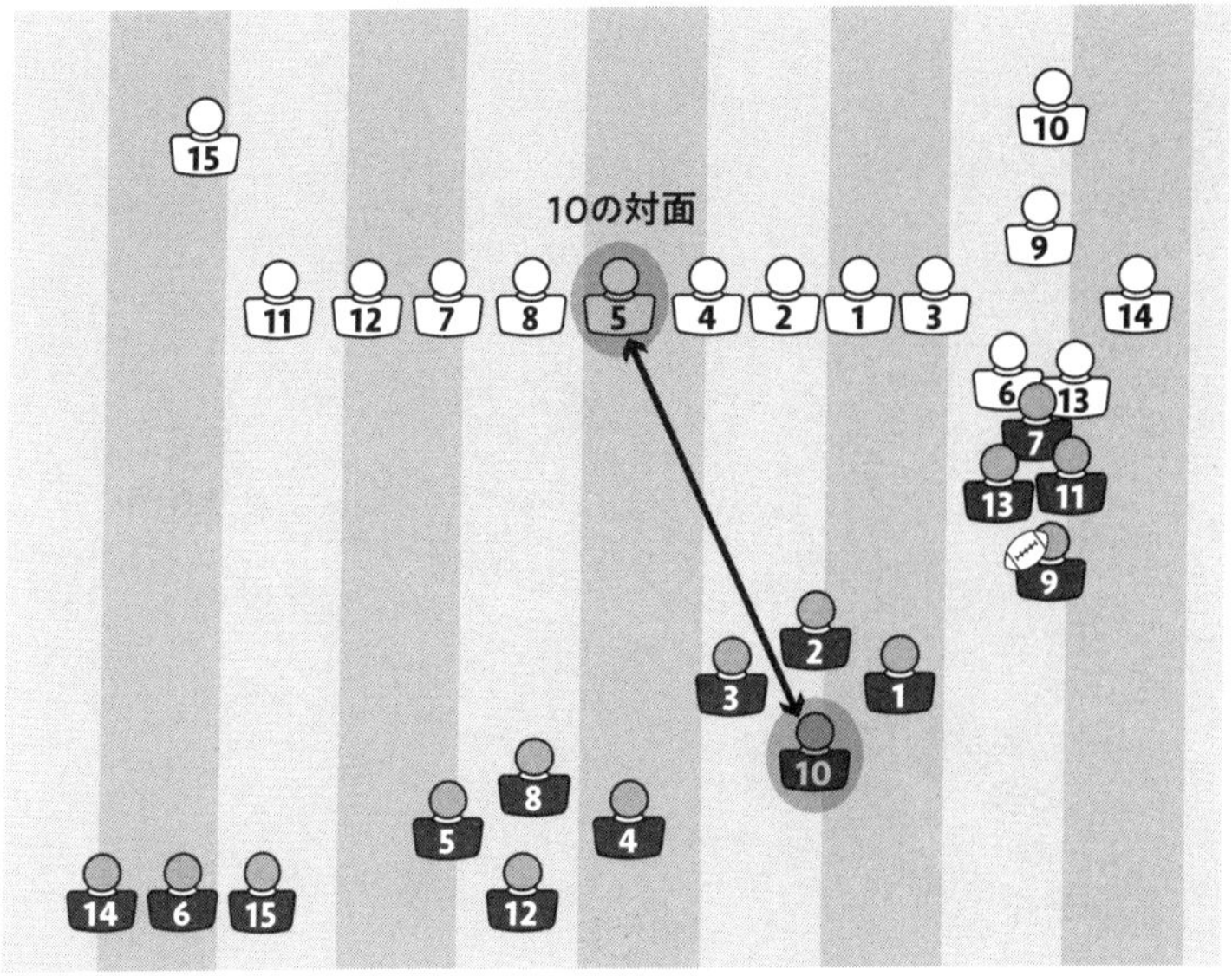
10の対面
15
10
9
11
12
7
8
5
4
2
1
3
14
6
13
7
13
11
9
2
3
1
10
8
5
4
14
6
15
12

図32

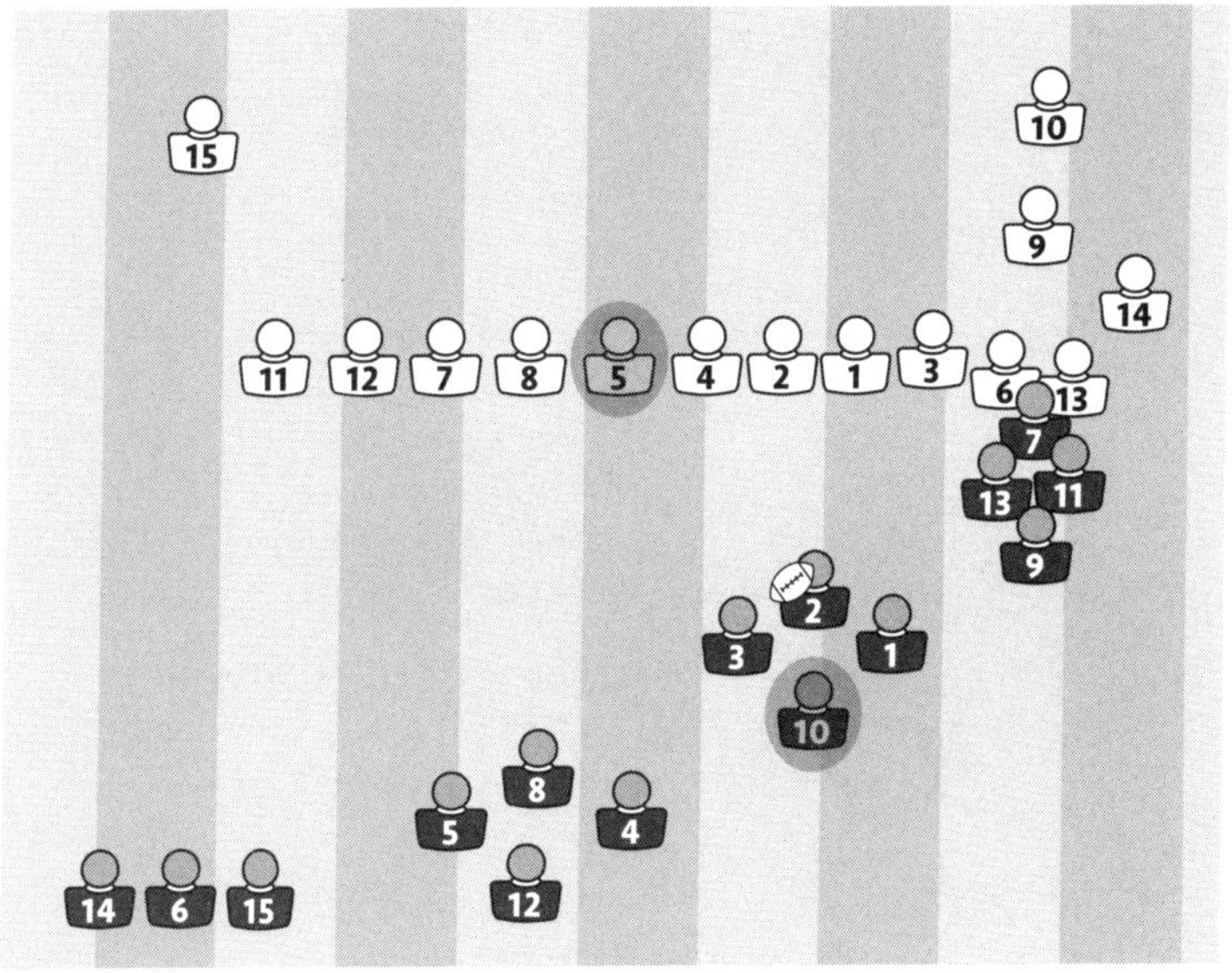
15
10
9
14
11
12
7
8
5
4
2
1
3
6
13
7
13
11
9
2
3
1
10
8
5
4
14
6
15
12

図33

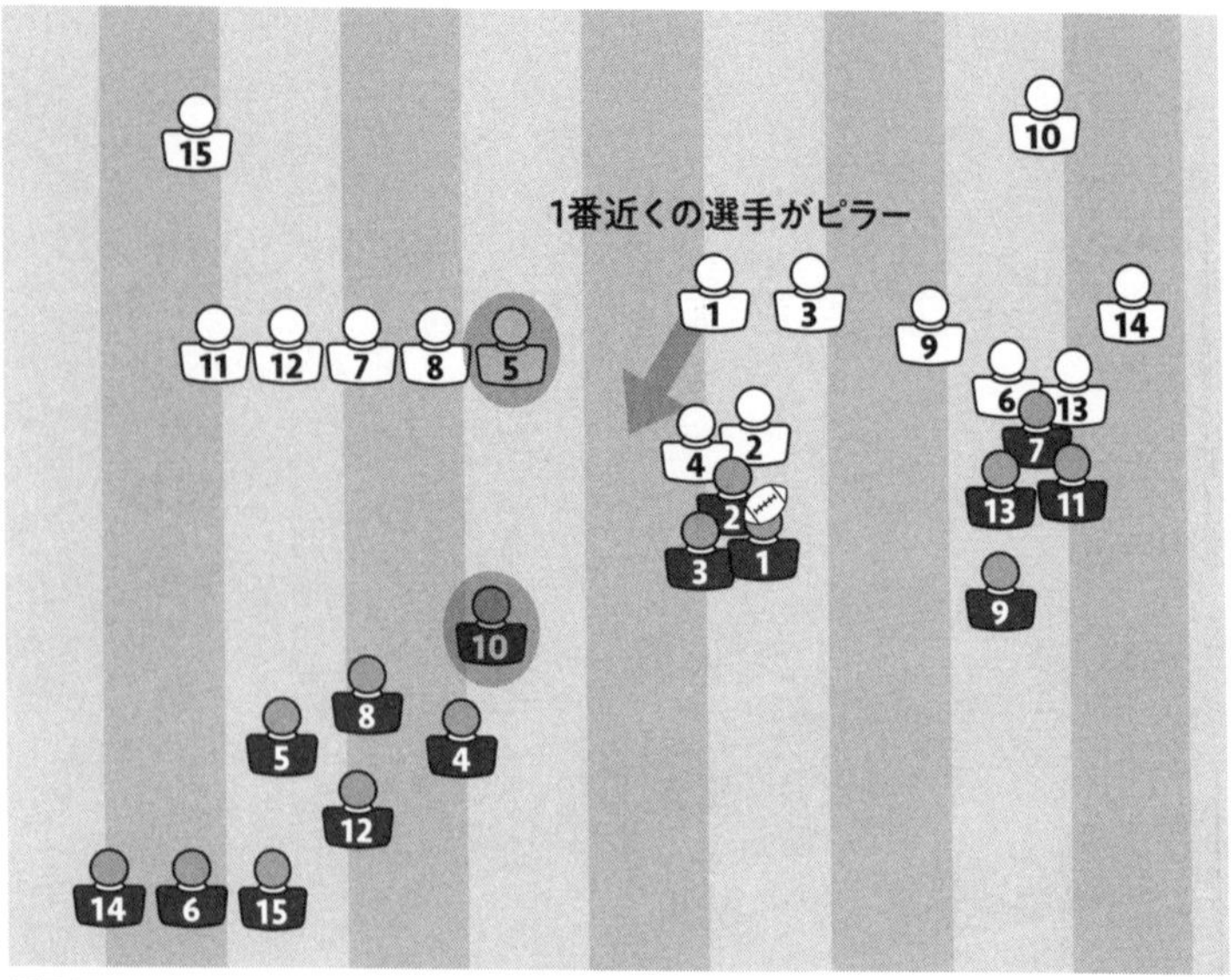
15
10
1番近くの選手がピラー
1
3
9
14
11
12
7
8
5
6
13
4
2
7
13
11
2
3
1
9
10
8
5
4
12
14
6
15
図34

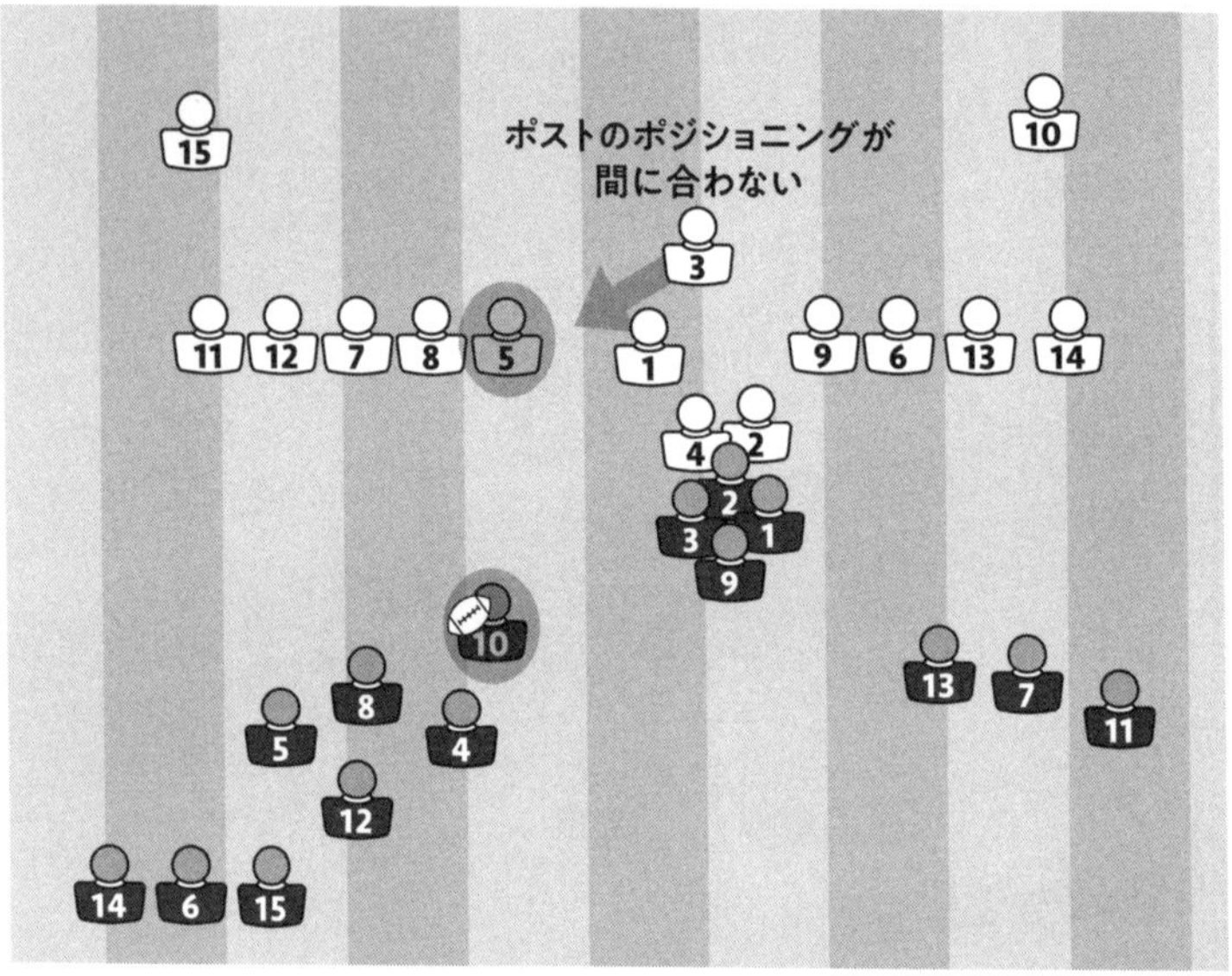
15
10
ポストのポジショニングが
間に合わない
3
11
12
7
8
5
1
9
6
13
14
4
2
2
3
1
9
10
8
5
4
12
13
7
11
14
6
15
図35

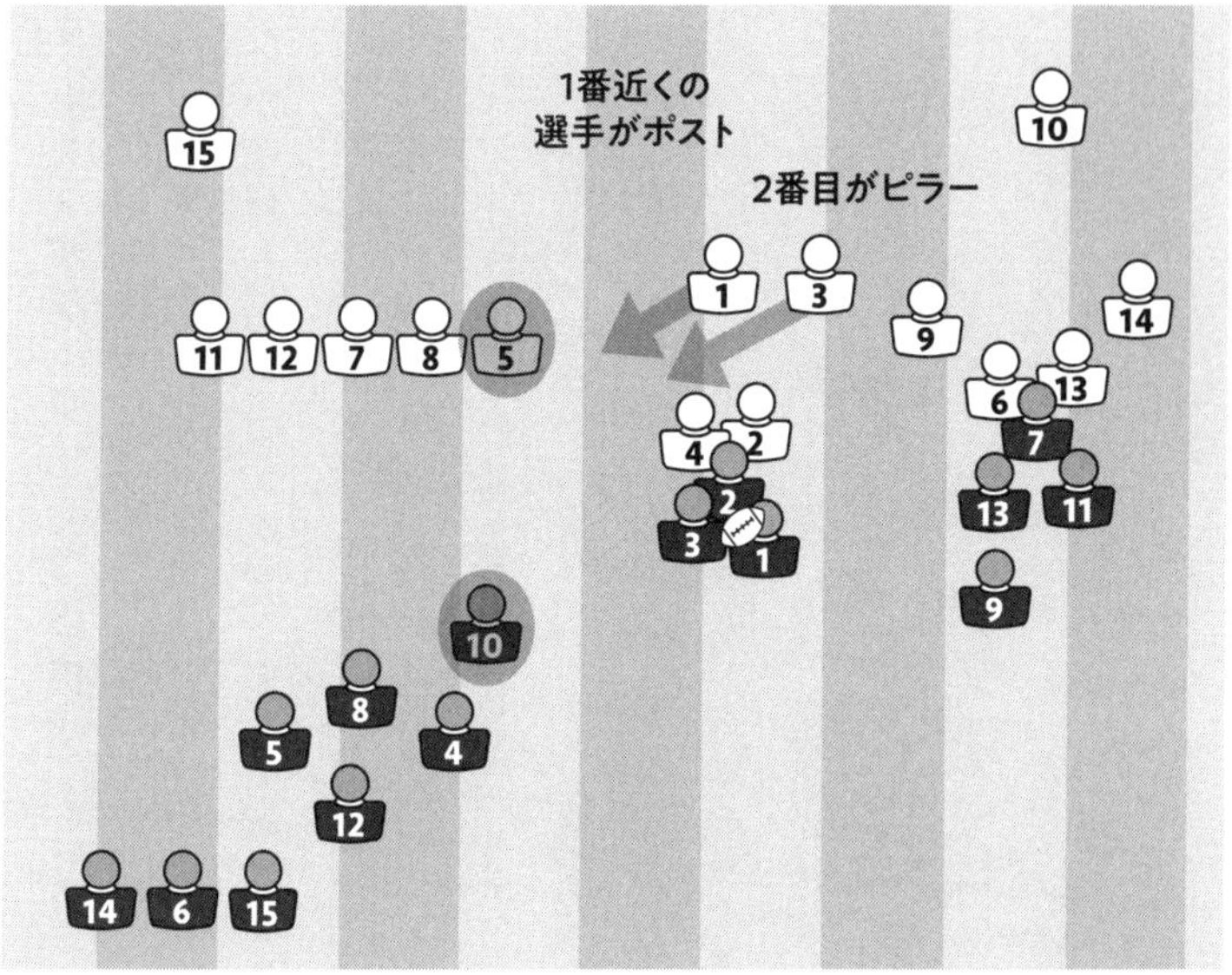
1番近くの
選手がポスト
2番目がピラー
15
10
1
3
14
9
11
12
7
8
5
6
13
4
2
7
2
13
11
3
1
9
10
8
5
4
12
14
6
15

図36

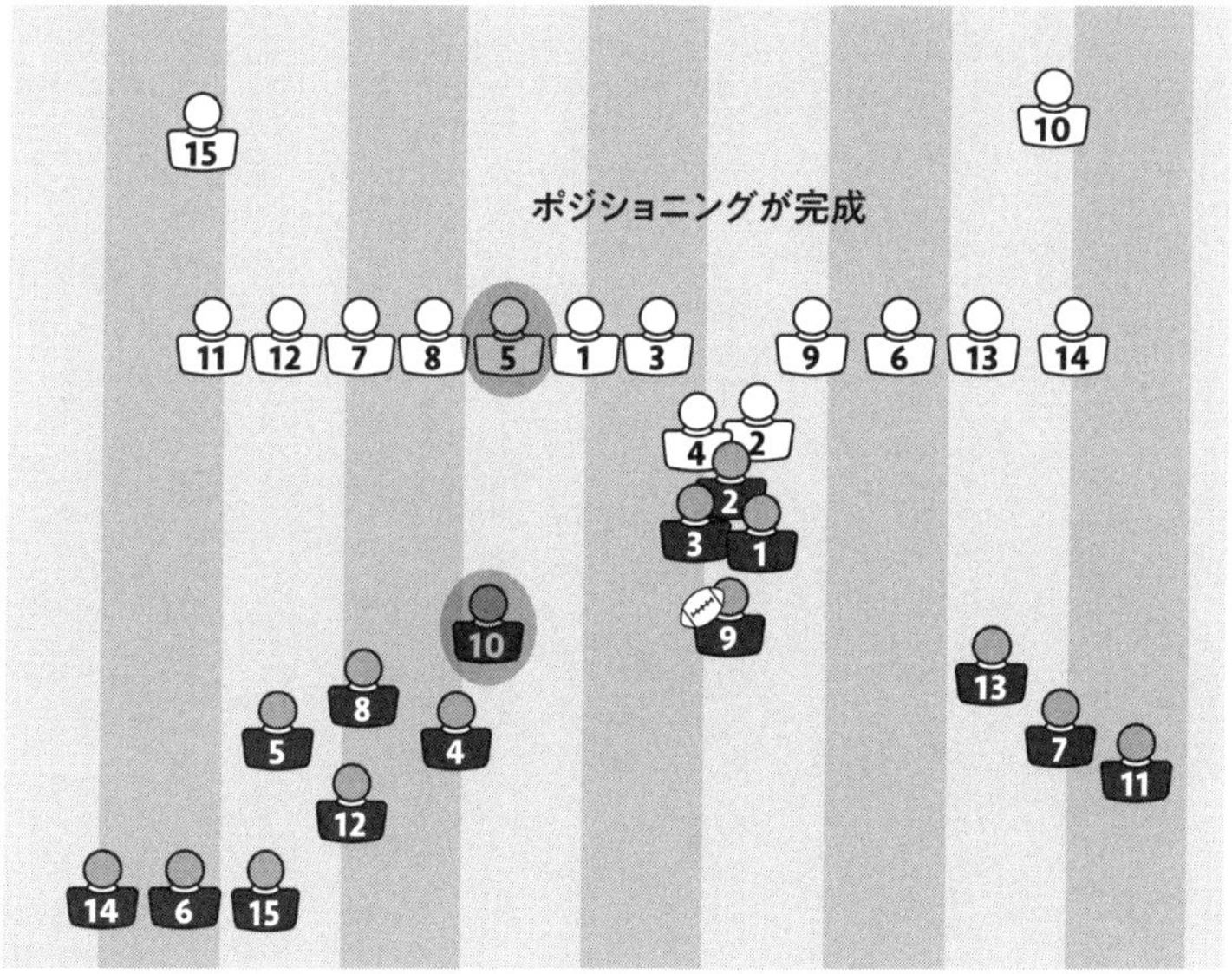
15
10
ポジショニングが完成
11
12
7
8
5
1
3
9
6
13
14
4
2
2
3
1
9
10
13
8
5
4
7
11
12
14
6
15

図37

ポストがゾーンで立つ理由

9シェイプがなく1stレシーバーがスタンドオフの場合に、なぜポストがゾーンで立つのかと言えば、ブレイクダウンから7メートル離れた位置に立つスタンドオフに対して「1対1」で止めるのはディフェンス側の大きな負担になってしまうからです。

また、この位置に立つディフェンスはフォワードになることが多く、ミスマッチでかつスペースが広くなってしまうため、ポストはゾーンで守ることになります。

同様にスクラムハーフがボールを持ち出すプレイに関しても、ポストが立たずに7メートル離れていたのでは、そこのスペースを狙われてしまいます。

最近ではピラーの位置にスクラムハーフがディフェンスに入ることも多くなりましたが、フォワードの選手が入っている場合には、ミスマッチになるため、どちらの観点からもポストは置くべきだと考えます。

ただし、スタンドオフがブレイクダウンから近い位置（ブレイクダウンから4メートル以内）に立つ場合は、ポストはゾーンではなくノミネートします（図38）。

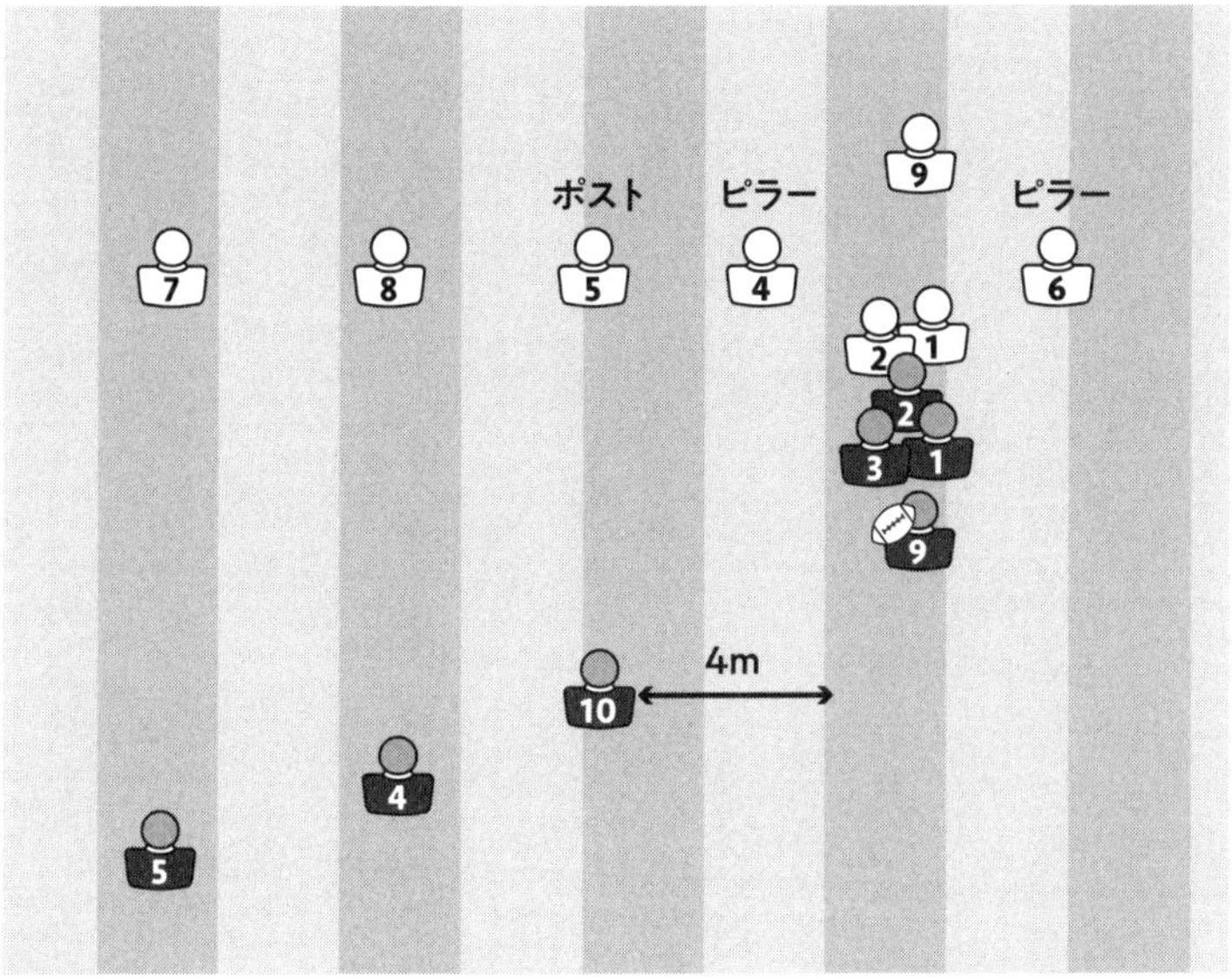

図38

なぜフォールディングの必要があるのか

アタック側が「エッジから9シェイプ、10シェイプ、エッジ」とアタックのポッドがあり、9シェイプを使ってアタックをした場合を考えてみます。

ブレイクダウンからボールを持ち出されてアタックされると、最短距離でゲインされてしまいます。そのリスクを回避するためにディフェンスは外側からブレイクダウンに寄っていってポジショニングすると「ラックチェイス（ブレイクダウンに集まる現象）」が起こり、外側にスペースが生まれてしまいます。

そこで、内側は逆側にいるフォワードが順目側に回り、外側はノミネートは変えずにポジショニングすることでラックチェイスを防ぎ、外側にスペースが生まれることを防ぎます。

このようにディフェンスが順目側に移動してブレイクダウン周囲にポジショニングすることを、「フォールディング」と言います。

よくあるケースが「2フォールディング」といって、2人がフォールディングすることを基準とします。その理由は、アタック側が9シェイプできた時に、スタンドオフの対面の内側の選手がタックルしてブレイクダウンに参加すると、次のアタックでフォールディングがなければスタンドオフの対面の選手は、内側に寄らなければなりません。そうなると外側にスペース

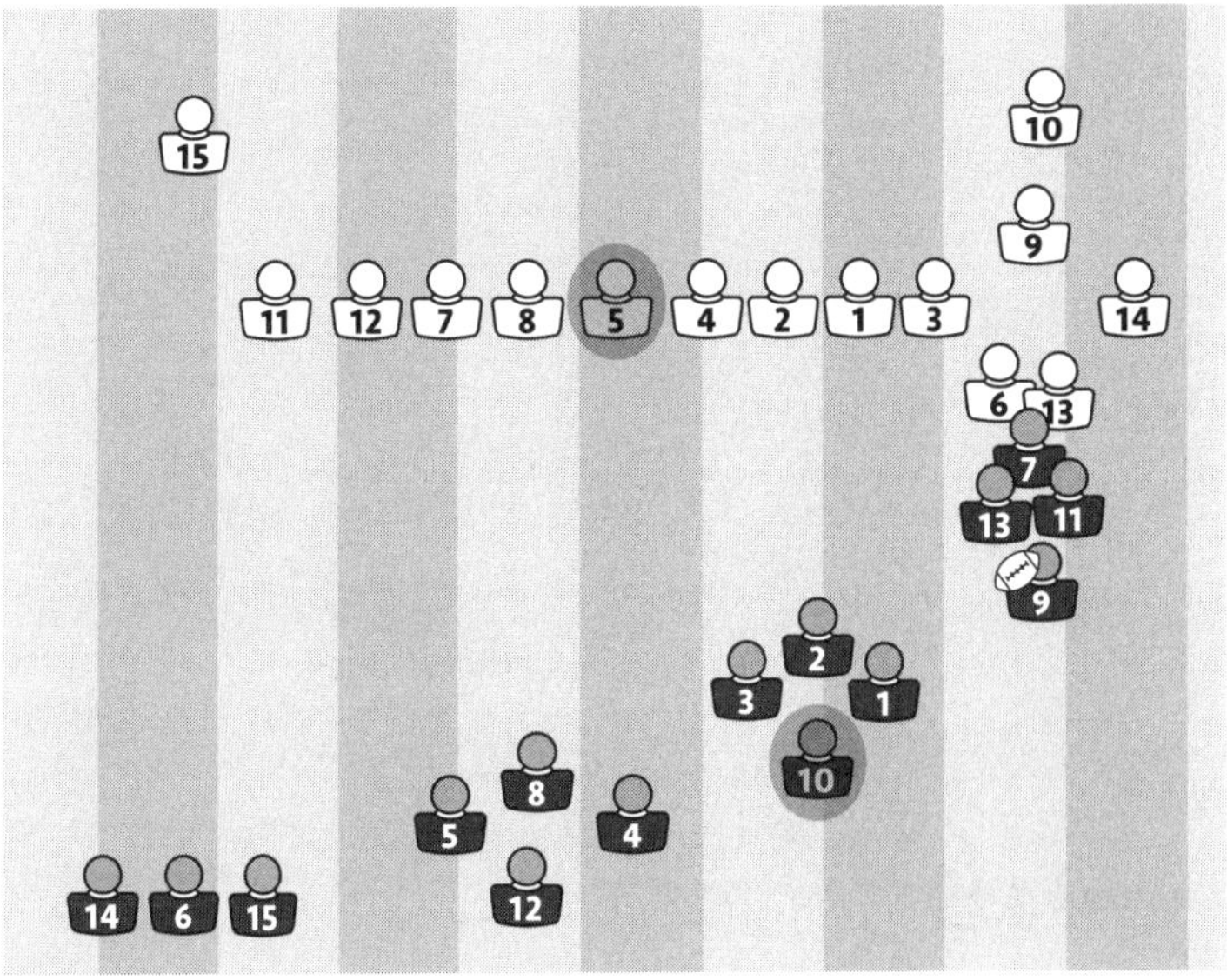
15
10
9
11
12
7
8
5
4
2
1
3
14
6
13
7
13
11
9
2
3
1
10
8
5
4
12
14
6
15

図39

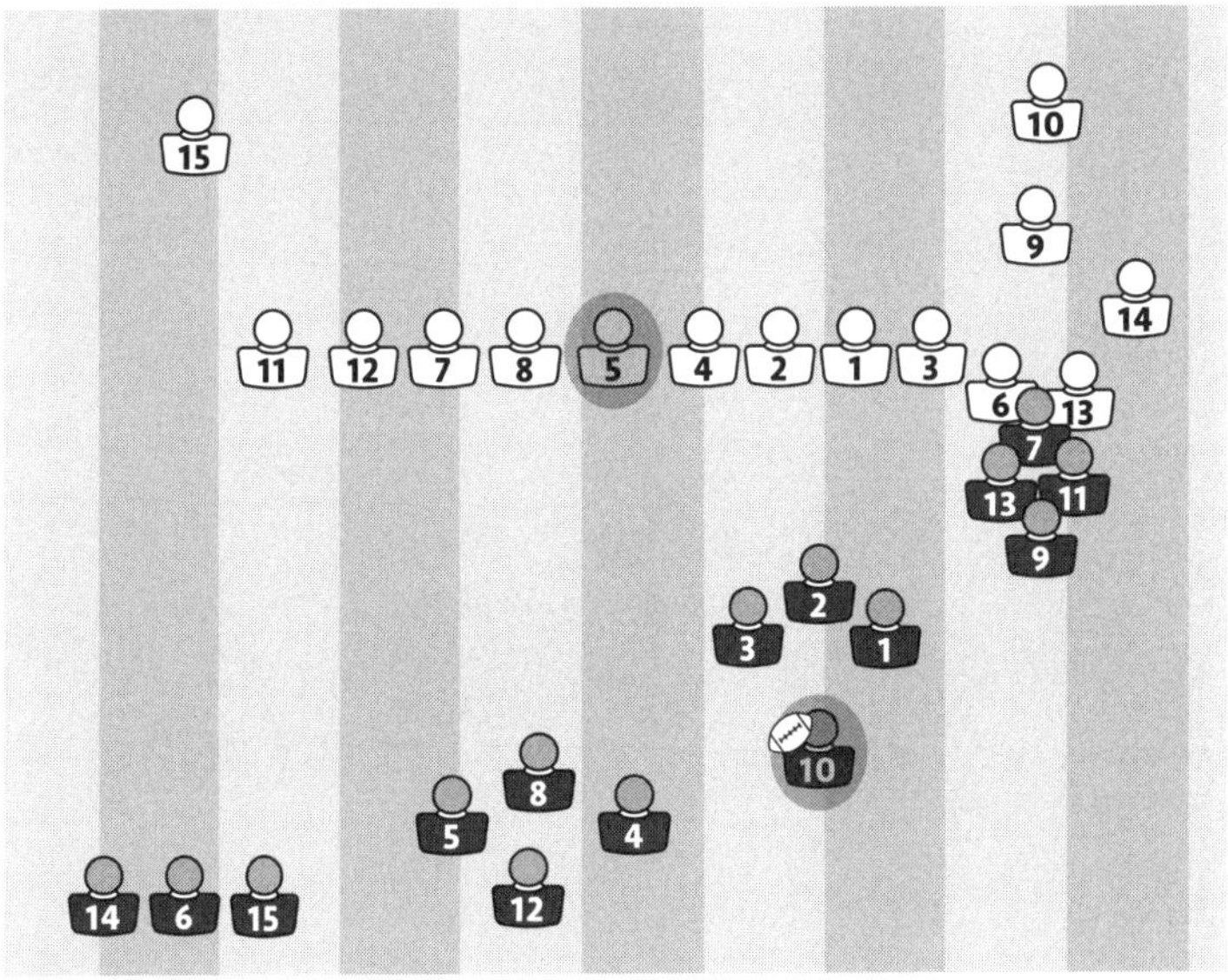
15
10
9
14
11
12
7
8
5
4
2
1
3
6
13
7
13
11
9
2
3
1
10
8
5
4
12
14
6
15

図40

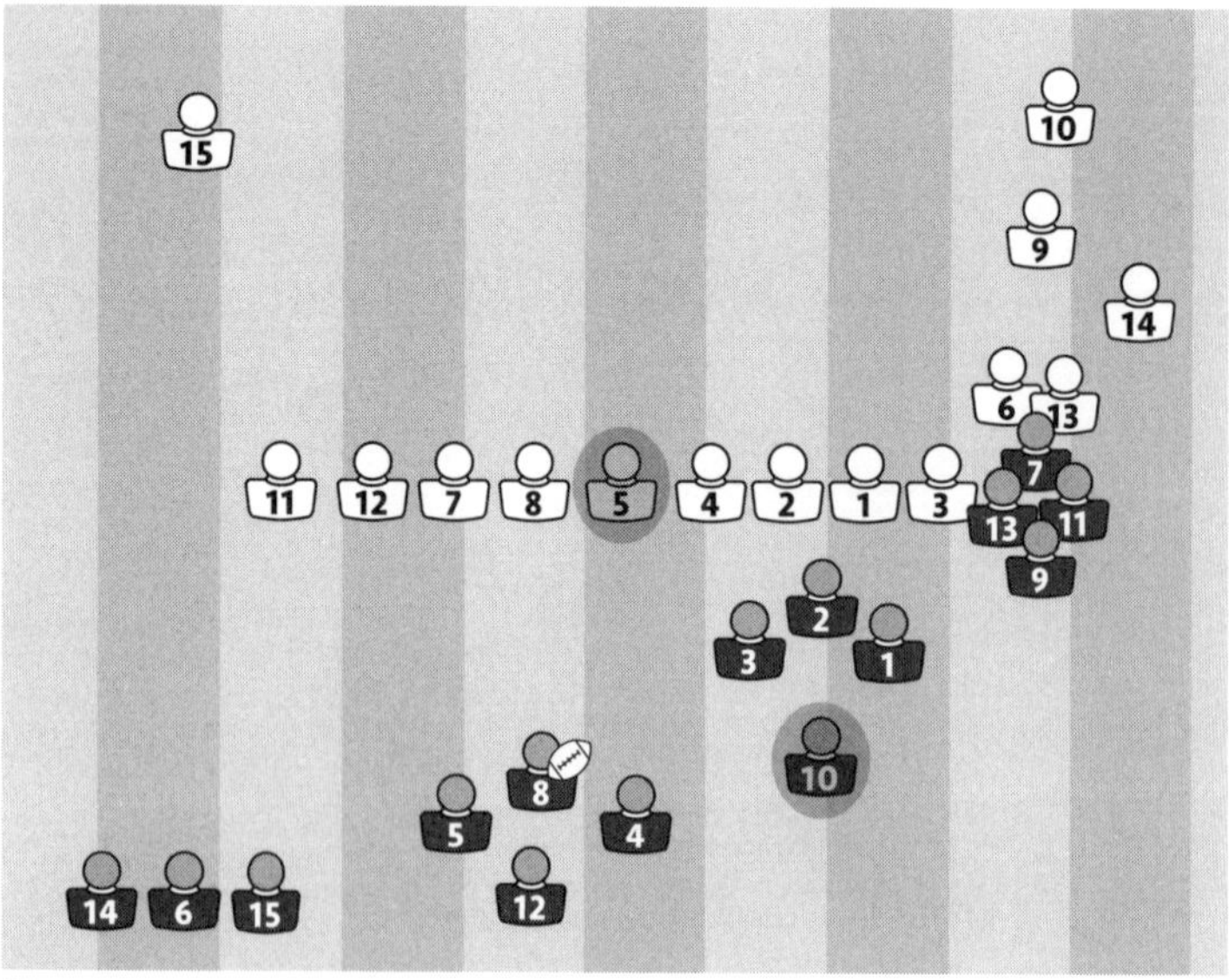
15
10
9
14
6
13
11
12
7
8
5
4
2
1
3
7
13
11
9
2
3
1
10
8
5
4
14
6
15
12
図41

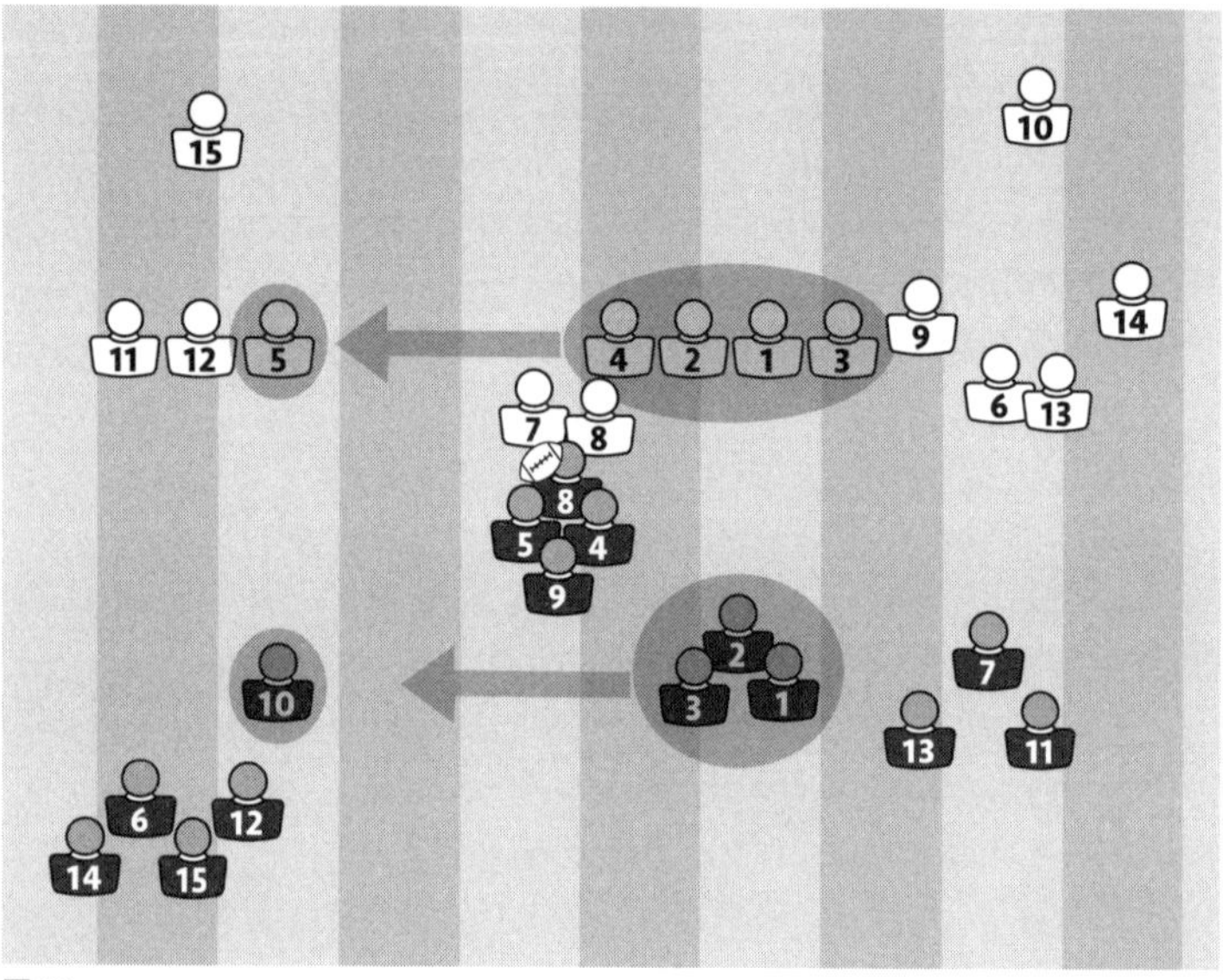
15
10
11
12
5
4
2
1
3
9
14
7
8
6
13
8
5
4
9
2
3
1
7
10
13
11
6
12
14
15
図42

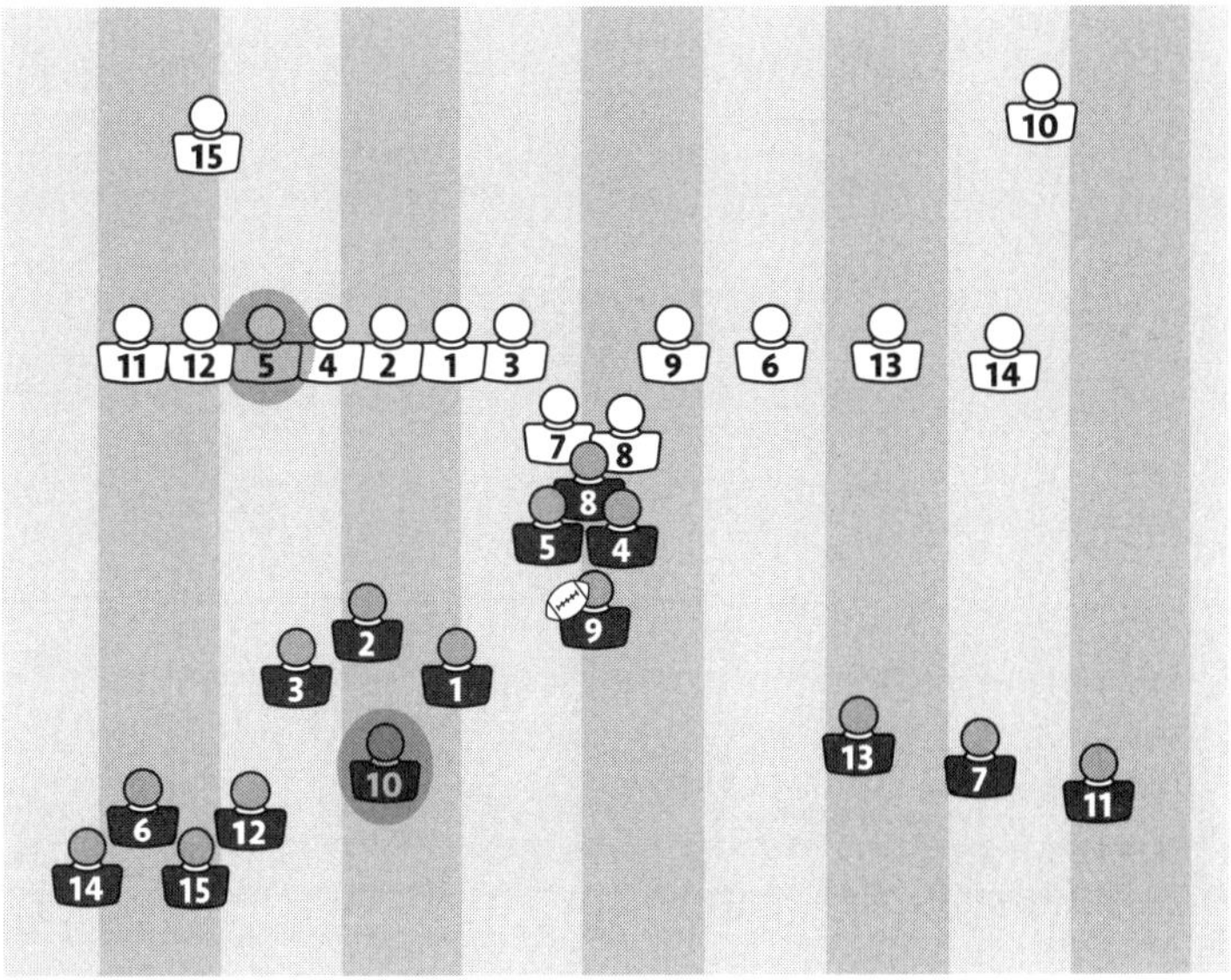

図43

が生まれますが、２人フォールディングすると内側のポジショニングは完成するため、スタンドオフの対面はノミネートを変えずにディフェンスすることができるのです（図32から37）。

ただ、相手が移動して9シェイプを作ってきたら2人ではなく同じようにフォールディングの枚数を増やさなければなりません（図39から43）、エッジから9シェイプでアタックしてきた時にカットインして内側でブレイクダウンができた場合、ピラー、ポストが残っているため、フォールディングが不要のケースもあります（図44から47）。

ポジショニングの原則は、

①外側のノミネートを変えないようにポジショニングすること

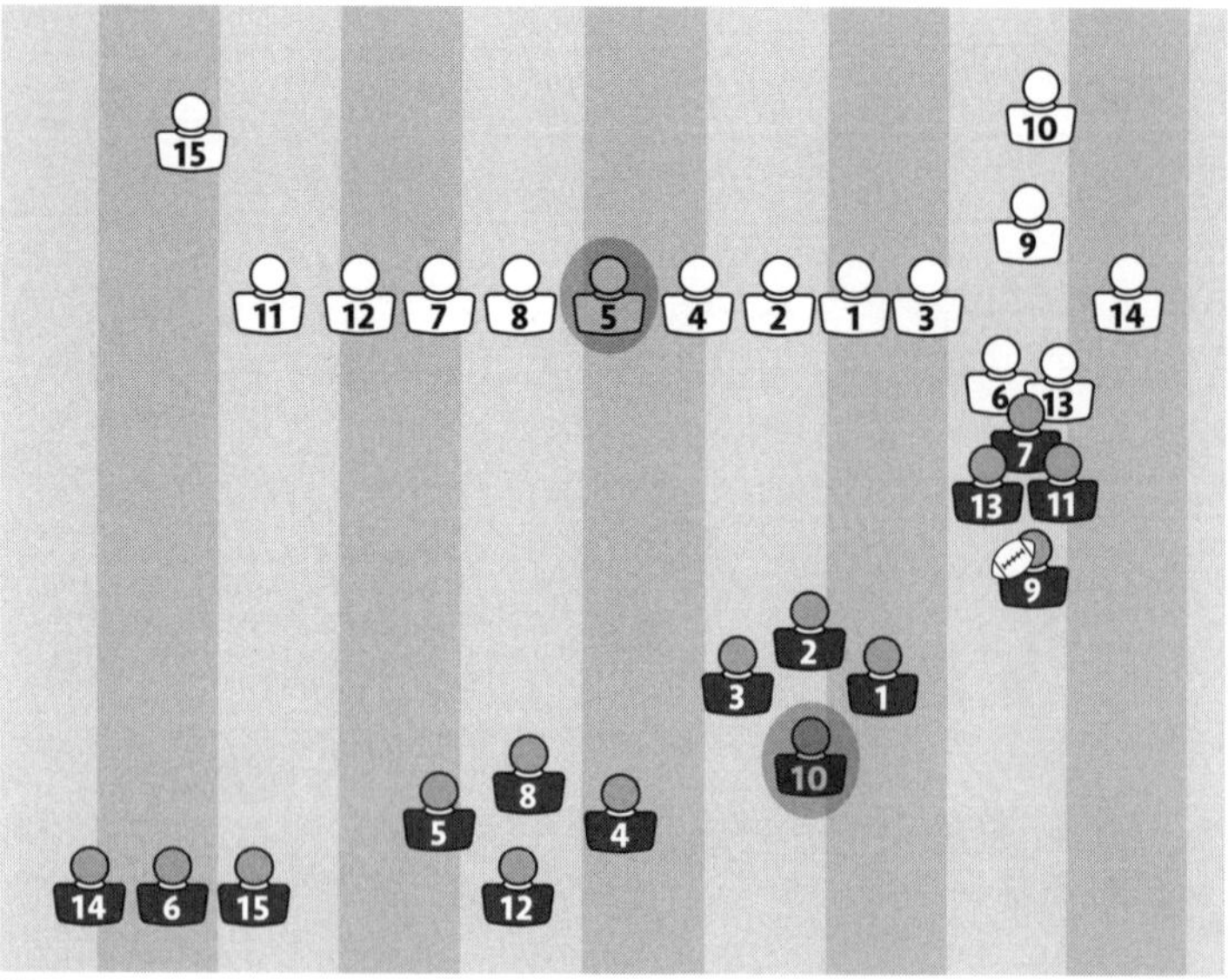
15
10
9
11
12
7
8
5
4
2
1
3
14
6
13
7
13
11
9
2
3
1
10
8
5
4
14
6
15
12
図44

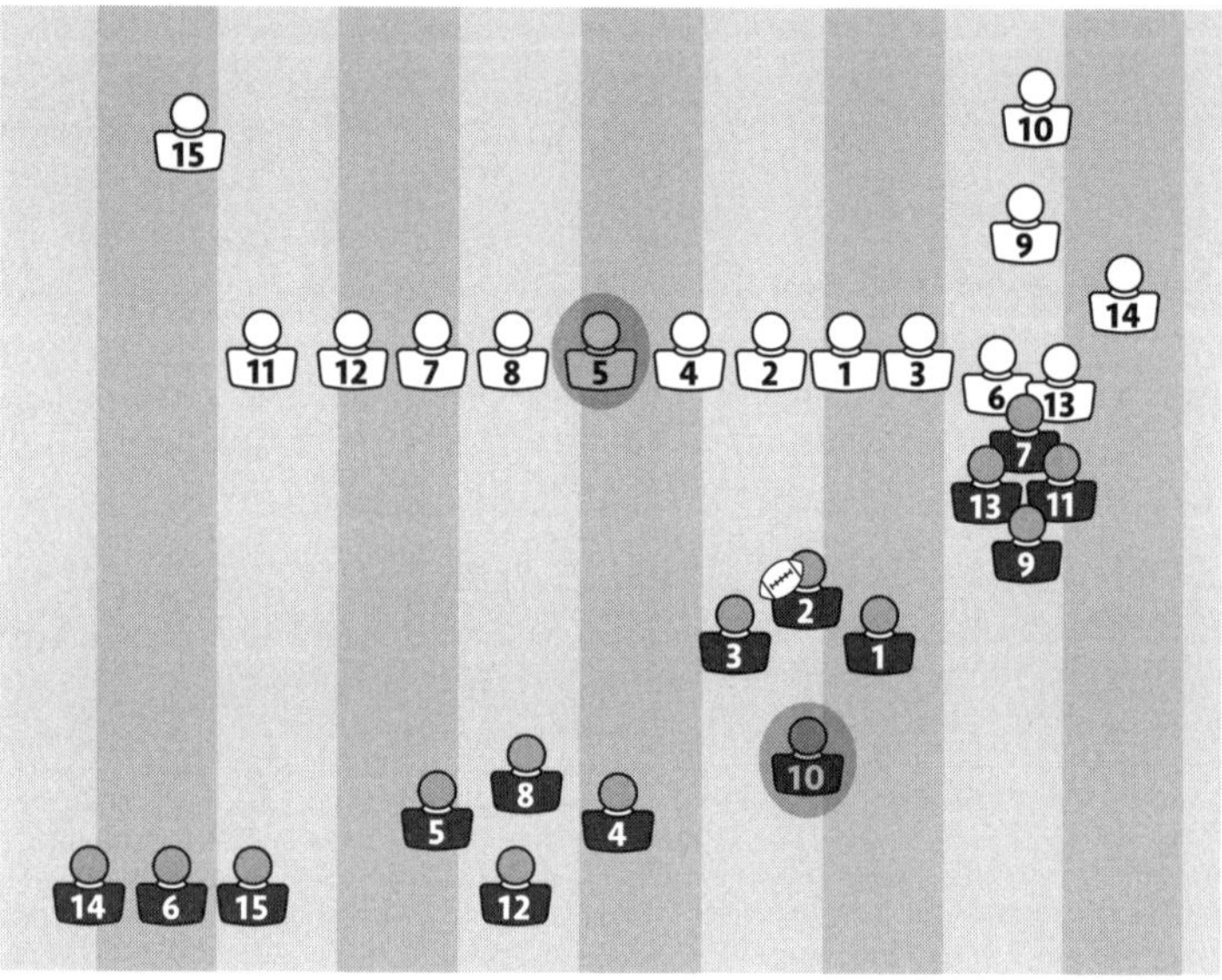
15
10
9
14
11
12
7
8
5
4
2
1
3
6
13
7
13
11
9
2
3
1
10
8
5
4
14
6
15
12
図45

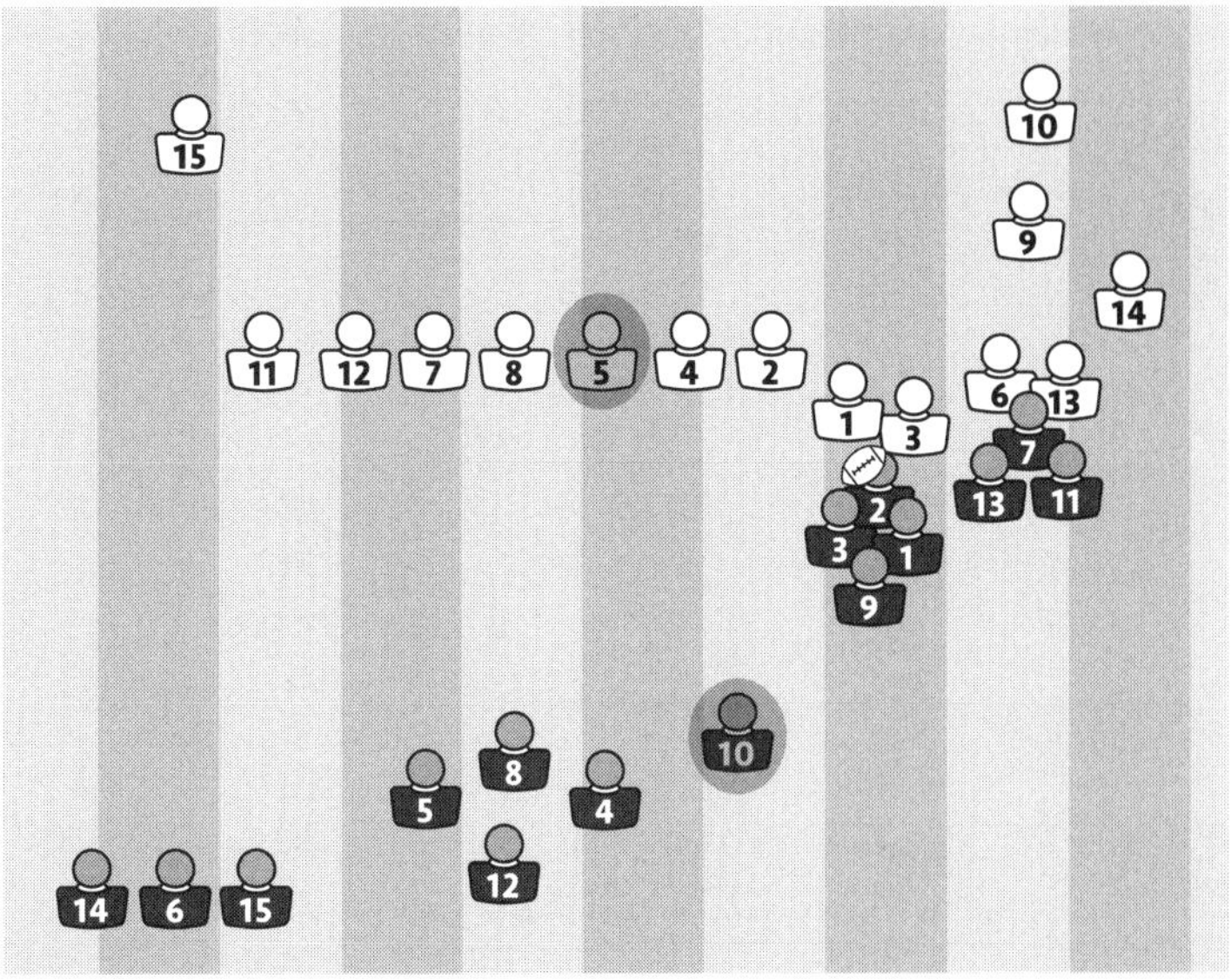
15
10
9
14
11
12
7
8
5
4
2
1
3
6
13
7
13
11
2
3
1
9
10
8
5
4
12
14
6
15

図46

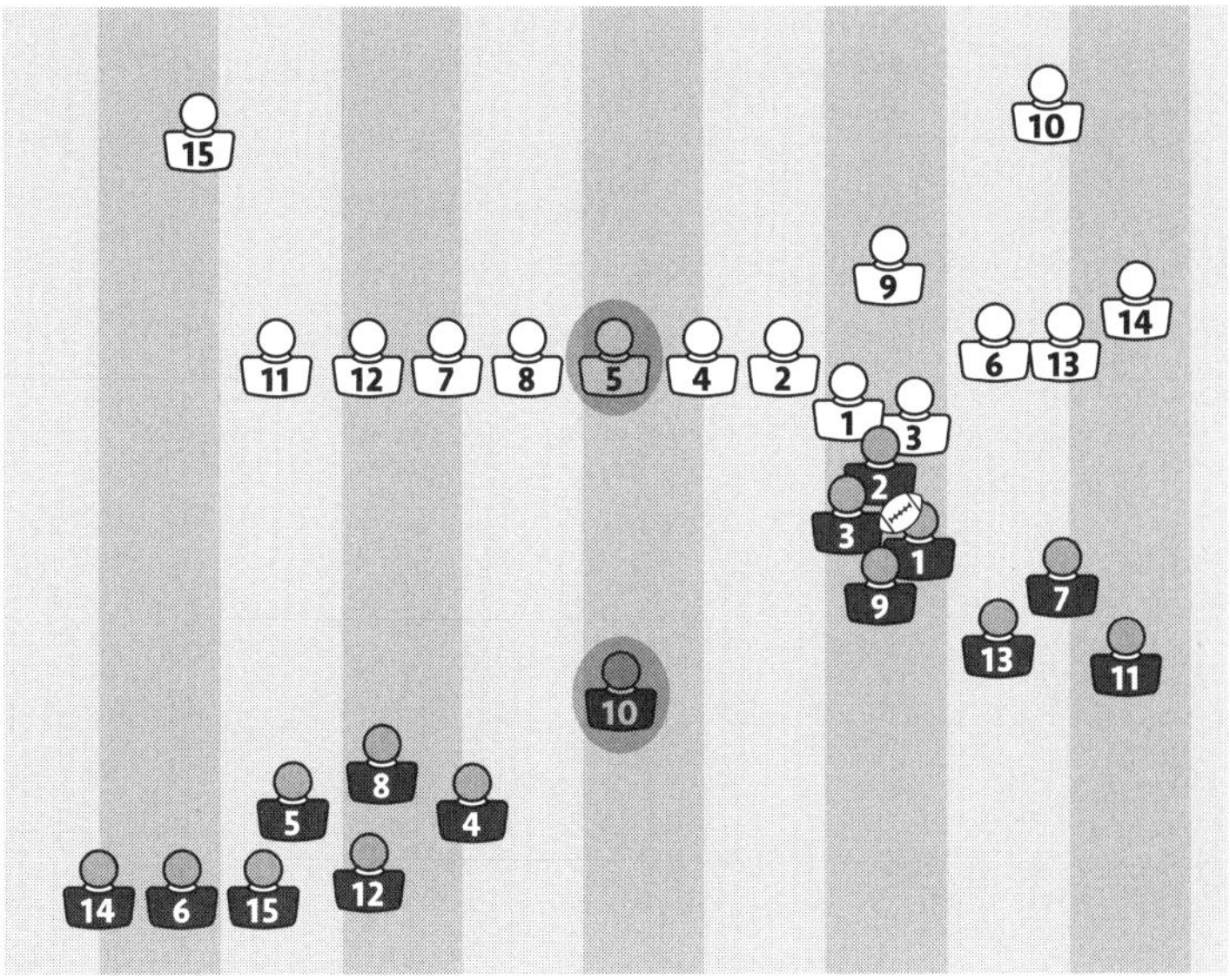
15
10
9
14
11
12
7
8
5
4
2
6
13
1
3
2
3
1
9
7
13
11
10
8
5
4
12
14
6
15

図47

②アタックのスタンドオフがブレイクダウンから4メートル以上離れて立った場合、ピラー、ポストの2人がポジショニングすること

の2点であり、アタックの移動攻撃に対しては同じように移動することで解決していきます。

スクラムハーフに求められる役割

ディフェンスは1人でタックルする場合、ボールキャリアーとの質量差と速度差によってタックルの優劣が決まります。さらに1人ではなく2人でタックルすることで物理的に上回ることができれば、よりボールキャリアーをコントロールすることが可能になります。

つまり、ダブルタックルを基準にしてそのまま2人でブレイクダウンにプレッシャーをかけることで、ターンオーバーや相手のブレイクダウンリサイクルを遅らせ、攻防を有利な状況に持ち込むことができるのです。

それに対してアタックはブレイクダウンで負けないように、ボールキャリアーとサポート2人の3人でブレイクダウンを守ります。

ブレイクダウンは、アタック側3人に対して、ディフェンス側2人が原則となっています。

エッジでブレイクダウンがあり、オープン側に9シェイプの場合、ディフェンス側の逆目側のポジショニングは、ブレイクダウンにいた2人とエッジにいた逆目ピラーの3人になります。

対して、アタック側はブレイクダウンにいた選手が真っ直ぐ後ろに下がってポッドを形成した場合、3人でアタックラインを形成できます。

このようにディフェンス側は3人に対して、アタックは3人とスクラムハーフの4人になるのでディフェンス側は1人数的不利な状態になります。

そこで、ディフェンス側は逆目のピラーの位置にスクラムハーフをいれることで逆目側の数的不利を解消します。

アタック側は、9シェイプを使った後にエッジに振り戻すプレイを「ワイパーアタック」と呼び、ブレイクダウンの人数差を利用し、ショートサイド（ブラインドサイド）での突破を狙ってくるので、スクラムハーフをうまく使ってディフェンス側は対処します（図32から37）。

また、フォールディングが2人必要で1人はポストにポジショニングしたがもう1人が間に合いそうにない場合にも、スクラムハーフが順目側のピラーに入ってポジショニングをカバーします。

スクラムハーフがラインディフェンスに入ると、ラインの裏をカバーする選手がいなくなるので、アタックはショートパントを使ってくる可能性が生まれます。その場合、スクラムハーフはパスアウトされた時に、ピラーの位置からショートパントをカバーできるようにコースを変えていきます。スクラムハーフには、常にこうした戦術的な駆け引きが求められるのです。

ラインディフェンスの原則

ディフェンスを行う時、大きく分けて3つの状況があり、その状況に合わせたディフェンスの方法を取らなければなりません。

1つ目は、ディフェンスの人数が揃っていてプレッシャーをかけられる状況。

2つ目は、ディフェンスは揃えられるがプレッシャーをかけられない状況。

3つ目は、ディフェンスが崩れていてディフェンスを揃えられない状況。

さらに細かく解説すると、1つ目は、アタックとディフェンスの人数が同数、もしくはディフェンスが数的不利であっても、ディフェンスにプレッシャーをかけられるとアタックはスペースにボールを運べない、「数的有利を生かせない」と判断できる状況です。

2つ目は、ディフェンスのポジショニングが遅れてノミネートが完了していなかったり、「4対3」といった少ない人数での数的有利といったアタック側が有利を生かせる状況です。

3つ目は、大きくゲインされた後などディフェンス側が圧倒的に不利な状況です。

この3つの状況の危険度を信号機になぞらえて1つ目を「ブルー」、2つ目を「イエロー」、

3つ目を「レッド」と呼び、チーム内で共有したりします。

これらのコールを「カラーコール」と呼びます。

ディフェンスはゲインラインの攻防を有利に進めたいので、できるだけ前に出てプレッシャーをかけようと考えます。ただし、どんな状況にあってもプレッシャーをかけてターンオーバーを狙えばいいというわけではなく、ディフェンスがどういう状況にあるのかを理解し、レッドからイエロー、イエローからブルーへとフェイズを重ねながら状況を改善してボールを奪いにいくことが重要です。

ラグビーは「ギャンブル」ではなく、駆け引きを伴う「ゲーム」です。

ディフェンスの構造や原理原則を理解し、意図的にディフェンスすることが求められます。

ハッスルライン

ディフェンスは自分の対面がパスしたら終わりではなく、次の役割を担うことで「1対1」ではなく「組織的に」ディフェンスしていくことができます。

第1章で触れた通り、１９９０年以前は、対面がパスしたらディフェンスラインの裏を外側に向かって走り、抜けてくる選手やディフェンス側の数的不利をカバーする「カバーディフェンス」が浸透していました。このディフェンスの動きは「バッキングアップ」と呼ばれていましたが、90年代後半になりピラーとポストが概念化され、内側から面になってその面を動かすといった考えが主流になっていきます（図1から11）。

そこで、対面がパスしてもバッキングアップに変えるのではなく、次のキャリアーの対面の内側をカバーすることでボールキャリアーの走るコースを抑えてプレッシャーをかけていく考え方が主流となっていきます。

この内側の選手の走るコースを「ハッスルライン」と呼びます。ハッスルラインは、ボールキャリアーの対面の内側2人までで、3人目以降の内側の選手はバッキングアップのコースを取るのが一般的となります（図48から50）。

このハッスルラインですが、ディフェンス側がレッドの状況であれば、ディフェンスの面を横、または斜め後ろに動かさなければならないので必然的に同じ動きになります。

つまり、ディフェンスの状況に応じてハッスルラインのコースは変わっていくのです（図51から53）。

ブレイクダウン周囲の選手の動き方

原則的に順目側のピラー以降の選手は真っ直ぐ前に出てプレッシャーをかけますが、逆サイドのピラーの選手は真っ直ぐではなく、ブレイクダウンの後方を横切って横方向へスライドす

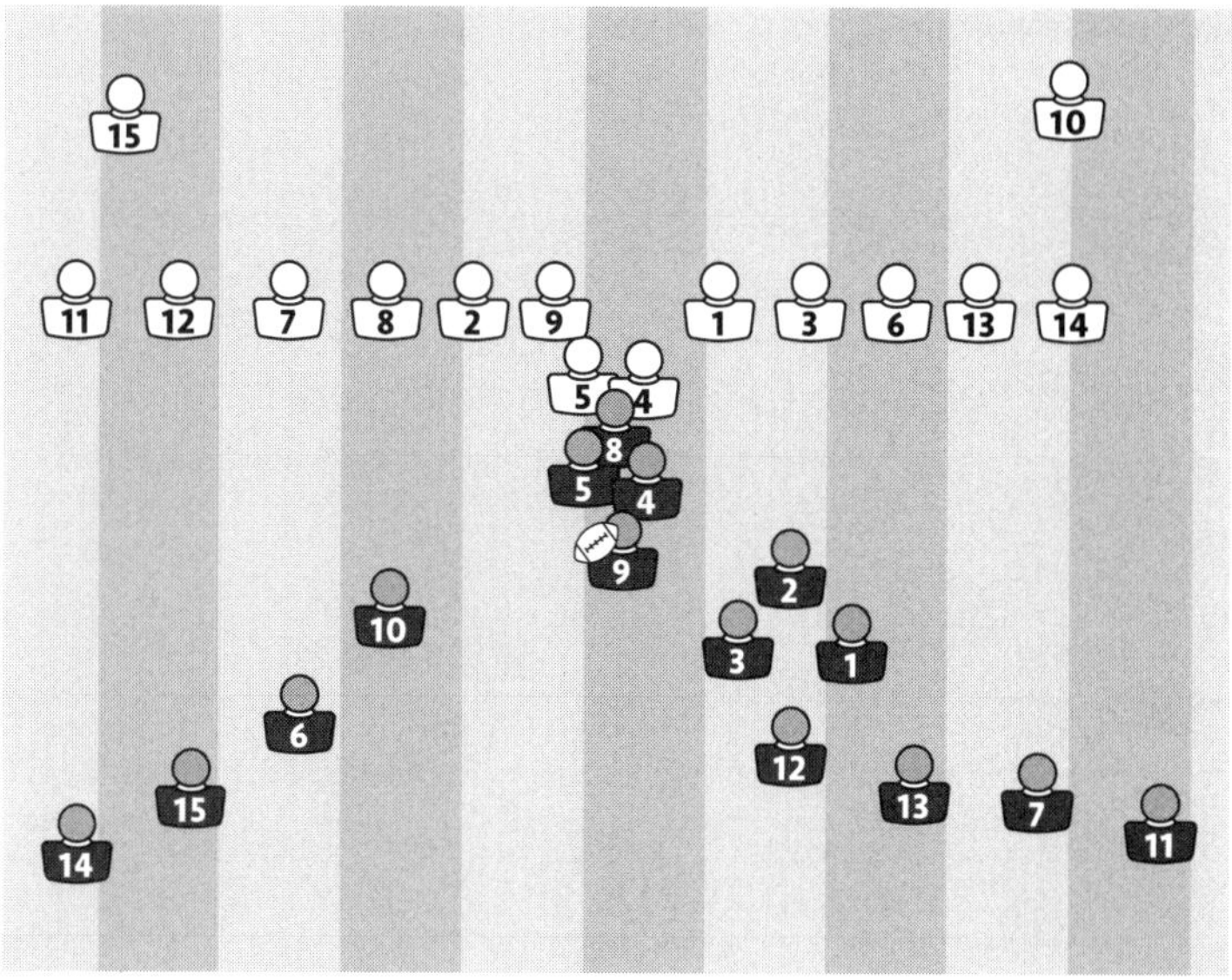
15
10
11
12
7
8
2
9
1
3
6
13
14
5
4
8
5
4
9
2
10
3
1
6
12
15
13
7
14
11

図48

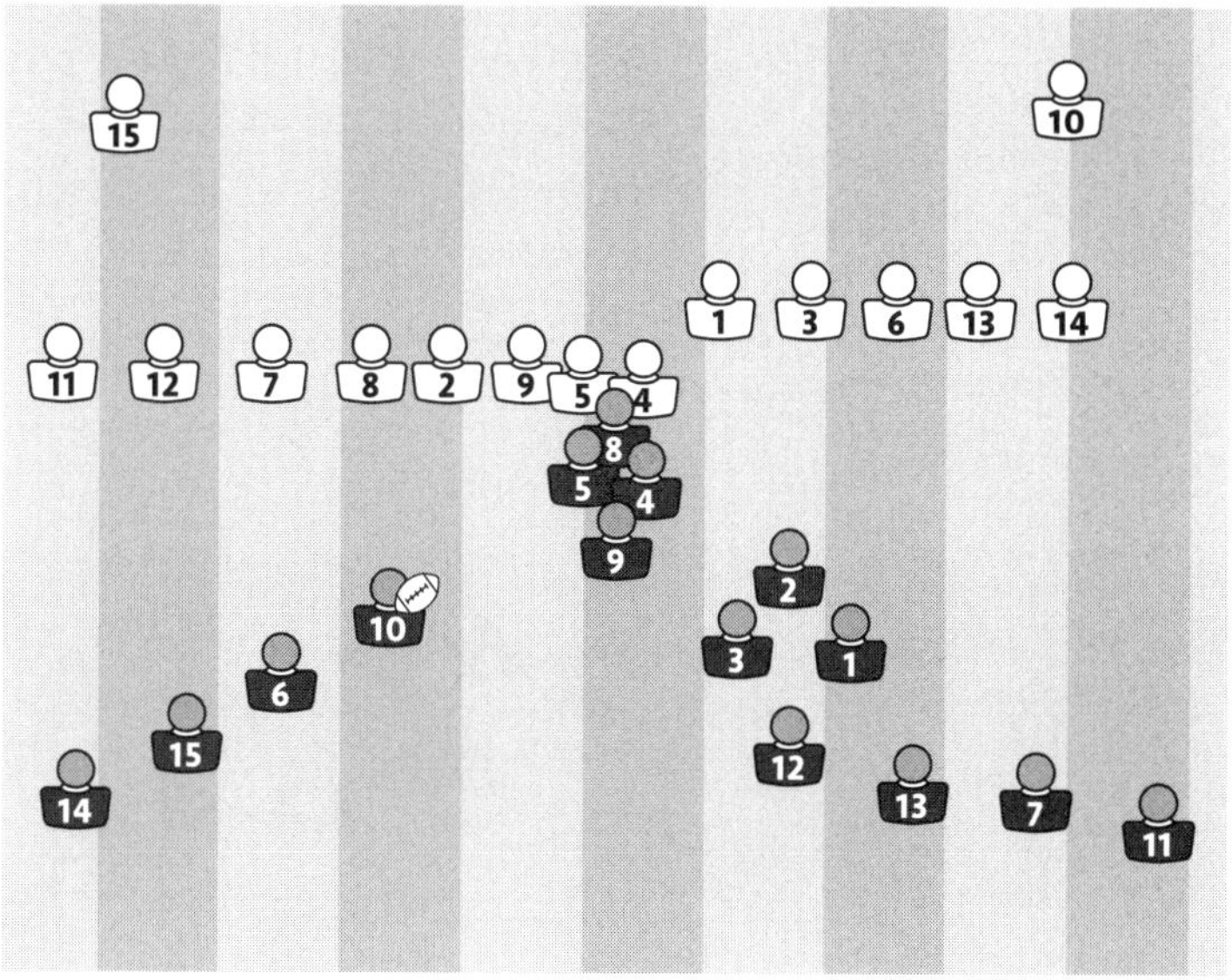
15
10
1
3
6
13
14
11
12
7
8
2
9
5
4
8
5
4
9
2
10
3
1
6
15
12
14
13
7
11

図49

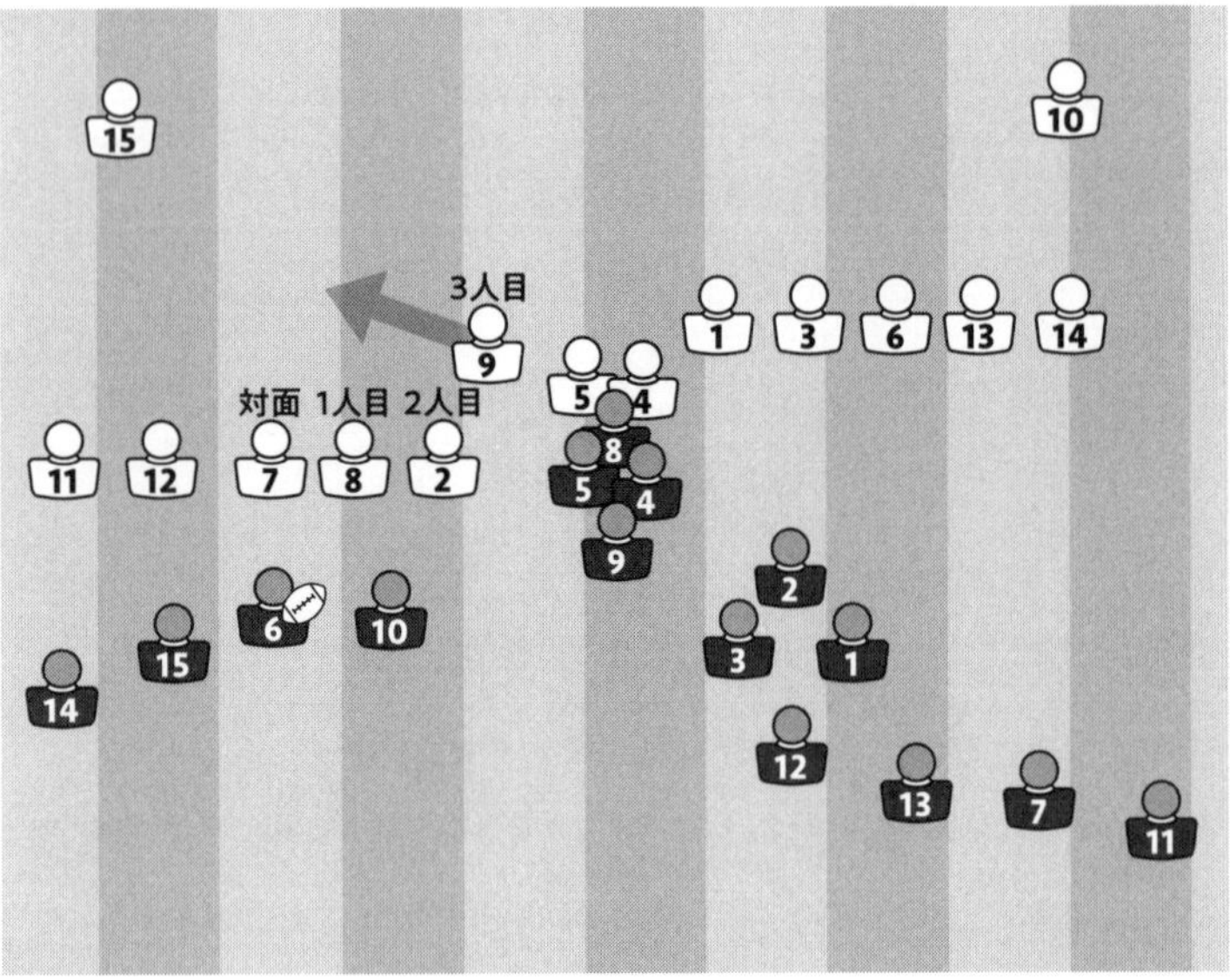

図50

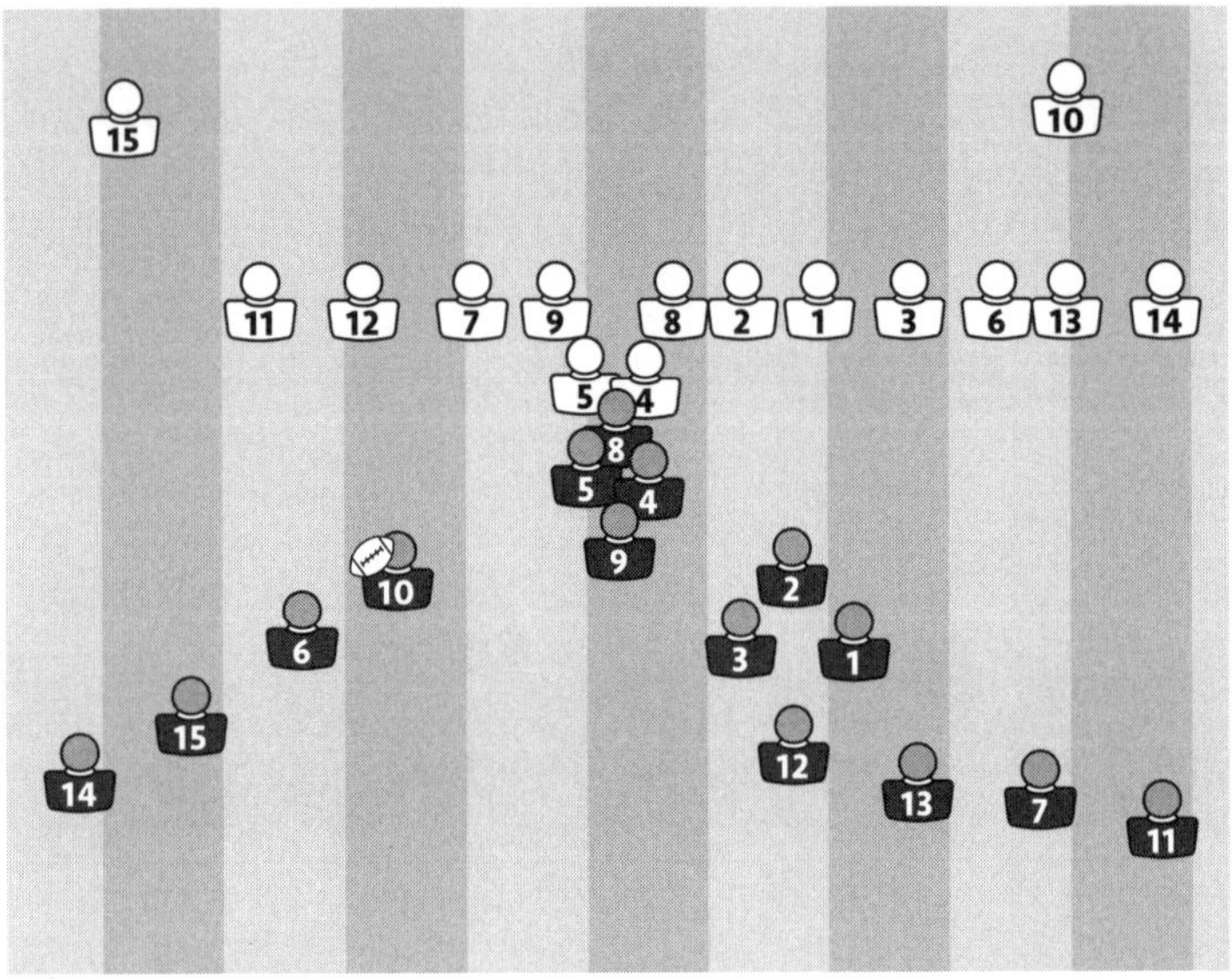

図51

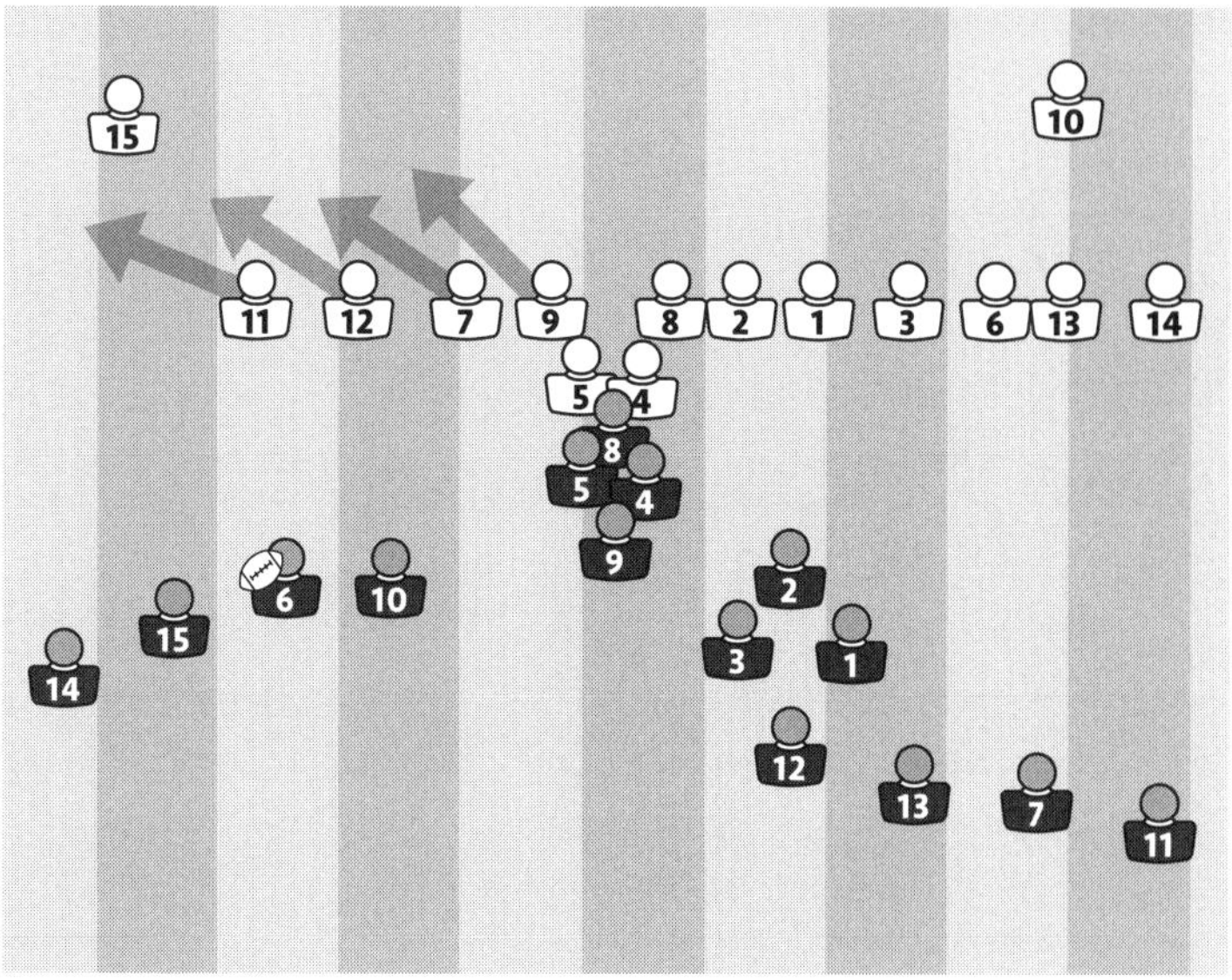
15
10
11 12 7 9 8 2 1 3 6 13 14
5 4
8
5 4
9
6 10
2
15
3 1
14
12
13
7
11

図52

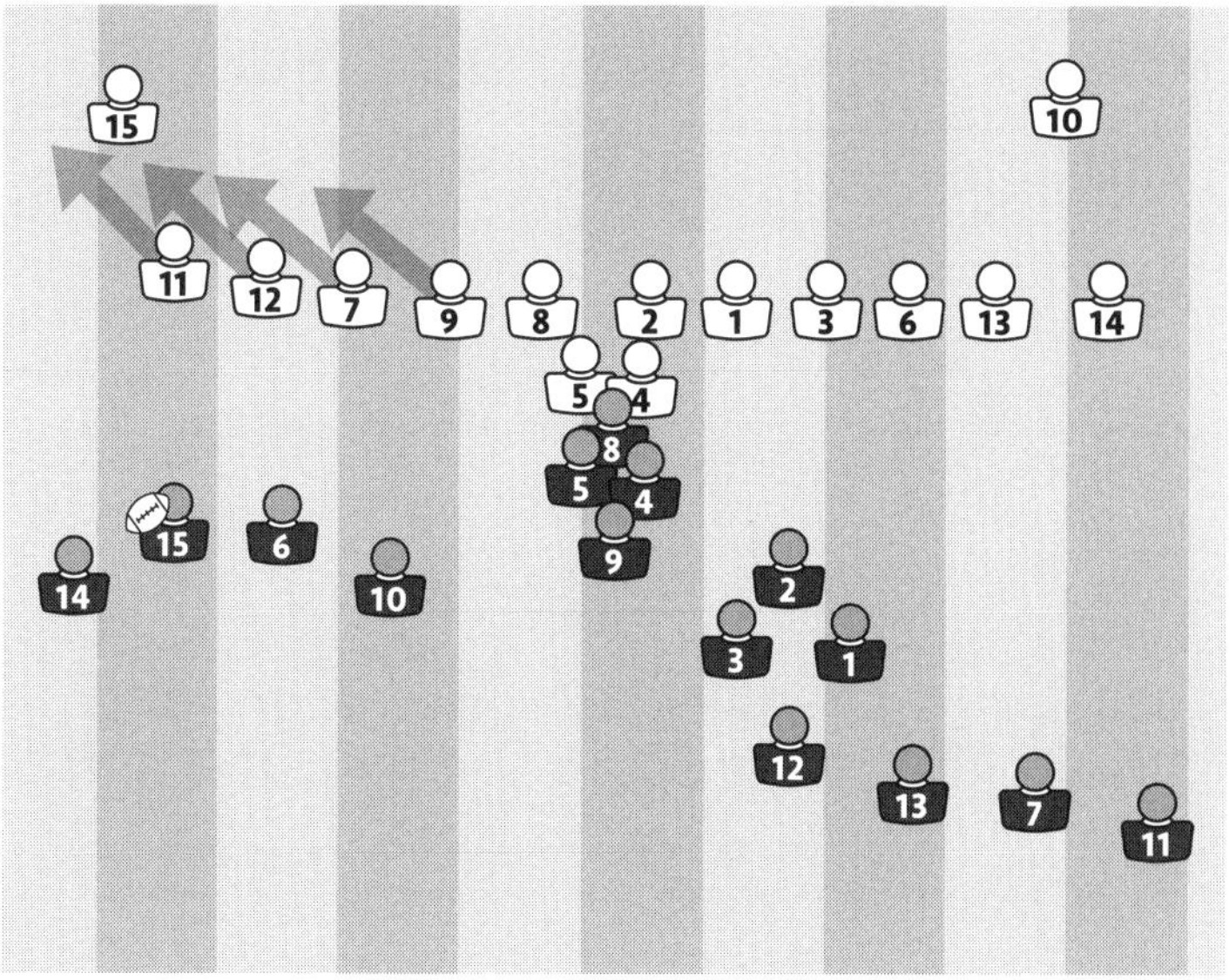
15
10
11 12 7 9 8 2 1 3 6 13 14
5 4
8
5 4
9
15 6
14
10
2
3 1
12
13
7
11

図53

るのが一般的です。

ただ、相手がキックを蹴る状況や順目から逆目へ攻撃方向をスイッチするようなプレイを多用してくるチームに関しては、逆目側も真っ直ぐ前に出るようにして相手の攻撃に備えます（図54から59）。

■ブレイクダウンの原則

繰り返しになりますが、ディフェンスの目的はボールを奪い返すことです。そのためにはブレイクダウンエリアで物理的に優位に立っていなければなりません。アタックよりも速くブレイクダウンに到達できる一番の方法はタックルの時点で相手よりも物理的に上回ること。つまり、ダブルタックルをしてそのままブレイクダウンにプレッシャーをかけることがとても効果的です。

ラインディフェンスで注意するポイントは以下の3つです。
①対面
②内側のディフェンスの選手
③ボール
これらを視野に入れてディフェンスを行います。

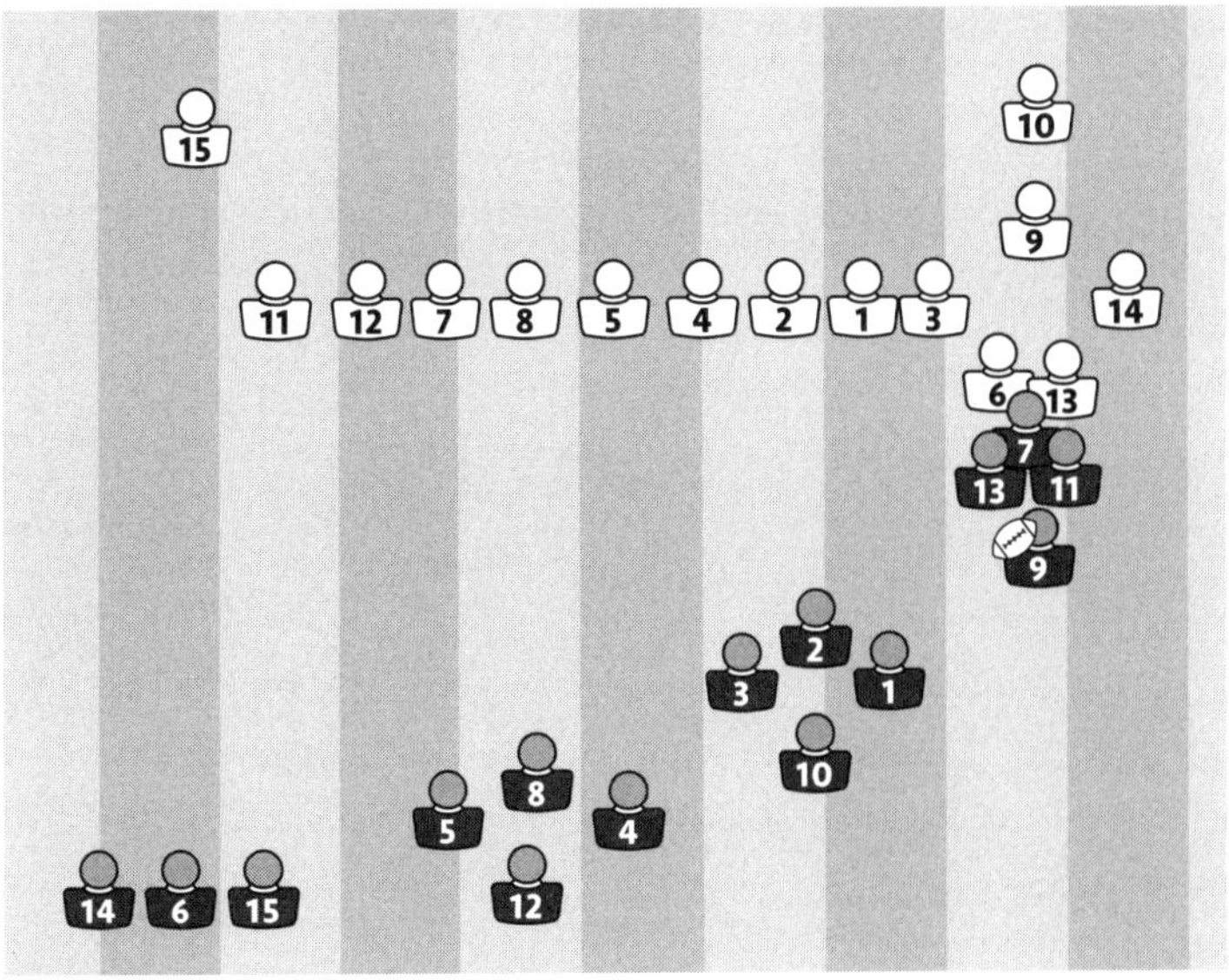
15
10
9
11
12
7
8
5
4
2
1
3
14
6
13
7
13
11
9
2
3
1
10
8
5
4
14
6
15
12

図54

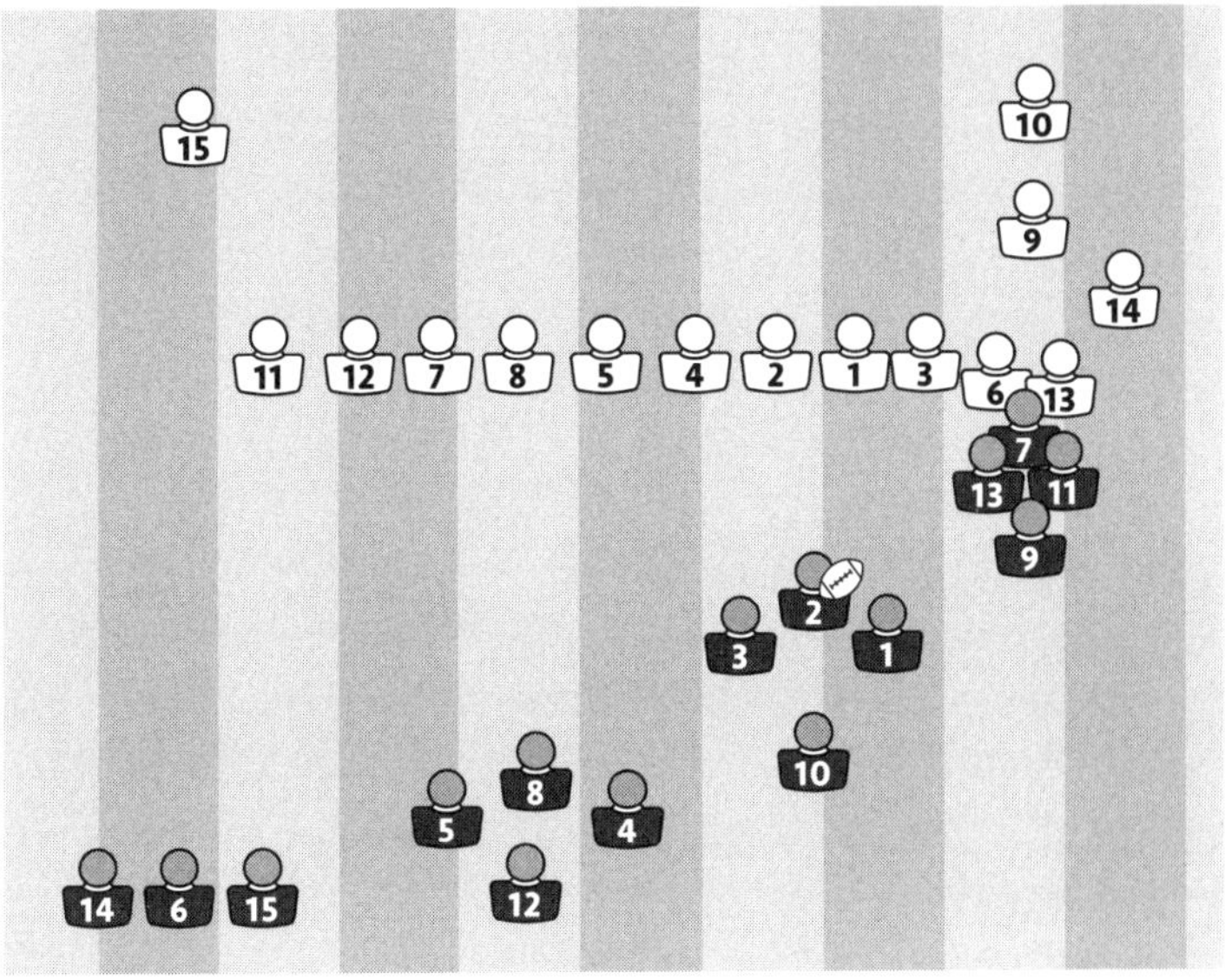
15
10
9
14
11
12
7
8
5
4
2
1
3
6
13
7
13
11
9
2
3
1
10
8
5
4
14
6
15
12

図55

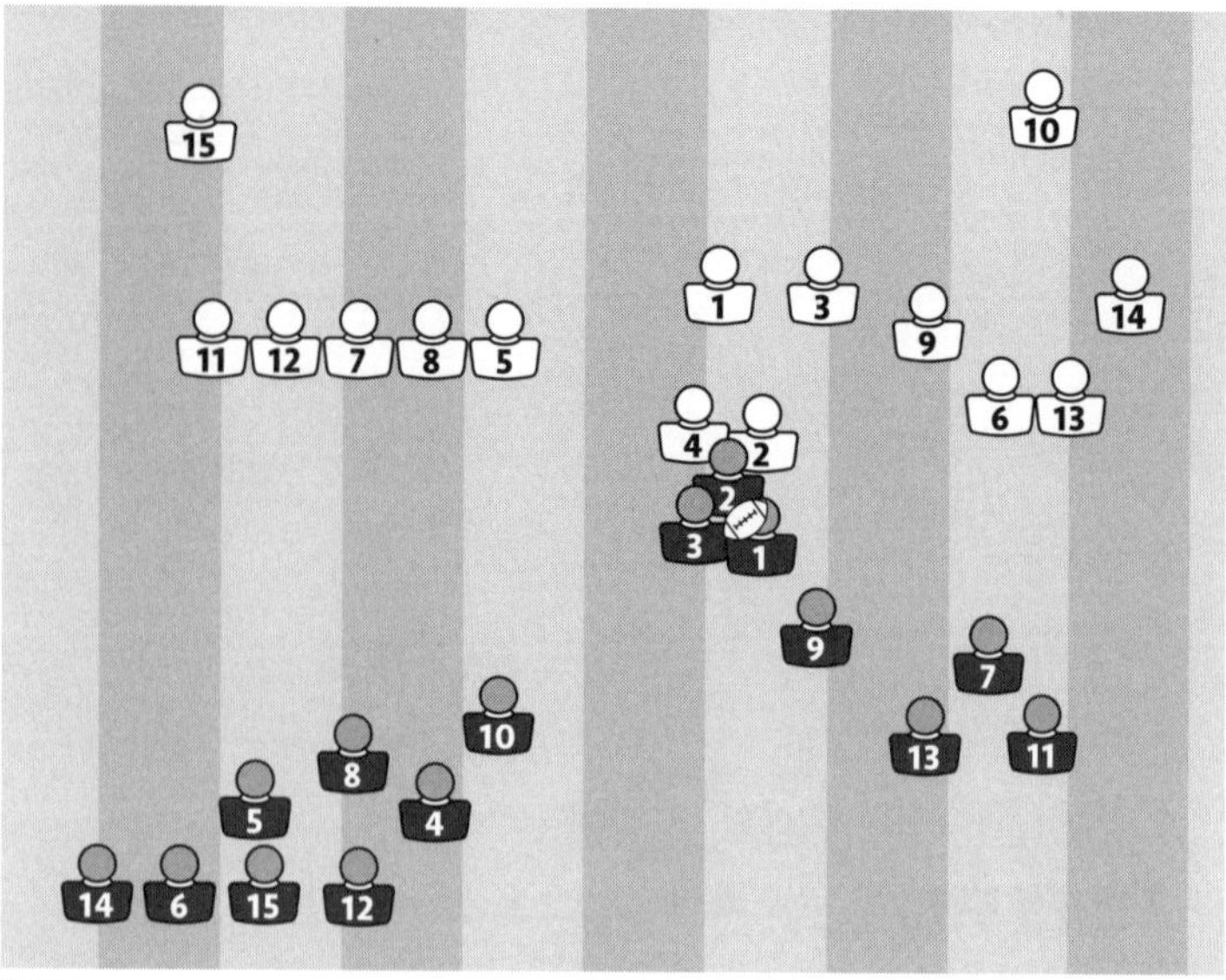
15
10
1
3
14
9
11
12
7
8
5
6
13
4
2
2
3
1
9
7
10
13
11
8
5
4
14
6
15
12
図56

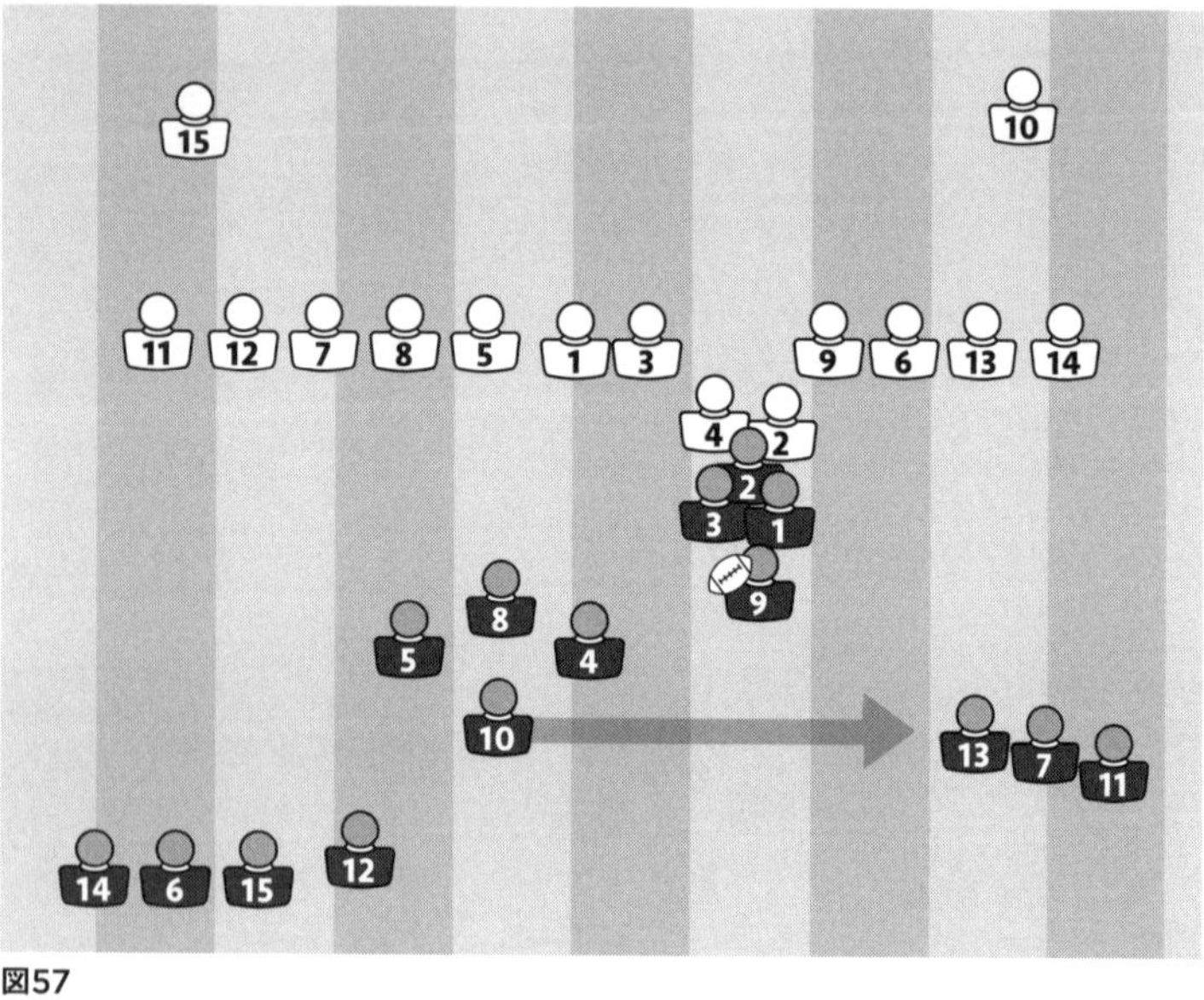
15
10
11
12
7
8
5
1
3
9
6
13
14
4
2
2
3
1
9
8
5
4
10
13
7
11
14
6
15
12
図57

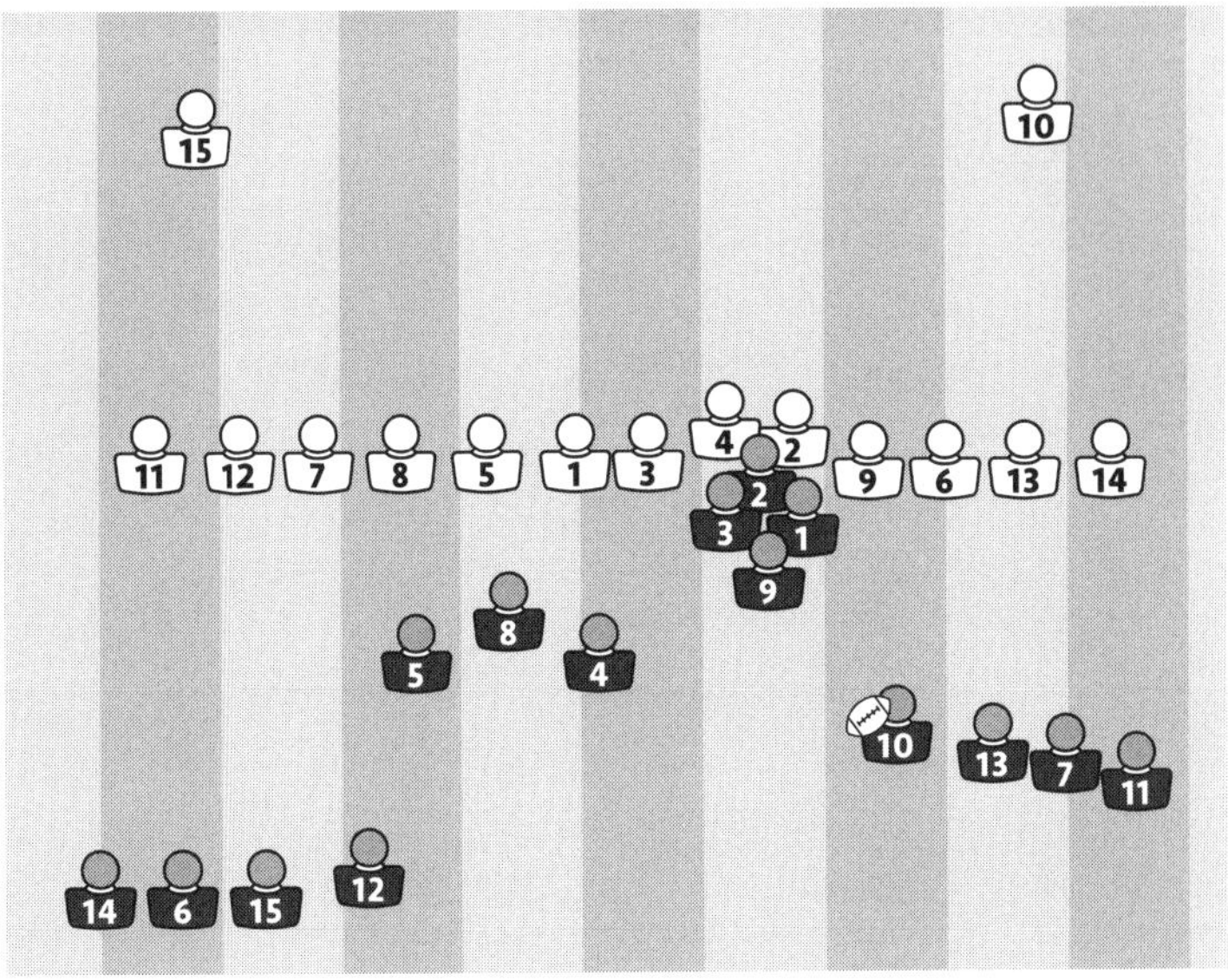
15
10
11
12
7
8
5
1
3
4
2
9
6
13
14
2
3
1
9
8
5
4
10
13
7
11
14
6
15
12

図58

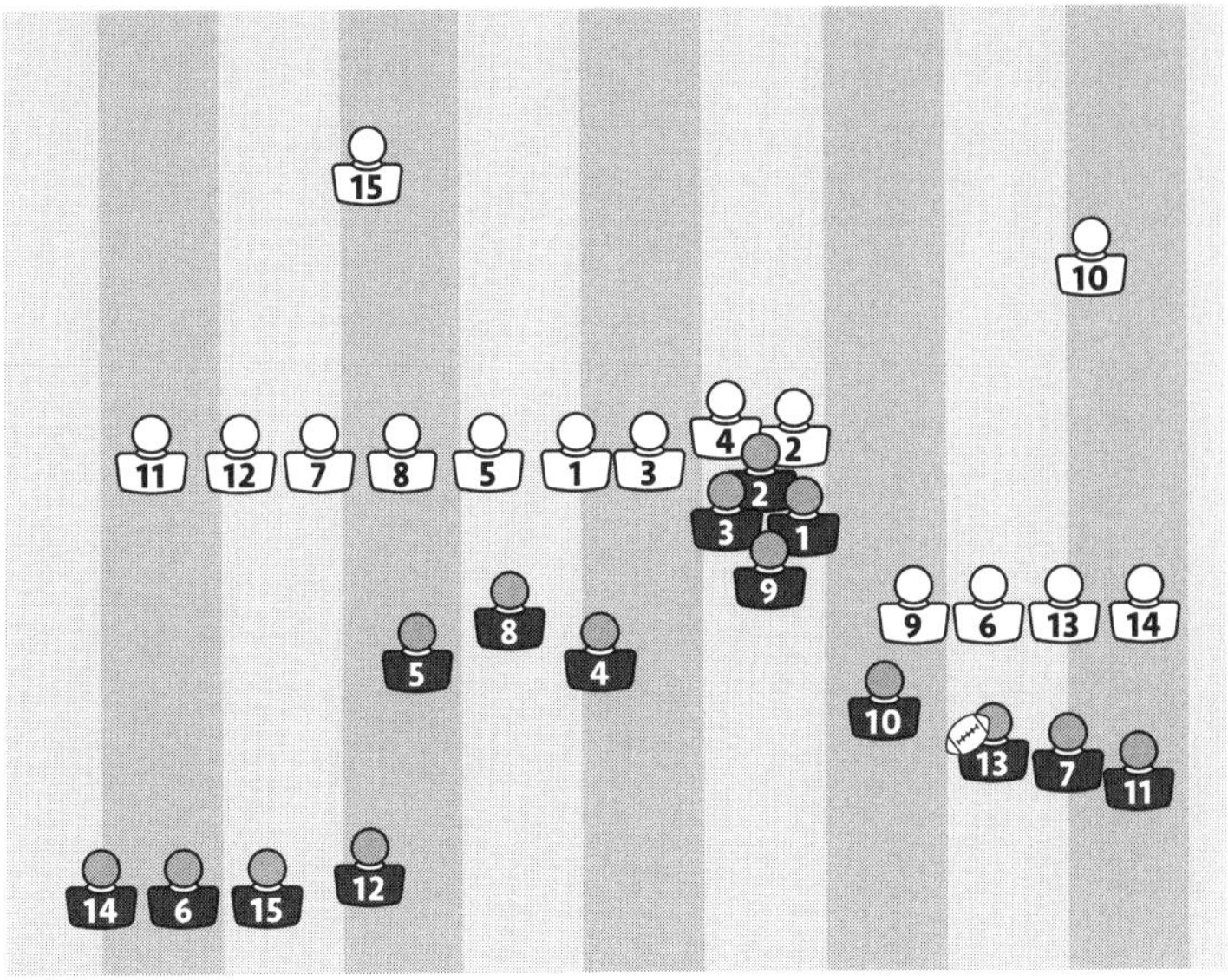
15
10
11
12
7
8
5
1
3
4
2
2
3
1
9
9
6
13
14
8
5
4
10
13
7
11
14
6
15
12

図59

ラインディフェンスでは1対1でノミネートするのですが、完全に対面だけを見るのではなくて対面の内側と外側と連携してディフェンスを行います。対面ばかりを見て前に出てしまうと、内側のディフェンスの選手が足を止めているのに自分だけ前に出てギャップを作ってしまい、そこを抜かれることがあります。また、ボールばかり見ていると対面がボールをキャッチする瞬間に動かれた場合、対面を逃してしまうことにもなりかねません。よくあるケースが、ボールを見ているうちに対面に視野の外側に動かれて、パスが出た瞬間に対面を探して外側に身体を向けたところをカットインで抜かれる動きです。こうしたボールのキャッチ前後の動きは「デスマルケ」と呼んでいます。

ダブルタックルの狙い

ラインディフェンスにおいて、ボールキャリアーに対して内側はハッスルラインを取って内側から追いかけて、外側は内側を視野に入れてディフェンスすることでボールキャリアーを3人で見ている状況を作り出します。

この状況でディフェンスすることでダブルタックルが可能になります。

ボールキャリアーがカットインでブレイクダウンを作り出そうとしている場合は、対面がタックルして内側のディフェンスはキャリアーのパスがないことを判断した上でアシストタックルに入ります。

タックルされてもボールキャリアーは倒れながら、もしくは倒れてから「オフロードパス」の可能性があるので、対面がタックルに入ったからといって反射的にアシストタックルにいってしまうのは危険です。キャリアーのタックルのされ方やボールの持ち方、それに自分の対面である内側の選手の位置を見てオフロードの可能性を判断します。

内側の選手が深い位置にいたり、キャリアーから遠ければオフロードを効果的に行えないので、ダブルタックルを狙います。

また、カットアウトも同様でキャリアーとサポートの選手のオフロードの可能性を考えてダブルタックルを狙います。

ちなみに内側からタックルを狙う行為を「ハント」、外側からタックルを狙う行為を「ジャム」と呼びます。

ボールキャリアーがぎりぎりまで対面に仕掛けてパスする場合はダブルタックルを狙うことはできませんが、その分タックラーはキャッチの瞬間を狙ってタックルに入ることができます。

ボールをキャッチするレシーバーはその瞬間はキャッチすることに意識も身体の動きも制限されます。そのため、タックラーへ優位にヒットすることは難しくなります。

ディフェンスが揃っている状況でディフェンスに接近してパスすることは、アタック側にとっては大きなリスクなのです。

ダブルタックルをする場合、原則的には対面が下半身にタックルに入り、アシストタックラーが上半身に入ってダブルタックルを行います。

どちらも下に入ってしまうとボールキャリアーが倒れた時に上半身がフリーになるので、オフロードを繋がれたり、そのままブレイクダウンの真上をピックで持ち出されたりします。

そこでアシストタックラーはボールキャリアーの上半身を自由にさせないため、相手の肩を地面に押し付けます。この行為を「ピン・ショルダー」と言います。

ダブルタックルでアシストタックラーが上半身にタックルに入って相手を押し返して倒すことができれば、そのまま立ち上がってブレイクダウンにプレッシャーをかけたり、相手が来ていなければジャッカルでボールを奪い返すこともできます。

アシストタックラーがジャッカルを狙うために、ボールキャリアーを押し返さずに引き込むことがありますが、これは、もしアタックのサポートの選手が遅れていれば効果的ですが、サポートがいる状況で引き込んでしまうとディフェンス側からするとブレイクダウンを引き込んだ分、アタック側に前に出られることになってしまいます。

ブレイクダウンを引き込んだ分前進するとディフェンスはその分だけ下がらなければならず、逆目側からフォールディングする時に遠回りになりポジショニングが遅れます。

逆に押し込むことができれば、フォールディングも近回りすることができますし、アタック側はその分ブレイクダウンから近くなるため、ポジショニングし直す必要も出てきます。

ブレイクダウンでは、その上空1メートル四方のスペースの争奪になります。

このスペースを「ゴールデンメーター」と呼びます。

タックルしてボールキャリアーを倒した後、ディフェンスはアタックより速くそのスペースに入ることでブレイクダウンを有利な状況にしようとします。

ゴールデンメーターをどちらが支配するかによって、ブレイクダウンの優劣が決まるといっても過言ではありません、

タックルして相手を仰向けに倒すと、そのまま立ち上がってゴールデンメーターを奪いやすくなるので、相手を仰向けに倒すことはディフェンス側にとっては有利になります。

次からはタックルの種類について話していきたいと思います。

タックルの種類

一般的には、仰向けに倒すタックルを「ドミネント（支配的な）タックル」と呼び、キャリアー側に前に出られるタックルを「ネガティブタックル」と呼びます。

ここでは呼び名がついている特徴的なタックルをいくつか紹介します。

〈チョップタックル〉

ボールキャリアーの下半身にタックルに入ってボールキャリアーを倒すタックルを「チョップタックル」と言います。

チョップタックルは相手の前進を止めるのに効果的なタックルで、アシストタックルで上半身にタックルして、完全に相手の自由を奪います。

そこからそのままブレイクダウンを越えていく「カウンターラック」に繋げたり、ボールキャリアーが孤立していたらアシストタックラーが引き込んで相手を倒してボールを奪うジャッカルに移行してボールを奪い返します。

〈チョークタックル〉

ボールキャリアーにスピードがなかったり、体格差があったり、ボールキャリアーが特定されていて同時にダブルタックルができるなど物理的にタックラーが優位な場合、ボールキャリアーを抱えこんで倒さないようにしてボールを奪い返すタックルを「チョークタックル」と言います。

チョークタックルでは1人がボールキャリアーの背中側に回って下から上に力を加えることでボールキャリアーを倒さないようにします。もう1人はボールに絡んで、アタック側のボールを味方の選手へ渡すことを防ぎます。

ダブルタックルをして、アタック側のもう1人のサポートの選手がそのコンタクトエリアに参加するとモールが成立します。そのままアタック側がボールを出せなければ「モールパイルアップ」でディフェンス側にボールの所有権は移ります。その状態でモールが倒れてもディフェンス側がボールキャリアーの背中側と正面からボールを挟みこんだ状態になれば、ボールが地面につかないのでラックとはならず、この場合もディフェンス側にボールの所有権は移ります。

〈タートルタックル〉

チョークタックルで背中に回っている選手がボールキャリアーをディフェンス側に向けて倒すタックルを「タートルタックル」と呼びます。

背中側に回っているのでそのまま一方の肩を引っ張ると、ボールキャリアーはバランスを崩して仰向けに倒れます。

このタックルは通常相手側にあるボールが味方側、もしくはボールキャリアーの上にあるため、ジャッカルしやすくなります。

ボールキャリアーが近い距離で低くなって走り込んでくる時にもこのスキルは有効です。

第3章

チーム全体の防御システム

各防御システムのメリットとデメリット

数的不利をいかに補うかを基に構築

ラグビーはオフサイドルールがあり、手を使って前にパスはできませんがキックを使ってボールを前に運ぶことができます。

そのため、ディフェンスラインの背後を守る選手が必要になってきます。

ディフェンスラインの背後を守る選手は2人から3人が必要になってくるのでアタックが15人に対してディフェンスは13人、もしくは12人の数的不利の状態になります。

ディフェンスがその数的不利を補うためには、ディフェンスラインを横に「スライド」させて数を合わせるか、アタックが数的有利になっている外側にパスが運ばれる前に「プレッシャー」をかけて止めるかの2つが考えられます。

ディフェンスラインを横に動かすディフェンスシステムを「スライド（ドリフト）ディフェンス」、前に出るディフェンスを「プレッシャーディフェンス」と呼びます。

それでは、それぞれのディフェンスシステムについて解説していきたいと思います。

〈スライド（ドリフト）ディフェンス〉（図60から65）

パスと同時に自分のマークを1つずつ外にずらしていくシステムです。キャリアーの対面だけでなくライン全体で動きます。同数になるまでスライドした後はマンマークに切り替えます。内側はハッスルラインを取って組織的にディフェンスしていきます。

このシステムはディフェンスのポジショニングが遅れたり、極端に数的不利な状況で使うので必ず習得する必要があります。

メリット

ボールを基準にライン全体でタッチライン方向へ追いかけて動くので、抜かれても内側からのカバーが速くなります。

デメリット

前に出る圧力はラッシュアップディフェンスに比べると弱いので、ゲインラインの攻防ではラッシュアップディフェンスより劣ります。

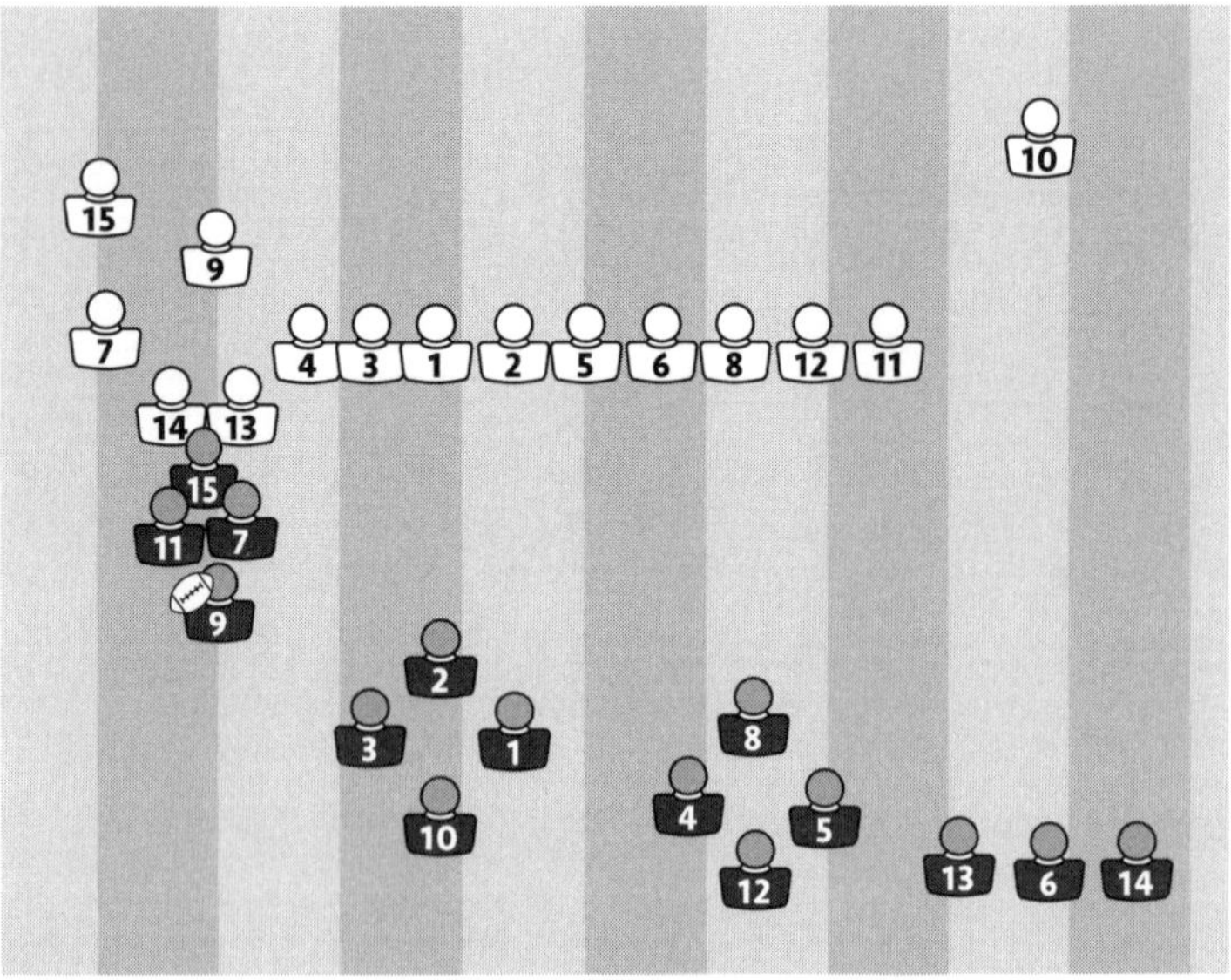
10
15
9
7
4
3
1
2
5
6
8
12
11
14
13
15
11
7
9
2
3
1
8
10
4
5
12
13
6
14
図60

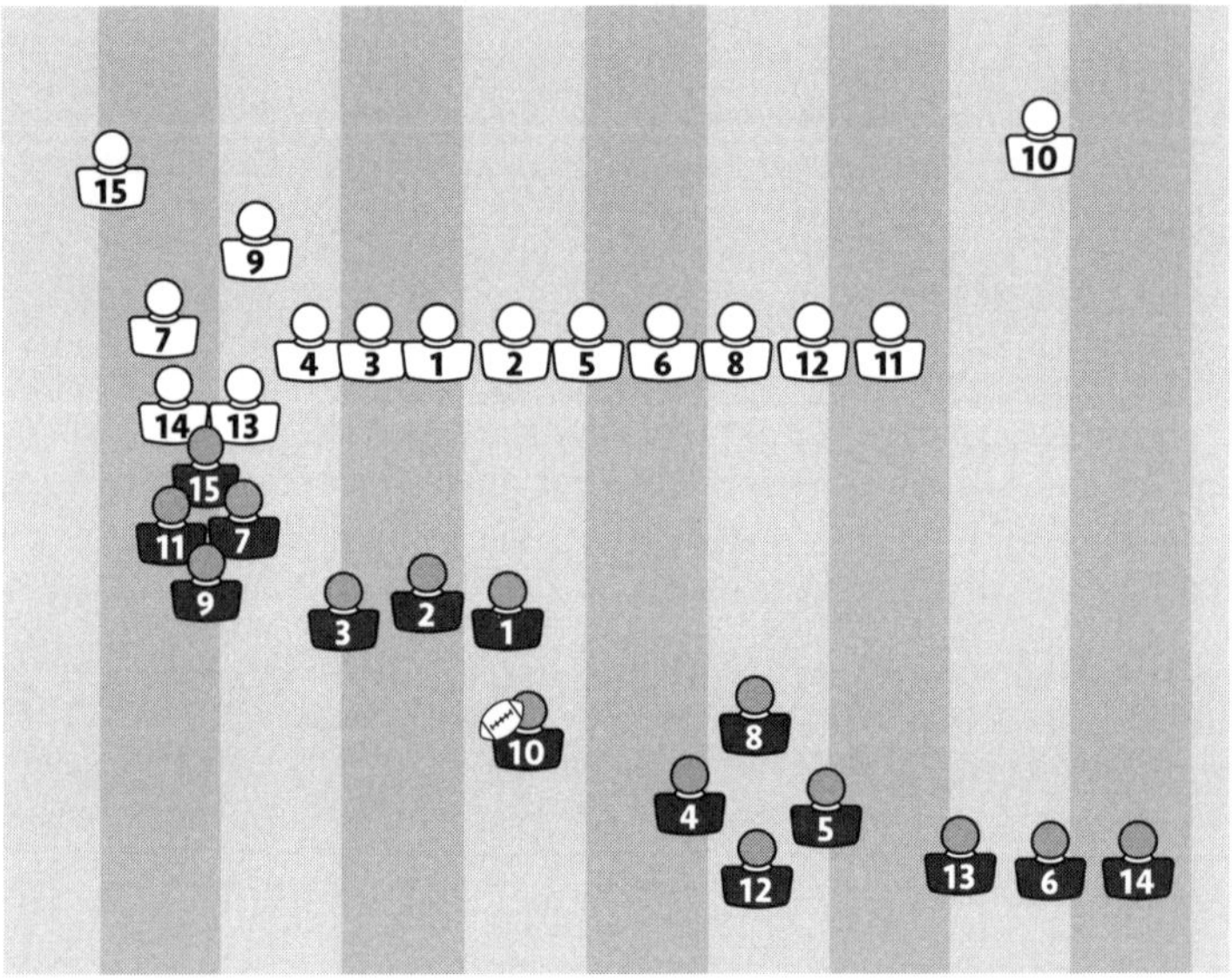
10
15
9
7
4
3
1
2
5
6
8
12
11
14
13
15
11
7
9
3
2
1
10
8
4
5
12
13
6
14
図61

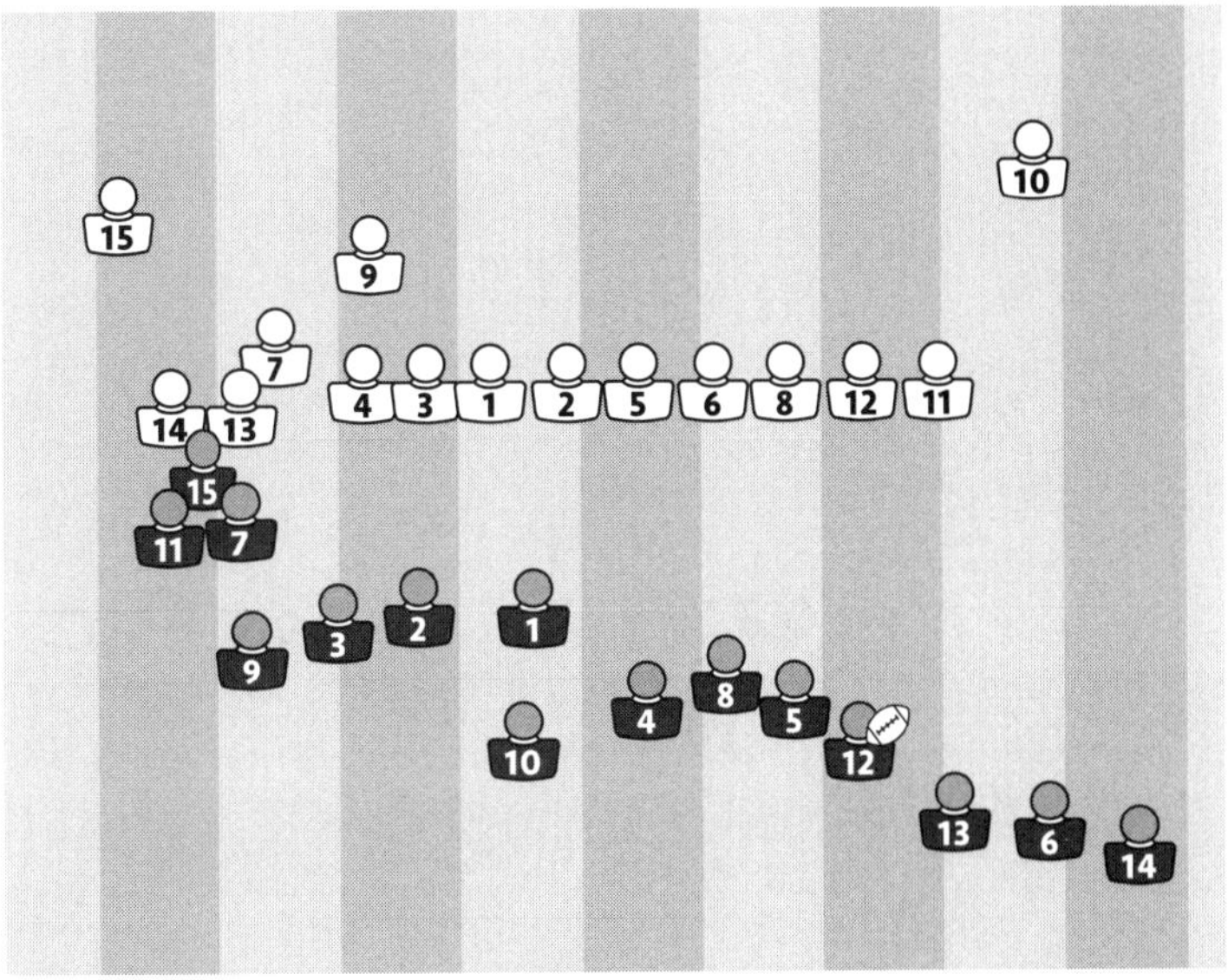
15
9
10
7
14
13
4
3
1
2
5
6
8
12
11
15
11
7
3
2
1
9
8
4
5
10
12
13
6
14

図62

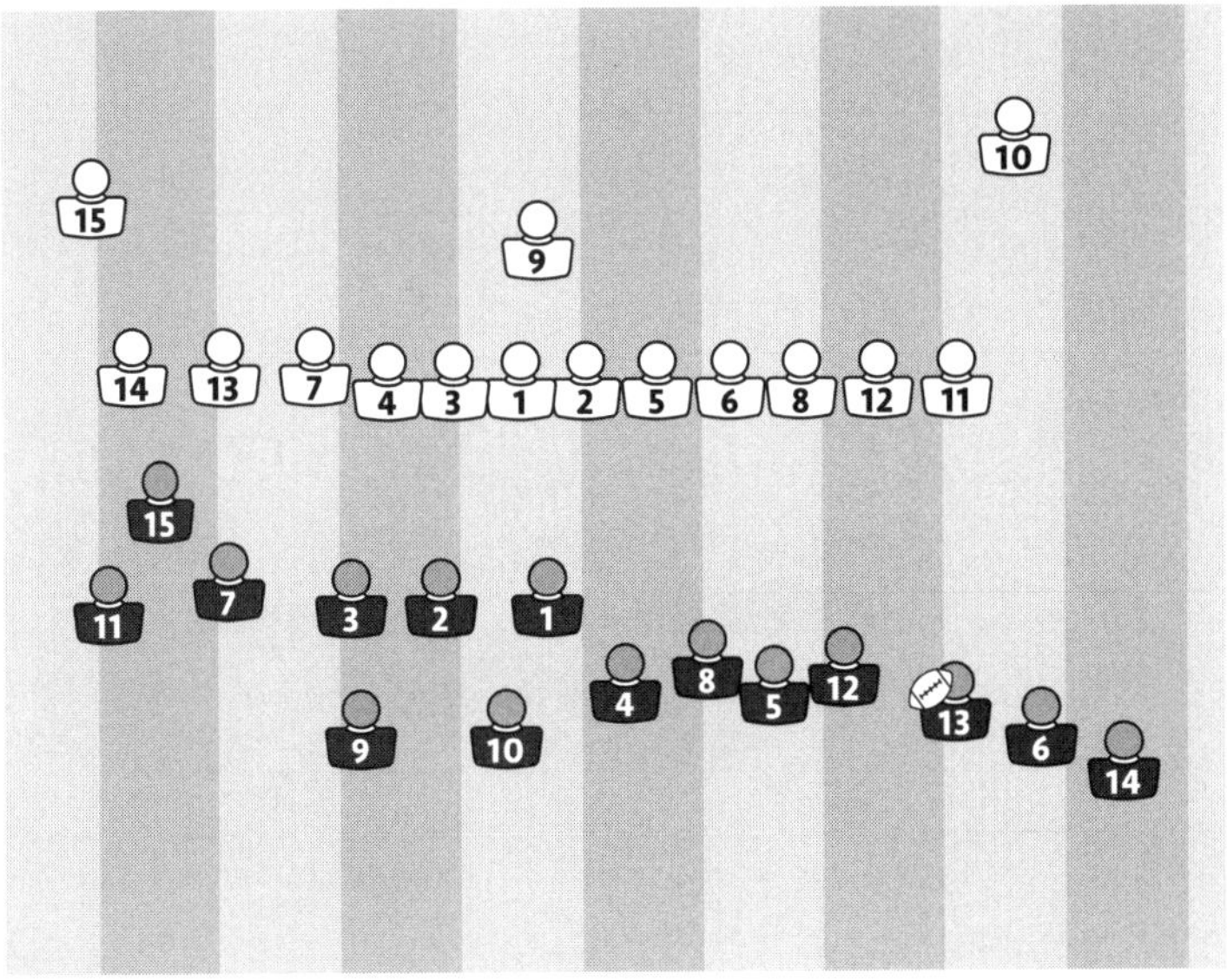
10
15
9
14
13
7
4
3
1
2
5
6
8
12
11
15
11
7
3
2
1
8
12
4
5
13
9
10
6
14

図63

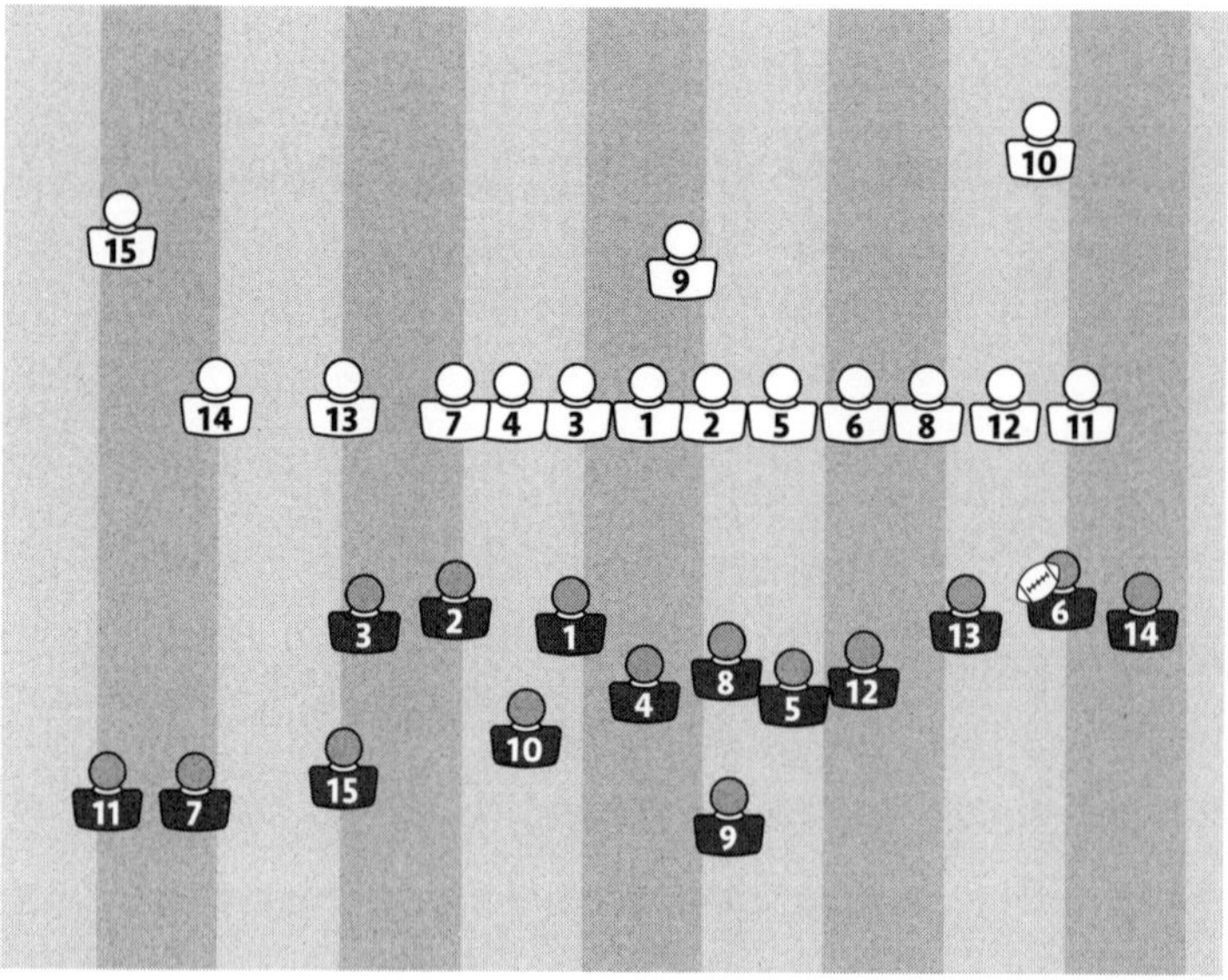
10
15
9
14
13
7 4 3 1 2 5 6 8 12 11
3 2 1 13 6 14
4 8 5 12
10
11 7 15 9

図64

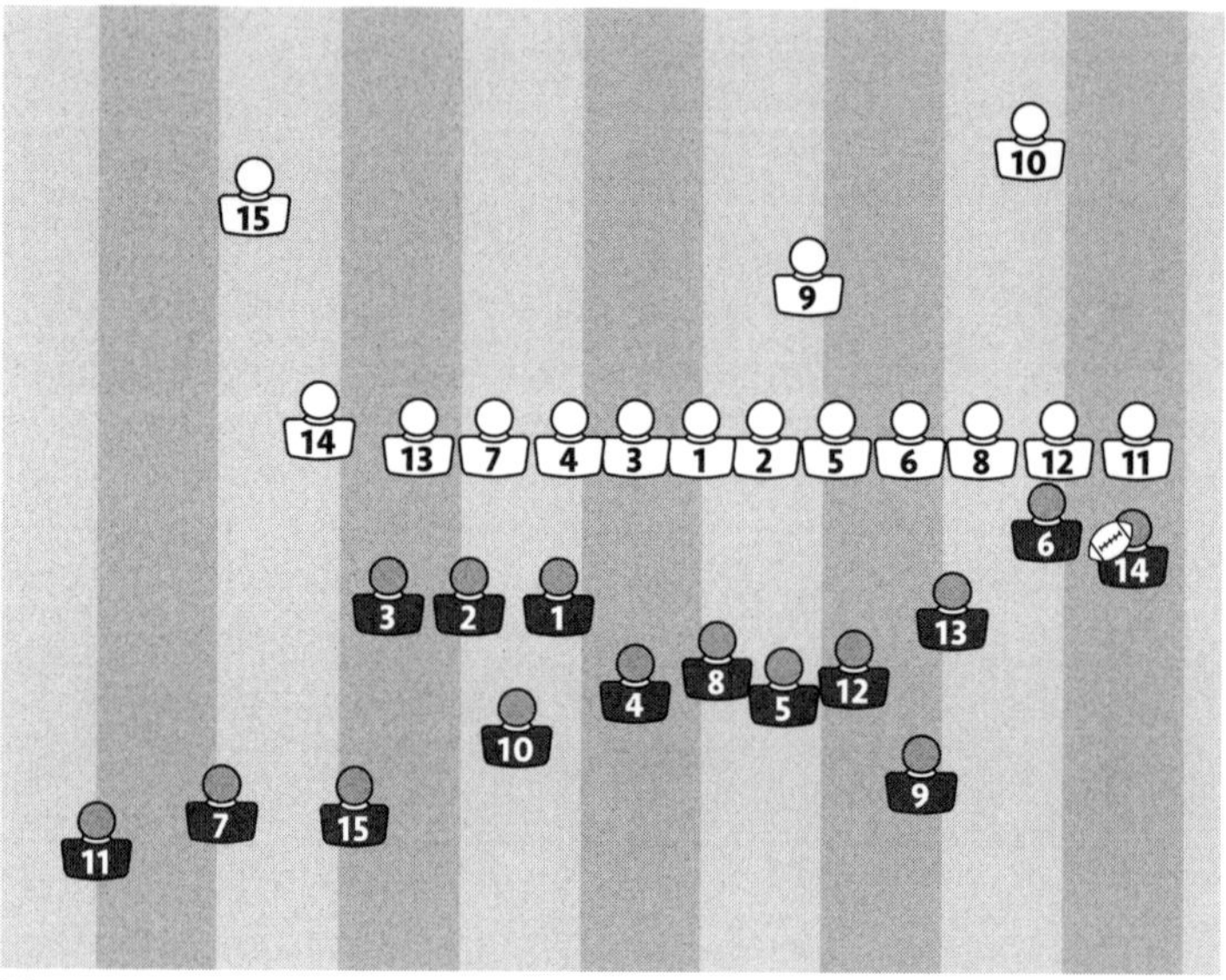
10
15
9
14
13 7 4 3 1 2 5 6 8 12 11
6 14
3 2 1 13
4 8 5 12
10
9
11 7 15

図65

キーポイント

①スライド時に、キャリアーの対面の内側と外側との連携が重要で、キャリアーの対面の外側のスライドが速すぎるとそのギャップを突かれる可能性があり、遅すぎるとボールに対して常に後追いになるため、消極的なディフェンスになります。そこでコミュニケーションを取りながら、適切なタイミングでスライドしていく必要があります。

②ボールウォッチすると内側の選手より前に出てしまい、味方がスライドするか見えなくなってしまうので、内側のディフェンスより2歩下がってポジショニングします。

③ボールが空中にある間にディフェンスはスライドし、キャッチ前に相手のステップに対応できるようにスピードを落としてパドリングします。

④タックルに入る時はしっかり踏み込んでタックルします。

〈プレッシャーディフェンス〉

現代ラグビーでは、ポッドを重ね合わせるアタックが主流であり、重なり合ったポッドからポッドへとボールを運ぶ役割の選手が存在します。プレッシャーディフェンスではこの選手にいかにプレッシャーをかけるかが重要なポイントになっており、そのためには2つの方法が存在します。

1つ目の方法を「ラッシュアップディフェンス」、2つ目の方法を「シュートディフェンス」と呼んでいます。
それではラッシュアップディフェンスから紹介していきます。

①ラッシュアップディフェンス（図66から74）

ラッシュアップディフェンスはポッドからポッドにボールを繋ぐダブルラインのバックドアの選手（図66でいえば黒の10番、図67でいえば黒の12番）に対して、先回りしてプレッシャーをかけるシステムです。

メリット

ダブルラインのアタックに対しても初めからバックドアにプレッシャーをかける選手が決まっているので、積極的にプレッシャーをかけることができます。また、バックドアで捕まえることができれば孤立しているため、ターンオーバーのチャンスになります。

デメリット

マンマークでバックドアも含めて全員ノミネートして前にプレッシャーをかけるため、ディフェンスがコンパクトになり、外側に大きなスペースが生まれます。

キーポイント

①前に出るプレッシャーを優先しているため横との連携が難しく、走力差によるギャップが生まれやすくなります。また、パドリングのタイミングが遅れてしまうとステップで簡単にかわされてしまいます。

②バックドアにプレッシャーをかける選手は「キー」コールを出して味方に意思表示します。9シェイプが3人の場合はブレイクダウンから5人目が「キーディフェンダー」になります。また、10シェイプ共に3人ずつであれば、5人目と9人目が「キーディフェンダー」になります(図66)。10シェイプがある場合も同様に10シェイプのバックドアの選手に対して「キー」コールを出します(図67)。

③ラッシュアップ対策として、アタックはバックドアに複数(2人)を置くケースがあります。その場合は、2人「キーディフェンダー」(9シェイプがある場合は5人目と6人目)をつけるか(図70)、1人「キーディフェンダー」でもう1人は内側からスイング(P80参照)で対応します(図71から74)。「2人キー」の場合は、ディフェンスがさらにコンパクトになるため、バックドアの外側の選手に対しては「キー」、内側のアタックに対しては「スイング」するのが一

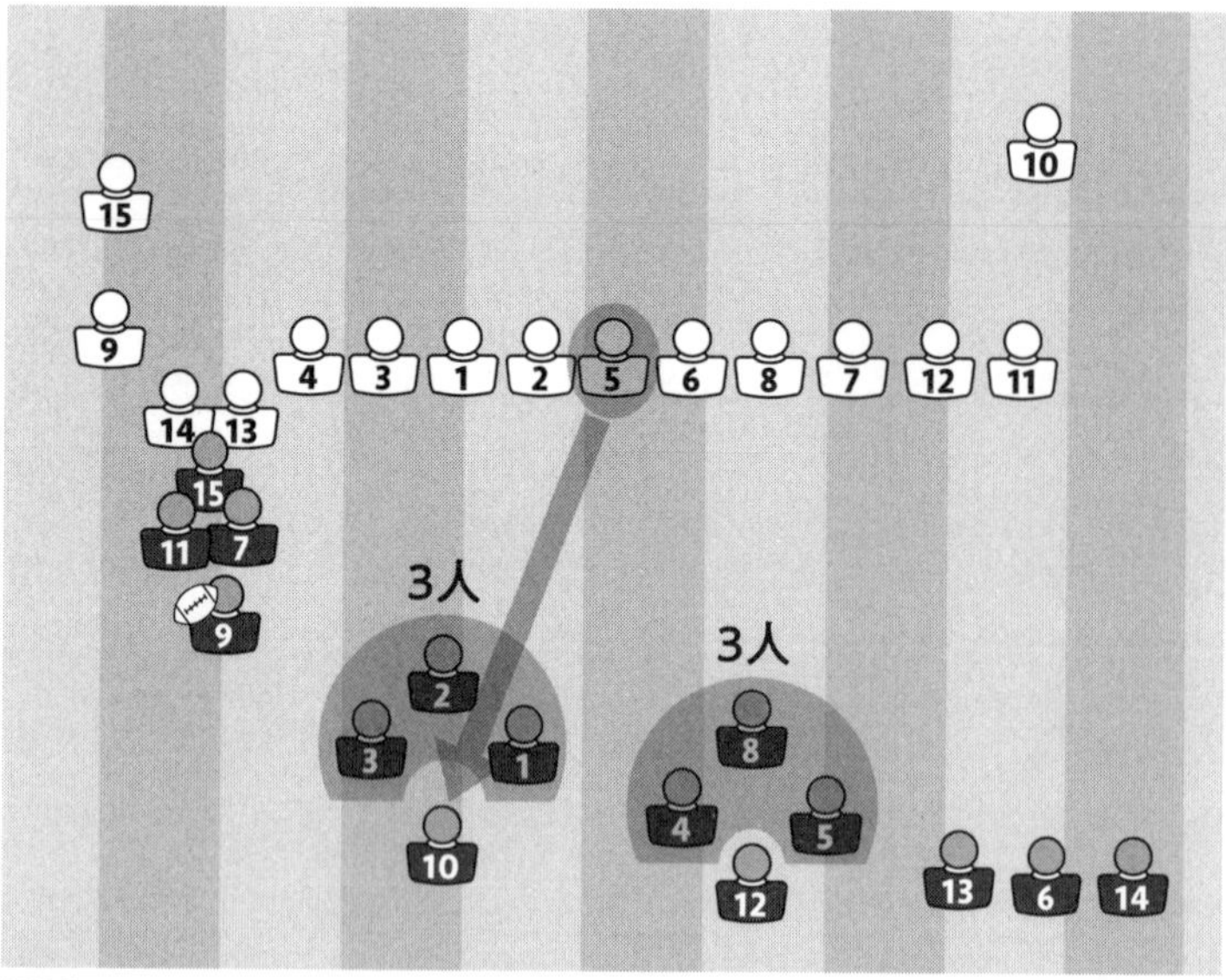
15
10
9
4
3
1
2
5
6
8
7
12
11
14
13
15
11
7
9
3人
2
3
1
10
3人
8
4
5
12
13
6
14

図66

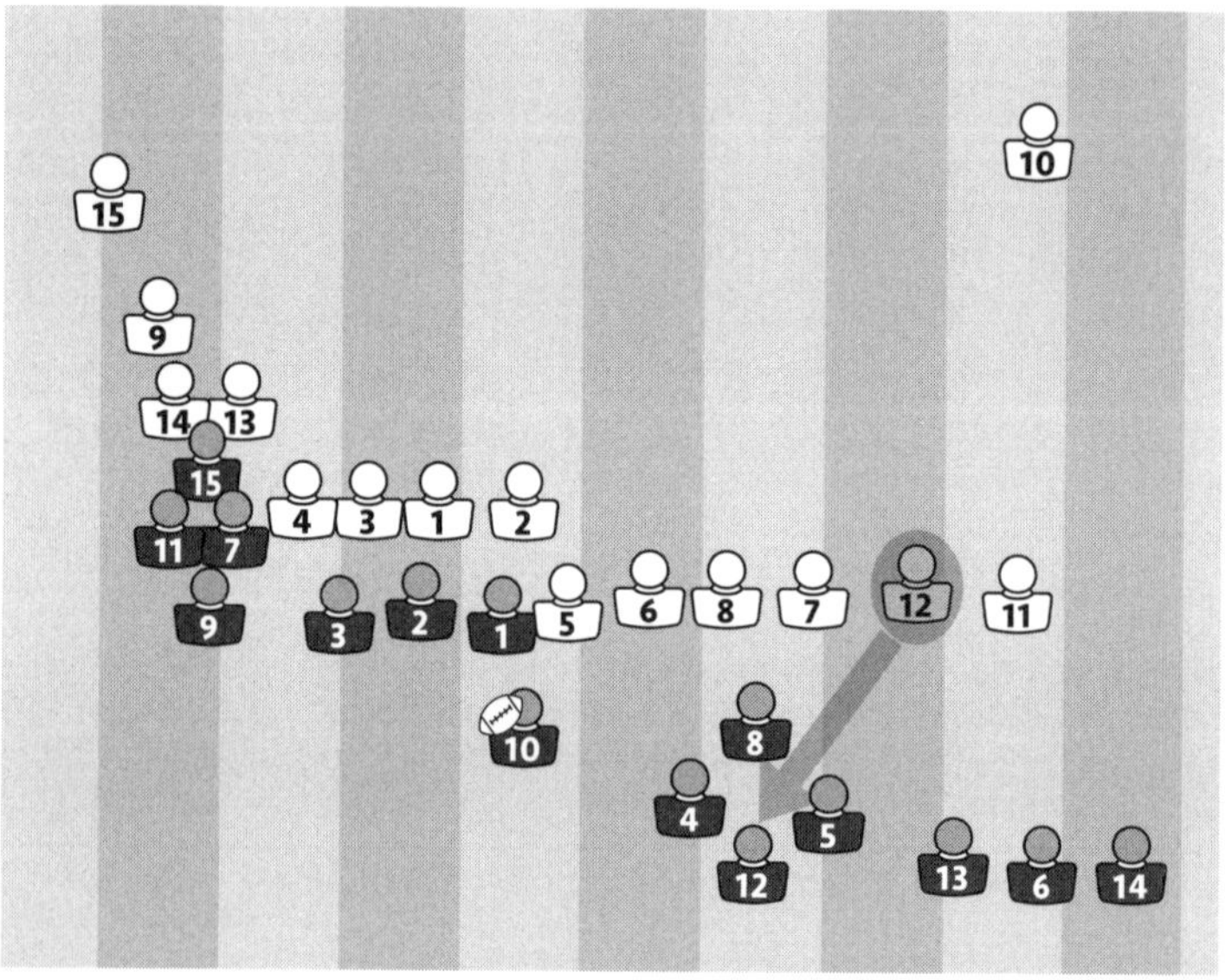
10
15
9
14
13
15
4
3
1
2
11
7
9
3
2
1
5
6
8
7
12
11
10
8
4
5
12
13
6
14

図67

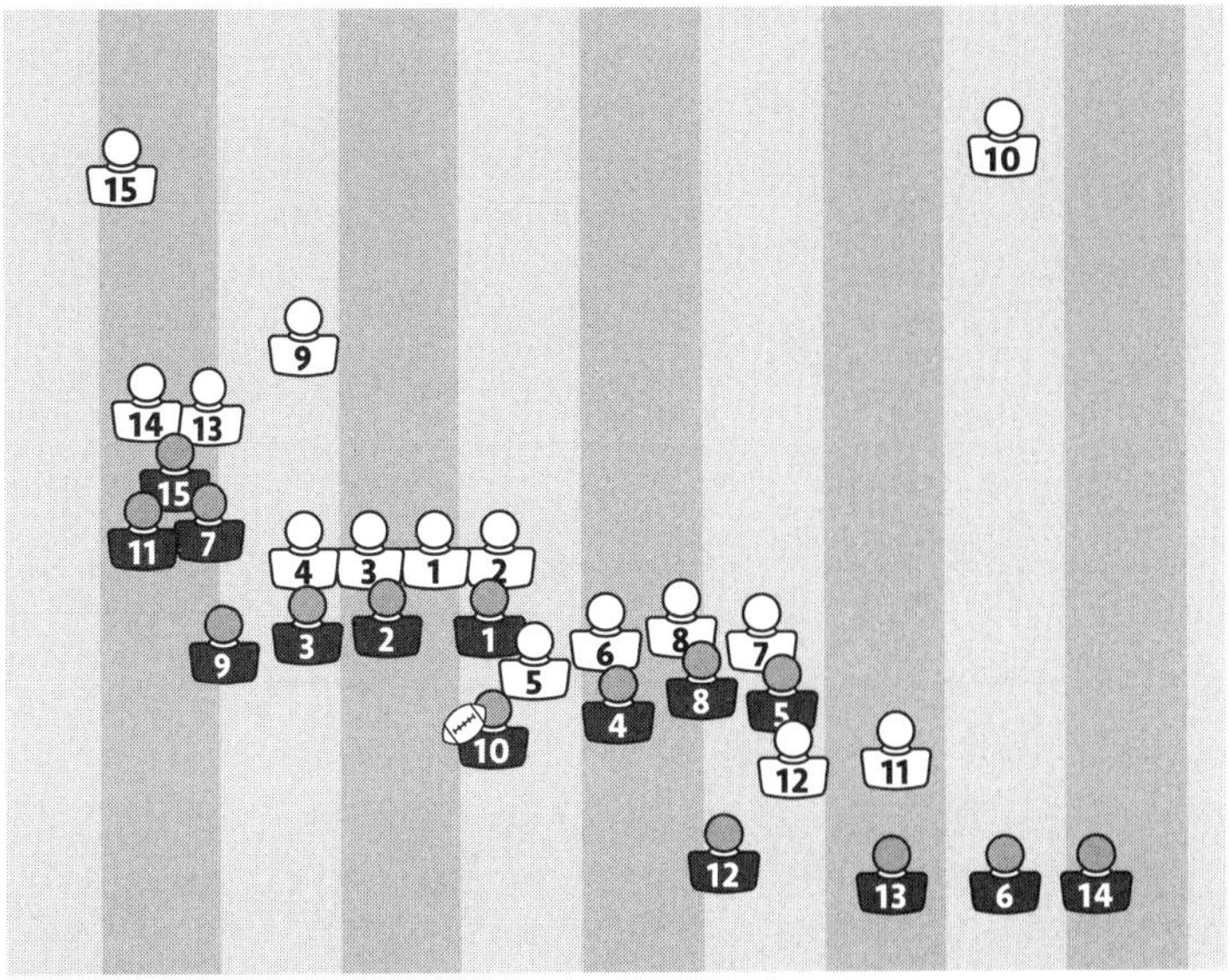

図68

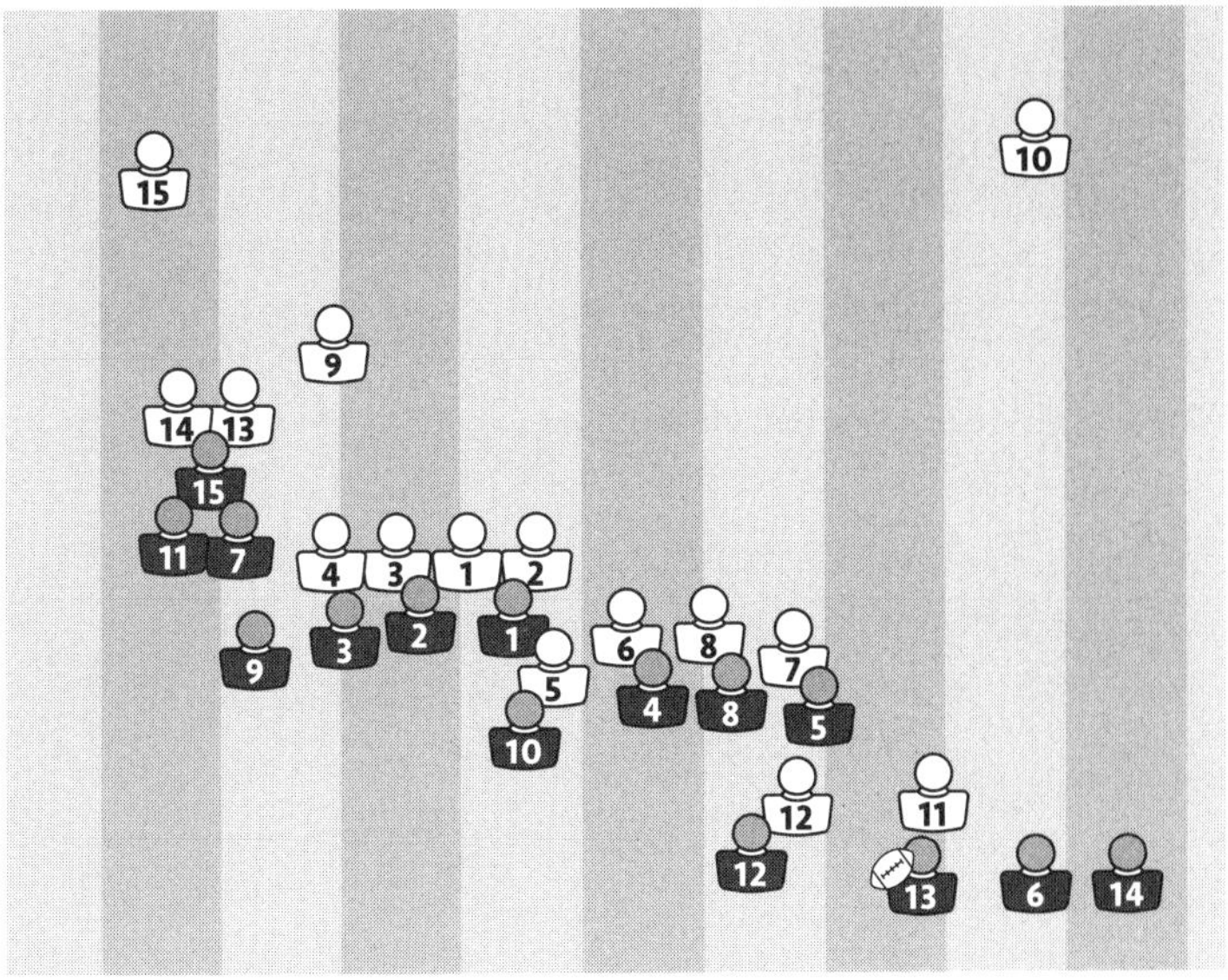

図69

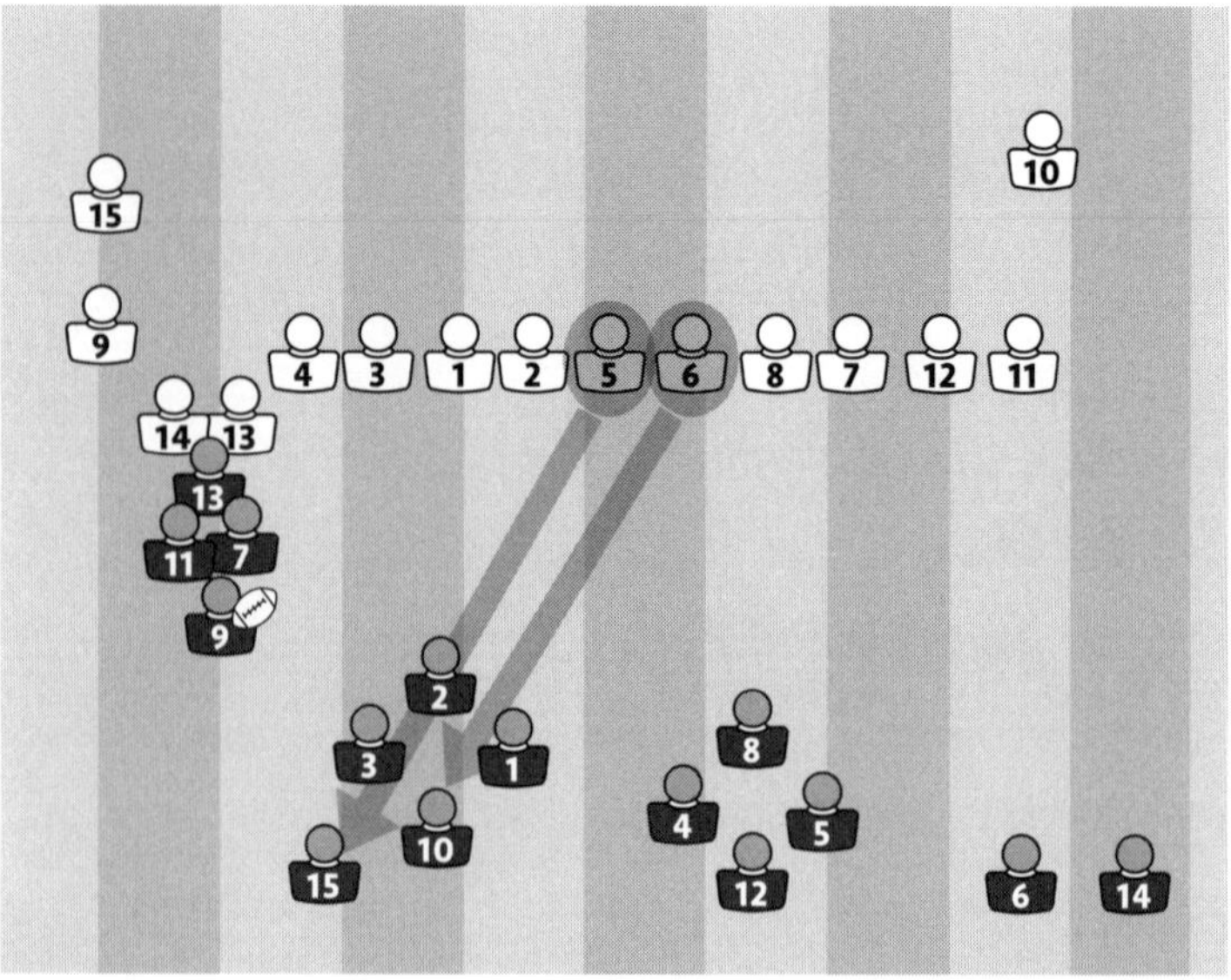
15
10
9
4
3
1
2
5
6
8
7
12
11
14
13
13
11
7
9
2
3
1
8
4
5
10
15
12
6
14
図70

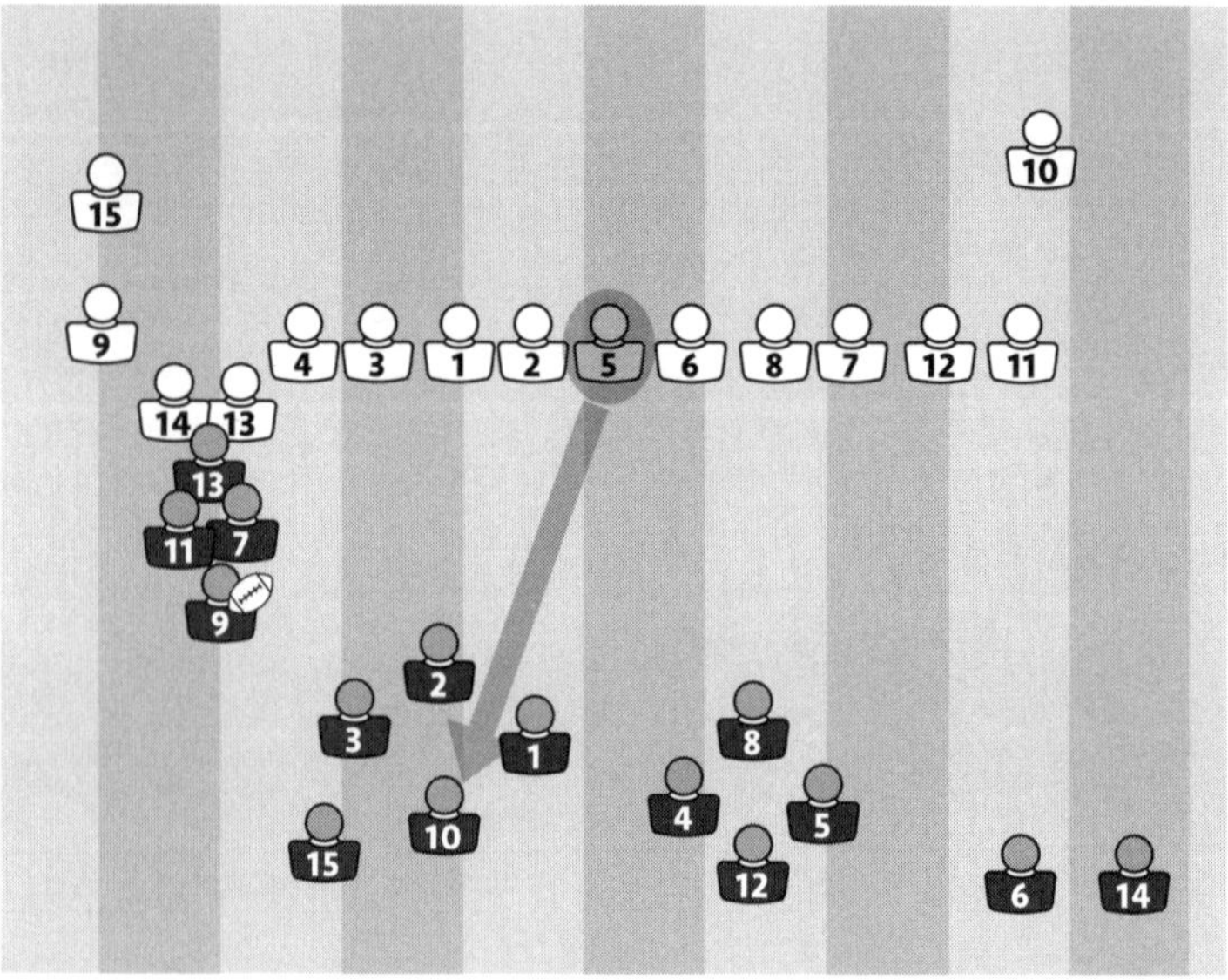
15
10
9
4
3
1
2
5
6
8
7
12
11
14
13
13
11
7
9
2
3
1
8
4
5
10
15
12
6
14
図71

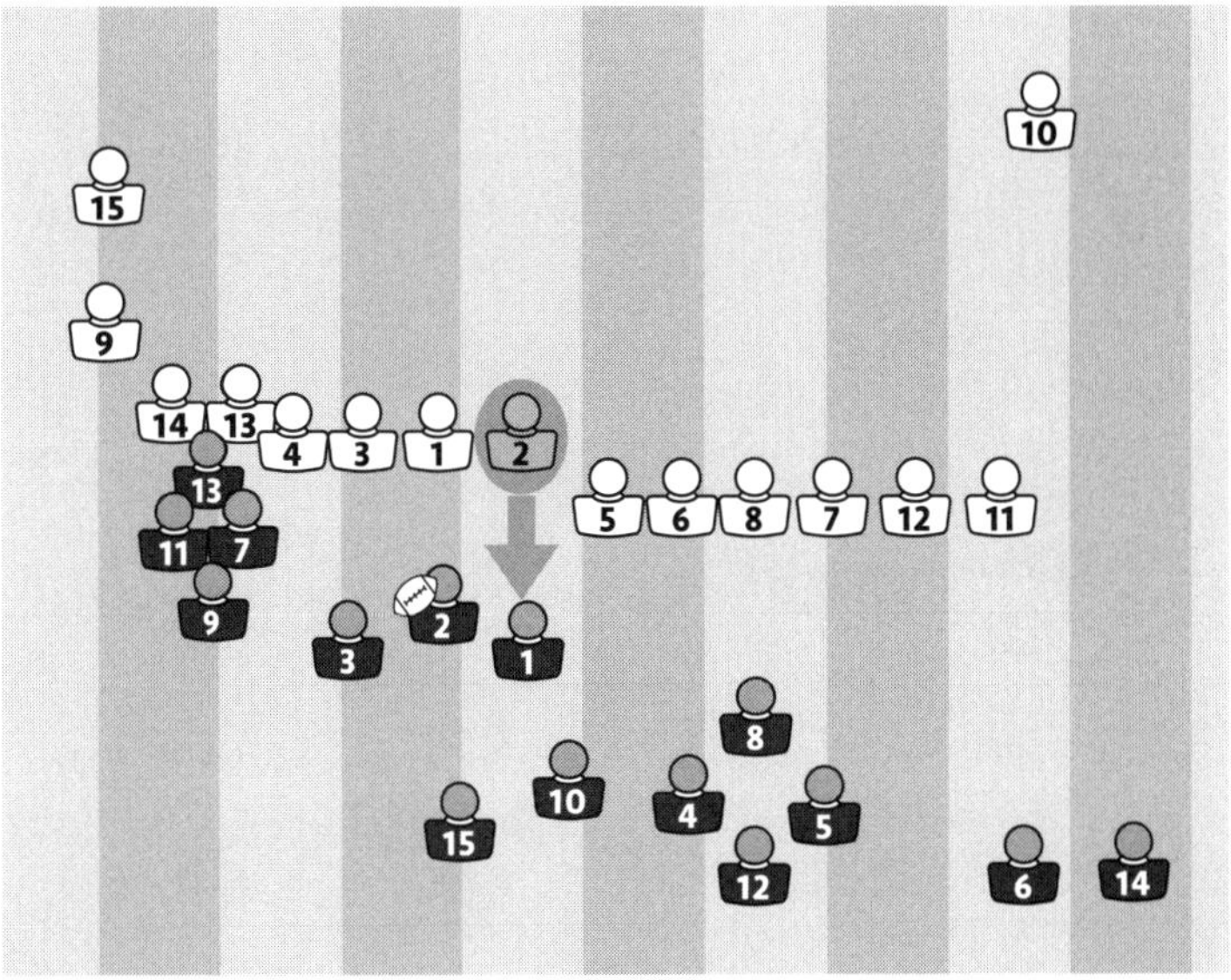
10
15
9
14 13
4 3 1 2
13
5 6 8 7 12 11
11 7
9
2
3
1
8
10
4
5
15
12
6
14

図72

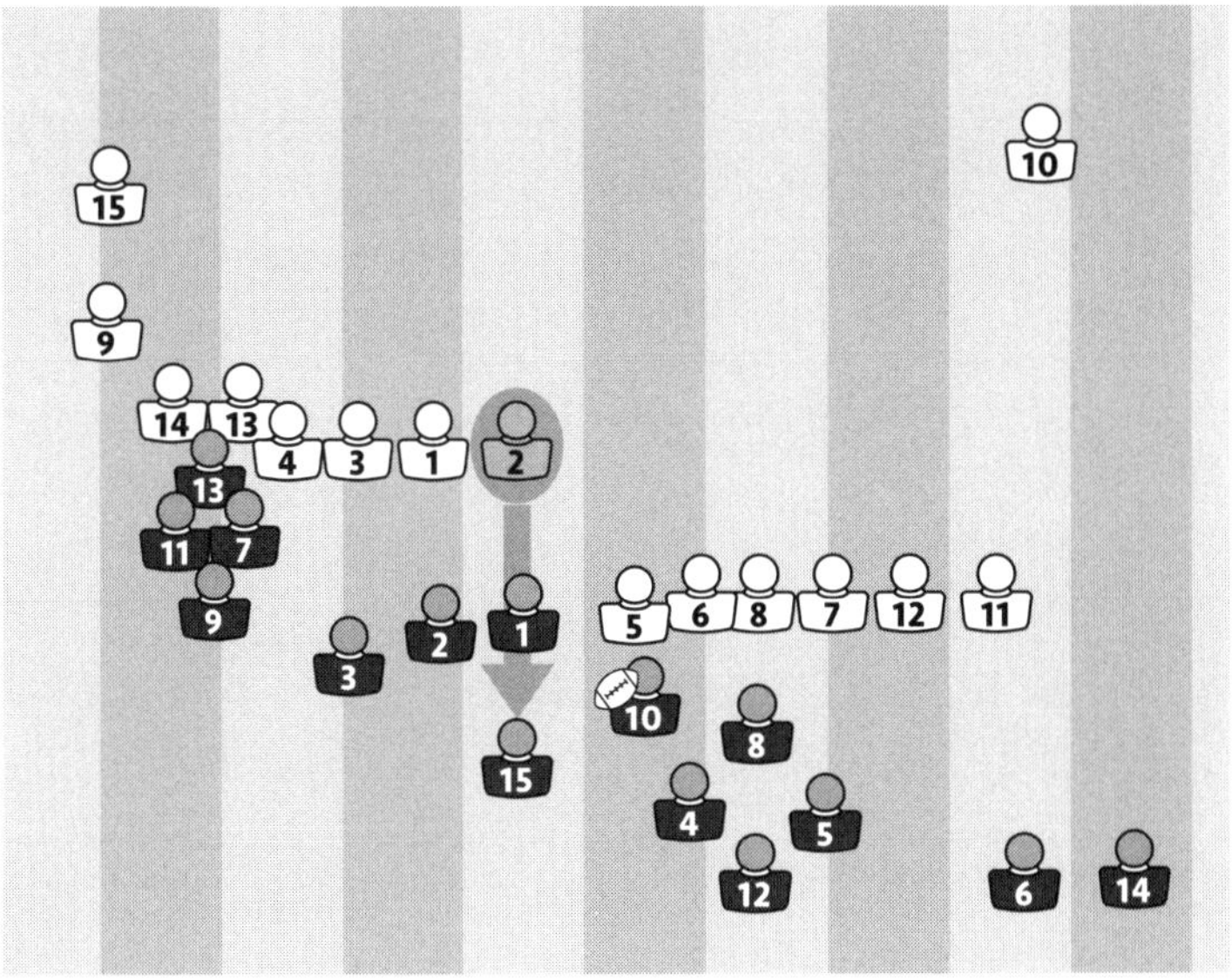
10
15
9
14 13
4 3 1 2
13
11 7
5 6 8 7 12 11
9
2
1
3
10
8
15
4
5
12
6
14

図73

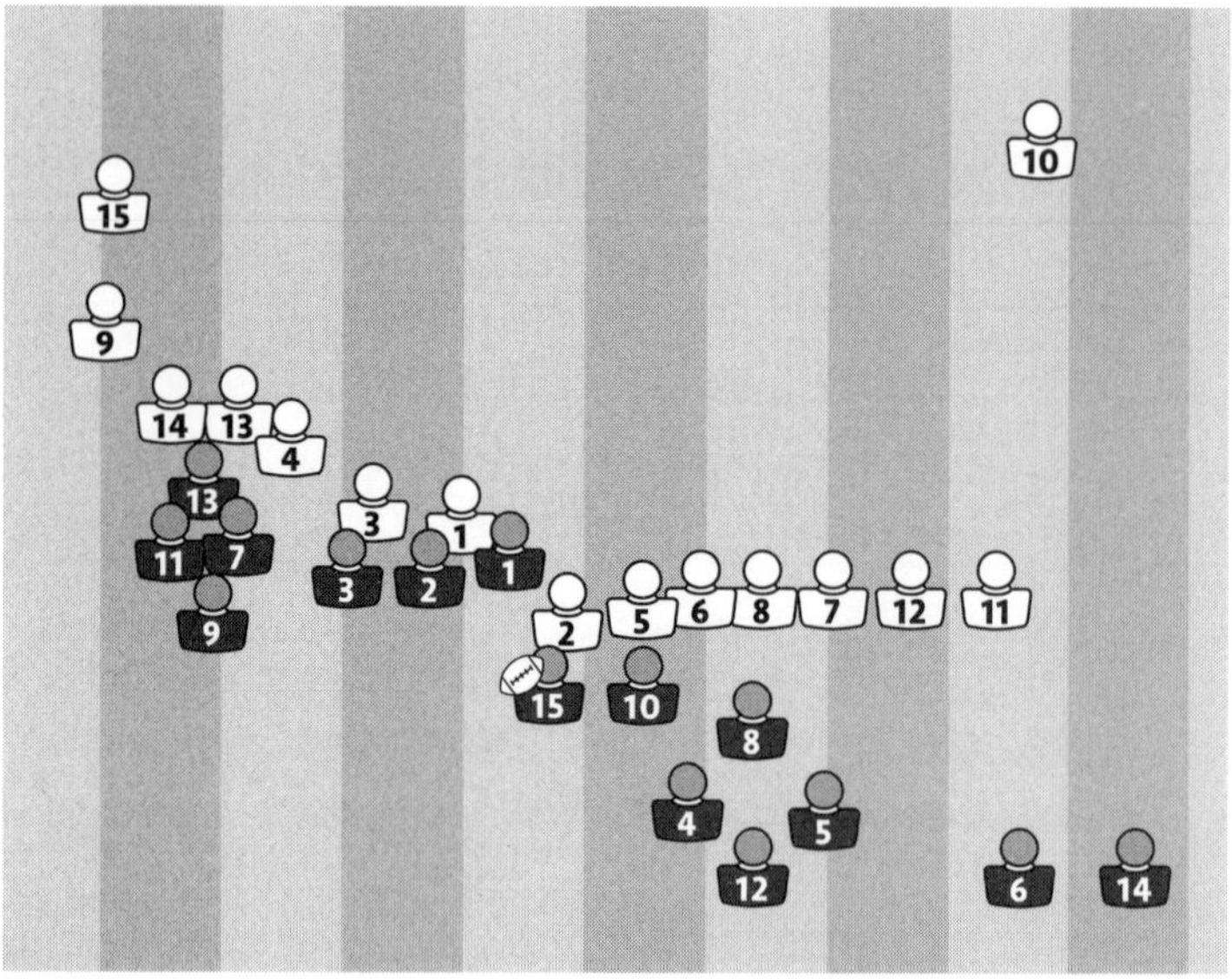

図74

般的です。

④10シェイプのバックドアに対して「ラッシュアップ」をかける場合、「キー」の選手がディフェンスの一番外側になると、その外側にパスされた時のリスクが大きくなります。

②シュートディフェンス（図75から81）

一部スライドを使うプレッシャーディフェンスで、ダブルラインにプレッシャーをかけながらスライドしていきます。

ダブルラインのフロントドアをノミネートしている選手は、バックドアにパスが出た場合、横にスライドせずに「スイング」と呼ばれるフロントドアの選手を手で押し退け、前に出てバックドアの選手にプレッシャーをかけます。このスイングしてバックドアにプレッシャーをかける選手を「シューター」と言い、バックドアにプレッシャーをかけてタックルすることを「シュート」と言います。

メリット

ダブルラインに対して、フロントドアとバックドアを1人のディフェンスが2人を見るので、数的不利を解消した上で積極的に前に出るディフェンスができます。

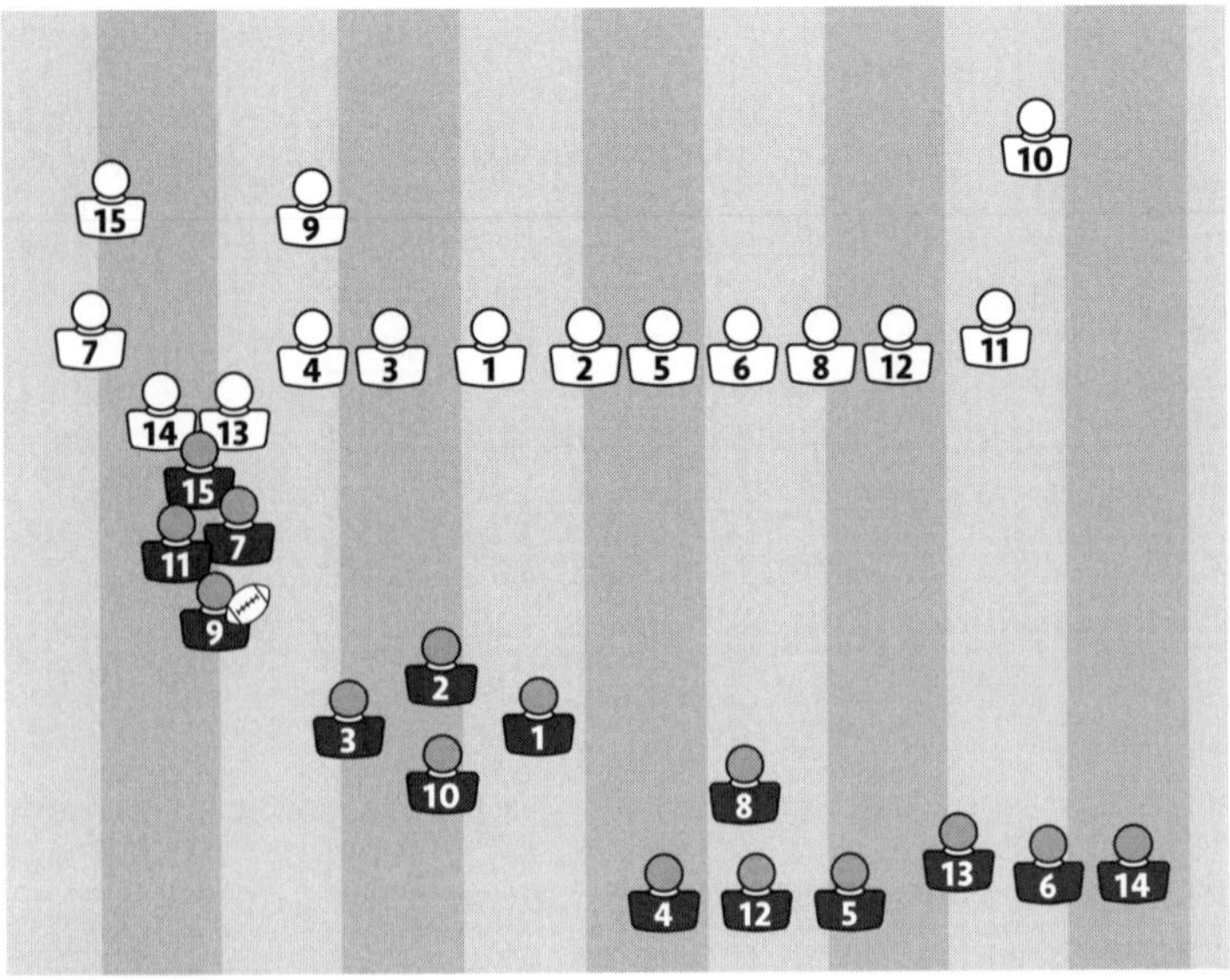
15
9
10
7
4
3
1
2
5
6
8
12
11
14
13
15
7
11
9
2
3
1
10
8
13
6
14
4
12
5
図75

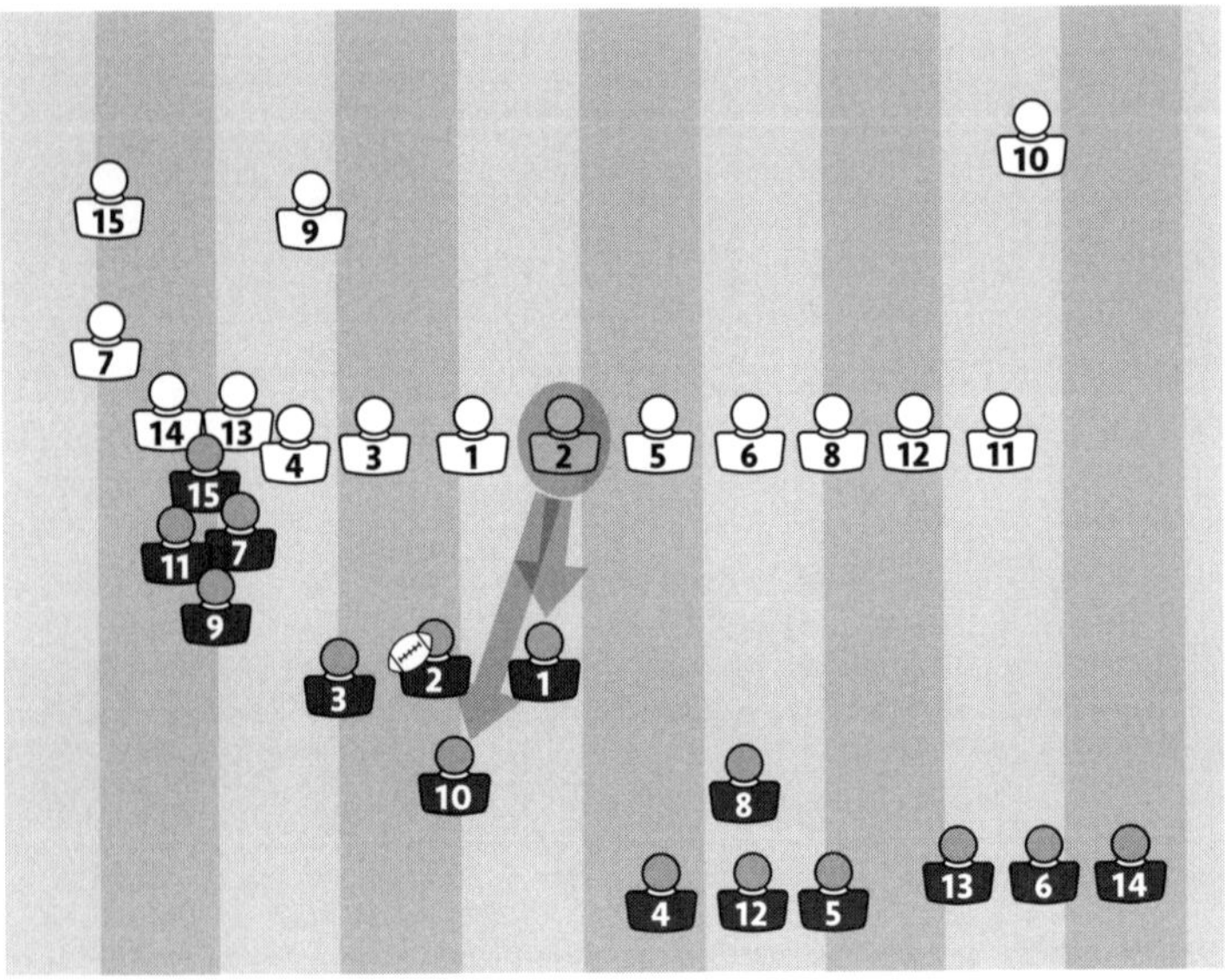
10
15
9
7
14
13
4
3
1
2
5
6
8
12
11
15
7
11
9
2
3
1
10
8
13
6
14
4
12
5
図76

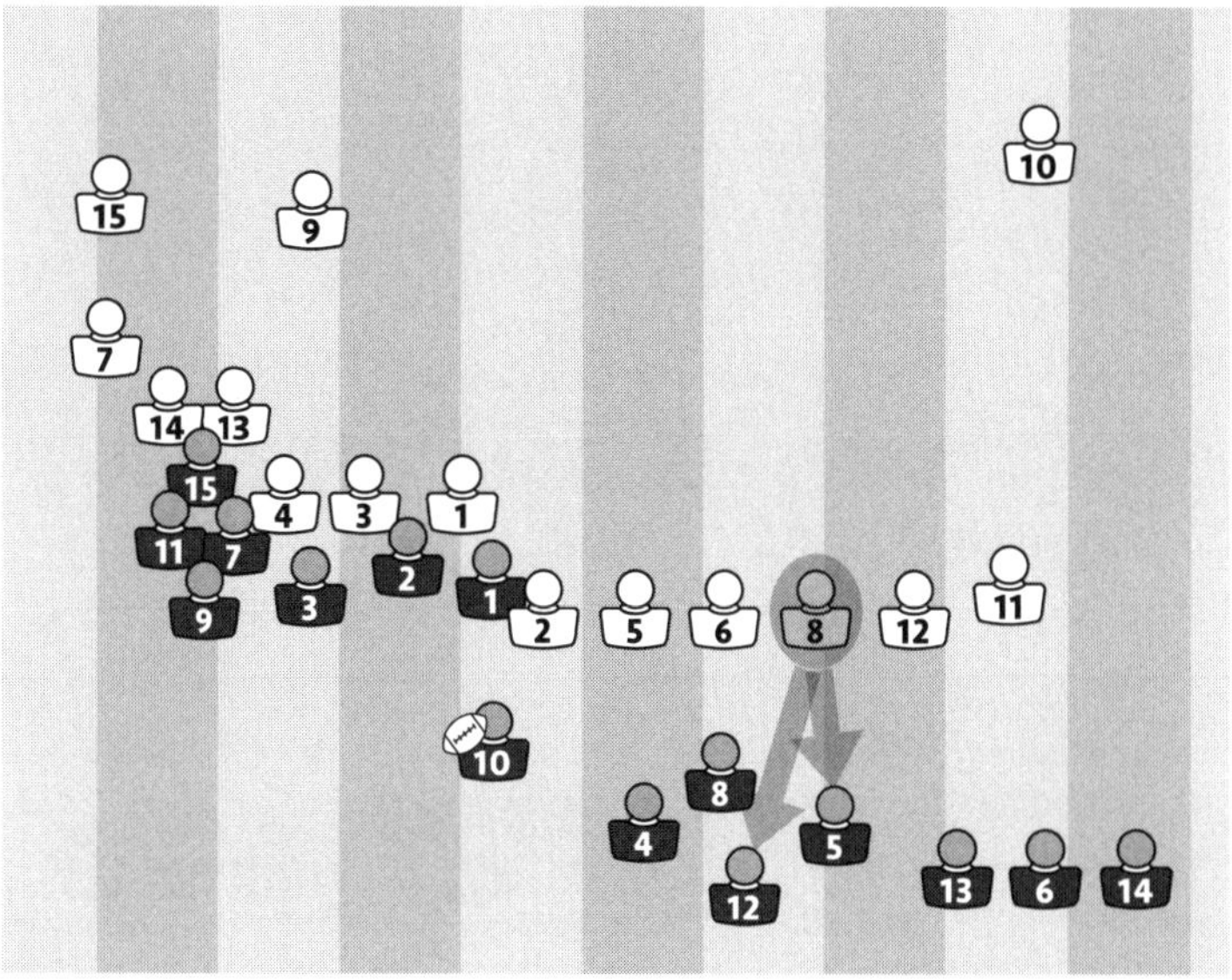

図77

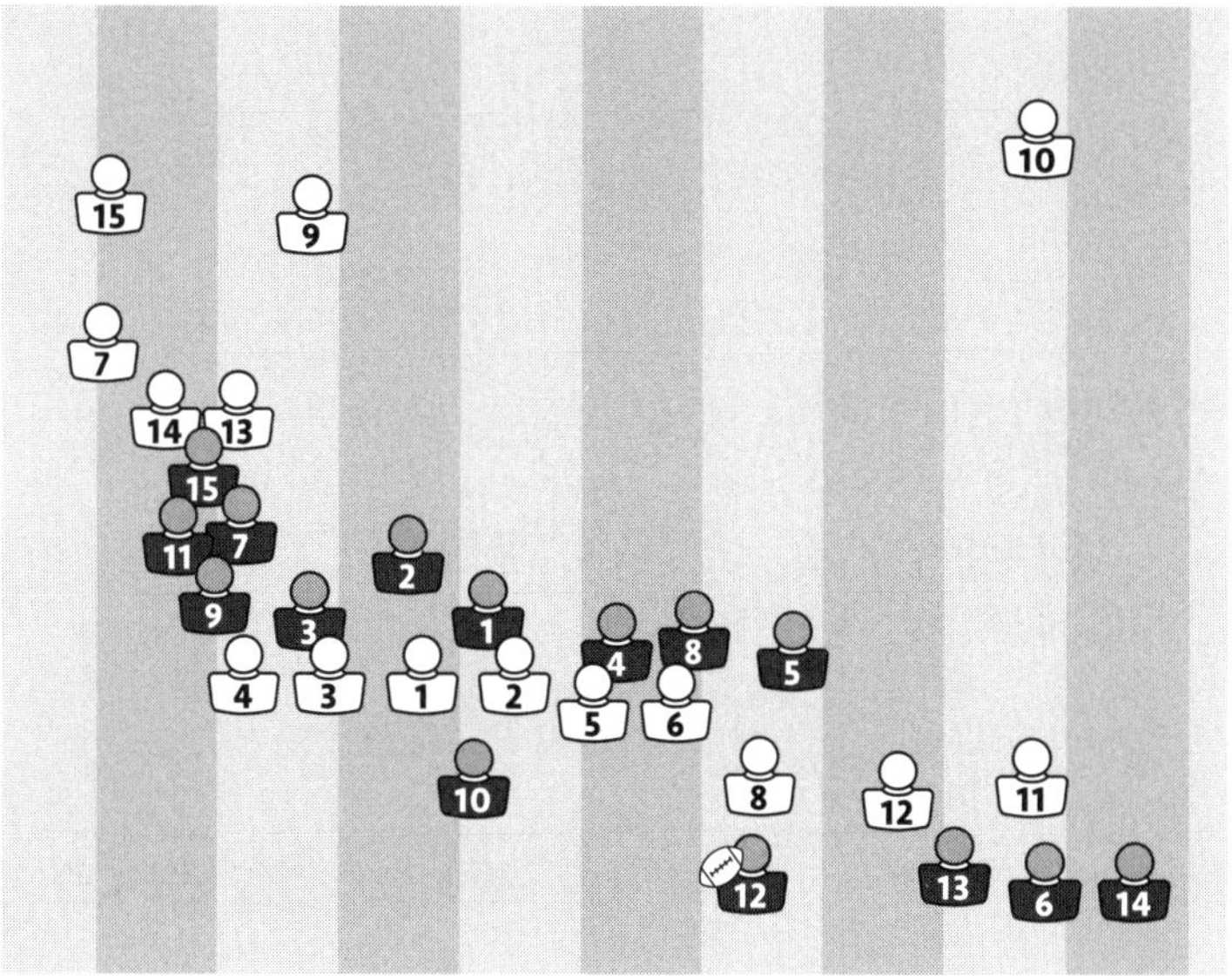

図78

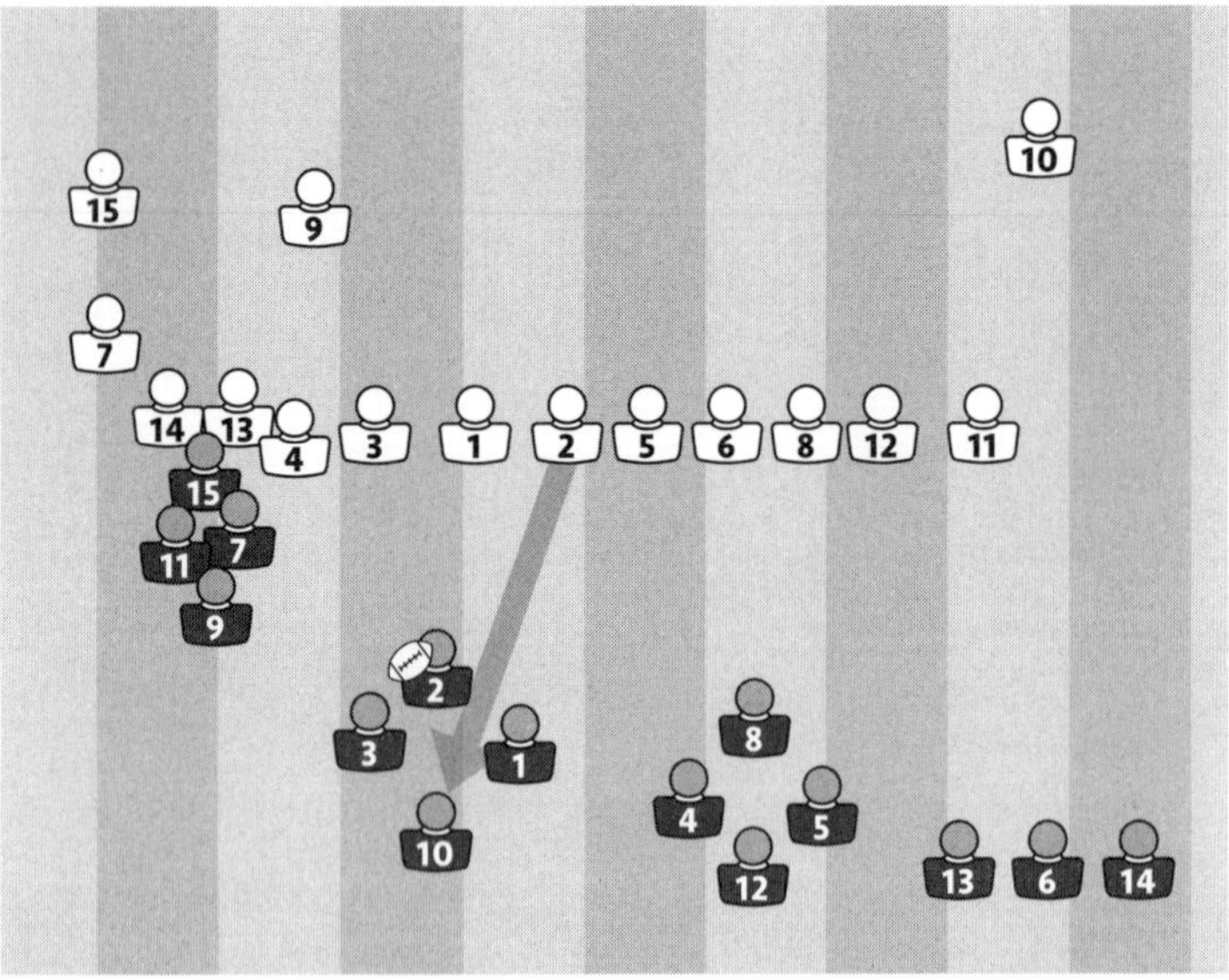
10
15
9
7
14
13
4
3
1
2
5
6
8
12
11
15
11
7
9
2
3
1
10
8
4
5
12
13
6
14

図79

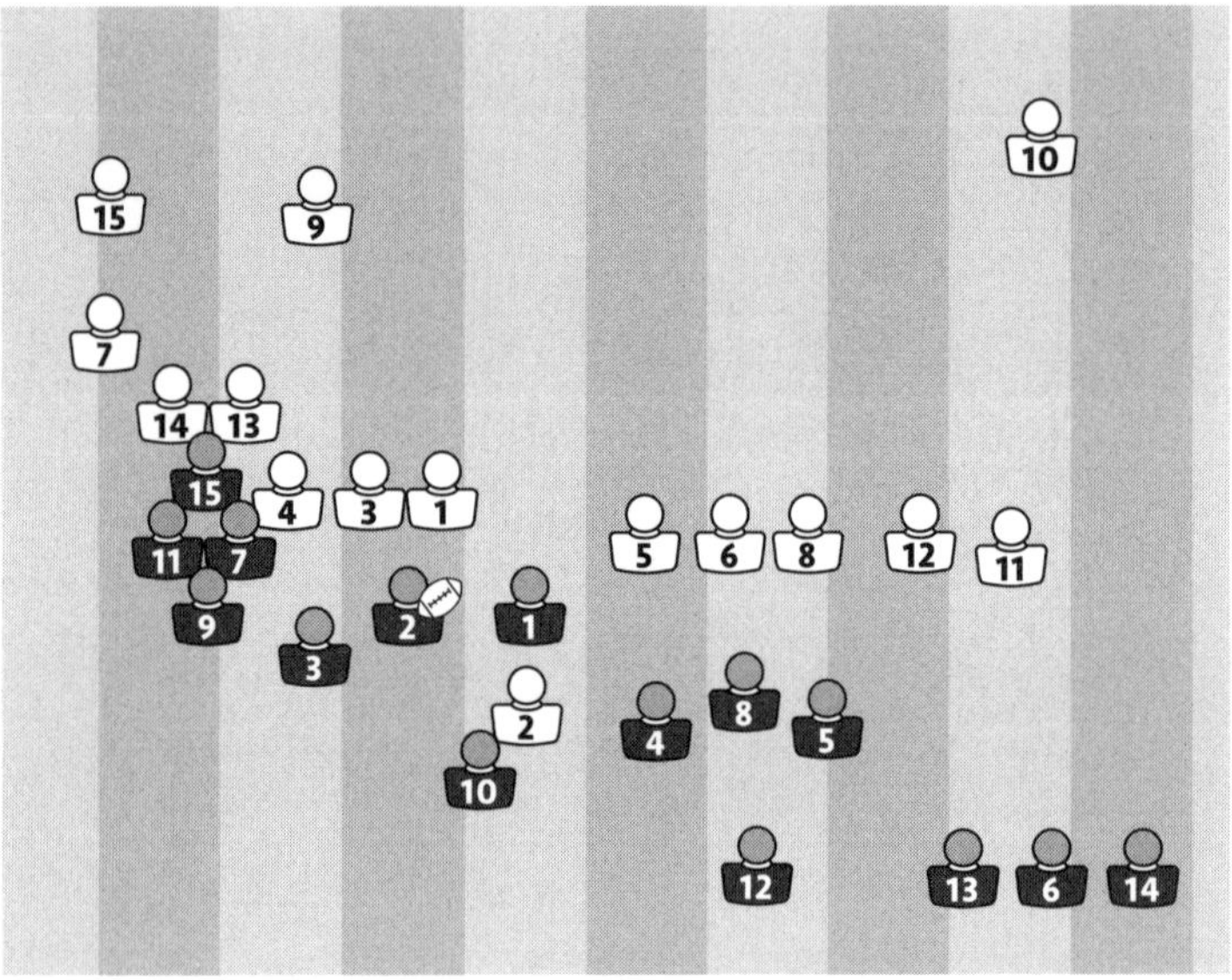
10
15
9
7
14
13
15
4
3
1
5
6
8
12
11
11
7
9
2
1
3
2
10
4
8
5
12
13
6
14

図80

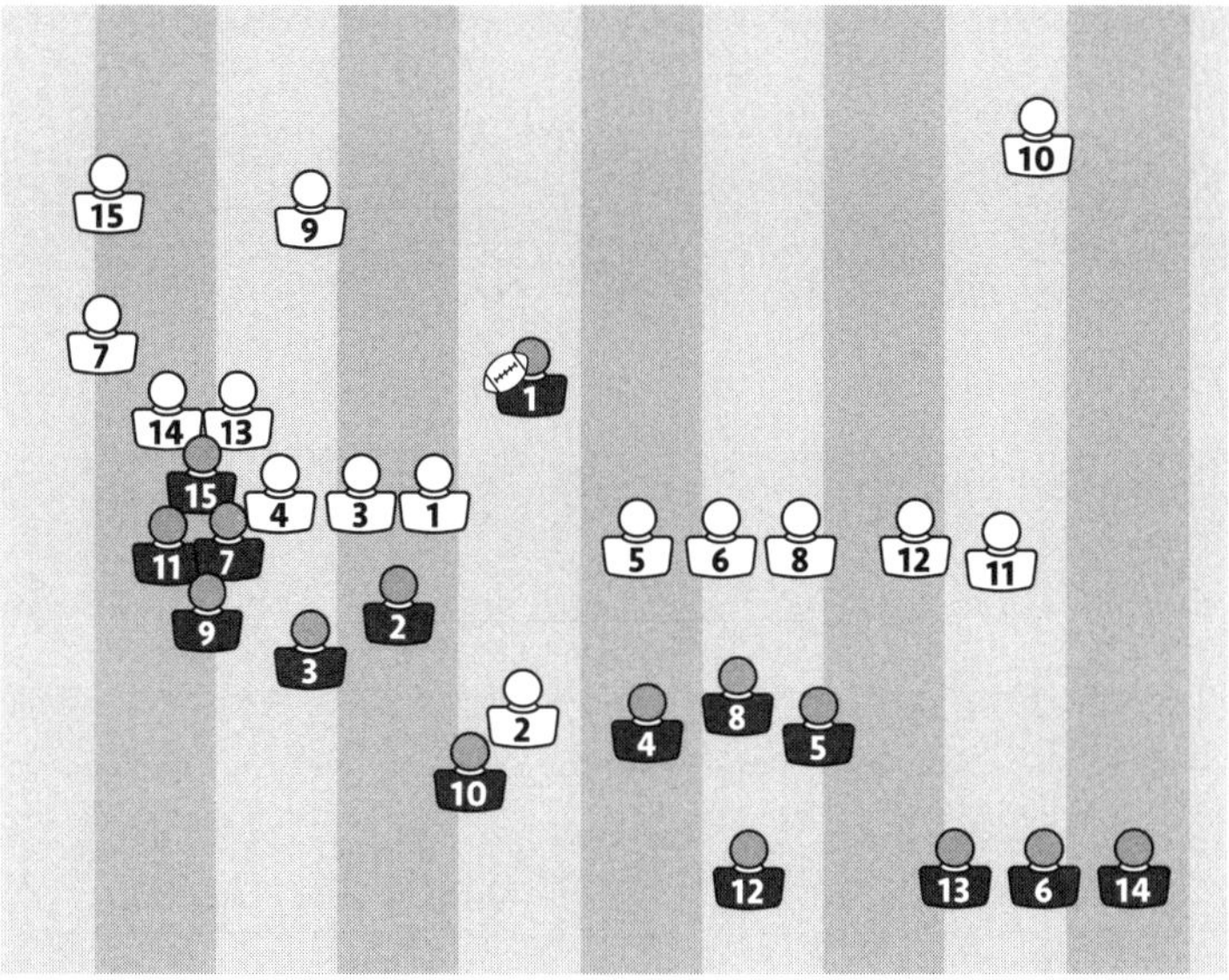

図81

デメリット

バックドアの選手が複数いる場合、全てのバックドアの選手にシュートをかけるのは難しいので、ラッシュアップディフェンスと併用する必要があります。

キーポイント

①9シェイプが3人の場合、ブレイクダウンから4人目の選手が「シューター」になります。

②全体的にはプレッシャーディフェンスでありながら、シューターは1人だけスライドディフェンスをするので外側との連携が難しく、シューターと外側のディフェンスとの間でギャップが生まれるリスクがあります。

③意識がバックドアに向いているとゲインラインに近いフロントドアで突破されるリスクがあります（図79から81）。

最後に、ダブルラインではなくシングルラインで、数的不利な状況下でもスライドせずに前に出る「アンブレラディフェンス」というシステムを紹介します。

〈アンブレラディフェンス〉（図82から100）

ディフェンスが数的不利な状況下で外側のディフェンスの選手が内側の選手より前に出ることで、アタックのフラットなロングパスを防ぐシステムです。

メリット

アンブレラを仕掛けることでボールキャリアー（パサー）のカットインやアンブレラを仕掛けた選手の頭の上を越すようなロングパスを誘導することができます。ディフェンスはアタックを誘導する結果、的を絞ってプレッシャーをかけることができます。

デメリット

ダブルラインに対応できません。フロントドアの選手にアンブレラをかけると、バックドアの選手にパスを通されて簡単に崩されてしまいます。

キーポイント

①1番外側のディフェンスの選手がアンブレラをかける場合、キックパスの対処ができません。そのため外側から2人目の選手がアンブレラをかけて、1番外側の選手はアンブレラをかけた選手の影に隠れることで、キックパスの対処も可能になります。

②もし、1番外側のディフェンスの選手がアンブレラをかけた場合、敵陣であればバックラインにいる選手が自陣に比べると浅い位置にいるため、キックパスされても対処することができます。

しかし、自陣であればロングキックの可能性があるのでバックラインの選手が深い位置にいるため、キックパスに対処することができなくなります。

③ボールキャリアーの対面のすぐ外側の選手がアンブレラをかけるとボールキャリアーはそのギャップに仕掛けることができるので（図86から88）、2人以上外側の選手がアンブレラをかけます。もし、ショートパスですぐ隣の外側の選手にパスした場合は、アンブレラをかけた選

手がそのままの位置にいるとボールキャリアーに仕掛けられてしまうので、下がってスライドに切り替えます。アンブレラはあくまで「フラットなロングパス」をさせないためのシステムなので、ショートパスが入るとスライドに切り替えて数的不利を解消していきます（図89から92）。

④アンブレラをかける選手はボールキャリアーよりも前に出ると、アンブレラをかけた選手の背後にフラットなロングパスを通されるために前に出てはいけません。ボールキャリアーとフラットに立つと走りこまれて裏に出られてパスを通されるリスクがあるので一歩手前で待ち、フラットなロングパスが来たらインターセプトを狙います（図93から97）。

⑤アンブレラをかけた選手の頭を越すロングパスが来た場合はアンブレラをかけた選手がスライドに切り替え、アンブレラをかけた選手の外側にさらに1人ディフェンスがいる場合はそのパスの軌道を狙ってインターセプトかキャッチの瞬間にタックルに入ります（図98から100）。

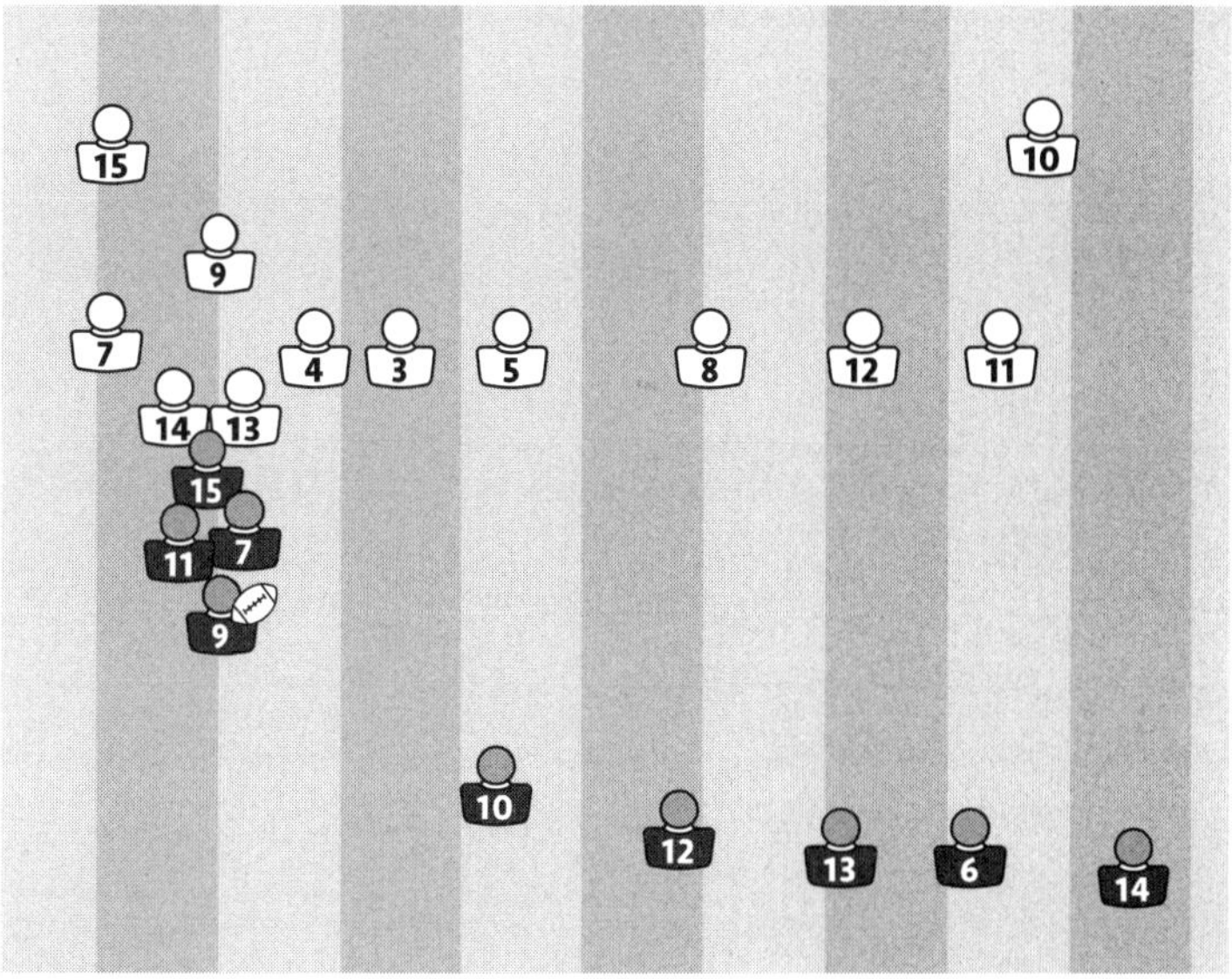
15
10
9
7
4
3
5
8
12
11
14
13
15
11
7
9
10
12
13
6
14

図82

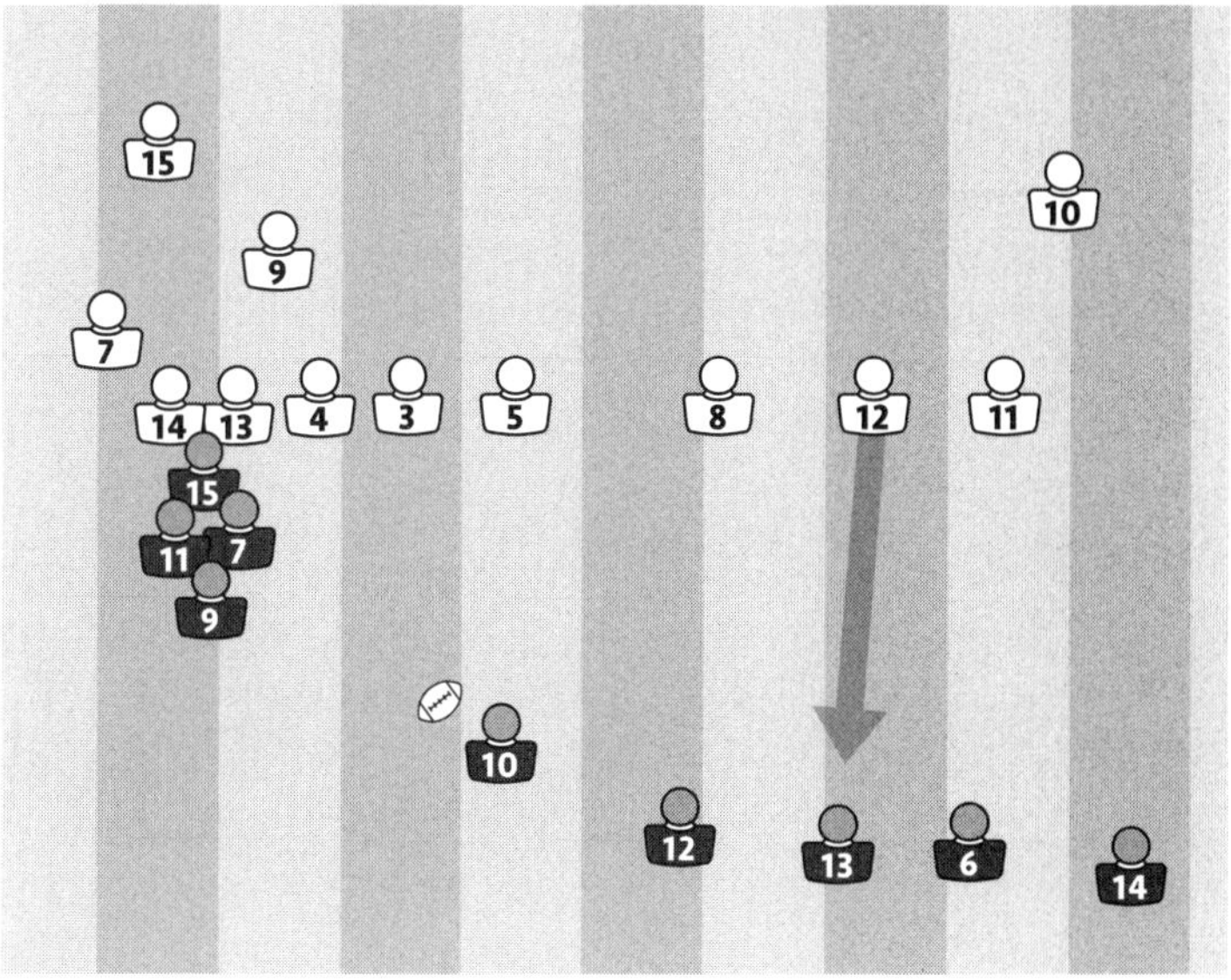
15
9
10
7
14
13
4
3
5
8
12
11
15
11
7
9
10
12
13
6
14

図83

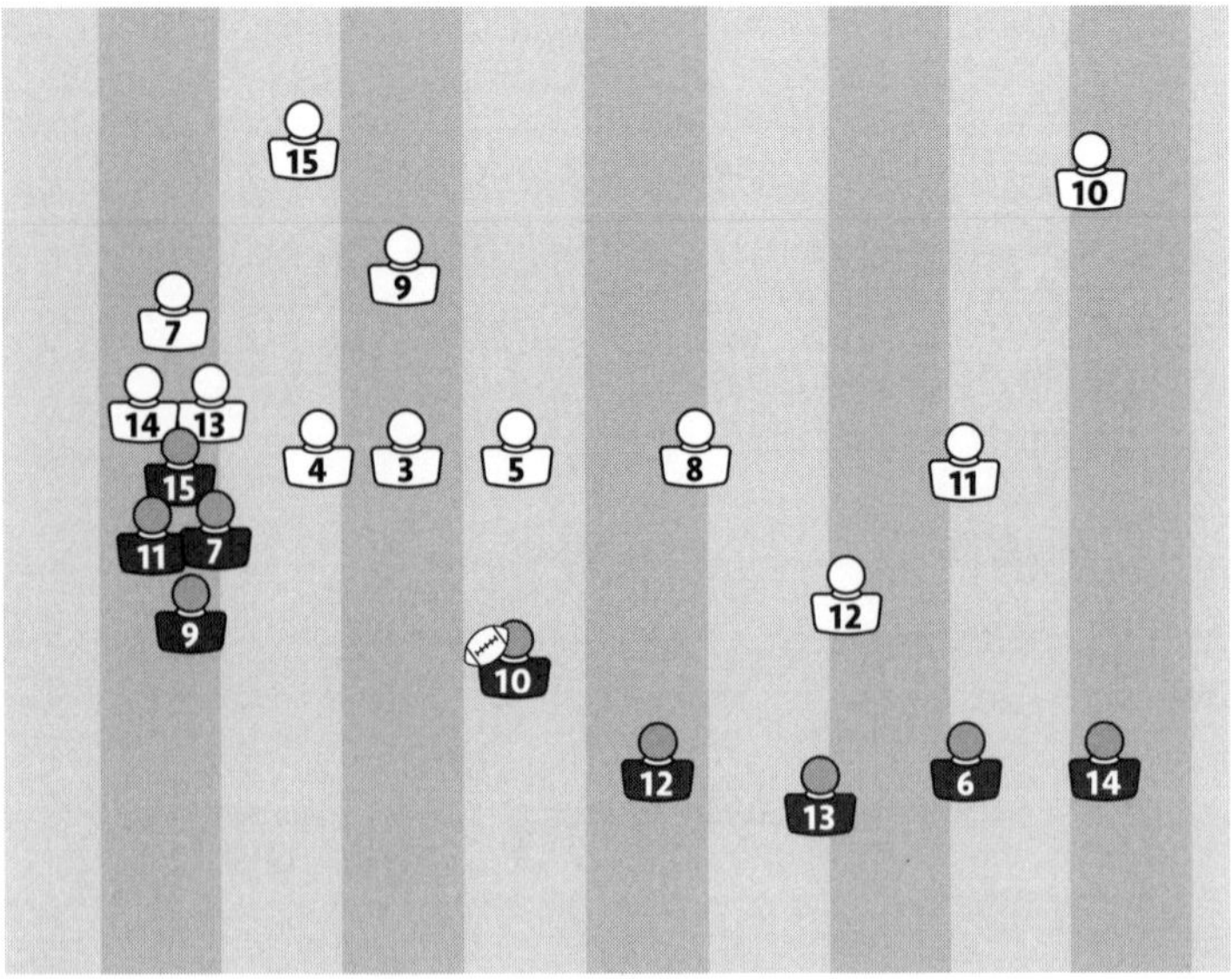
15
10
9
7
14
13
4
3
5
8
11
15
11
7
9
12
10
12
13
6
14
図84

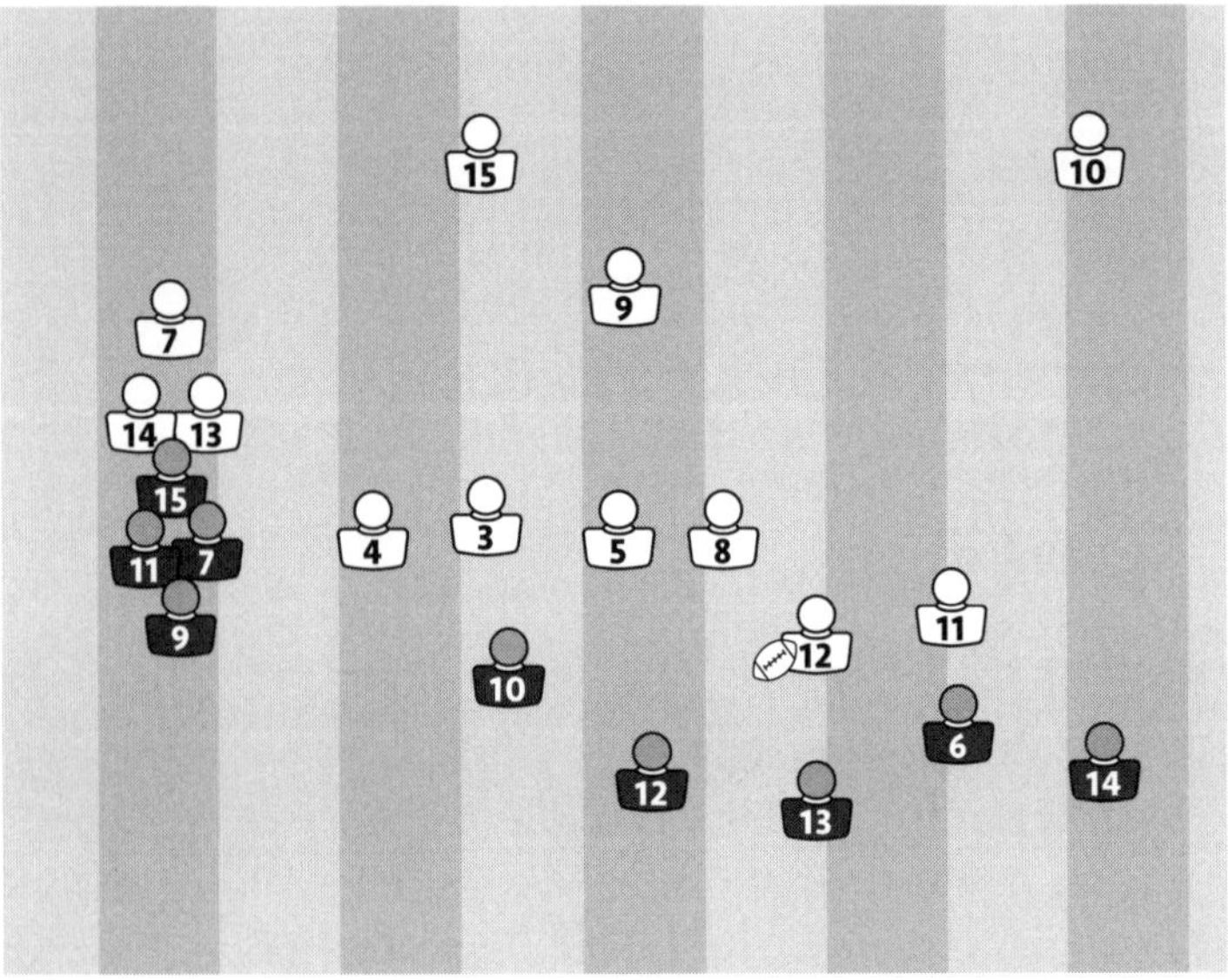
15
10
9
7
14
13
15
4
3
5
8
11
7
9
12
10
6
12
13
14
図85

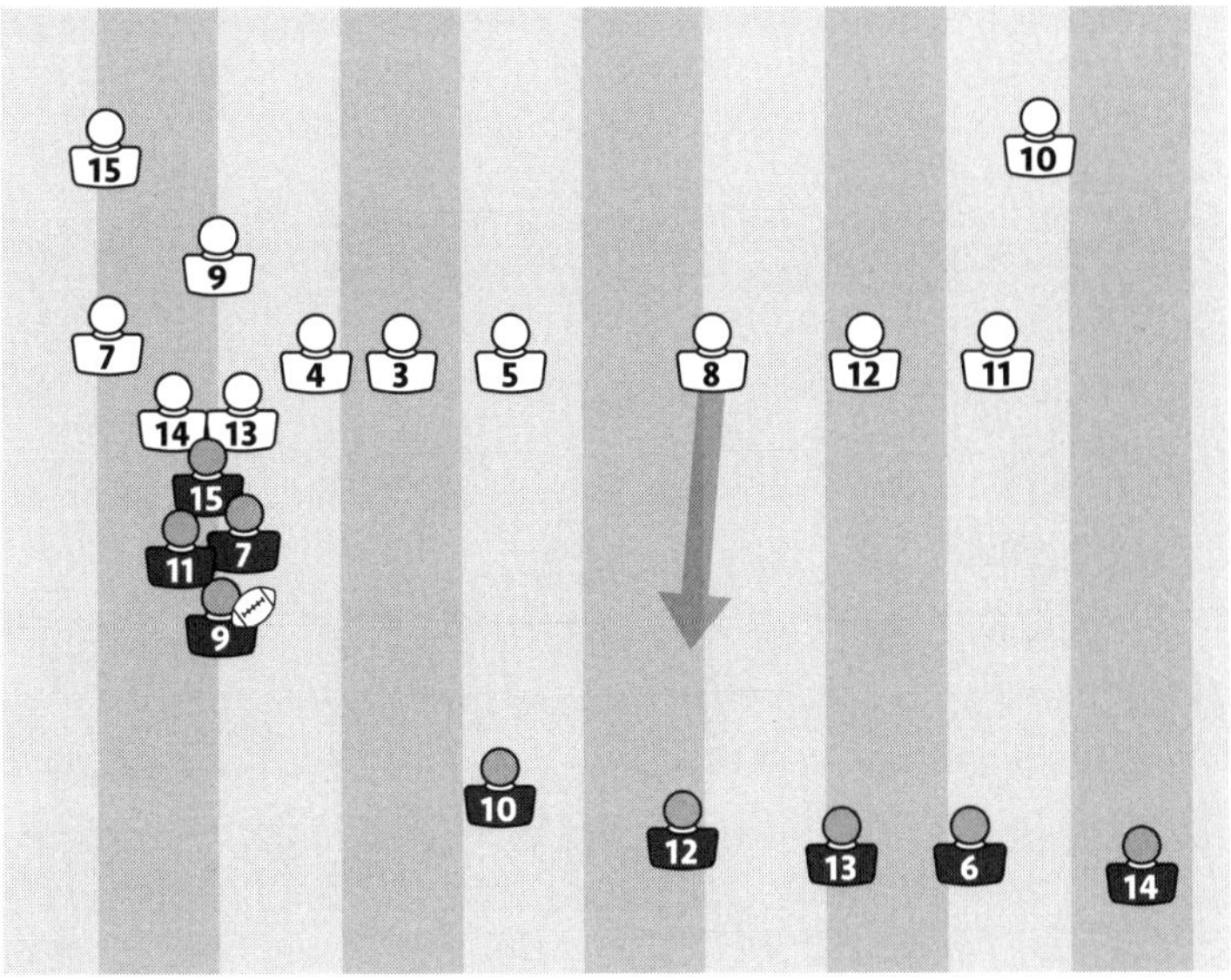
15
10
9
7
4
3
5
8
12
11
14
13
15
11
7
9
10
12
13
6
14
図86

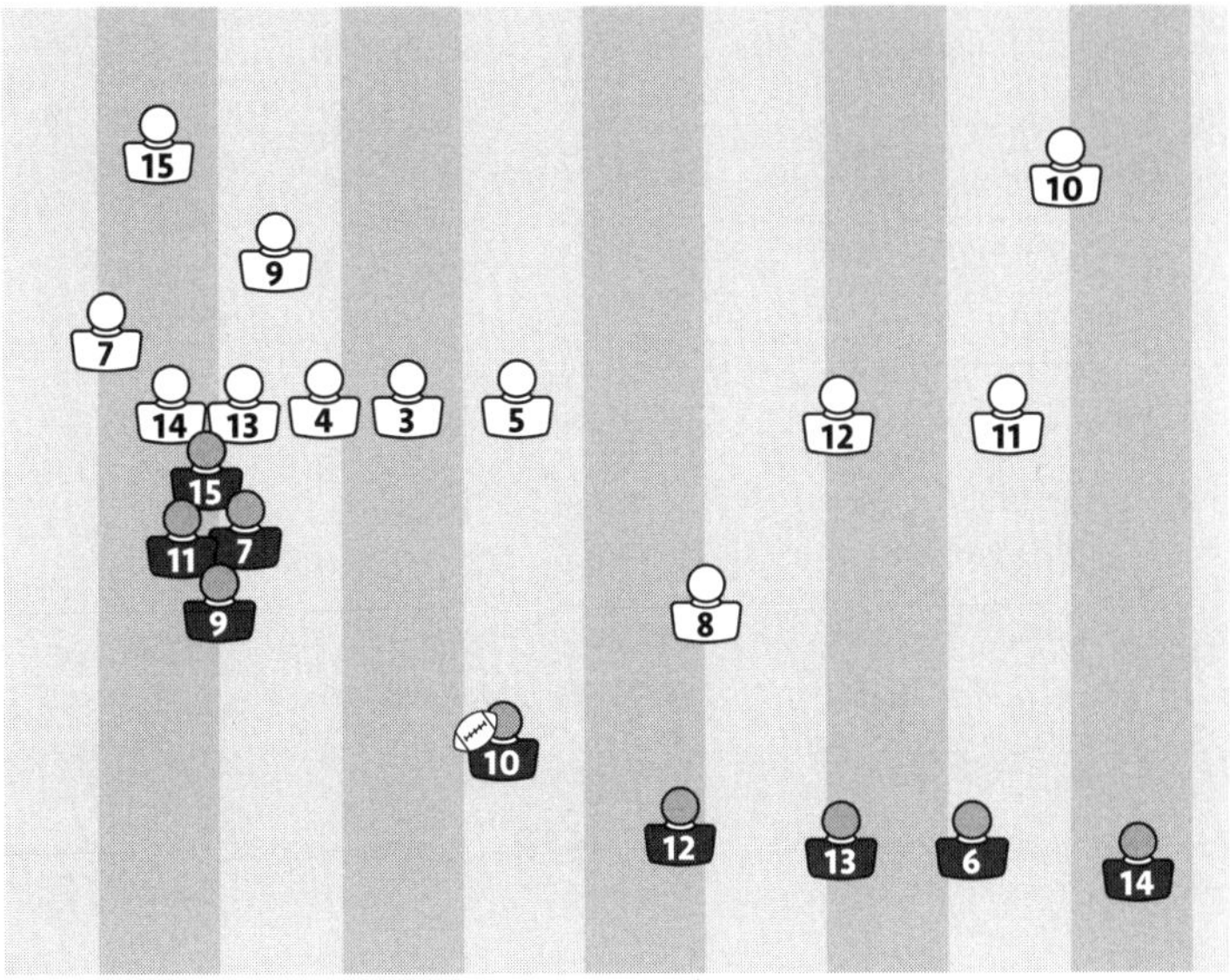
15
10
9
7
14
13
4
3
5
12
11
15
11
7
9
8
10
12
13
6
14
図87

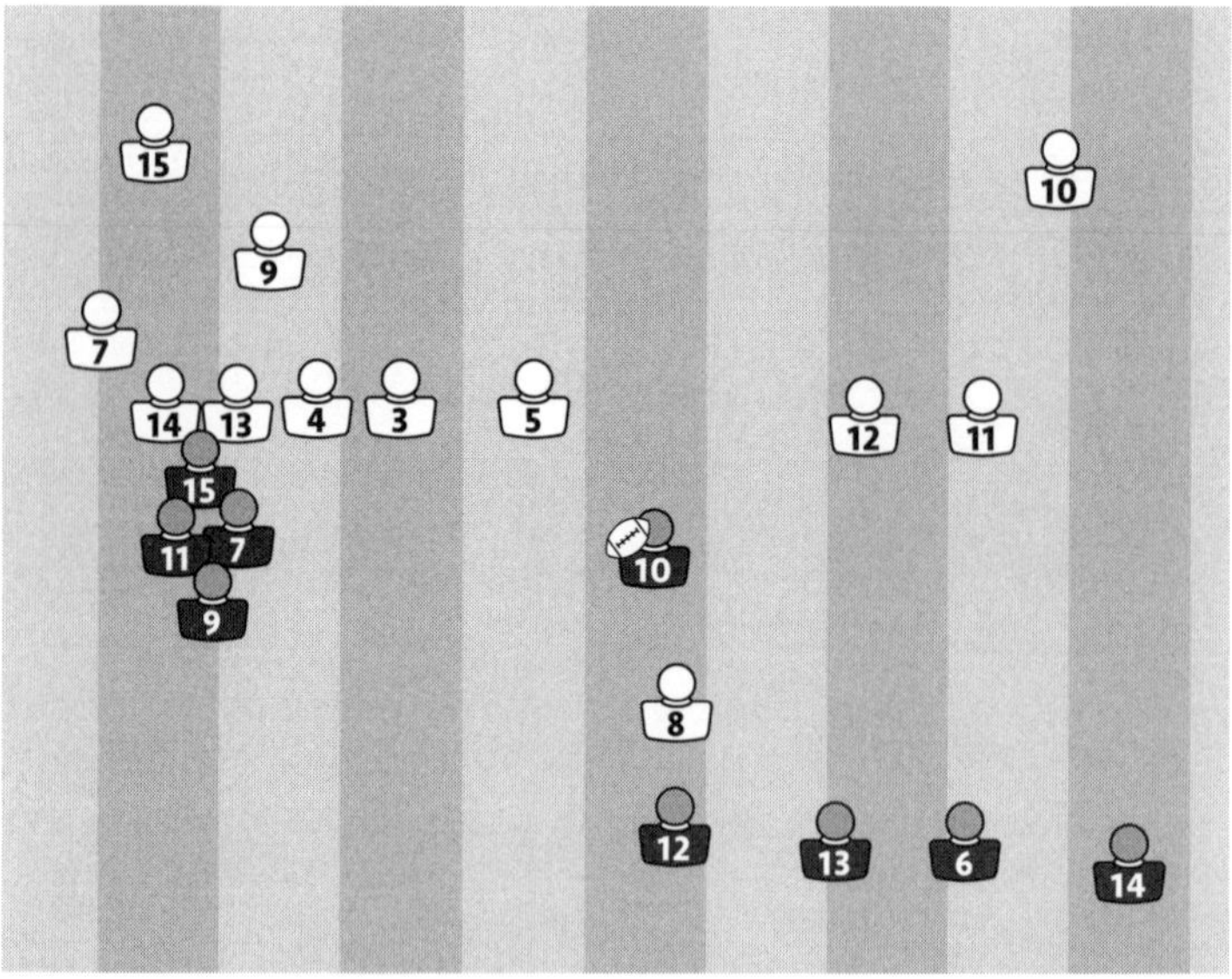
15
10
9
7
14
13
4
3
5
12
11
15
11
7
10
9
8
12
13
6
14
図88

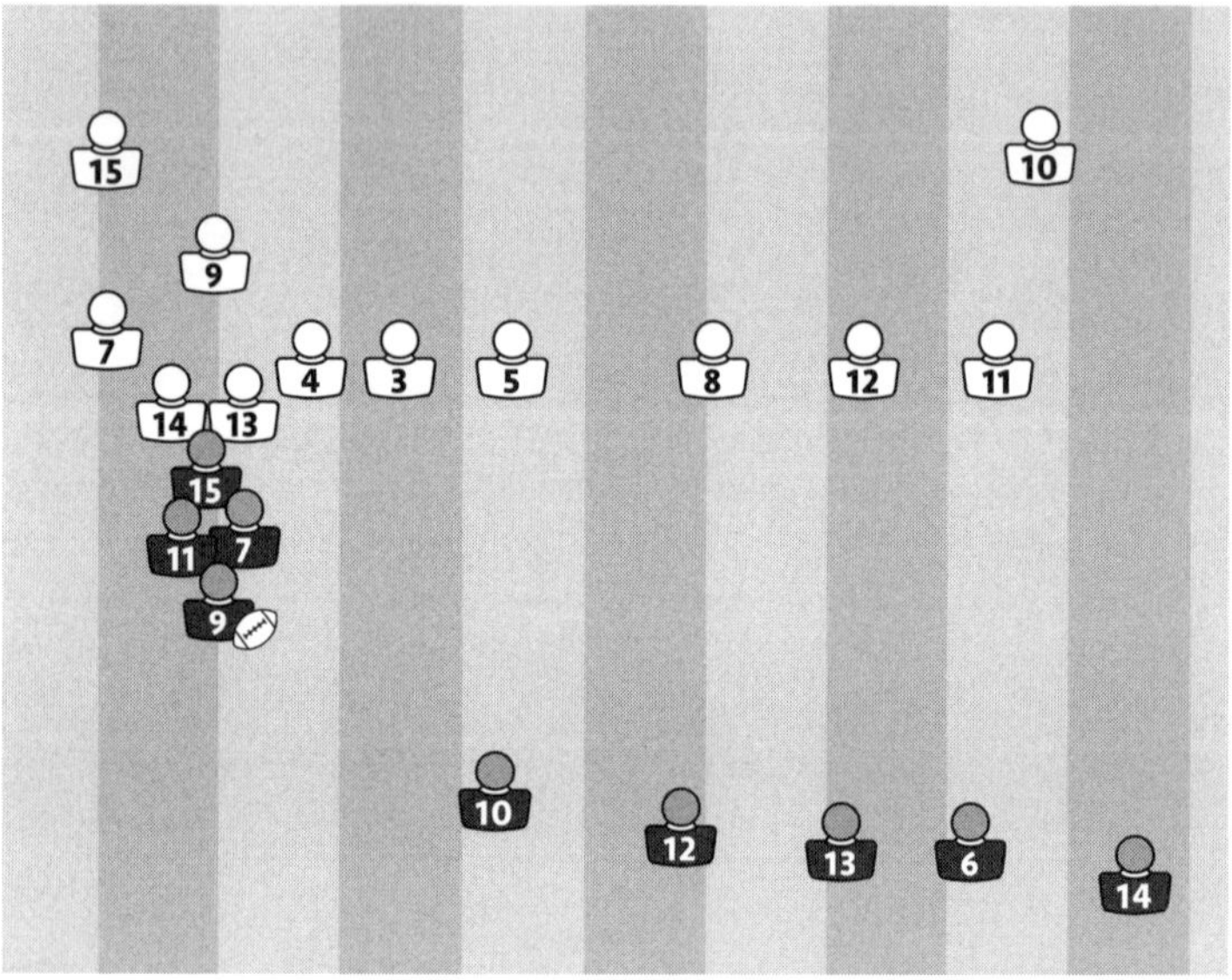
15
10
9
7
4
3
5
8
12
11
14
13
15
11
7
9
10
12
13
6
14
図89

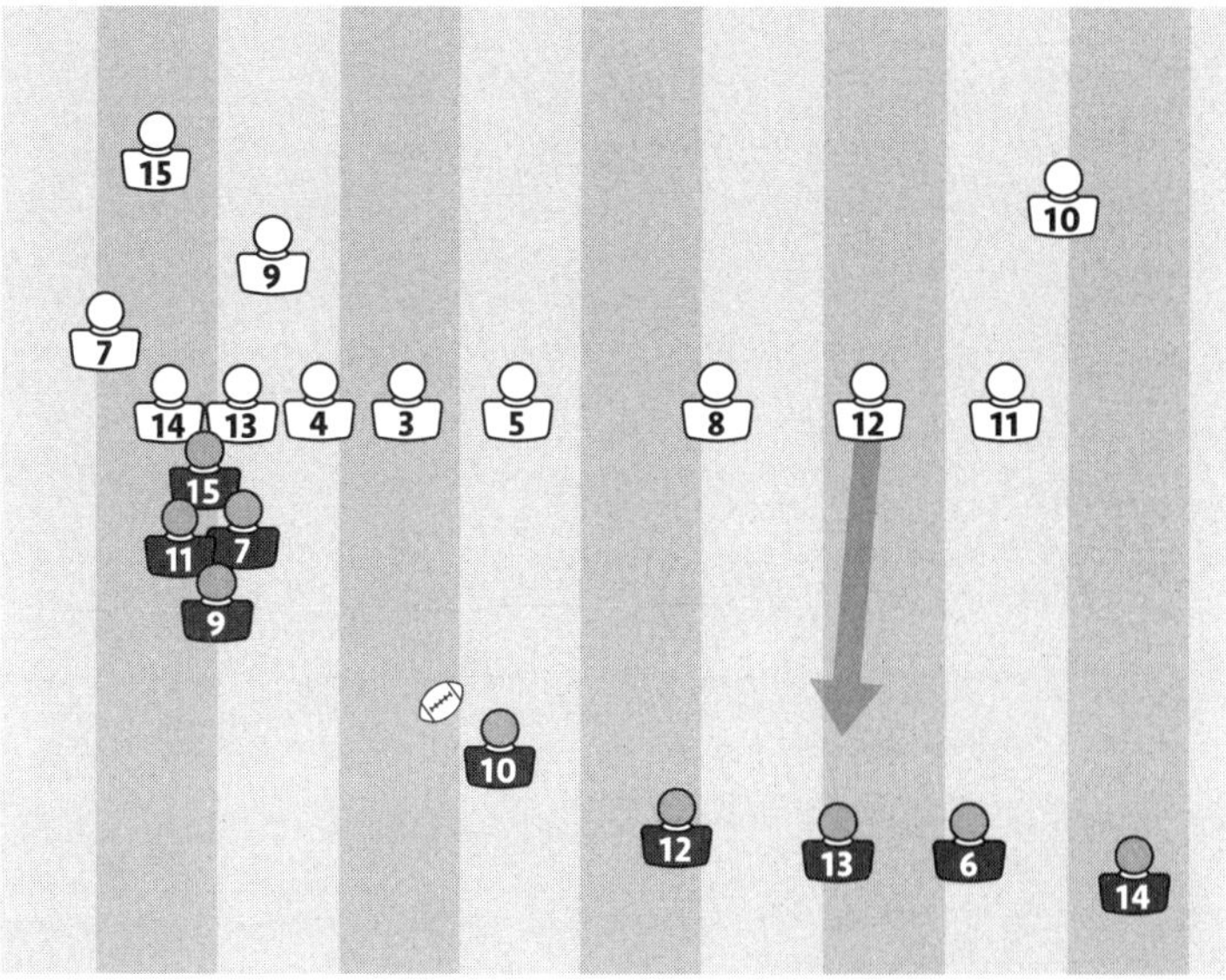
15
9
7
14
13
4
3
5
8
12
11
10
15
11
7
9
10
12
13
6
14

図90

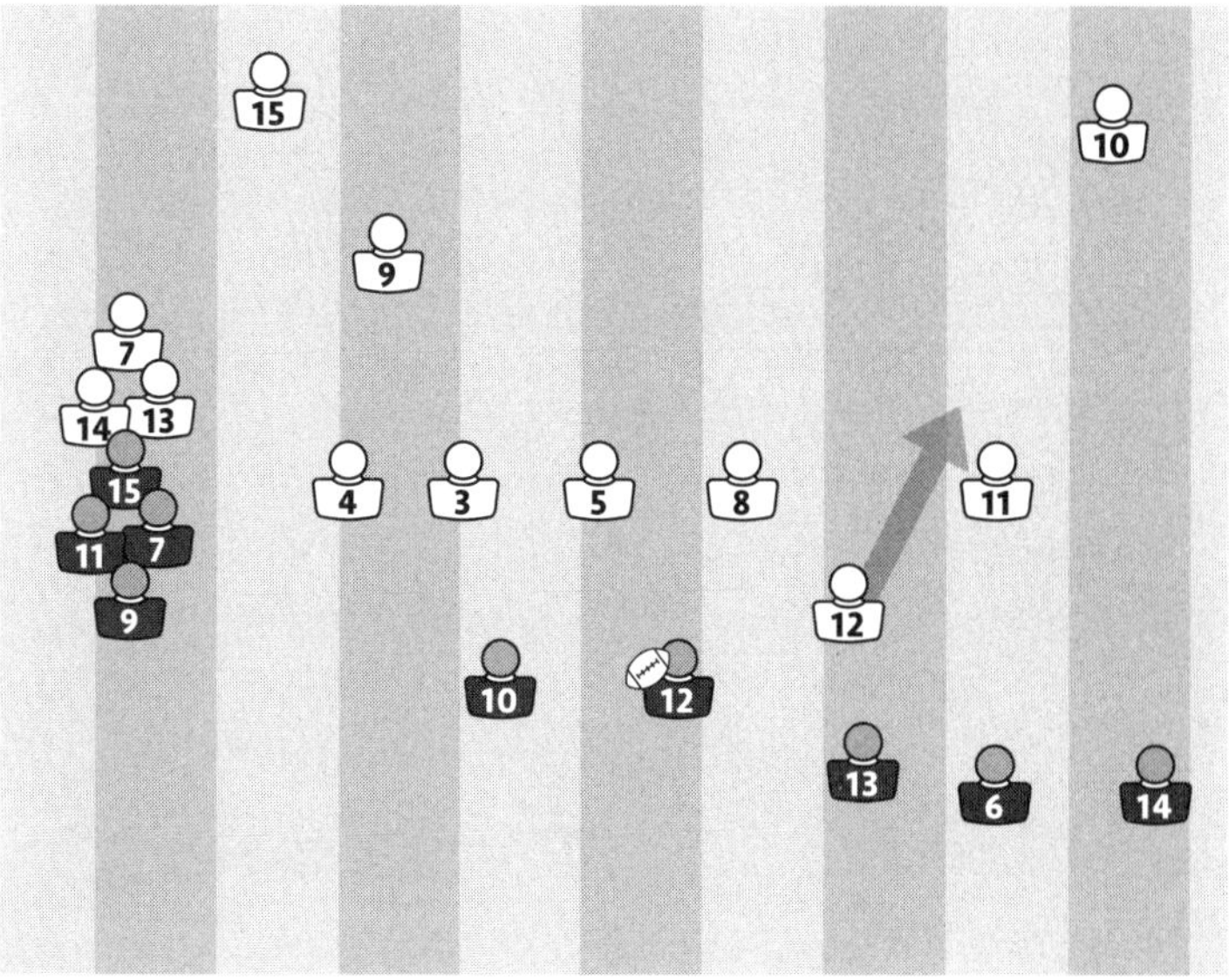
15
10
9
7
14
13
15
4
3
5
8
11
11
7
12
9
10
12
13
6
14

図91

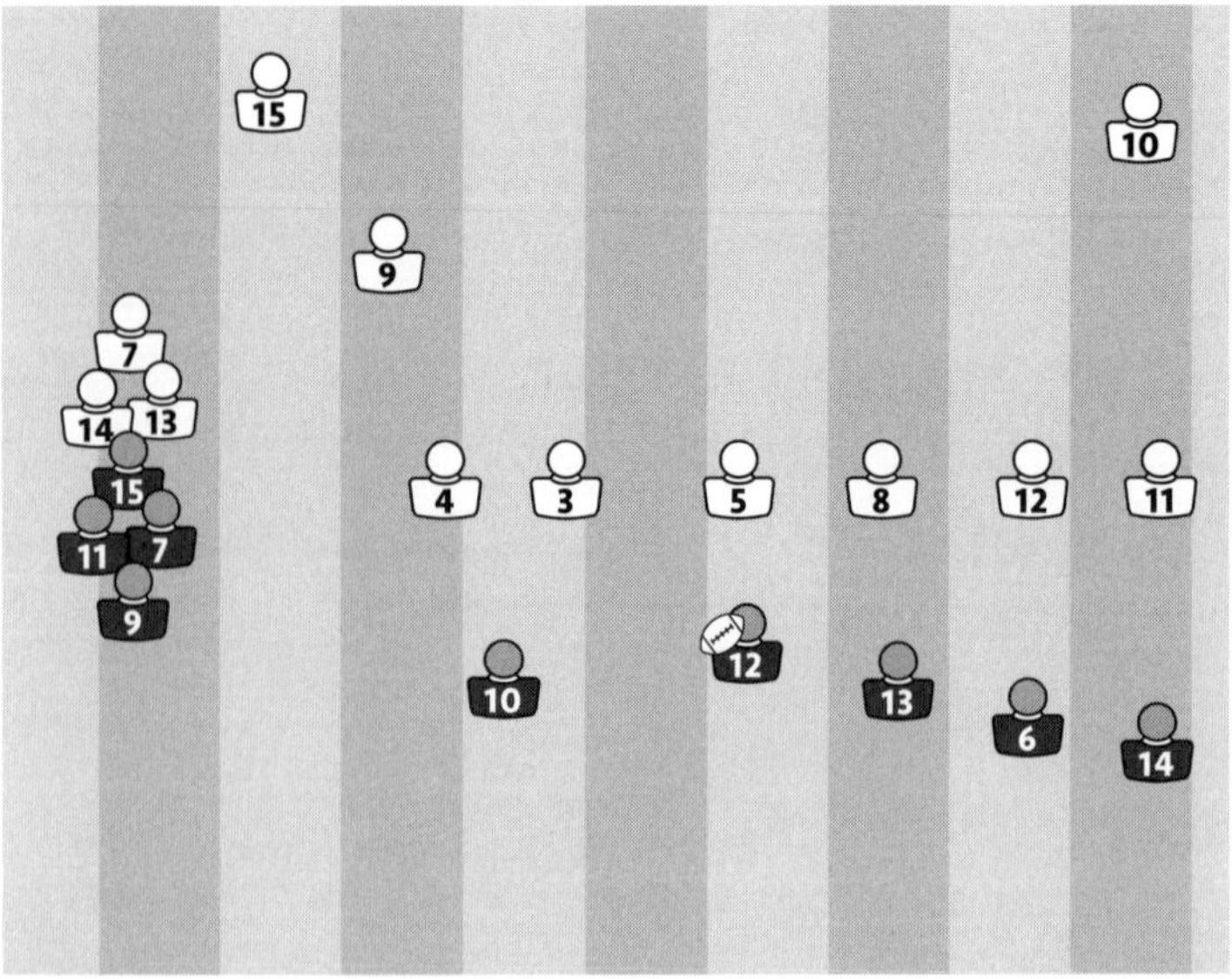
15
10
9
7
14
13
15
11
7
9
4
3
5
8
12
11
12
10
13
6
14

図92

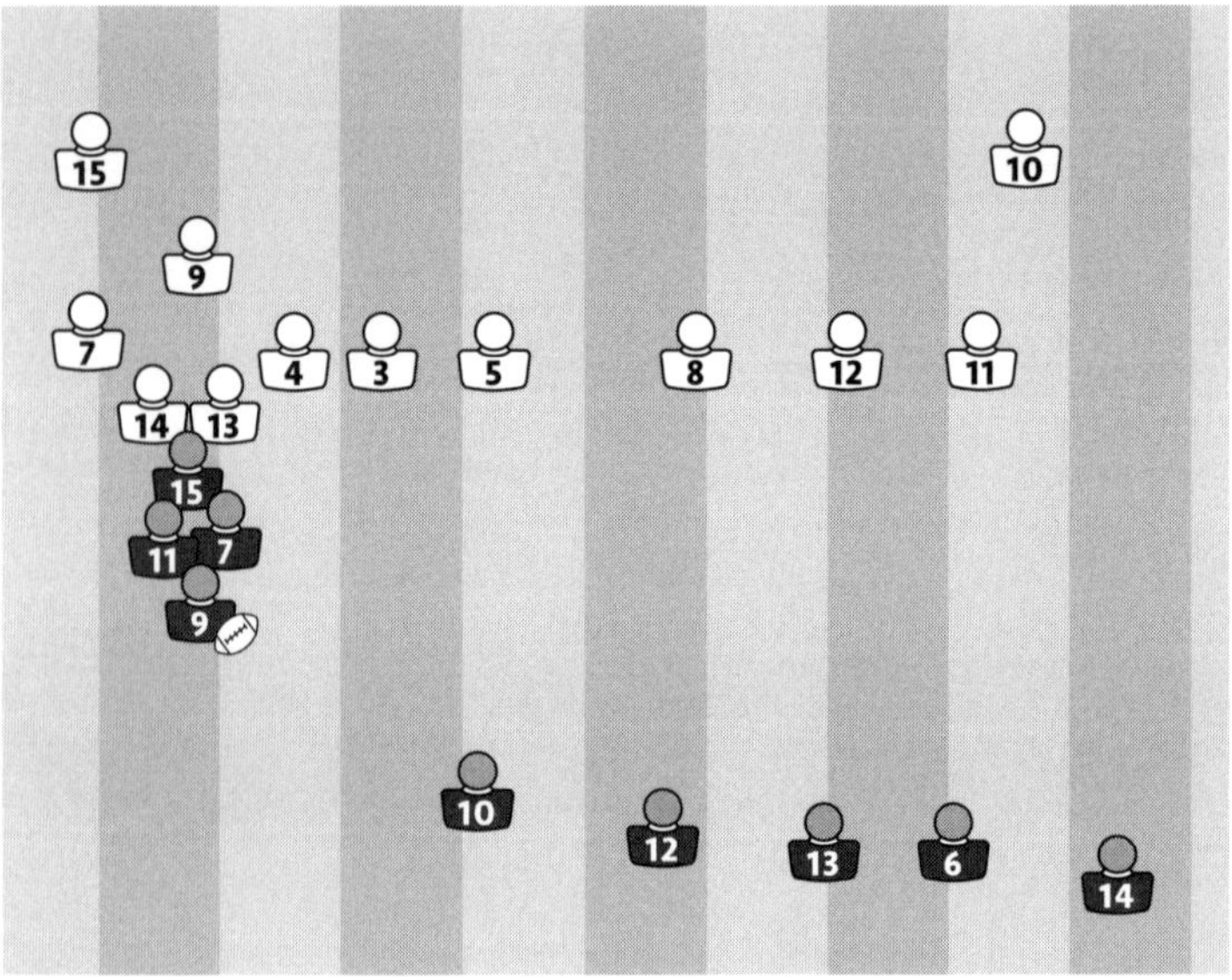
15
10
9
7
4
3
5
8
12
11
14
13
15
11
7
9
10
12
13
6
14

図93

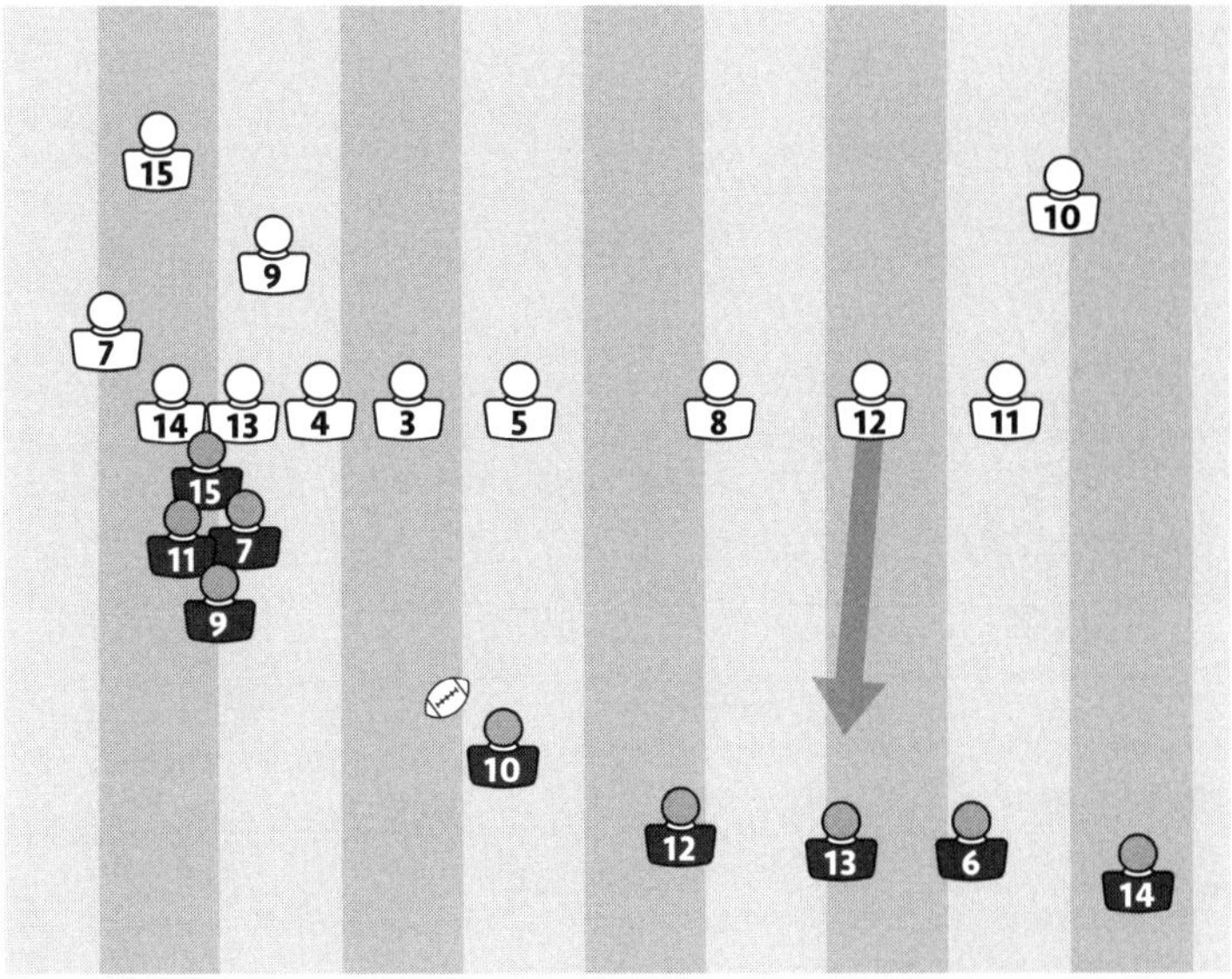
15
10
9
7
14
13
4
3
5
8
12
11
15
11
7
9
10
12
13
6
14

図94

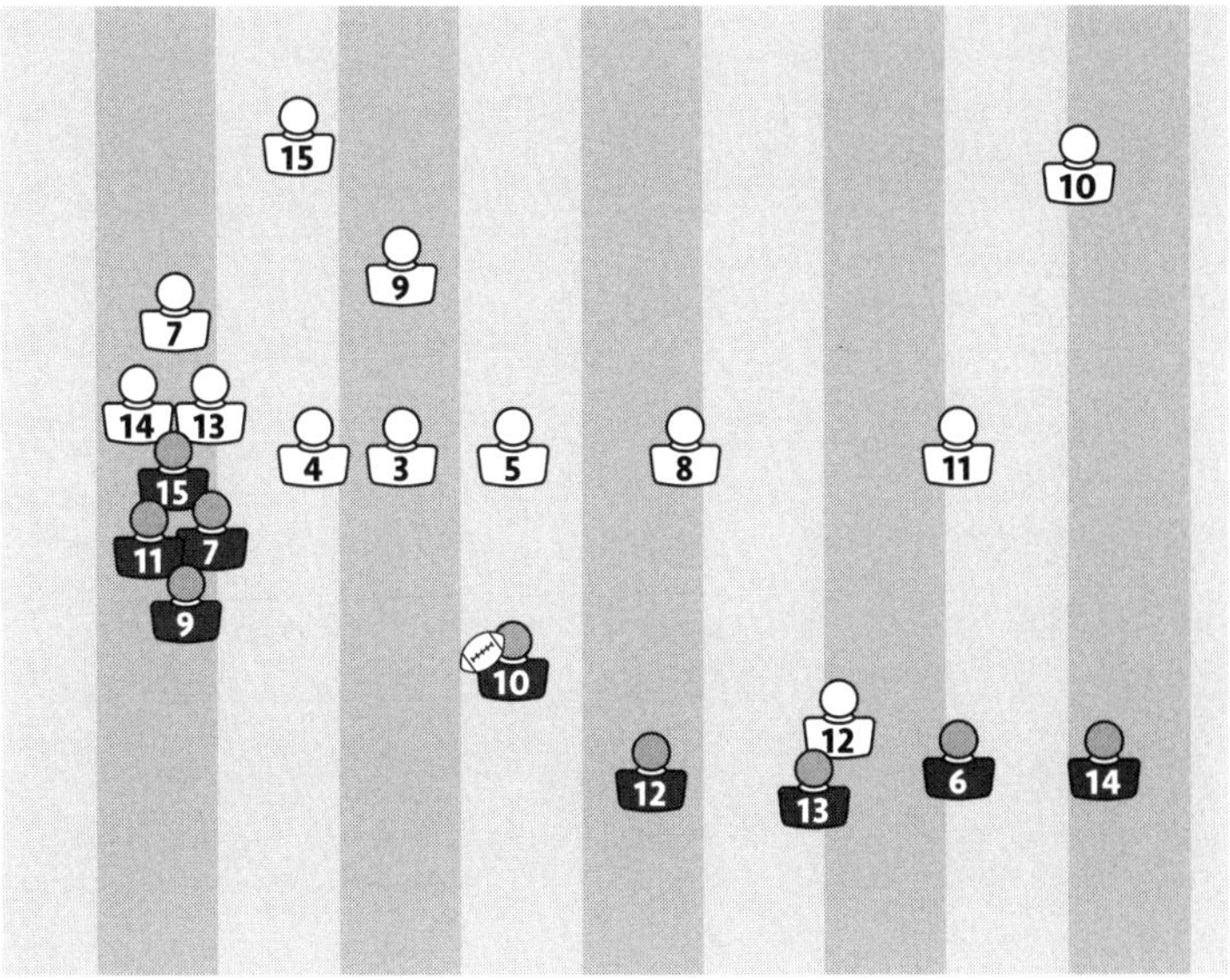
15
10
9
7
14
13
4
3
5
8
11
15
11
7
9
10
12
12
13
6
14

図95

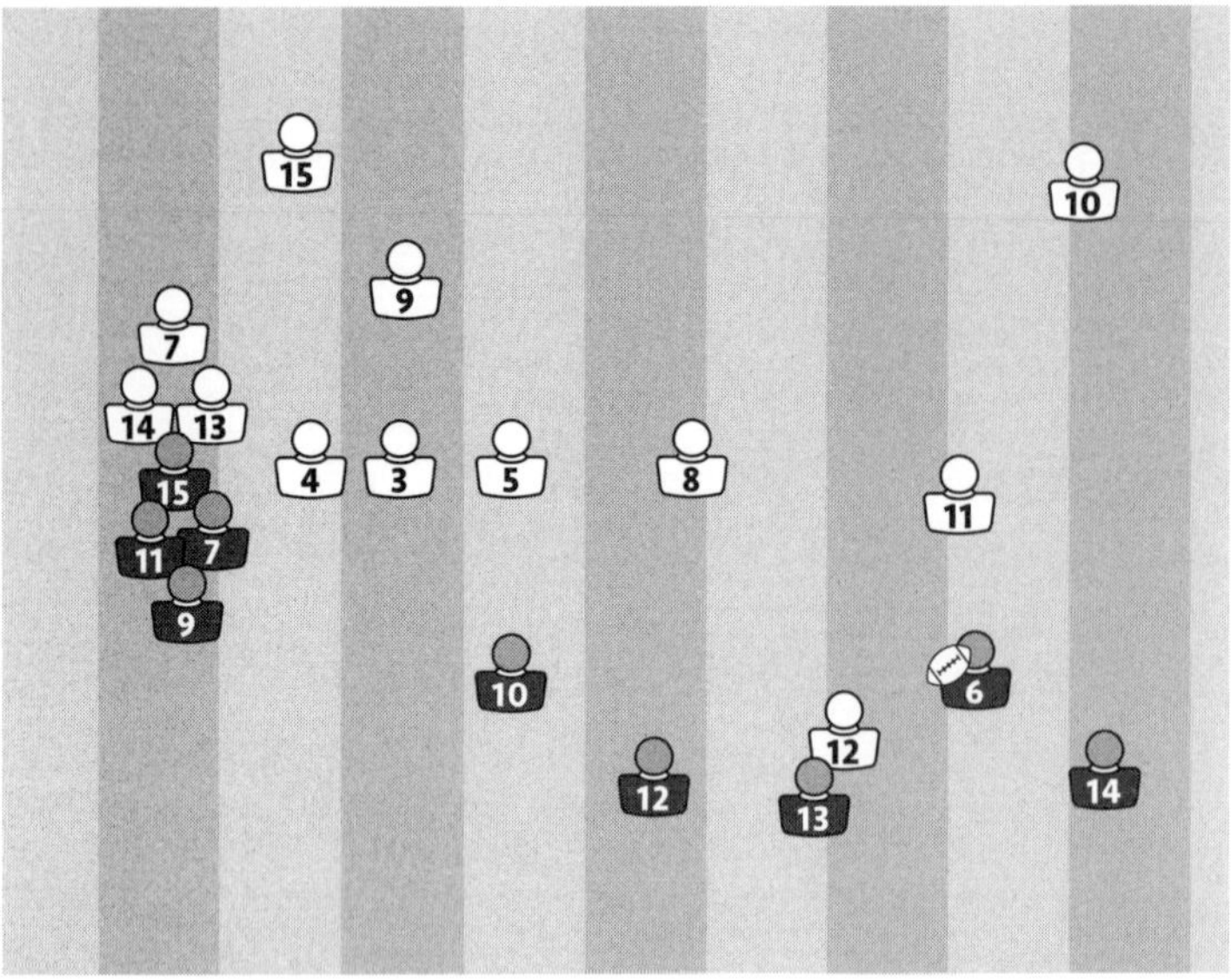
15
10
9
7
14
13
4
3
5
8
15
11
11
7
9
10
6
12
12
13
14

図96

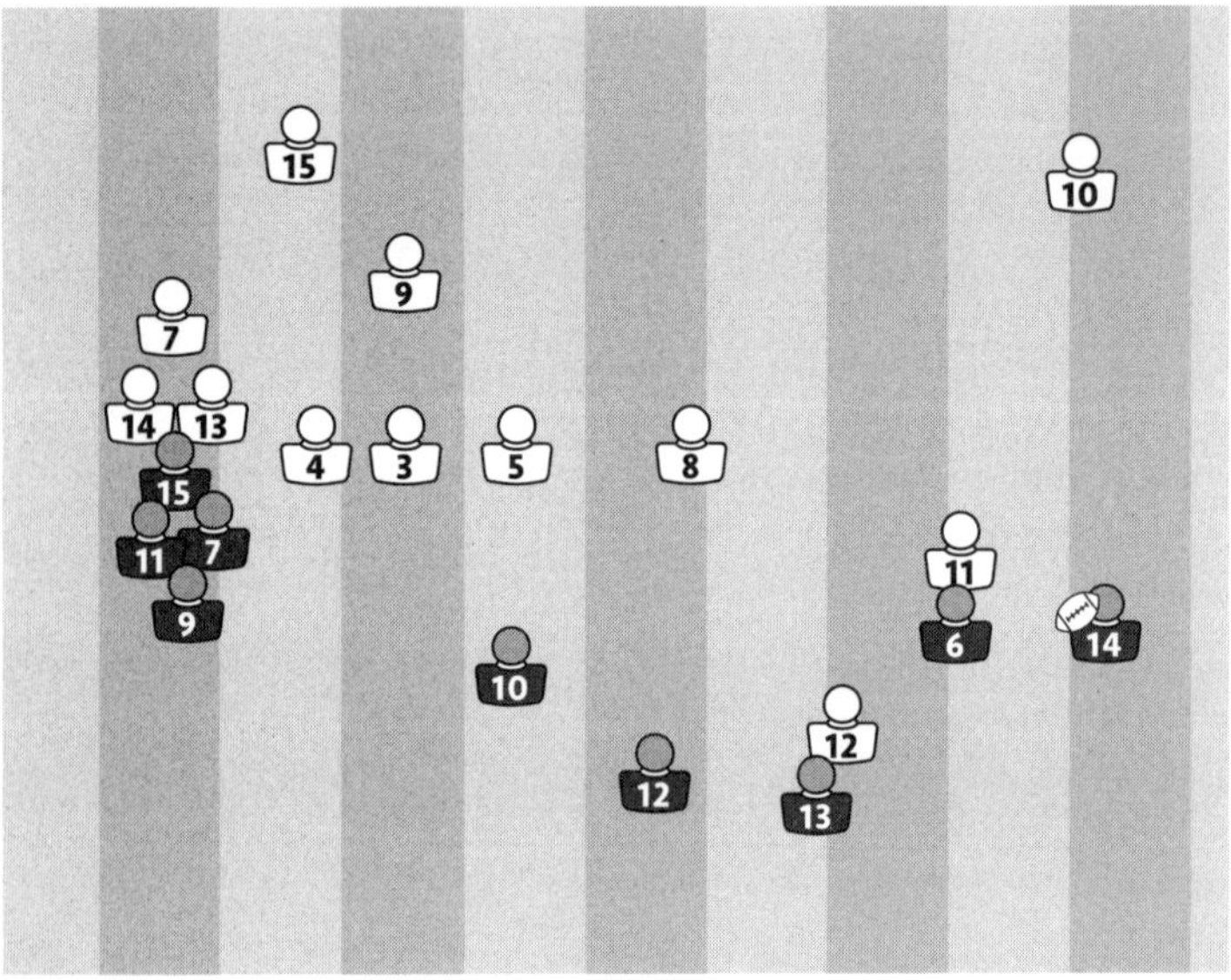
15
10
9
7
14
13
4
3
5
8
15
11
7
11
9
6
14
10
12
12
13

図97

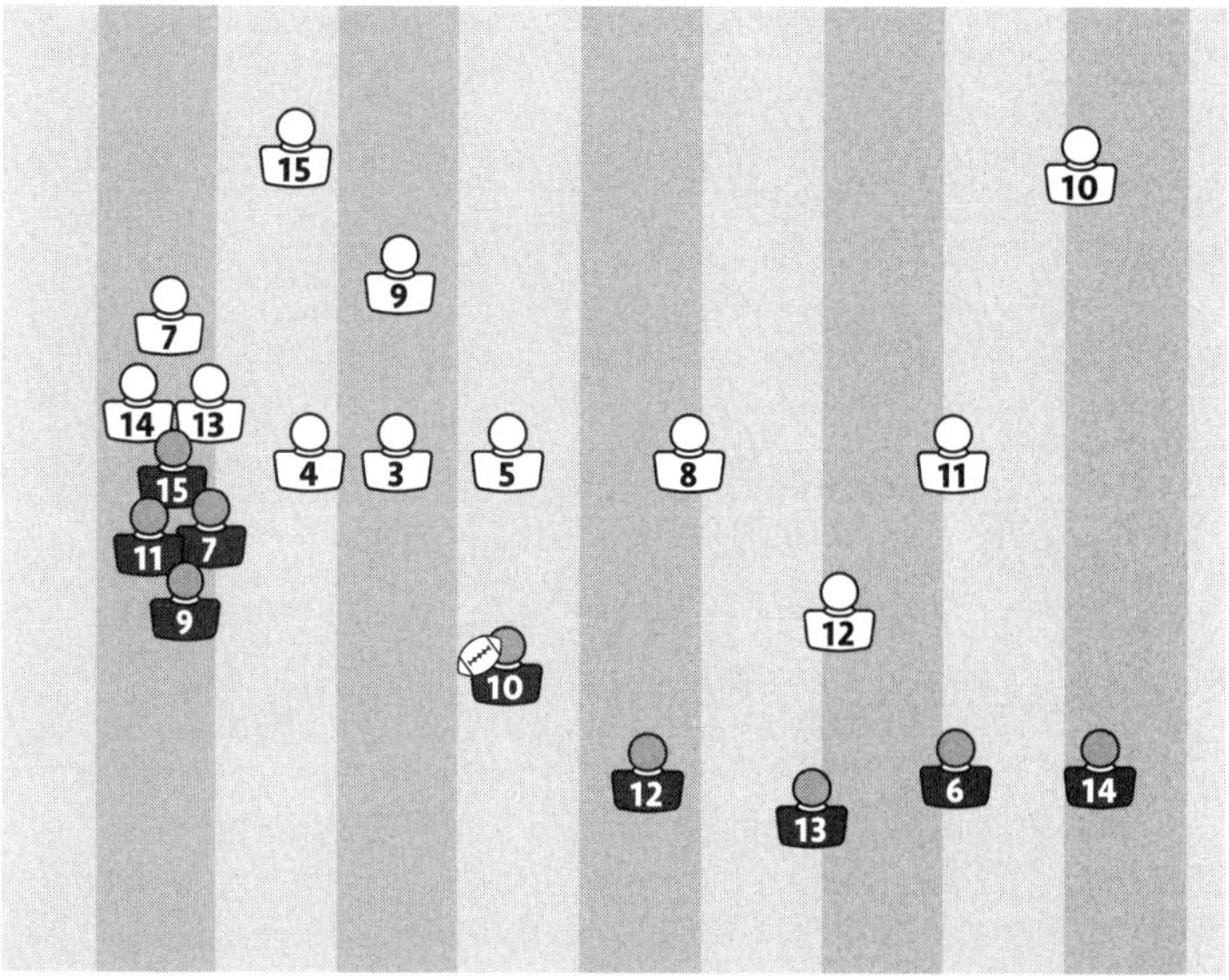
15
10
9
7
14
13
4
3
5
8
11
15
11
7
9
12
10
12
13
6
14
図98

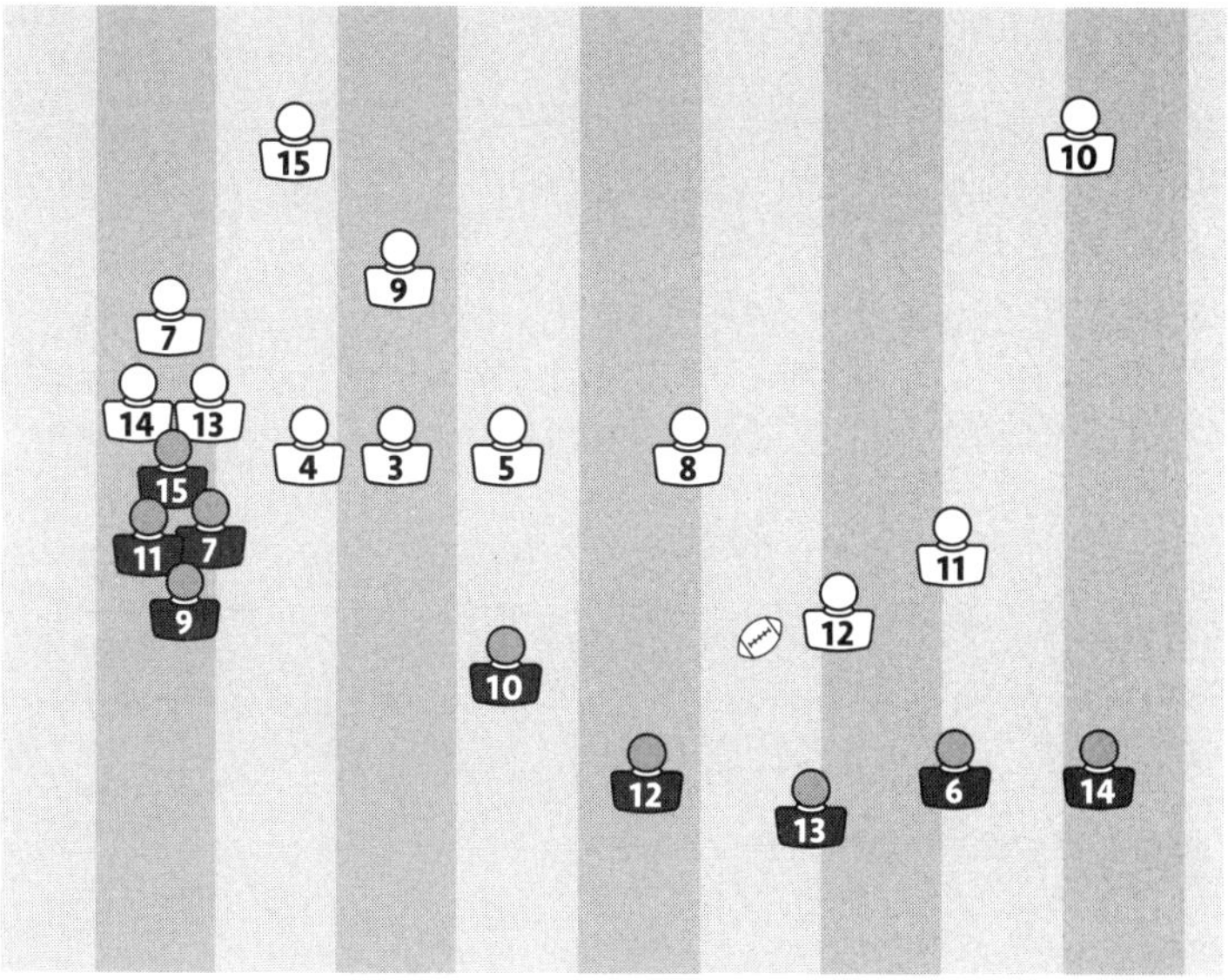
15
10
9
7
14
13
4
3
5
8
15
11
7
11
9
12
10
12
13
6
14
図99

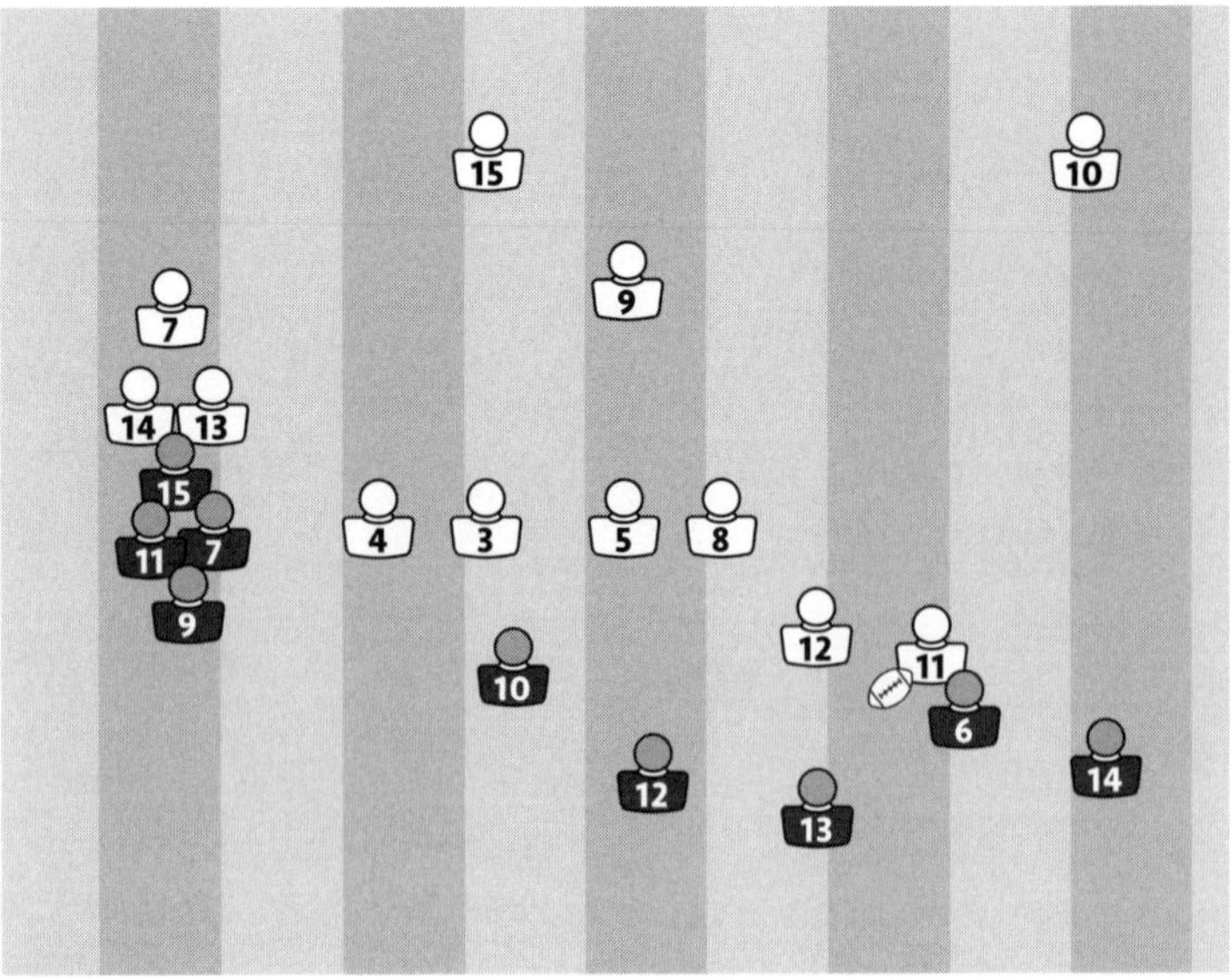

図100

第4章

セットプレイからの防御システム

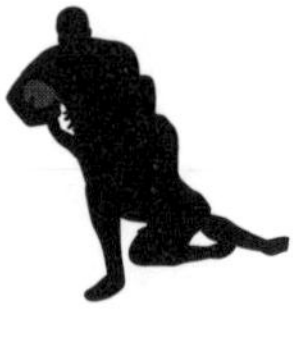

各セットプレイにおけるフォーメーションの作り方

ディフェンスの配置

アタックがシーケンスを使ってポッドを形成するのと同様に、ディフェンスもフェイズを重ねながら配置を決めていきます。

内側に1番から5番の「タイトファイブ」、その外側を6番から8番の「バックロー」、一番外側に「バックス」を配置します（図113、124）。

それではセットプレイからのフォーメーションの作り方を見ていきます。

3バックの場合（図101から113）

ウイングとフルバックのバックスリーが連動してバックラインを形成するシステムです。

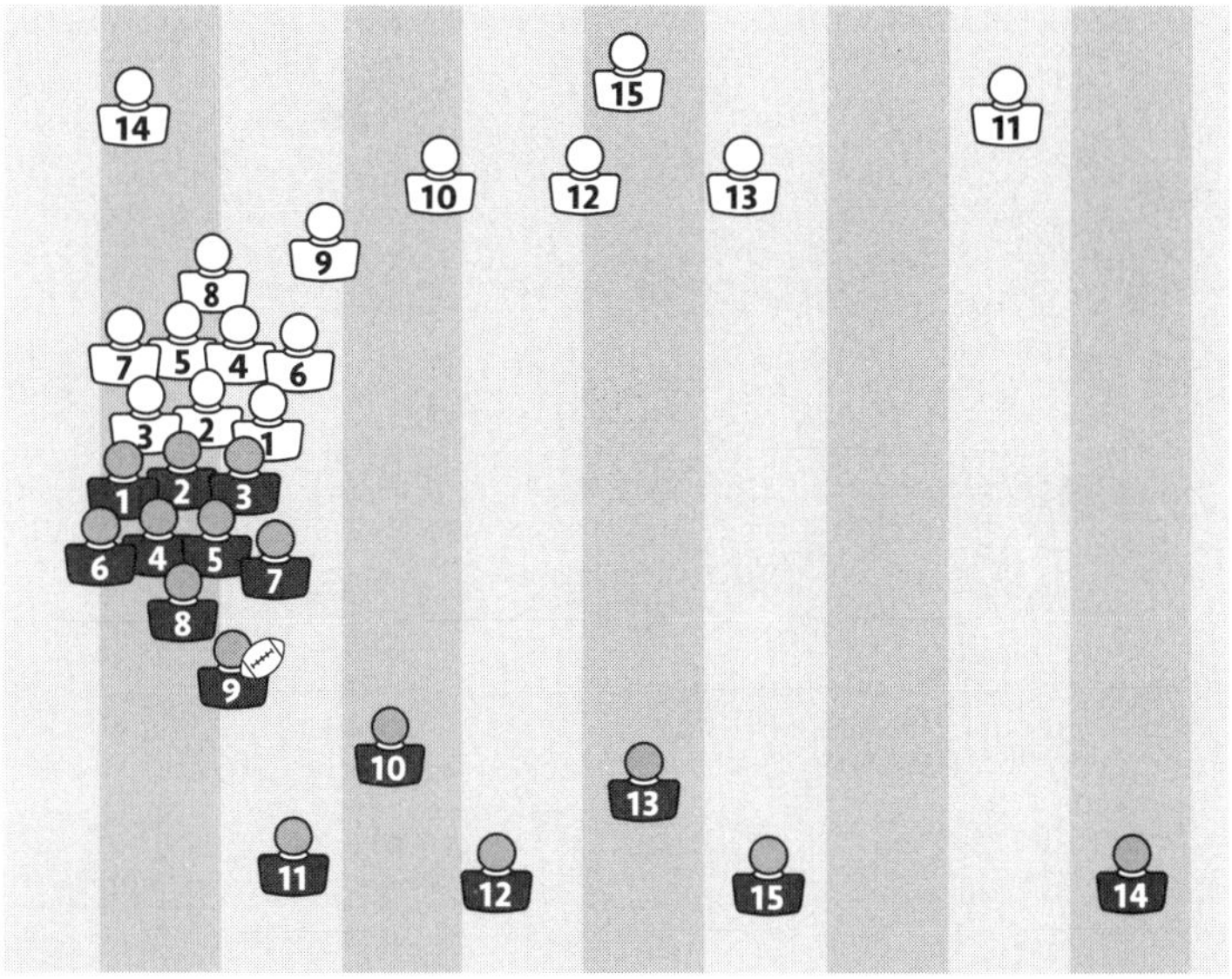
14
15
11
10
12
13
9
8
7
5
4
6
3
2
1
1
2
3
6
4
5
7
8
9
10
13
11
12
15
14

図101

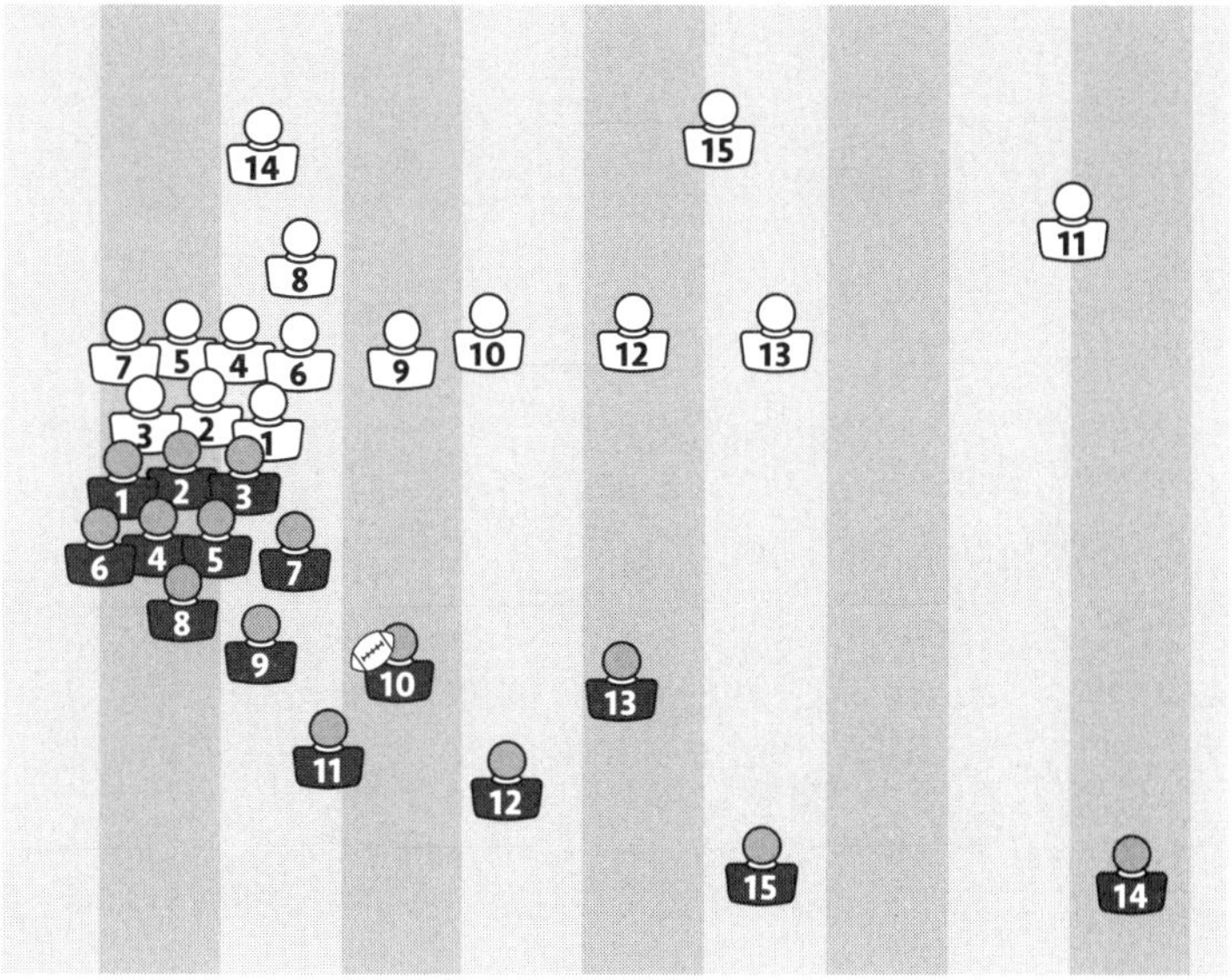
14
15
11
8
7
5
4
6
9
10
12
13
3
2
1
1
2
3
6
4
5
7
8
9
10
13
11
12
15
14

図102

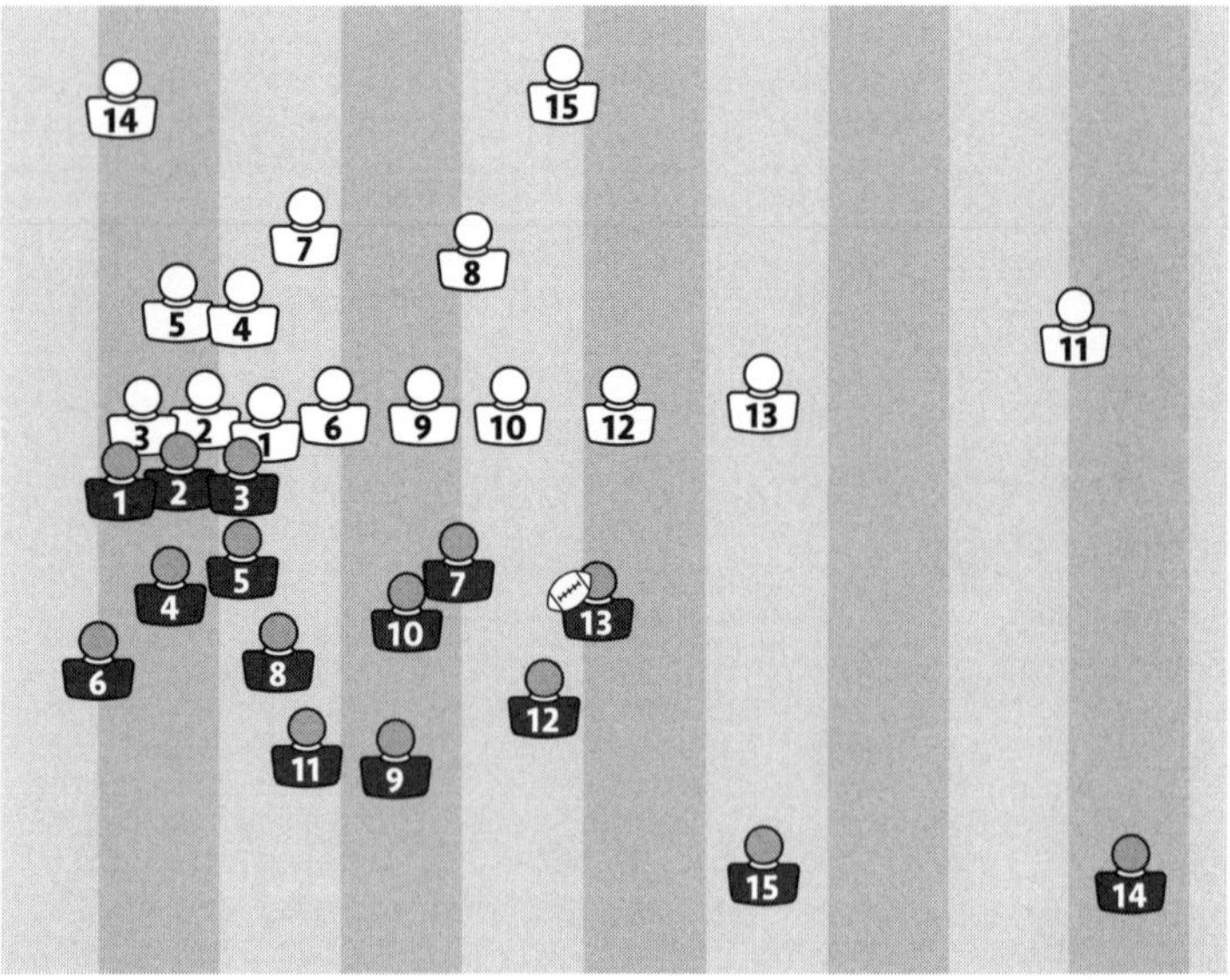
14
15
7
8
5
4
11
3
2
1
6
9
10
12
13
1
2
3
5
4
7
13
10
6
8
12
11
9
15
14

図103

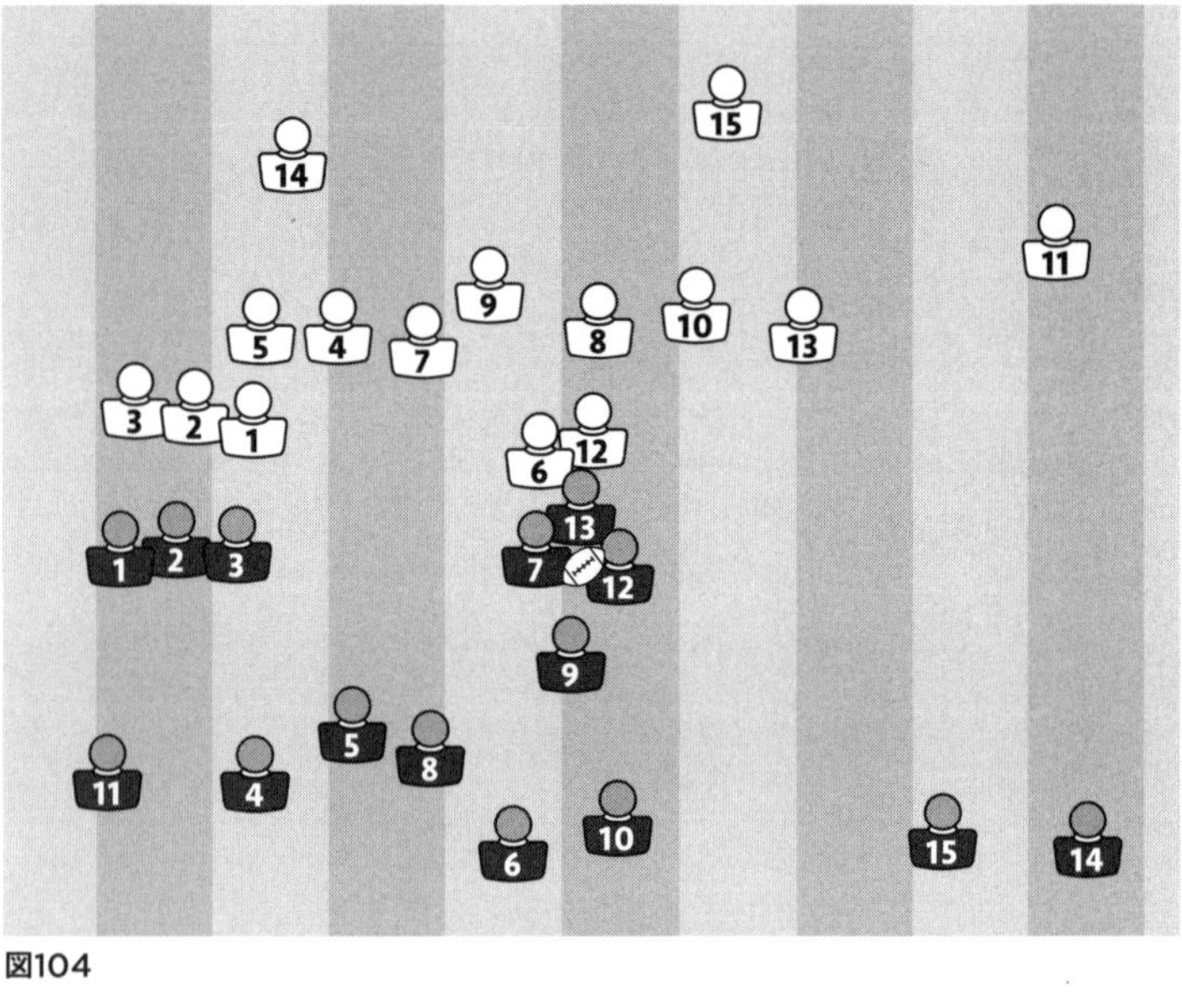
15
14
11
9
5
4
7
8
10
13
3
2
1
12
6
13
1
2
3
7
12
9
5
8
11
4
10
6
15
14

図104

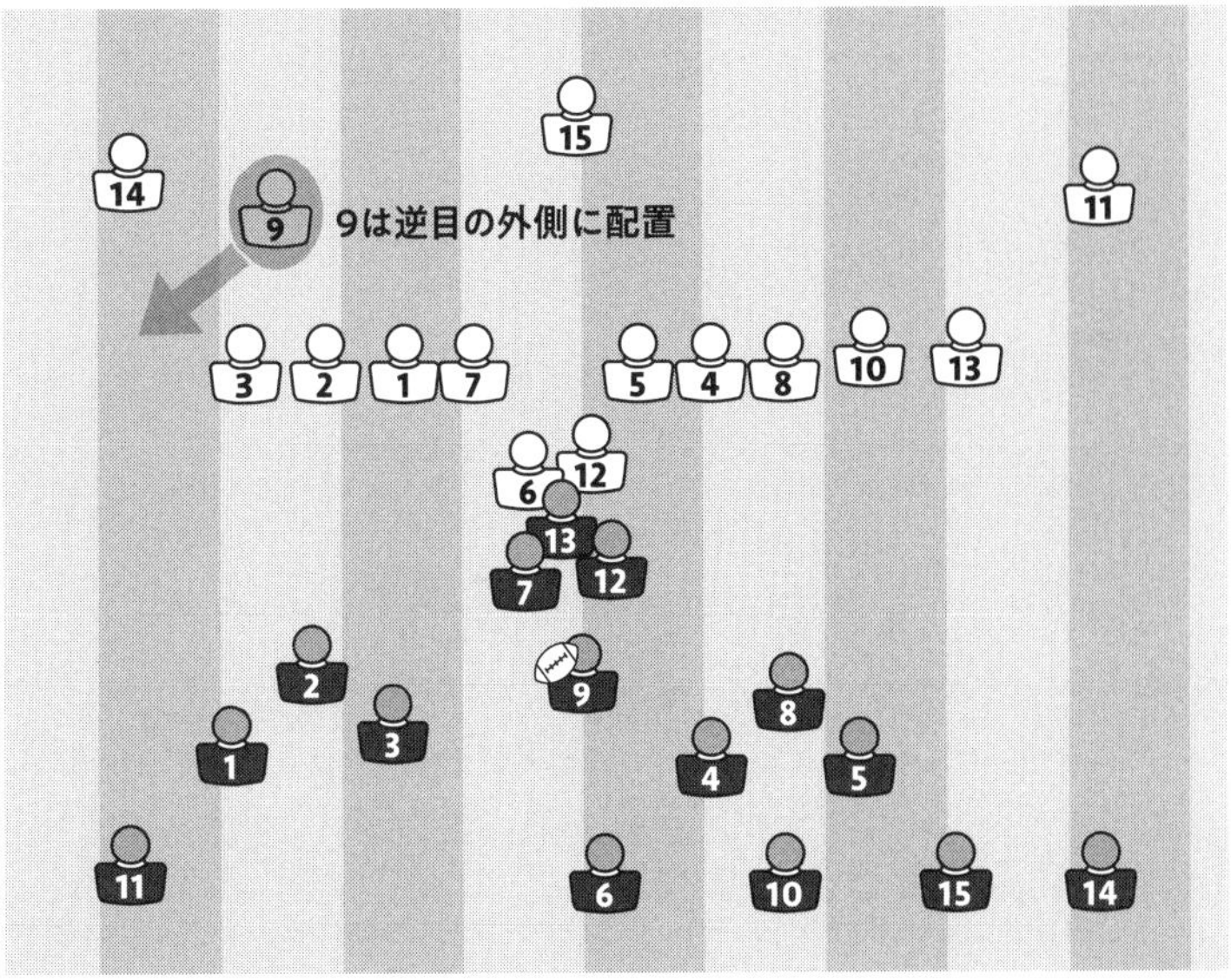

図105

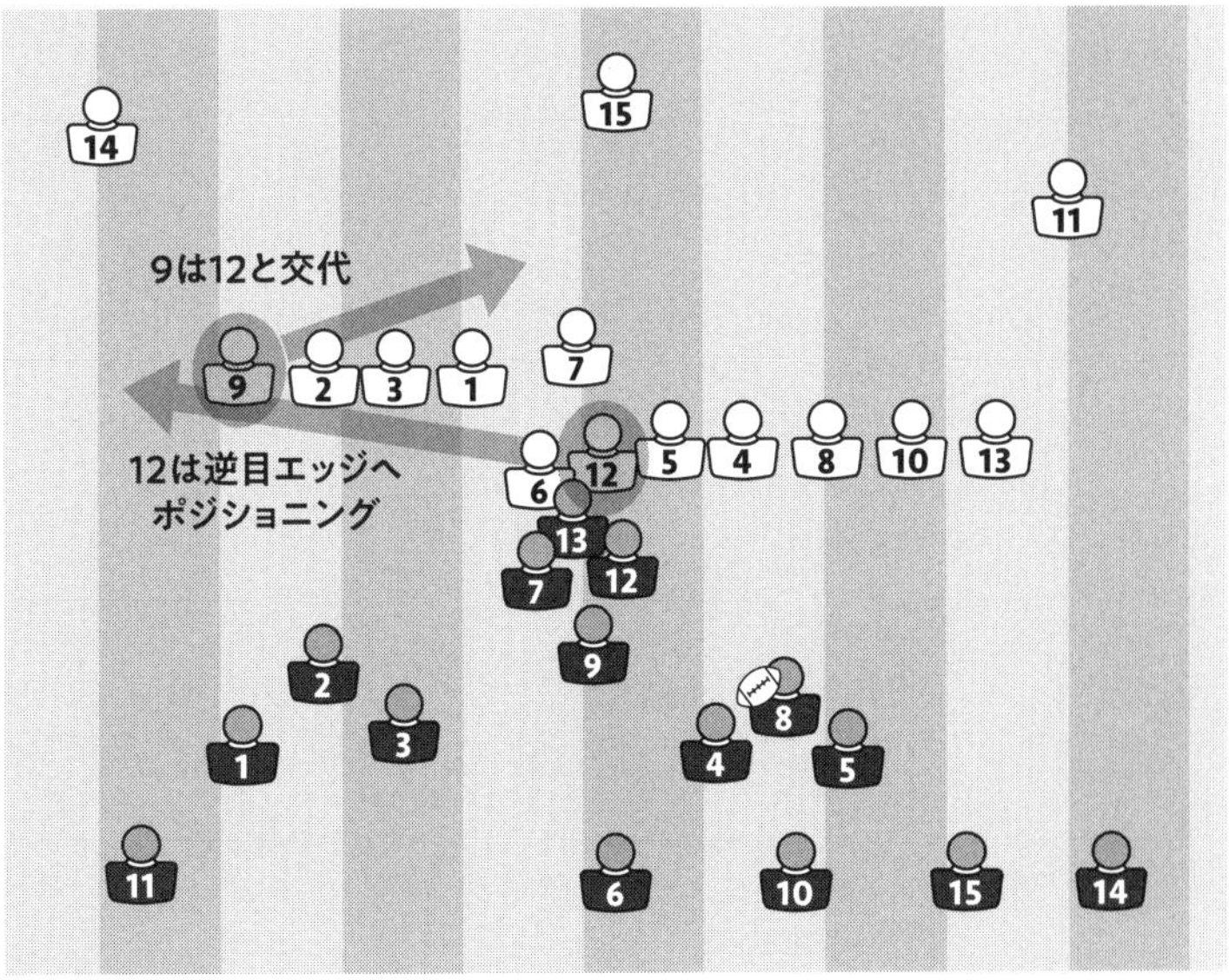

図106

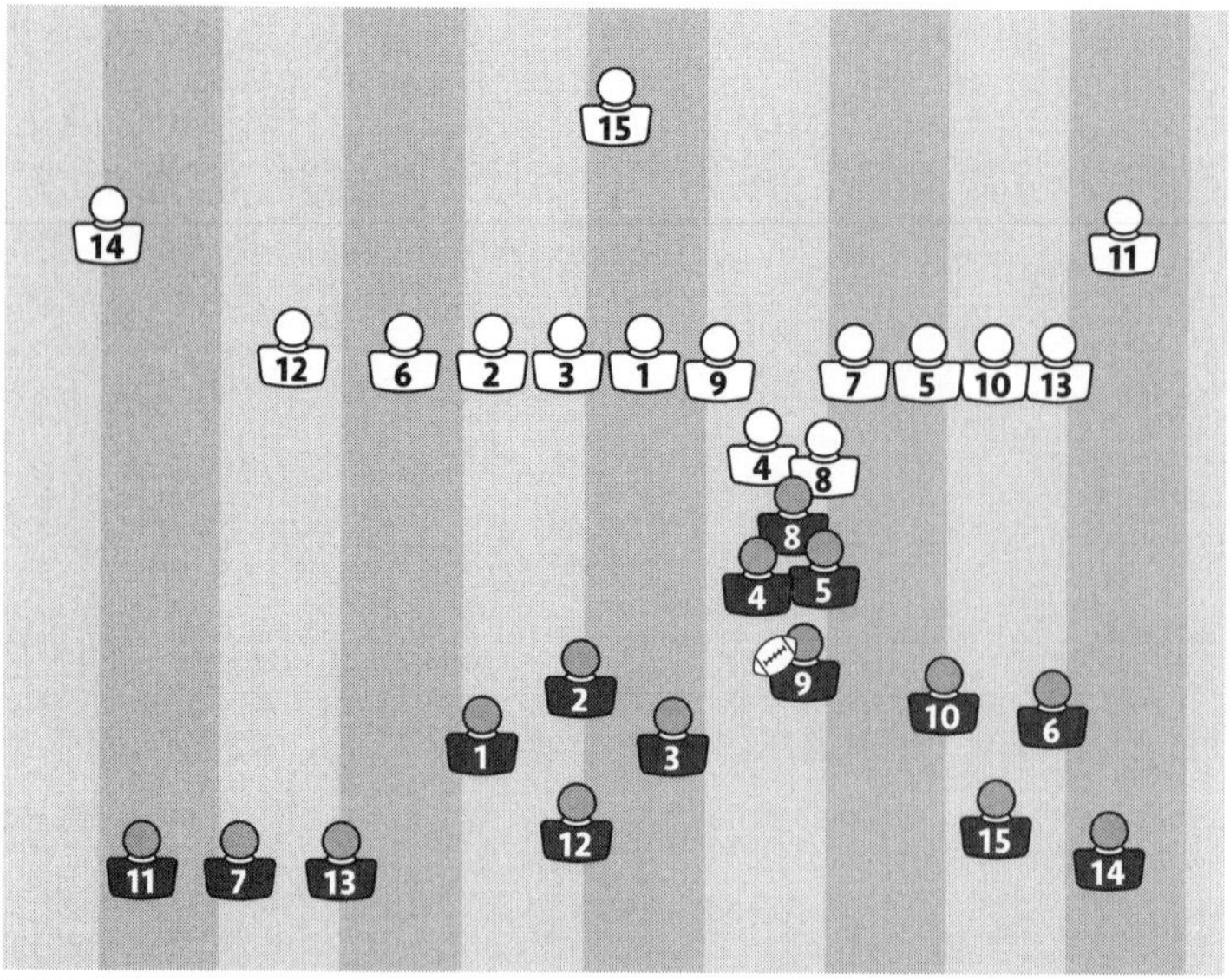
15
14
11
12
6
2
3
1
9
7
5
10
13
4
8
8
4
5
9
2
10
6
1
3
12
15
14
11
7
13
図107

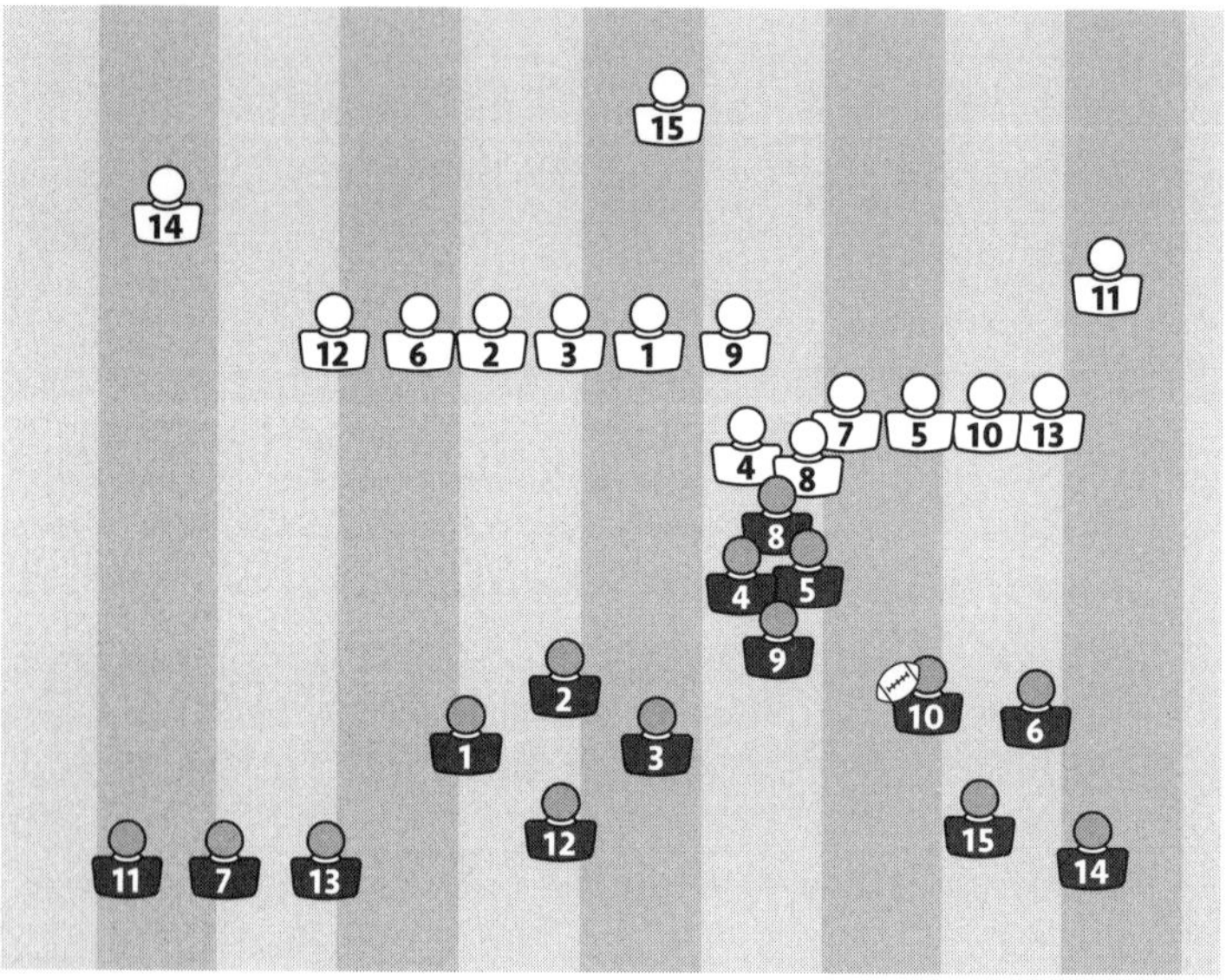
15
14
11
12
6
2
3
1
9
7
5
10
13
4
8
8
4
5
9
2
10
6
1
3
12
15
14
11
7
13
図108

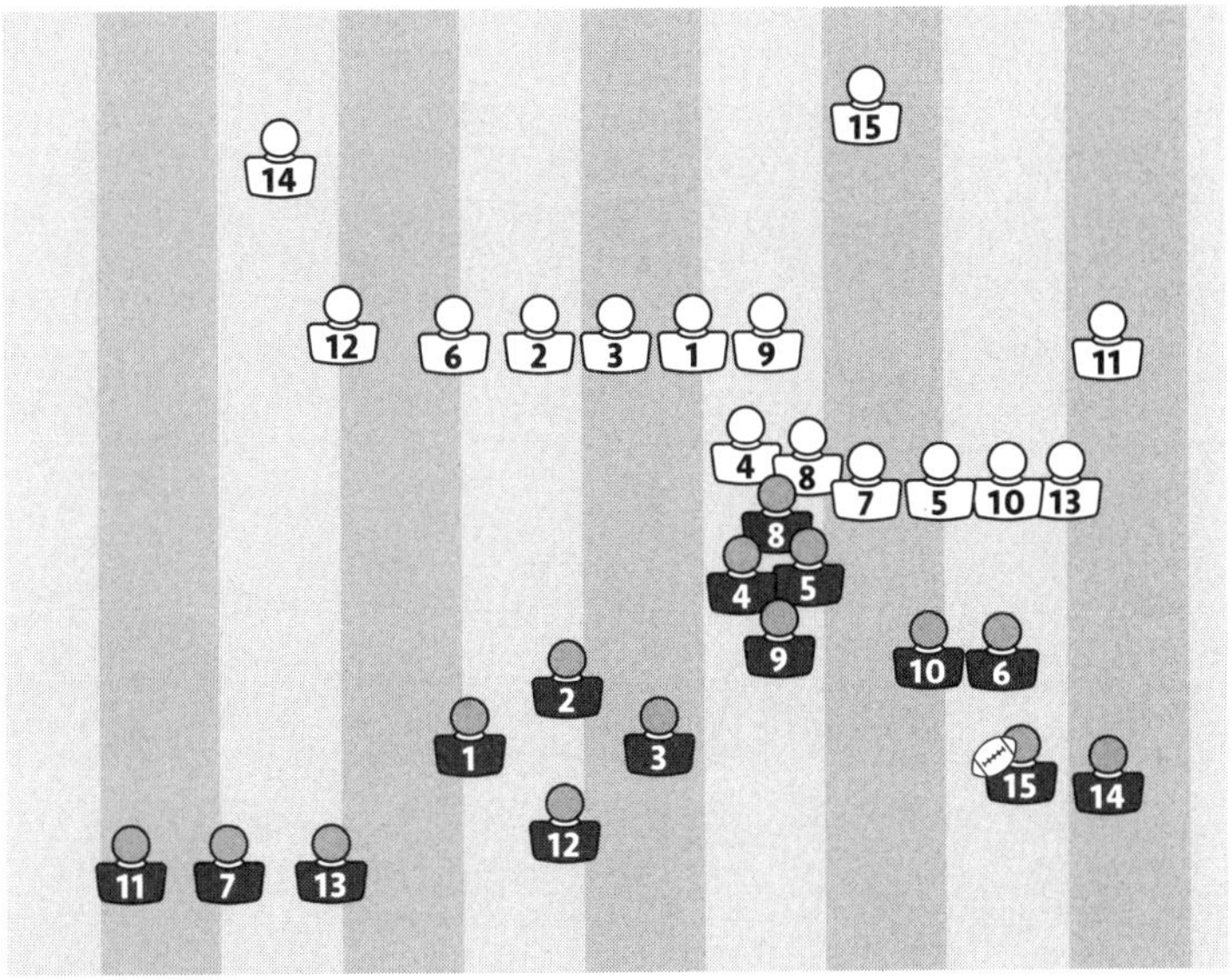
15
14
12
6
2
3
1
9
11
4
8
7
5
10
13
8
4
5
9
10
6
2
1
3
15
14
12
11
7
13

図109

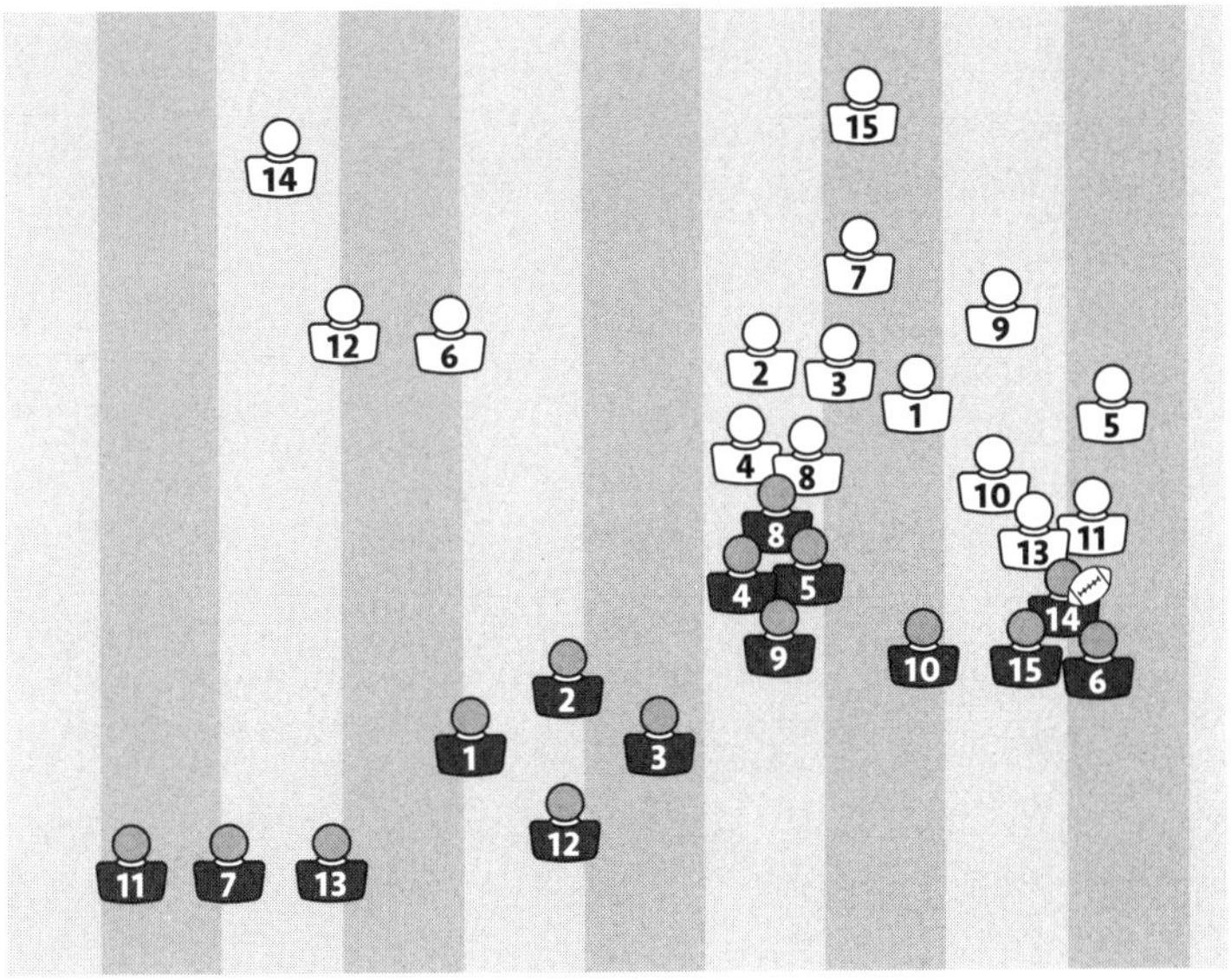
15
14
7
12
6
9
2
3
1
5
4
8
10
13
11
8
4
5
14
9
10
15
6
2
1
3
12
11
7
13

図110

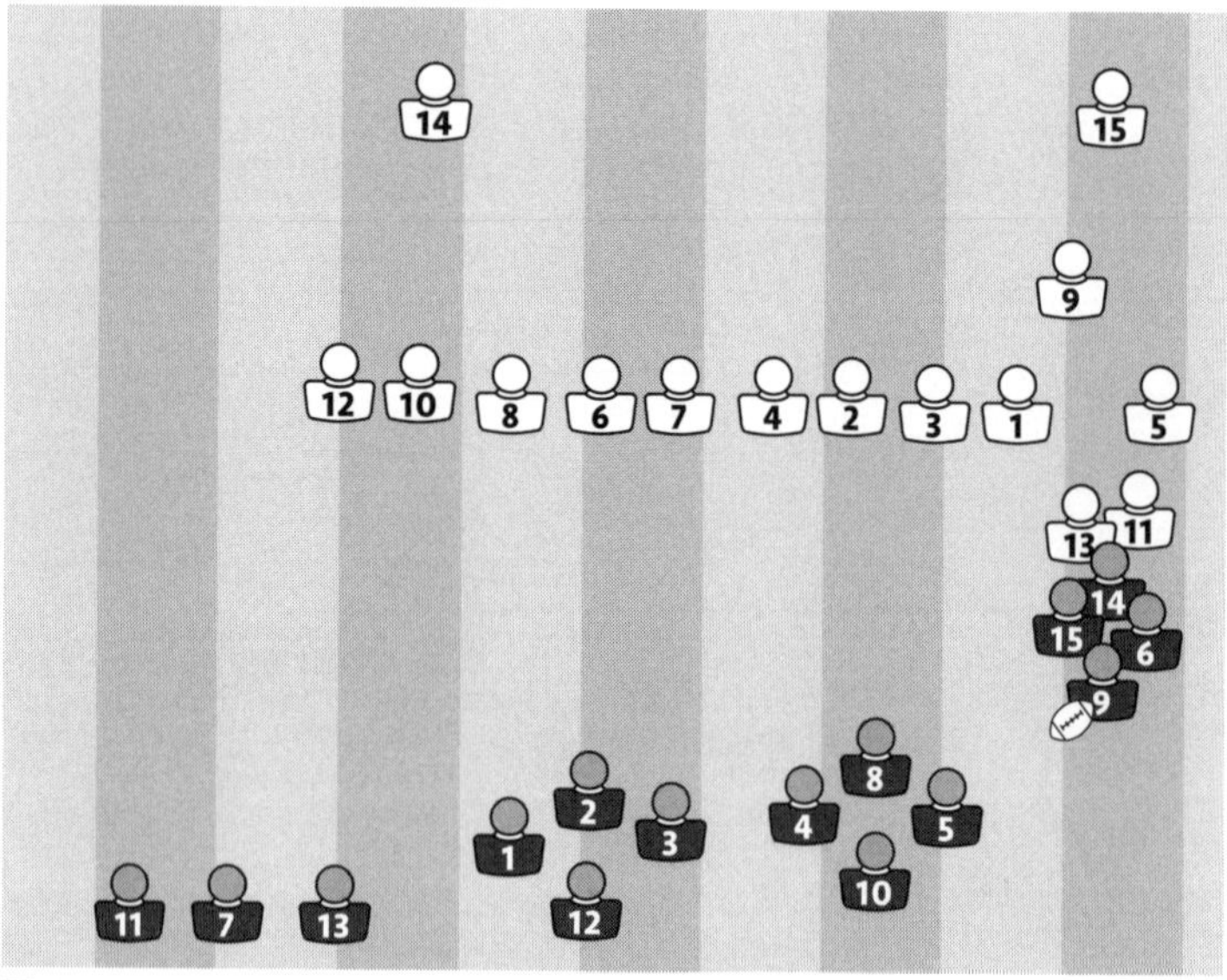
14
15
9
12
10
8
6
7
4
2
3
1
5
13
11
14
15
6
9
8
2
3
4
5
1
10
11
7
13
12
図111

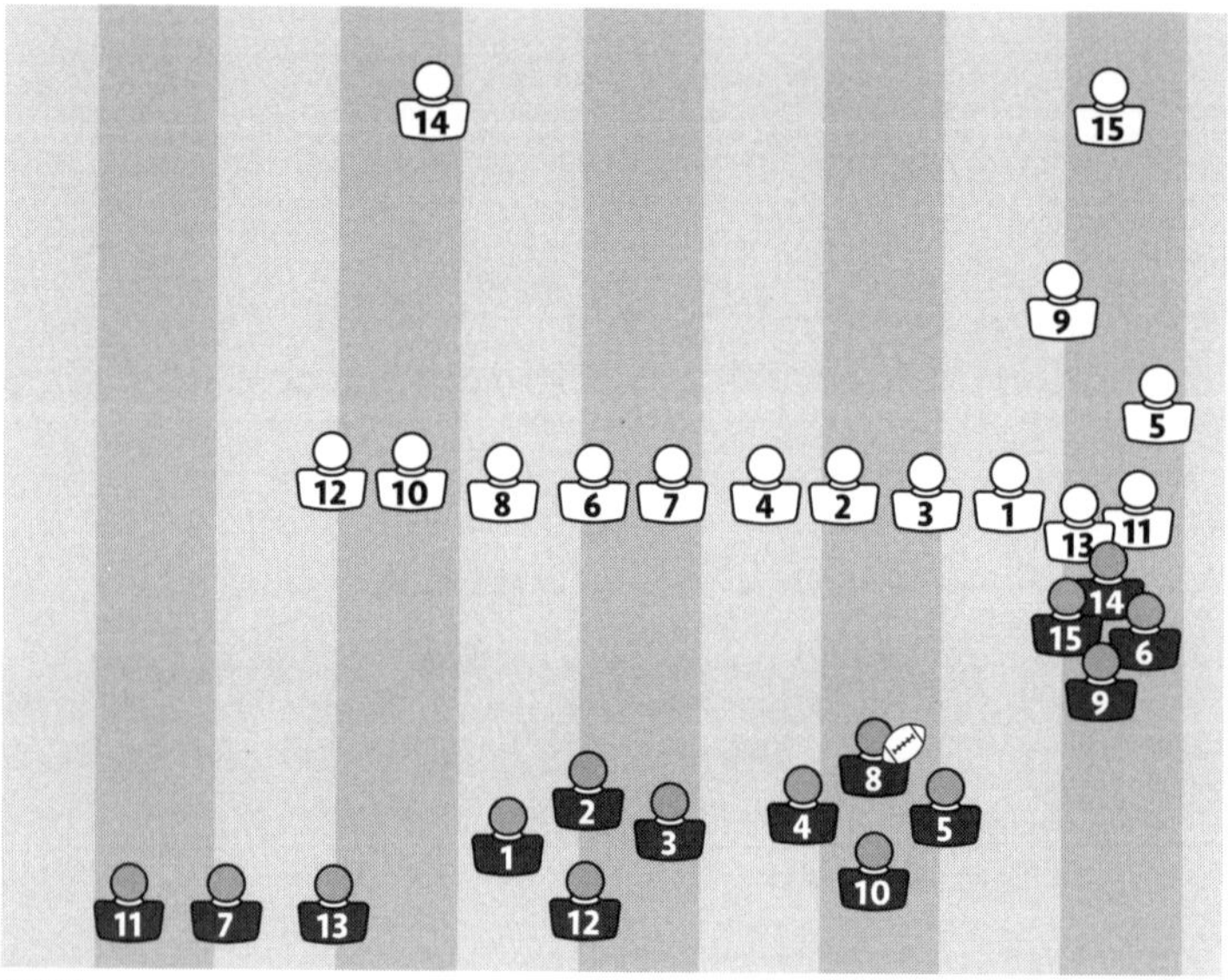
14
15
9
5
12
10
8
6
7
4
2
3
1
13
11
14
15
6
9
8
2
3
4
5
1
10
11
7
13
12
図112

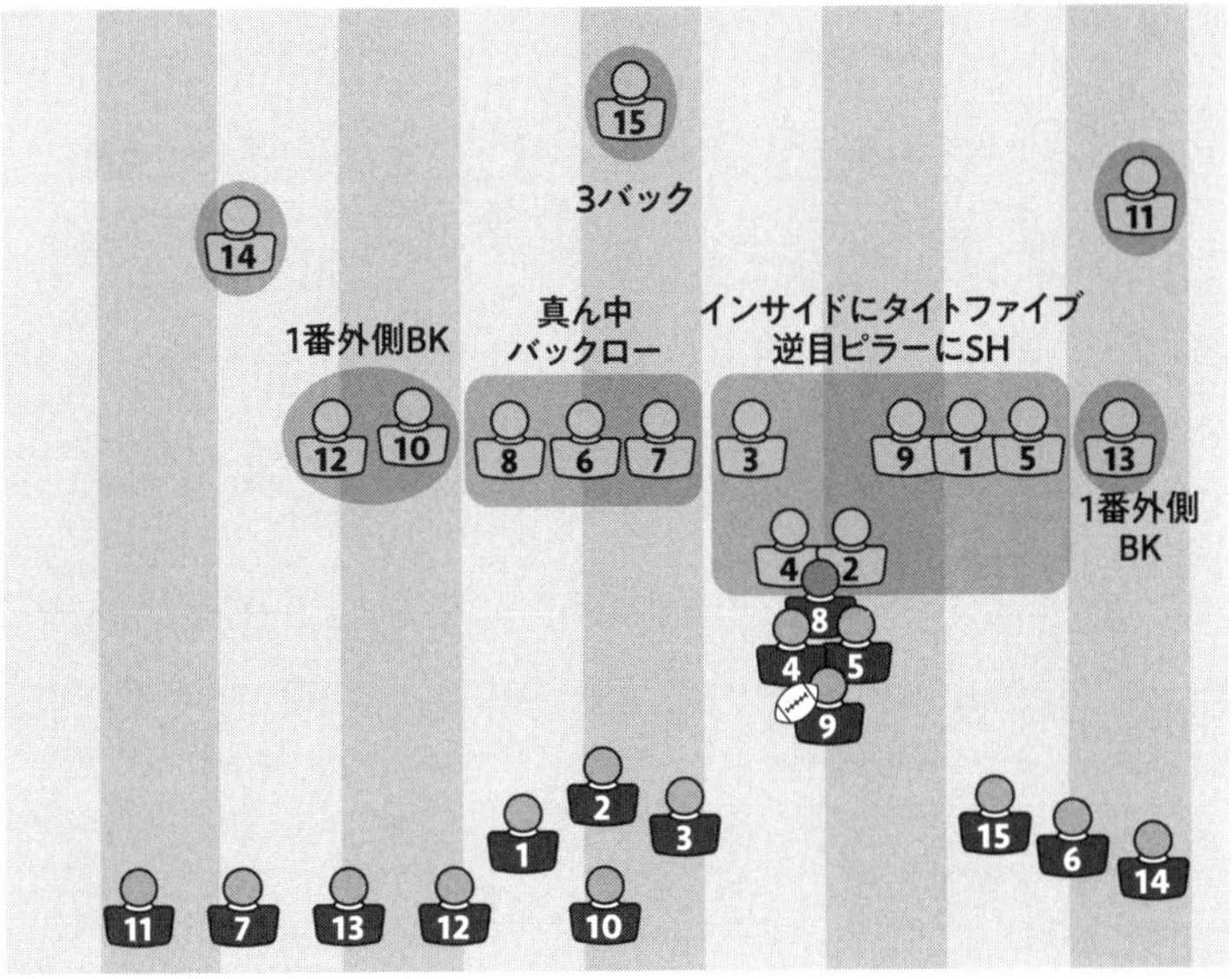

図113

プレイ原則

①センターはブレイクダウン後かエッジまで展開した後に逆サイドに移動。センターをスプリット（半分に分けて）に配置。

②スクラムハーフはセンターが来るまでブラインド側の外側に配置。

③タイトファイブをブレイクダウン周囲に配置。

となります。

２バックの場合（図１１４から１２４）

バックスリーが連携して２バックになる場合もありますが、キック攻防の観点からスタンドオフとフルバックが固定で２バックを形成することが一般的になってきました。

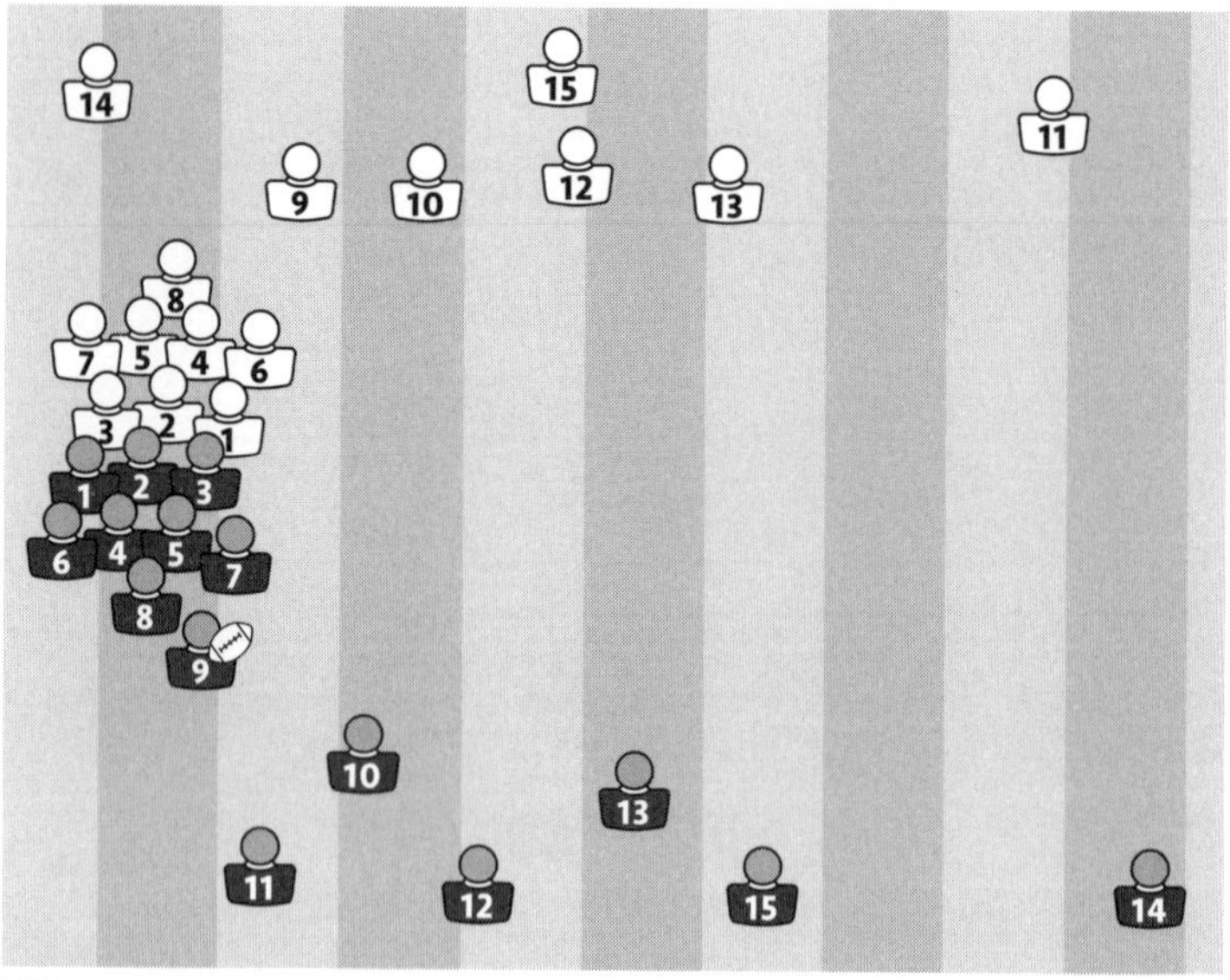

図114

そこでスタンドオフが下がって2バックを形成する場合のシステムを見ていきます。

プレイ原則

①センターはブレイクダウン後かエッジまでアタックが展開した後に逆サイドに移動し、スタンドオフも同じくブレイクダウン後かエッジまでアタックした後に、逆サイドの後ろのスペースに「ドロップ（バックラインに下がる）」する。

②スクラムハーフはセンターが来るまでブラインド側に配置。

③タイトファイブをブレイクダウン周囲に配置。

となります。

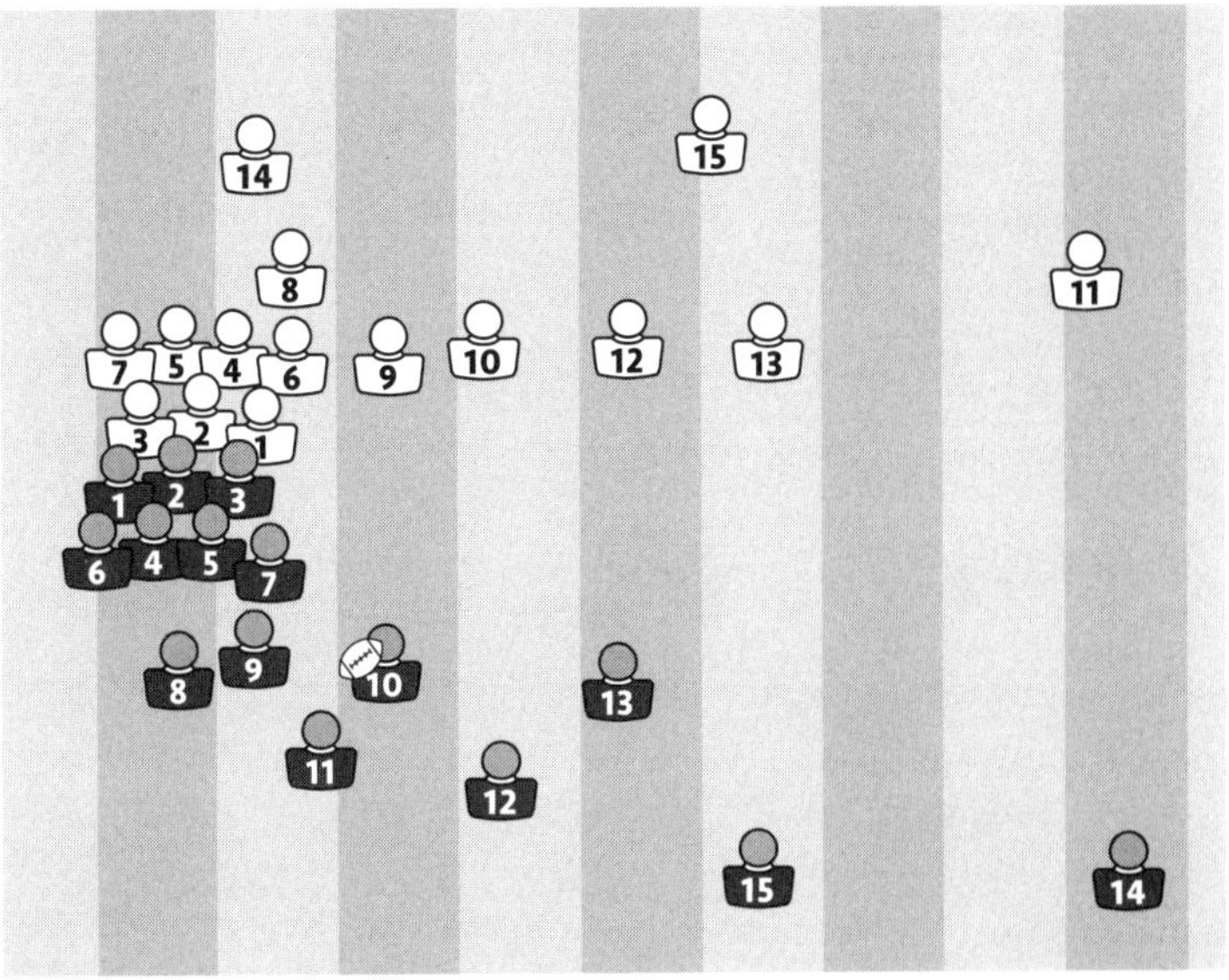
14
15
8
11
7
5
4
6
9
10
12
13
3
2
1
1
2
3
6
4
5
7
8
9
10
13
11
12
15
14

図115

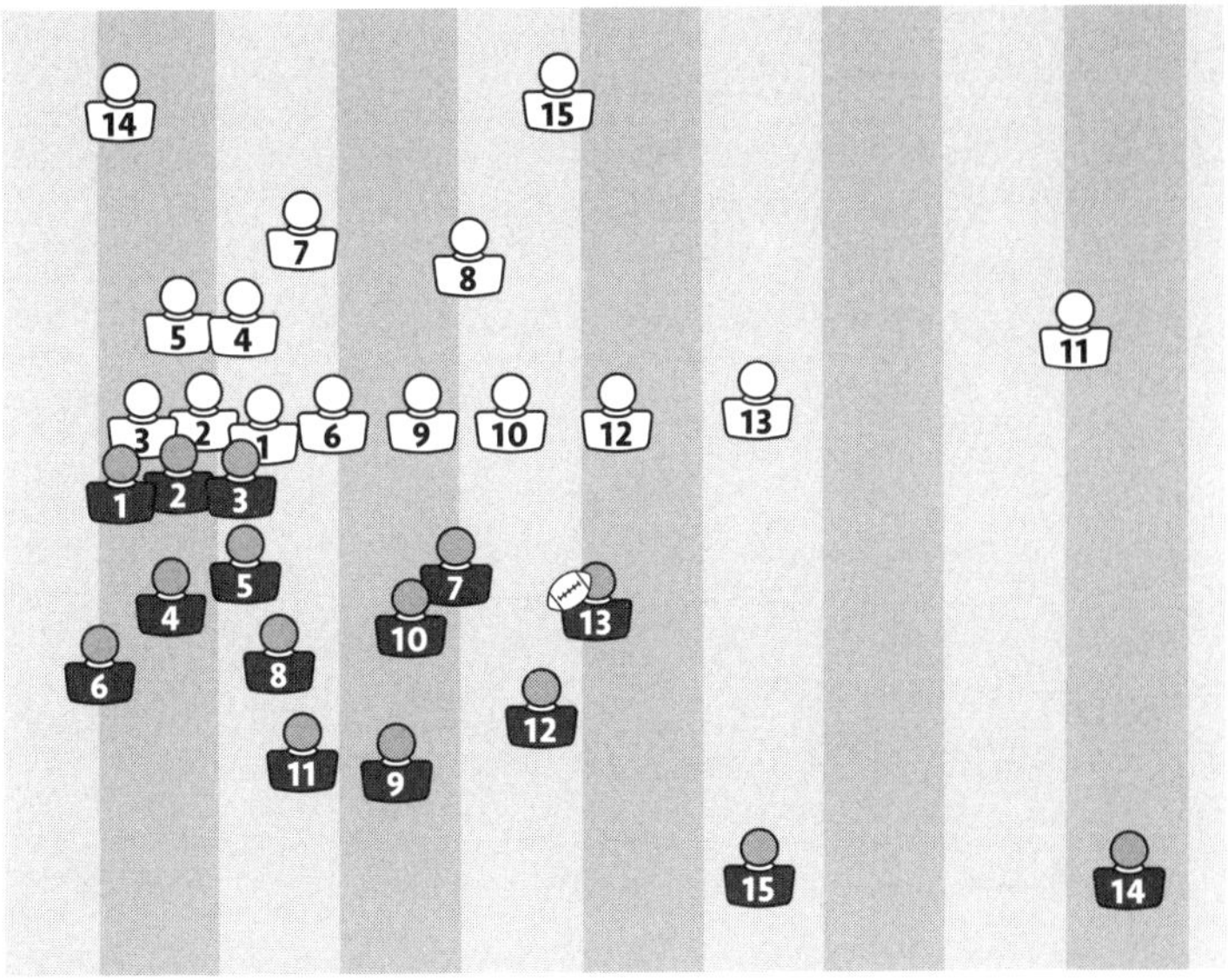
14
15
7
8
5
4
11
3
2
1
6
9
10
12
13
1
2
3
5
7
4
13
10
6
8
12
11
9
15
14

図116

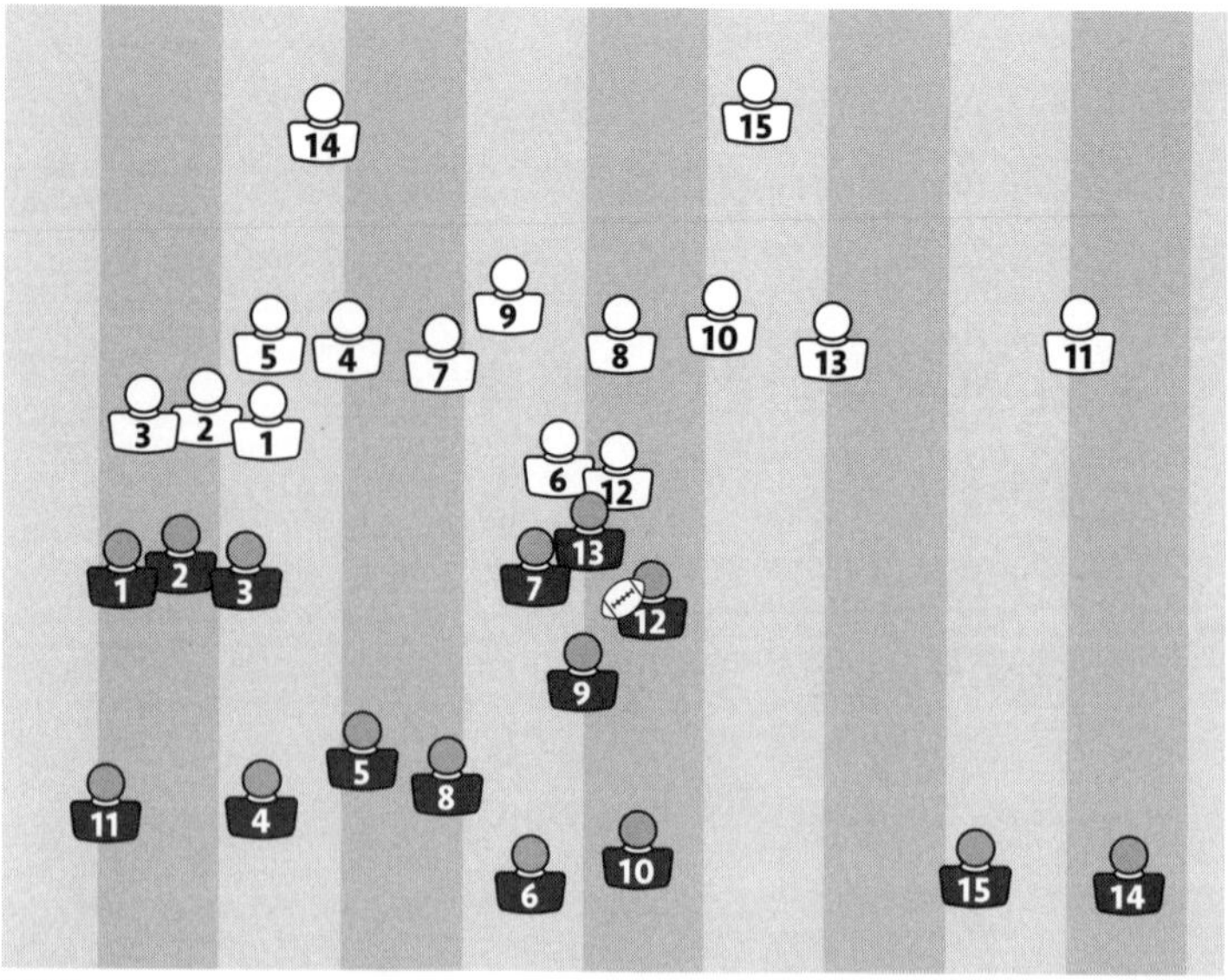
14
15
9
5
4
7
8
10
13
11
3
2
1
6
12
1
2
3
7
13
12
9
11
4
5
8
6
10
15
14
図117

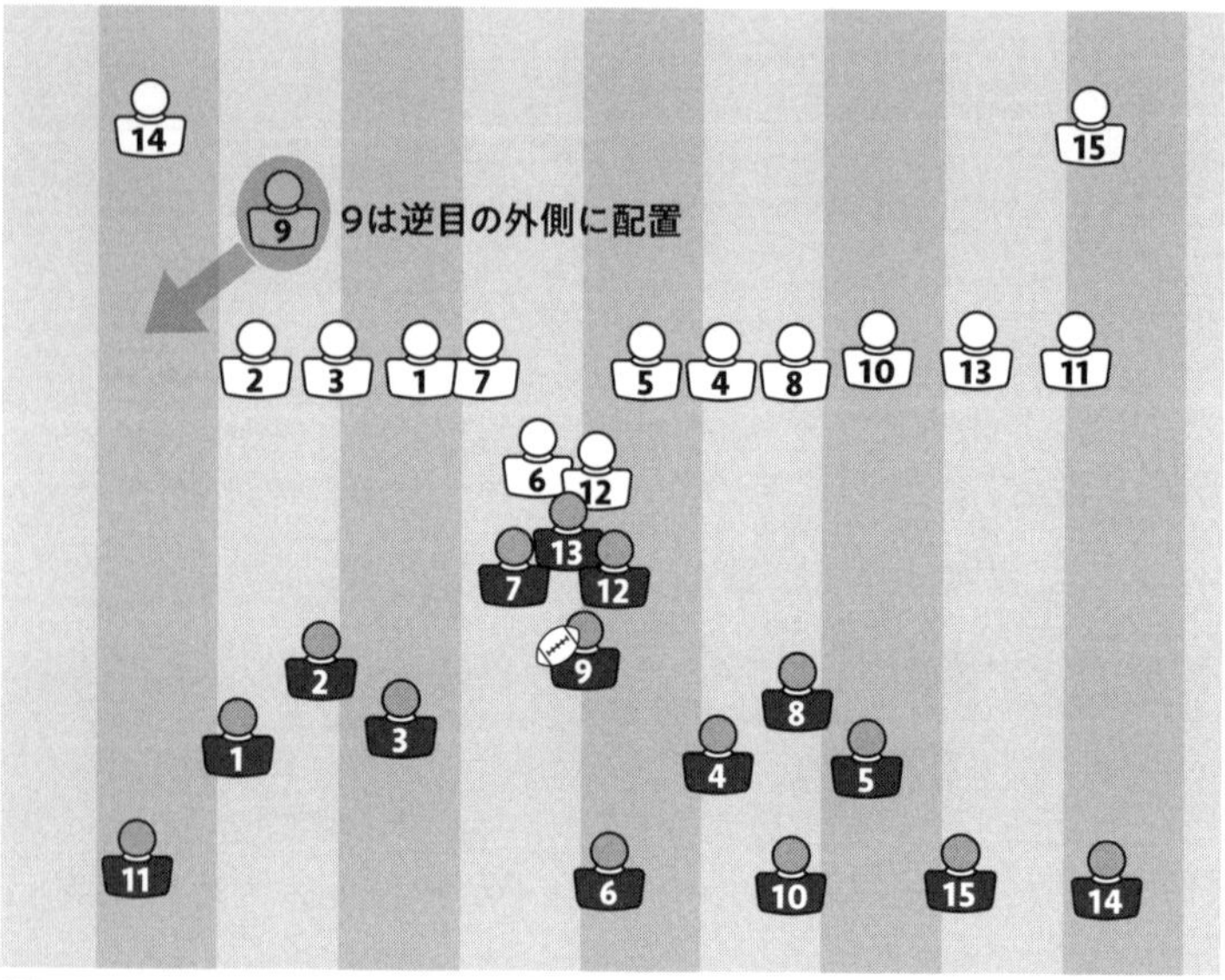
14
15
9
9は逆目の外側に配置
2
3
1
7
5
4
8
10
13
11
6
12
13
7
12
9
2
1
3
8
4
5
11
6
10
15
14
図118

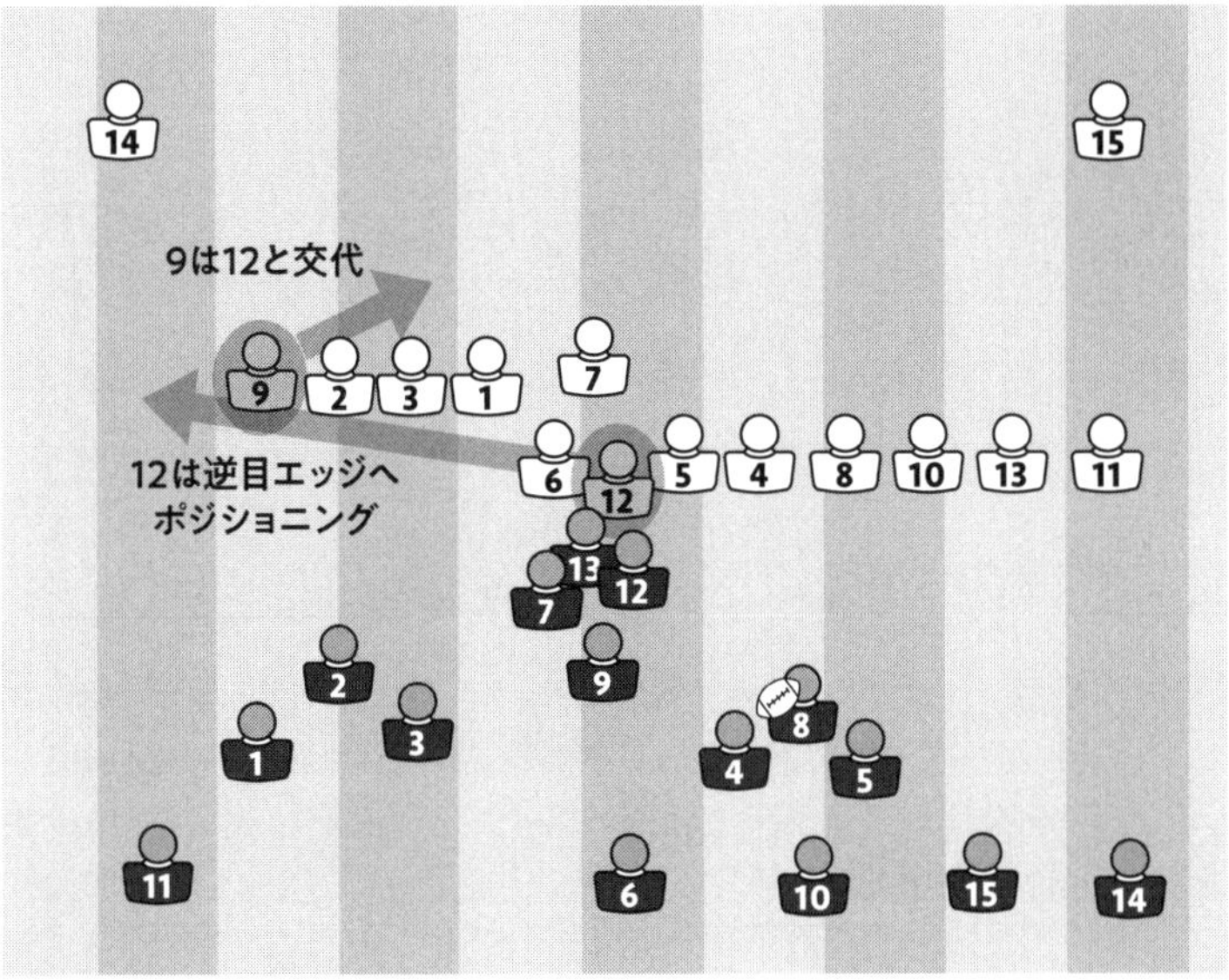

図119

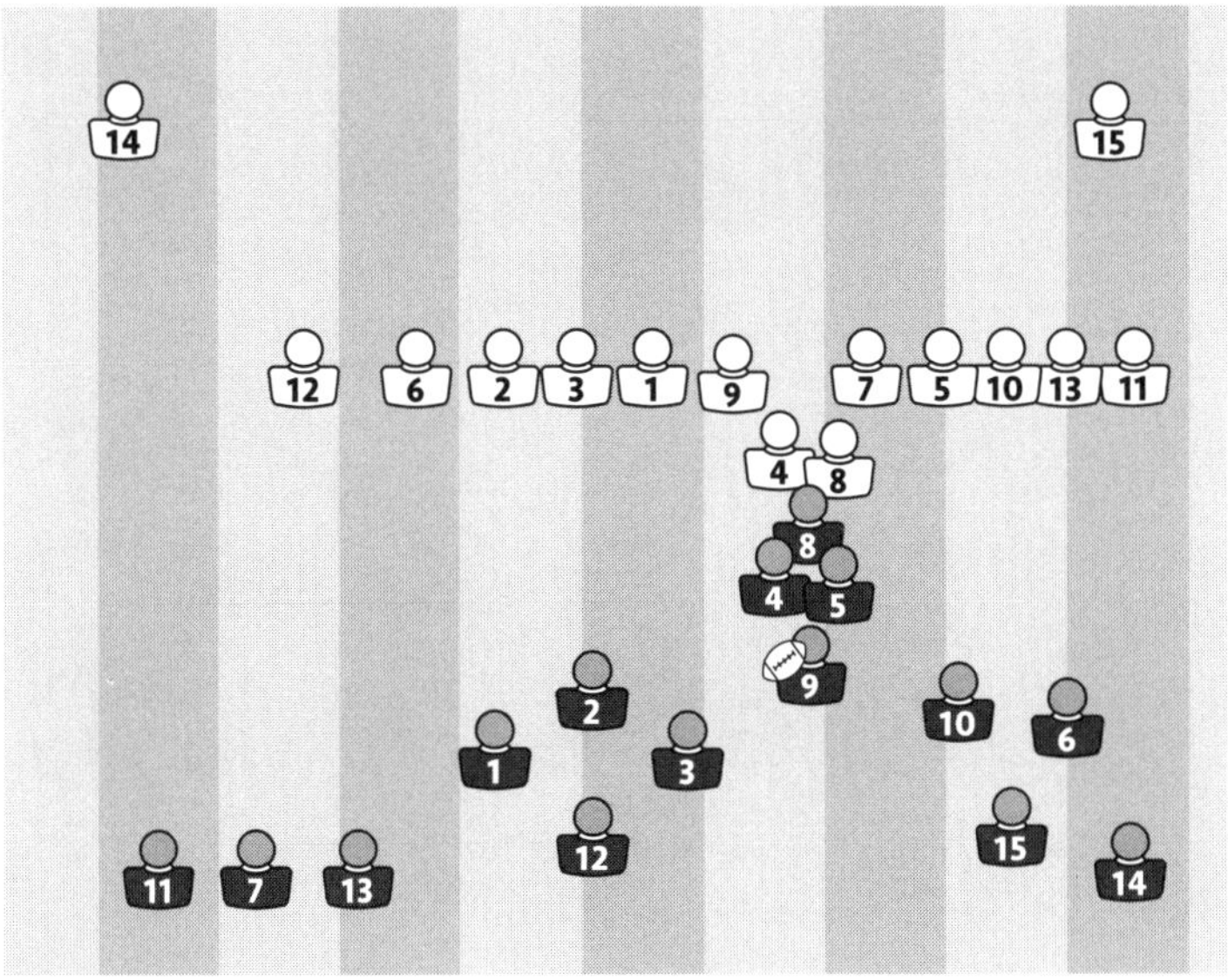

図120

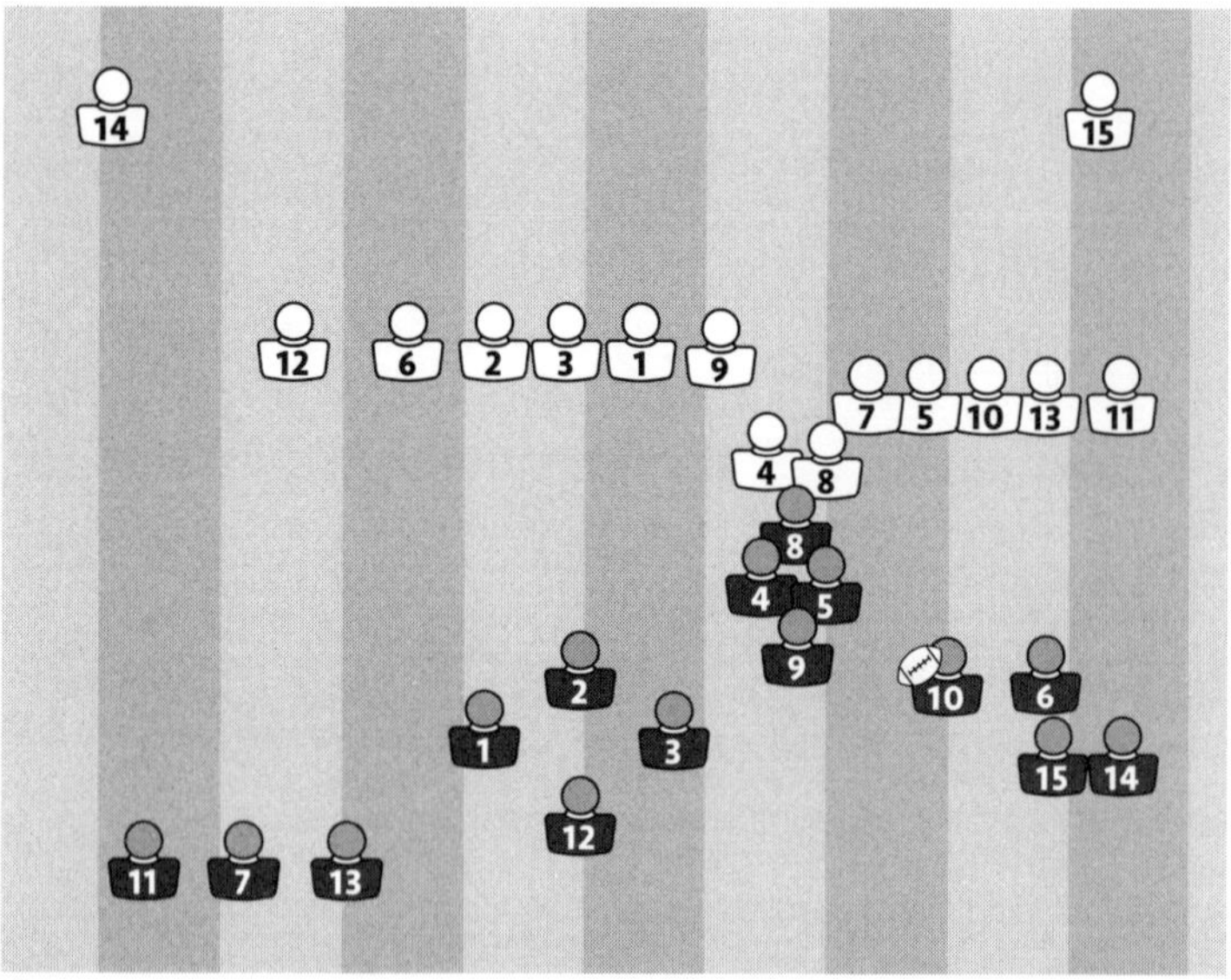
14
15
12
6
2
3
1
9
7
5
10
13
11
4
8
8
4
5
9
10
6
2
1
3
15
14
12
11
7
13

図121

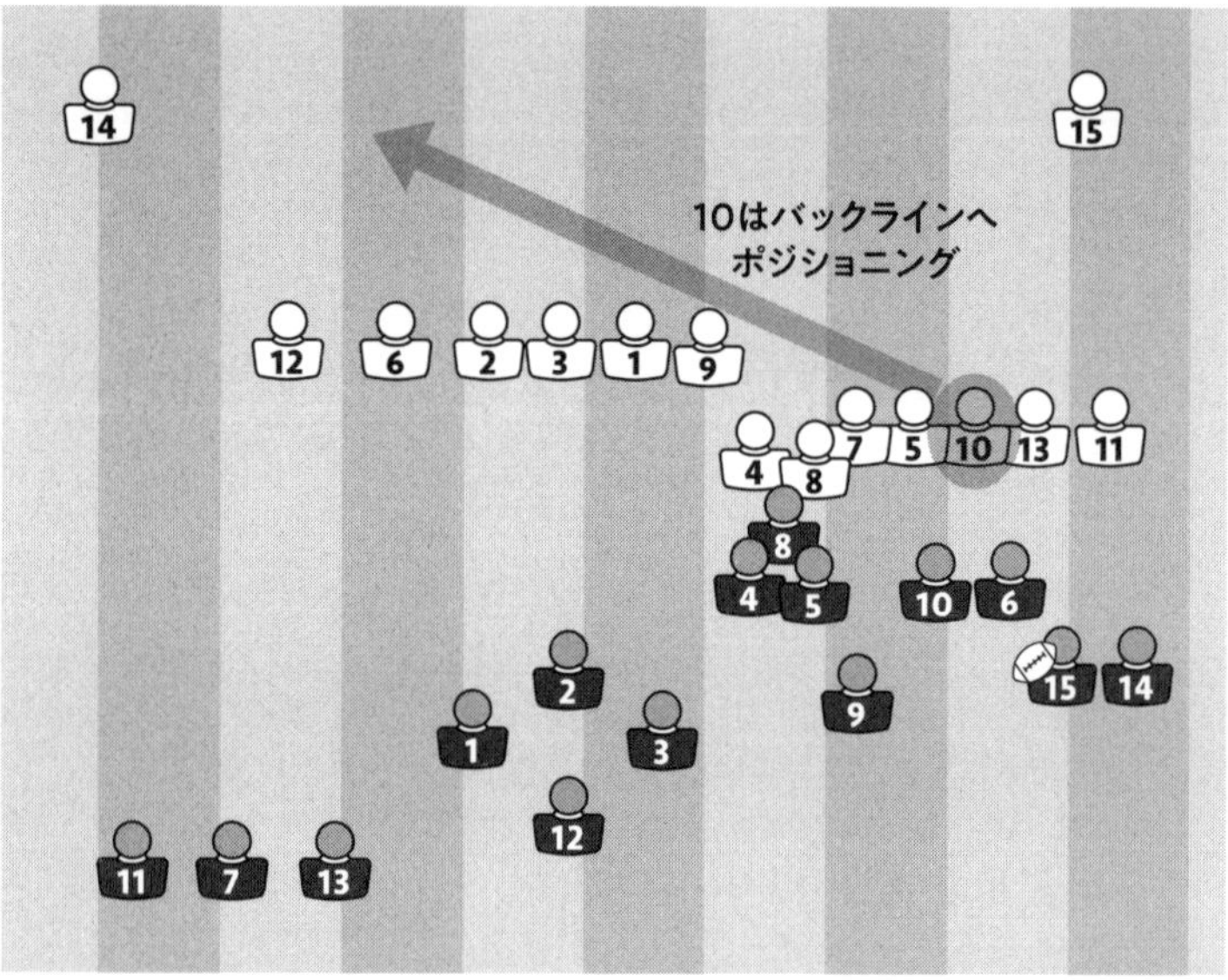
14
15
10はバックラインへ
ポジショニング
12
6
2
3
1
9
7
5
10
13
11
4
8
8
4
5
10
6
2
15
14
1
3
9
12
11
7
13

図122

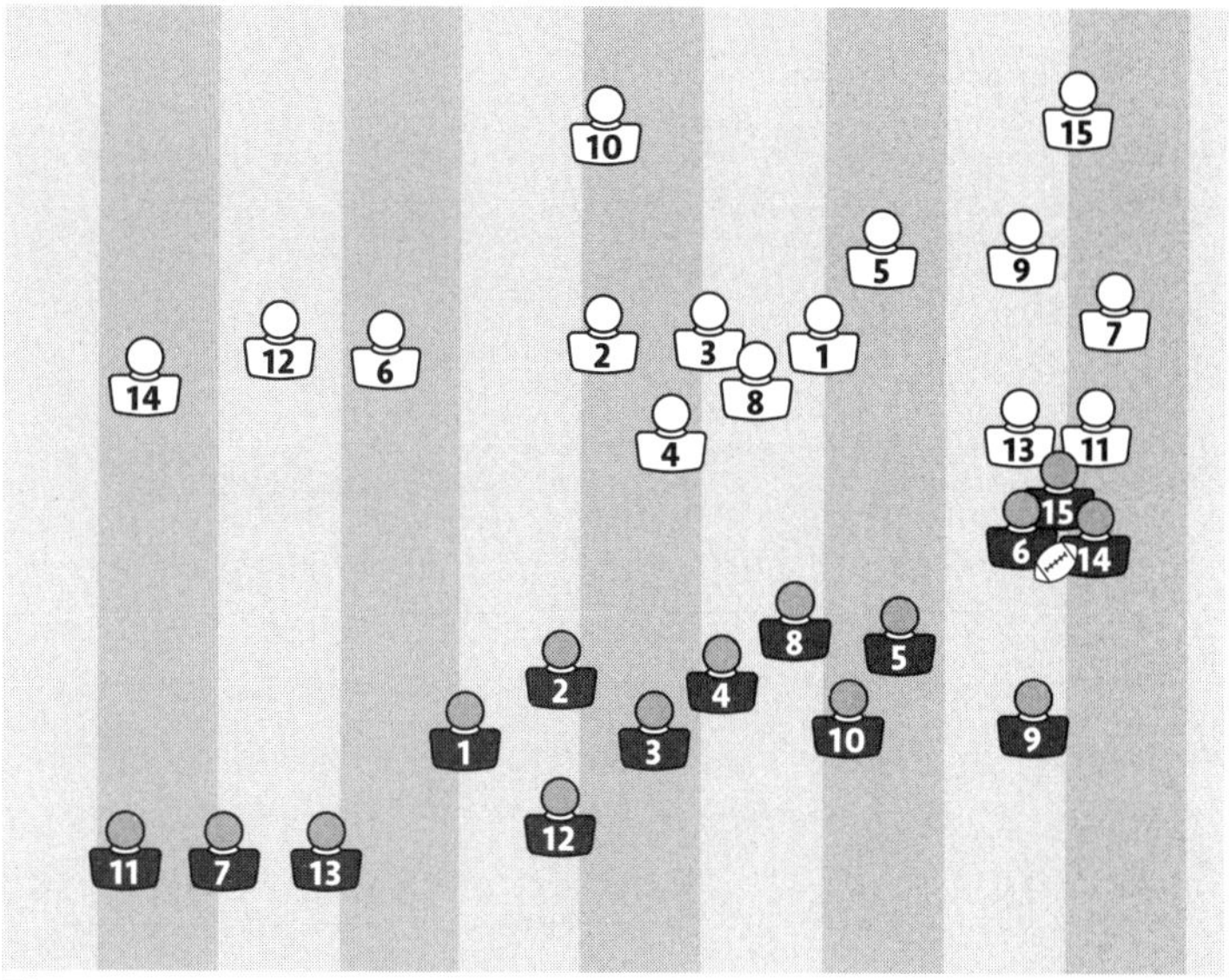

図123

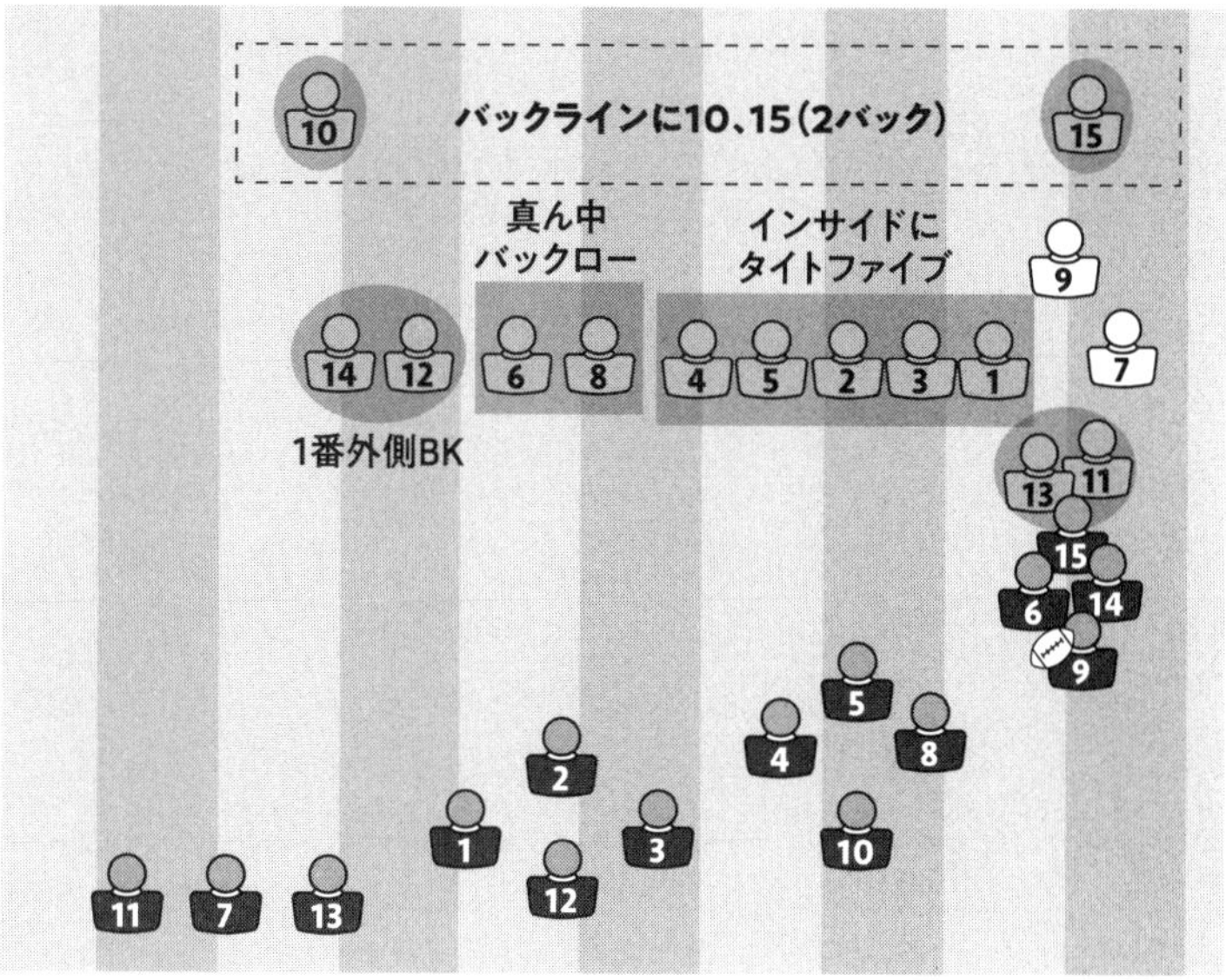
バックラインに10、15（2バック）
真ん中
バックロー
インサイドに
タイトファイブ
1番外側BK

図124

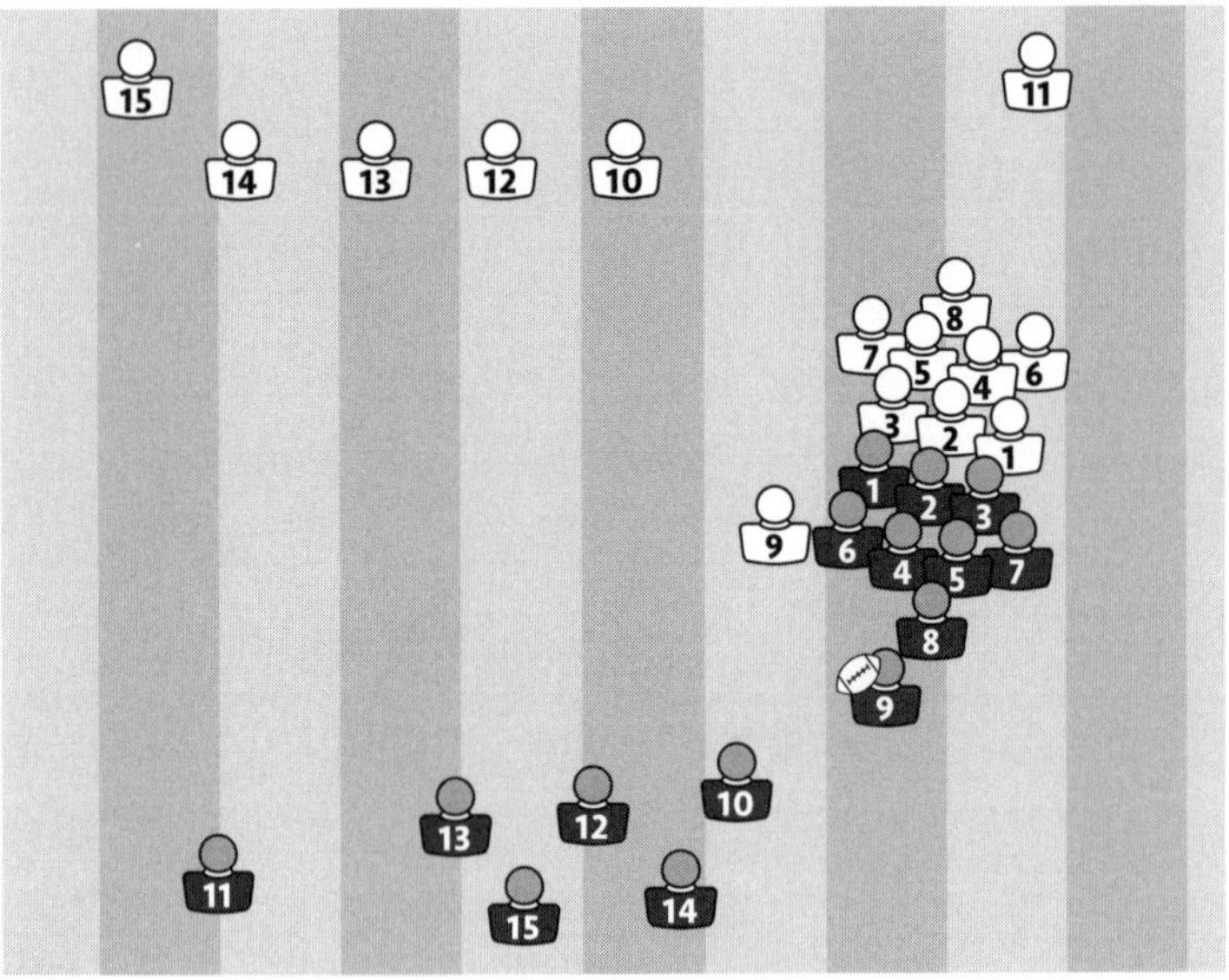

図125

〈スクラム〉

スクラムはフォワード8人を1カ所に集めておくことができるので、バックスは広いスペースをアタックすることが可能です。

ここではブラインドウイングもオープン側に参加した場合のディフェンスの配置について見ていきたいと思います。

〈左サイドのスクラム〉（図125）

左サイドのスクラムではスクラムハーフがオープンサイドからディフェンスに向かえるので、ラインディフェンスにそのまま参加することができます。

アタックが6人に対して、ディフェンスはオープンウイングもフロントラインに上げて4人とスクラムハーフ合わせての5人を配置することができれば1人数的不利な状態ですが、ディフェンスの対応は可能です。

バックラインには、両サイドのタッチライン側にブラインドウイングとフルバックを配置してキックへ対処していきます。

もし、ブラインドウイングがブラインドサイドにいる場合は、ブラインド側へアタックされるリスクがあるので、ディフェンスのブラインドウイングを上げてフルバックをブラインド側のタッチライン側に配置、オープンウイングを下げることで対処することができます。

もし、スクラムがブラインド側に回ってしまった場合は、ブラインド側にスクラムハーフがボールを持ち出してアタックしてくると2対1を作られてしまうので、オープン側にいるディフェンス側のスクラムハーフをブラインド側に移動させて対応していくことになります。オープン側にボールが出た場合でも、オープンフランカーやNO8は通常のディフェンスに比べて前にいるのでディフェンスしやすくなります。

〈右サイドスクラム〉（図126）

このケースで、ディフェンスのスクラムハーフがボールを追いかける場合には左側のブラインドサイドにいるため、アタックがオープンサイドに6人配置すると、ディフェンス側のオー

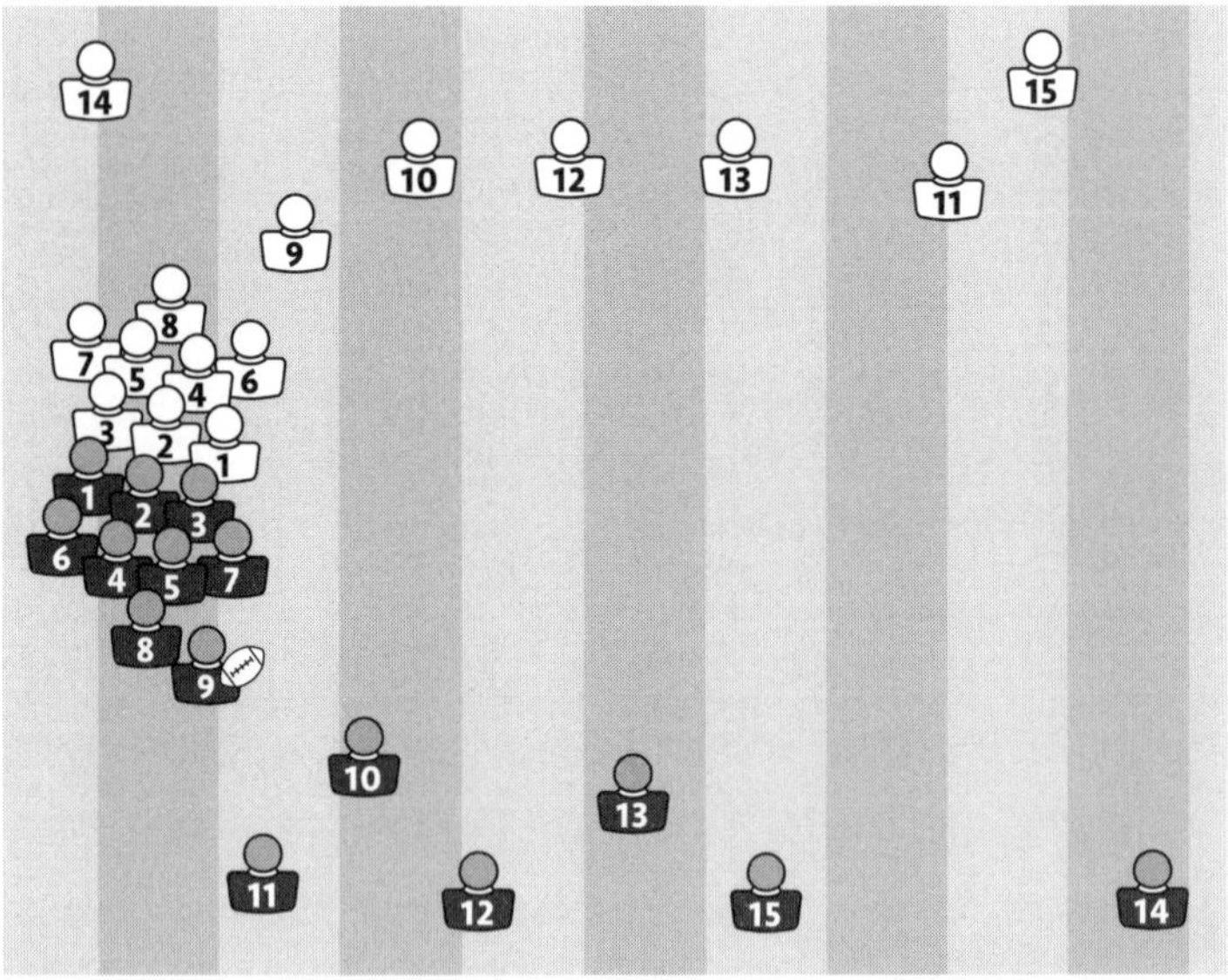

図126

プンウイングをフロントラインに上げたとしても4人になり、2人の数的不利になります。

アタックのスクラムハーフにプレッシャーをかける場合を除いて、ボールの位置であるブラインドサイドではなく、オープン側に回ってディフェンスの配置を5人に優先するチームも増えてきました。

バックラインには左サイドのスクラムと同様に、ブラインドウイングとフルバックをタッチライン側に配置します。

アタック側がブラインド側にブラインドウイングを配置している場合、スクラムハーフとブラインドウイングの2人をブラインド側に配置してしまうと、オープン側の人数が少なくなってしまいます。その場

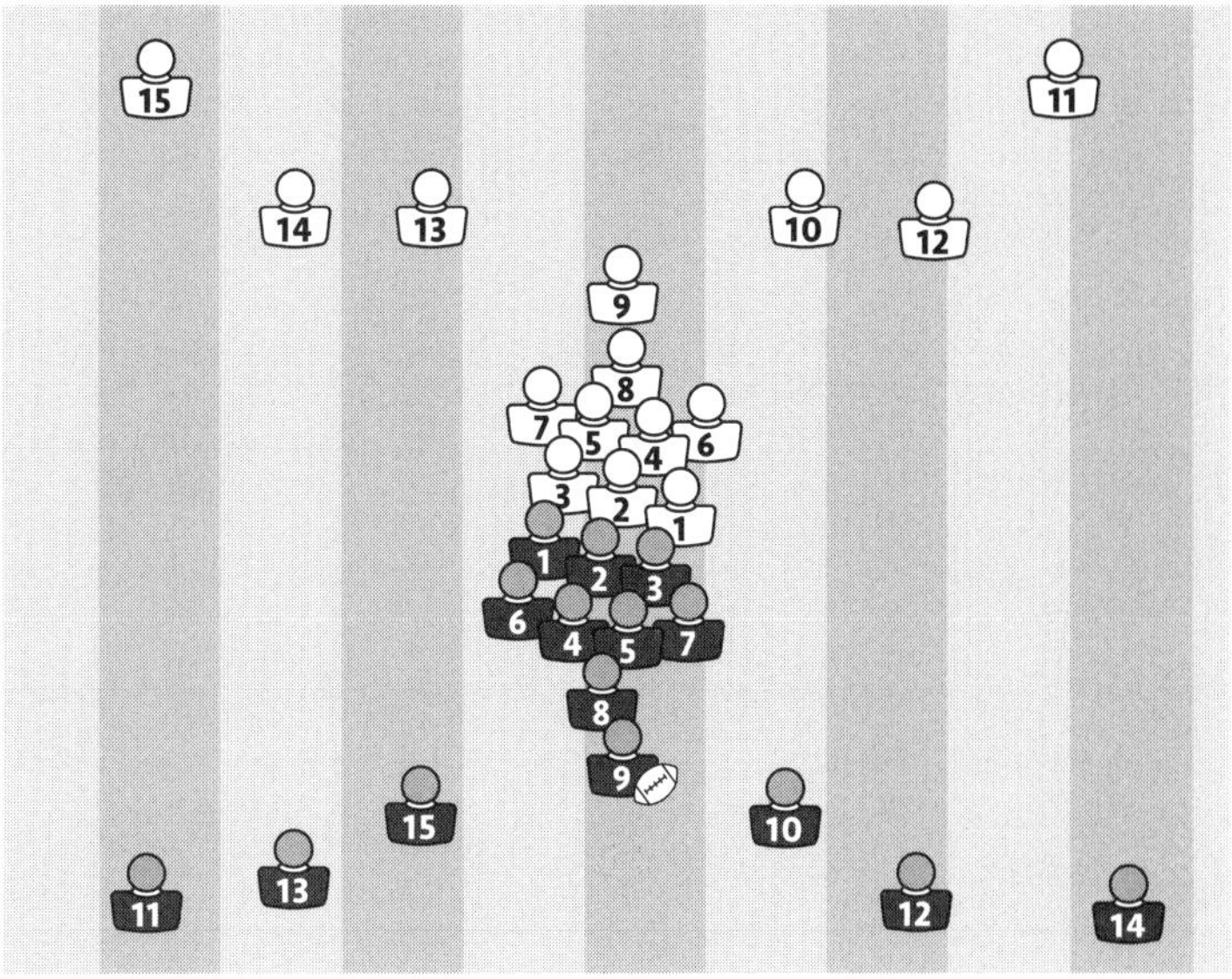

図127

合は、スクラムハーフをブラインド側に、ブラインドウイングはバックラインに配置して対応します。

スクラムがブラインド側に回る場合は、スクラムハーフはそのままブラインド側でボールの位置まで上がり、スクラムハーフにプレッシャーをかけてブラインドウイングを上げます。同時に、フルバックをブラインド後方へ移動、オープンウイングを後方へ下げることで対応します。

〈センタースクラム〉（図127）

アタック側が両サイドに3人ずつ配置してきた場合は、バックラインに2人配置すると残りは5人になります。スクラムハーフをボールの位置である右側に配置すると、ディフェンスの右側は3対3ですが、左側は3対2と1人数的不利になります。6対5と違って、3対2は同じ1人数的不利であってもアタックの優位性が大きいので、スクラムハーフをスクラムの真後ろに立たせてボールの出たサイドに移動させるようにします。その場合、ディフェンスは前には出られないので前で止めることは難しくなりますが、ディフェンスのリスクを最小限に抑えることはできます。

ボールがどちらかのサイドに回った場合はスクラムハーフを回ったサイドに移動させることで対応します。

〈サイドアタック〉

NO8がボールを持ち出してスクラムハーフと仕掛けるサイドアタックに関しては、ディフェンス側はフランカーとNO8が連携してディフェンスしていきます。

ボールを持ち出すNO8を一番近いフランカー、ボールをもらうスクラムハーフをディフェンス側のNO8でノミネートすると、スクラムから離れた位置でボールを受けるスクラムハーフとスクラムについているNO8では位置的にNO8が不利なので、ディフェンス側のフランカーをスクラムハーフについていかせて、ボールを持ち出すNO8をディフェンス側のNO8がノミネートすることでディフェンス側が不利になることを防ぐことができます。

〈ラインアウト〉

スクラムと同様にバックラインに2人配置するフォーメーションが一般的です（図128）。フォワード全員がラインに並んでいる場合は、スクラムと同様にバックス対バックスの戦いになりますが、ラインアウトではスクラムと違い、フォワードの選手はバックスの選手と同じように立って準備しているため、ラインアウトの最後尾の選手は（スクラムでのスクラムハーフと同じように）アタックのスタンドオフに直接プレッシャーをかけることができます。

そして、レシーバーポジションと呼ばれるラインアウト後方の、通常はスクラムハーフが立っている位置の選手は（スクラムでのフランカーのように）アタックのスタンドオフのカットインを抑えます。

最近では、このディフェンスのレシーバーポジションにフォワードの選手を配置して、スロワーの対面にスクラムハーフを配置するチームが増えてきました（図128）。

こうすることで、相手がモールを組んできた時に、レシーバーの選手がすぐにモールディフェンスに参加できるというメリットが生まれます。レシーバーポジションにフォワードを、スロワーの対面にスクラムハーフを配置するのが一般的です。

元々はラインアウトの相手ボールをキャッチした時にバックスにボールをパスアウトする目

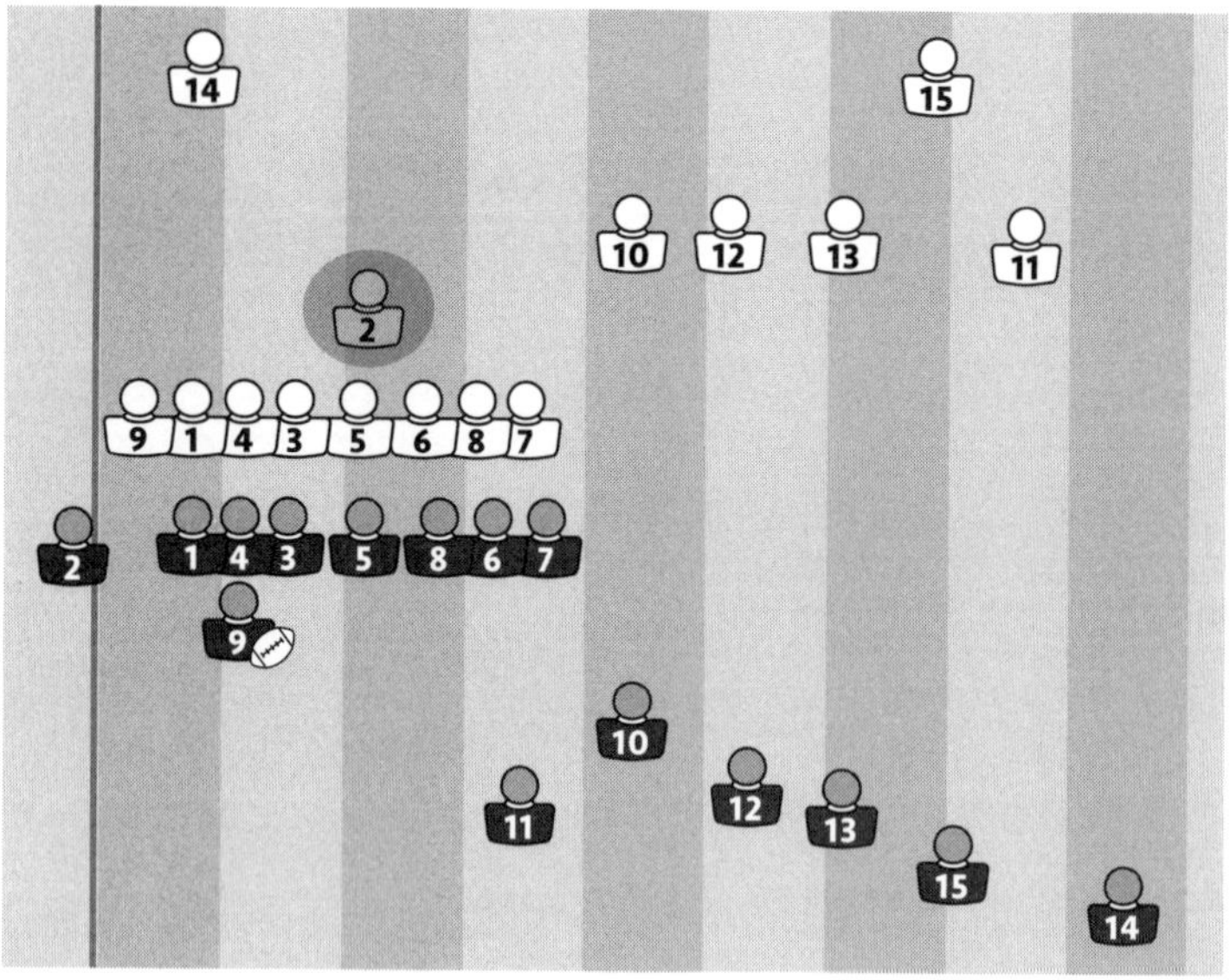

図128

的でレシーバーポジションにスクラムハーフを配置していました。しかし、スロワーの対面の位置からでもパスアウトができるために、モールディフェンスを優先してレシーバーポジションにフォワードの選手を置いています。

最近では、ラインアウトのオフサイドルールによりラインアウトから10メートル下がっているディフェンスラインのギャップを狙った「ピールオフ」がアタックのトレンドになっています。

その対策として、そもそもレシーバーポジションにいる選手を置かずにディフェンスラインに並べて強化するといったフォーメーションも出てきました（図129）。

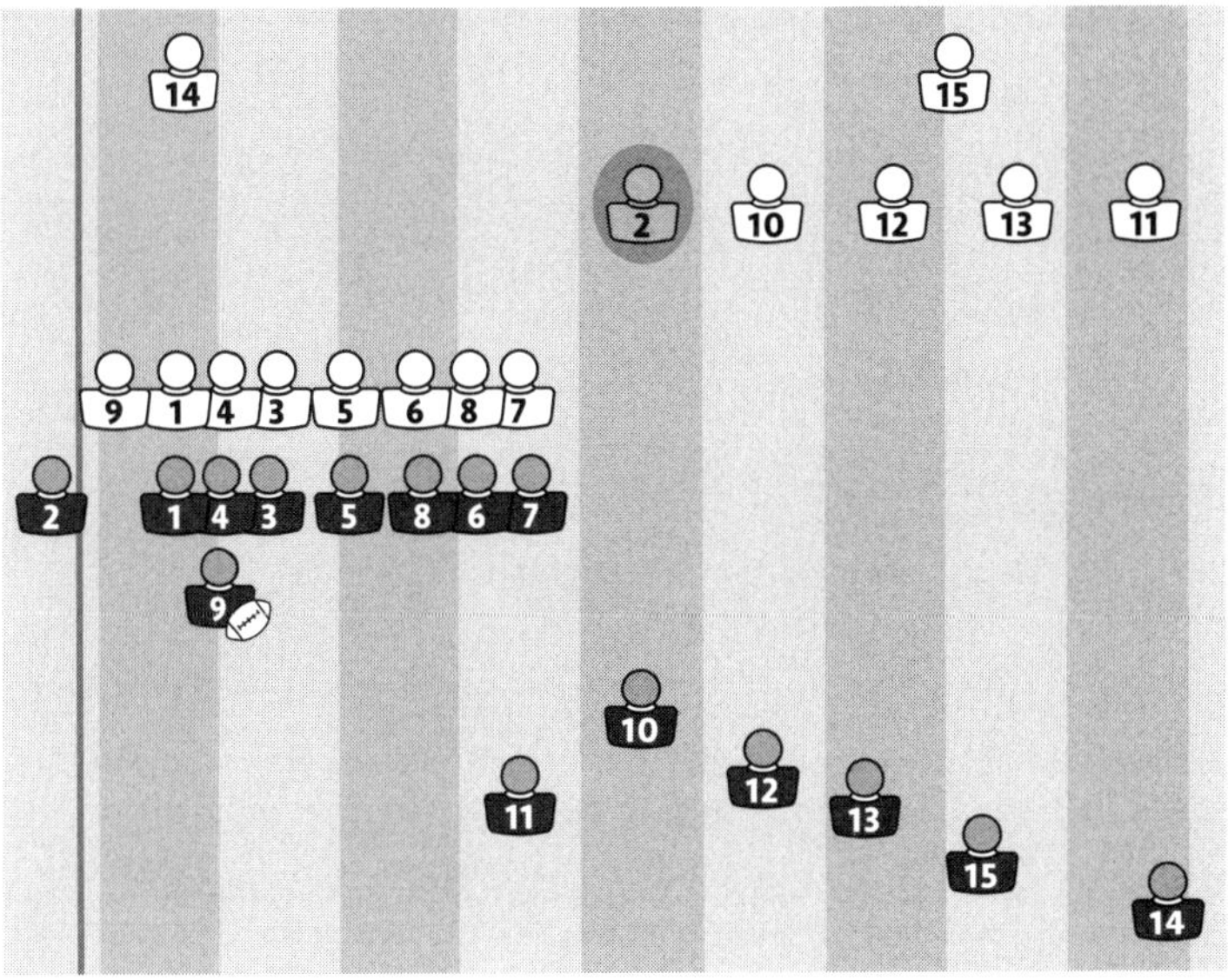

図129

〈ショートラインアウト〉

フォワード7人がラインアウトに並ぶのではなく、少人数でラインアウトを構成し、残りのフォワードの選手をアタックラインに並べるショートラインアウトの場合のディフェンスの配置を見ていきます。

5人でショートラインアウトを組んできた場合、2人のフォワードの選手がアタックラインに参加することになります。

ディフェンスも2人をディフェンスラインに加えることができますが、2人をどこに配置するのかについては、2つの方法が考えられます。

1つ目は、ディフェンスラインの内側からフォワードを配置するやり方で従来のラインディフェンスと同じ考え方になります

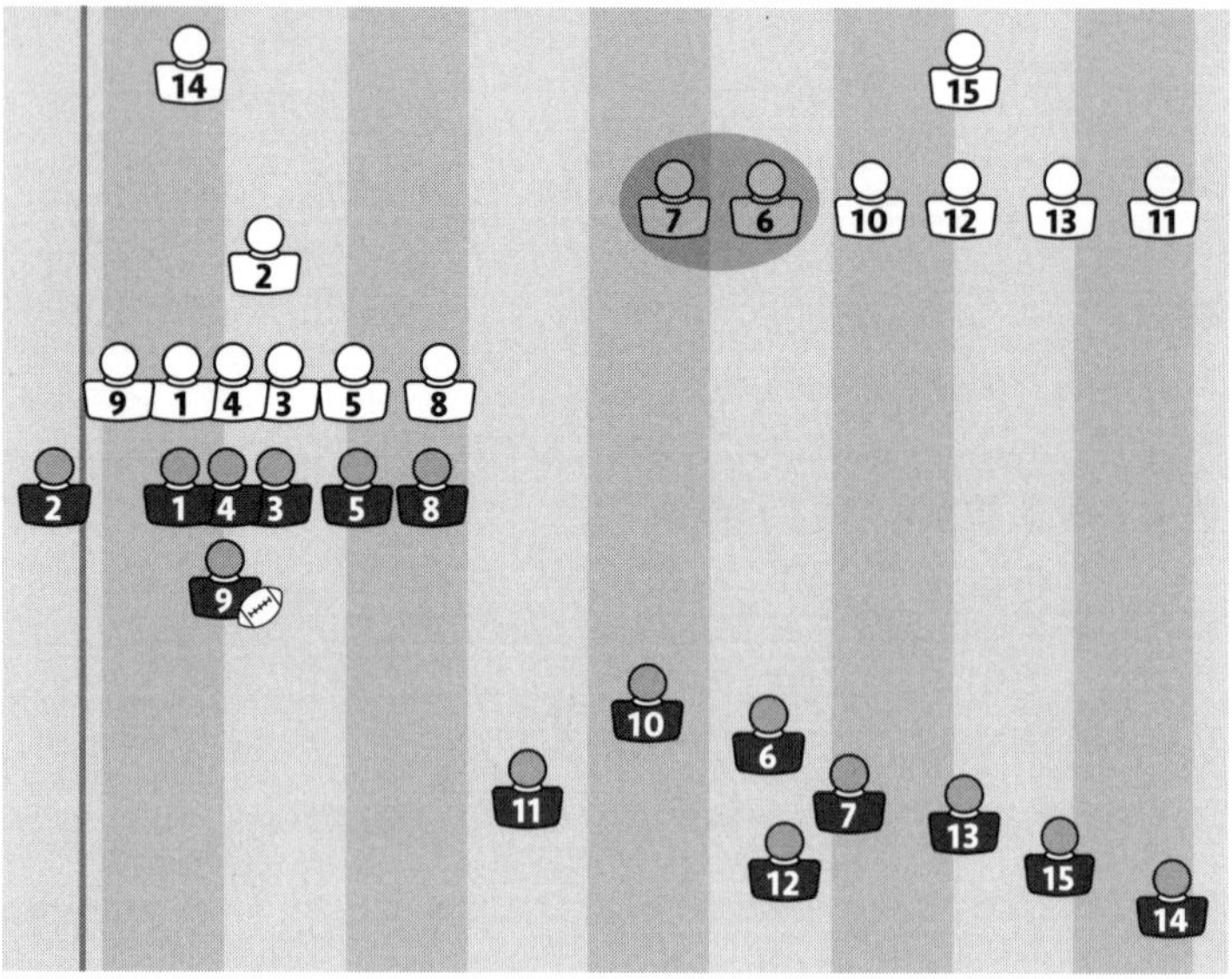

図130

（図130）。

もう1つは、ミスマッチを作らないようにアタックのフォワードの前にディフェンスのフォワードを配置する方法です（図131）。

ラインアウトでは通常の攻防と比べると20メートルの距離があるのであえてミスマッチを作らない方が得策だと考えます。

〈モール〉

アタック側がモールを作ってきた場合、ディフェンス側が全員モールに入るのはリスクになります。

モールは立った状態になるのでモール周囲にディフェンスがいなくなるとモールの最後尾の選手がボールを持ち出してアタッ

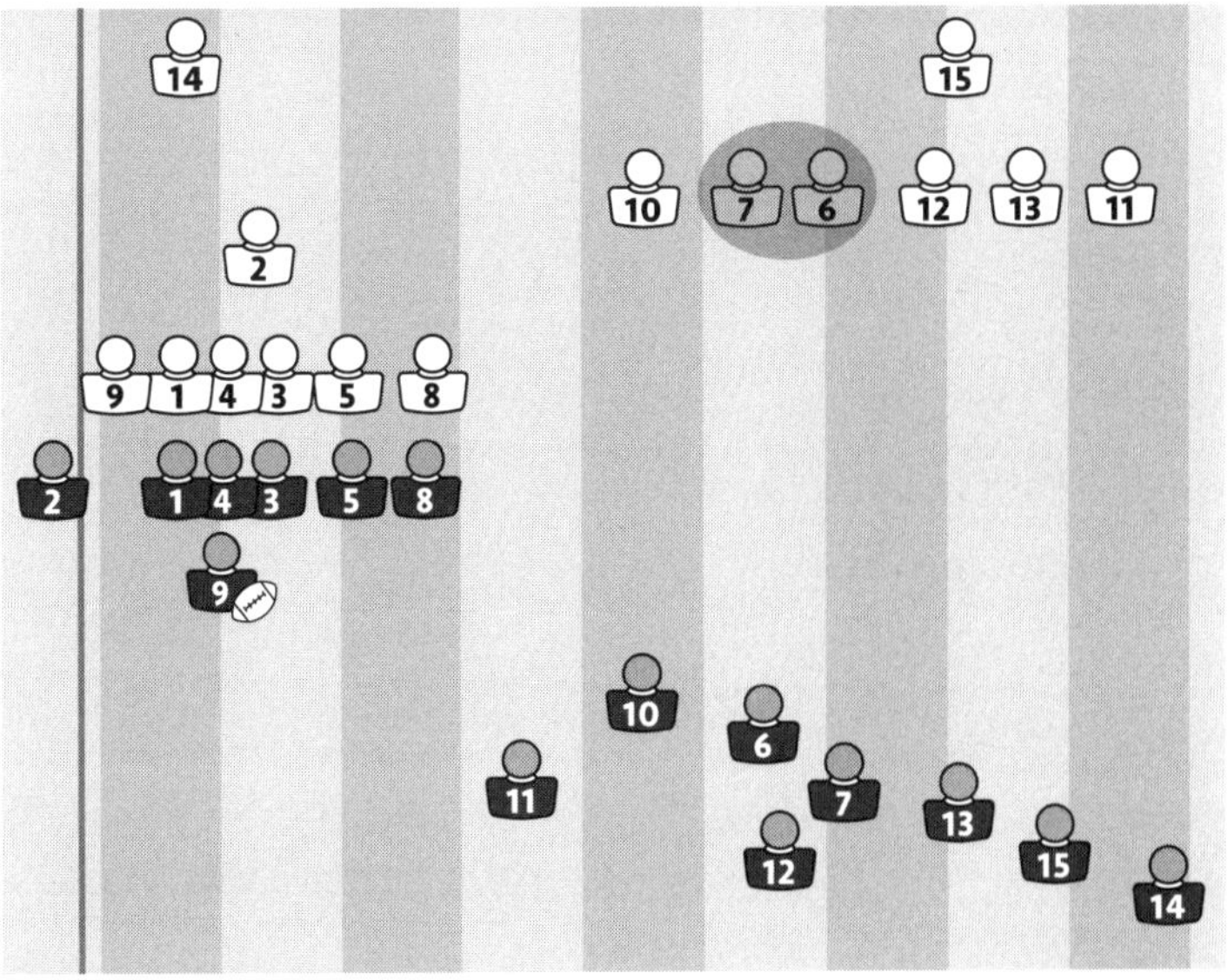
14
15
10
7
6
12
13
11
2
9
1
4
3
5
8
2
1
4
3
5
8
9
10
6
11
7
13
12
15
14

図131

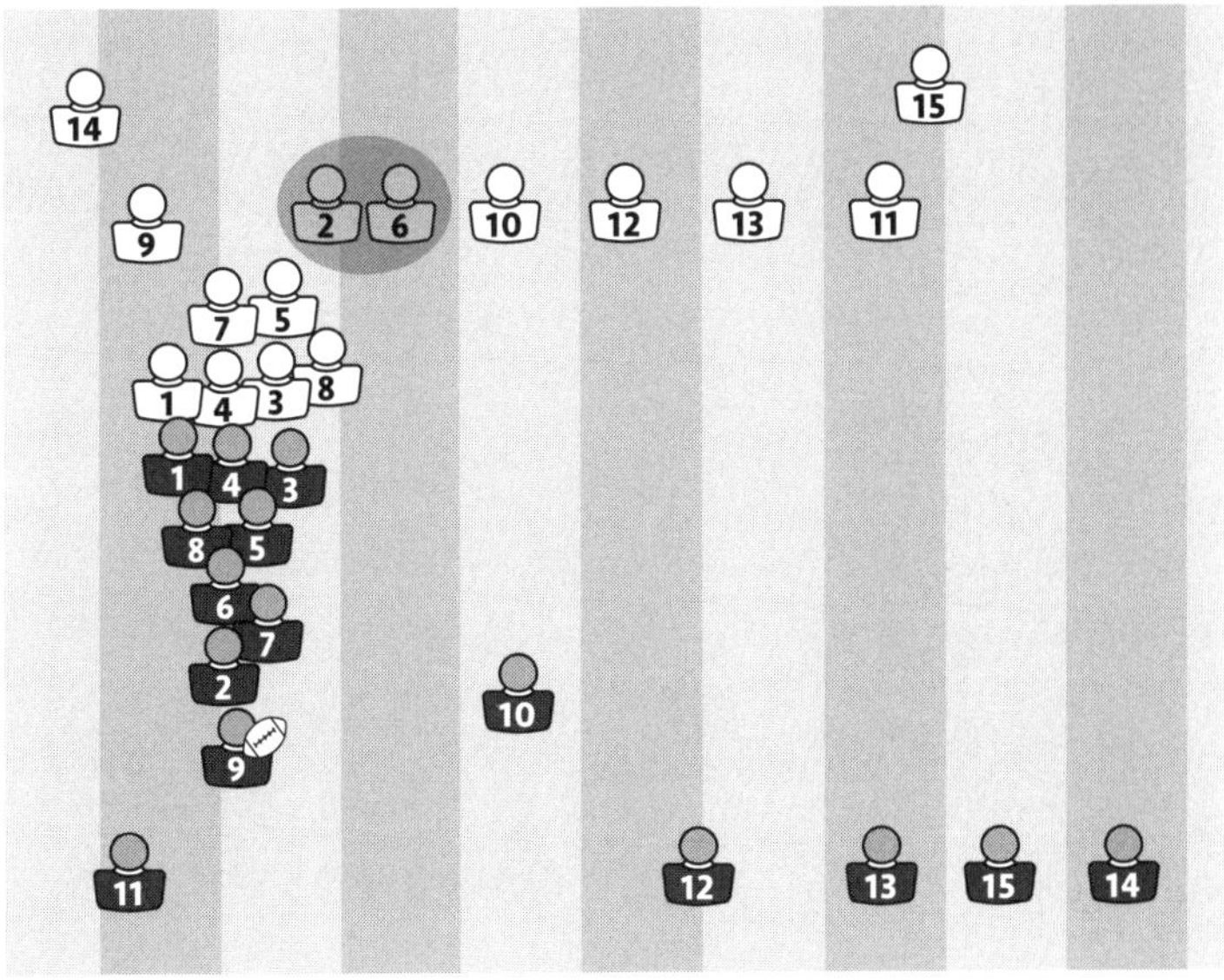
14
15
9
2
6
10
12
13
11
7
5
1
4
3
8
1
4
3
8
5
6
7
2
10
9
11
12
13
15
14

図132

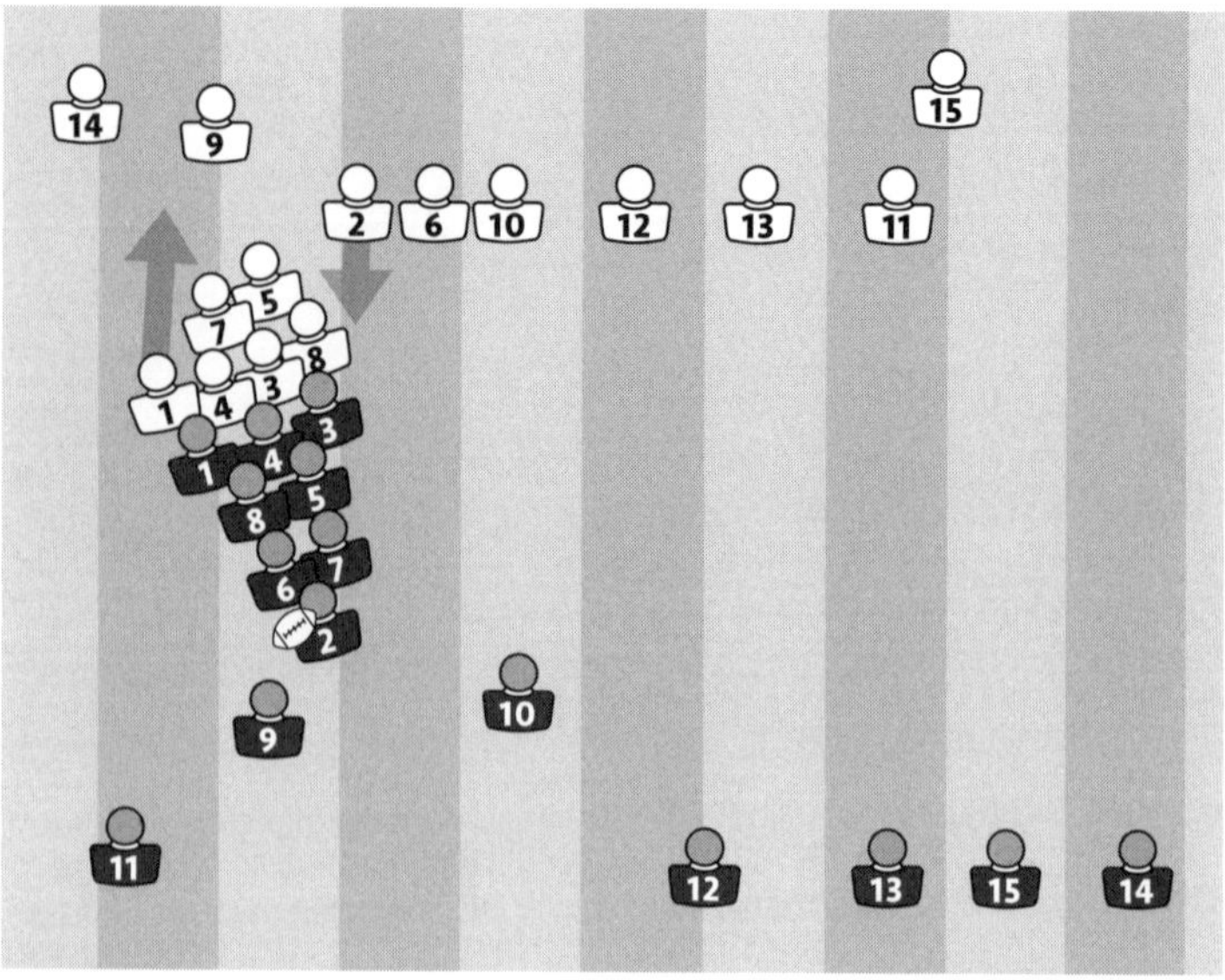
14
9
15
2
6
10
12
13
11
5
7
8
1
4
3
1
4
3
8
5
6
7
2
10
9
11
12
13
15
14
図133

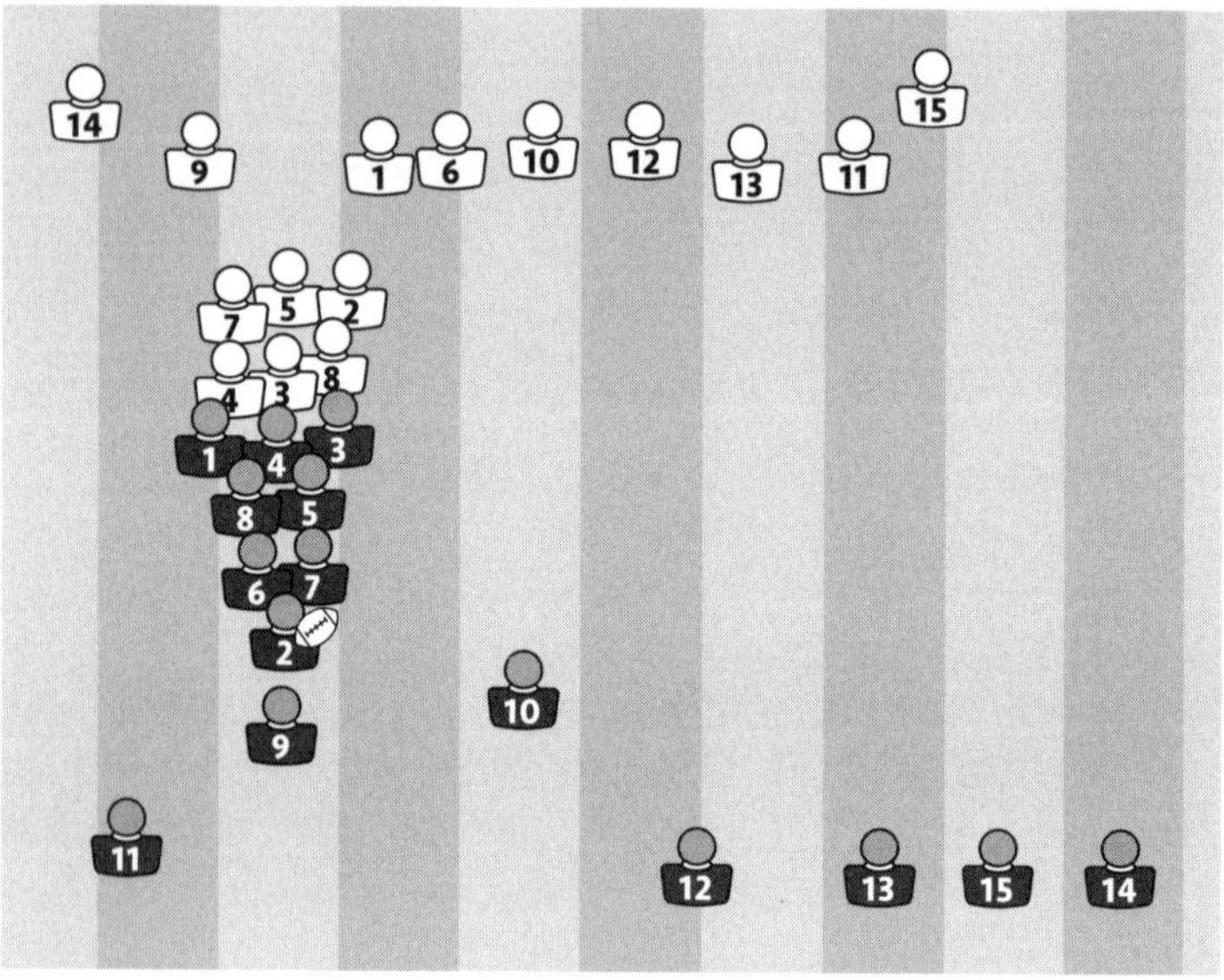
14
9
15
1
6
10
12
13
11
7
5
2
4
3
8
1
4
3
8
5
6
7
2
10
9
11
12
13
15
14
図134

クすることができます。

そのためモールの局面では、ディフェンス側は6人で対処し、オープン側にディフェンスのフォワード2人を配置、逆目側にスクラムハーフ1人でモール周囲のボールの持ち出しに対処します（図132）。

もしモールが回り、周囲のディフェンスがモールに加わらざるを得ない場合は、回った方と逆サイドの選手が素早く出てモール周囲にポジショニングして対応します（図133、図134）。

バックラインの配置

先に説明した通り、ディフェンスのバックラインの配置は3バックと2バックがあります。

3バックは横幅70メートルを3人で守るため、ボールの動きと連動しながら守ることができますが、2バックは2人で守らないといけないため、ボールの動きと連動してしまうとバックラインにスペースが生まれます。そのため、2バックの場合は原則的にはフロントラインにいる13人で守り、バックラインの2人はキックに備えます。

3バックでは両サイドのウイングはタッチラインの5メートルから15メートルの間で、ブレイクダウンから35メートルから40メートル後方に位置し、フルバックはそのウイングから10メートル後方でグラウンド中央に位置します（図135）。

2バックではタッチラインの5メートルから15メートルの間で、ブレイクダウンから45メートルから50メートル後方を目安に位置します（図140）。

3バックでは相手がボールを動かしてくるとボールの動きに連動してウイングは上がり、フルバックと逆サイドのウイングはボールと同じ方向へ動きます（図135から139）。

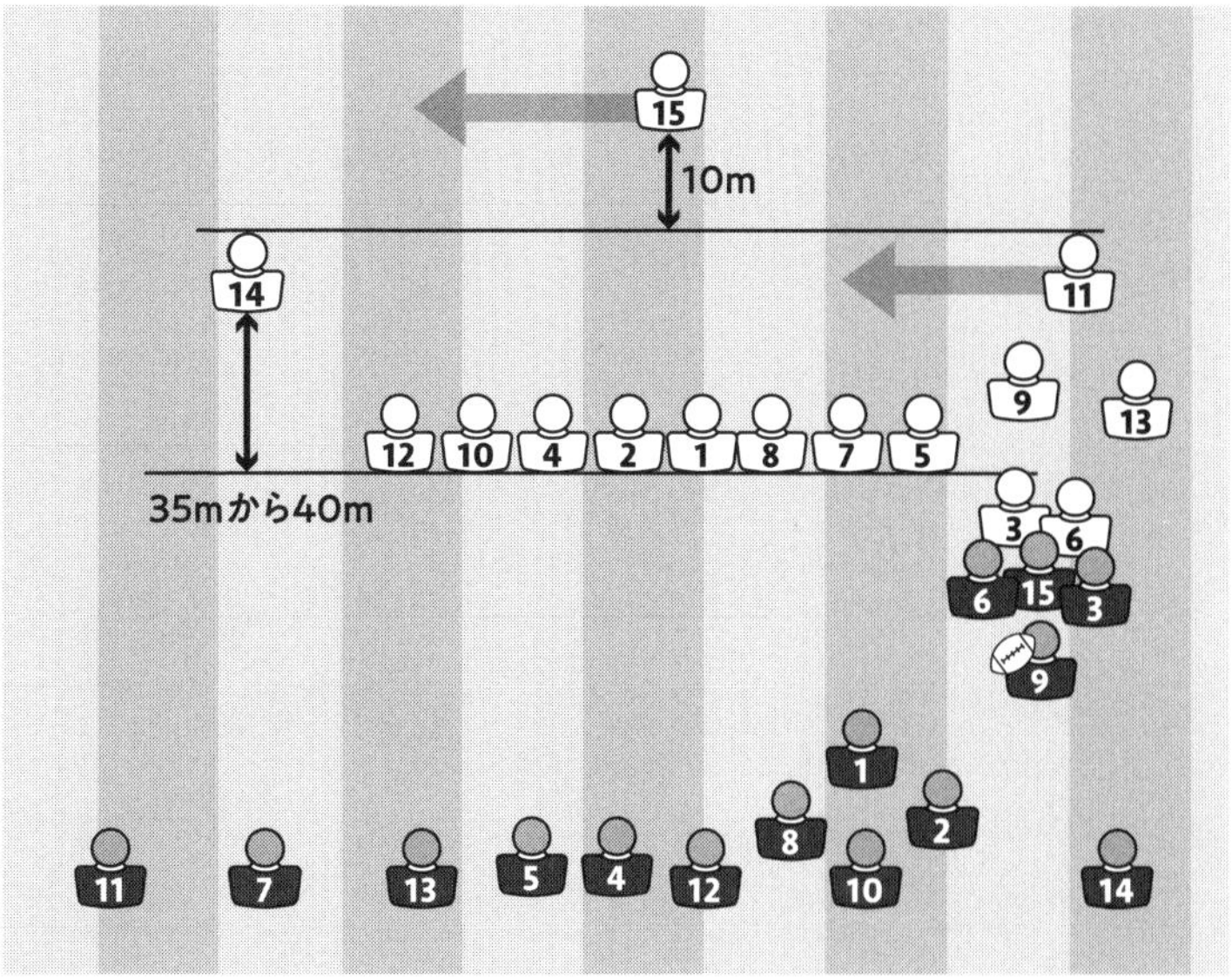

図135

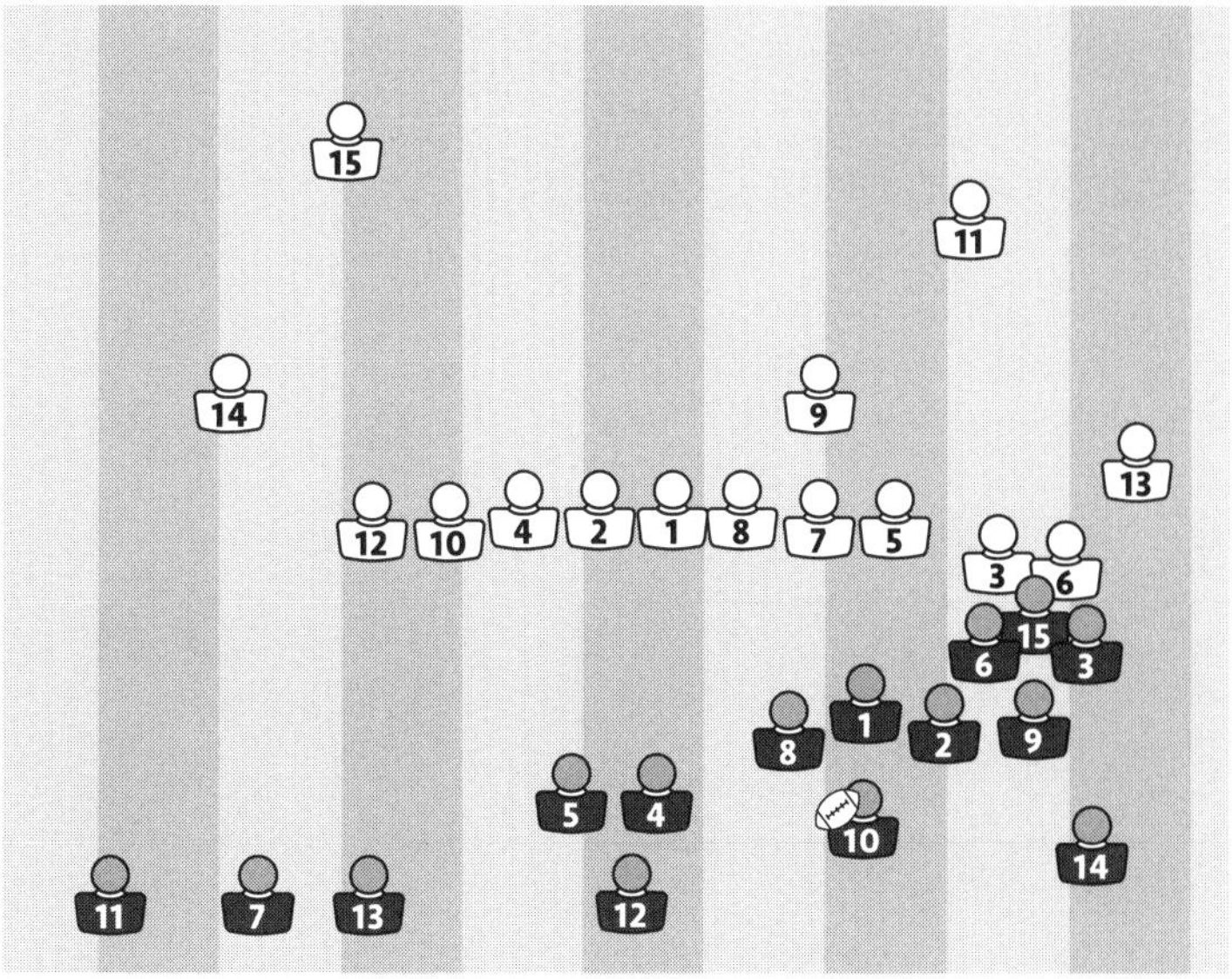

図136

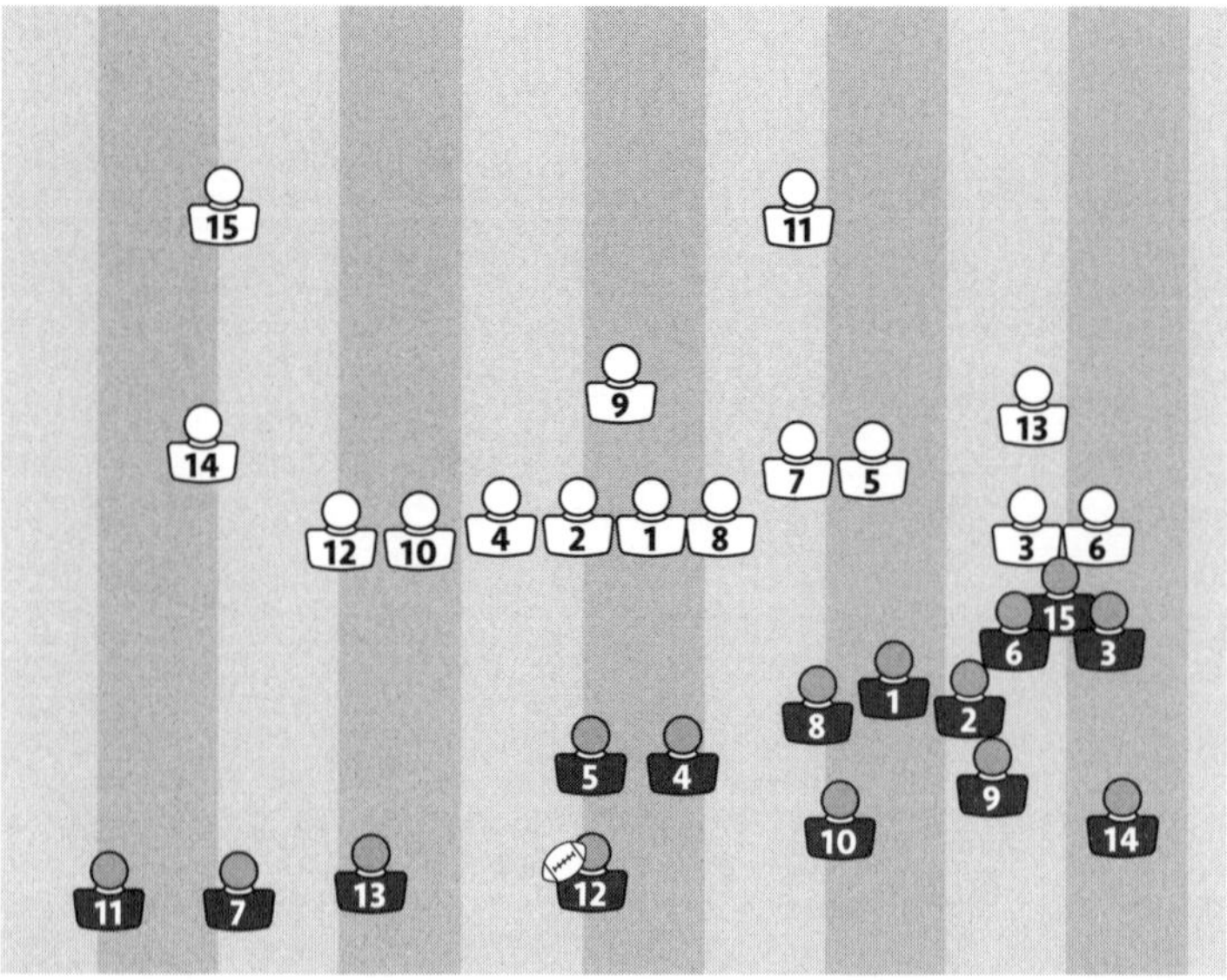
15
11
9
13
14
7
5
12
10
4
2
1
8
3
6
15
6
3
1
8
2
5
4
9
10
14
11
7
13
12
図137

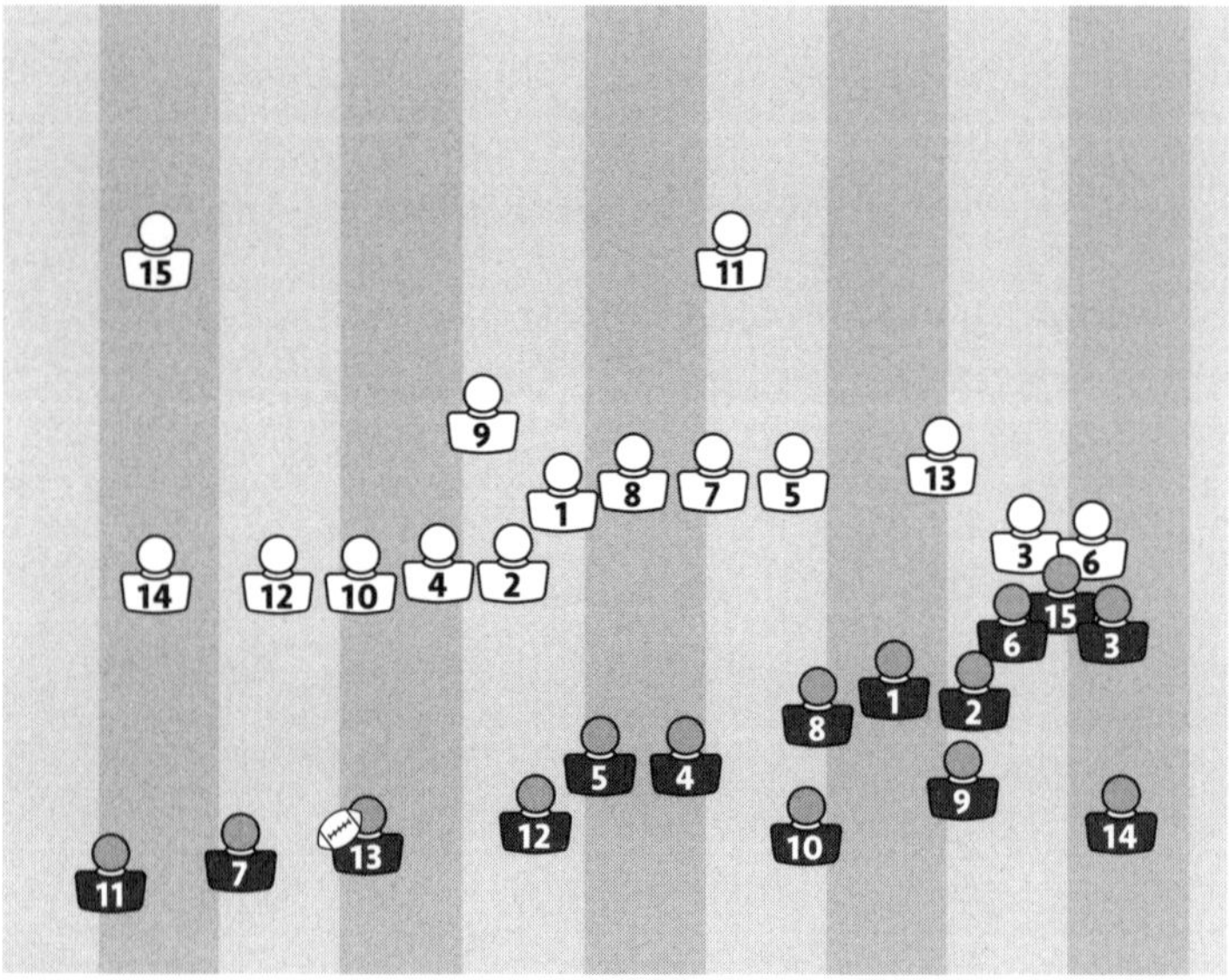
15
11
9
1
8
7
5
13
3
6
14
12
10
4
2
15
6
3
1
8
2
5
4
9
12
10
14
11
7
13
図138

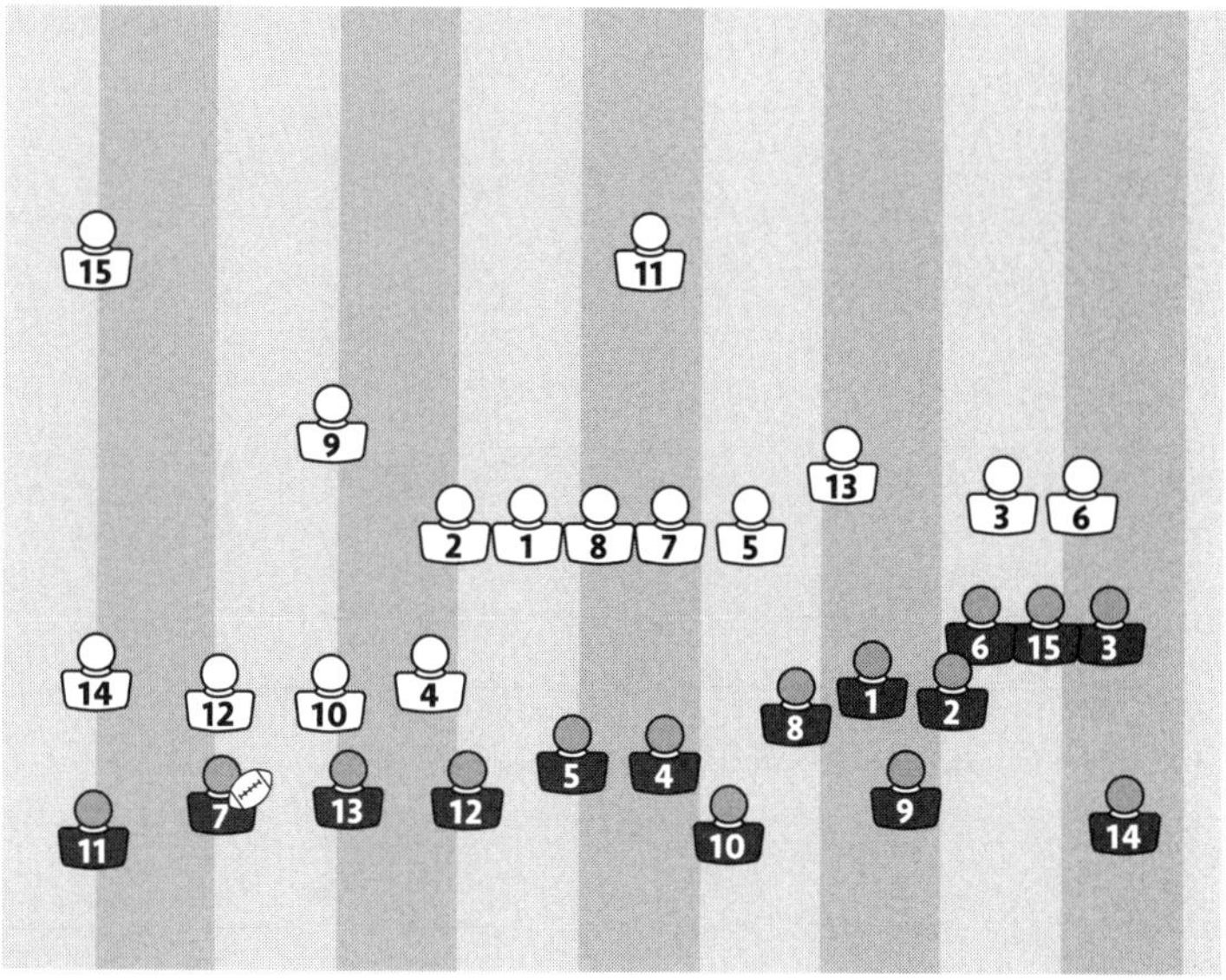
15
11
9
13
2
1
8
7
5
3
6
6
15
3
14
12
10
4
8
1
2
5
4
7
13
12
11
10
9
14

図139

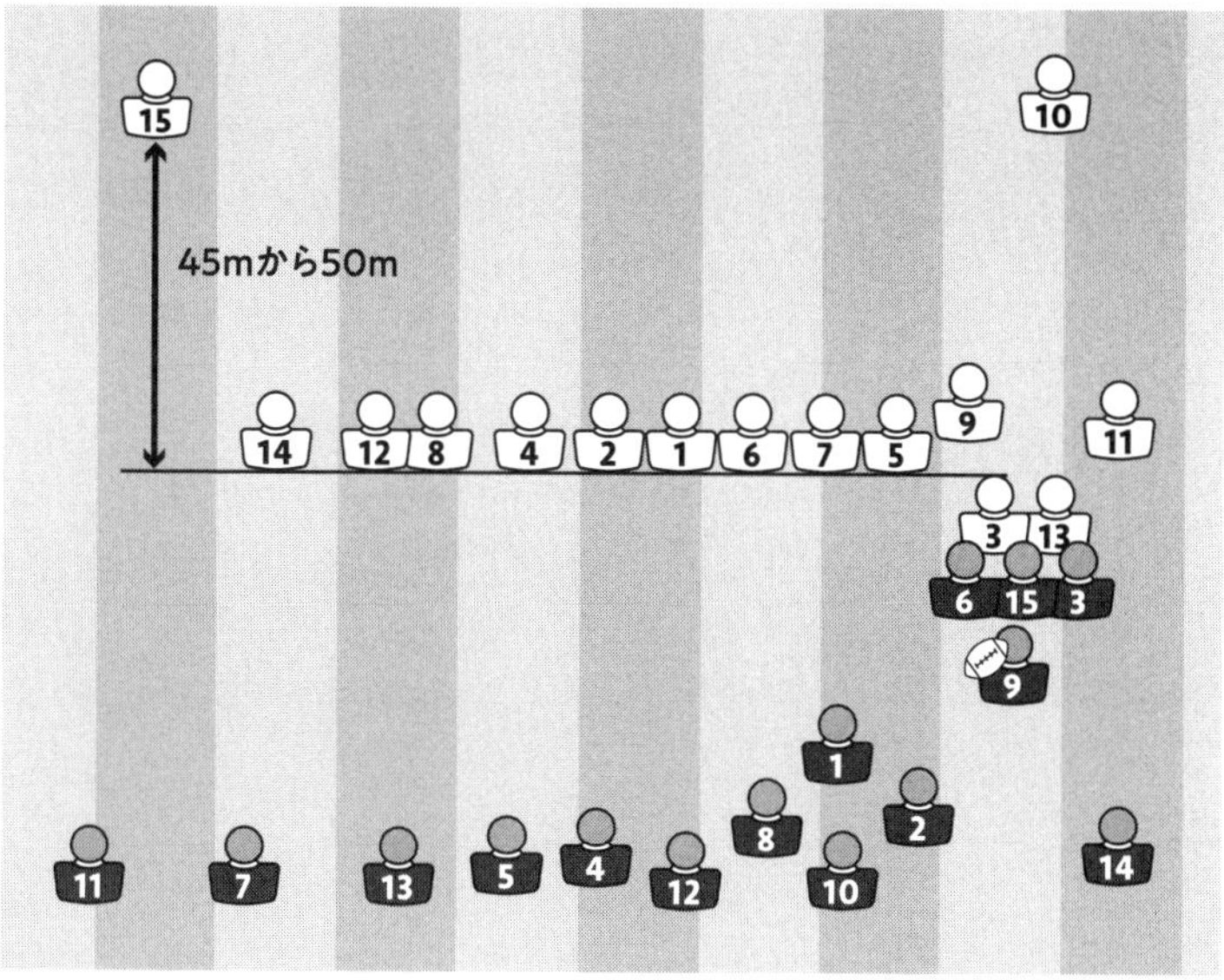
15
10
45mから50m
14
12
8
4
2
1
6
7
5
9
11
3
13
6
15
3
9
1
8
2
11
7
13
5
4
12
10
14

図140

また、身体の向きやボールの位置を手掛かりに動き出すことでグラウンドを広くカバーすることができます。

バックラインの連携

キックに備える時は、キッカーの身体の向きやボールの位置にも特に注意が必要です。キッカーが真っ直ぐ向いてボールを落としたらブラインド側へのキックが考えられるため、オープンウイングとフルバックはブラインド方向へ動き出し、オープン側に開いたらオープン側へのパスかキックが考えられるためにブラインドウイングとフルバックはオープン側へ移動します。

キッカーがボールを自分の足元の低い位置へ持っていった場合はロングキックが考えられるため、ブラインドウイングはタッチライン斜め後方へと移動し、フルバックはその後方をカバーするようにタッチライン方向へ移動します。逆サイドのオープンウイングも同じ方向へ移動してカウンターアタックに備えます（図141）。

キッカーが膝くらいの位置へボールを持っていった場合はハイパントが考えられるのでブラインドウイングは前に上がり、フルバックはその後方のカバーに備えます。オープンウイングはキャッチした後のブレイクダウンの参加の可能性があるのでブラインド方向へと向かいま

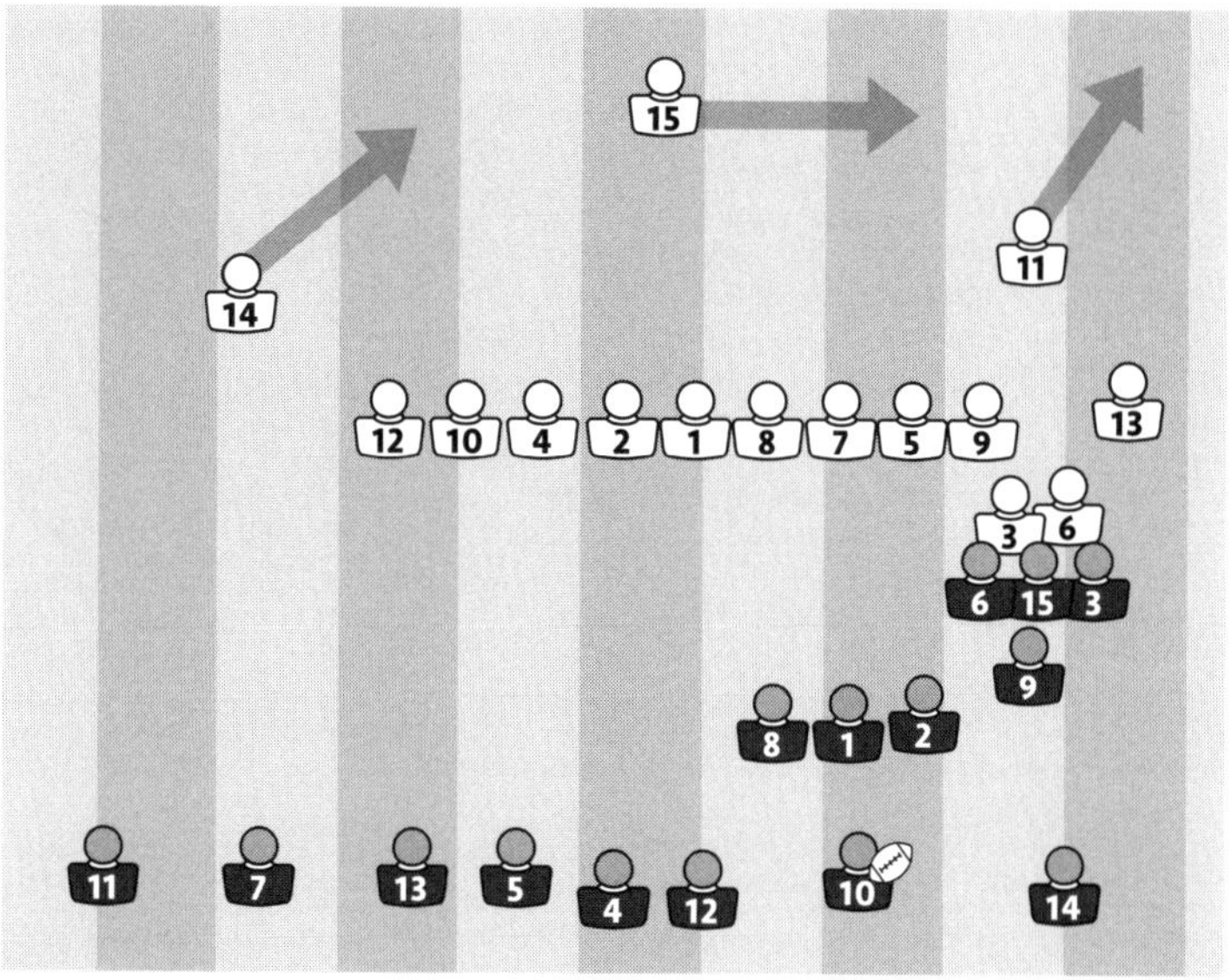
15
14
11
12
10
4
2
1
8
7
5
9
13
3
6
6
15
3
9
8
1
2
11
7
13
5
4
12
10
14
図141

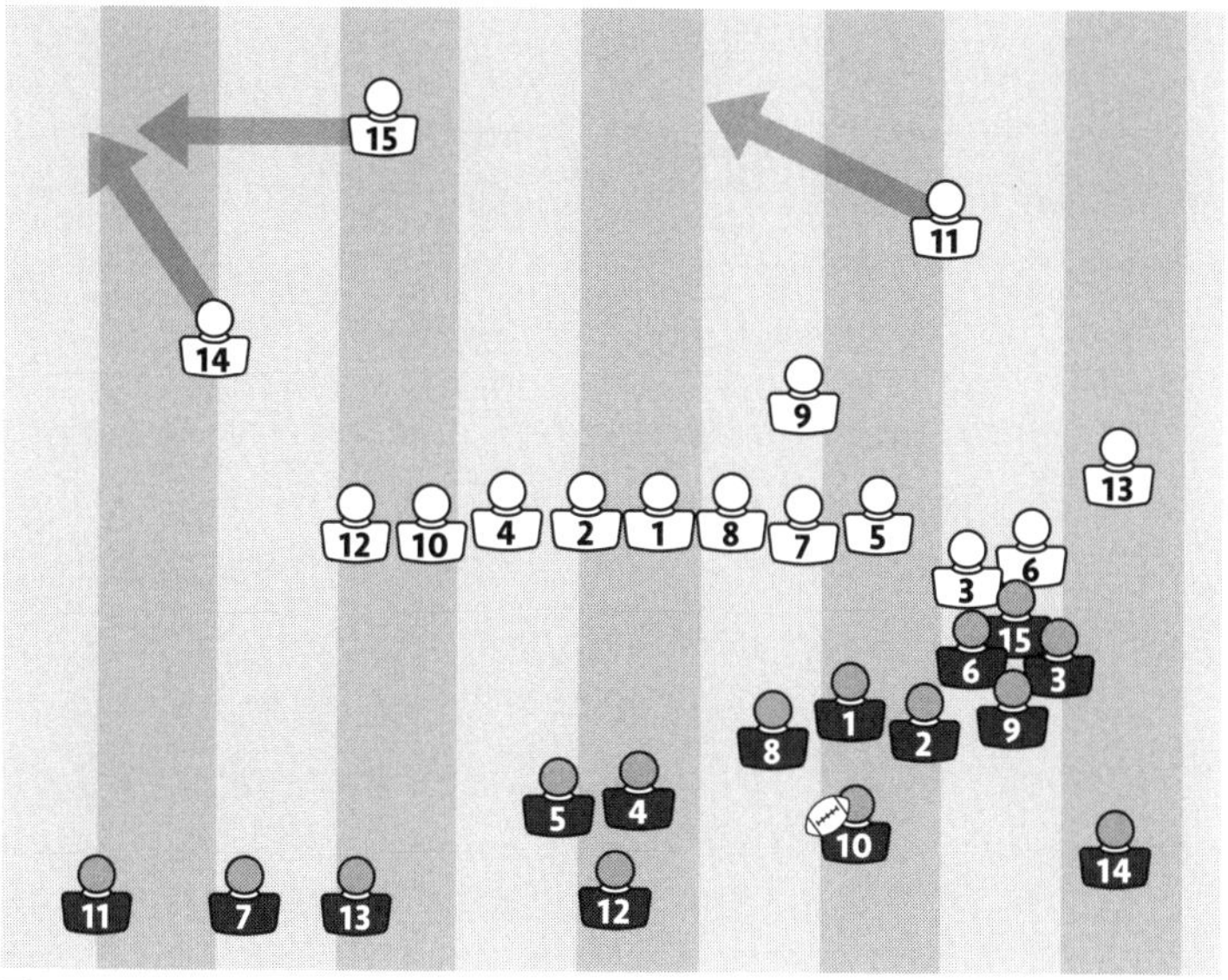
15
14
11
9
13
12
10
4
2
1
8
7
5
3
6
15
6
3
1
8
2
9
5
4
10
14
11
7
13
12
図142

す。

スタンドオフからのオープンキックではオープンウイングはモーションを見て素早くタッチラインの斜め後方へと下がってキャッチに備え、フルバックはその後方をカバーするようにタッチライン方向へ移動します。逆サイドのオープンウイングも同じ方向に移動してカウンターアタックに備えます（図142）。

オープン側のパスに関しては、オープンウイングが上った場合はフルバックがタッチライン側のキックのカバーをして、ブラインドウイングが同じ方向へ移動します。

キックキャッチのプレイ原則

ここからはキックキャッチの原則について、3バックと2バック、それぞれについて紹介していきます。

3バックの場合

①タッチライン側のキックは可能な限りウイングがキャッチ。ウイングはキャッチに専念し、前向きでのキャッチではない限りはフルバックにパス。

②逆サイドのウイングは意思決定者であるフルバックに相手のチェイスの状況（何人チェイス

に来ていてどれくらいの速さか）を伝える。
③その情報を元にフルバックは「キック、ラン、パス」の選択をする。

２バックの場合

①前向きで余裕を持ってキャッチできた場合はキャッチした選手が状況判断と意思決定を同時に行う。
②サポートの選手は相手のチェイスの状況（何人チェイスに来ていてどれくらいの速さか）を伝える。
③キャッチしようとした選手が後逸したりバウンドさせてしまって余裕がない時は、サポートの選手がキャッチした選手にすぐにパスさせるか、それともそのままボールを持ち込ませるかを伝える。

２バックの場合は、キャッチする選手とサポートに回る選手の２人しかいませんが、３バックと違って深い位置にいるので前向きでボールをキャッチしやすくなります。そのため相手の状況を把握しやすく、キャッチと状況把握を同時に行えるためにそのまま意思決定まですることも可能です。逆サイドの選手は可能な限り情報をキャッチした選手に伝えて意思決定のサ

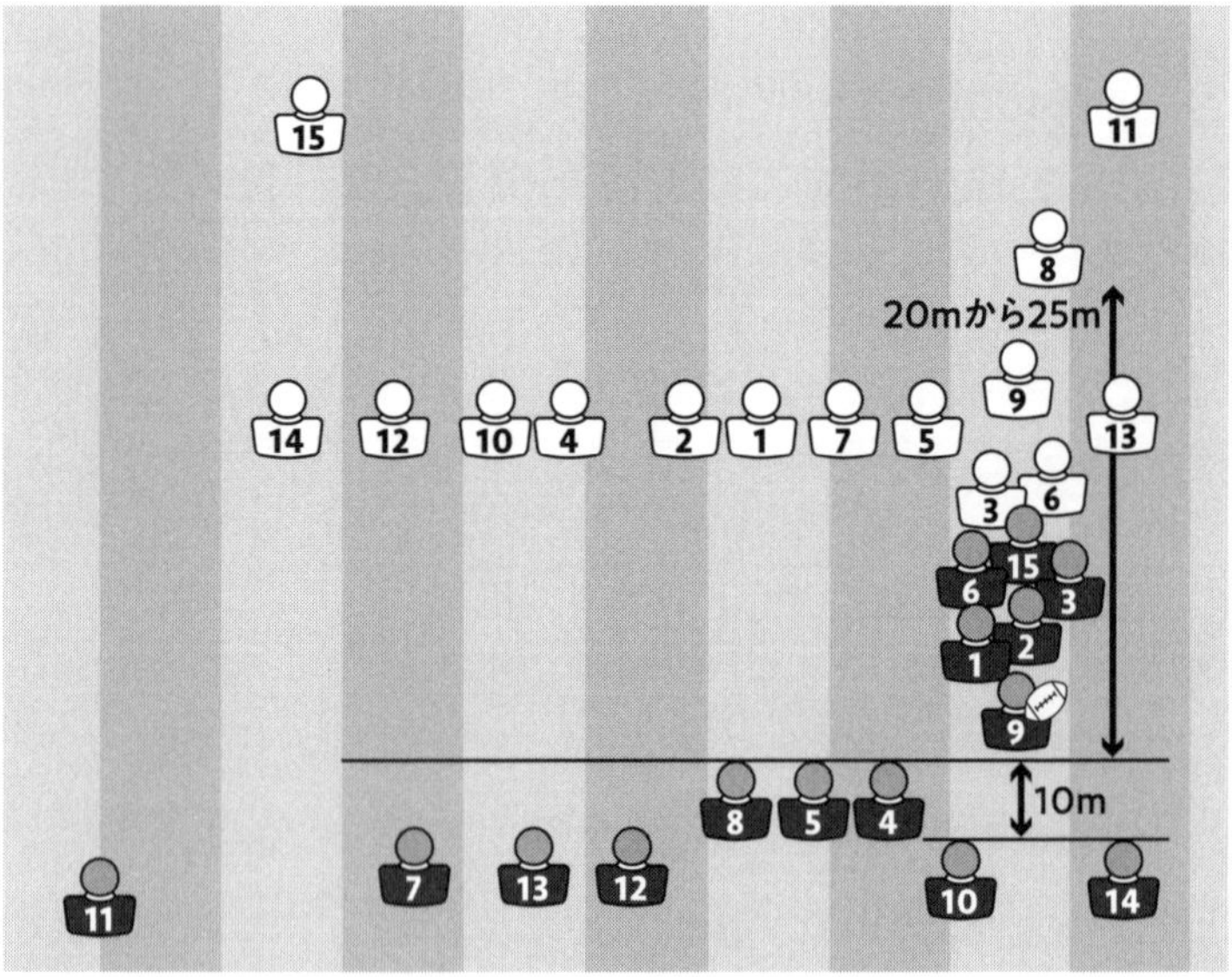

図143

ポートをします。

ハイパントのプレイ原則

ハイパントに関しては、適切な飛距離は20メートルから25メートルと言われています。そのため、ブラインド側に蹴る通称「ボックスキック」のハイパントをスタンドオフから蹴る場合、ブレイクダウンから10メートル下げて蹴るのでブレイクダウンからの距離では10メートルから15メートルしか前進したことになりません。距離的な観点から考えるとスタンドオフからではなくスクラムハーフから蹴ることが多くなっています（図143）。

スクラムハーフが蹴る場合は、蹴るタイミングをチームで共有するために、ブレイ

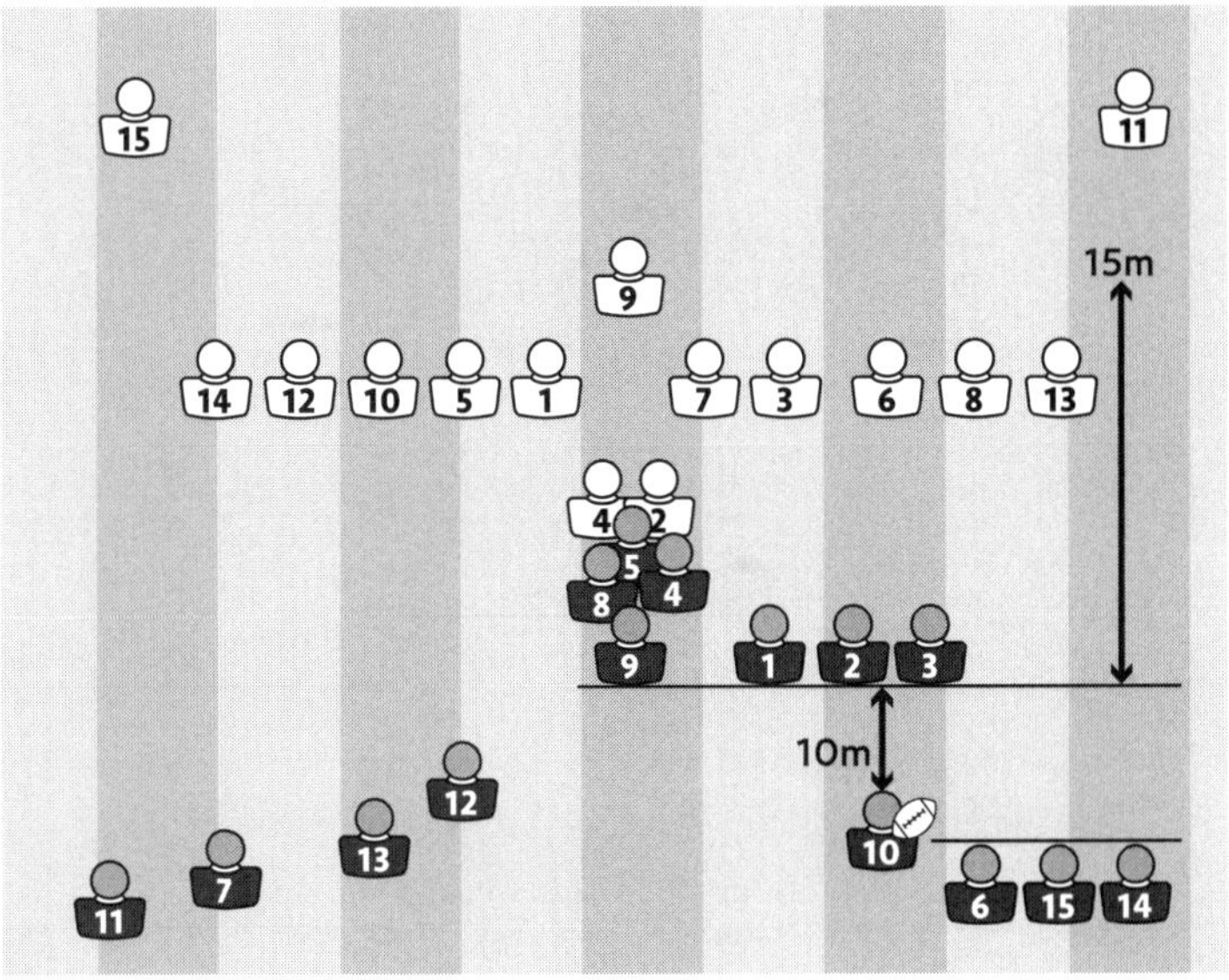

図144

クダウンから蹴る準備をするので、キックをされる側からするとキャッチする準備の時間が生まれます。そのためNO8のようにキャッチがうまく上背のある選手を、ブレイクダウンから20メートルから25メートル後方に下げてキックに備えることができます。

つまり、2バックであってもボックス側へのハイパントは、キックされる側にも準備する時間があるので大きな問題にはならないと考えます。

ミッドフィールド（グラウンドの真ん中）でブレイクダウンがあり、オープンパントをスタンドオフやフルバックから蹴る場合は、スクラムハーフのパスでタイミングを合わせることができるので準備の時間が不要です。そのため、キックをされる側はNO8を下げるなどの対応をする時間的な余裕がないため、バックラインの選手で対応しなければなりません。2バックで深い位置に下がっている場合、スタートが遅れると間に合わない可能性があるので、常に速い判断が求められます（図144）。

カウンターアタックのプレイ原則

キャッチ後にカウンターアタックを仕掛けるか否かを判断する際は、カウンターアタックを仕掛けた場合にブレイクダウンのできる位置がハーフウェイラインを超えられるかどうかが1つの基準になります。

そこで、カウンターアタックをどう仕掛ければ良いのかのプレイ原則について書いていきます。

プレイ原則

大きく3つに分けられます。

①キャッチした選手と相手のチェイスラインが20メートル以上離れている場合（図145から147）。

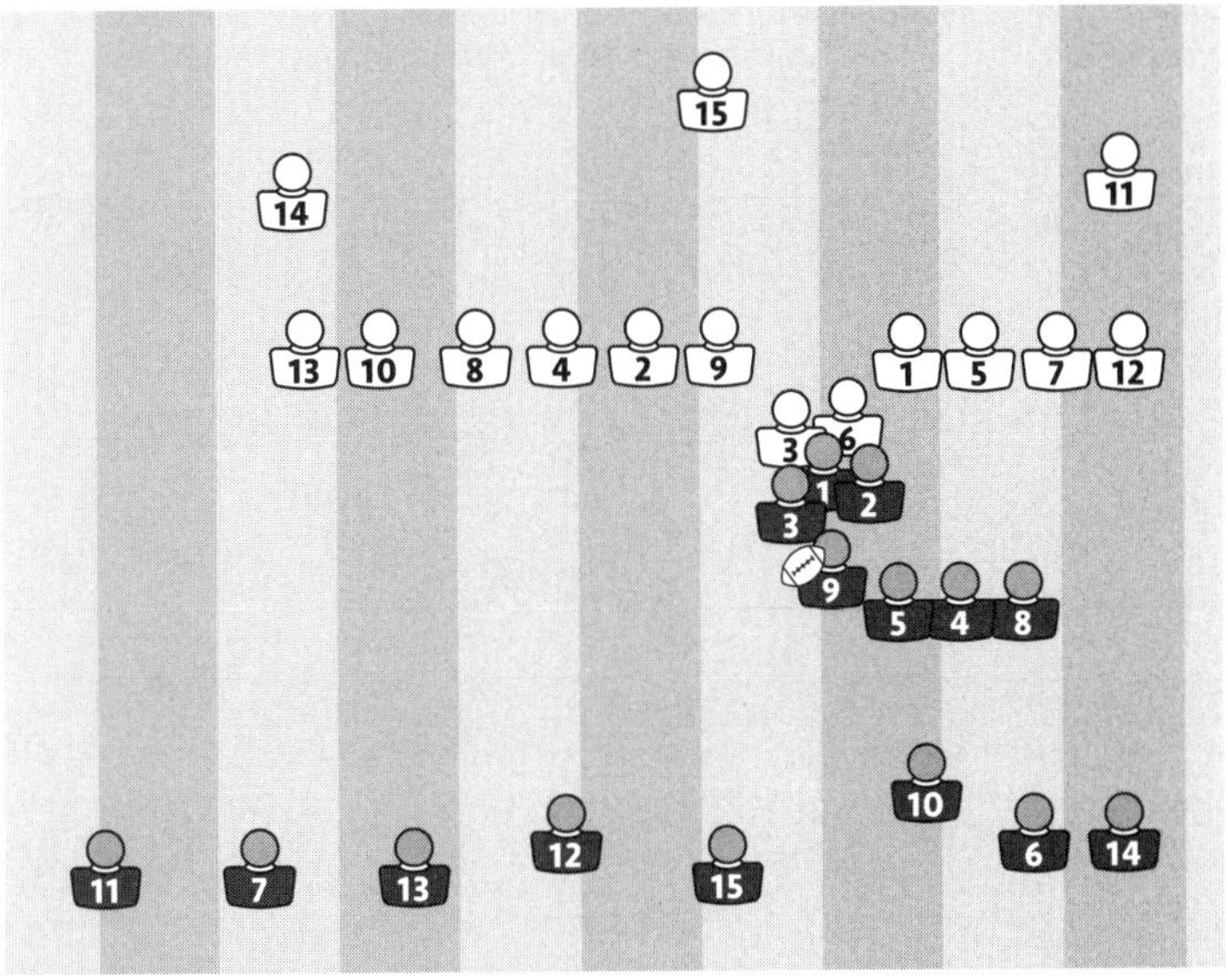
15
14
11
13
10
8
4
2
9
1
5
7
12
3
6
1
2
3
9
5
4
8
10
12
6
14
11
7
13
15
図145

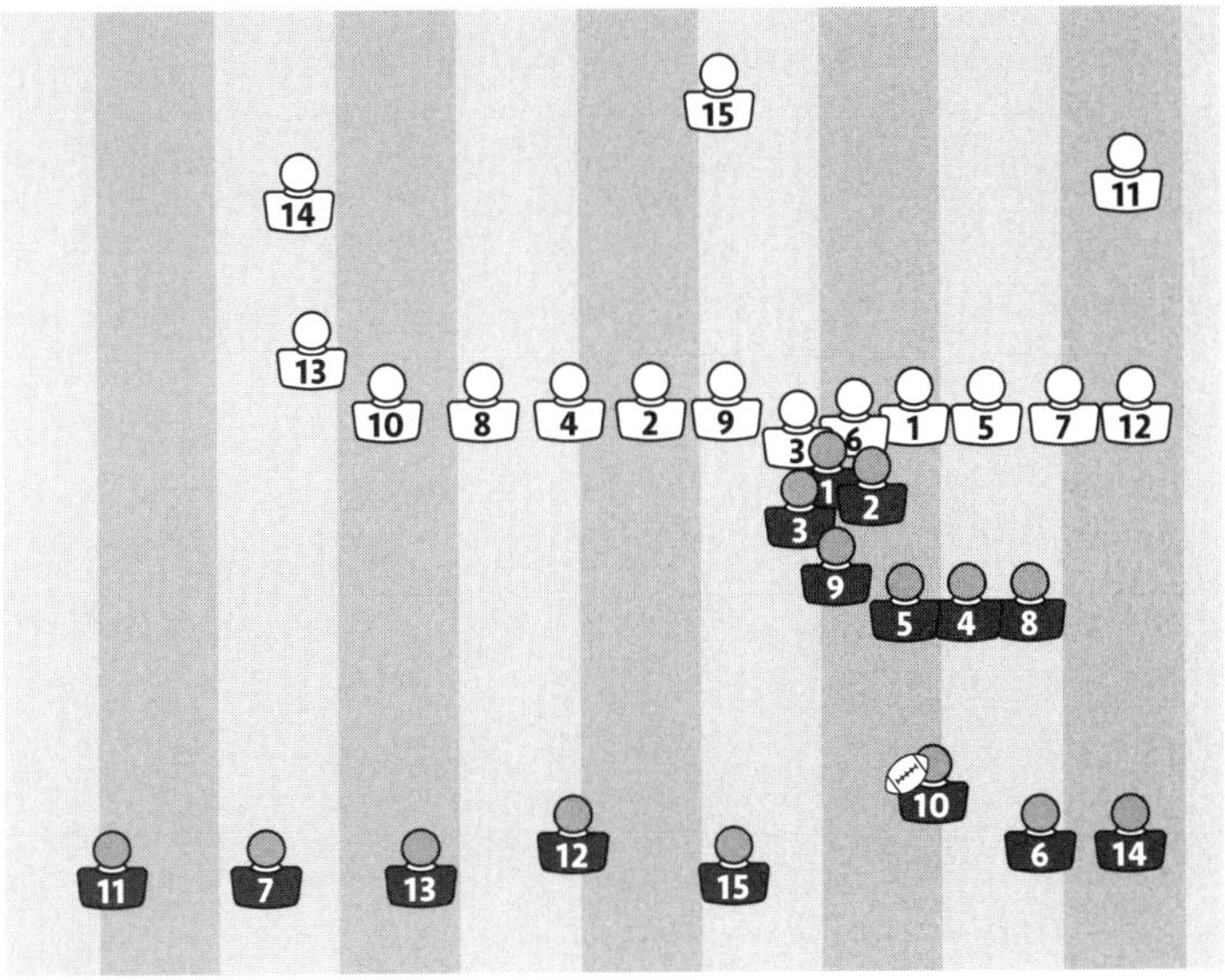
15
14
11
13
10
8
4
2
9
3
6
1
5
7
12
1
2
3
9
5
4
8
10
12
6
14
11
7
13
15
図146

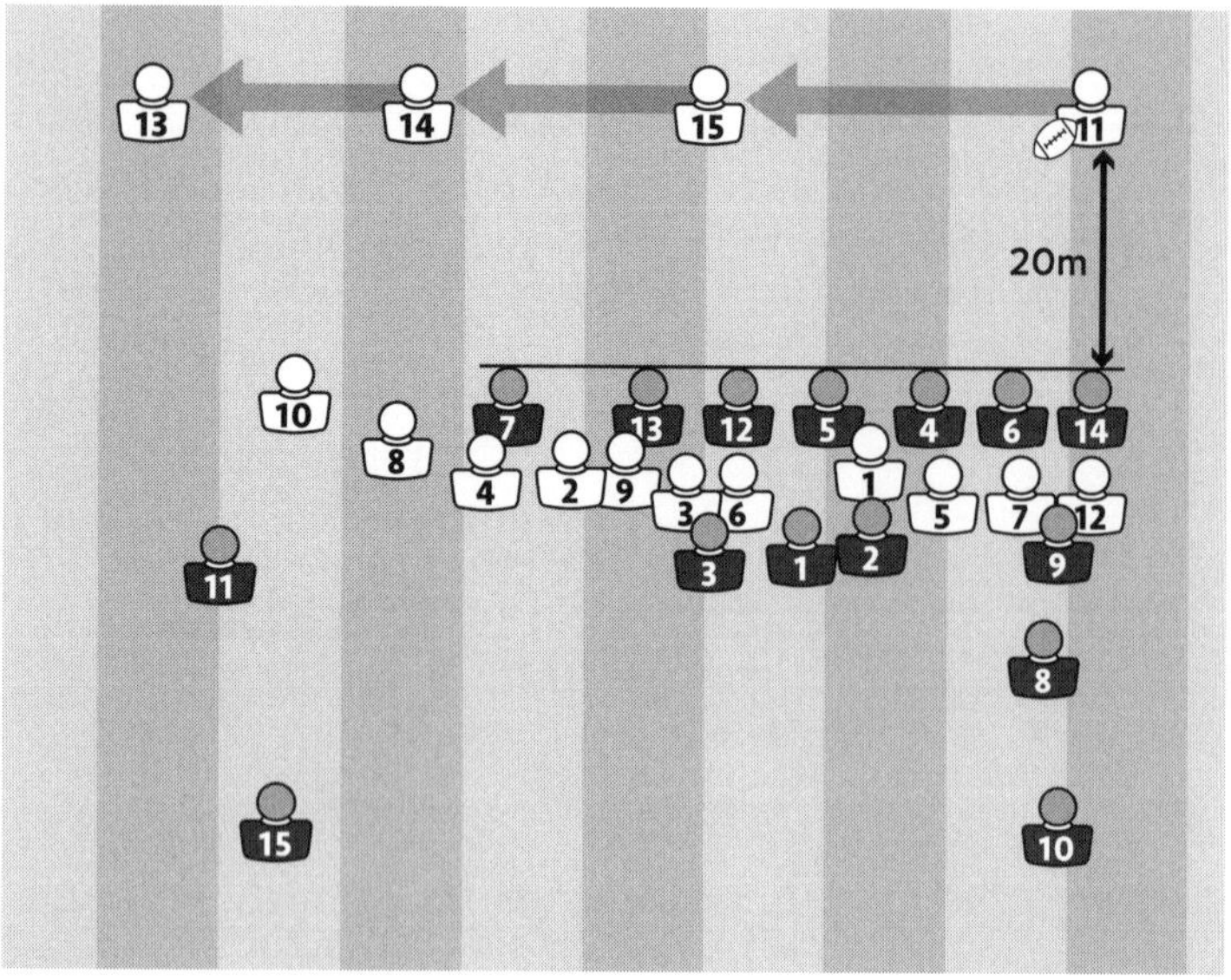

図147

②チェイスしている枚数が3バックでは3人以下（面になっている選手が3人以下という意味になります）の場合（図148）。

③広いスペース（7メートル以上のスペース）でフォワードとのミスマッチが発生している場合（図149）。

①の場合は、蹴られた側のセンターはオープン側に戻り、そちらへパス展開して攻撃することになります。

2バックでは②の条件は当てはまりませんが、カウンターアタックを成功させるためには次の攻撃を仕掛けるためにも速く戻ることが重要です。

2019年のワールドカップでジャパンの印象的だったアタックの1つに、サモア

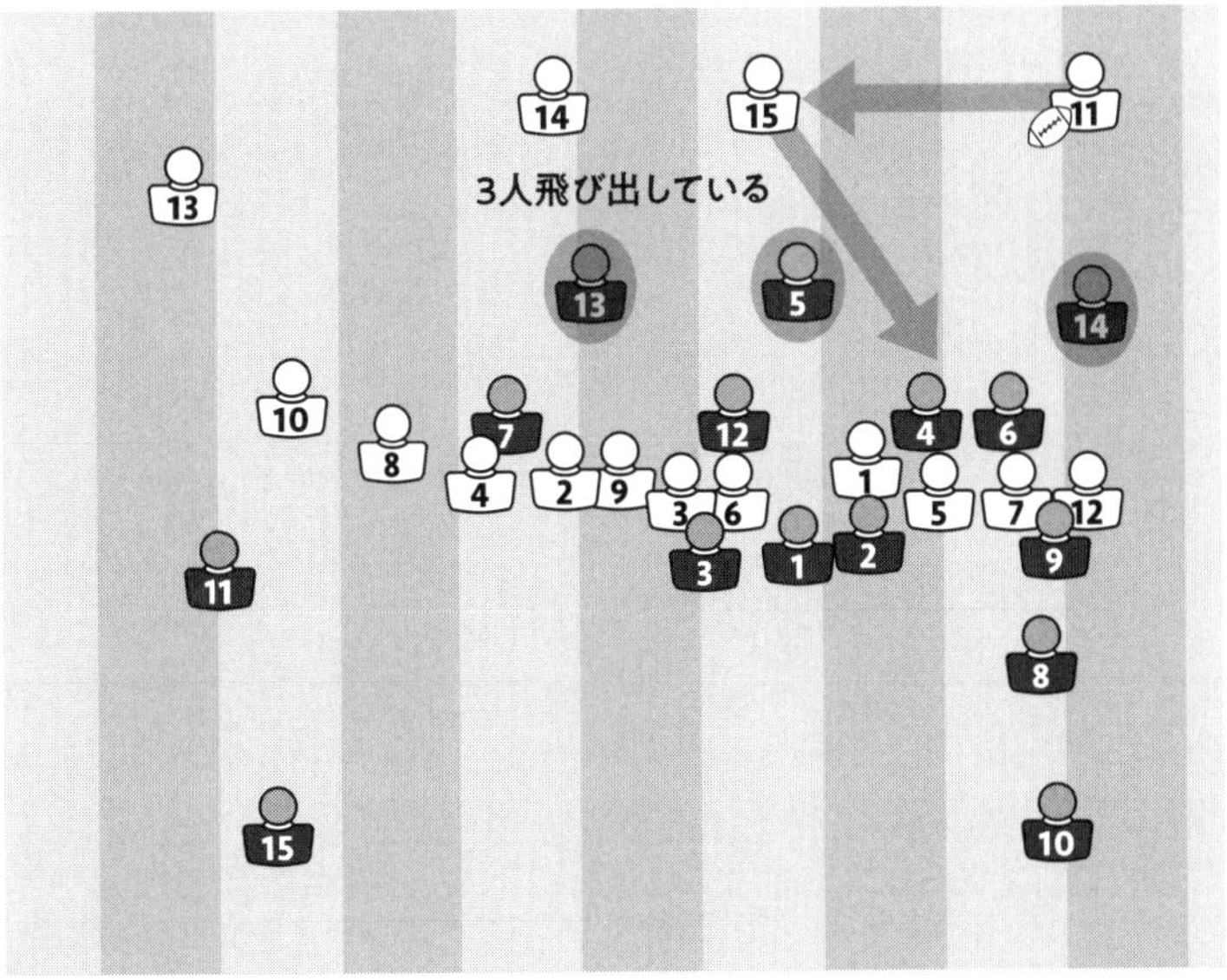

図148

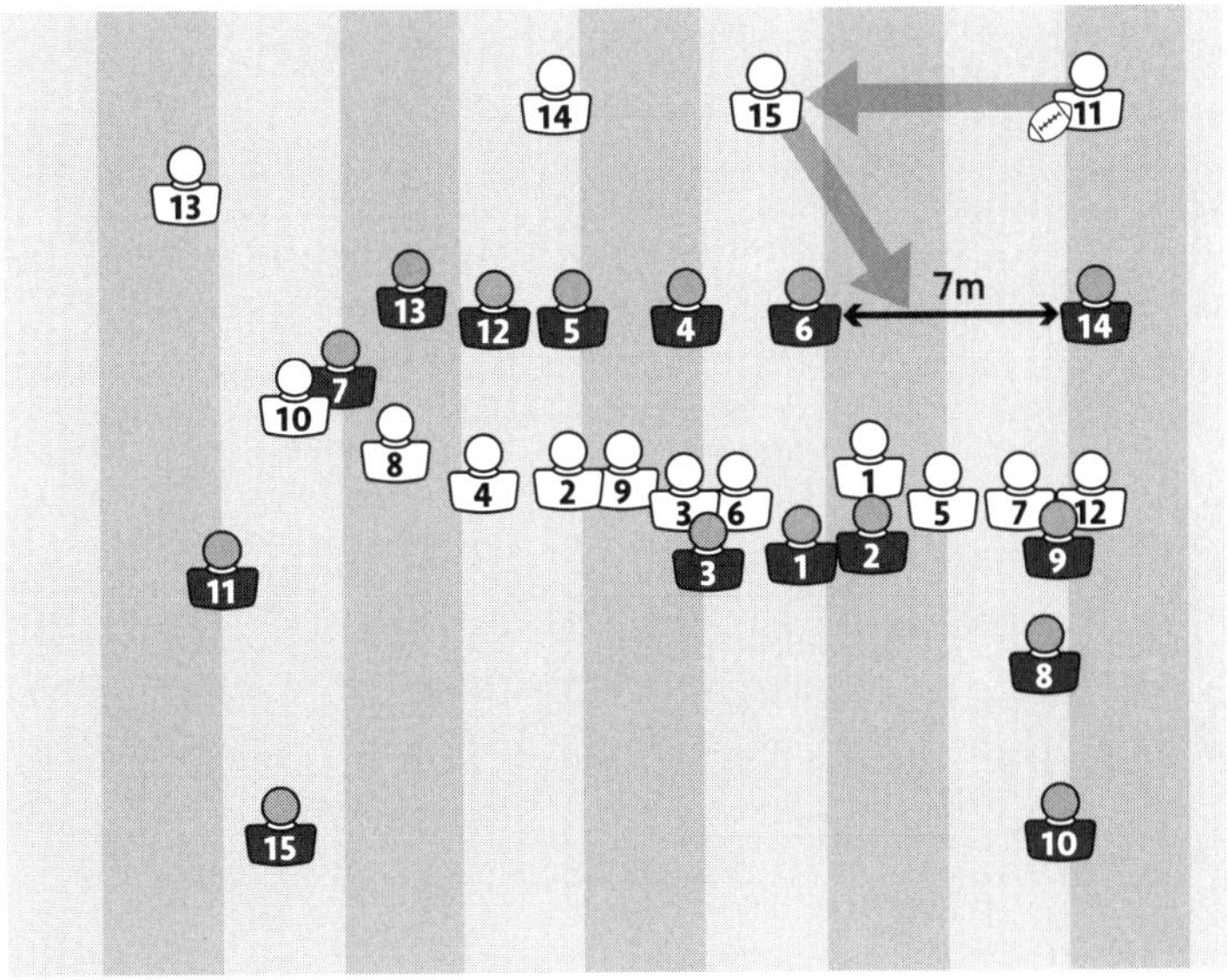

図149

戦でのハイパントからのアタックがあります。

サモアがハイパントを蹴ってジャパンがキャッチした後のアタックが、セットプレイからのアタックのように整備されて（ポッドが作られて）おり、ボールを空いているスペースへうまく運んで効果的なアタックを繰り返していました。

キックを蹴られた後にも関わらず、セットプレイのようにポッドを作ってアタックできた背景には、速く戻る「意識」が高かったことが伺えます。その意識を植え付けるための練習として、キックを蹴った側のバックスリーをあらかじめ蹴られた側に配置しておき、蹴った側のチームはチェイスで蹴られた側を追い越して相手よりも速くセットするという練習をしていたようです（図150から154）。

2019年のワールドカップでのジャパンの躍進の陰には、「意識」といった曖昧なものだけでなく具体的な練習によって培われた「習慣」もあったように思います。

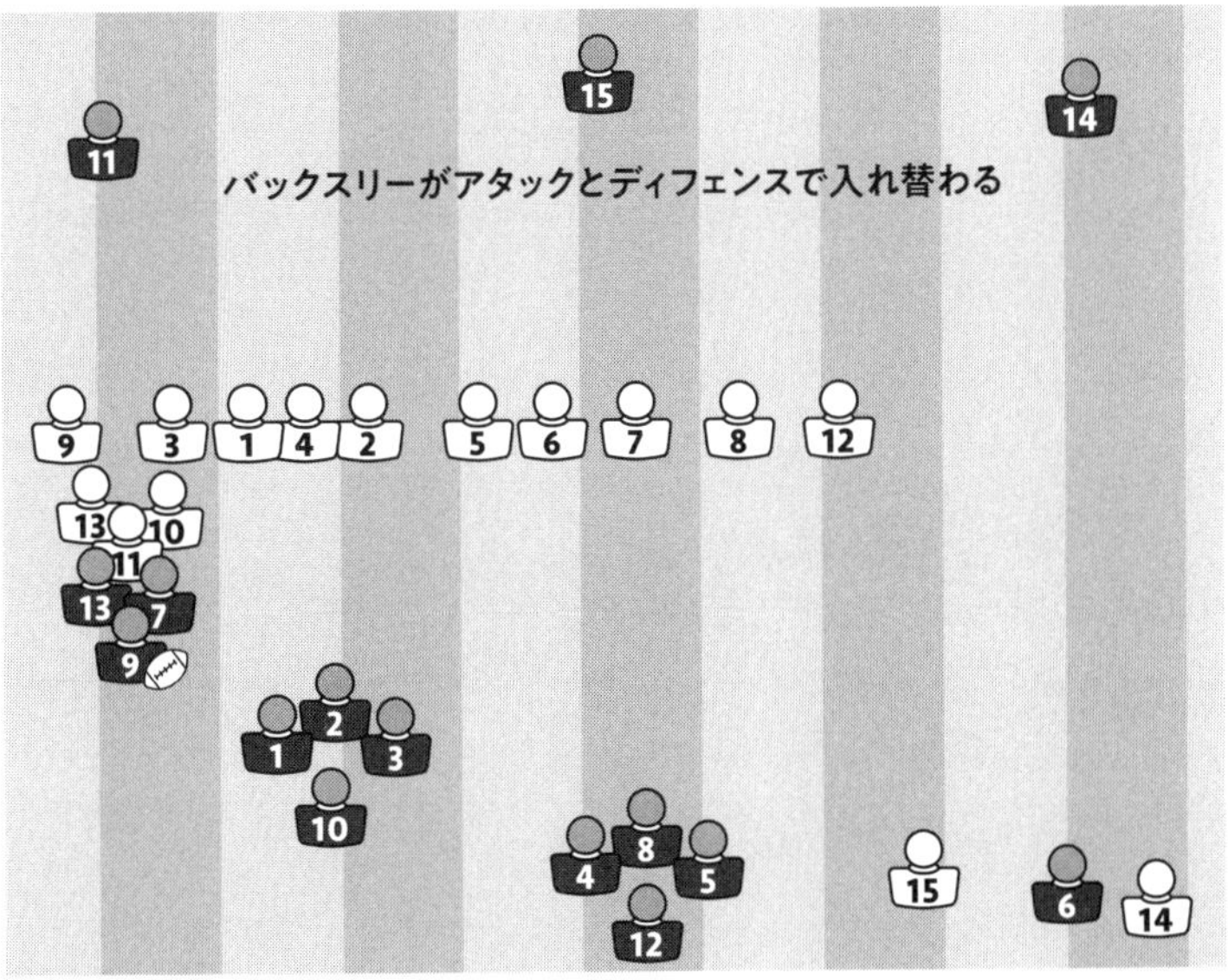
11
15
14
バックスリーがアタックとディフェンスで入れ替わる
9
3
1
4
2
5
6
7
8
12
13
10
11
13
7
9
2
1
3
10
8
4
5
12
15
6
14

図150

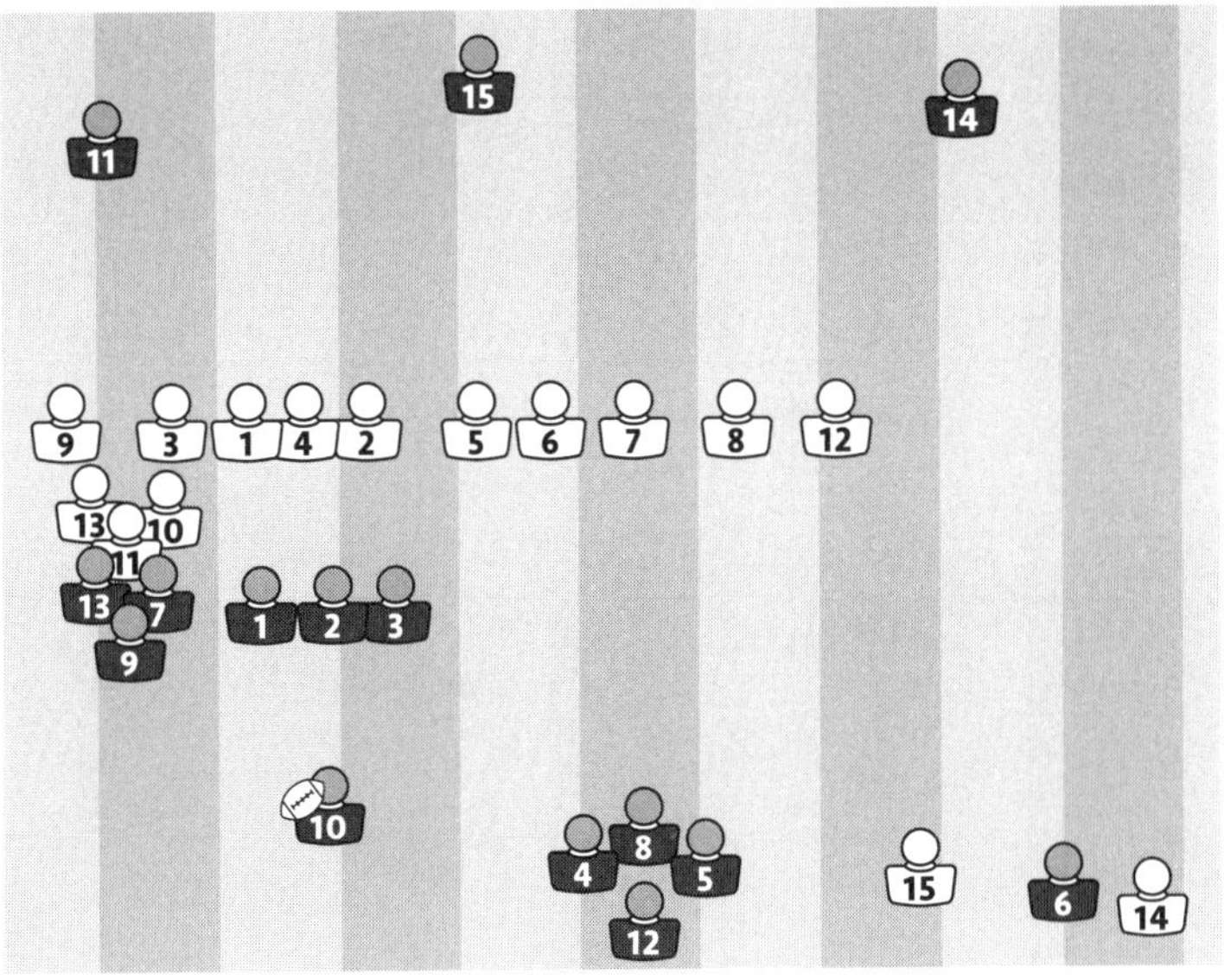
15
14
11
9
3
1
4
2
5
6
7
8
12
13
10
11
13
7
9
1
2
3
10
8
4
5
12
15
6
14

図151

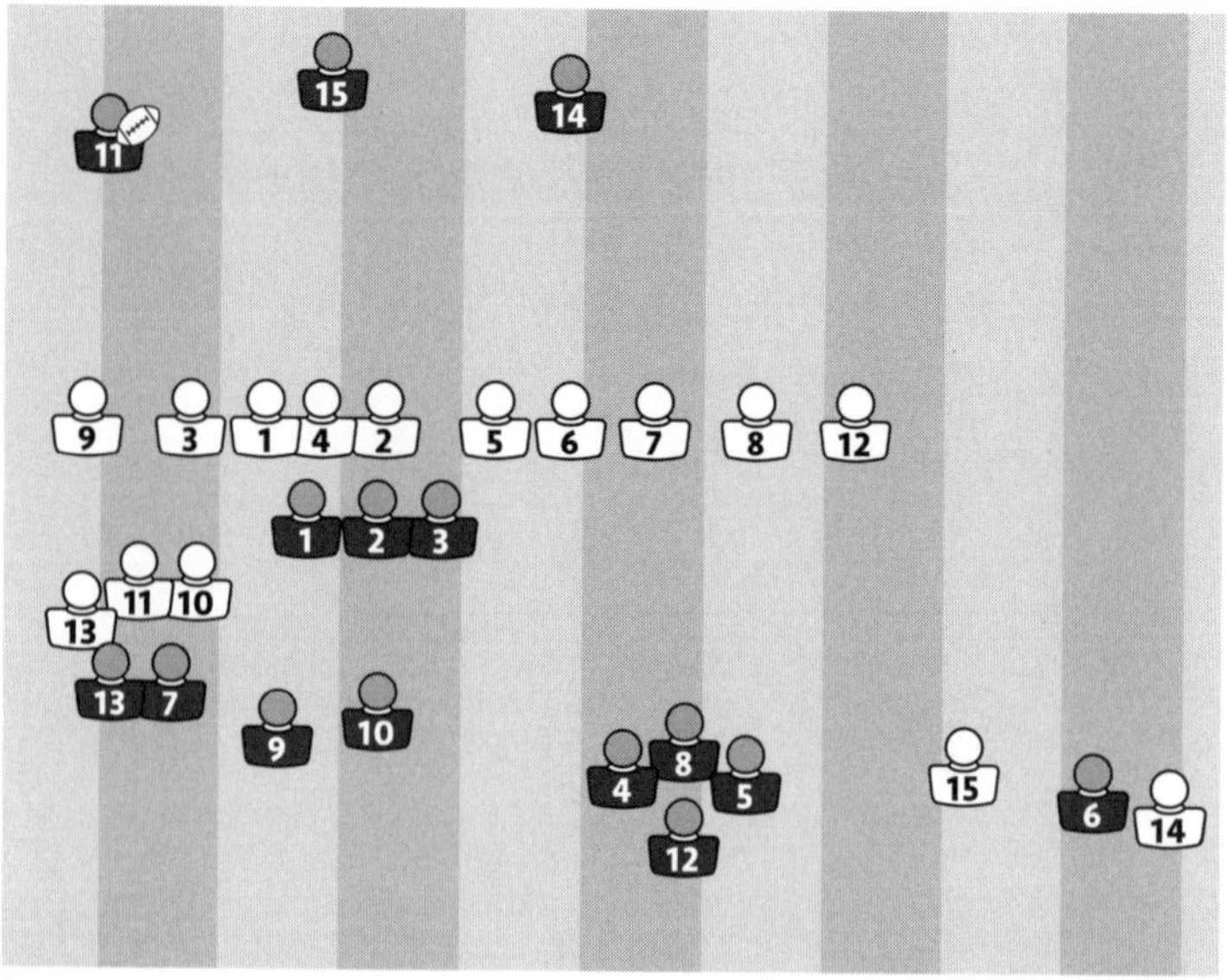

11
15
14
9
3
1
4
2
5
6
7
8
12
1
2
3
11
10
13
13
7
9
10
8
4
5
12
15
6
14

図152

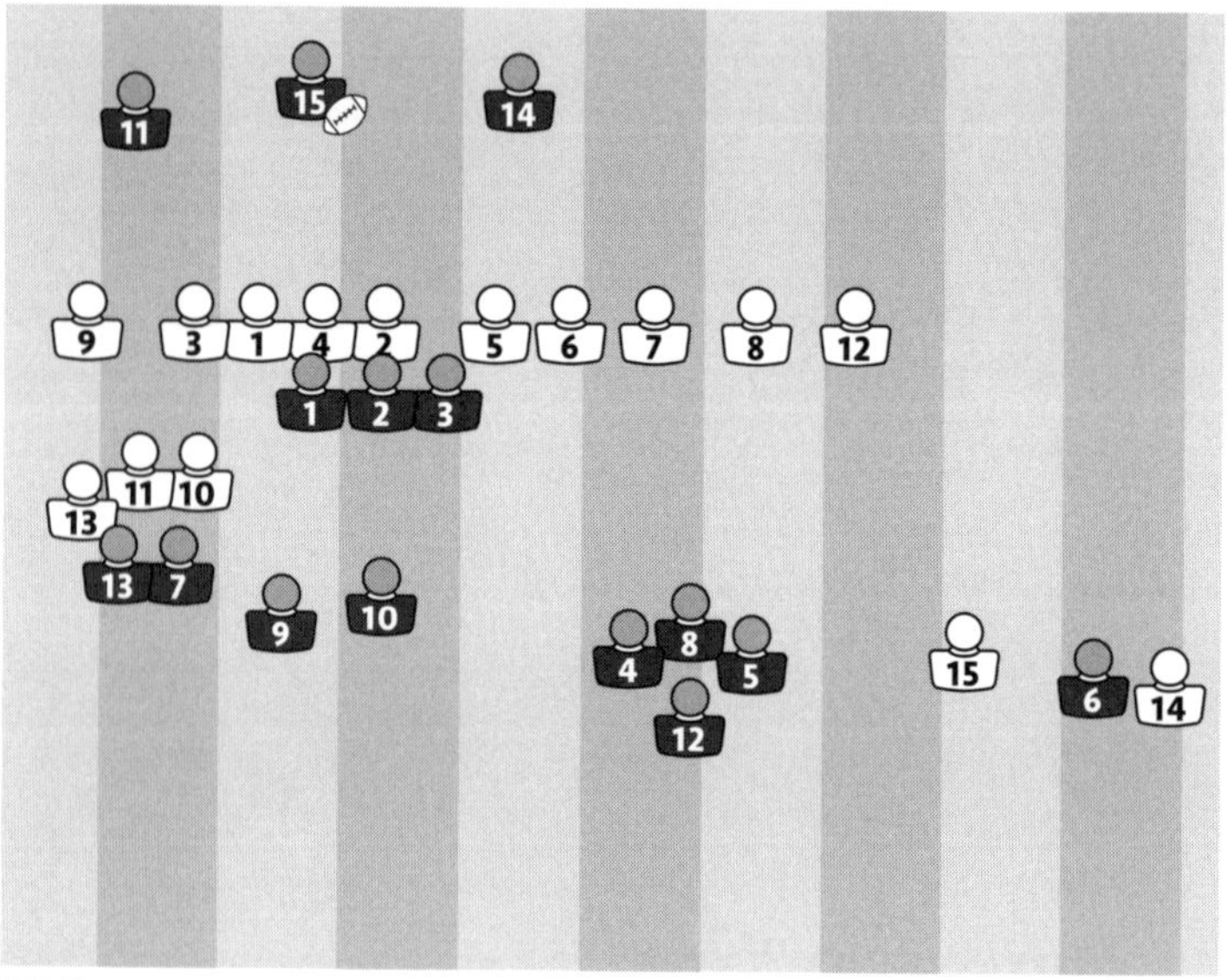

11
15
14
9
3
1
4
2
5
6
7
8
12
1
2
3
11
10
13
13
7
9
10
8
4
5
12
15
6
14

図153

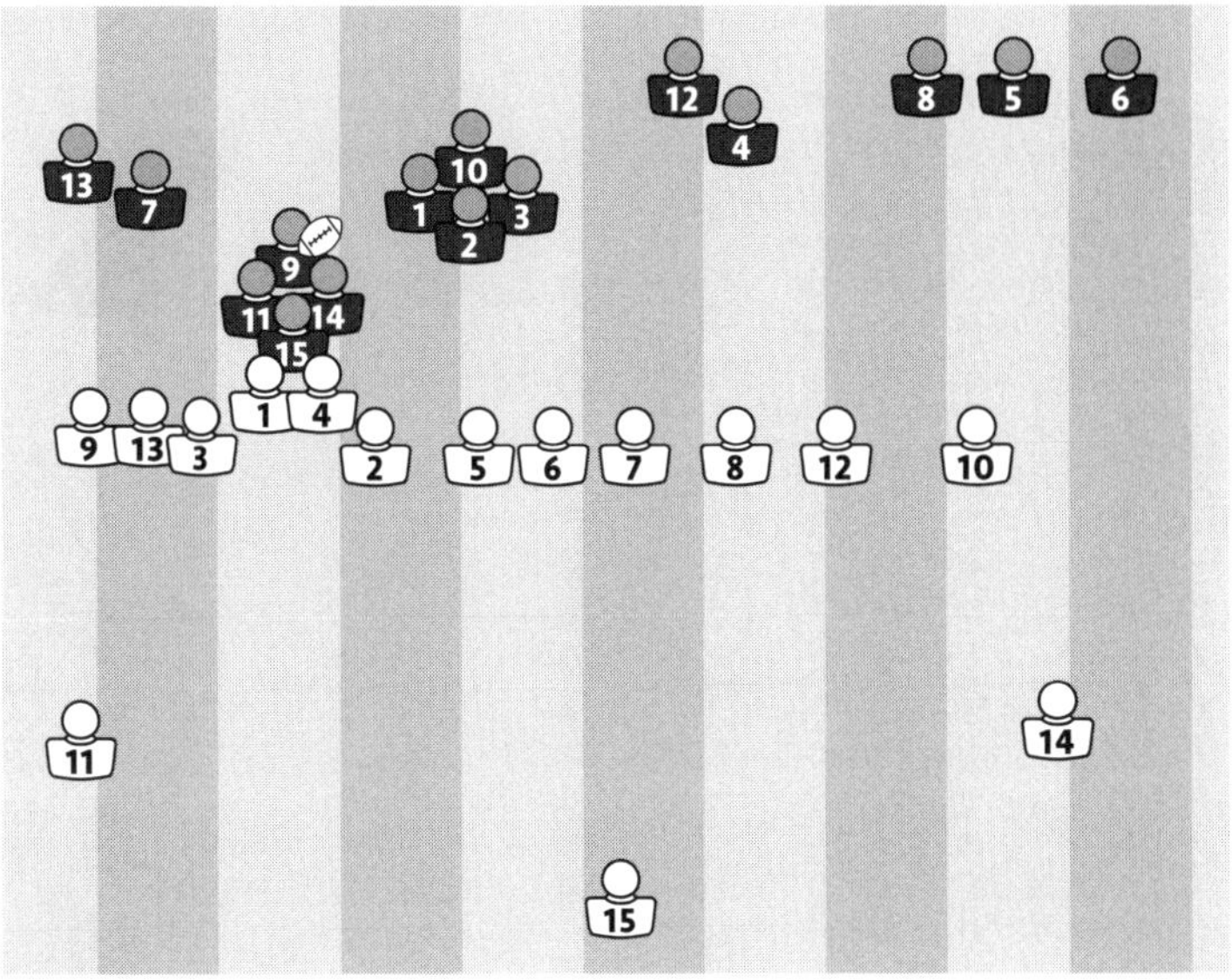

図154

キックの攻防

キックの攻防ではバックスリーとスタンドオフがバックラインを守りますが、危機的な状況に陥った時やチームによってはスクラムハーフが下がることもあります。

3バックでのキック連携のプレイ原則（図155から159）

次の3つが考えられます。

①バックスリーがいる状況でフルバックが蹴り返した時はブラインドウイングがチェイスしてスタンドオフが下がる。

②オープンウイングは基本的にはチェイスに上がるが、相手がカウンターアタックを仕掛けてきたり、オープンキックを蹴ってきたりしても対応できるポジションをとる。もし、ボールを回してきたらオープンウイングが上がり、フルバックとスタンドオフ（ブラインドウイング）は連動してタッチライン側へ移動する。

③蹴り返してきたらオープンウイングは下がる。

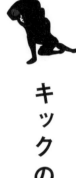

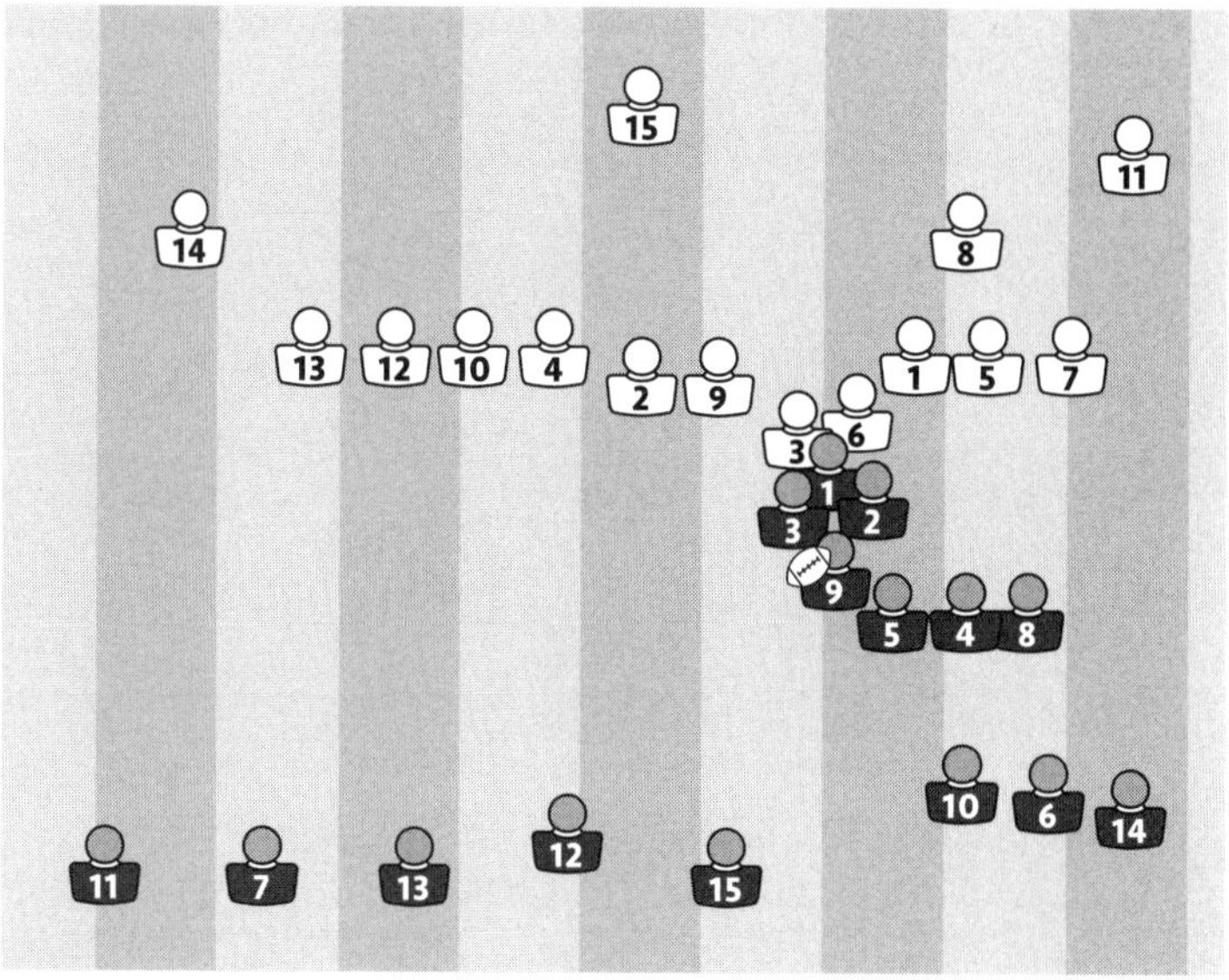
15
11
14
8
13
12
10
4
2
9
1
5
7
3
6
1
3
2
9
5
4
8
10
6
14
11
7
13
12
15

図155

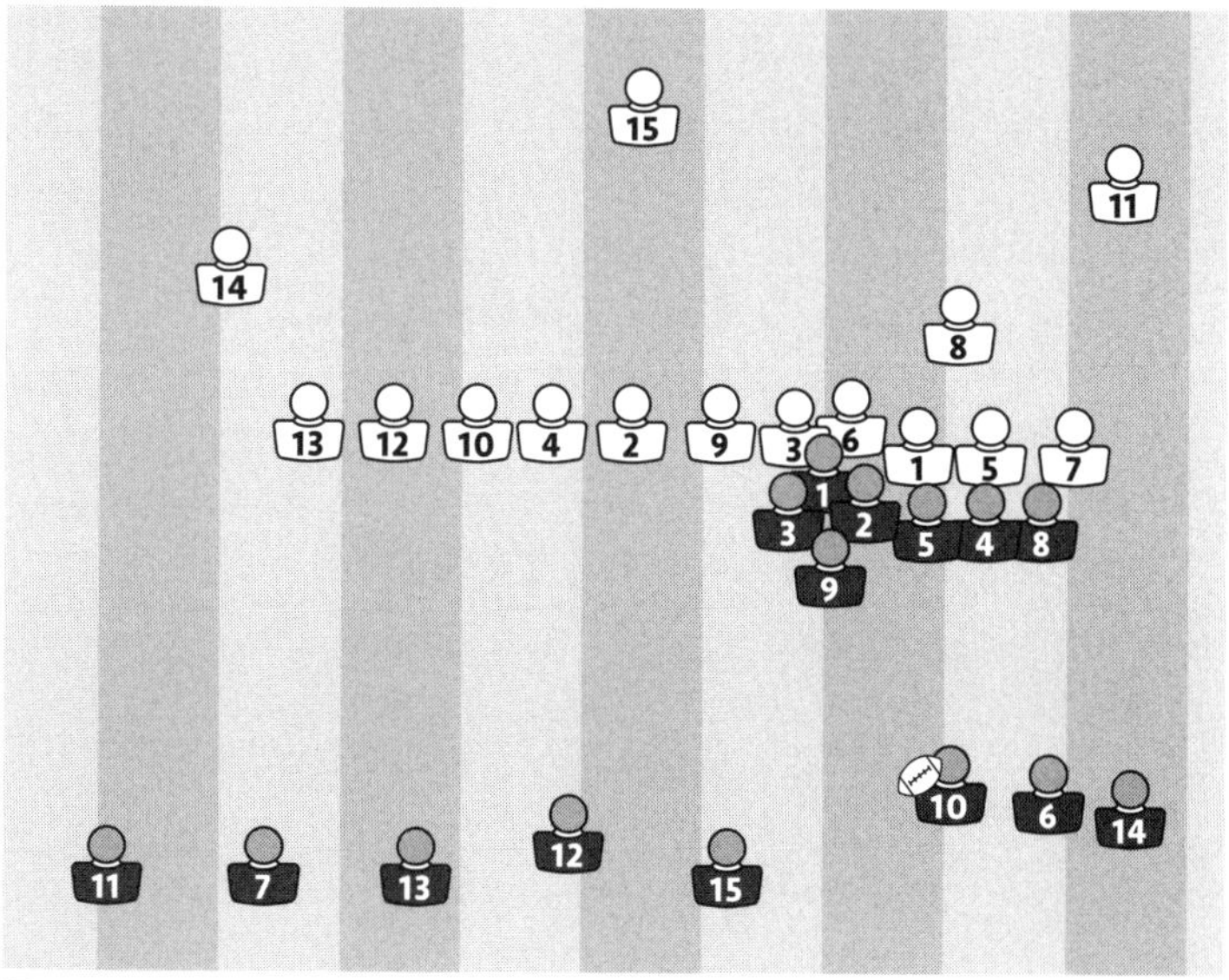
15
11
14
8
13
12
10
4
2
9
3
6
1
5
7
1
3
2
5
4
8
9
10
6
14
11
7
13
12
15

図156

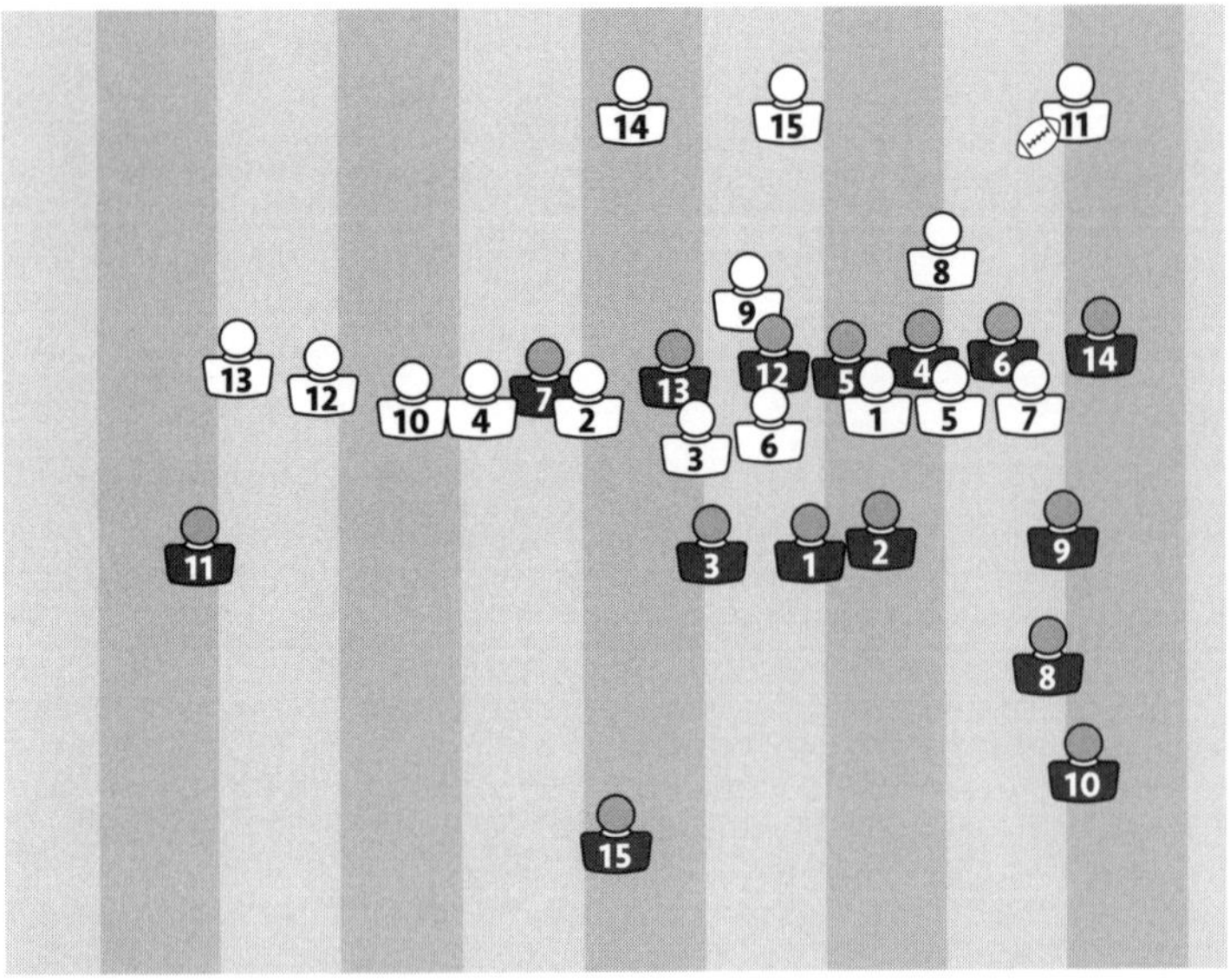
14
15
11
8
9
13
12
10
4
7
2
13
12
5
4
6
14
1
5
7
3
6
11
3
1
2
9
8
10
15
図157

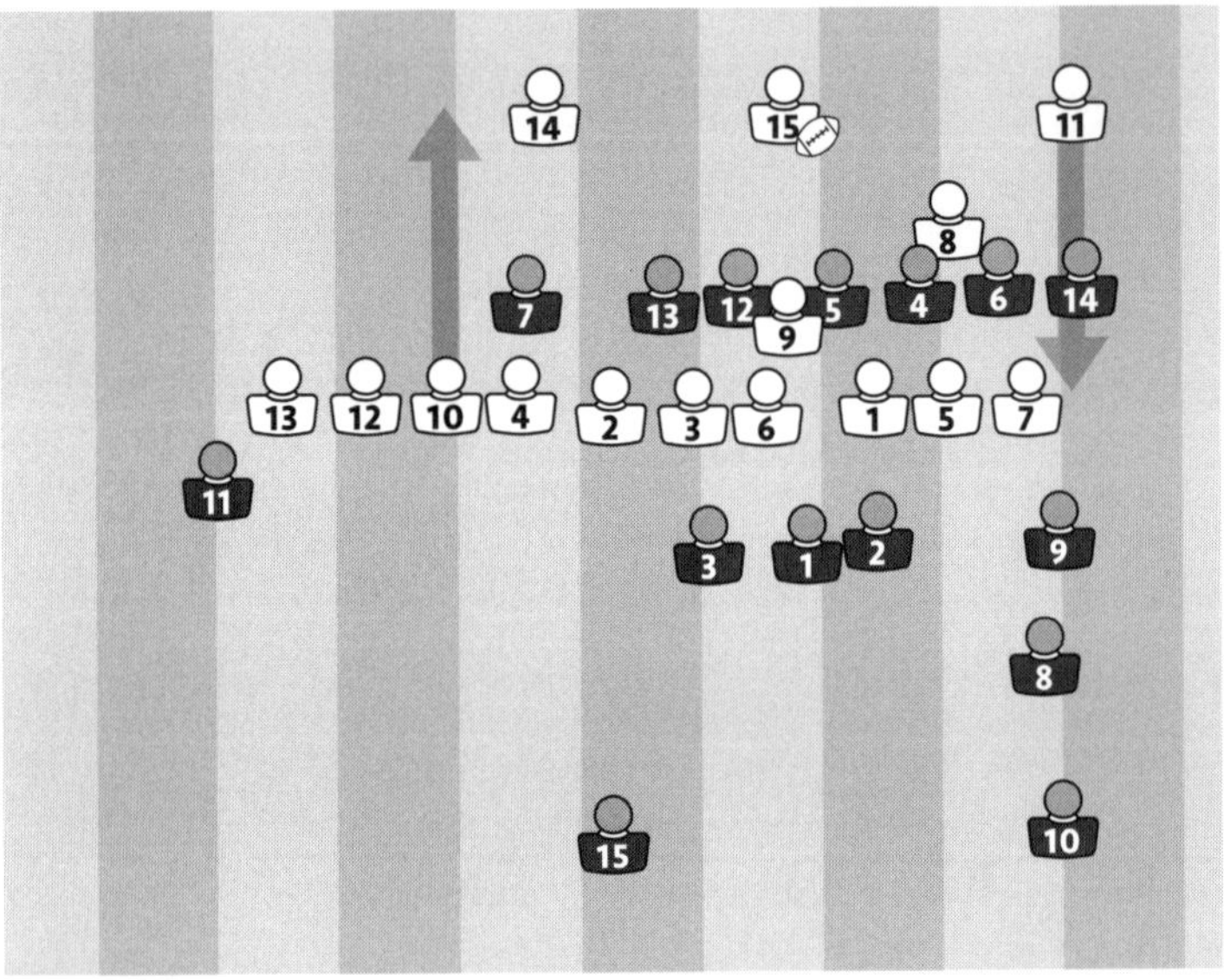
14
15
11
8
7
13
12
9
5
4
6
14
13
12
10
4
2
3
6
1
5
7
11
3
1
2
9
8
15
10
図158

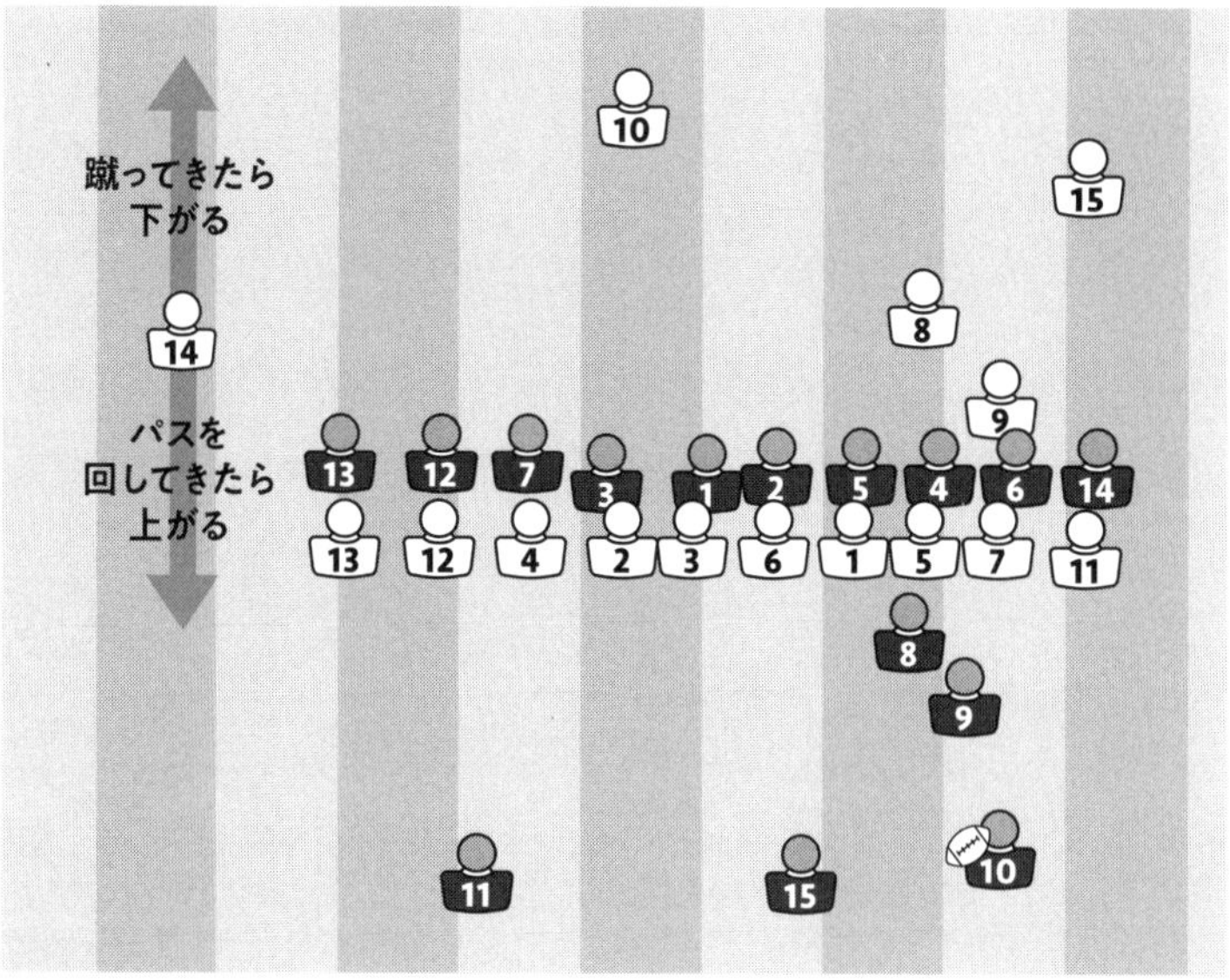
蹴ってきたら
下がる
パスを
回してきたら
上がる
10
15
8
14
9
13
12
7
3
1
2
5
4
6
14
13
12
4
2
3
6
1
5
7
11
8
9
11
15
10

図159

キックの攻防が続く場合、ブラインドウイングとキッカーではない方の選手は上がり下がりを続けることになります。

2バックでのキック連携のプレイ原則（図160から163）

①キッカーがチェイス。
②入れ替わりでバックスリーかスタンドオフの選手がバックラインに下がってくる。

2バックではバックラインを守る1人1人のスペースが大きくなるため、キッカーではない選手がチェイスすると真っ直ぐチェイスをかけられないので、キッカー自身がチェイスに出ます。ただし、キャッチする選手の全員がキッカーである必要が生まれるので、チーム事情に合わせて2バックであってもキッカーとチェイスする選手を分けるチームもあります。

チェイスの原則

キックを蹴る場合のバックラインの配置は、味方のキッカーがスタンドオフかフルバックの場合、スタンドオフとフルバックと逆サイドのウイングでバックラインを形成します。スタンドオフとフルバックはロングキックに対応した位置取りをしますが、逆サイドのウイ

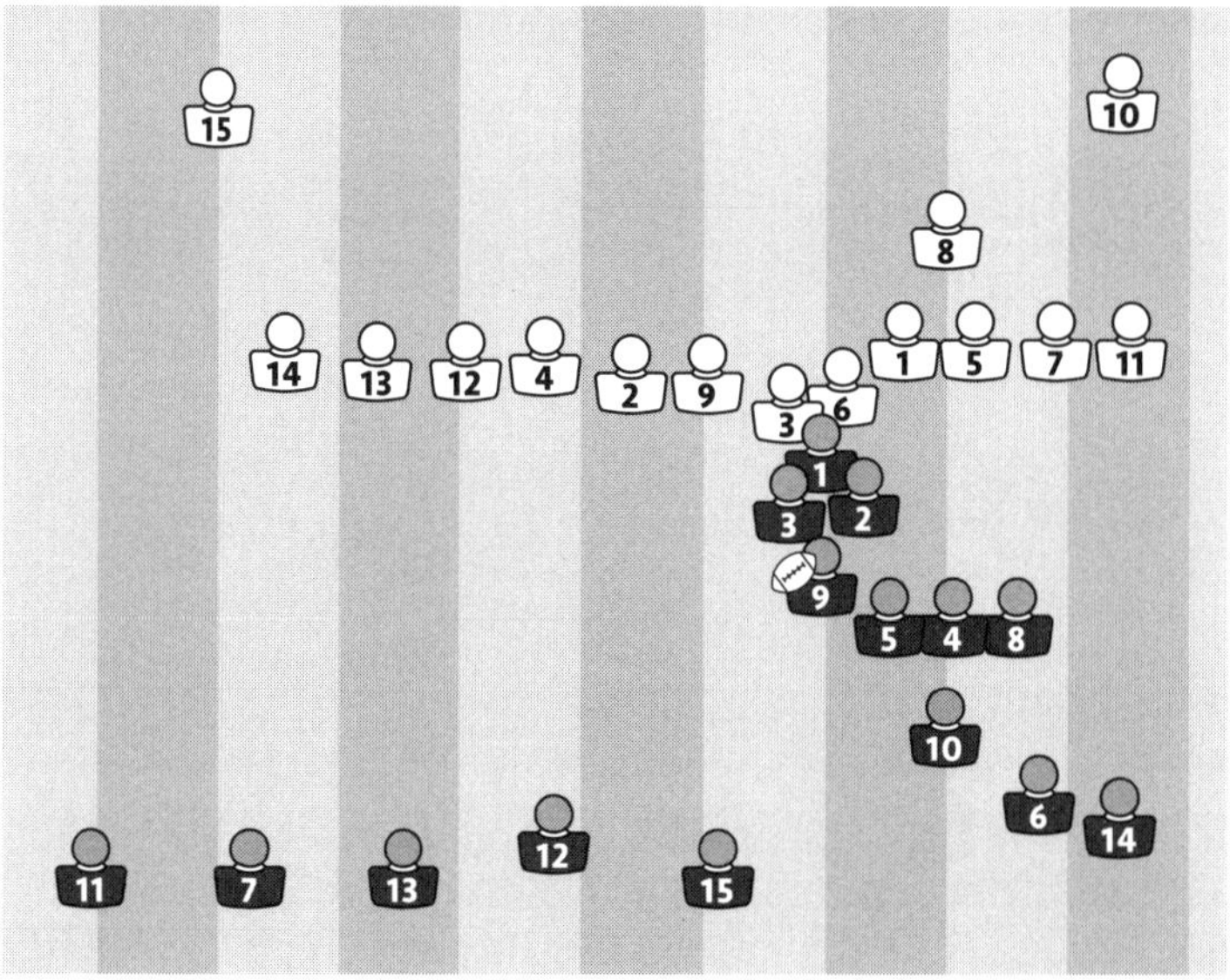
15
10
8
14
13
12
4
2
9
3
6
1
5
7
11
1
3
2
9
5
4
8
10
6
14
11
7
13
12
15

図160

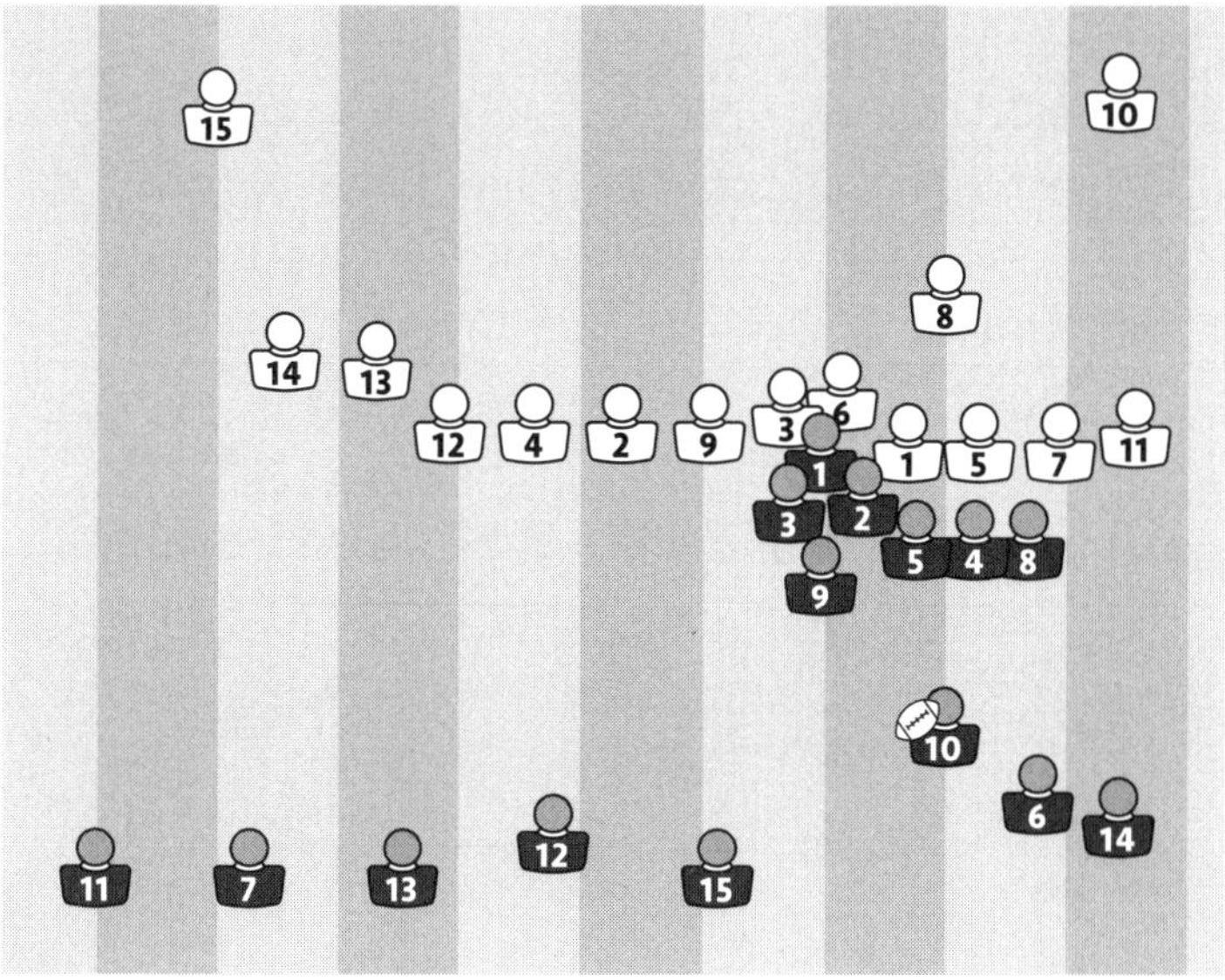
15
10
8
14
13
12
4
2
9
3
6
1
5
7
11
1
3
2
5
4
8
9
10
6
14
11
7
13
12
15

図161

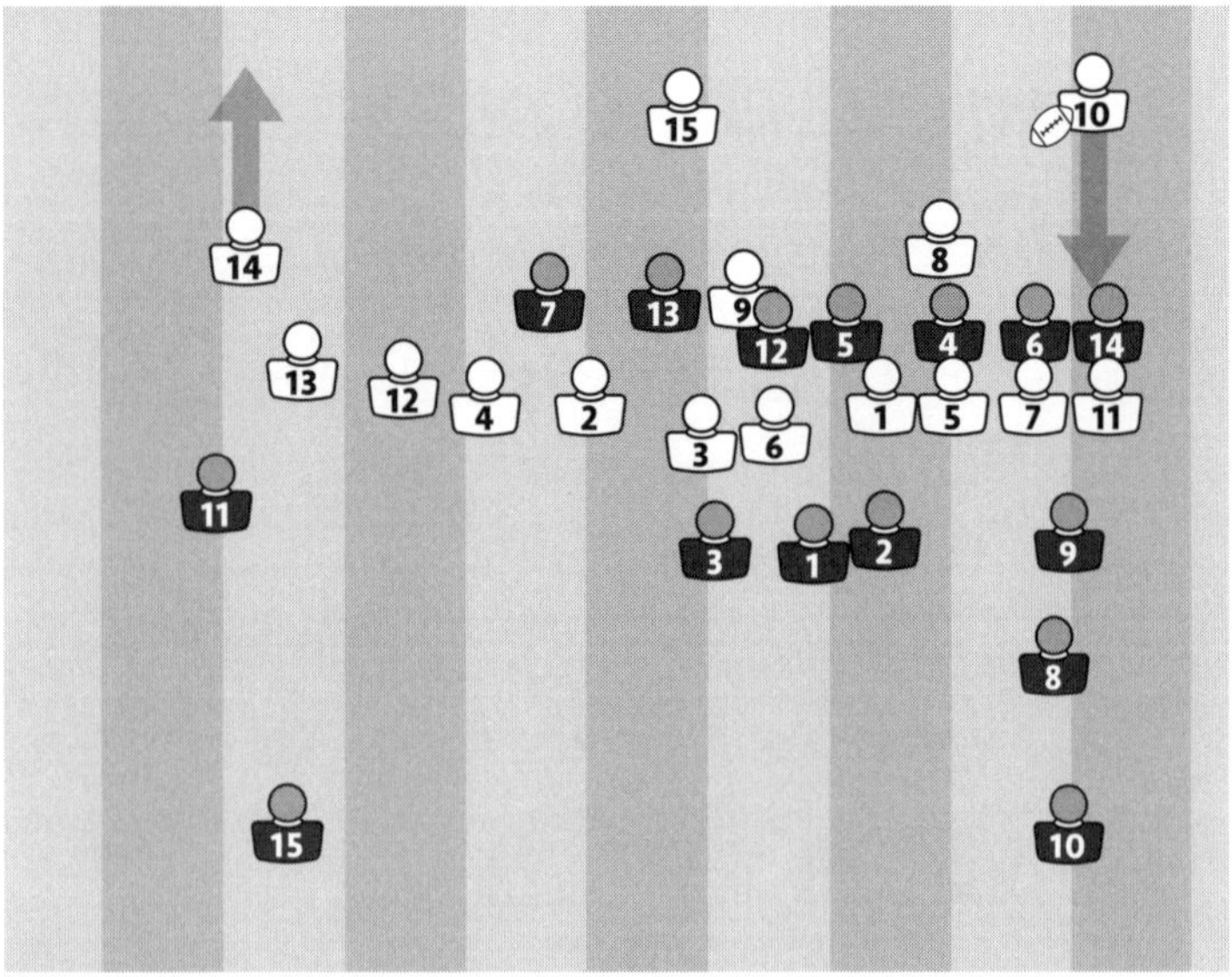
15
10
14
8
7
13
9
12
5
4
6
14
13
12
4
2
1
5
7
11
3
6
11
3
1
2
9
8
15
10
図162

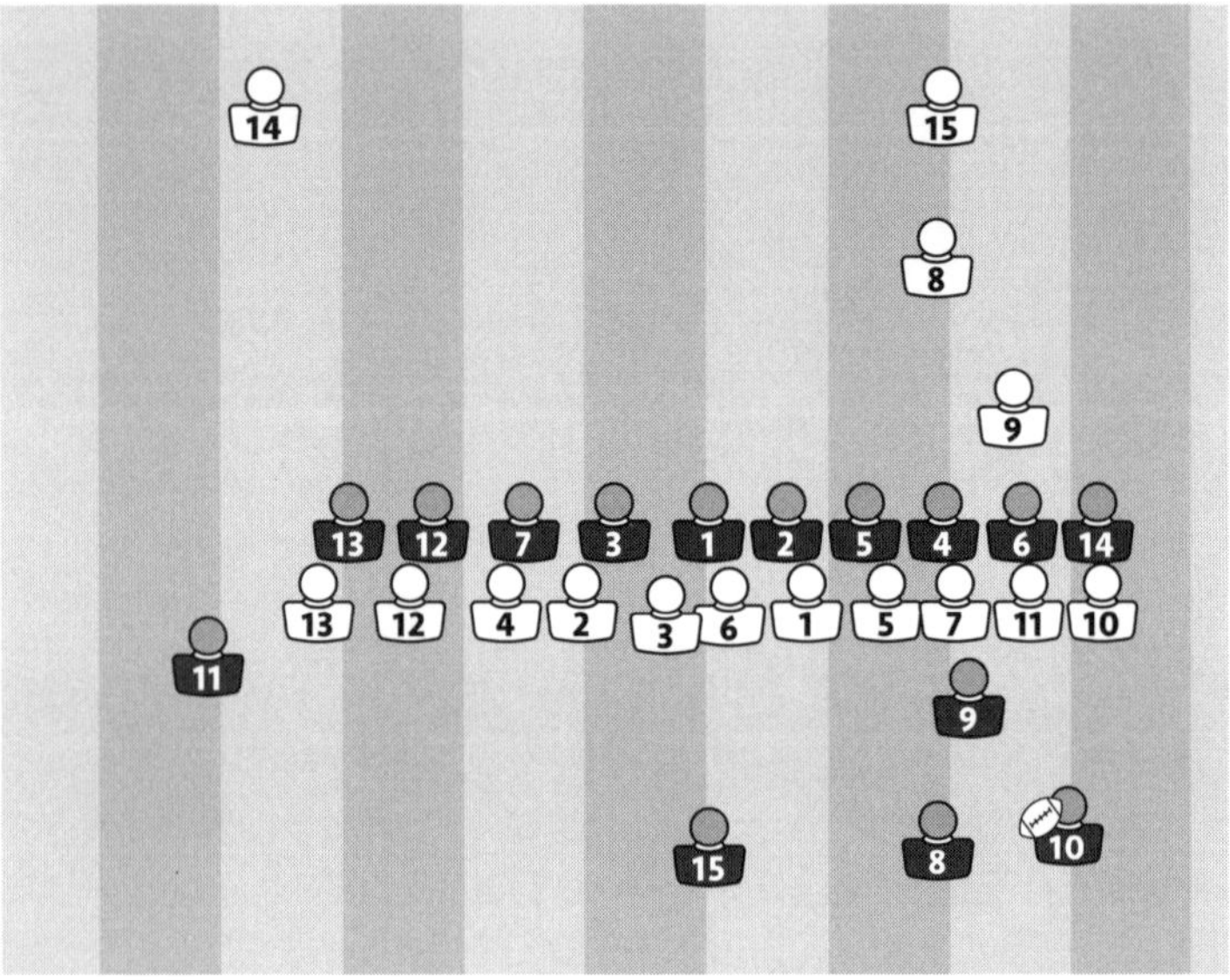
14
15
8
9
13
12
7
3
1
2
5
4
6
14
13
12
4
2
3
6
1
5
7
11
10
11
9
15
8
10
図163

ングは他の2人と違い、相手がキャッチしてボールを回してきたら上がり、相手がキックを蹴り返してきたら下がれるような位置取りをします。

もし、ボールをオープンに回してセンターの位置でキックを蹴った場合、キッカーであるセンターとスタンドオフが残り、フルバックがチェイスに出ます（図164から167）。ボールをさらに外側で回してフルバックが蹴る場合は、キッカーの外側のチェイスが少ない（2人以下）のなら、キッカーもチェイスに上がり、スタンドオフと逆サイドのウイングがバックラインに残ります（図168、169）。

スクラムハーフからハイパントを蹴る時、スクラムハーフはボールを再獲得した場合は、ボールをパスアウトしたり、キックでさらにエリアを奪うために一列目のチェイスラインの後ろを走ります。その時のバックラインはフルバックですが、スクラムハーフのキックが明らかに長い場合、再獲得の可能性が低いため、キッカーのスクラムハーフは下がります。

モールを組んだ後にスクラムハーフからハイパントを使う場合などは、フォワードがモールに参加しているため、チェイスがブラインドウイングと両センター、モールの最後尾の選手の4人と少なくなるので、スタンドオフも参加します（図170、171）。チーム事情によって逆サイドのウイングとスタンドオフの位置を変えるのも1つの手段です。

スクラムハーフからのハイパントでは、逆サイドのウイングも相手がボールを回してきた

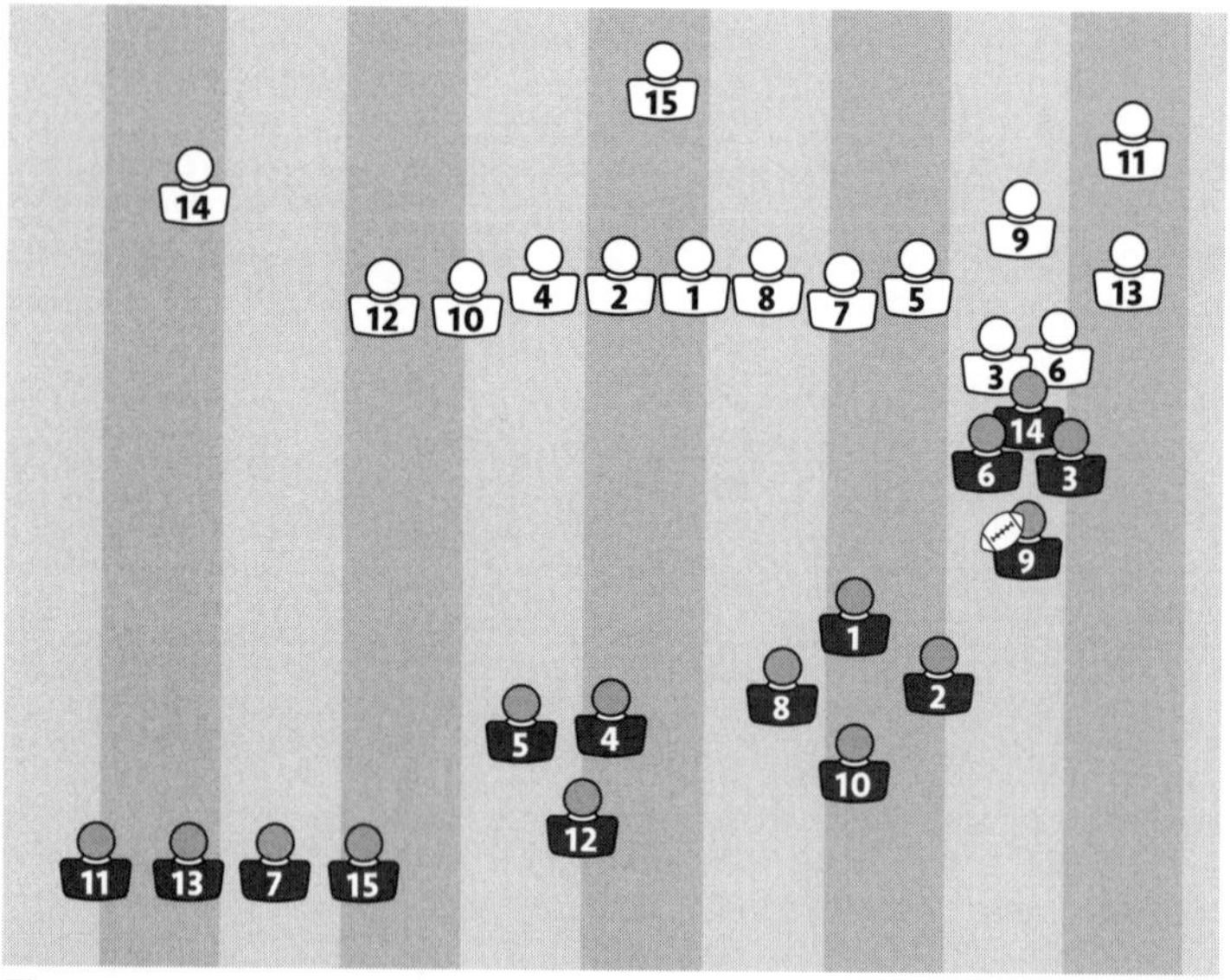
15
11
14
9
12
10
4
2
1
8
7
5
13
3
6
14
6
3
9
1
8
2
5
4
10
12
11
13
7
15
図164

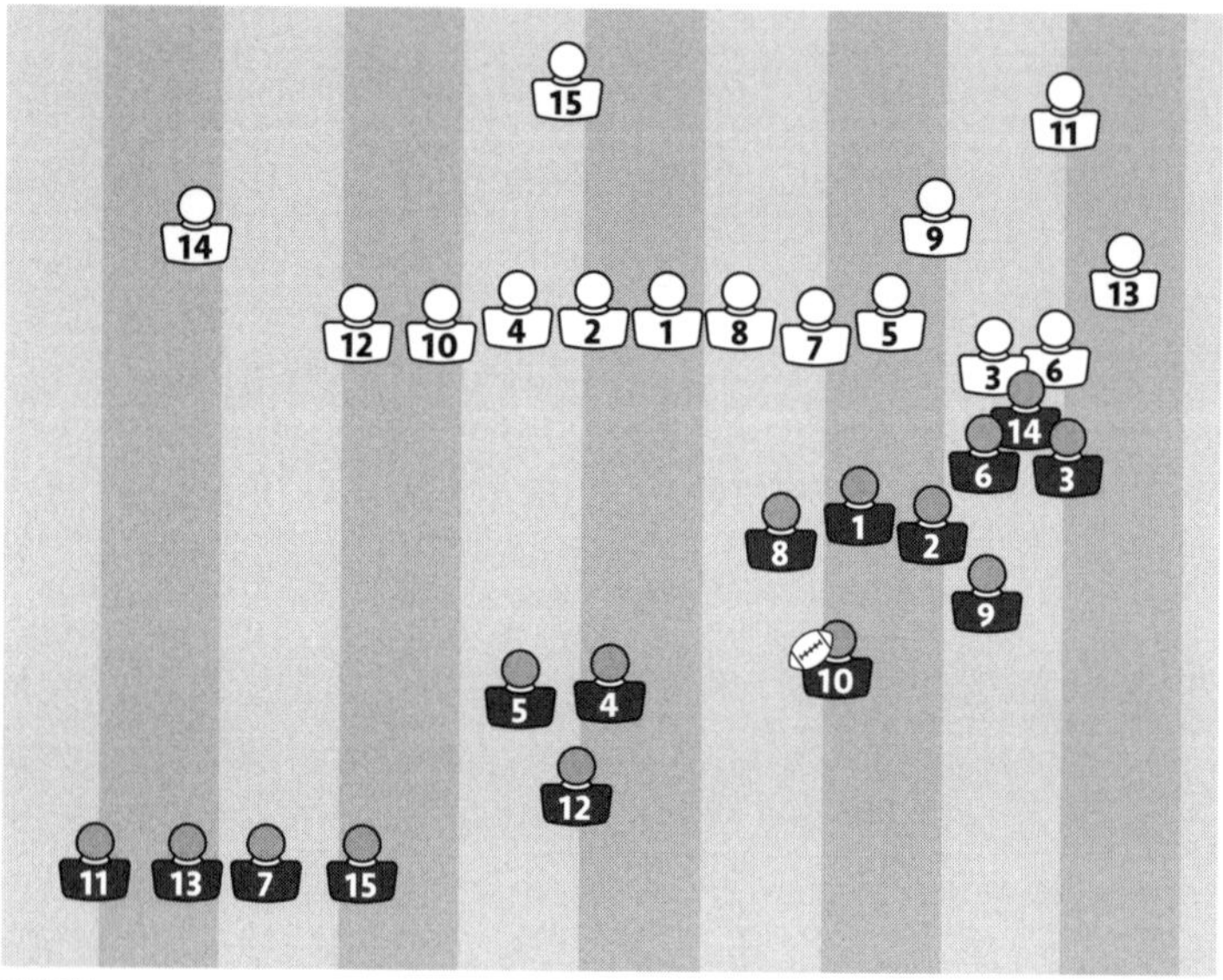
15
11
14
9
13
12
10
4
2
1
8
7
5
3
6
14
6
3
1
8
2
9
10
5
4
12
11
13
7
15
図165

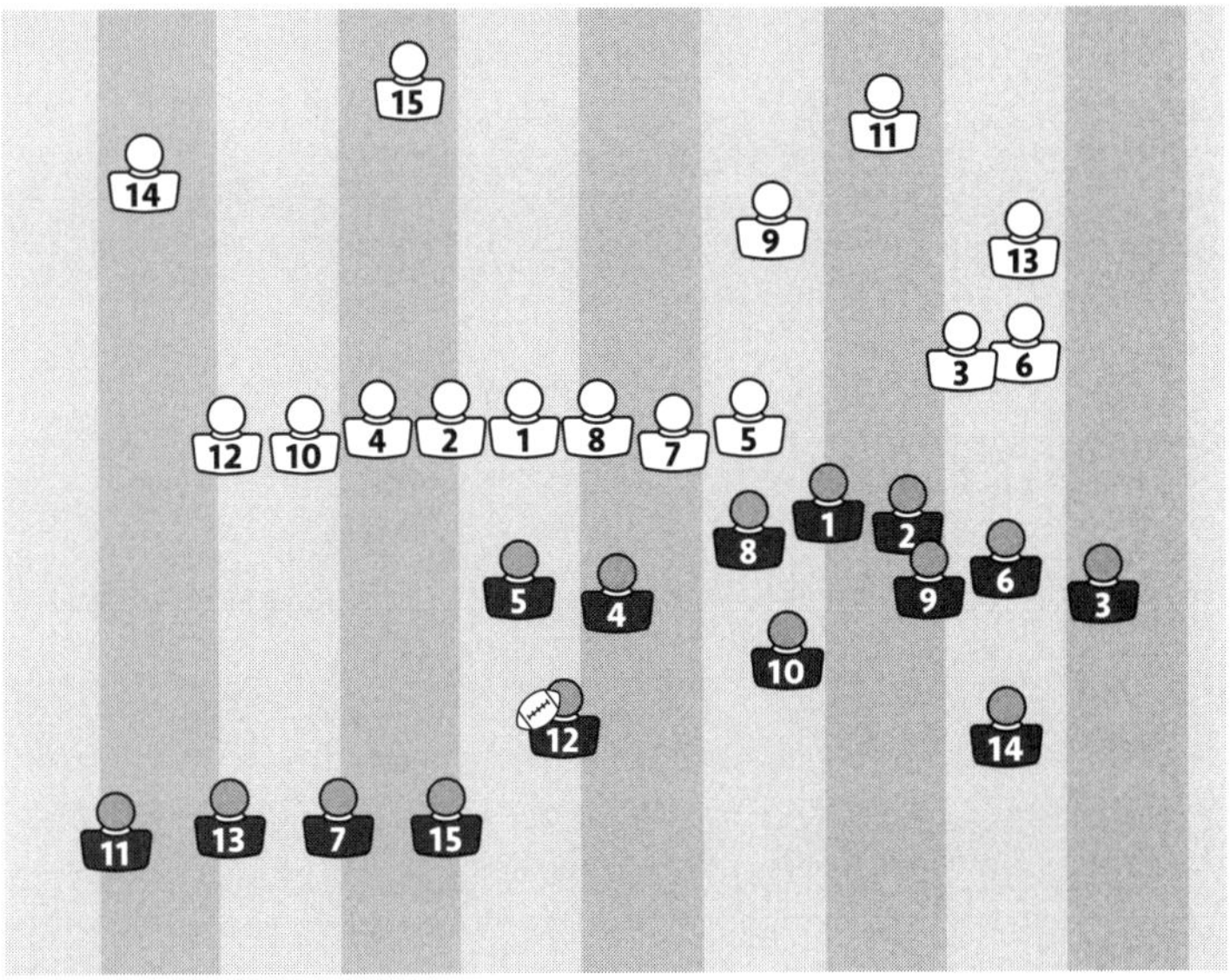
15
11
14
9
13
3
6
12
10
4
2
1
8
7
5
1
2
8
9
6
3
5
4
10
12
14
11
13
7
15

図166

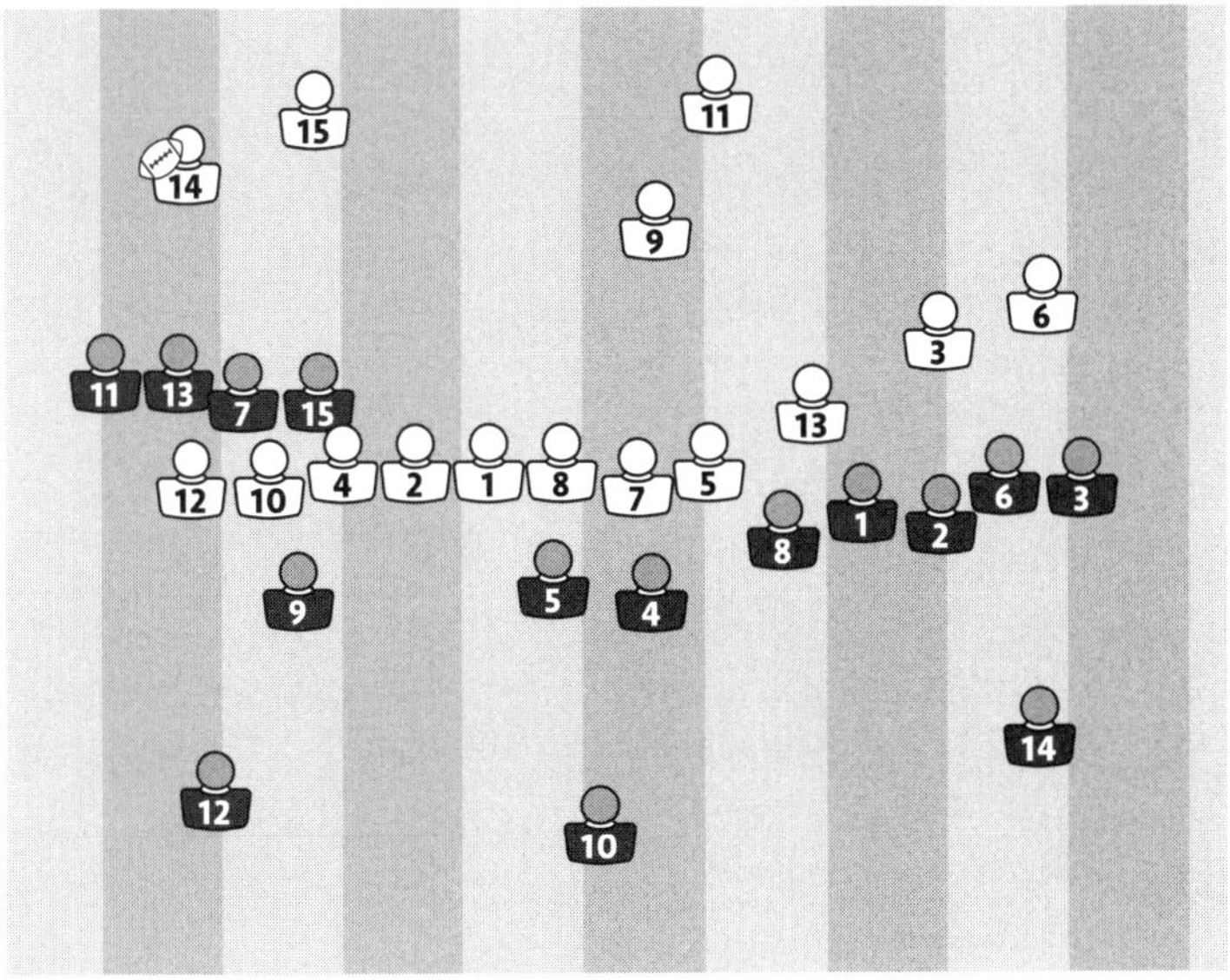
11
15
14
9
6
3
13
11
13
7
15
12
10
4
2
1
8
7
5
6
3
1
2
8
9
5
4
14
12
10

図167

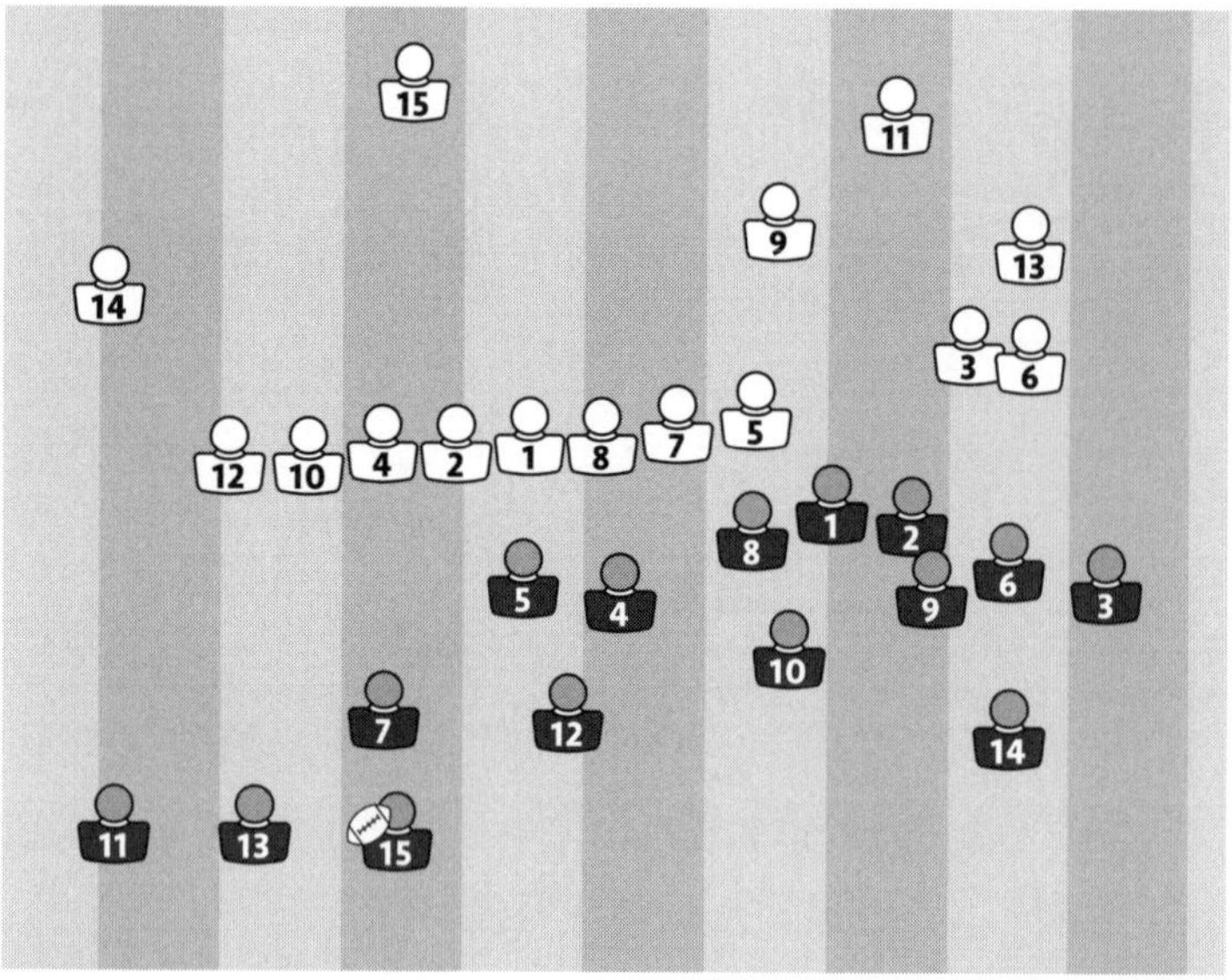

図168

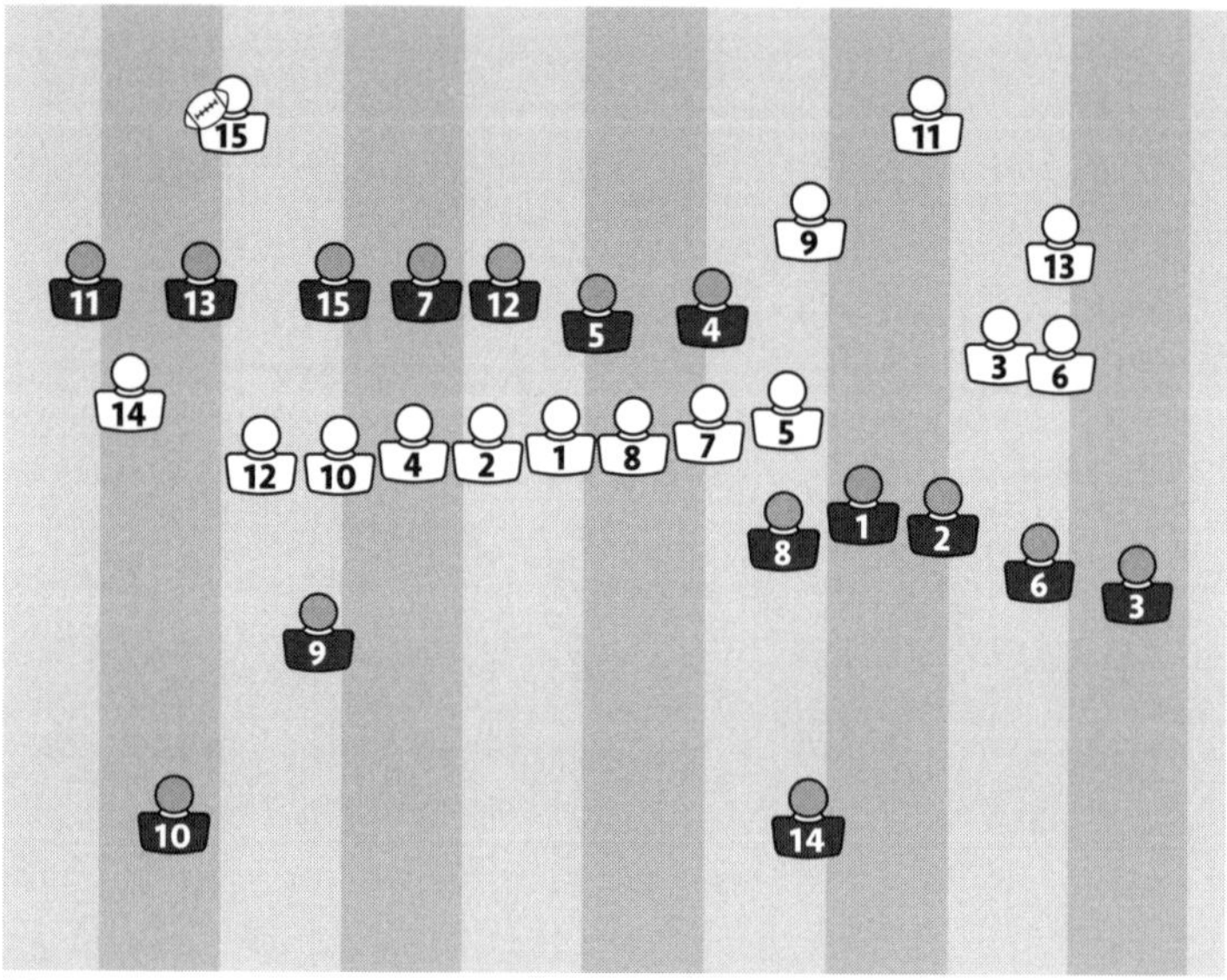

図169

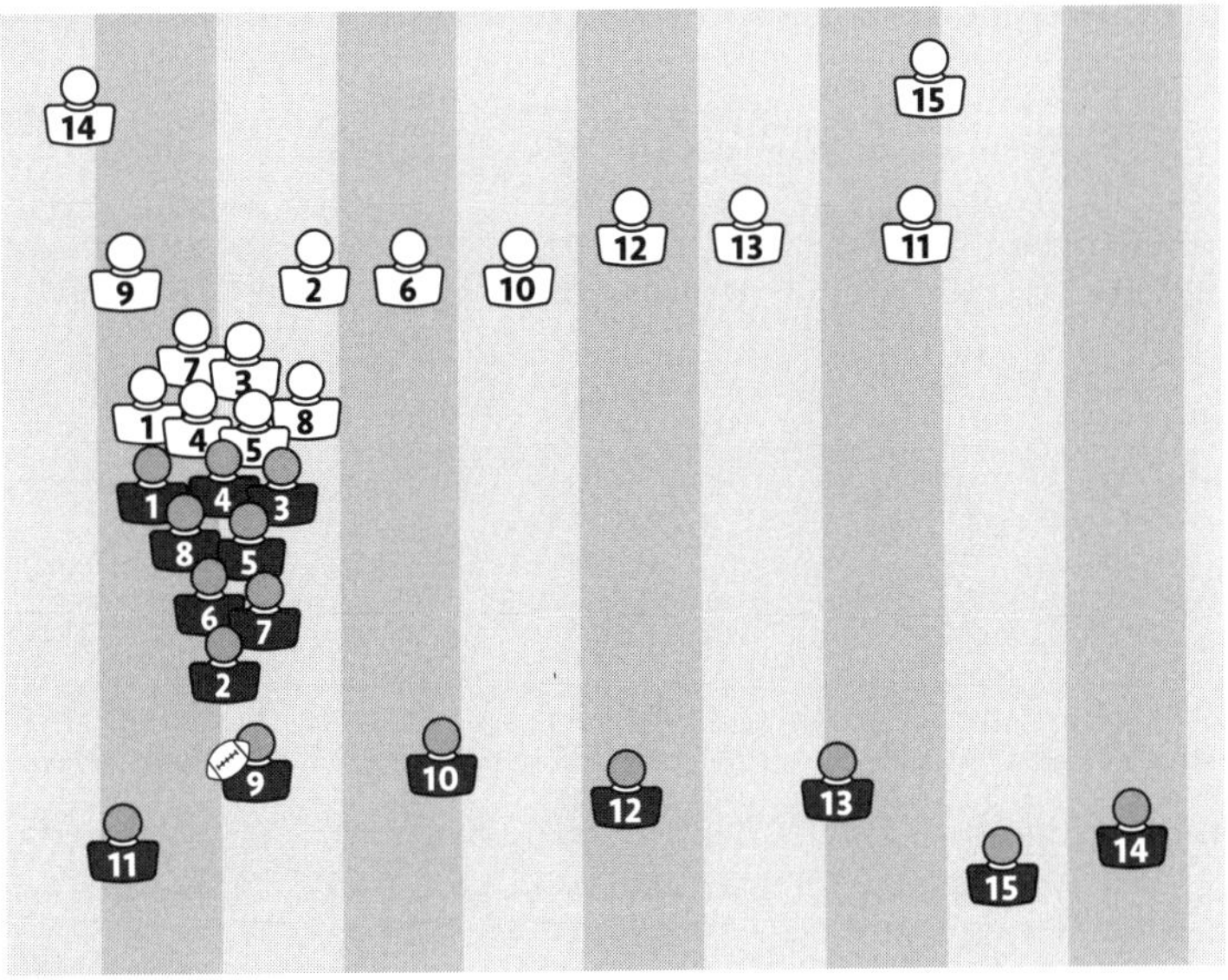
14
15
12
13
11
9
2
6
10
7
3
1
4
5
8
1
4
3
8
5
6
7
2
9
10
12
13
11
15
14

図170

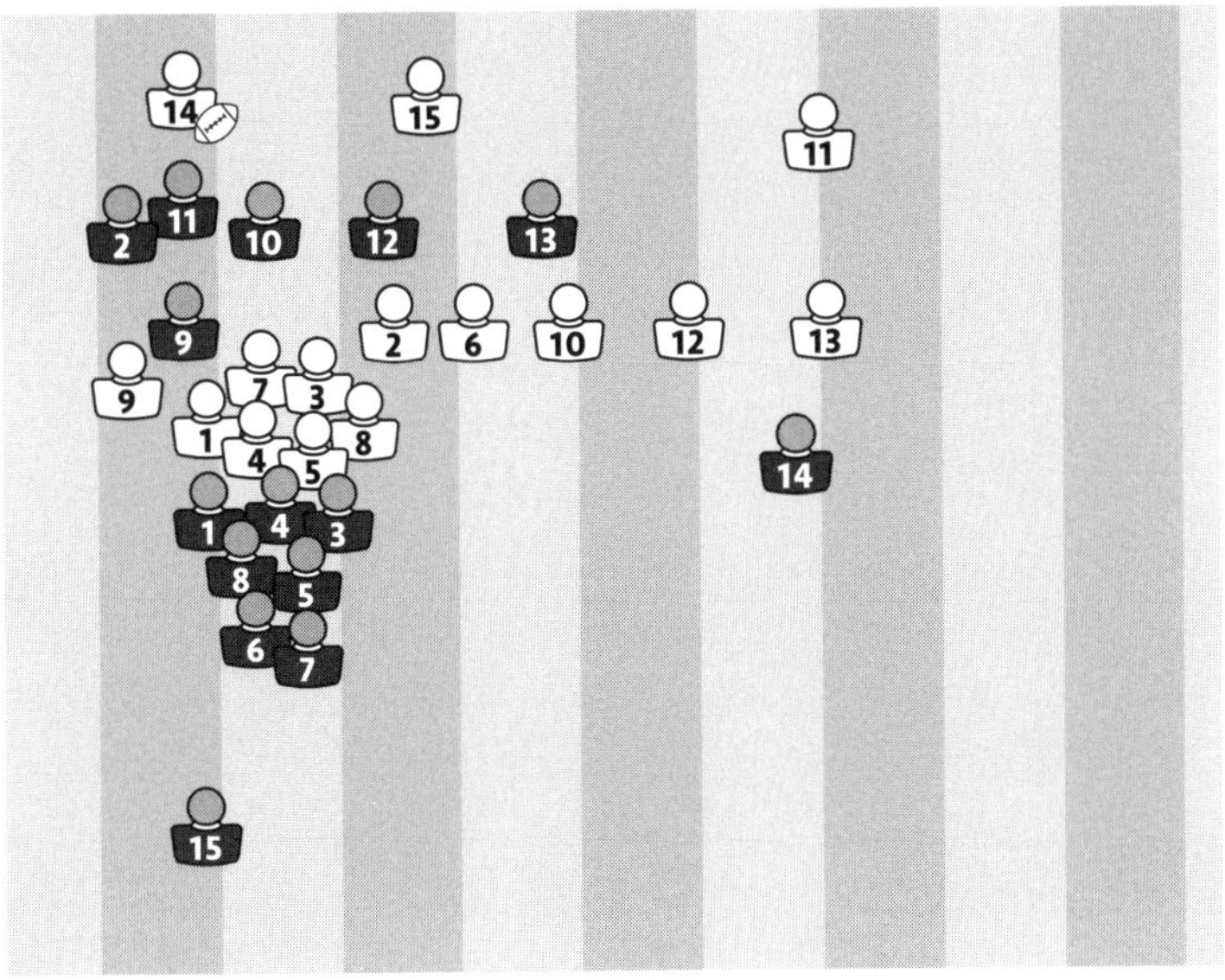
14
15
11
2
11
10
12
13
9
2
6
10
12
13
9
7
3
1
4
5
8
14
1
4
3
8
5
6
7
15

図171

場合に備えてポジションをとるので、一時的に1バックになりますが、ハイパントの場合はキャッチの瞬間にブレイクダウンが発生します。相手にキャッチされたとわかればすぐにスタンドオフやスクラムハーフを下げて対応します。

キックオフやハイパントの場面におけるチェイスは、足の速い選手を飛び出させてボールの再獲得や、より早く敵陣で捕まえることを意図します。そのため、1人飛び出させて、他の選手は一列になってチェイスラインを揃える二層構造になっています。この1人飛び出す選手を「ラビット」と呼んだりもします。

通常のロングキックでもラビットを使うチームもありますが、1人飛び出したところで相手との間合いが遠く、かわされるリスクが高いので一列に揃えてチェイスをかけるチームが一般的です。

ただし、蹴られた場合と同様に速くチェイスをかけることがキックの攻防で勝っていくためには必要です。したがって、一番足の速い選手を「ラビット」として飛び出させてそこに周りがついていくといった方法をとることもあります。もし、相手がキャッチミスをした場合はその選手がそのまま追いかけていき、相手に良いカウンターアタックや良いキックを蹴らせないようにします。もし、相手が余裕を持ってキャッチすれば、飛び出した選手はスピードを落として他の選手とチェイスのラインを揃えます。

チェイスのノミネート

スクラムからブラインド側へのロングキックでは、ブラインドウイング、両フランカー、両センターと5人でチェイスをかけます。また、オープンウイングはボールを回してきたらチェイスラインに上がるため実質6人いることになります。

対してカウンターアタックを仕掛ける側は、バックスリーの3人と両センターがオープン側に加わったとして5人で仕掛けることになります。この場合、ディフェンスは横幅70メートルを6人で守ることになるため、マンマークだと1人当たりのスペースが10メートル以上となります。特に両フランカーがチェイスに出ているエリアの対面はフルバックとオープンウイングとミスマッチになるので、マンマークはリスクになります。

そこで、マンマークとゾーンの組み合わせで対応していきます。

キャッチ側のブラインドウイングをチェイス側のブラインドウイング、キャッチ側のブラインドウイングとフルバックの間のゾーンにチェイス側のブラインドフランカー、キャッチ側のフルバックにチェイス側のオープンフランカー、キャッチ側のフルバックとオープンウイングの間にチェイス側のインサイドセンター、キャッチ側のオープンウイングにチェイス側のアウトサイドセンターをノミネートする方法です（図172から174）。

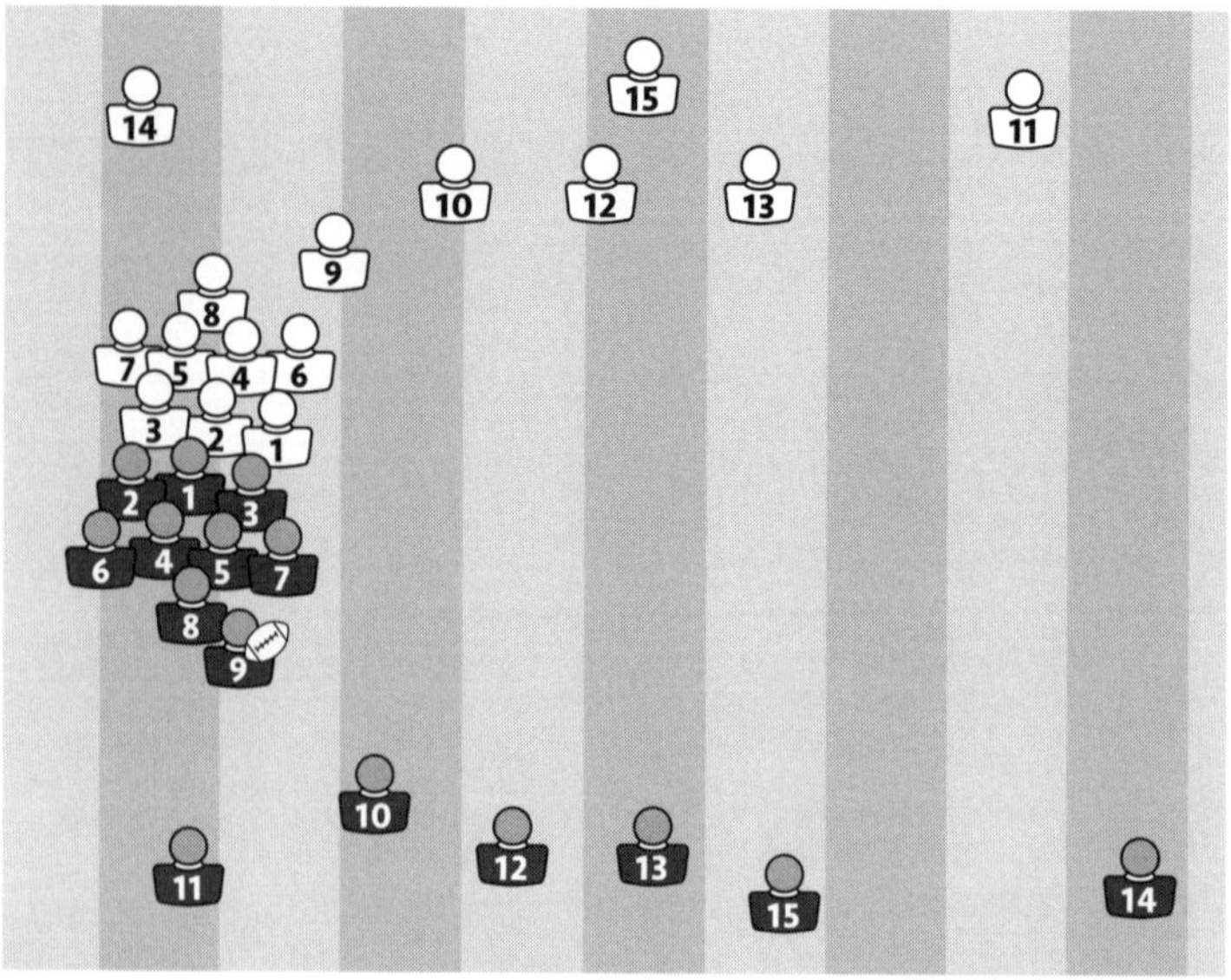
14
15
11
10
12
13
9
8
7
5
4
6
3
2
1
2
1
3
6
4
5
7
8
9
10
11
12
13
15
14
図172

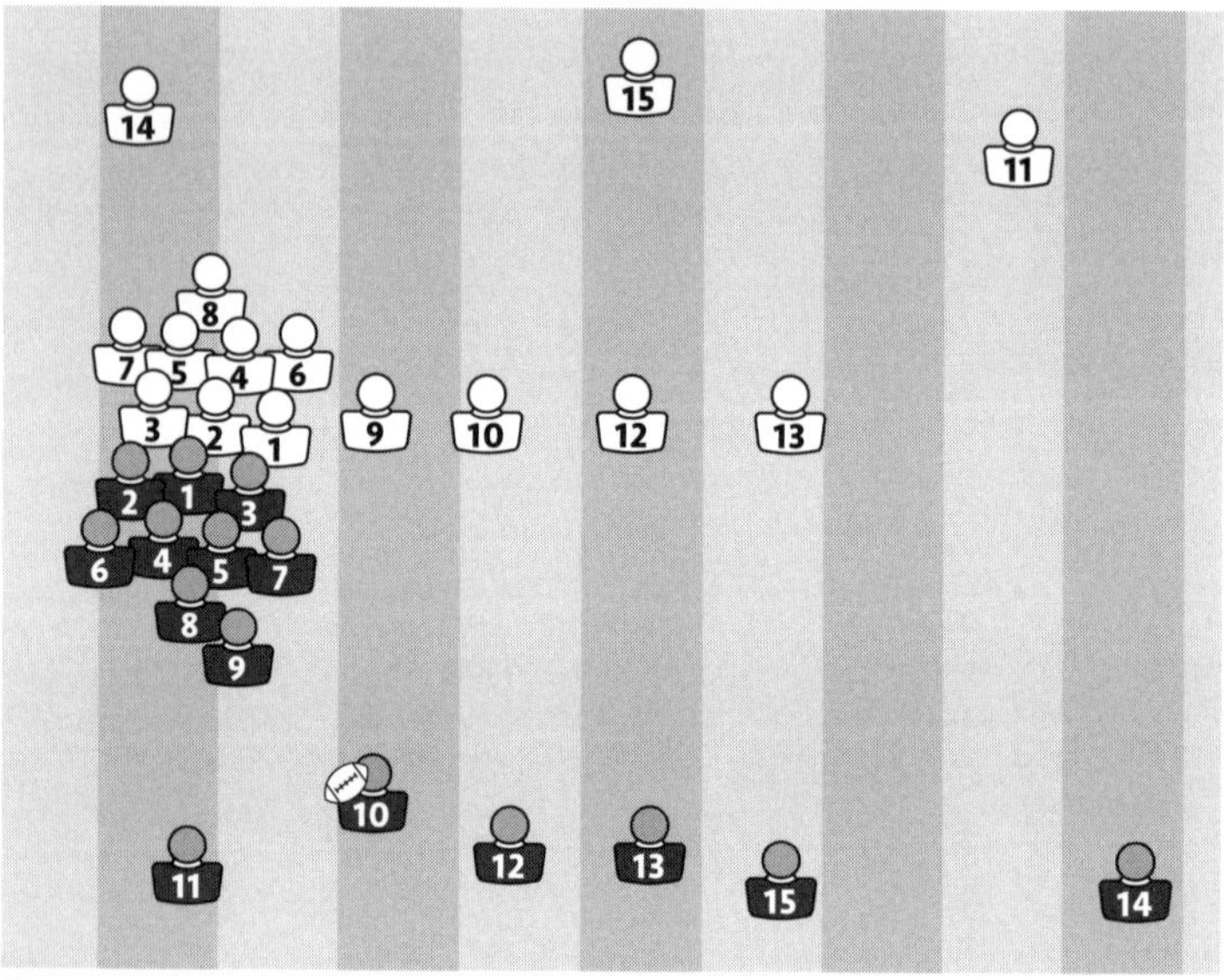
14
15
11
8
7
5
4
6
3
2
1
9
10
12
13
2
1
3
6
4
5
7
8
9
10
11
12
13
15
14
図173

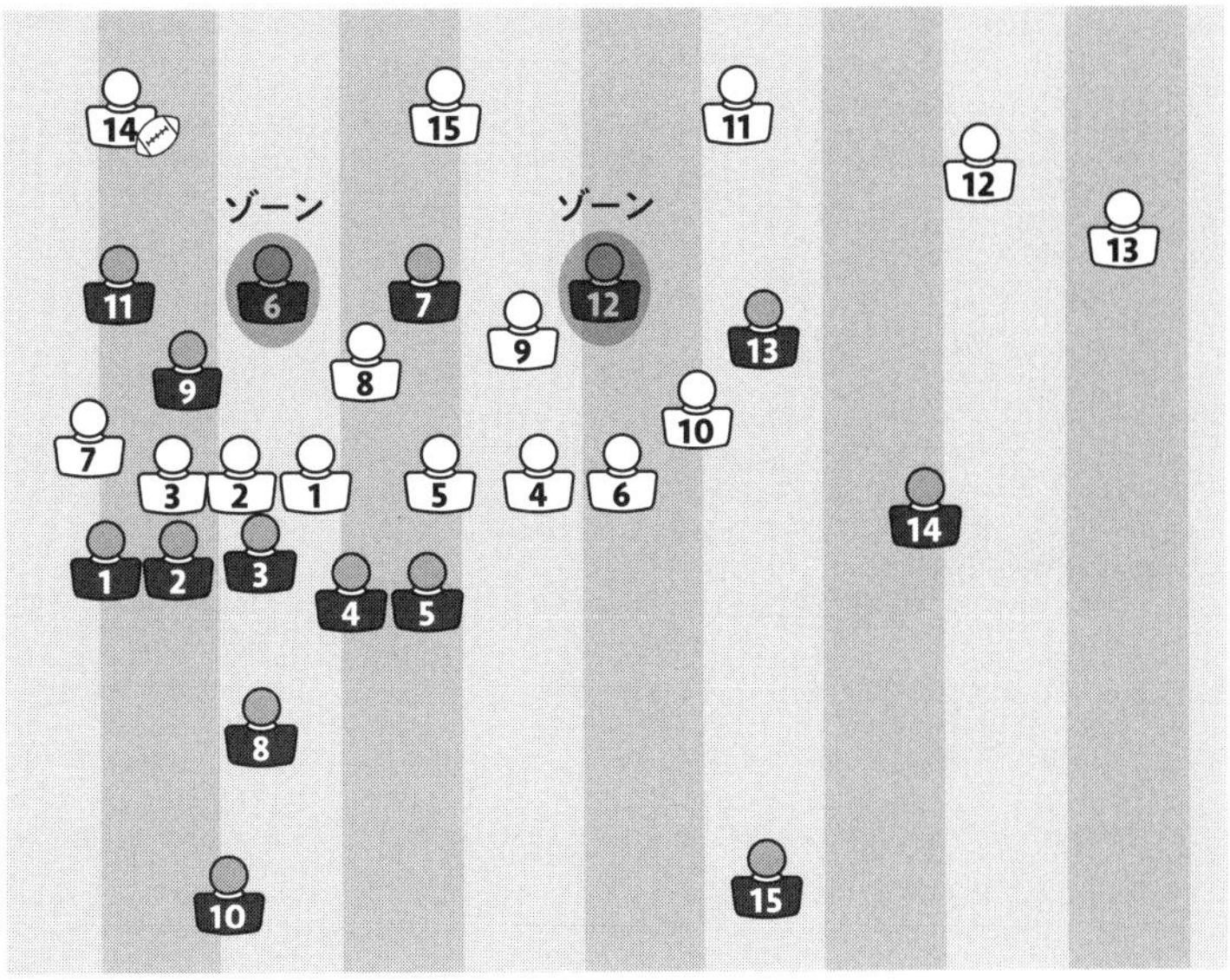

図174

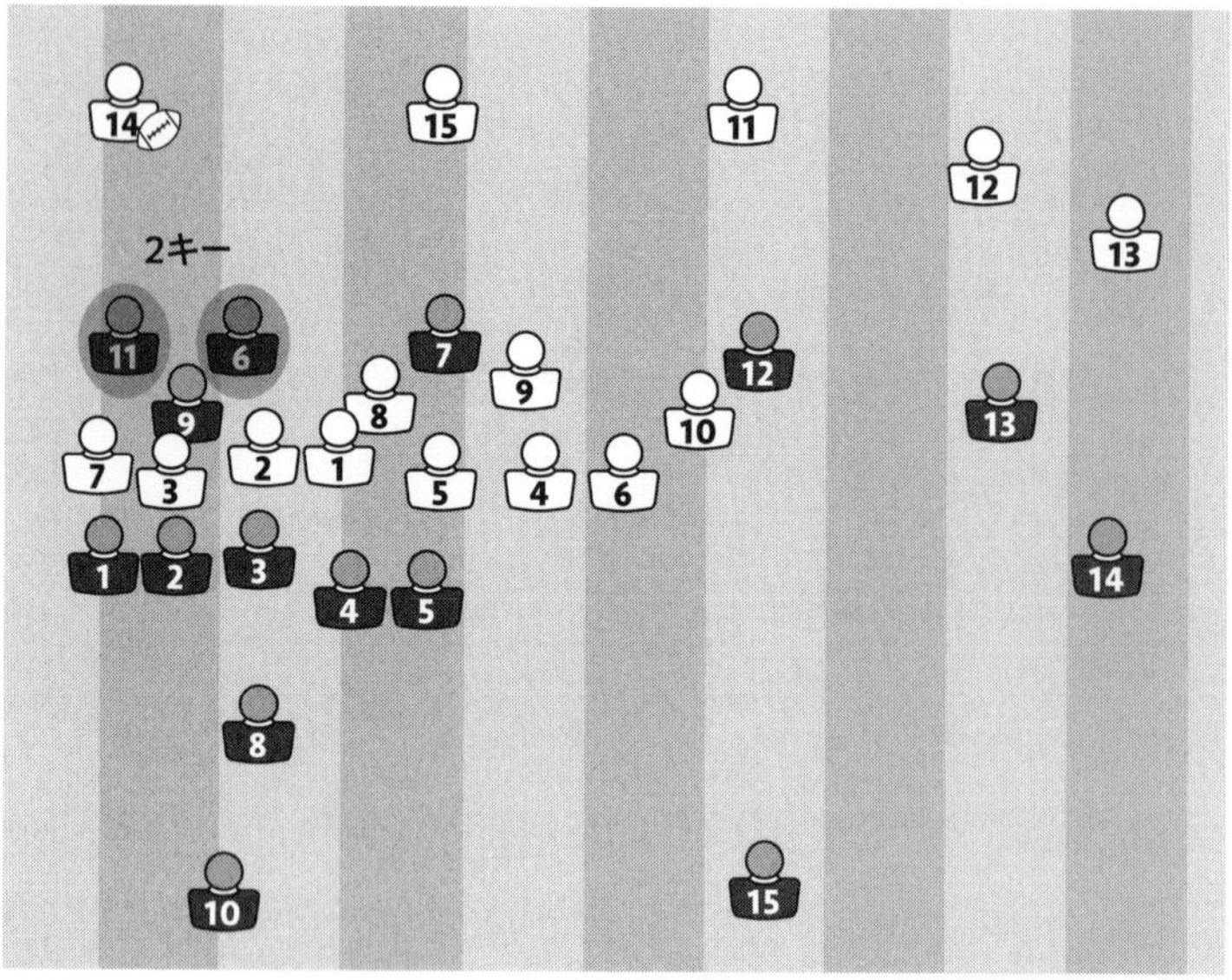

図175

チェイスとキャッチの距離が20メートル以上離れている場合はオープンにパスを回してくることになるのでそこからスライドしていきます。

もう1つのマンマークとゾーンの組み合わせが、ボールキャリアーを常に2人でノミネートする方法です。

相手のブラインドウイングがキャッチした場合は、チェイス側のブラインドウイングとブラインドフランカー、キャッチ側のフルバックをチェイス側のオープンフランカー、キャッチ側のオープンウイングをチェイス側のインサイドセンター、キャッチ側のインサイドセンターをチェイス側のアウトサイドセンターがノミネートします（図175）。

キャッチしたブラインドウイングがフルバックにパスをした場合、チェイス側のブラインドウイングはそのままで、チェイス側のブラインドフランカーのみキャッチ側のフルバックにノミネートを切り替えます。キャッチ側のフルバックには元々チェイス側のオープンフランカーがノミネートしているので２人で１人を見ることができます（図１７６）。

さらにキャッチ側のフルバックがオープンウイングにパスをした場合、フルバックをノミネートしていたチェイス側のオープンフランカーがキャッチ側のオープンウイングにノミネートを切り替え、元々オープンウイングをノミネートしていたチェイス側のインサイドセンターと２人で１人を見ます（図１７７）。

キャッチ側のオープンウイングがインサイドセンターにパスをした場合、キャッチ側のオープンウイングをノミネートしていたチェイス側のインサイドセンターがキャッチ側のインサイドセンターにノミネートを切り替え、元々キャッチ側のインサイドセンターをノミネートしていたチェイス側のアウトサイドセンターと２人で１人を見ます。

キャッチ側のインサイドセンターがアウトサイドセンターにパスをした場合、キャッチ側のインサイドセンターをノミネートしていたチェイス側のアウトサイドセンターがキャッチ側のアウトサイドセンターにノミネートを切り替え、下がっていたチェイス側のオープンウイングが上がり２人で１人をノミネートします。

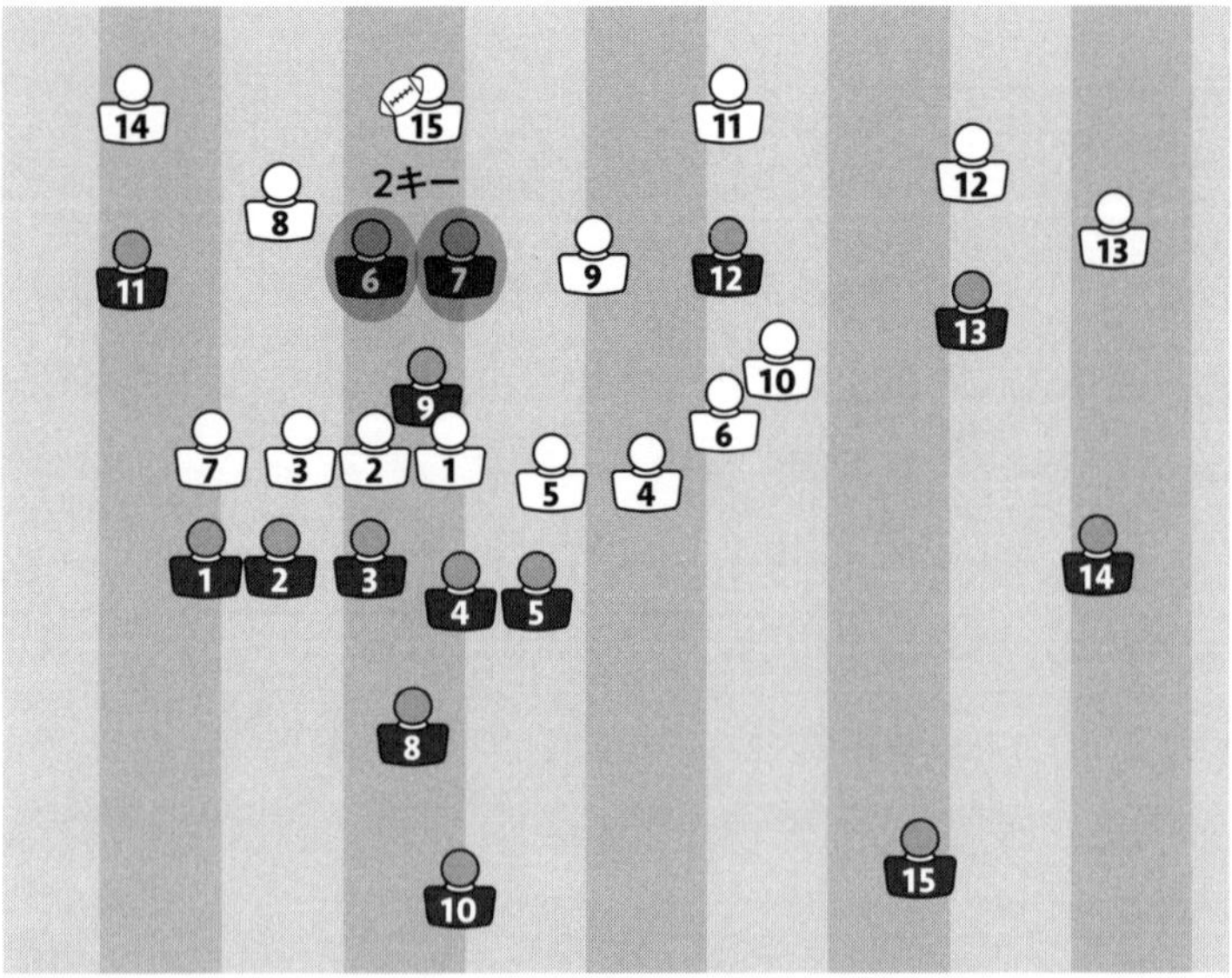

図176

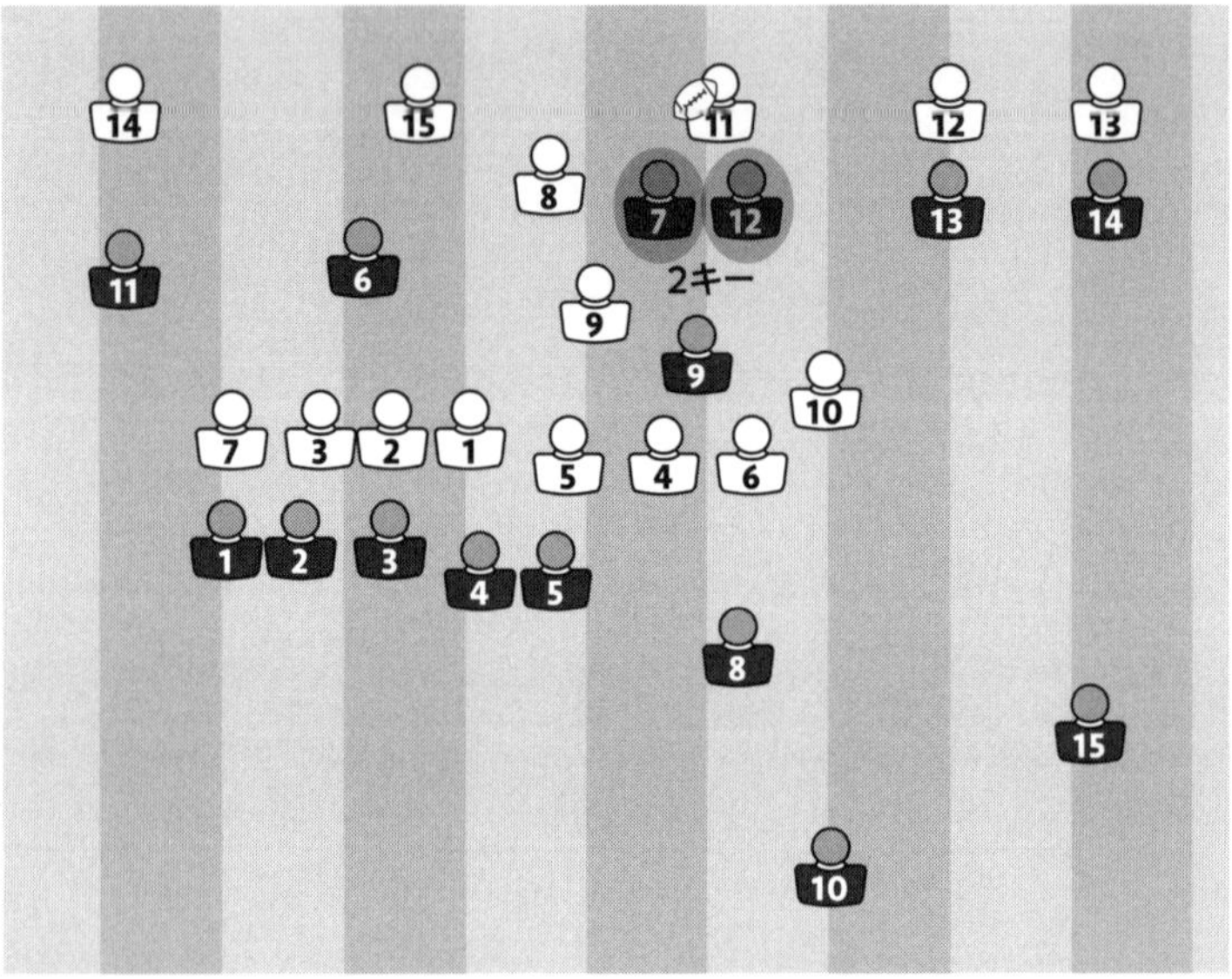

図177

上がったオープンウイングの位置にはフルバックがカバーしていることになります。

ただ、現在ではセットプレイからそのままキックを蹴ることは少なく、ボールを動かしてフォワードを各ポッドに配置させてから蹴ることが主流になっているので、チェイスの枚数も多く、選手をノミネートしつつも選手間をゾーンで守る方法が一般的になっています。

相手が蹴り返してきた場合は、チェイスに上がっていた選手は思い思いに下がるのではなく、一度作ったチェイスラインを崩さないように下がって、味方のキックやカウンターアタックに備えます。もし、下がらずそのままの位置にいると、味方がさらに蹴り返したボールに対して「10メートルラインオフサイド」になる可能性が生じるので、全員で一列になって下がります（図178から184）。

キックオフの配置

「キックオフレシーブ」の配置については、以前はレシーブ側がフォワードを片側に集めてボールをキープすることを優先していました。ただし、最近ではフォワードもバックスもグランド全体に均等に配置して始めからポッドを作り、スペースがある場合は、ボールを大きく展開できるようにするのが主流になってきています（図185）。

キックオフを蹴る側は、足が速くてハイボールのキャッチがうまいウイングの選手を１人飛

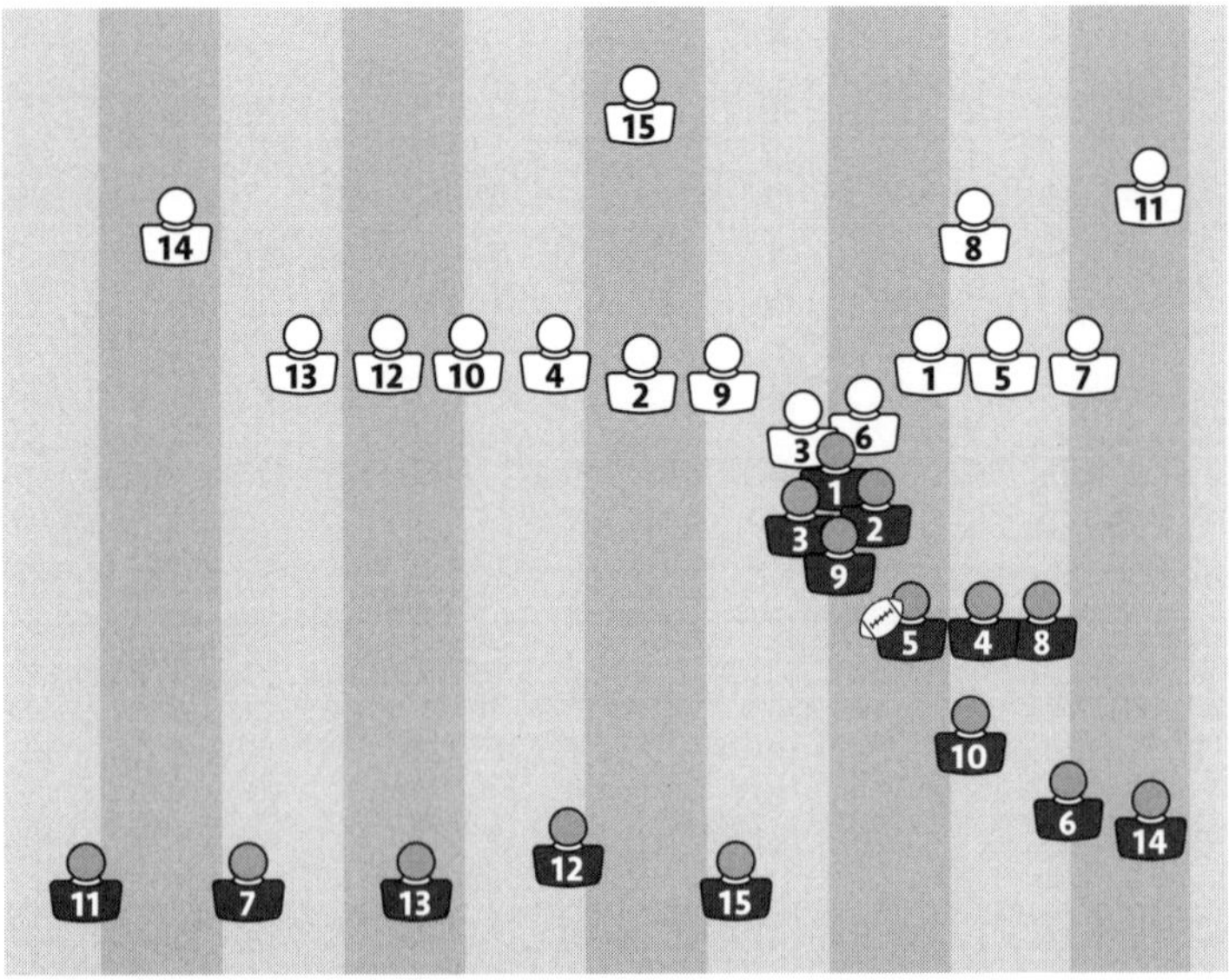
15
14
8
11
13
12
10
4
2
9
1
5
7
3
6
1
3
2
9
5
4
8
10
6
14
11
7
13
12
15
図178

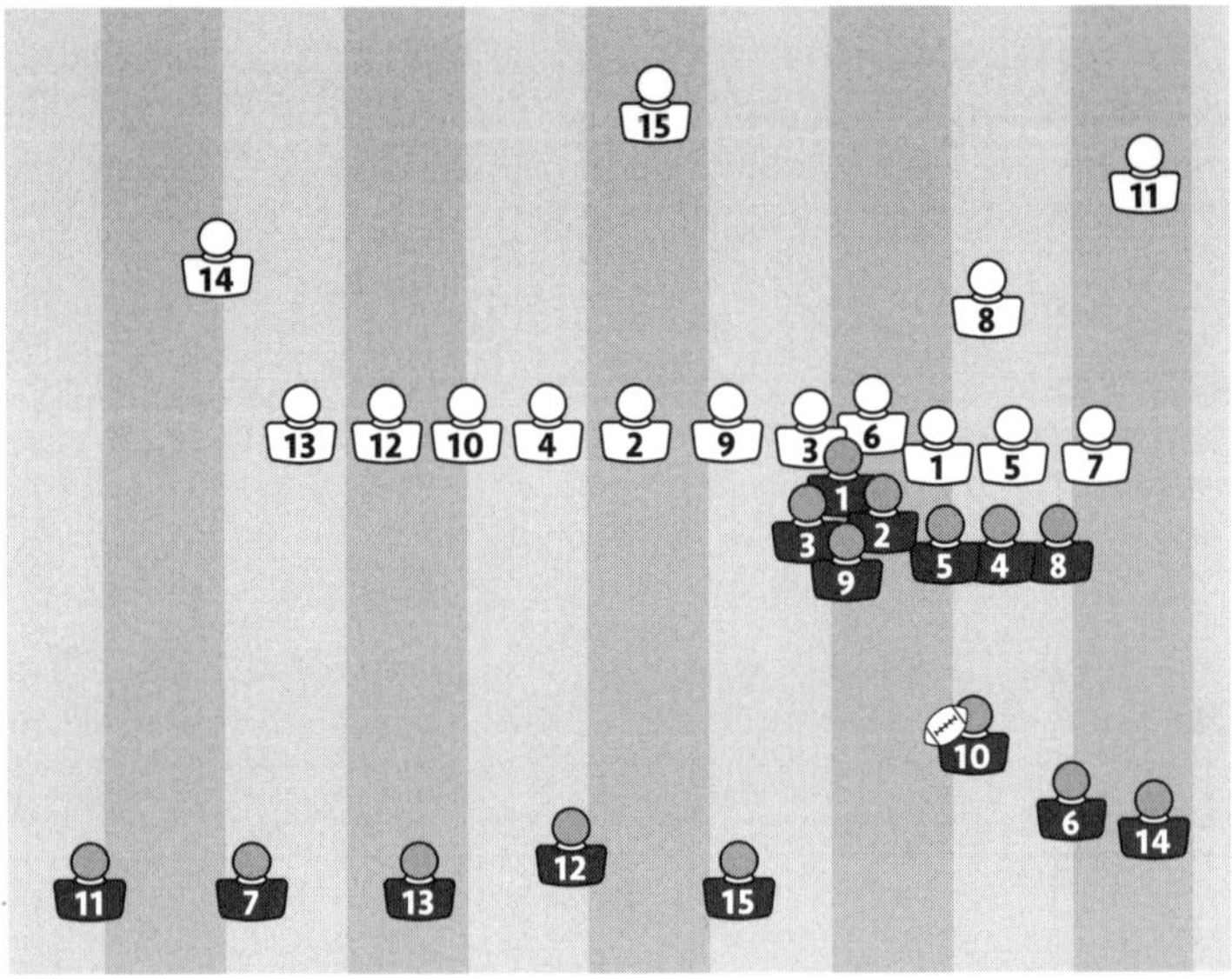
15
11
14
8
13
12
10
4
2
9
3
6
1
5
7
1
3
2
9
5
4
8
10
6
14
11
7
13
12
15
図179

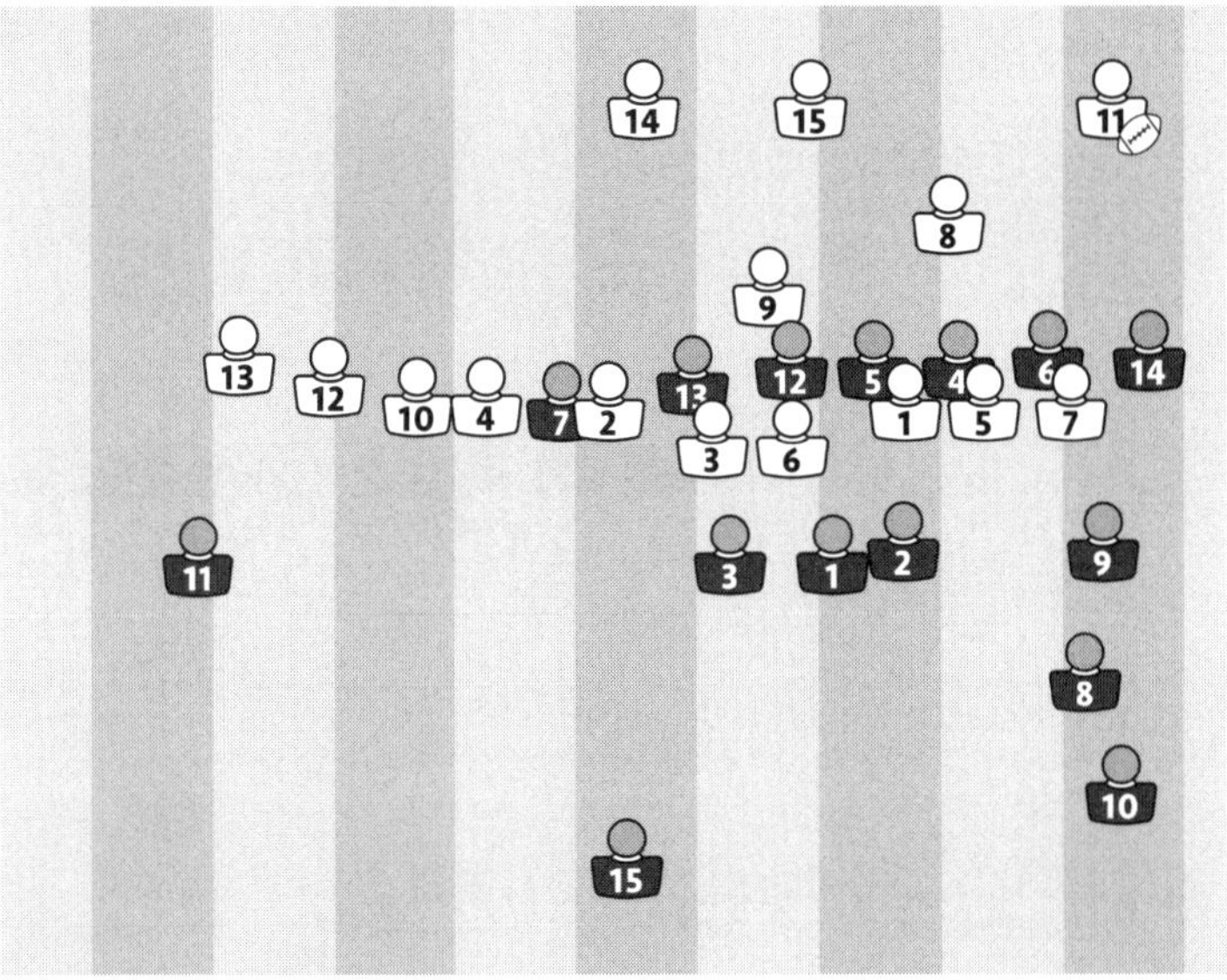
14 15 11
8
9
13 12 10 4 7 2 13 12 5 4 6 14
1 5 7
3 6
11 3 1 2 9
8
10
15

図180

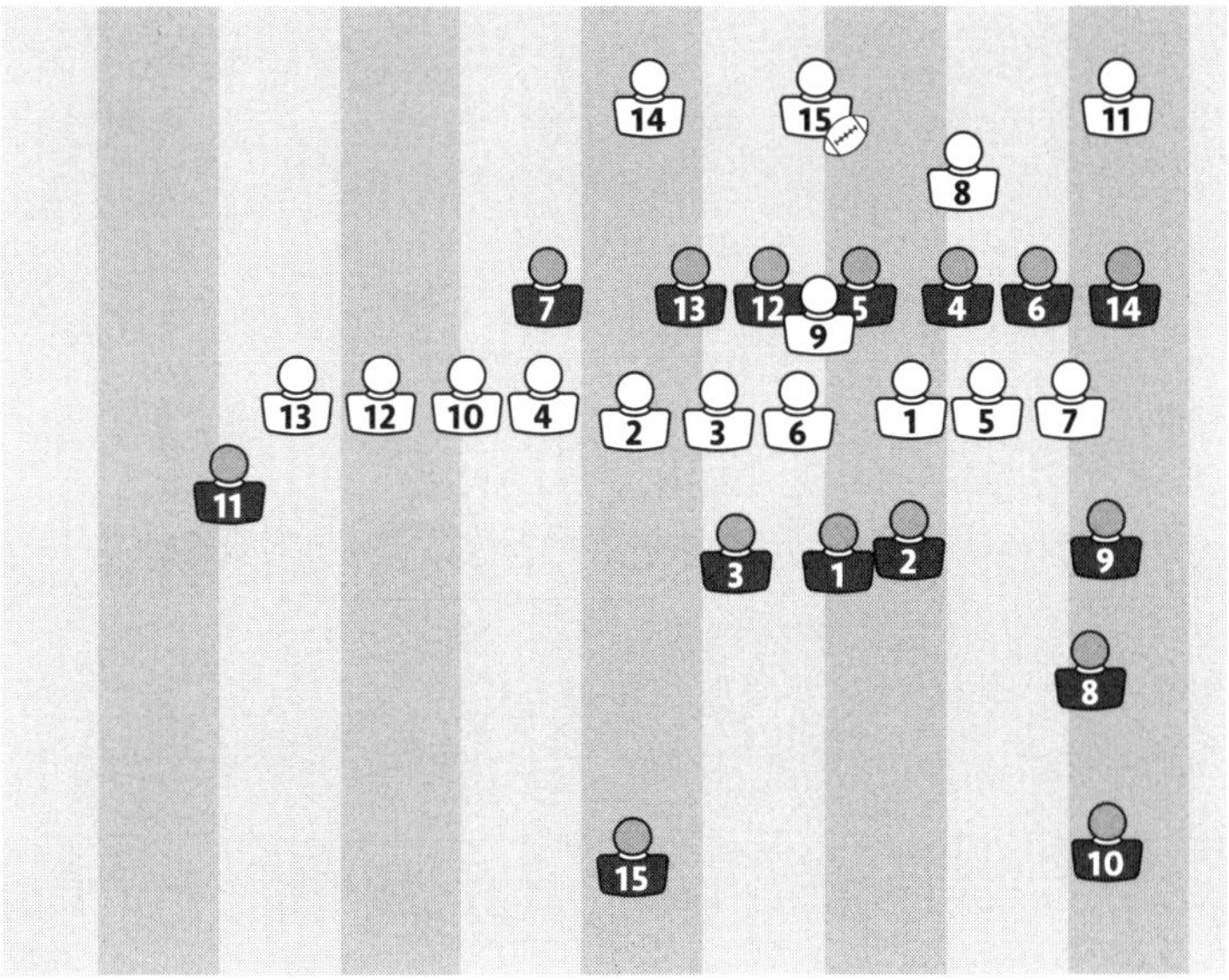
14 15 11
8
7 13 12 5 4 6 14
9
13 12 10 4 2 3 6 1 5 7
11
3 1 2 9
8
15 10

図181

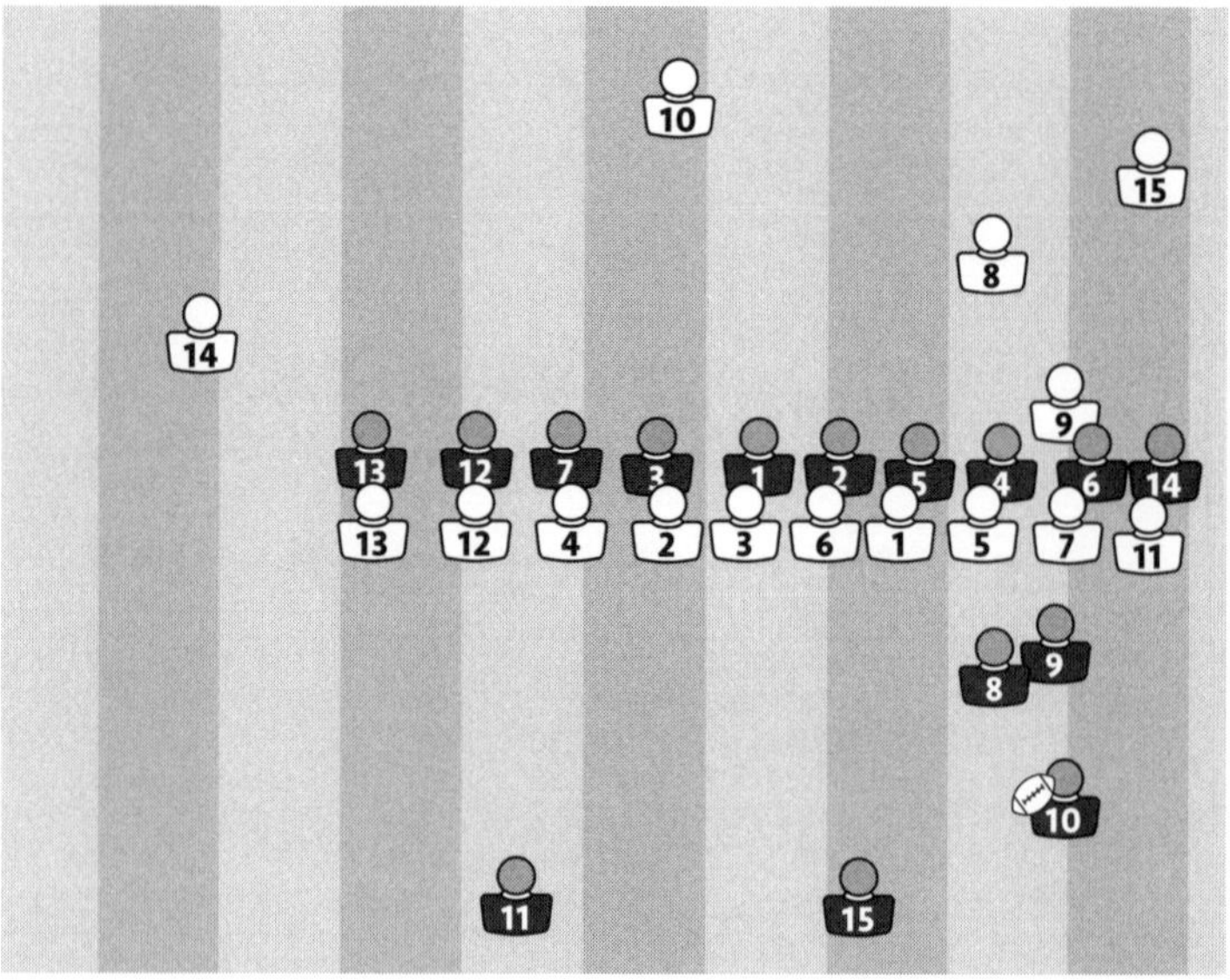
10
15
8
14
9
13
12
7
3
1
2
5
4
6
14
13
12
4
2
3
6
1
5
7
11
9
8
10
11
15

図182

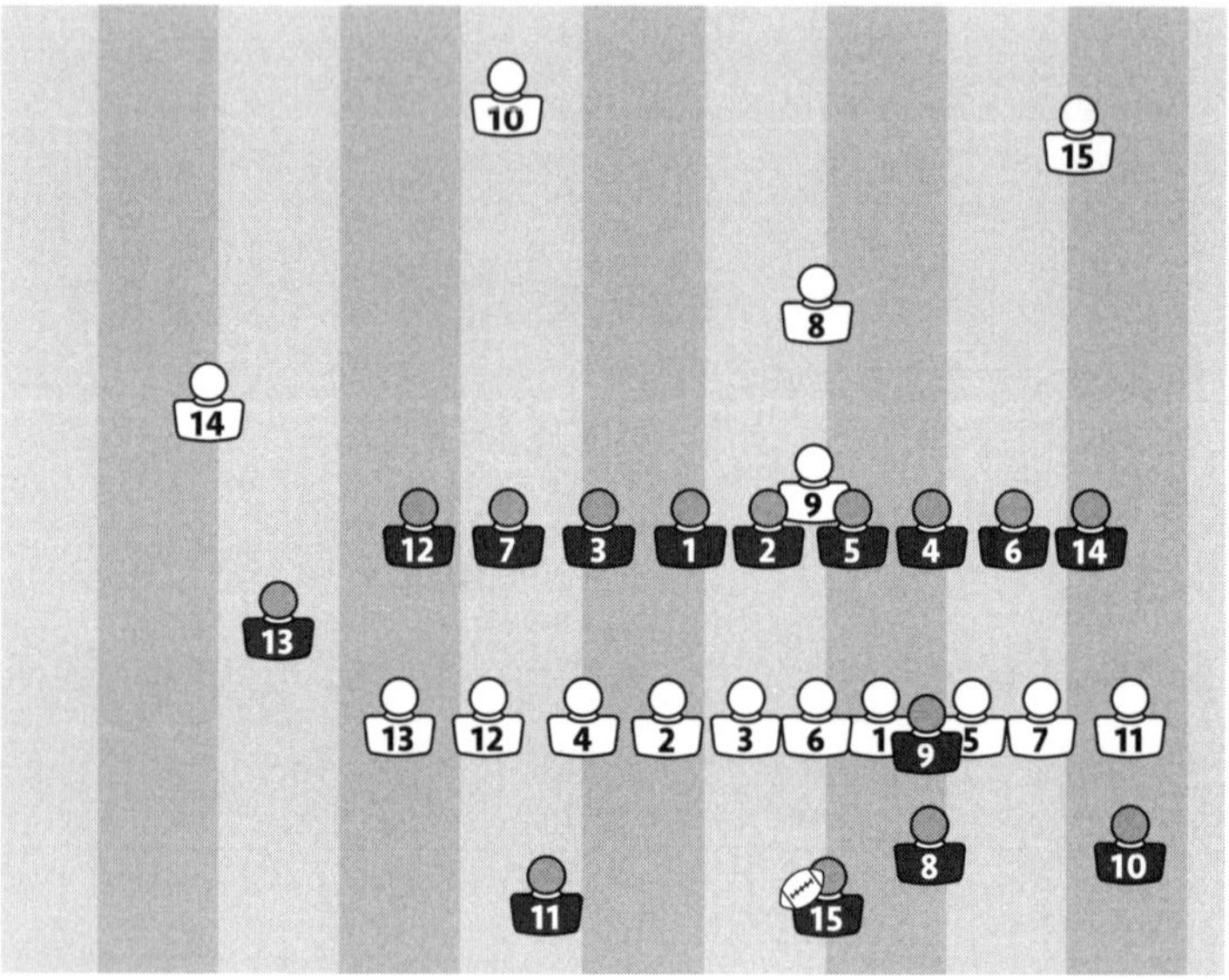
10
15
8
14
9
12
7
3
1
2
5
4
6
14
13
13
12
4
2
3
6
1
9
5
7
11
8
10
11
15

図183

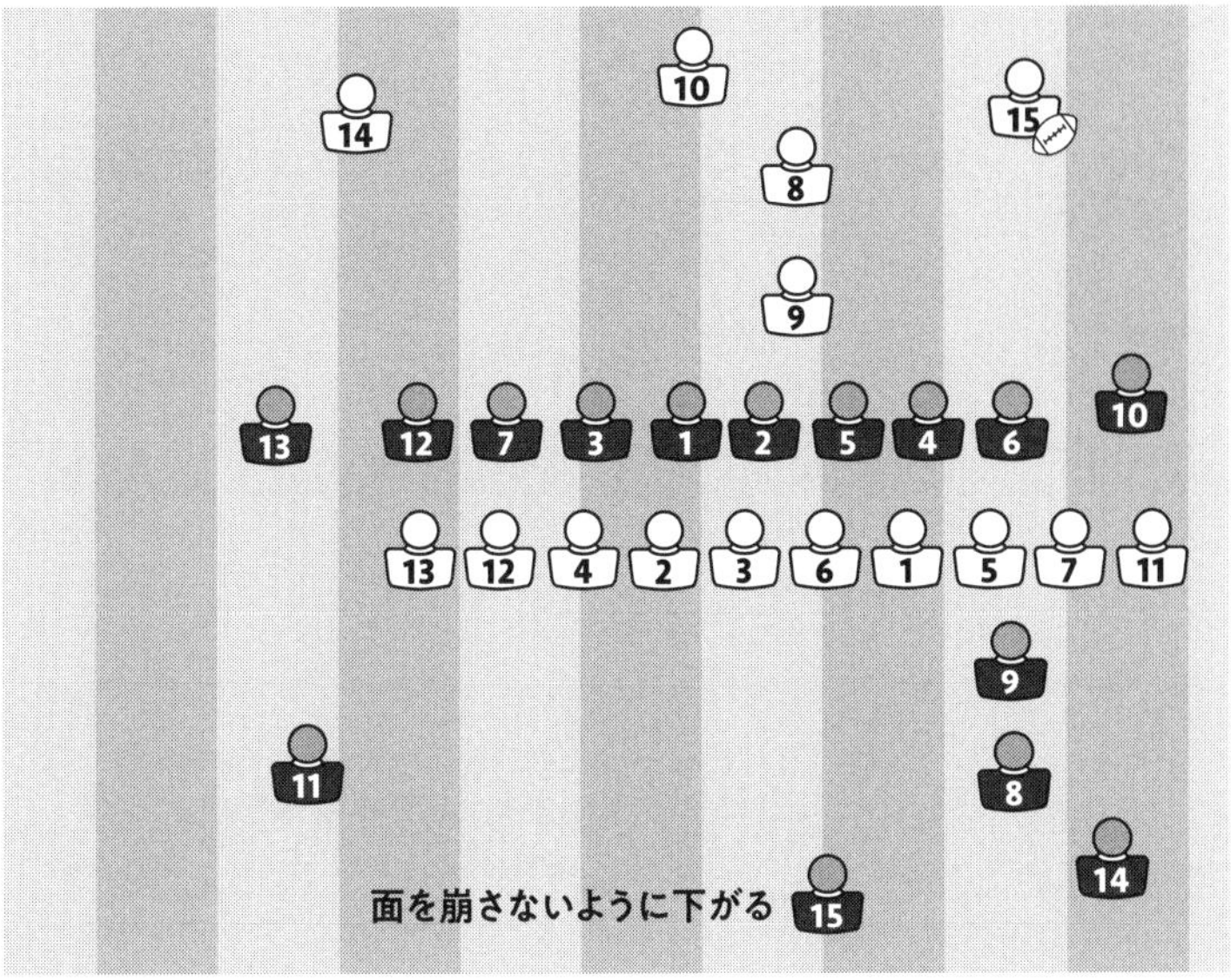

図184

び出させてチェイスするチームが増えてきています。これによりキャッチできればポゼッションを獲得することができますし、奥深くに蹴り込んで敵陣深くで捕まえることができればテリトリーを優位に運べます。

以前はレシーブ側が蹴り返してくることを考慮して、バックスリー以外に始めからNO8やスクラムハーフの合わせて5人を下げて、カウンターアタックに備えていましたが、レシーブ側がボールを動かしてくることがあるので通常と同じようにバックラインを3人もしくは2人で守り連携するのが原則となってきています（図186）。

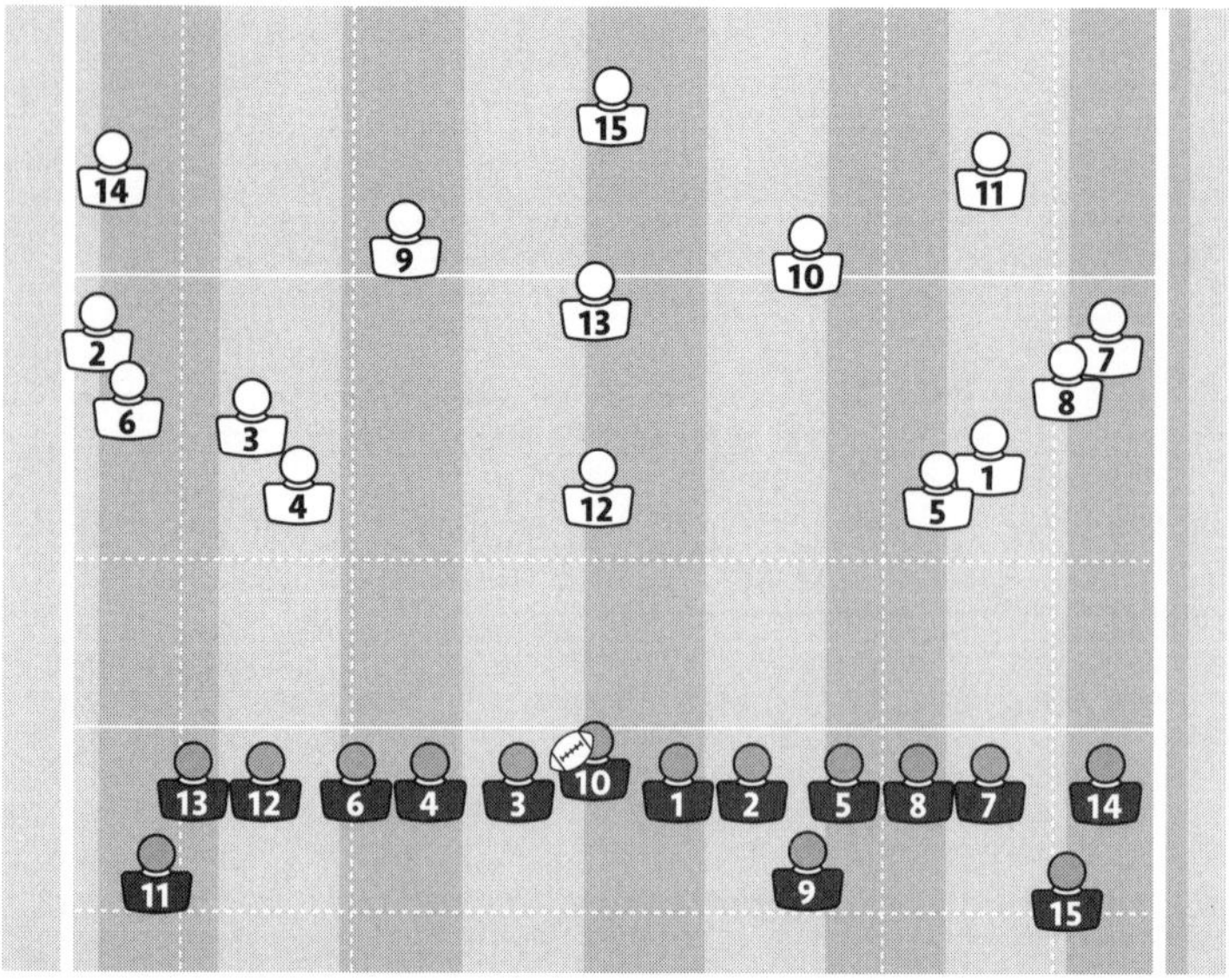
15
14
11
9
10
13
2
7
6
8
3
1
4
12
5
13
12
6
4
3
10
1
2
5
8
7
14
11
9
15
図185

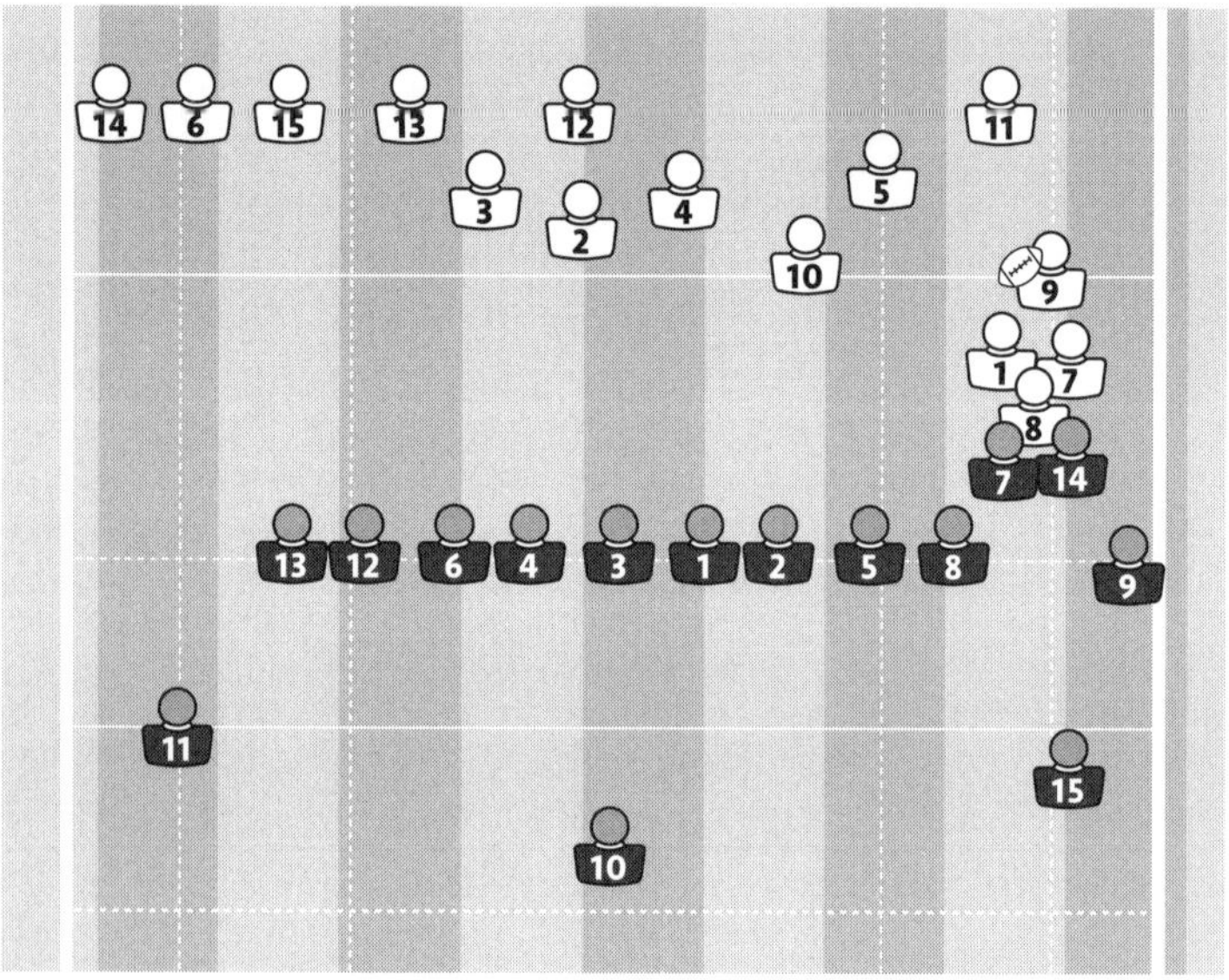
14
6
15
13
12
11
3
4
5
2
10
9
1
7
8
7
14
13
12
6
4
3
1
2
5
8
9
11
15
10
図186

第5章

防御戦術の具体的な分析方法

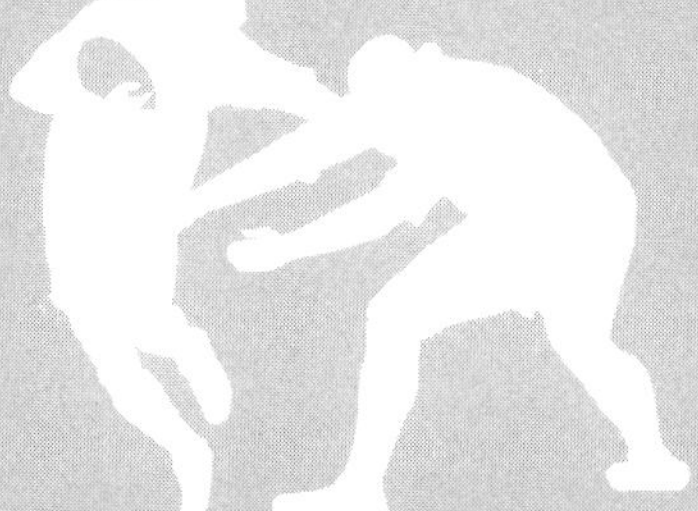

2019年ワールドカップから考察する各国の防御システム

この章ではまず、ディフェンス戦術の分析に入る前にアタックの特徴について簡単に解説しておきたいと思います。

アタックでの見るポイントは、

①フォーメーション

②攻撃の起点

③移動

の3つになります。

1つ目のフォーメーションは、アタックの配置です。

例えば、エッジ（外側）からフォワードの選手が1人、3人、3人、1人と配置されていたら「1331」（図187）というフォーメーションになります。

このフォーメーションの特徴は、真ん中の2つのポッドで9シェイプを作れるのでスタンドオフまでボールを下げずにアタックすることができます。それゆえ「9シェイプ」が攻撃の起

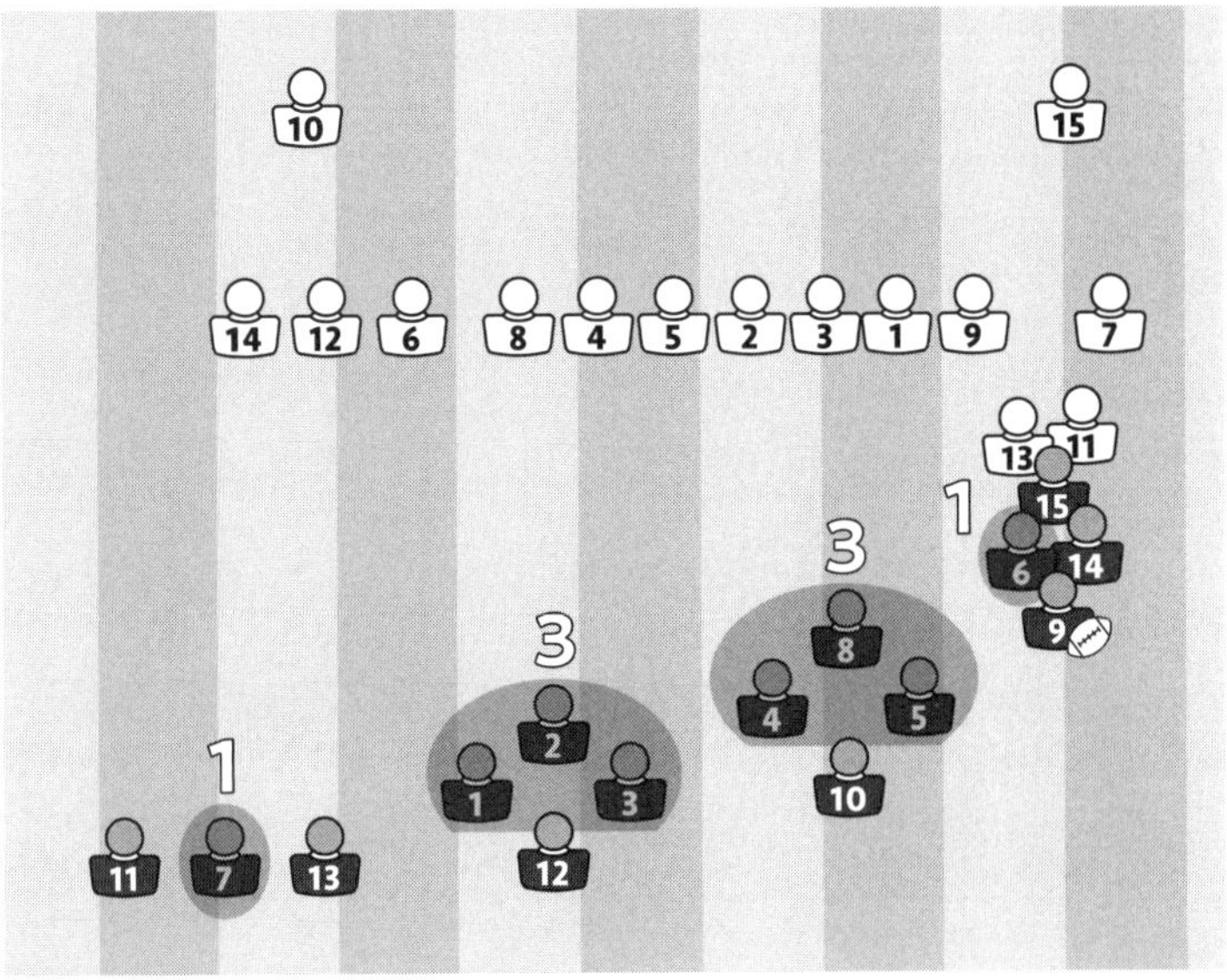

図187

点になることが多く、ディフェンス側はここにプレッシャーをかけないとゲインされやすくなりますので、人を集中させることになります。そこを利用してアタック側は、スペースのある外側にボールを運びディフェンスを崩していくのです。

逆に言うと、ディフェンス側は真ん中の２つのポッドにうまくプレッシャーをかけることができれば攻防を優位に進めることができます。

現代ラグビーでは４つのポッドが主流になっており、「１３３１」以外にも「１３２２」（図１８８）「１２３２」（図１８９）、「２３１２」（図１９０）など多様なフォーメーションがあります。

２つ目の「攻撃の起点」に関しては、例

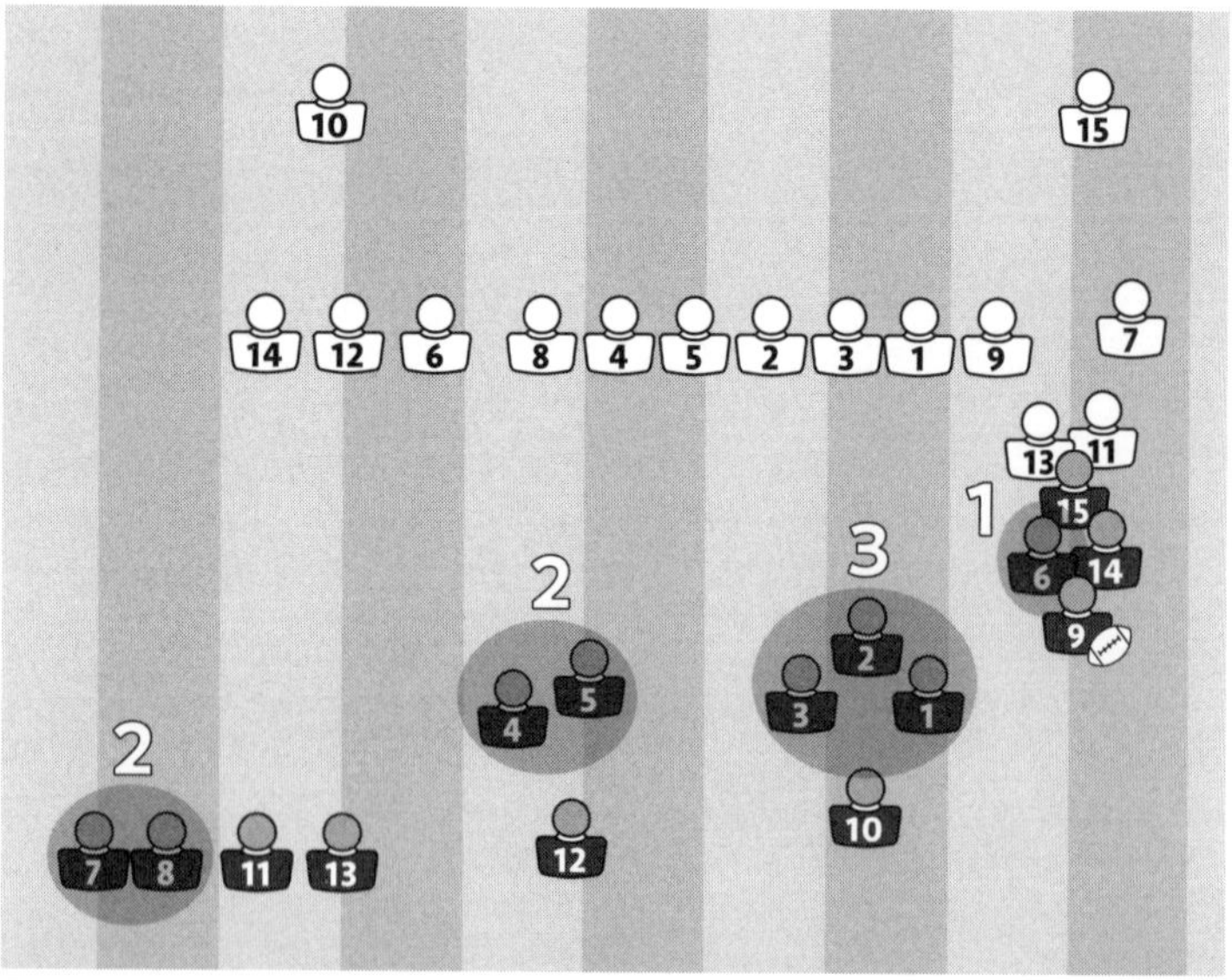
10
15
14
12
6
8
4
5
2
3
1
9
7
13
11
1
15
6
14
9
3
2
2
3
1
2
4
5
10
2
7
8
11
13
12
図188

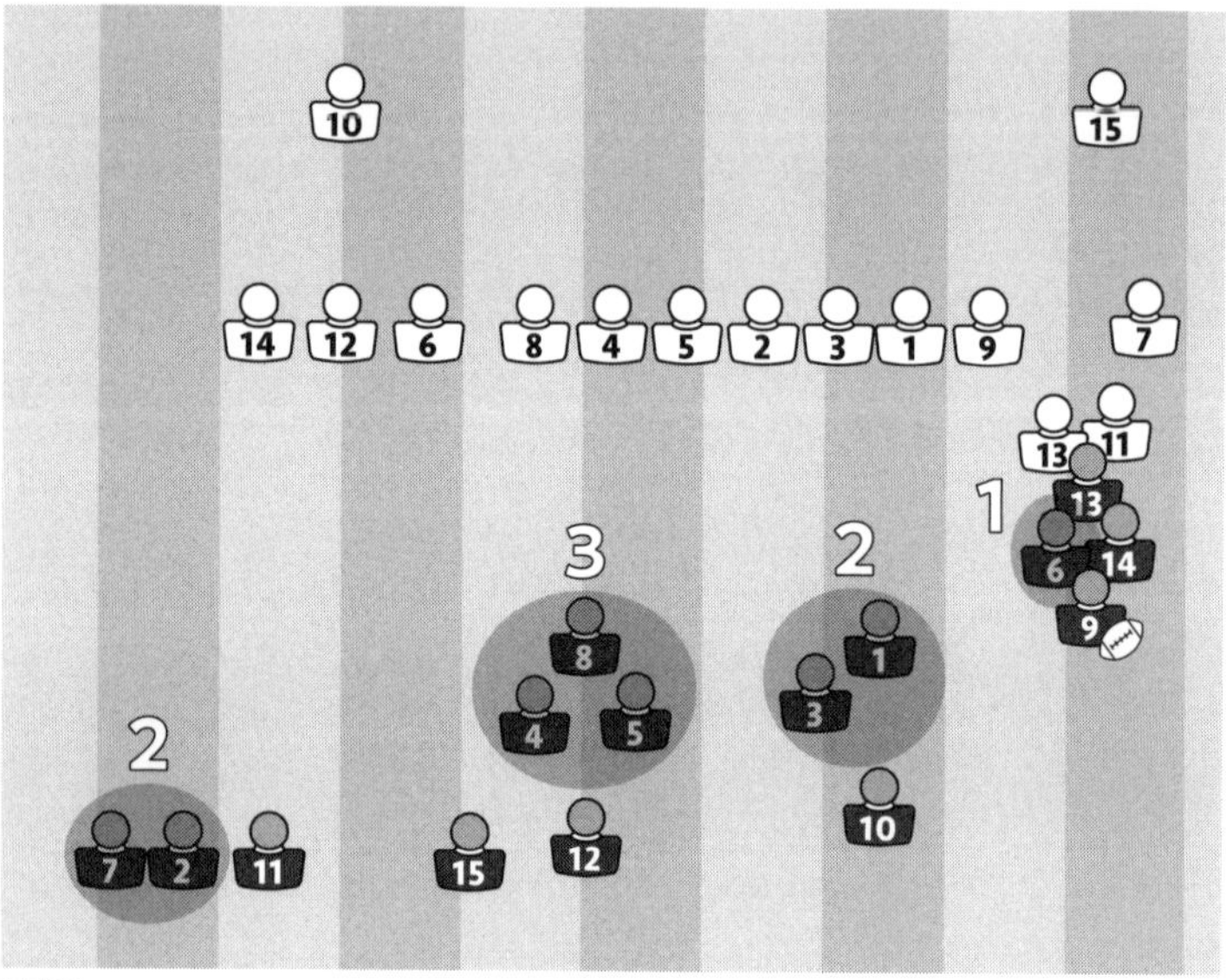
10
15
14
12
6
8
4
5
2
3
1
9
7
13
11
1
13
6
14
9
3
2
1
3
8
4
5
10
2
7
2
11
15
12
図189

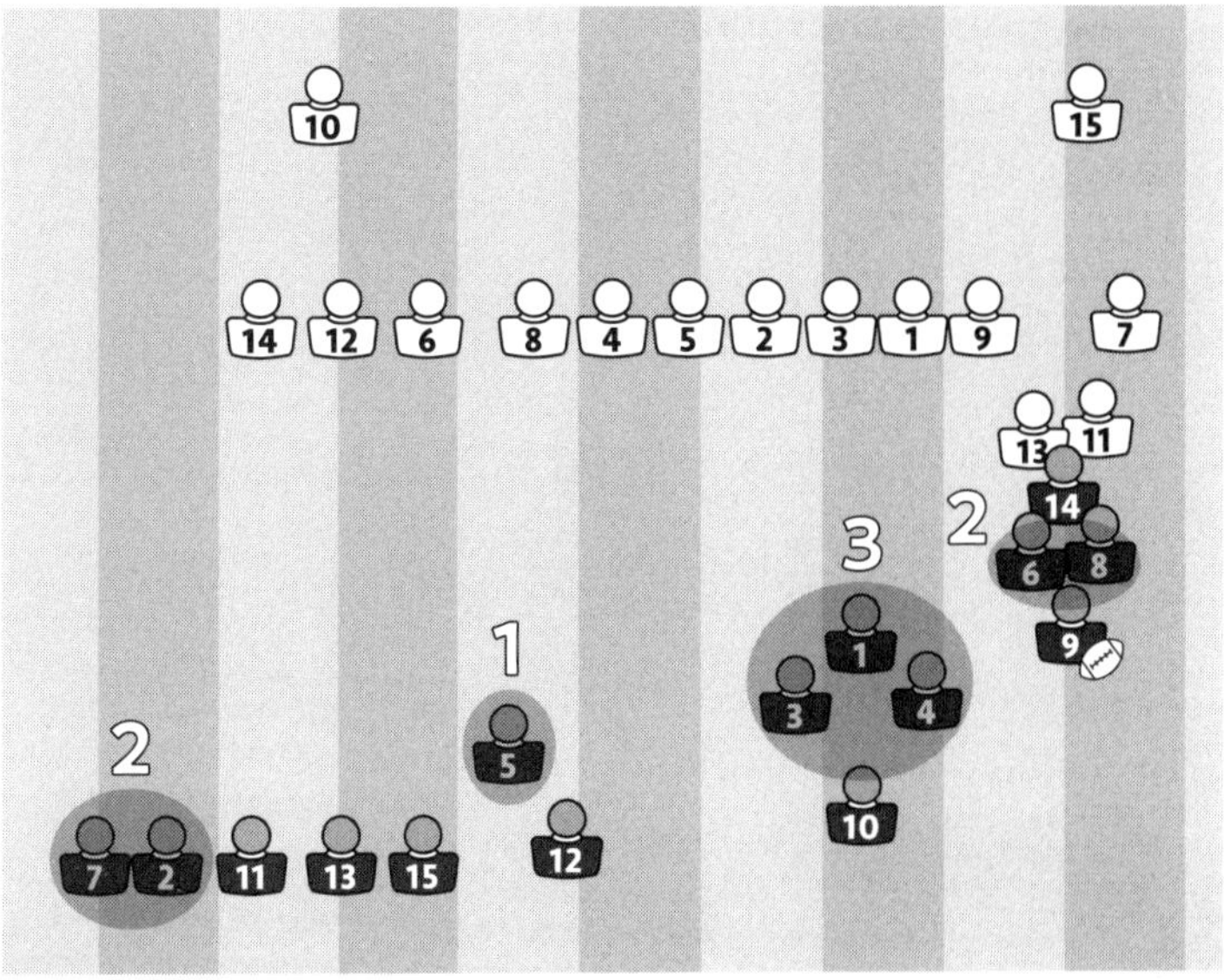

図190

えば、ニュージーランドは、「１２３２」というフォーメーションで、10シェイプを起点としており、ディフェンスをスプリット（半分に分けて）にして突破力のあるエッジのフォワードでゲインすることを意図していました（図１９１）。

この場合は「10シェイプ」が起点となるので、ディフェンスはここにプレッシャーをかけて攻防を優位にしていきます。

３つ目の「移動」に関してです。２０１０年からトップリーグの一時代を築いたサントリーサンゴリアスの「シェイプ」はフォワードの1番から5番の「タイトファイブ」が順目に移動し続けることでディフェンスを誘導したり、数的優位を作ることを意図していました。

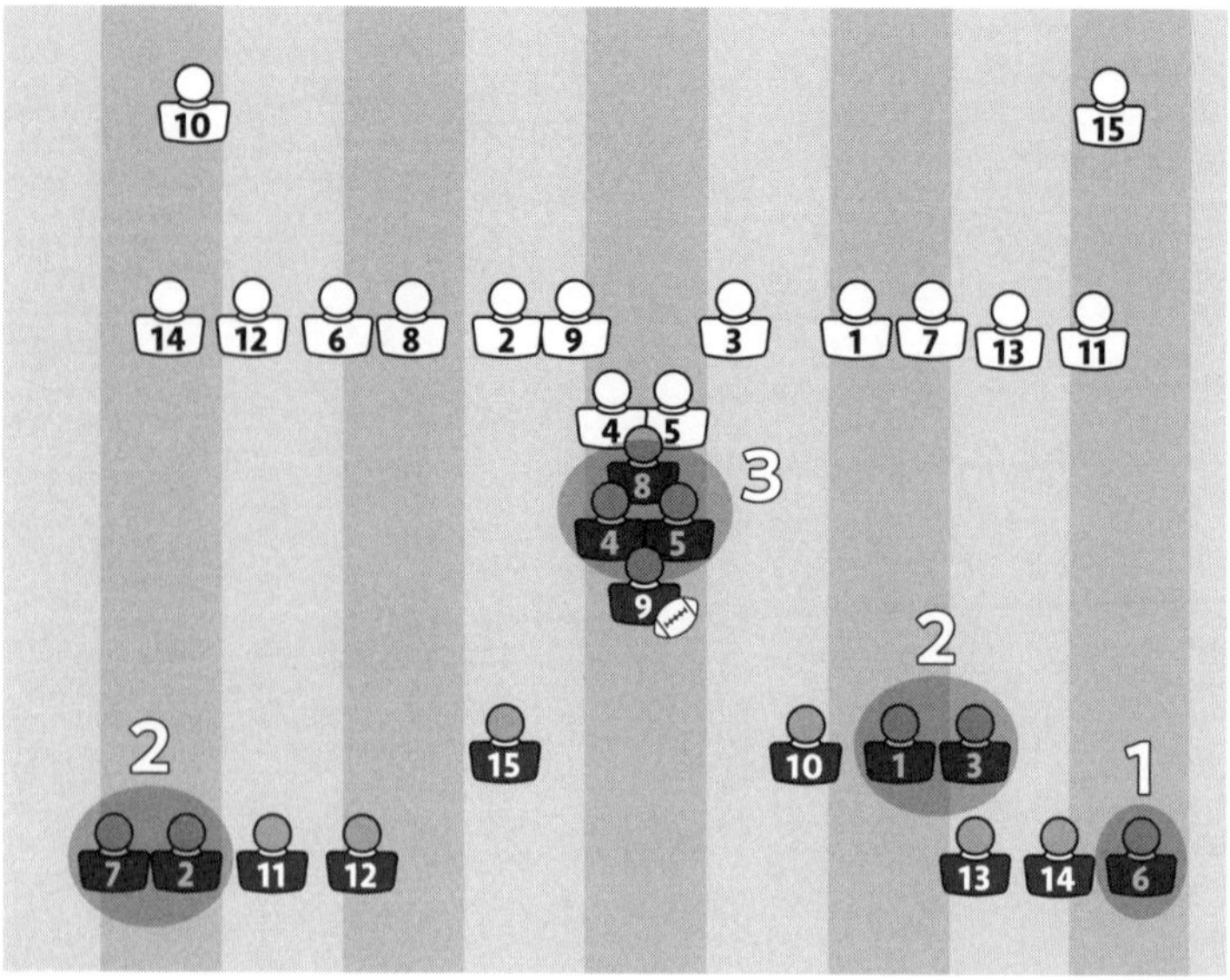

図191

ディフェンスはこのシステムの起点である「9シェイプ」にプレッシャーをかけることで、アタック側の順目の移動を「遠回り」させ、アタックのポジショニングを遅らせることができます。

また、移動の規則性さえわかれば「先回り」しておくことも可能です。

特定選手の移動攻撃であれば、意思決定者であるスタンドオフが仕掛けることもありますが、フルバックに攻撃選択の自由を与え、スタンドオフの意思とは無関係に動いてディフェンスを混乱させることもあります。そういう役割の選手を「スインガー」と呼びます。

さて、ここからは2019年のワールドカップで見られた戦略的なアタックやフォーメーションに対して、主にジャパンがどのようにディフェンスしたかについて紹介していきたいと思います。

ジャパン対アイルランド

アイルランドのフォーメーションは「1331」。真ん中の2つのポッドでディフェンスを集め、エッジでディフェンスを崩す典型的なスタイルです（図187）。

それ故に真ん中の2つの9シェイプにプレッシャーをかけられるとアイルランドは戦術的に打つ手をなくしてしまいます。

プール戦でアイルランドと対戦したジャパンは、前半はアイルランドのセンターの選手の移動攻撃に対処できずミスマッチを突かれて突破されたり、バックラインの選手の中途半端な位置取りを突かれてキックで前進されました。しかし、アイルランドの9シェイプにプレッシャーをかけ続けることで攻防を優位にして、見事に勝利を収めることができました。

ちなみに、準々決勝のニュージーランド戦でもアイルランドはジャパン戦と同じように9シェイプにプレッシャーをかけられ続けました。そこで、ジャパン戦では欠場していた正スタンドオフのジョナサン・セクストン選手がハイパントを織り混ぜた攻撃で閉塞した局面を打開しようとしましたが、ニュージーランドのバックスリーに完璧に処理されて攻撃の芽を摘まれてしまいました。

ジャパン対スコットランド

スコットランドのフォーメーションは「2312」。エッジにフォワードを2人配置することで数的にも、質的にも優位に立つことを意図しています（図190）。

それに対してプール戦でジャパンは、1人しかいない10シェイプのフロントドアとバックアに徹底的にプレッシャーをかけ、優位のあるエッジにボールを運ばせないようにしました。

エッジに運ばれるボールに対しては、ウイングの福岡堅樹選手が外から蓋をするようにプレッシャーをかけて、自由にボールを運ばせないようにしていました。

次に強豪国のアタックに対して、対戦国がどのように対応したかを見ていきます。

イングランド対ニュージーランド

ニュージーランドのフォーメーションは「1232」で、10シェイプを起点としています。10シェイプの真ん中に突破力があり、パスができるスキルフルなNO8のキアラン・リード選手を配置していました。

彼のアタックでディフェンスを突破してディフェンスをグルーピングすることを意図してい

ます。

真ん中でブレイクダウンを作ることで、それぞれのサイドにスタンドオフのリッチー・モウンガ選手とフルバックのボーデン・バレット選手を配置する「2プレーメーカーシステム」を採用しています（図191）。

このプレーメーカーというのはアタックの方向を決める選手のことであり、「意思決定者」と言い換えることもできます。

この2人のプレーメーカーがエッジに配置された突破力のあるフォワードのフッカーのダン・コールズ選手やフランカーのアーディー・サヴェア選手、サム・ケイン選手へボールを送り、ディフェンスを崩します。

準決勝でニュージーランドと対戦したイングランドは、まず攻撃の起点である「10シェイプ」に徹底的にプレッシャーをかけます。

さらに脅威のあるエッジに対しては、通常3人か少なくとも2人を配置してキックを警戒しているバックラインの選手を1人にして、フロントラインを通常より多くし、外側のスペースを潰しました（図192）。

この博打のようなディフェンスフォーメーションに関してイングランド代表ヘッドコーチのエディー・ジョーンズさんは、「2019年シーズン、ニュージーランドはキックをあまり

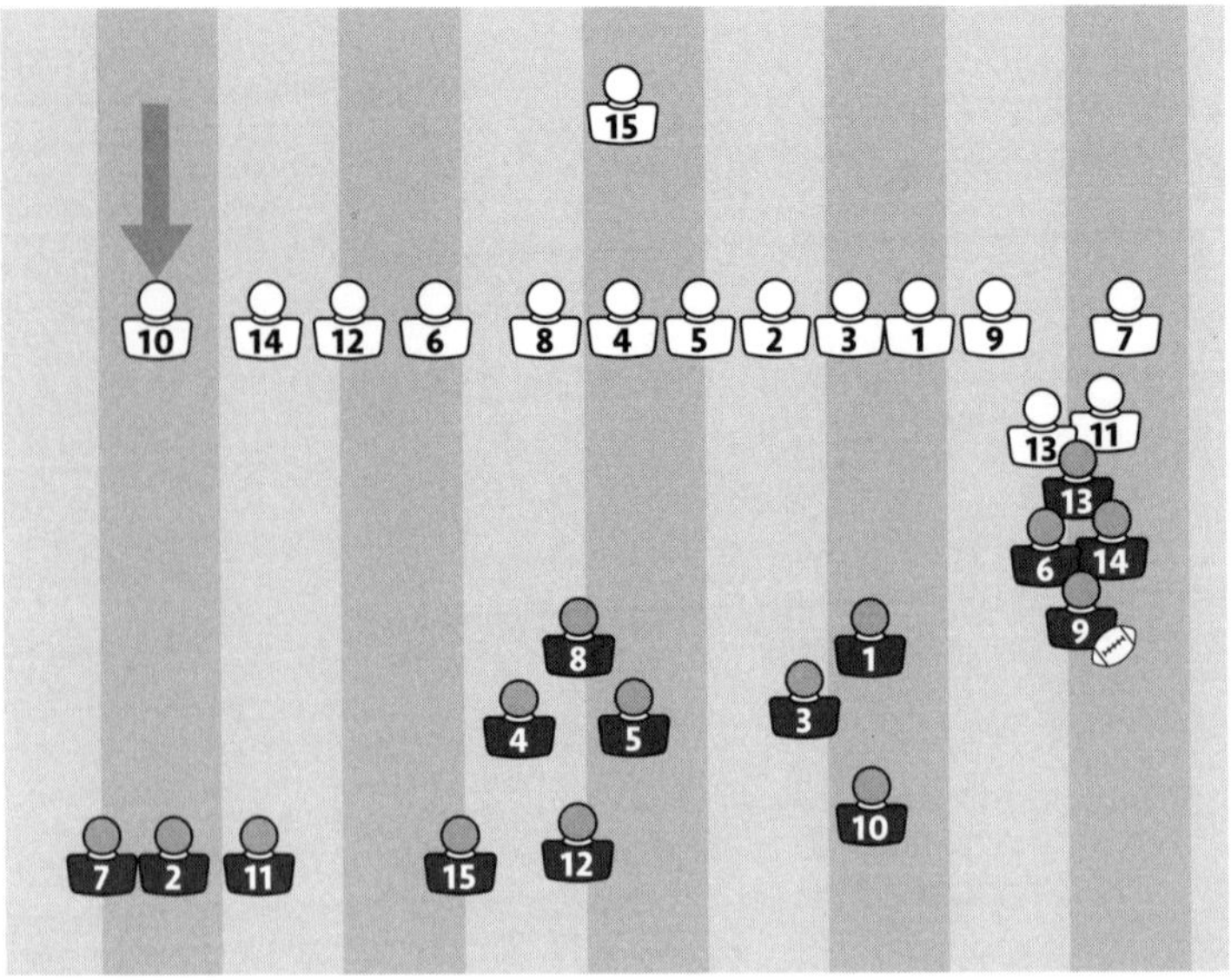

図192

使っていなかったことと、脅威のあるバックスリーにスペースを与えたくなかったことに加え、試合の序盤、いつもいいスタートを切っていなかったので混乱させたかった」と語っていました。

　他にも、ニュージーランドのラインアウトの精度の低さやディフェンス力の弱さなどもあり、「キックを使ってこない」とする読みがあったのかもしれません。

■ニュージーランド対イングランド
南アフリカ対イングランド

「1331」のフォーメーションですが、エッジに配置されたバックスリーやフランカーの選手が順目側に移動するシステムとなります（図193から197）。

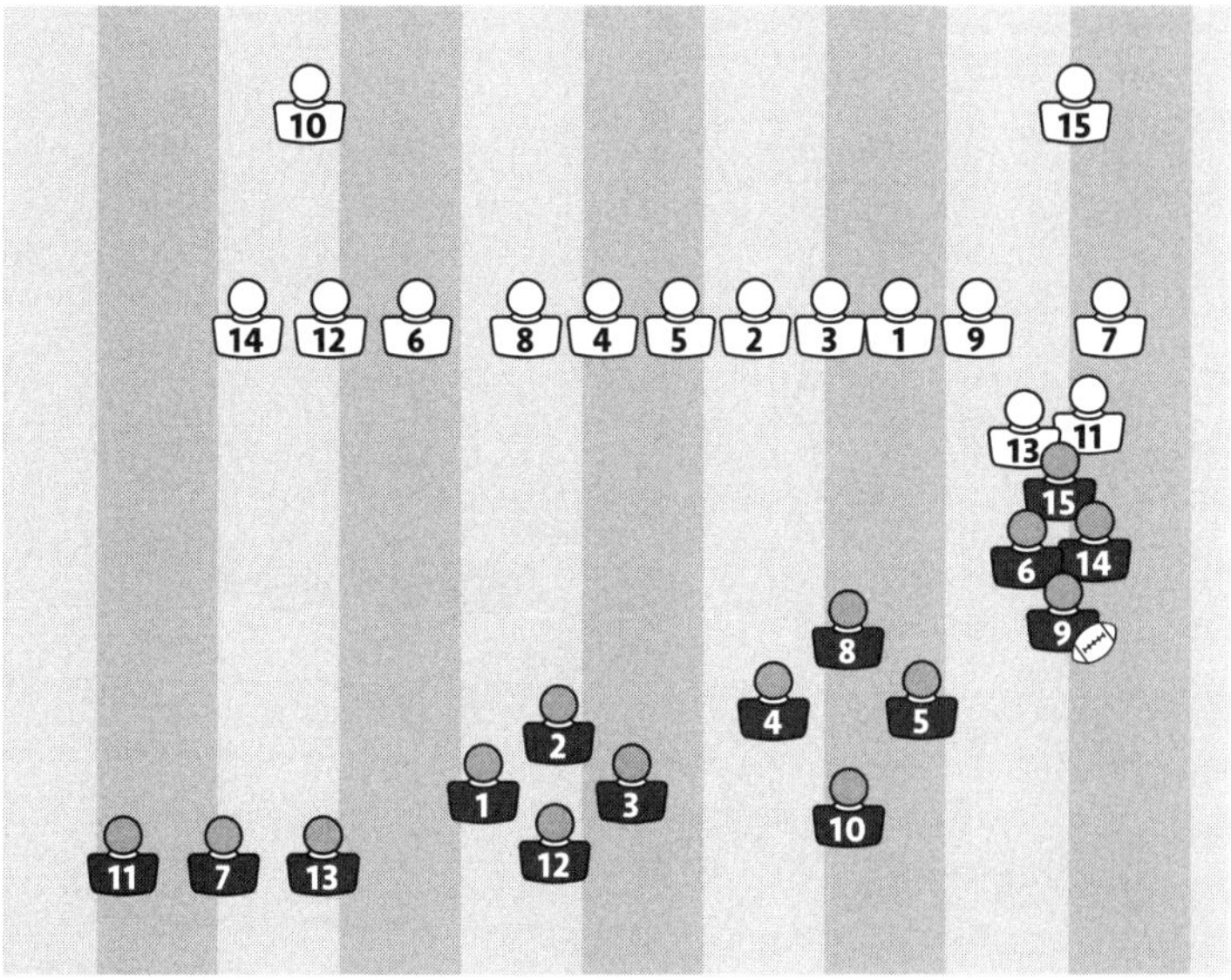
10
15
14
12
6
8
4
5
2
3
1
9
7
13
11
15
6
14
9
8
4
5
2
1
3
10
12
11
7
13

図193

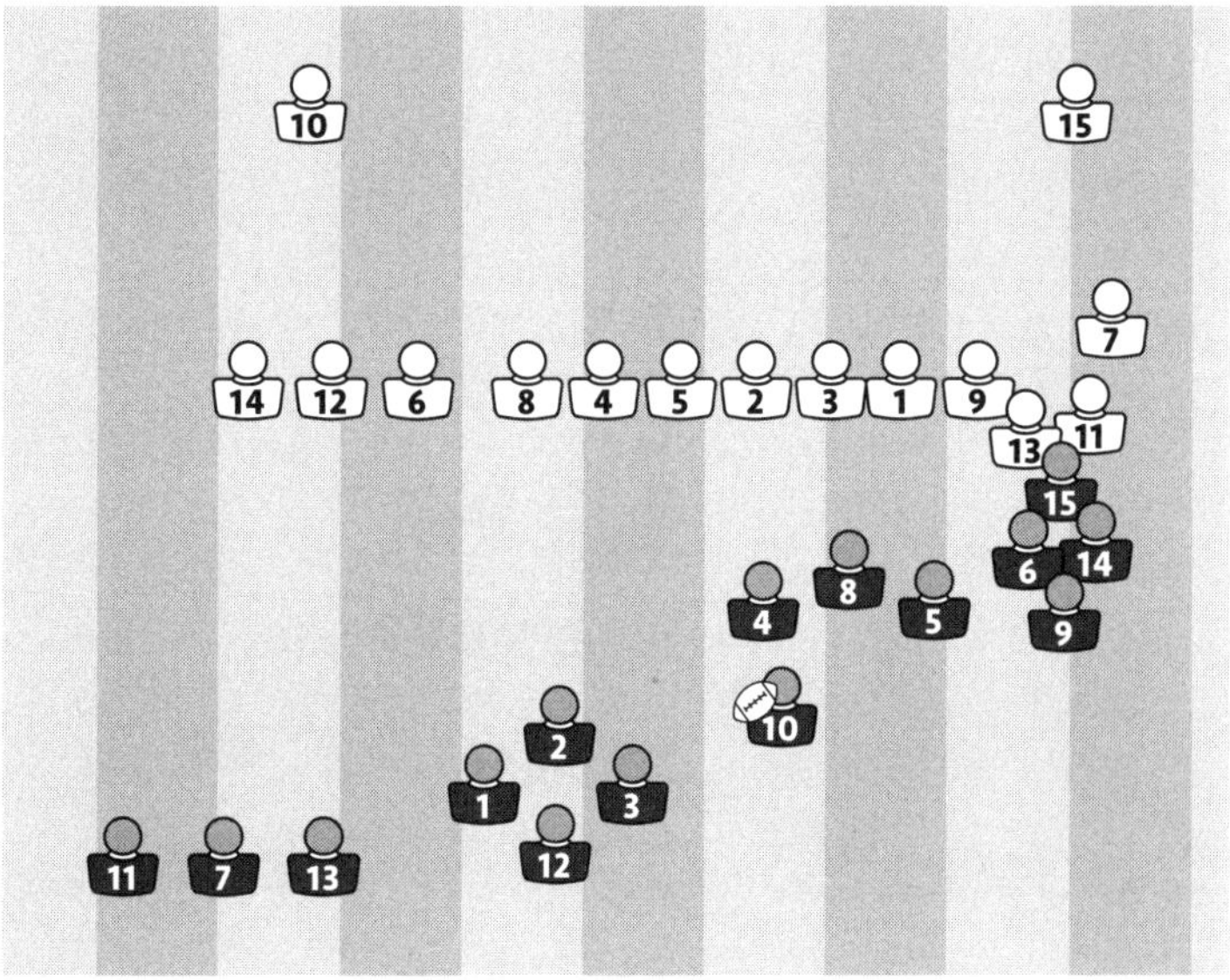
10
15
7
14
12
6
8
4
5
2
3
1
9
13
11
15
6
14
8
4
5
9
10
2
1
3
12
11
7
13

図194

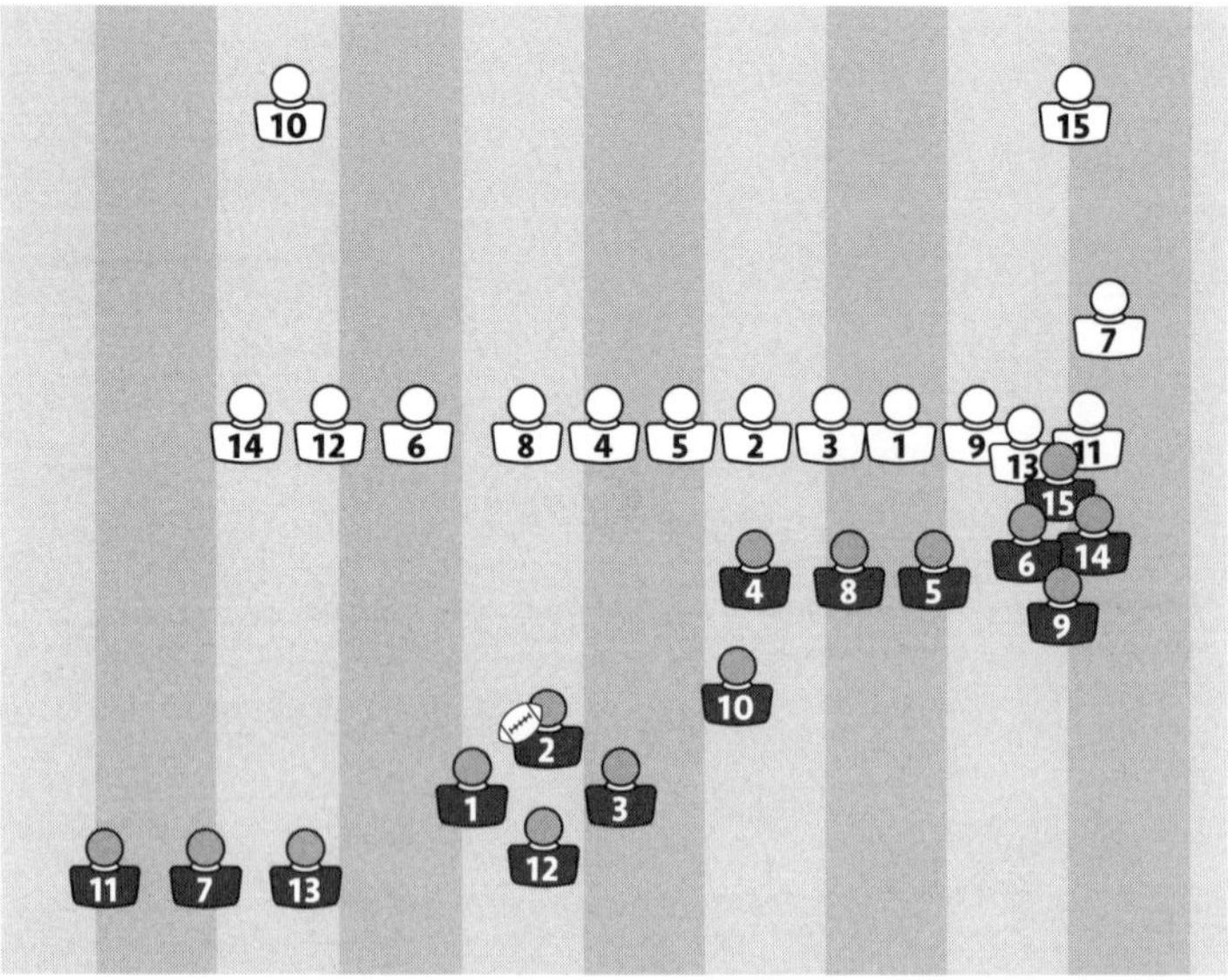
10
15
7
14
12
6
8
4
5
2
3
1
9
13
11
15
6
14
4
8
5
9
10
2
1
3
12
11
7
13
図195

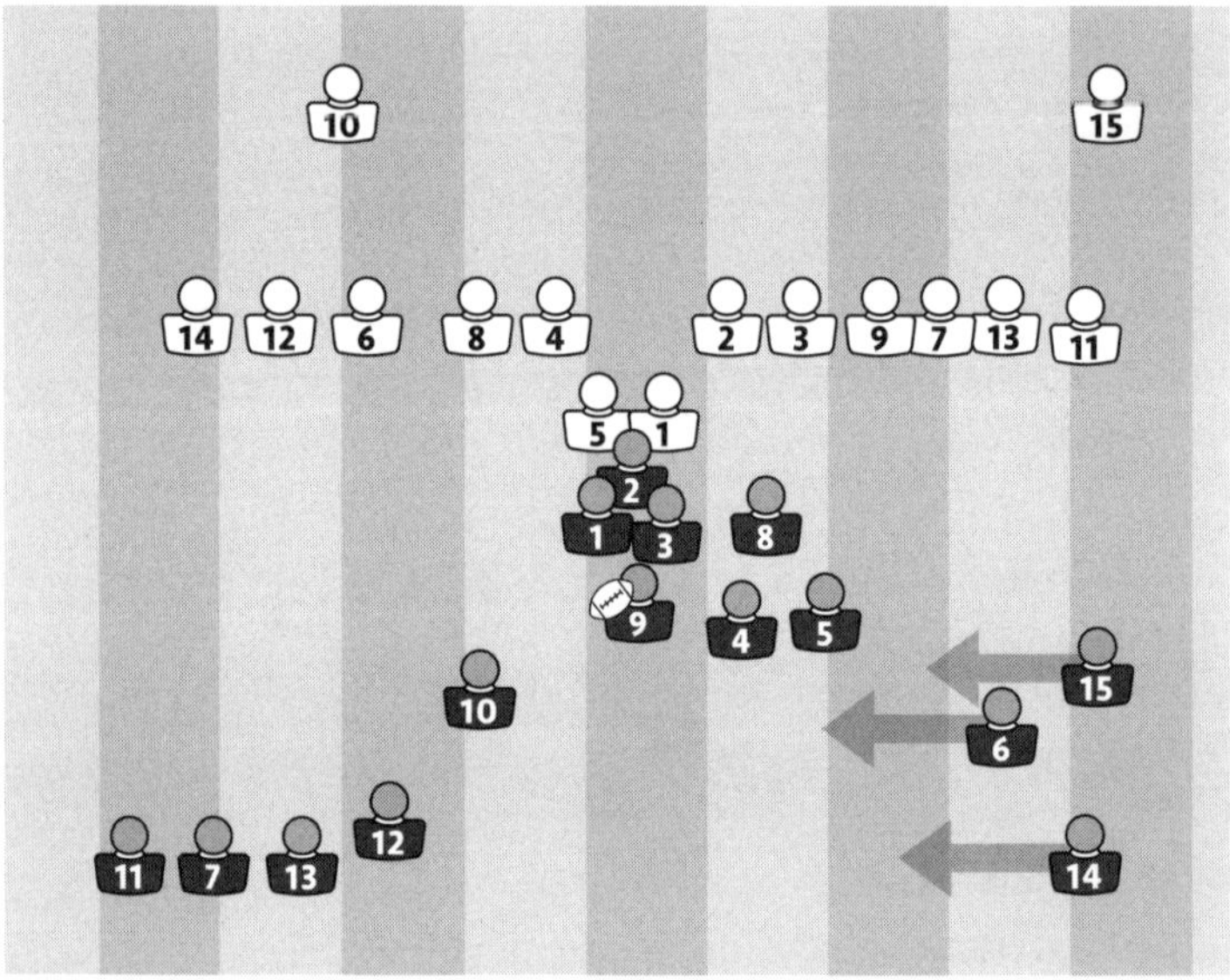
10
15
14
12
6
8
4
2
3
9
7
13
11
5
1
2
1
3
8
9
4
5
15
10
6
12
11
7
13
14
図196

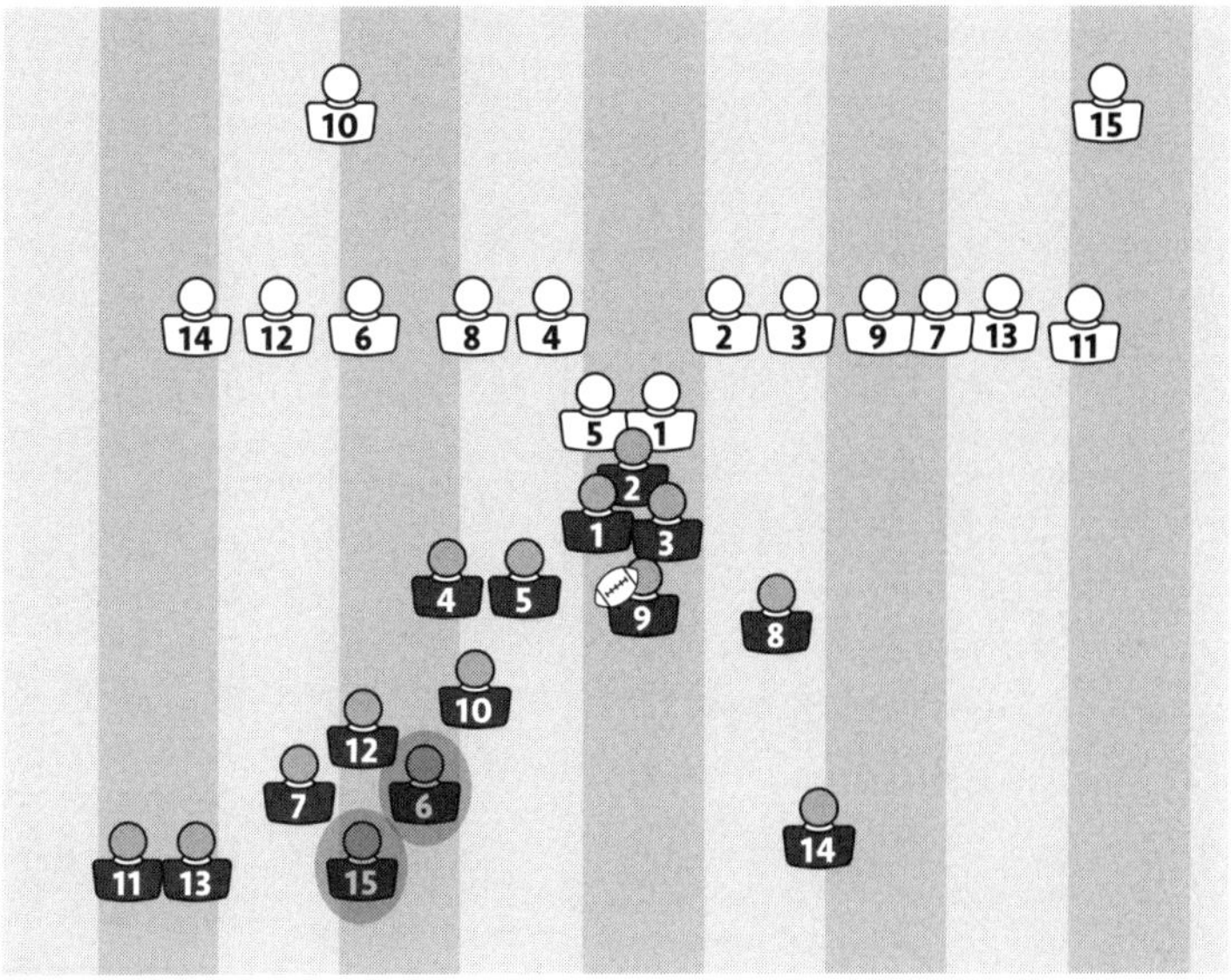

図197

準決勝でイングランドと対戦したニュージーランドは、シングルタックルでブレイクダウンにプレッシャーをかけずにフィールドに立つディフェンスの選手を増やすことを意図していましたが、ブレイクダウンにプレッシャーをかけないため、イングランドにブレイクダウンを速くリサイクルされて、順目に移動するアタックにディフェンスは間に合わず崩されてしまいました。

ちなみにイングランドはエッジからの折り返しのアタックでフラットに走り込んでゲインを狙ってくるので、そこにプレッシャーをかけることで攻防で優位に立てます。

決勝で南アフリカはイングランドのフラットアタックにラッシュアップディフェ

ンスでプレッシャーをかけることで攻防を優位に運び、勝利しました。

2015年のジャパン対南アフリカ 2019年のジャパン対南アフリカ

シンプルな「1331」のフォーメーションですが、スタンドオフのハンドレ・ポラード選手というよりもフルバックのウィリー・ルルー選手が意思決定者として移動攻撃を仕掛けてボールを動かしていきます。

アタックの戦術に大きな優位性があるというよりも、ハイパントを軸にアンストラクチャー（陣形が整っていない状態）な状況を作り出し、決定力のあるウイングにスペースのあるところでボールを回してディフェンスを崩していました。

もし、相手にハイパントのボールを奪われても、極端に前に出るラッシュアップディフェンスでプレッシャーをかけ、ボールを奪い返してアンストラクチャーを作り出します。

また、スクラムやラインアウトといったセットプレイやモールが強く、得点を奪う手段をいくつも持っていることが南アフリカの強みだと言えます。

2019年のワールドカップでジャパンは、南アフリカの「1331」のフォーメーションにしっかりとプレッシャーをかけ、フィールドの攻防ではひけを取りませんでしたが、スクラムとモールを軸とした南アフリカに攻防を優位に進められて敗れてしまいました。

２０１５年のワールドカップで南アフリカに勝利した時は、南アフリカがキックを使って戦略的に戦わずに、パスでボールを動かしてくれたことが要因だったと考えます。

さらにその時は、メンバーのセレクションの時点で、スクラムハーフをフーリー・デュプレア選手ではなく、フランソワ・ピナール選手、スタンドオフをハンドレ・ポラード選手ではなくパット・ランビー選手、フルバックをウィリー・ルルー選手ではなくゼーン・カルシュナー選手と、いずれもパスやランの得意な選手を選んでしまったため、戦略的に戦うことができませんでした。シンプルな「１３３１」の南アフリカのアタックはジャパンのディフェンスにプレッシャーを受け続けることとなりました。

ちなみに、それまでキックを極力使わず「ポゼッション・ラグビー」を標榜していたジャパンですが、この試合ではどのチームよりもキックを使っていました。

それまでキック、パス比率ではキック1回に対してパス11回がジャパンの理想的な試合展開とエディー・ジョーンズさんは語っていましたが、この試合はキック1回に対してパス4回となっており、皮肉にも南アフリカがしなければいけない試合展開をポゼッション・ラグビーのジャパンが行う形となりました。

最後にワールドカップでジャパンに勝利した南アフリカがどのようなディフェンスをしてき

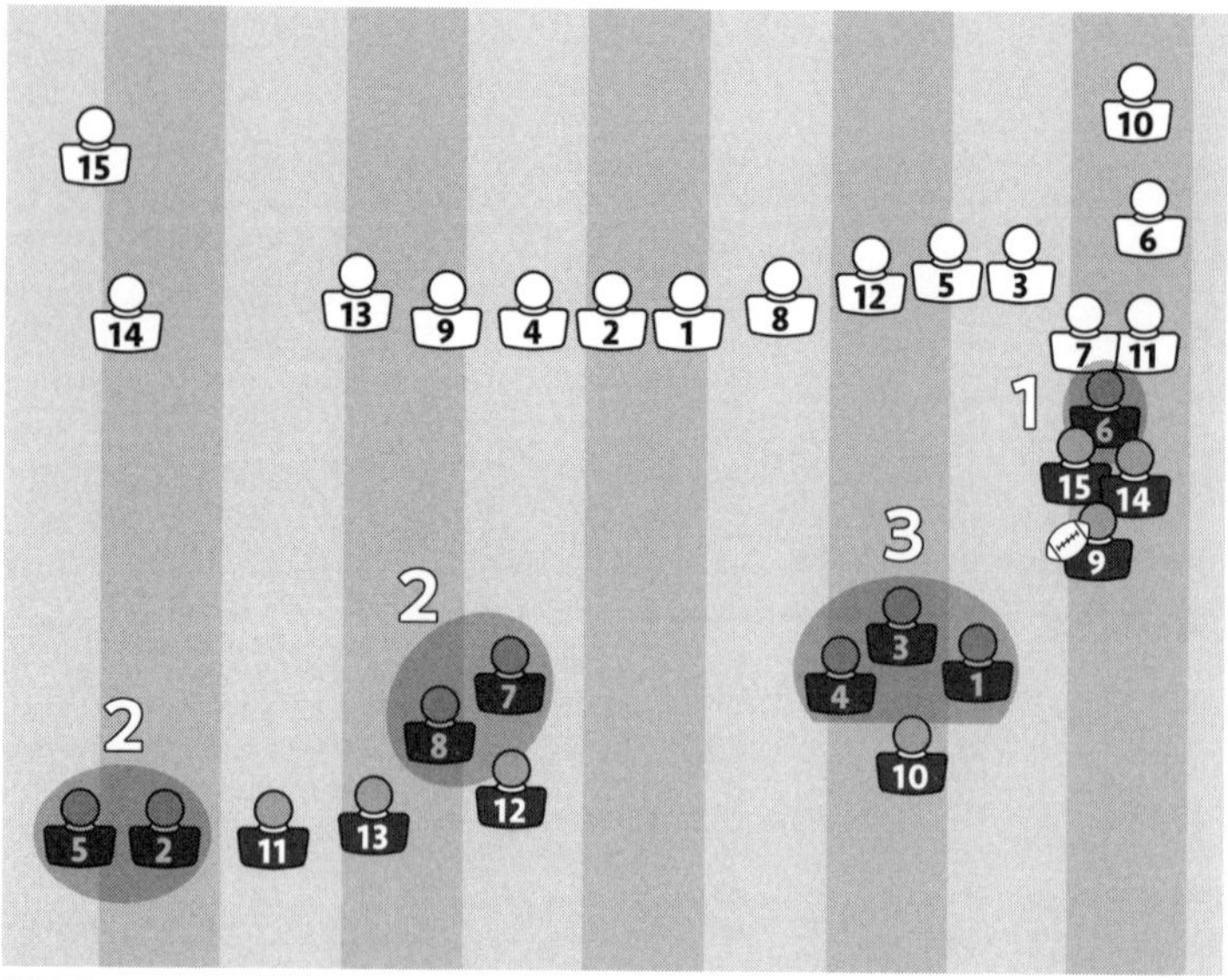
15
14
13
9
4
2
1
8
12
5
3
10
6
7
11
1
6
15
14
9
3
2
3
4
1
10
2
7
8
12
5
2
11
13
図198

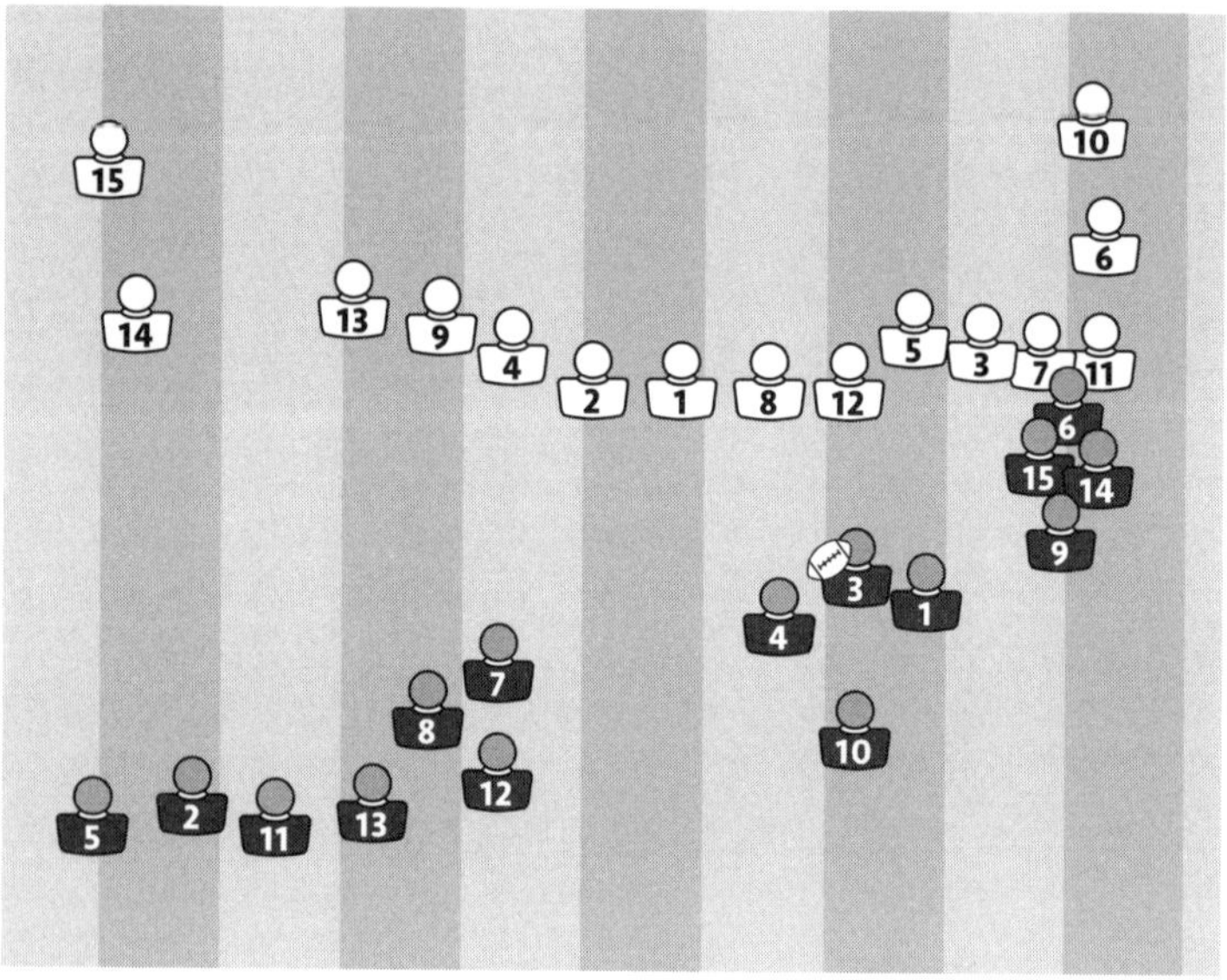
15
14
13
9
4
2
1
8
12
5
3
7
11
10
6
6
15
14
9
3
1
4
10
7
8
12
5
2
11
13
図199

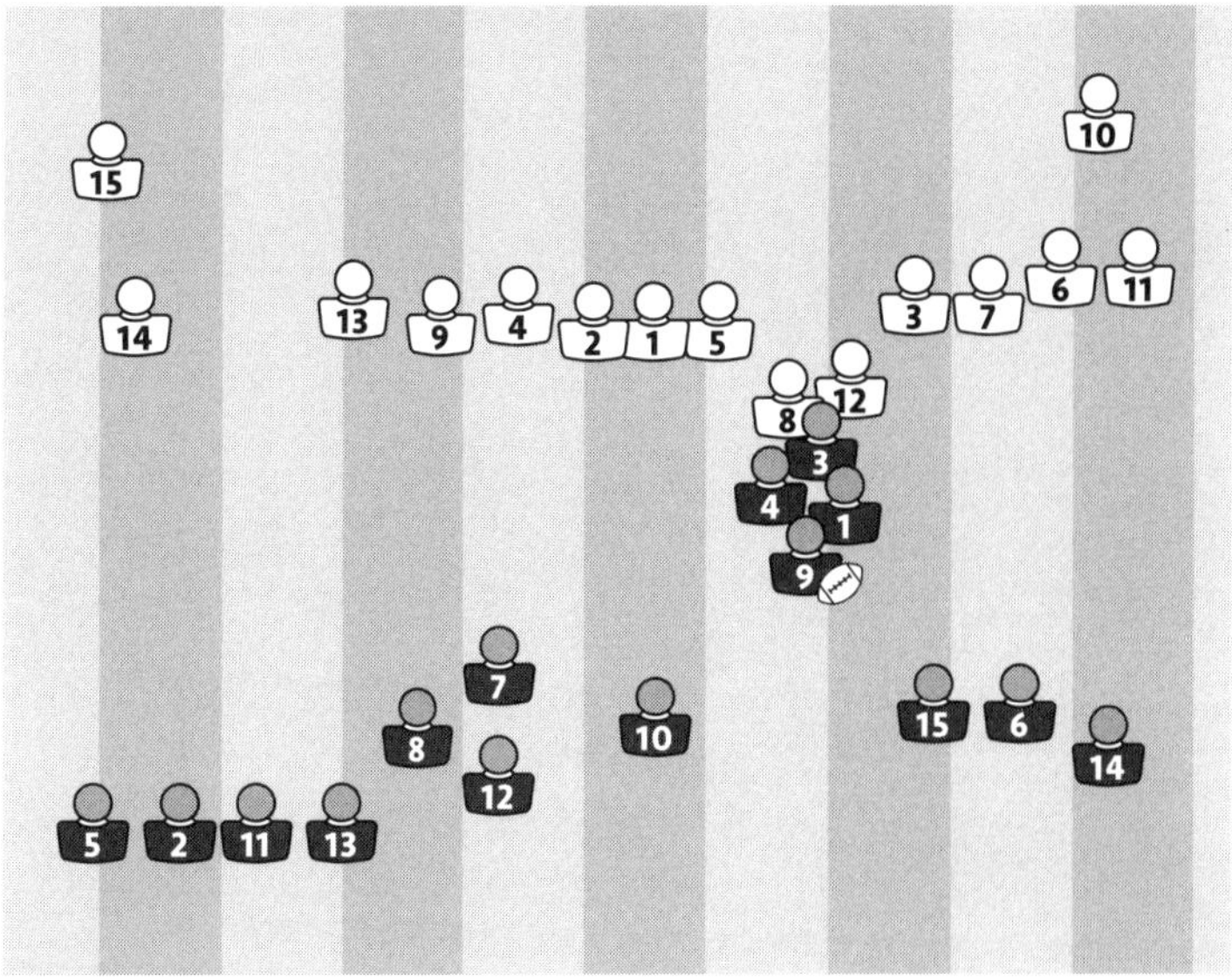
15
10
14
13
9
4
2
1
5
3
7
6
11
8
12
3
4
1
9
7
8
10
15
6
14
12
5
2
11
13

図200

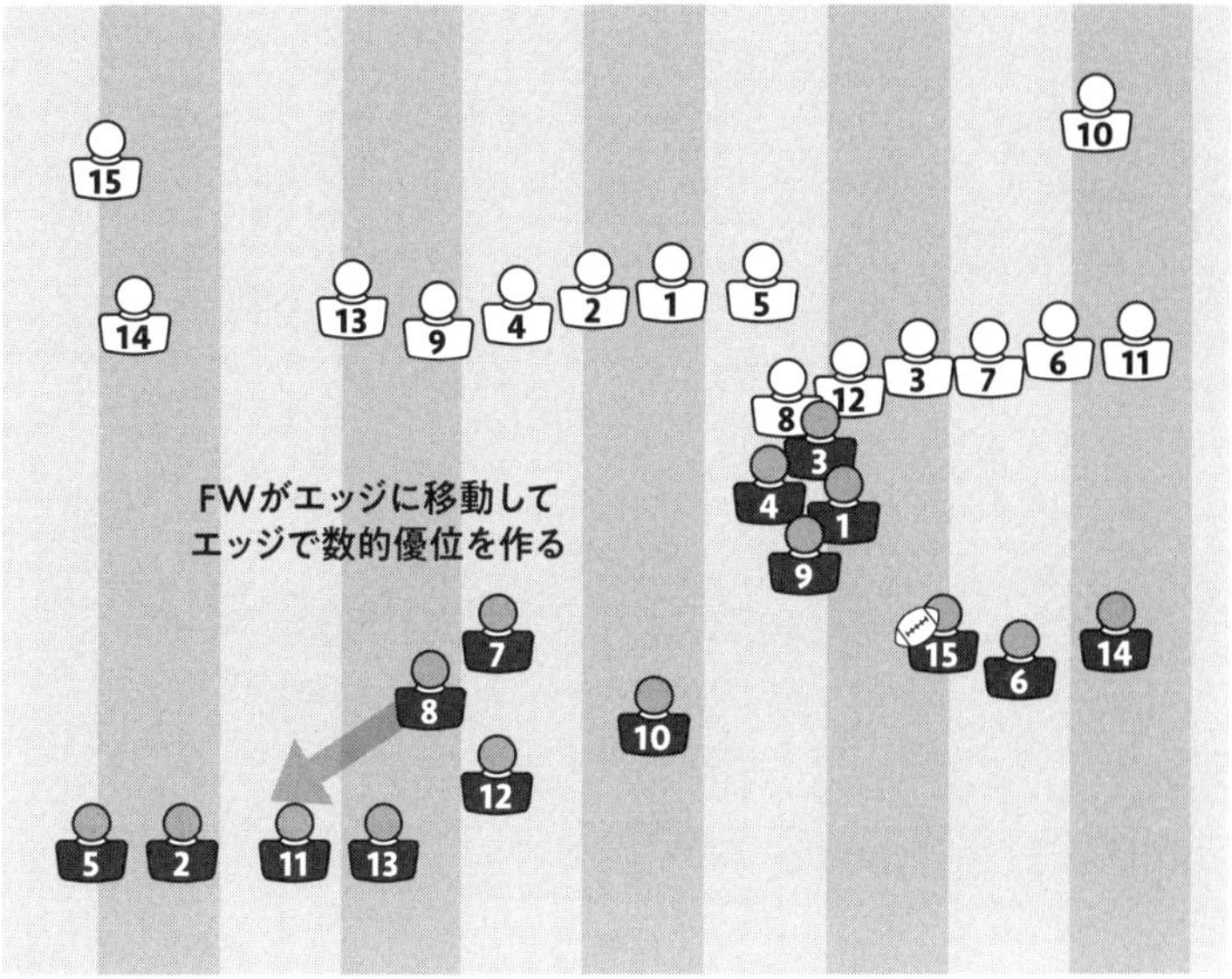
FWがエッジに移動して
エッジで数的優位を作る

図201

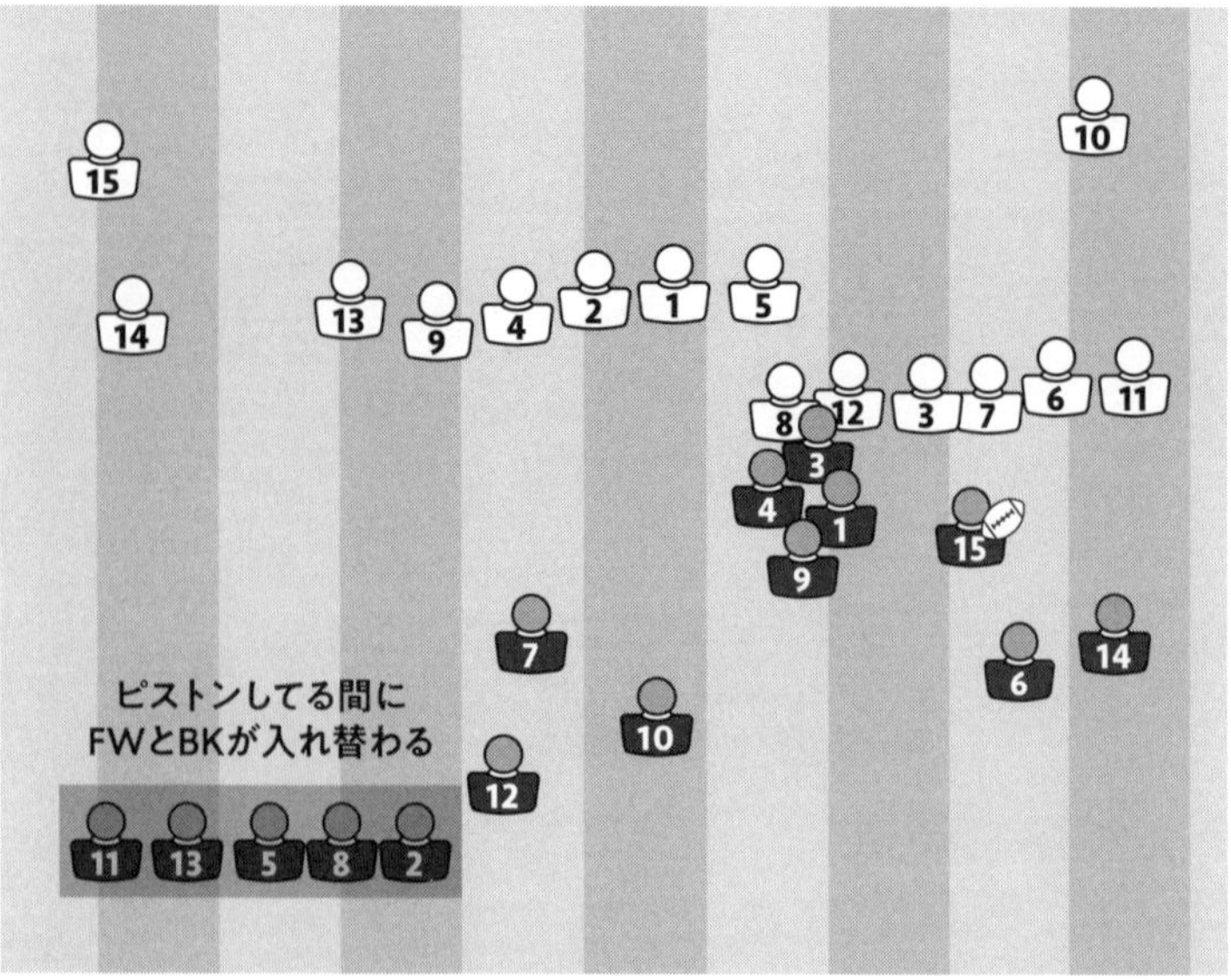

図202

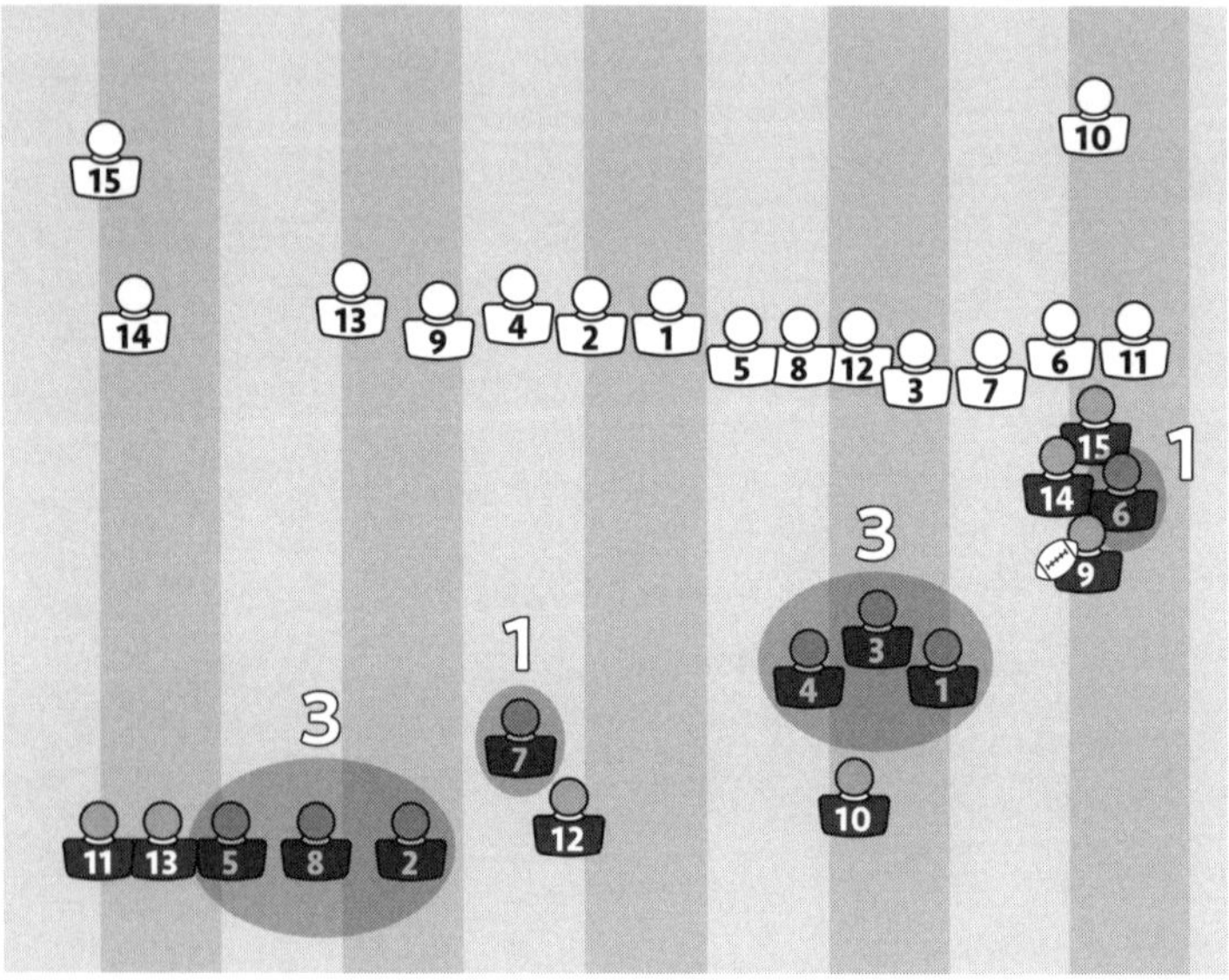

図203

たかを見ていきます。

南アフリカ対ジャパン

ジャパンのフォーメーションは「1322」ですが、攻撃の途中にフォーメーションが変化していく特徴的なシステムになります。

ジャパンは、エッジと9シェイプが交互にアタックするピストンアタックでディフェンスをグルーピングしてる間に逆サイドの配置を変えるシステムを採用しており、「1322」のフォーメーションを「1313」に変えたり、同じ「1322」でもフォワードとバックスの配置を変えたり、スタンドオフの田村優選手とセンターの中村亮土選手のポジションを入れ替えて、田村優選手がセンターの位置から配置をコントロールしていました（図198から203）。

ピストンアタックによって、速くブレイクダウンをリサイクルされ続けるとディフェンス側はそちらに注意を取られて配置の変化に対応ができません。

そこでディフェンスは、攻撃の起点であるピストンアタックにプレッシャーをかけていきます。

特にエッジからの9シェイプはプレッシャーをかけやすいので、ここに的を絞ることでアタックのブレイクダウンのリサイクルスピードを遅らせます。アタックのリサイクルスピードが遅くなれば、ディフェンス側は「配置変え」にも余裕を持って対処することができます。また、どれだけ配置を変えようとも、アタックのラインが広くなればパスにプレッシャーをかけられてしまい、フォーメーションが変化する優位性は生かされません。

準々決勝では、前半20分までは激しく前にプレッシャーをかけてくる南アフリカのディフェンスに対して、プレッシャーの届かない深いラインでパスを回して崩そうとしていましたが、次第にラインが浅く、広くなり、スタンドオフからのパスにプレッシャーを受けアタックが機能しなくなりました。

最強のアタックや最強のディフェンスというものは存在せず、常に相手の意図を読んで、駆け引きしていかなければなりません。そのためにはフォーメーションを知り、攻撃の起点を見破り、移動する規則性を理解することが必要不可欠なのです。

スキルのスクリーニングについて

ここからはディフェンスを指導する際に重要な、「スクリーニング」について話していきます。うまくいかなかったプレイに対して、指導者は瞬時に「スクリーニング」して問題を特定していきます。

この時、まず「認知を含んだ判断に問題があるのか、それとも動作の実行に問題があるのか」に分けます。判断の場合、「戦略や戦術といった大局的な問題なのか、局面における状況判断の問題なのか」に、動作の場合は、「手の位置なのか足の位置なのか」というように要素に分解して問題の切り分けを行っていきます。

例えば、「ターンオーバーができなかった」という問題に対して、「アタックラインにプレッシャーをかけられていたかどうか」を見ていき、「戦術選択」の問題か「ブレイクダウン」の問題かの切り分けをしていきます。ここで、相手を止めてはいるが、積極的に前に上がっていなかったのであれば戦術を変更する必要がありますし、しっかりとプレッシャーをかけられていたのであれば、「ブレイクダウン」にフォーカスしていくことが重要になってきます。

「ブレイクダウンに適切にプレッシャーをかけられていたかどうか」を見て、プレッシャーをかけられるのにかけていなかったのであれば、「プレッシャーをかける基準」を与えます。

もし「ブレイクダウンにプレッシャーをかけているがターンオーバーできなかった」場合は、「ブレイクダウンに対して適切なスキルを発揮していたかどうか」を見ていきます。

そこで「カウンターラックにいくべきなのにジャッカルでボールを奪い返そうとしていた」のであれば、ジャッカルとカウンターラックの「判断の基準」をコーチングします。

「ジャッカルにいくべきだった」のにジャッカルがうまくいかなかった場合にようやく「テクニック」の問題を考え、「ジャッカルでの足の位置なのか、上体の位置の問題なのか」と問題を特定していきます。

それでは、スクリーニングでの確認すべきポイントについて、いくつか紹介していきます。

ストラクチャー

①ノミネート（スペーシング）

- ボールウォッチせずに対面をしっかりノミネート。
- ブレイクダウンから1ｓｔレシーバーが4メートル以上離れている場合は対面がいなくても「ゾーン」を守るポストを配置する。

②フォールディング

・タックルが起こった時にその外側にいるディフェンスが内側に寄らなくていいように逆目側からポジショニングする。

③移動

・バックスは自分の対面が逆サイドに移動した場合は同じようについていく。

④ラインスピード

・ブレイクダウンからのパスアウトに合わせてボールが空中に飛んでいる間にアタックラインとの間合いをしっかり詰める。

⑤スイング

・ダブルラインでバックドアにパスが回った時にフロントドアを手で押し退けてバックドアへディフェンスに向かう。

・フロントドアの外側へスイングしたいのでフロントドアの対面の外側に立つのが一般的。

⑥バックラインの連携

・3バックではボールがオープンの外側に回ったらオープン側のバックラインにいるウイングが上がり、フルバックがオープン側のタッチライン側に移動し、ブラインドウイングはオープン側へ移動する。

タックル（トラッキング）

①ラインスピード

・パスアウトからボールが空中にある間に対面との間合いを詰める。

②パドリング

・対面がボールをキャッチする直前にスピードをコントロールして左右の動きに対応する。

③ヒップスクエア

・パドリング時に自分の腰を正面に向ける。外側を向いていれば内側のカットインに弱く、内側を向いていれば外側のカットアウトに弱い。

④スマッシュ

・自分のタックルレンジ（一般的には2メートル弱）に入ったら、アップしてタックルに入る。

タックル（動作）

①リードフットの位置

・タックルで踏み込んで当たる足をパワーフット、逆足をリードフットと呼ぶ。タックル時にリードフットが遠いとパワーフットも遠くなり、力がしっかり伝わらない。

・リードフットが遠いとサイドタックルが決まらない。

②ヘッドポジション

・相手のお尻側に自分の頭が来るように肩をヒットする。

・通称「逆ヘッド」にならない位置。

③バインド

・タックル時に相手を腕で挟むことをバインドという。タックルした後に相手を離さないようにしっかりバインドする。

④チェイスフィート

・タックルした後に足をしっかりかくことをチェイスフィートという。これによりボールキャリアーの上に乗る「ドミネントタックル」にする。

ジャッカル

①足の位置

・倒した後、内側の足を軸にして外側の足をスイングする。

・プレッシャーに負けないように足を開く。

②上体の高さ

・胸を低くして肩を絞って相手がスイープに入るスペースを与えない。

③頭の角度

・顎を引いて上目使いで相手を見るような強い姿勢を作る（スイープに入るスペースを与えない）。

カウンターラック

①ヒップアップ

・タックルしたら上半身から起き上がるのではなく、お尻から上がって低い姿勢のままブレイクダウンを越える。

②ウインドウ

・相手の胸と首の間のスペースを狙う。

③レッグドライブ

・足をかき続けるが、真っ直ぐに押しきれない場合は横向きに倒す。

ここで紹介したすべてのスクリーニングは選手の評価を行う上でも効果的です。指導者の方はぜひ活用してみてください。また、ラグビーを観戦する際にこれらのポイントについて知っているだけで、いつもとひと味違う楽しみ方もできるようになると思います。

特別寄稿

学術的視点から考察するゲームセンス

—ゲーム中心の指導法とは何か?—

第5章を補足する形で、今回、学術的な観点でゲームセンスを研究している原礁吾氏に寄稿いただいた。本書の内容をより理解いただく上でぜひご一読いただければ幸いだ。

原礁吾（はら・しょうご）

湘南工科大附属高校から日本体育大学へ入学。ラグビー部に在籍するが、4年時は怪我のため、学生コーチとなる。その後同大学大学院へ進学（コーチング学修士）。現在は法政大学第二中学校・高校で保健体育科非常勤講師兼ラグビー部コーチを務める。大学院時代はGame Sense(ゲーム中心の練習の方法論の一つ)についての研究を行う傍ら、駒沢大学高校ラグビー部外部コーチを経験。専門分野はコーチング学とゲーム中心の練習。

日本ラグビー界の現状

ゲーム中心の指導法と聞くと、毎日の練習の中でゲーム形式の練習を取り入れたり、練習の最後にゲーム形式の練習を多く行うことがゲーム中心の指導法というように思われている方も少なくないと思います。日本ラグビーフットボール協会のコーチネット（ＪＲＦＵコーチネット／コーチングの指針）でも、ゲームを最大限にイメージできるようにしたり、ドリル練習ではなくゲーム中心の指導法が推奨されています。しかし、ゲーム中心の指導法が推奨されているにもかかわらず、ゲーム中心の指導法がどのようなものなのか、また、どのようにメニューを作成していけば良いのかという情報は、見受けられません。ゲーム中心の指導法は一般的な指導法になっていないのが現状としてあります。

【ドリル練習とゲーム中心の指導法の違い】

ドリル練習（伝統的な練習、従来の練習）とは、ゲームの一部を切り取り、同じパターンを繰り返し練習したり、プレッシャーがない状況で練習することを指しています。ドリル練習を何パターンも組み合わせたところで、ゲームのような状況を再現することはできません。なぜなら、ゲームというものはとても複雑で、同じ状況が出現する確率はとても低いといえるからです。そのため、ドリル練習で身につけたテクニックが不確定要素満載のゲームでスキルとして発揮できるかわかりません。

一方、ゲーム中心の練習はルールなどで制限されたゲームを通じて（Ｃｏｎｓｔｒａｉｎｔｓ-ｌｅｄ：制限誘導）、スキル遂行能力、戦術的知識や意思決定能力を獲得することができます。ゲームを通じてこれらの能力を獲得することができるため、ドリル練習で獲得した能力よりも実戦的であると言えます。

【学習観から見たドリル練習とＧａｍｅ Ｓｅｎｓｅの違い】

ドリル練習は学習観からすれば実証主義に基づいた練習であると考えられます。実証主義における学習では、学習者である選手は何も書かれていない白板で、その白板へ正確に知識を書き写していくような物だと比喩できます。つまり、ドリル練習とは知識を持つコーチから知識を持っていない選手たちへ知識を伝達しようとするものです。

なぜ、知識の伝達では選手がうまくなりにくいのか、その理由を考えてみます。何かの専門書を読んだ時、その書いてある内容を理解するのに必要な背景知識がないと、用語の解説がされていても何のことだかわからないということはしばしばあると思います。新しいことを学ぶ時には、それ以前の学びの結果が影響します。好ましくないと思われる技術的な癖を持つ人を想像してみてください。コーチが新しいことを教えようとしても、それまでの癖が消えてくれることは稀です。そして、その癖に基づく次の技術の習得がなされます。つまり、コーチは選手の知識としての技術を直接書き込むことはできず、何をどのように学びとるかは学習者次第(過去の経験を含め)なのです。

また、ドリル練習ではほとんどの場合、コーチが試合で用いる技術を取り出し、合理的と思っている方法で繰り返し選手にやらせてその技術を獲得させようとしています。それが、なぜ取り出されたのか、試合の様々な要素とどう関係し合っているのかなどは無視され、選手は言われたメニューをこなすことで、「機械的に」その技術を体に覚え込まされます。そもそも、ゲームで使えるスキルというものは、どのような状況でそれを発揮するのかという知識がなければ、スキルを発揮することができません。

試合という「全体」を合理的に要素に分解して練習を行い、最後にゲーム形式の練習で統合しようとしても、気づかないうちに多くの要素が削り落とされてしまっていて、全体が思ったように機能しません。システムとして機能している全体のゲームの大切な部分を、選手自身が経験を通して理解していくのではなく、コーチが過去の経験で構成した知識を元にしたドリル練習はコーチ中心の指導法であり、試合に生きるスキルの獲得という観点からは疑問の残る方法だと言えます。

一方で、ゲーム中心で構成された練習は構成主義的な学習観に基づいた練習方法です。構成主義的な学習観における学習では、学習者である選手が、与えられた環境（ルールや制限を設けた課題が誇張されるゲーム形式の練習）のなかでコーチや他の選手とコミュニケーションをとったり、自己内コミュニケーションを行うことで、その環境を通じて知識を構成していくとされています。ゲーム中心の指導法では他者の知識を選手にコピーしようとするのではなく、ゲームの文脈の中で再現された、獲得してほしい知識（スキル遂行能力、戦術的知識、仲間とのコミュニケーション、解決したい課題）を選手自身が発見し自身の知識として構築していきます。ゲームの文脈の中でターゲットとなる知識を学ぶことになるため、いつ、どこで、何を見るか、なぜその課題が発生するのかといった、獲得して欲しい知識が発生する過程もあわせて学習されていきます。

構成主義の学習を説明している論文でも、「1、学習とは、学習者自身が知識を構成していく過程である。2、知識は状況に依存している。3、学習は共同体の中で相互作用を通じて行われる。」（久保田賢一／構造主義が投げかける新しい教育）と説明します。つまり、学習者により、効果的な学習を発生させるためには、知識のみを伝達するのではなく、知識を構成するための環境を整え、コーチと選手、選手と選手が相互作用していくことが必要になります。

また、構成主義的な学習観を共有する学習路の1つとして、ヴィゴツキーの発達の最近接領域というものがあります。学習者が1人では解決できない問題に直面した時に、誰か（あるいは何か：MKO=More Knowledgeable Other）の支援を得ることで、その課題を解決していくことがあります。適切な支援によって「自分でできた」を経験していくことで、自分1人でもできるようになっていきます。しかし、コーチや親が課題解決そのものをしてしまっては、本当に大切な課題解決のプロセスを経験する機会が奪われてしまいます。コーチが行うべきは、問題を解決するための学習環境を整え、適切な支援をすることです。つまり、コーチは選手に知識を伝達する役割ではなく、選手が知識を構成していくための環境づくりをしていく役割を担っています。

【学習環境を整える〝STEPS〟】

選手が試合に必要となる知識を構成していくためには〝STEPS〟というものを用いて、学習環境を整えていきます。〝STEPS〟とは、Space、Task、Equipment、People、Speedの頭文字を取ったもので、これらを用いてゲームの中で引き起こしたい現象を起こしていきます。

〈Space〉

コートのサイズや形を変えたりします。プレーヤーの人数に対して、コートを広くするとディフェンスにとってはチャレンジングな状況になりスライドディフェンスを行う機会が増えたりします。反対に、人数に対してコートを狭くするとディフェンスがアタックにプレッシャーをかけやすくなるため、プレッシャー下でのハンドリングなどをトレーニングすることができます。


〈Task〉

ゲームに制限をかけたり、報酬の役割があります。例えば、タッチラグビーの中でアタックが2パスする前にタッチすることができたら、ボールを奪うことができるなどです。アタックが2パスする前にタッチをしようとするので、ディフェンスのラインスピードは上がり、アタックにプレッシャーをかける行動をTaskによって誘発することができます。反対にアタックは2パスしなければならないので、常にオプションを持つようにしたり、ラインの深さなどをコントロールしなければなりません。

〈Equipment〉

練習で使う道具を変えたりします。例えば、ハンドリングを練習したい時にボールの大きさや形を変えたりします。また、中学生の年代では体の発達が異なるので、通常の大きさではボールを扱えない選手が出てきます。

そのような時に、扱いやすいサイズに変更することで、身体発達の差で生じるスキルの差を減らすことができます。

〈People〉

人数の変更やアタック（もしくはディフェンス）に入り続けるフリーマンなどの条件になります。フリーマンとはチーム関係なくアタック側に常に入り続けるプレーヤーのことを言います。フリーマンルールを作ることで、常に数的優位の状況を作ることができます。

〈Speed〉

プレイスピードを変えたりする条件などが当てはまります。具体的な例としては、走って行うラグビーを歩きのスピードで行ったりします。走りから、スピードを歩きに変えることで選手の認知的な負荷が減ったり、コンタクト強度を低減させることができます。また、歩きで行うことで選手のコンタクトスキルも可視化させることができます。タックルスキルが高い選手はスピードが落ちても、頭が下がらずタックルを行うことができますが、飛び込みタックルをしたり、頭が下がってタックルする選手はスピードが変わっても、普段のタックルと変わりません。

[ゲーム中心の練習の構成]

ゲーム中心の練習とは、1日の練習計画をできるだけゲーム形式（修正されたゲーム、課題が誇張されたゲーム）の練習を行うという意味であり、闇雲にゲームを行えば良いという意味ではありません。ドリル練習を極力減らし、ゲームの中で試合に必要な能力を身につけていくことを目的としています。

ゲーム中心の練習の中で、鍵を握るのが制限やルールです。前述のSTEPSをうまく用いて、選手たちに学習させたい状況を引き起こします。学習させたい状況を引き起こすことができたら、選手たちに対して課題を認識させるための発問を行います。課題を認識させたのち、それをどのように解決するのかチームトークで話し合わせます。発問を投げかけ、選手たちに課題を発見させ、どのように解決するのかという過程が大切です。試合中に何か課題に直面した時に、選手たちは自ら課題を解決しなければならないので、日頃からその癖づけを行っていくことが大切です。チームトーク後、ゲームに戻りプレイさせます。改善が見られる場合は、難しくなるように制限を加え、解決できていない場合は課題を解決するためのドリル練習を行います。ドリル練習後、再びゲームに戻ります。

①課題が誇張 or 修正されたゲーム
②課題を認識・評価させるための発問
③ゲームへ戻る
④ルールを追加 orドリル練習
⑤ゲームへ戻る

このように、ゲーム中心の練習とはゲームから始まり、必要であれば課題に応じたドリル練習を用いて、課題の解決を図るという方法です。また、発問や制限を通じて選手たちはチームが抱える課題を認識し、解決するためのプロセスを経験することができるため、最初からコーチによって答えが提示されたドリル積み上げ型の練習よりも、試合に即した能力を身につけることができると言われています。

第6章

具体的な防御トレーニングメソッド

コーチング哲学から
トレーニングメソッドまでの紐づけ方

この章では、私のディフェンスにおける「コーチング哲学」から「ゲームモデル」を作り、さらに「プレイ原則」を階層化していき、階層化されたプレイ原則とトレーニングメソッドを紐づけていきたいと思います。

ちなみに、こちらの哲学や原則の必要性については、２０２０年にｚｏｏｍで行われたエディー・ジョーンズさんのアンサンブルラグビーのセミナーを元に、自分自身の経験と照らし合わせ、考えさせていただきました。

■ ディフェンスのコーチング哲学

・ディフェンスはチームの姿勢が現れる。
・チームの姿勢はコーチの姿勢。
・コーチングに一貫性を持ち、自分のスタイルを選手に伝える。
・選手が切磋琢磨できる環境を作らなければならない。

- コンタクトの基準を明確にする。
- 週に2回、対人でのタックルとトラッキングの練習をそれぞれ20分間は行う。
- タックルと同様にポジショニングやコミュニケーションの能力を評価する。
- できるだけ客観的な基準でディフェンスの能力を評価する。

ラグビーの構造、原則

「前進、継続、支援、圧力」と呼ばれるラグビーの四大原則だけでは、それを「どう実現するのか」という具体性に欠けてしまい、各々の要素を切り取って個別に練習するにとどまってしまいます。

ラグビーはその前の状況が次の状況に影響を与えるスポーツであり、別々に練習するだけでは「構造」と呼ばれるゲームの背景や文脈を練習することはできません。

もちろん、個別練習は動作を獲得していく上で必要ではありますが、ゲームの構造を理解できるような練習を重ねて計画的に行っていく必要があります（図204、205）。

そこで、プレイ原則や準原則と呼ばれる原則の上位概念で、ゲームの構造を理解するための練習として、「Games（ゲーム）」や「Small side games（スモールサイドゲーム）」と呼ばれるトレーニングメソッドを使います。準々原則ではゲームの局面を理解するために

Game structure（構造）
Play Principle（原則）
Strategy（意思決定）
Unit（状況判断）
Skills（判断を伴う動作）
Technic（動作）

図204

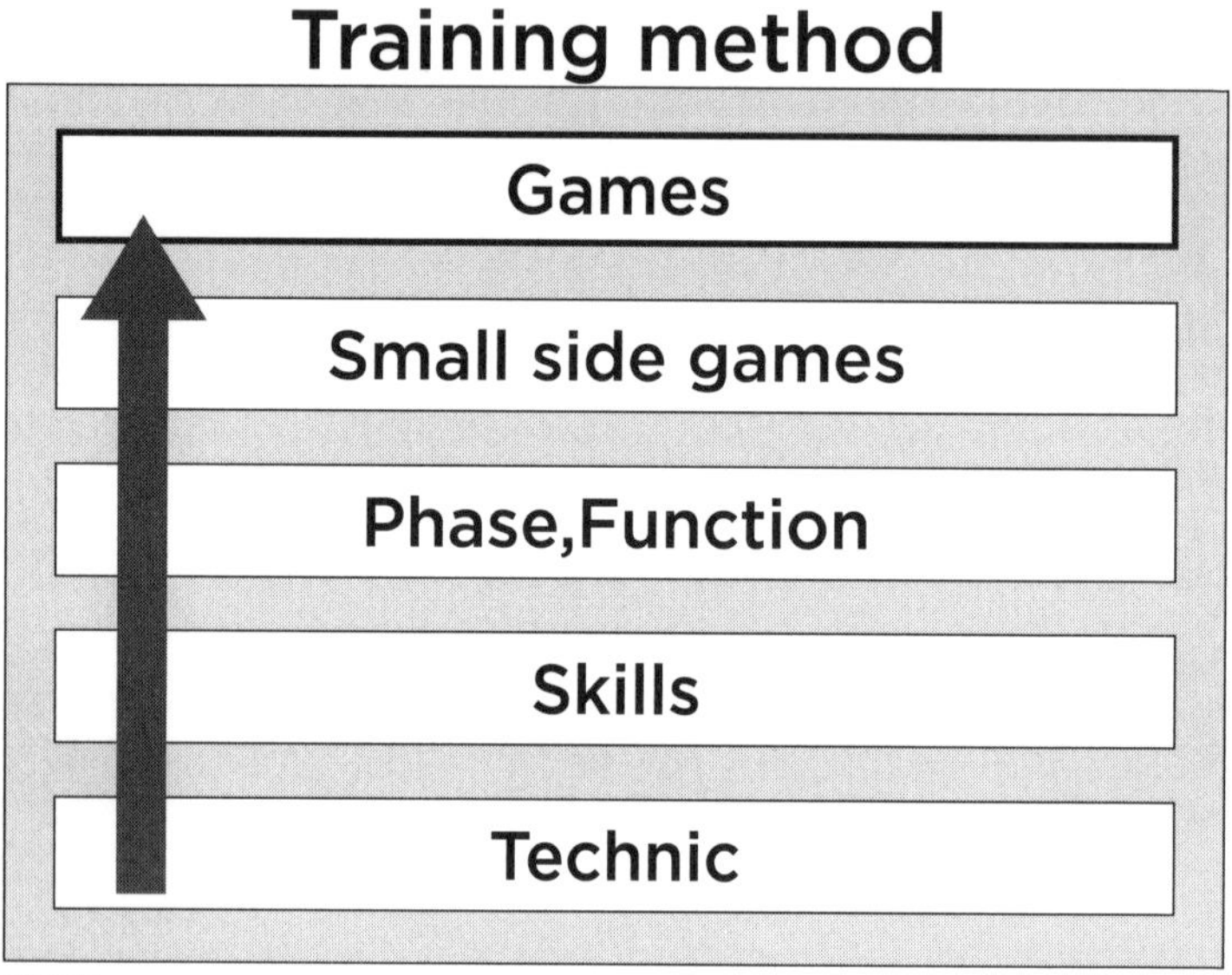
Training method
Games
Small side games
Phase,Function
Skills
Technic

図205

主観

ゲームモデル	ゲインライン、BD、数的に圧倒			
システム	ラッシュアップディフェンス			
プレイ原則	アーリーセット	ラインスピード	ダブルタックル	Games
準原則（意思決定基準）	ポジショニング	カラーコール	ハントorジャム	Small side games
準々原則（意思決定手段）	フォールディングキングDF	プレッシャー スライド ホーバー	ハッスルライン アンブレラ	Phase, Function
Skills	ノミネート	トラッキング	タックル アシストタックル	Skills
Technic	ボールウォッチ ラックチェイス	アップ→パドリング→スマッシュ	リードフット グリップ チェイスフィート ヒップイン	Technic

図206

P285の用語集を参照

「Ｐｈａｓｅ（フェイズ）」や「Ｆｕｎｃｔｉｏｎ（ファンクション）」と呼ばれるメソッド、さらに下位概念である普遍的な状況判断や動作を獲得するために、「Ｓｋｉｌｌｓ（スキル）」や「Ｔｅｃｈｎｉｃ（テクニック）」としたメソッドを使用していきます。

　また、特定の原則を局面的に理解するために「Ｐｈａｓｅ（フェイズ）」を使うこともあります。

　ゲームの局面ごとに使うメソッドを明確化することで、チームの現在地を把握してプランニングの修正が可能になっていきます（図２０６）。

ゲームモデルを作る上での基本的な質問

ゲームモデルを作る上で左記の質問に答えられるチームを作っていかなければなりません。それを元に原則を考えてトレーニングメソッドに当てはめて練習していきます。

1、どんなチームですか？
2、ヘッドコーチが重視している要素は何ですか？
3、ディフェンスにおける戦術的な特徴は何ですか？
4、プレッシャーとポジショニングのどちらを優先しますか？
5、プレッシャーをかける基準は何ですか？
6、ボールをどこで取り返しますか？
7、ボールをどのように取り返しますか？
8、ブレイクダウンのプレッシャーをかける基準は何ですか？
9、アシストタックルの原則は何ですか？
10、バックラインはどのように考えますか？

トレーニングメソッドの必要性

「なぜトレーニングメソッド」を知る必要があるのかについて考えてみたいと思います。

トレーニングメソッドが確立されていなくても練習メニューを組むことはできますが、目的や意図ごとに整理することで練習メニューの再現性を生み出すことができます。

例えば、戦術導入期と戦術の精度を上げる時期とでは、使うメソッドが変わるので練習構成も違ってきます。その違いを理解しておくと、指導者にはメニュー構成のテンプレートができるので、一から考える必要がありません。

また、メソッドはある法則に則って分類されているので、そこに当てはめて練習メニューを作ることができます。

他にも、例えば「タックルを外された」といった現象に対して、「タックルのテクニック」に問題があるのか、そもそも「タックルができる状態になかったのか」によって大きく変わってきます。テクニックに問題があるのであれば「テクニック」や「スキル」の練習をすることで解決できますが、タックルができる状態になかったのであれば、タックルのテクニックやスキルの練習をどれだけしても解決することはできません。

問題のある現象を解決するために課題を特定して、適切なメソッドを使った練習方法を行うことでチームを効果的に強化することができます。

そのためにはメソッドごとに練習メニューを整理しておくことが必要で、そうすることで「現象→課題→解決」までのアプローチが格段に早くなります。

今回、2010年にイングランドサッカー協会が出版した『future game』のトレーニングメソッドを参考にさせていただきました。このトレーニングメソッドを教えてくださった、イングランドでサッカーのコーチング留学経験のあるマーレー志雄さんは、「あるメソッドを使うことで得るものと捨てるものがある」と仰っています。

例えば、ドリルは動作の反復はできますがリアリティーはありません。しかし、「だからドリルは不要だ」とはなりません。プランニングを立てる場合、「どの時期に何を目的とした練習をどれくらいの量を取り入れるべきか」とする練習の構成を考えることが必要です。

トレーニングメソッドはチームに必要なスキルや戦術をより具体的に落とし込むために必要なものと言えます。

トレーニングメソッドの紹介

以前は、状況判断を伴わない練習を「アナリティコメソッド」、状況判断を伴うが一方向のゴールがないようなゲーム性の低い練習を「グローバルメソッド」、お互いゴールがありゲームの構造を理解できるような練習を「インテグラルメソッド」と区別していました。

しかし、動作の獲得であるドリル練習や相手のいないチームランは同じアナリティコメソッドと分類していいのか？　「10対10」などの人数を減らした条件つきのスモールサイドゲームと「15対15」は同じインテグラルメソッドでいいのか？　セットした状態からの「3対2」はグローバルメソッドなのかそれともアナリティコメソッドなのか？　また、同じ「3対2」でも「9シェイプ」の状況下で練習するものと「9シェイプ」を連続して行うような複雑性の高いメニューをグローバルメソッドと一括りにしてもいいのか？　など3つのメソッドで区別するには限界がありました。

そこで、今回イングランドで用いられているサッカーのトレーニングメソッドを、ラグビーに当てはめて考えてみました。

①テクニック
・「反復による動作の獲得」を目的とした練習方法で相手はつけずに行う。
②スキル
・「判断を伴った動作の獲得」を目的とした練習方法で相手をつけて行う。
③ファンクション

・「局面（ユニット）での判断を伴った動作の獲得」を目的とした練習方法で相手をつけて行う。
・局面を切り取るので認知の負荷が低くなり、実戦よりも反復回数をとることができる。
・「スキル」は普遍的な判断を必要とする動作の獲得を意図したものであるのに対して、「ファンクション」はその局面で必要な判断や行為を練習していく。

④フェイズ

・2つ以上のユニットが連携している。また、2つ以上の連続する局面を再現した練習方法。
・課題解決に使われることも多いがゲームの文脈や構造の理解というより特定の状況や原則を理解するために使われる。

⑤スモールサイドゲーム

・人数を減らして行うゲーム形式の練習方法。
・ゲームと全く同じ状況を再現していないが、ゲームの文脈や構造を理解することができる。
・人数を減らして条件をつけることで選手の役割を限定することができ、選手の戦術理解を促進させることができる。

⑥ゲーム

・15対15で行うゲーム形式の練習。

・条件をつけることで意図した状況を引き起こしたり、課題を誇張させる。

これまで、状況判断を伴うが一方向にしかゴールがない練習を「グローバルメソッド」としていましたが、「3対2」のような普遍的な状況判断が伴う練習を「スキル」、状況判断を伴う局面的な練習を「ファンクション」、戦術的な局面を理解する練習を「フェイズ」と整理することができました。

また、「スモールサイドゲーム」も「ゲーム」も同じようにゲームの構造を再現した練習になりますが、「スモールサイドゲーム」は人数を減らして行うことで、再現させたい状況をより引き起こしやすいと考えています。

また、例えば、オフ明けに新しいスキルの導入に「テクニック」と「スキル」にどれくらいの時間を使うのかを決めたり、戦術における原則の理解を深めるために「ゲーム」だけでなく「フェイズ」をどのように使っていくのかであったり、戦術の精度を高めるためには「ファンクション」でユニットスキルを高めつつ、「スモールサイドゲーム」で一定の条件下での「意思決定」の能力の獲得を図るなど、こうしたことをプランニングをするためにも、トレーニングメソッドを知っておくことは必要不可欠だと思います。

具体的なディフェンスの練習方法

①テクニック

「タックル」や「ジャッカル」といった具体的な行為を伴う動作と「ポジショニング」といった戦術的な判断を伴う動作があります。前者は直接的に相手に影響を及ぼし、後者は間接的に相手に影響を及ぼします。具体的な行為を伴う動作については他の本などでもよく説明されていますので、戦術的な判断を伴う動作について紹介していきます。

チーム内の決め事を理解したり、徹底するためにとても効果的で、例えば、ディフェンスではブレイクダウンが発生した後のポジショニングの順番を確認、理解する時などにも使われます。

「インサイドディフェンスのセットアップ」（図207から210）

横幅10メートルのコートで行います。アタックのスクラムハーフがマーカーに向かう方向が順目で走り始めればディフェンスも順目ポスト、順目ピラー、逆目ピラー、逆目ポストとポジショニング。スクラムハーフのパスモーションでタックルバッグにタックルします。

「連続ポジショニング」（図211から217）

横幅10メートルのコートを2つに区切って行います。ブレイクコールでセットし、スクラムハーフのパスモーションでタックルバッグにタックルします。タックルが終わると隣のコートに移動して内側から来ているのを確認しながら外側にずれてポジショニングして、スクラムハーフのパスモーションでタックルします。

②スキル

「相手がついた状態」で判断が伴うプレイの練習を「スキル」と呼びます。

こちらも直接的に相手に影響を及ぼす、「タックル」や「ジャッカル」といった具体的な行為を伴う動作と戦術的な判断の伴う動作があります。

戦術的な判断を伴う動作については、例えば、数的不利の状況で行う「スライド」や「タックルのトラッキング」などはポジション関係なく必要な動きなので「スキル」として練習していけばいいでしょう。

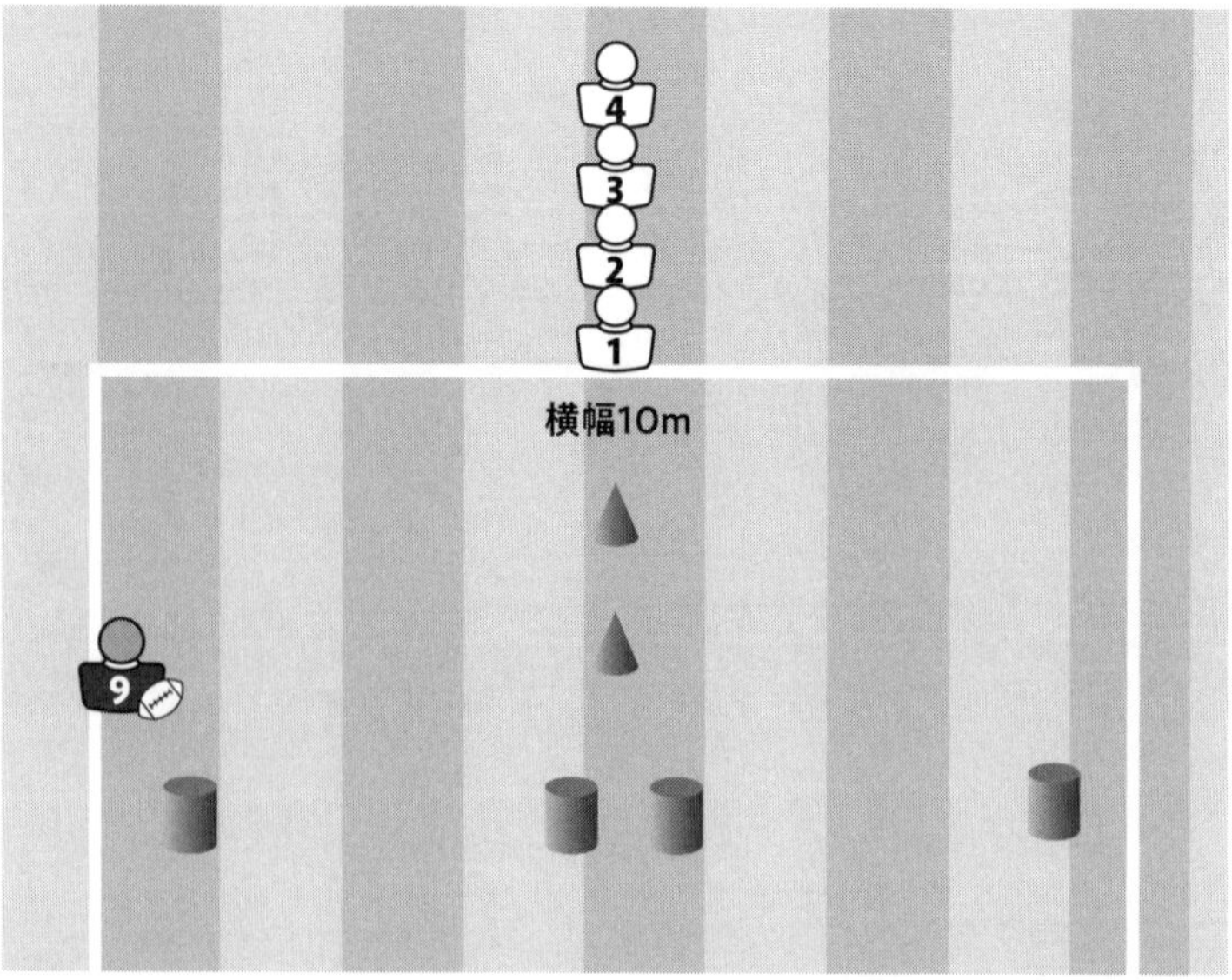

図207

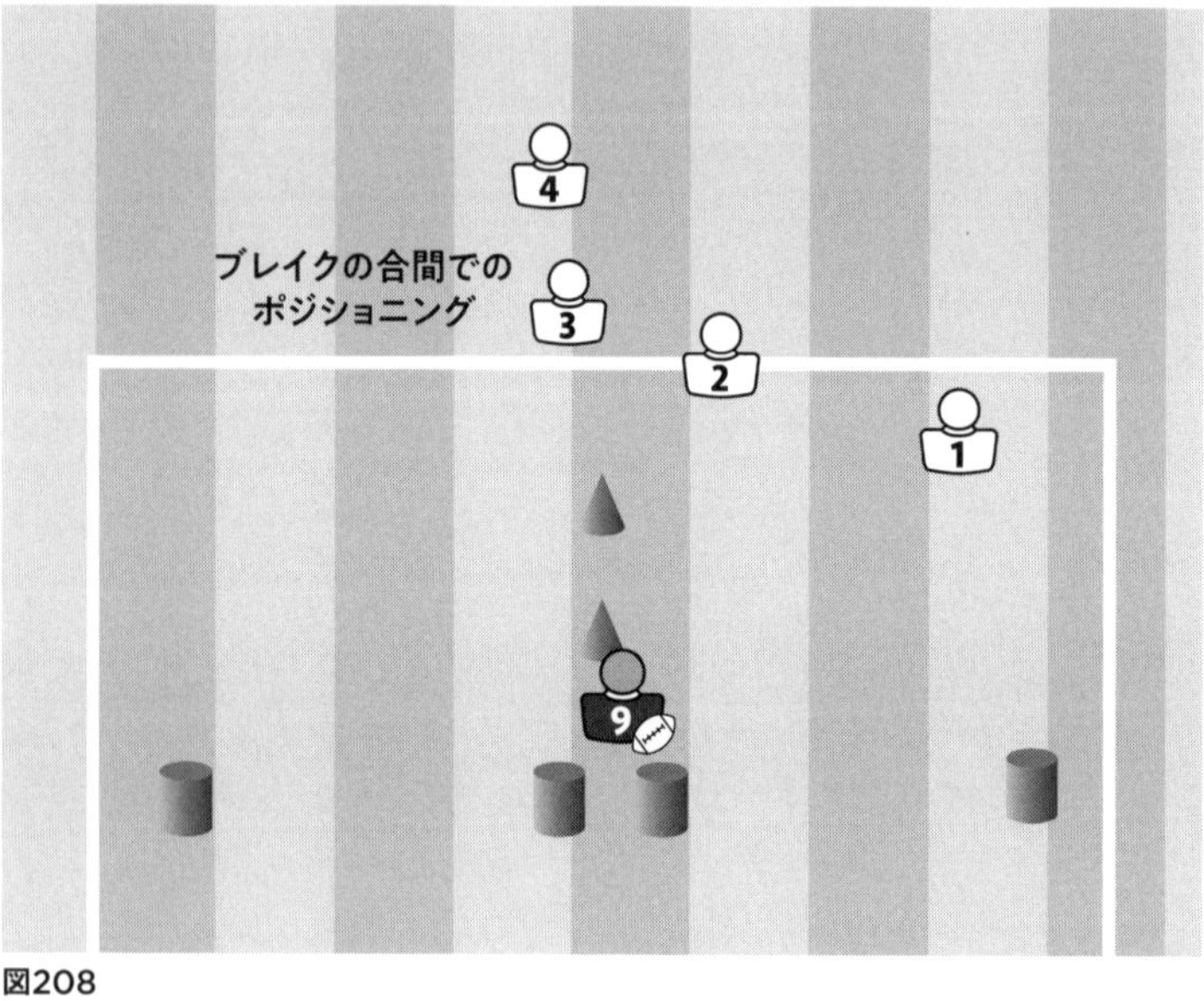

図208

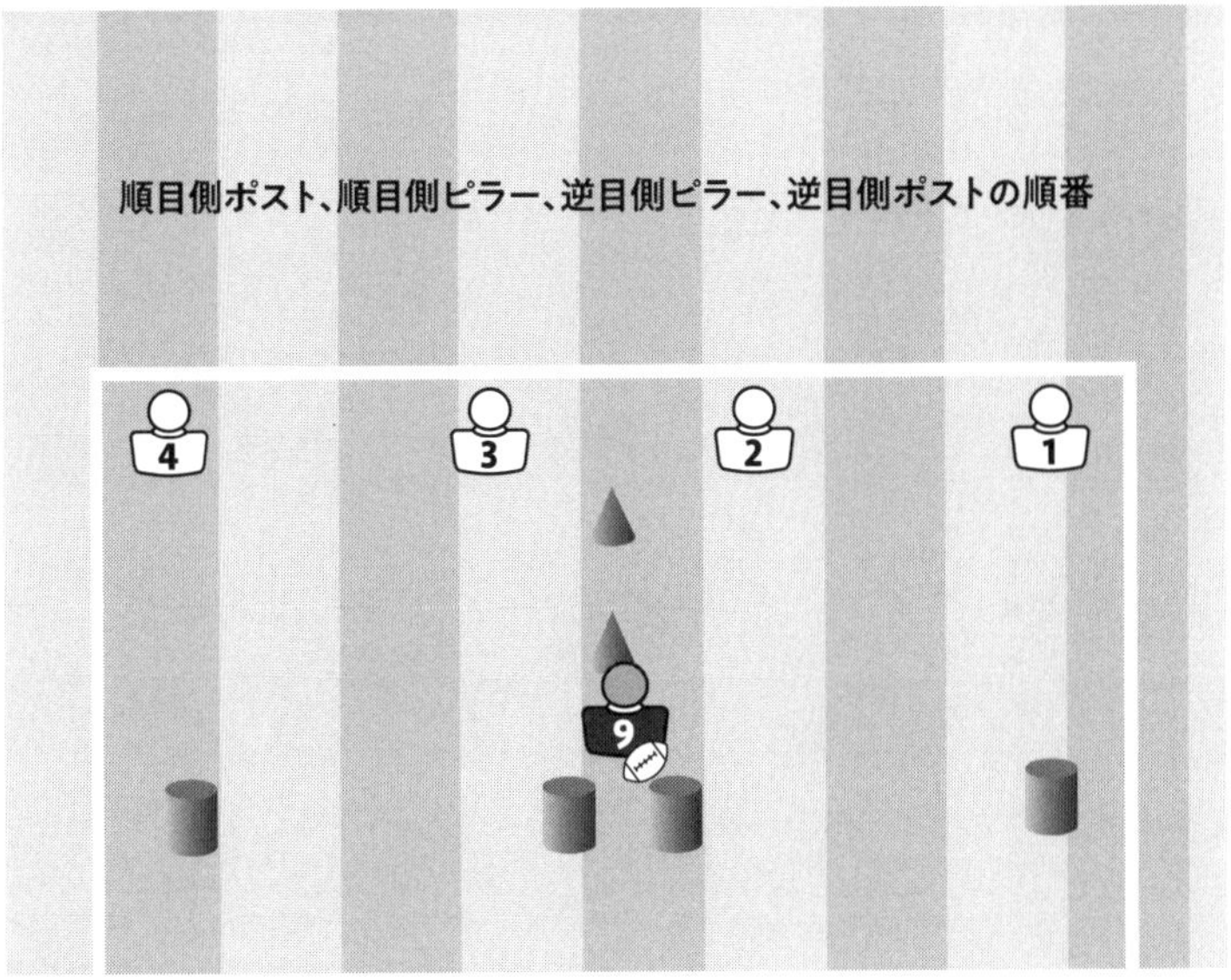
順目側ポスト、順目側ピラー、逆目側ピラー、逆目側ポストの順番
4
3
2
1
9

図209

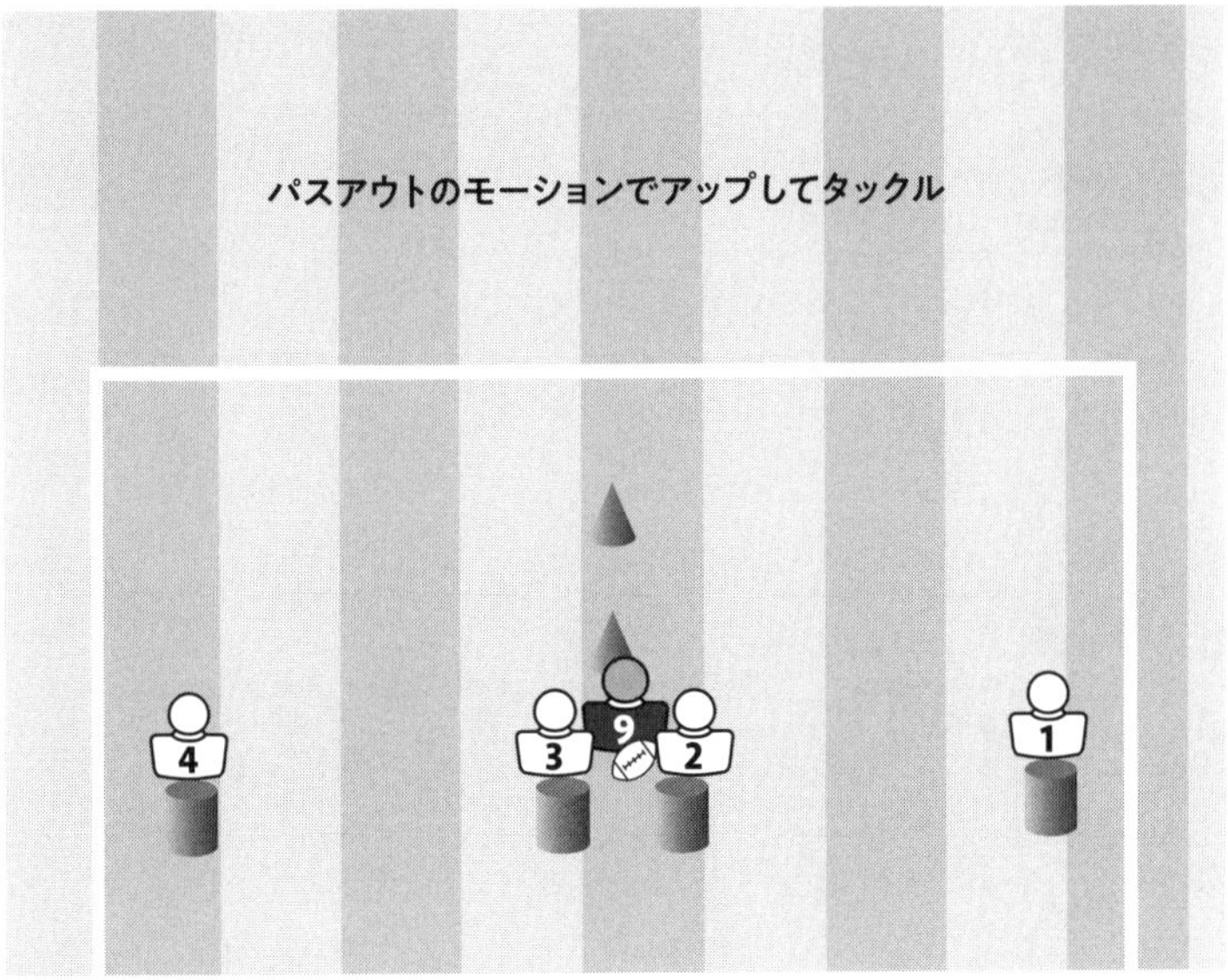
パスアウトのモーションでアップしてタックル
4
3
9
2
1

図210

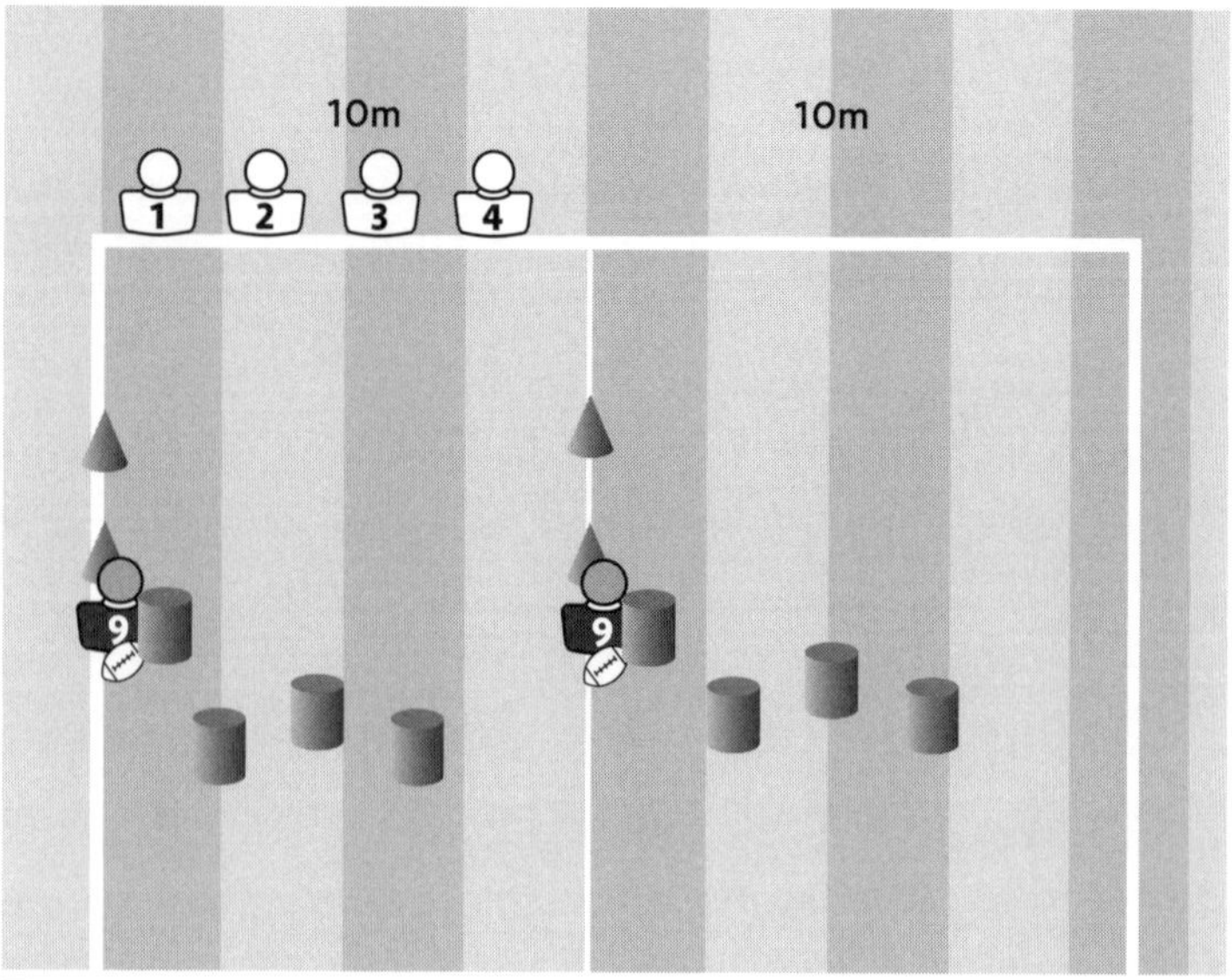

図211

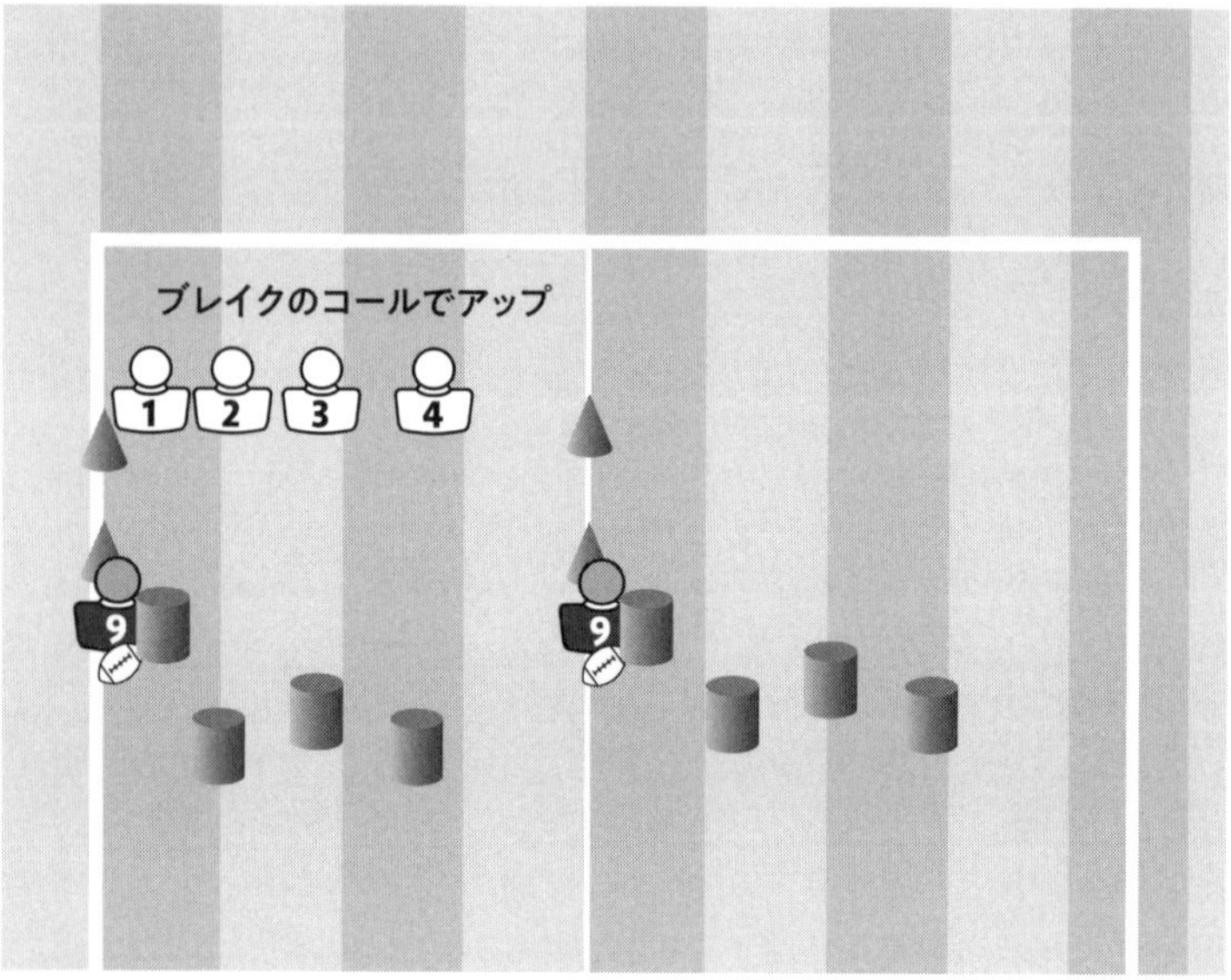

図212

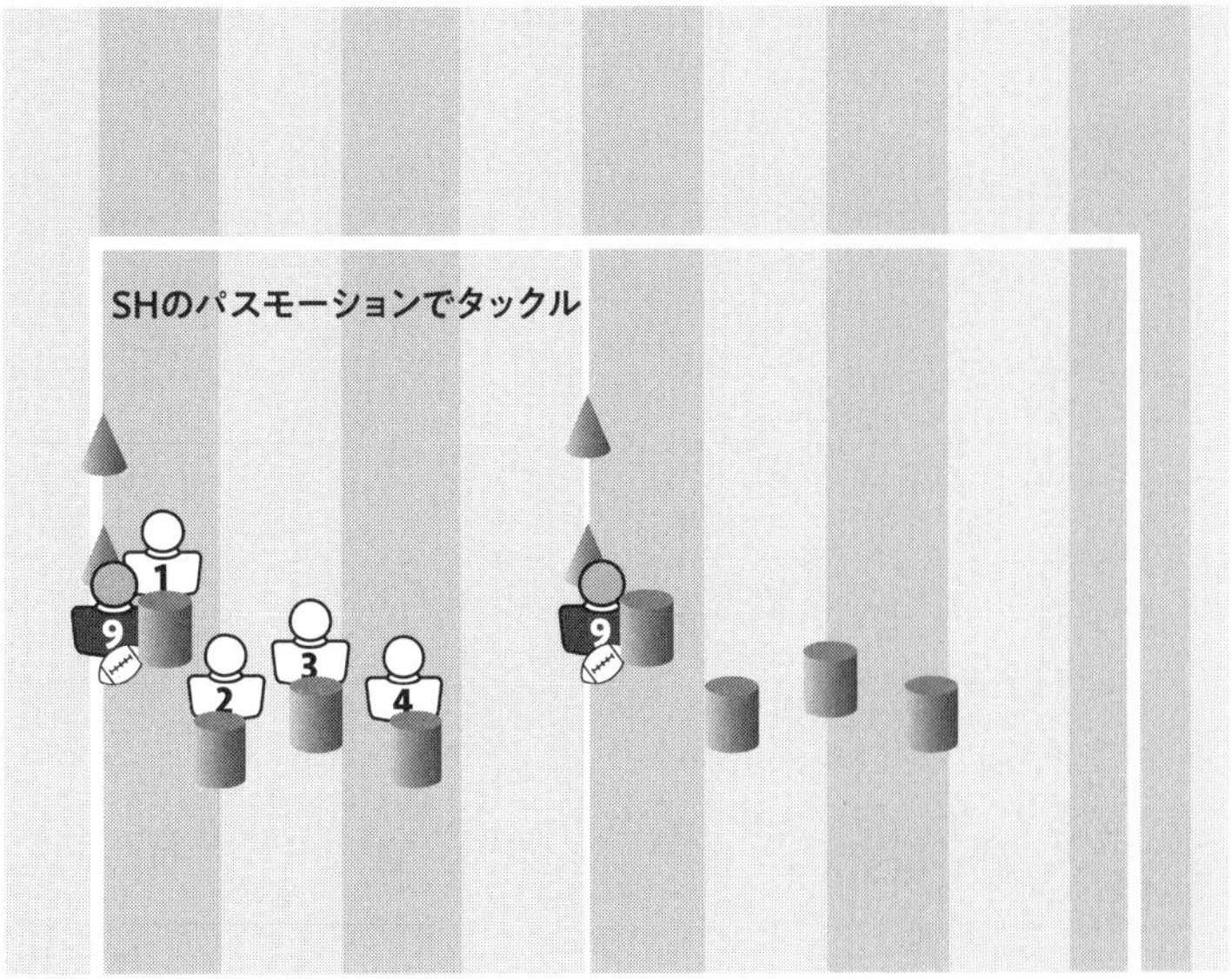
SHのパスモーションでタックル
1
9
2
3
4
9

図213

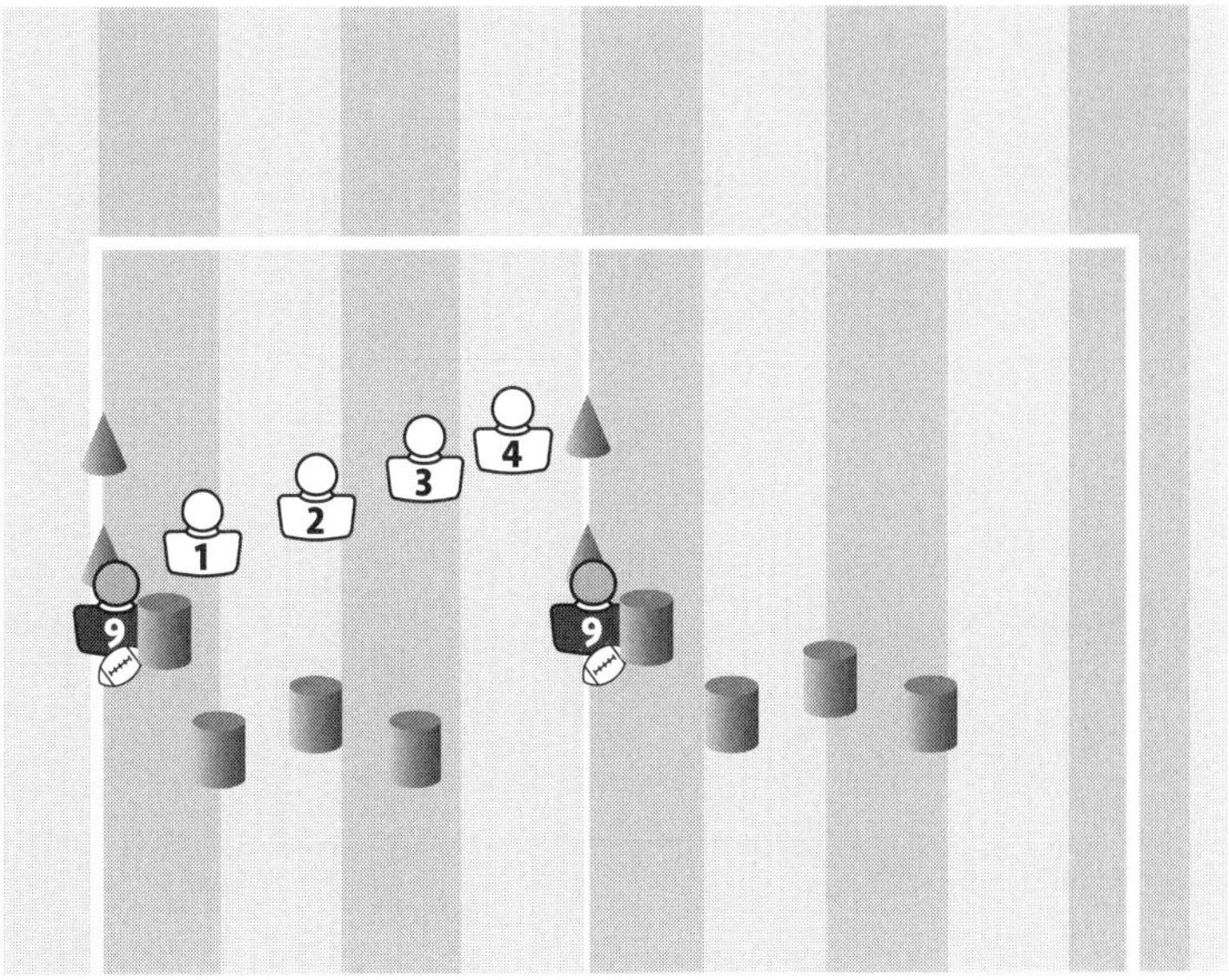
4
3
2
1
9
9

図214

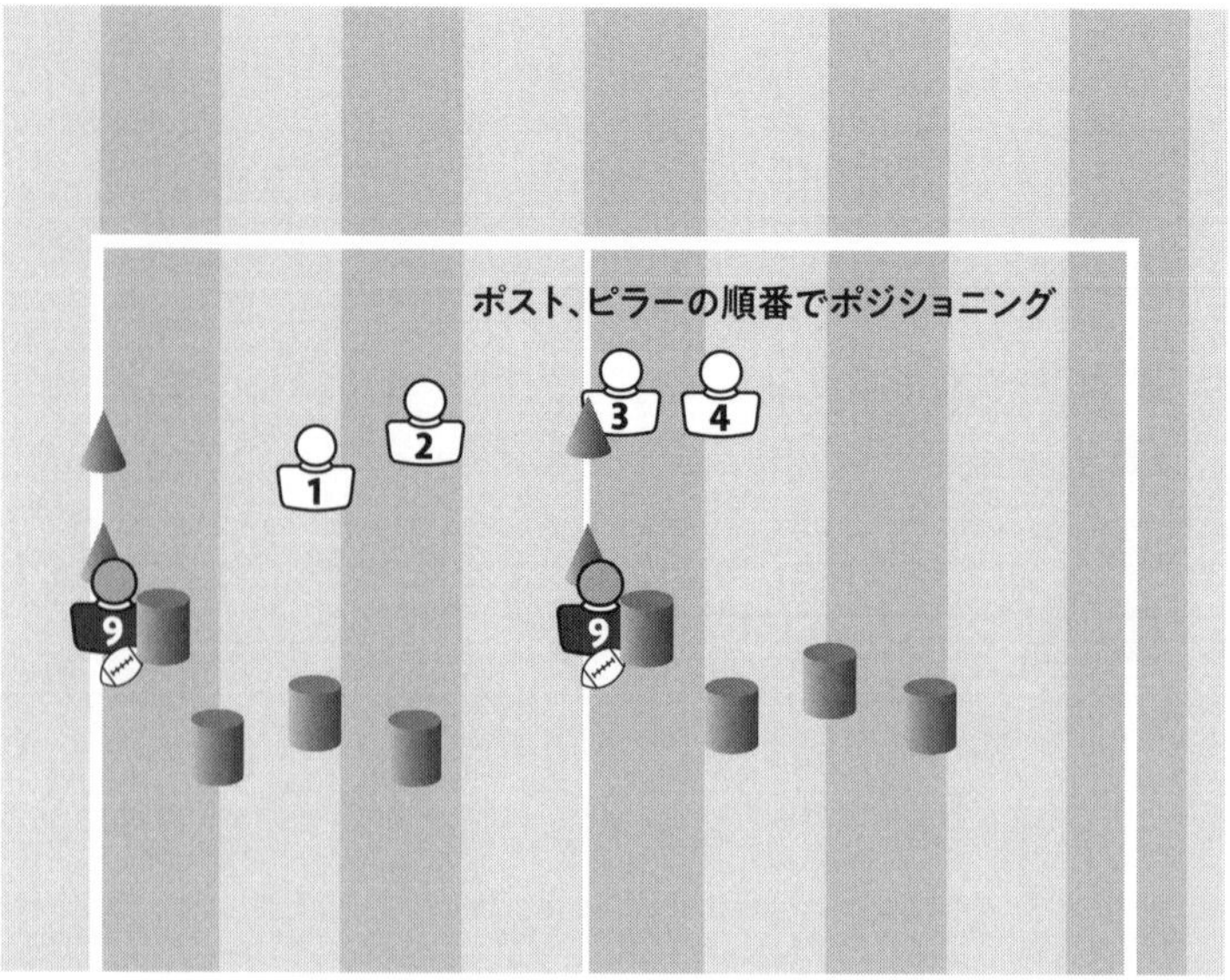
ポスト、ピラーの順番でポジショニング
1
2
3
4
9
9
図215

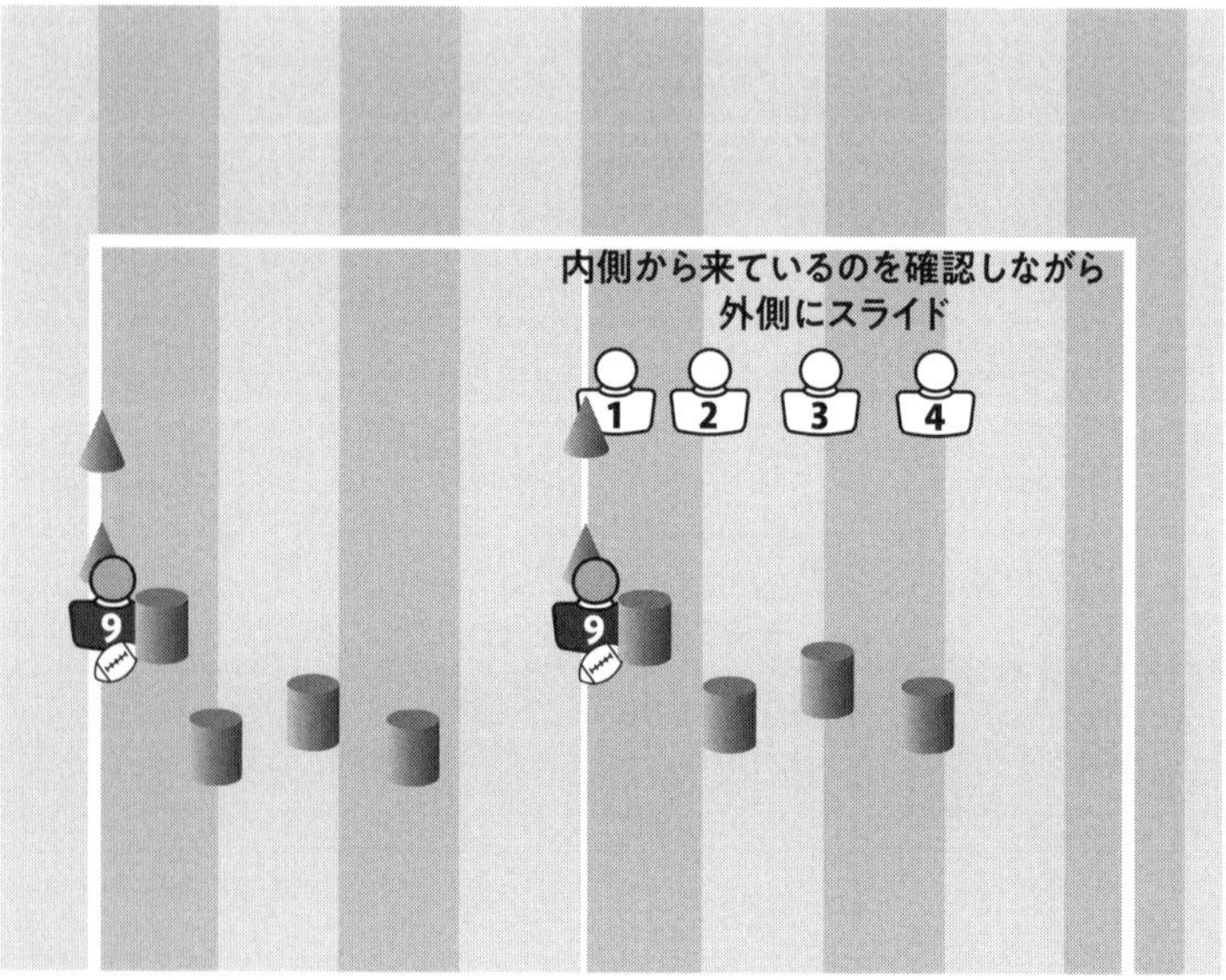
内側から来ているのを確認しながら
外側にスライド
1
2
3
4
9
9
図216

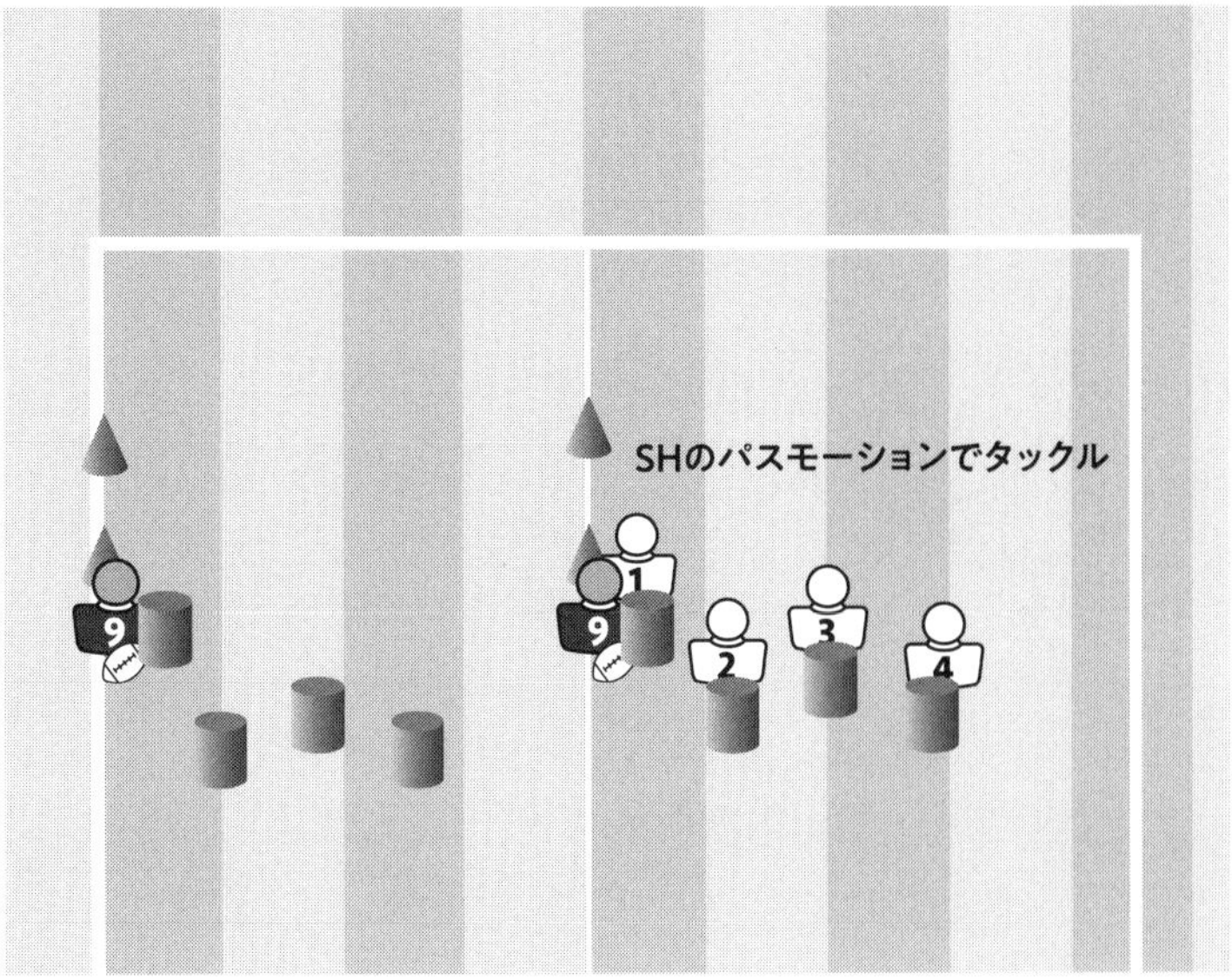

図217

「スライド」（図218から221）

横幅15メートルのコートで行います。アタックはスクラムハーフを入れて５人でディフェンスもピラー、ポストを入れて５人です。

パスアウトに対しては真っ直ぐ（ヒップスクエア）でアップし、10番からのパスでスライドします。可能な限り、ヒップスクエア（キャリアーと向かい合い、腰が正面を向いている状態）を保ったままスライドします。

人数が揃ったら「ビンゴ」コールで、内側からはハッスルラインをとります。キャリアーの対面の内側３人目からハッスルラインではなくバッキングアップに移動します。

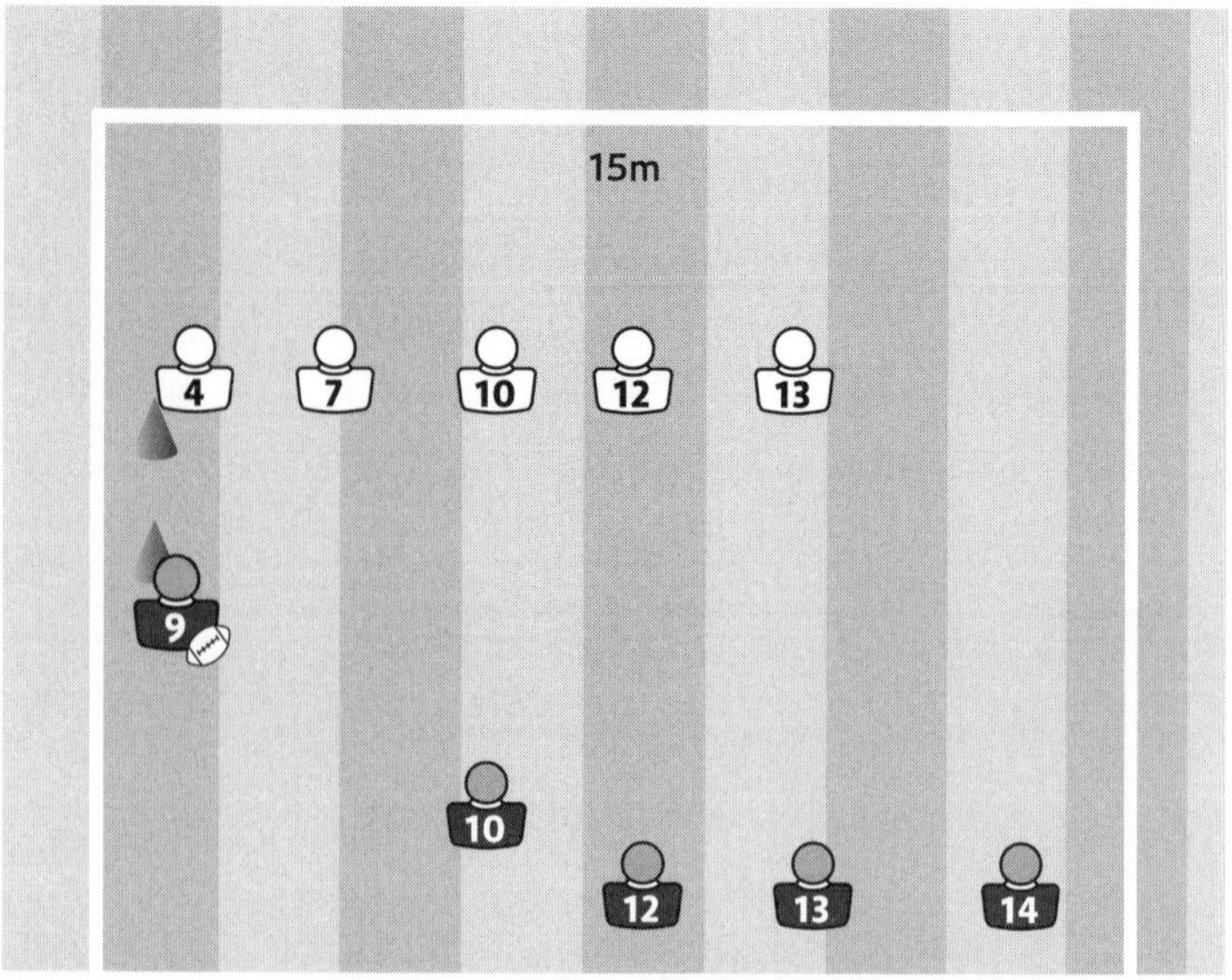

図218

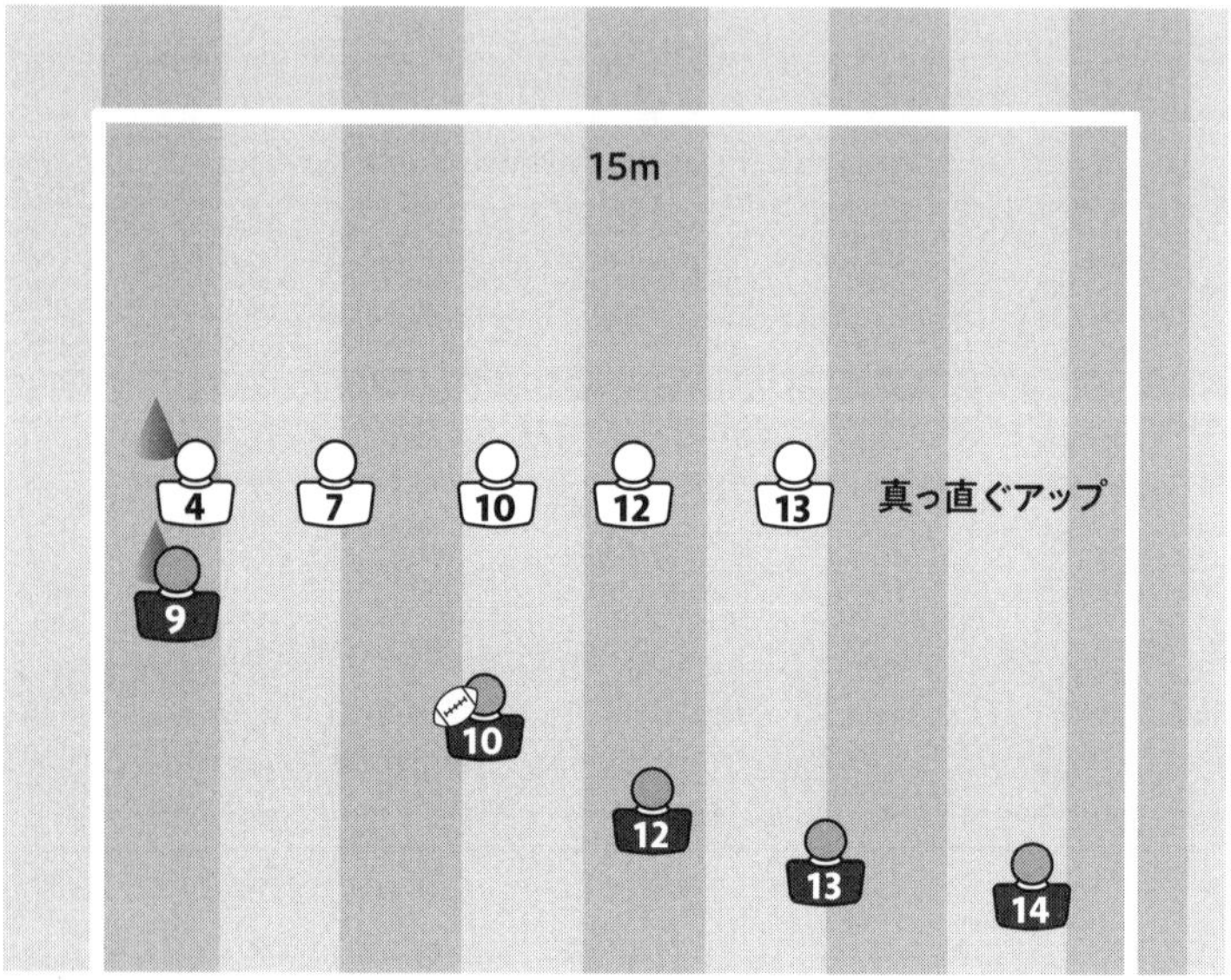

図219

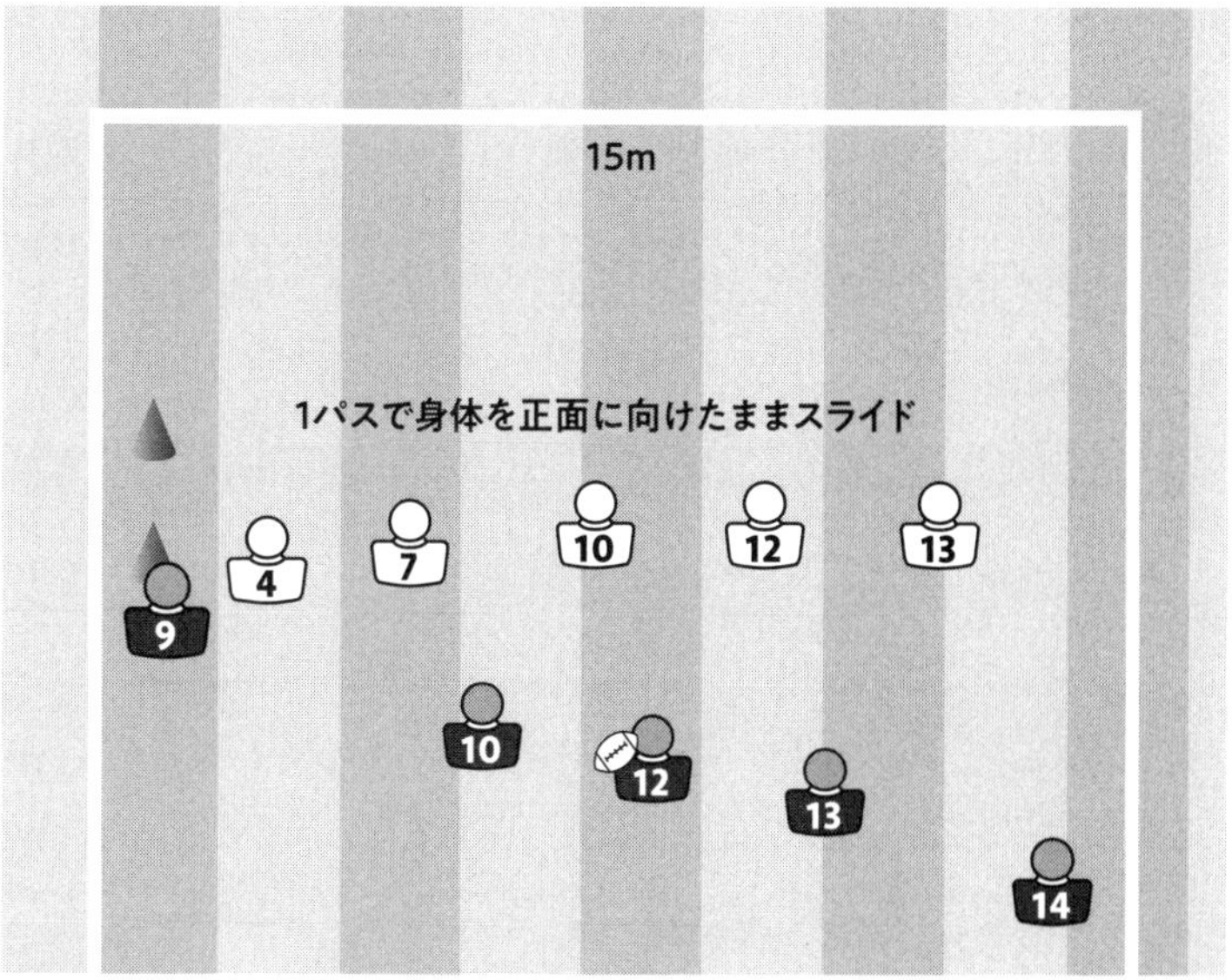
15m
1パスで身体を正面に向けたままスライド
9
4
7
10
12
13
10
12
13
14

図220

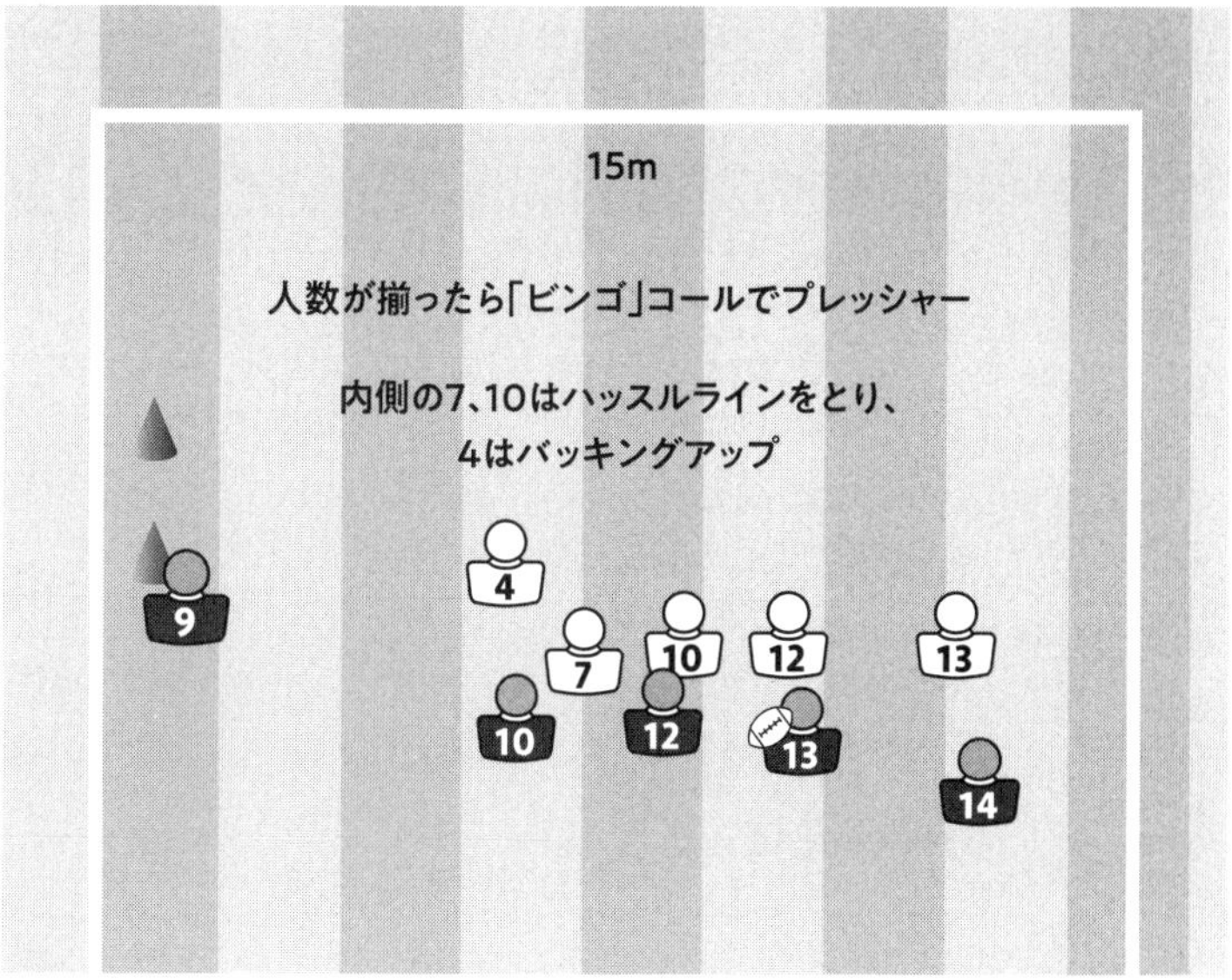
15m
人数が揃ったら「ビンゴ」コールでプレッシャー
内側の7、10はハッスルラインをとり、
4はバッキングアップ
9
4
7
10
12
13
10
12
13
14

図221

外の12、13は内側の10より2歩下がっていると10の動きが見えやすくスライドしやすくなります。

「タックルトラッキング」（図222から225）

縦8メートル、横5メートルのコートで行います。

2つ置かれたマーカーのコールされたマーカーを通るとボールキャリアーはスタートします。

タックラーはヒップスクエアを意識してボールキャリアーと正対してパドリング。タックルレンジに入ったら踏み込んでタックルします。

余裕があればボールキャリアーとの距離を詰めても構いませんが、ウィークショルダー（キャリアーに対して身体の向きが斜めになると、向いている方向と逆側がタックルしづらい方向になります）が生まれないようにヒップスクエアを意識します。

③ファンクション

フォワードの「9シェイプ」や「ラインディフェンス」といった、あるユニットの局面を切り取ってフォーカスする練習方法です。

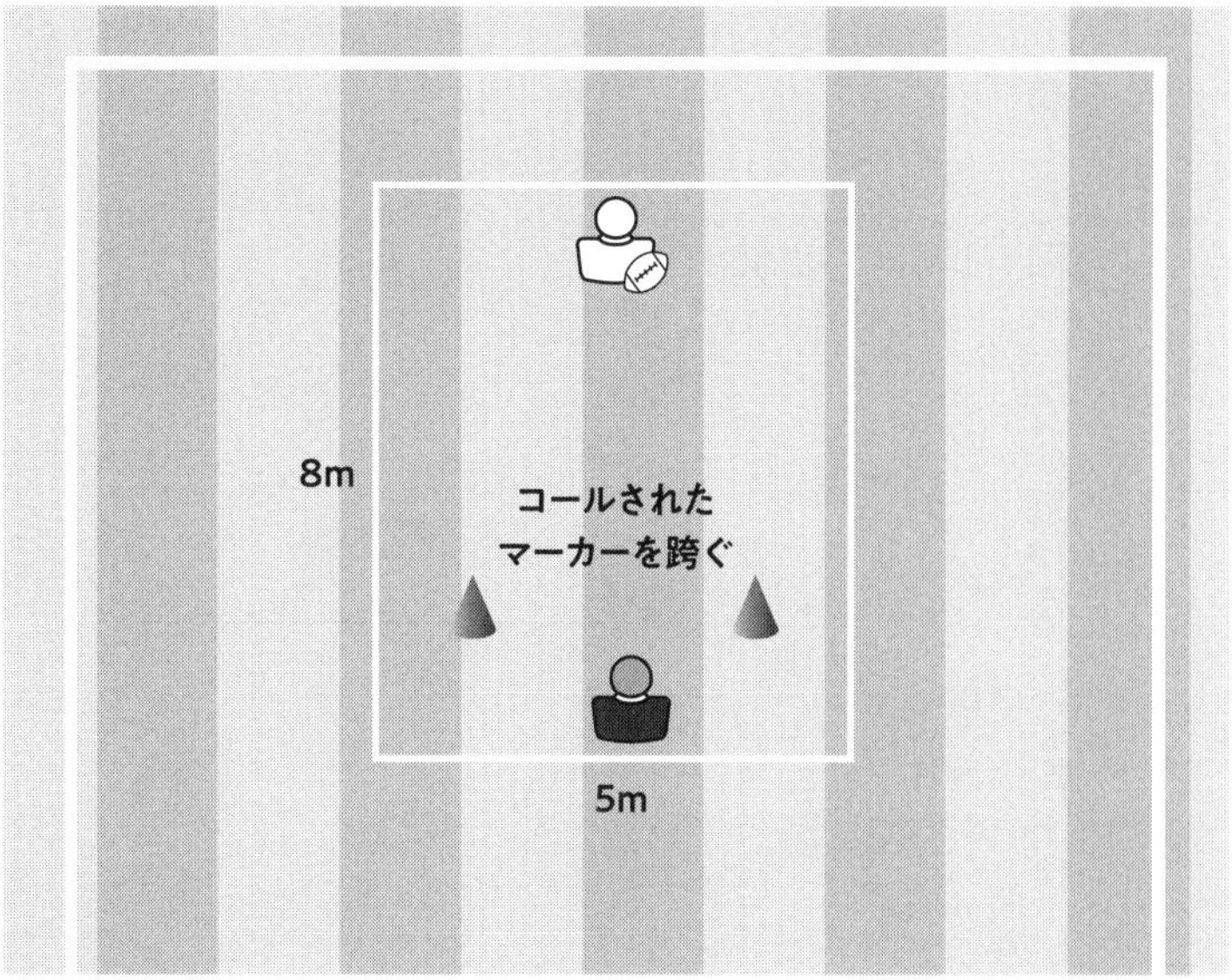

図222

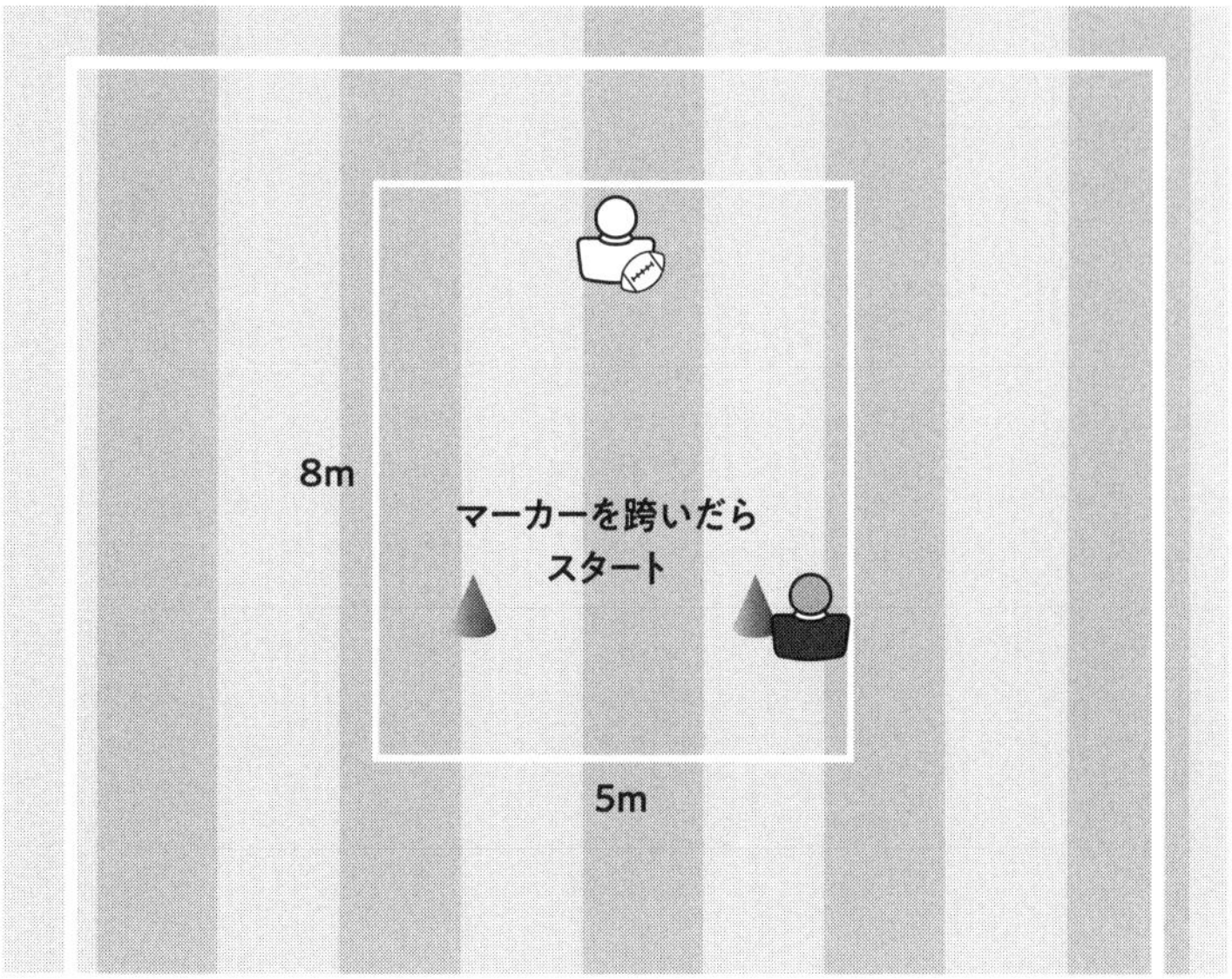

図223

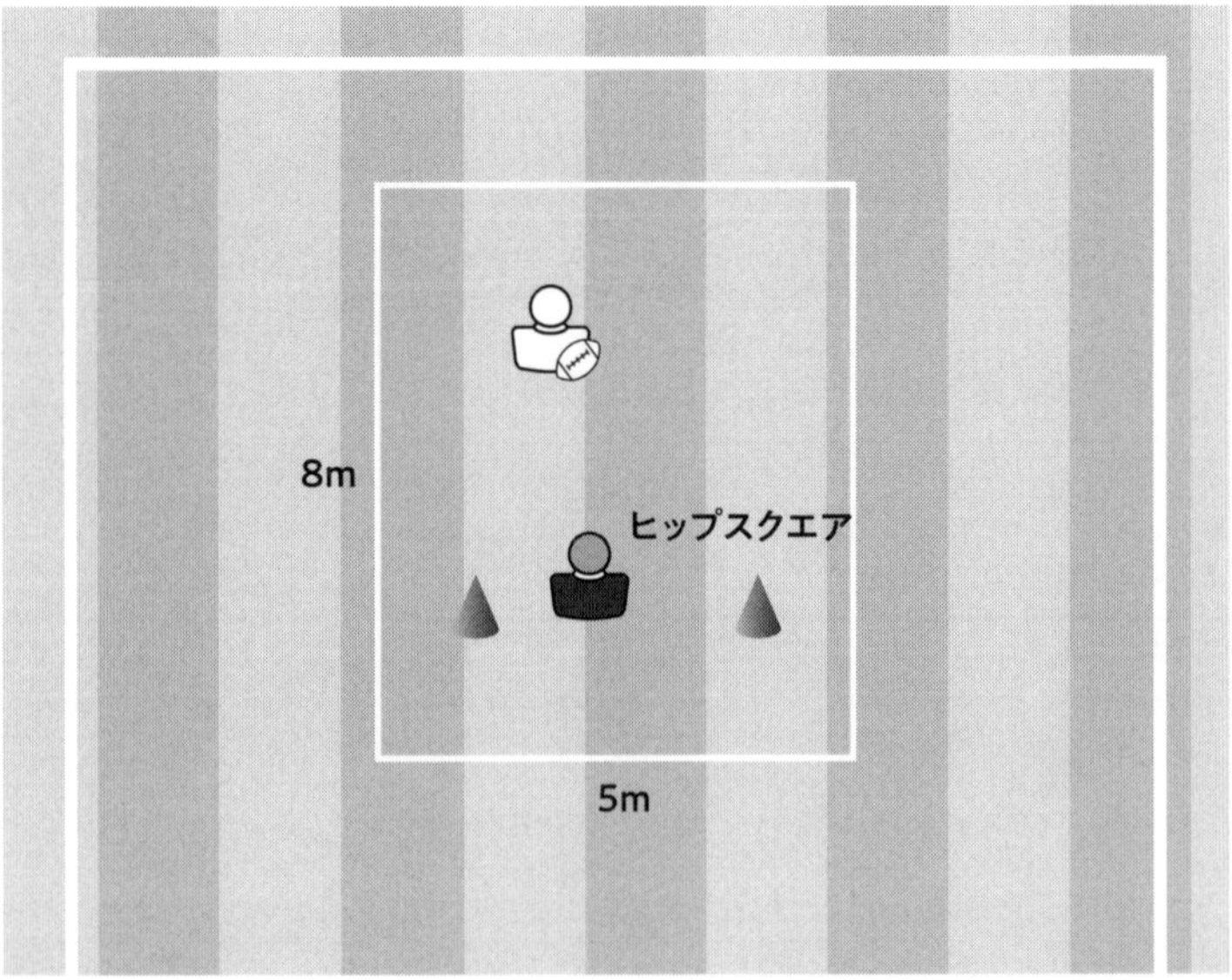

図224

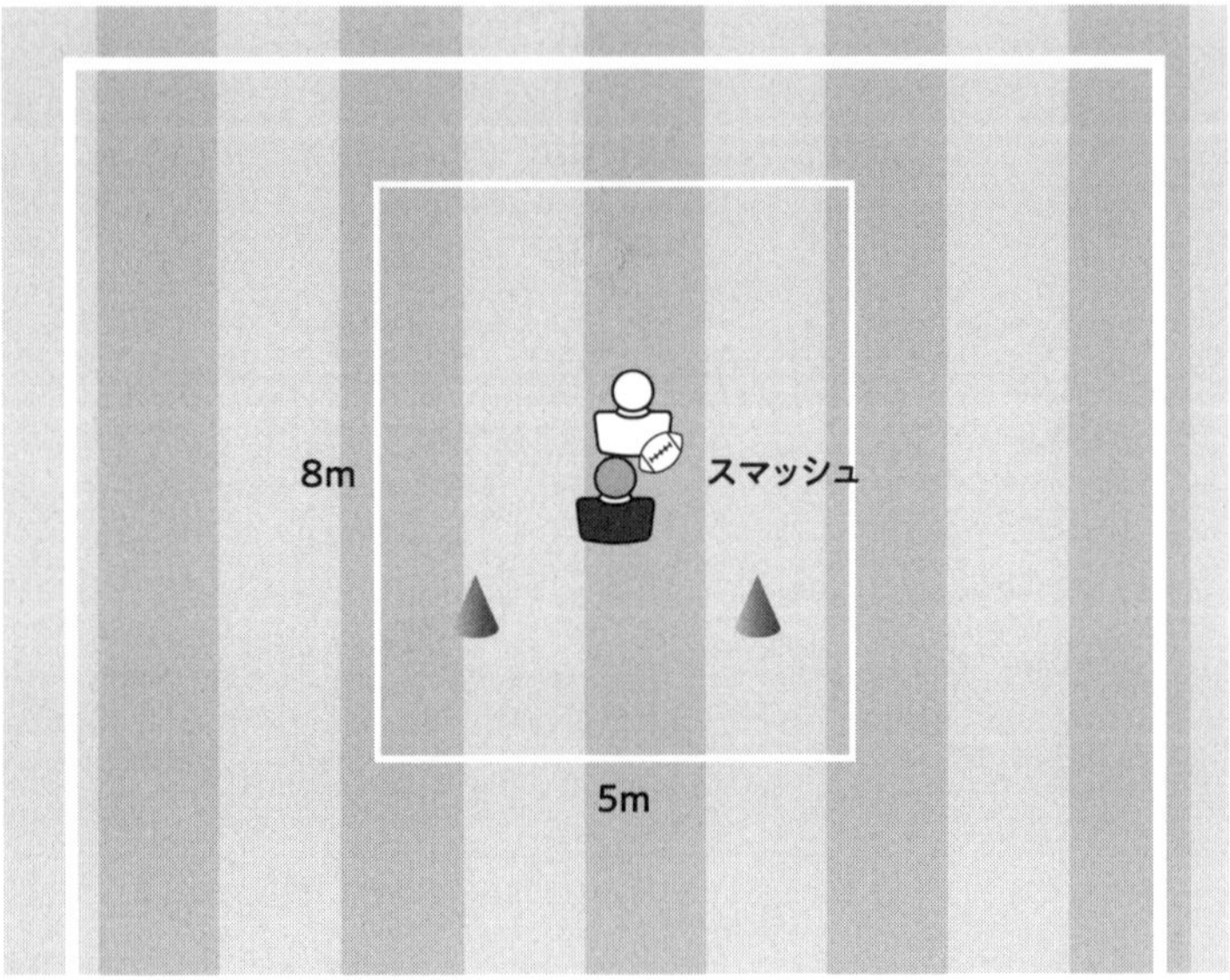

図225

「トラッキングAD」（図226から229）

横幅15メートルのコートで4対4で行います。

エッジからの折り返しの9シェイプのディフェンスの練習で、速くセットしてプレッシャーをかけます。

タッチからホールド、タックルまで強度をコントロールしながら行います。

「連続9シェイプディフェンス」（図230から237）

10メートルのコートを2つ作り、4対4で行います。

1つ目のコートで9シェイプの攻防を行い、隣のコートに移動してポジショニングして再度攻防を行います。

内側から来ているのを確認しながら外側にずれてポジショニングします。

タッチからホールド、タックルまで強度をコントロールしながら行います。

④フェイズ

ユニットの連携という意味では、「フロントラインとバックラインの連携」や2つ以上の連続する局面では「9シェイプ入れた後の展開を止める練習」、特定の状況では「ゲインされた

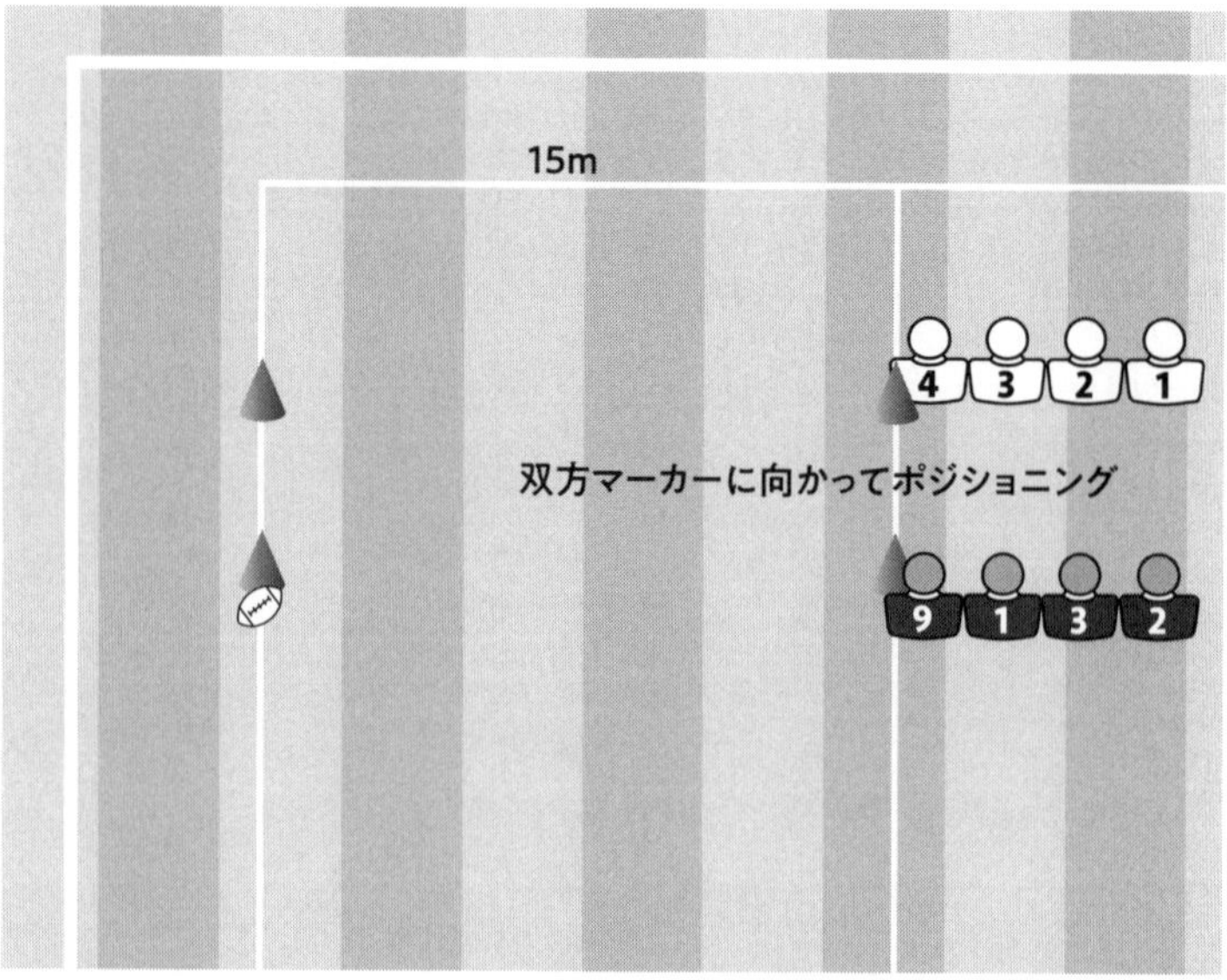

図226

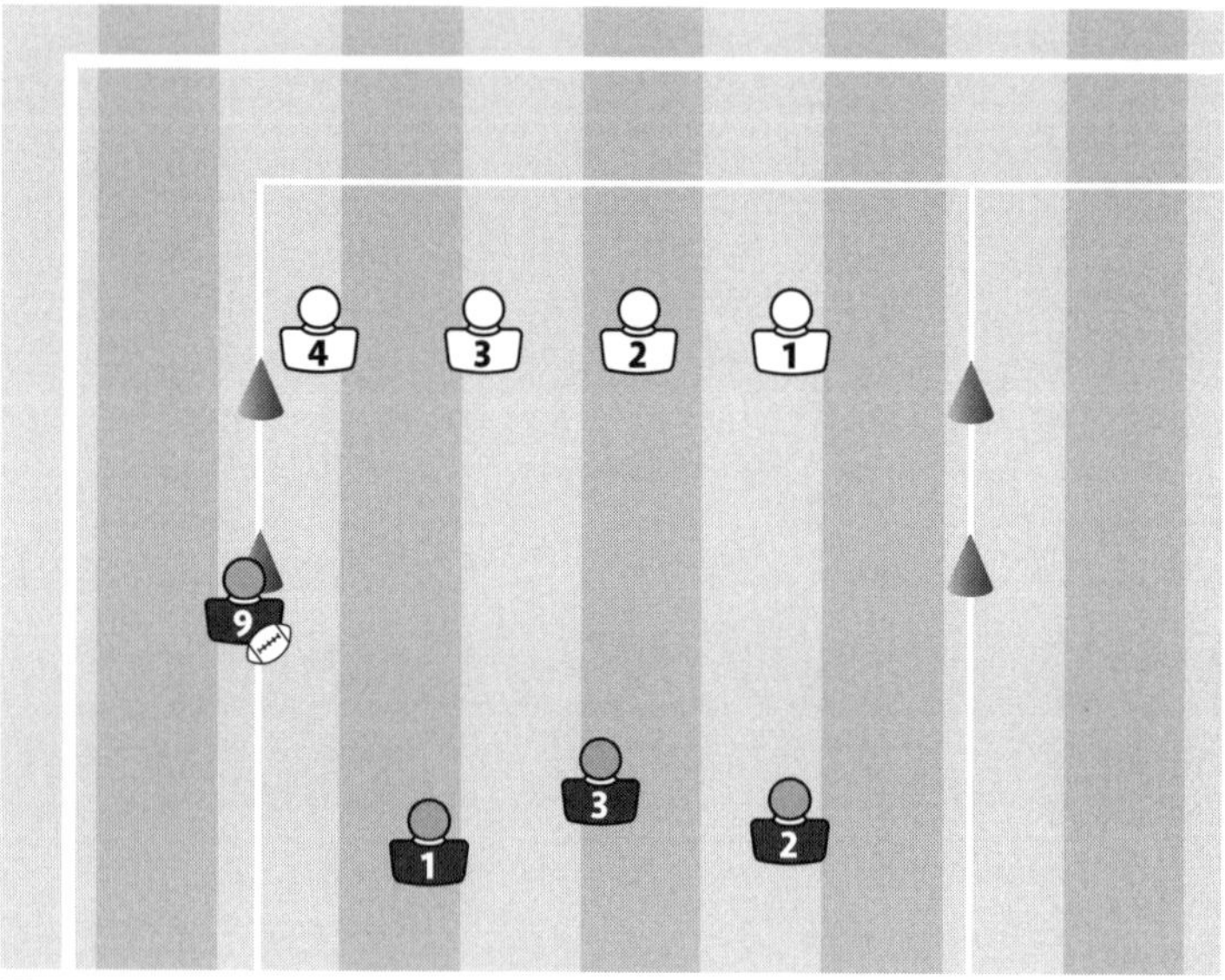

図227

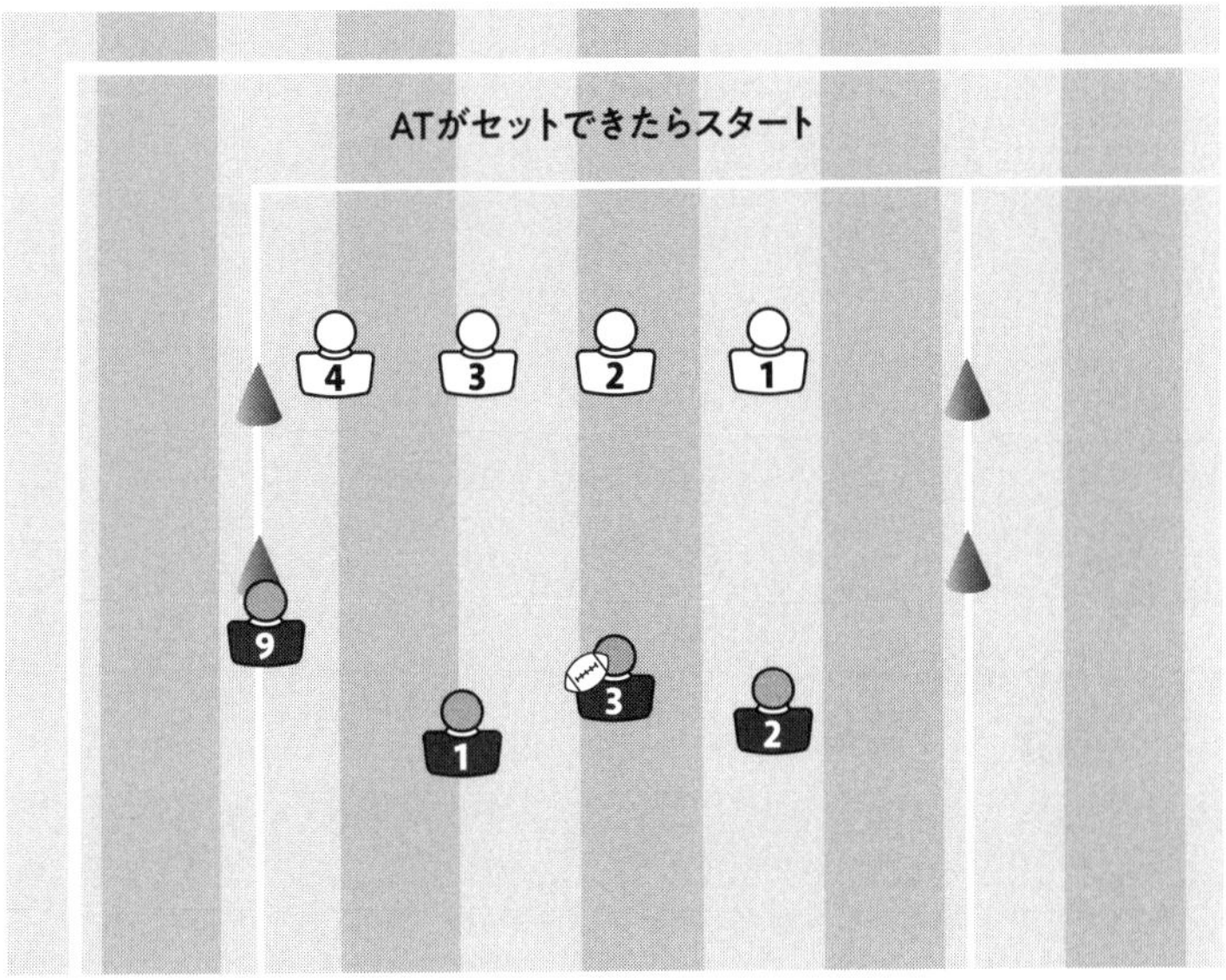

図228

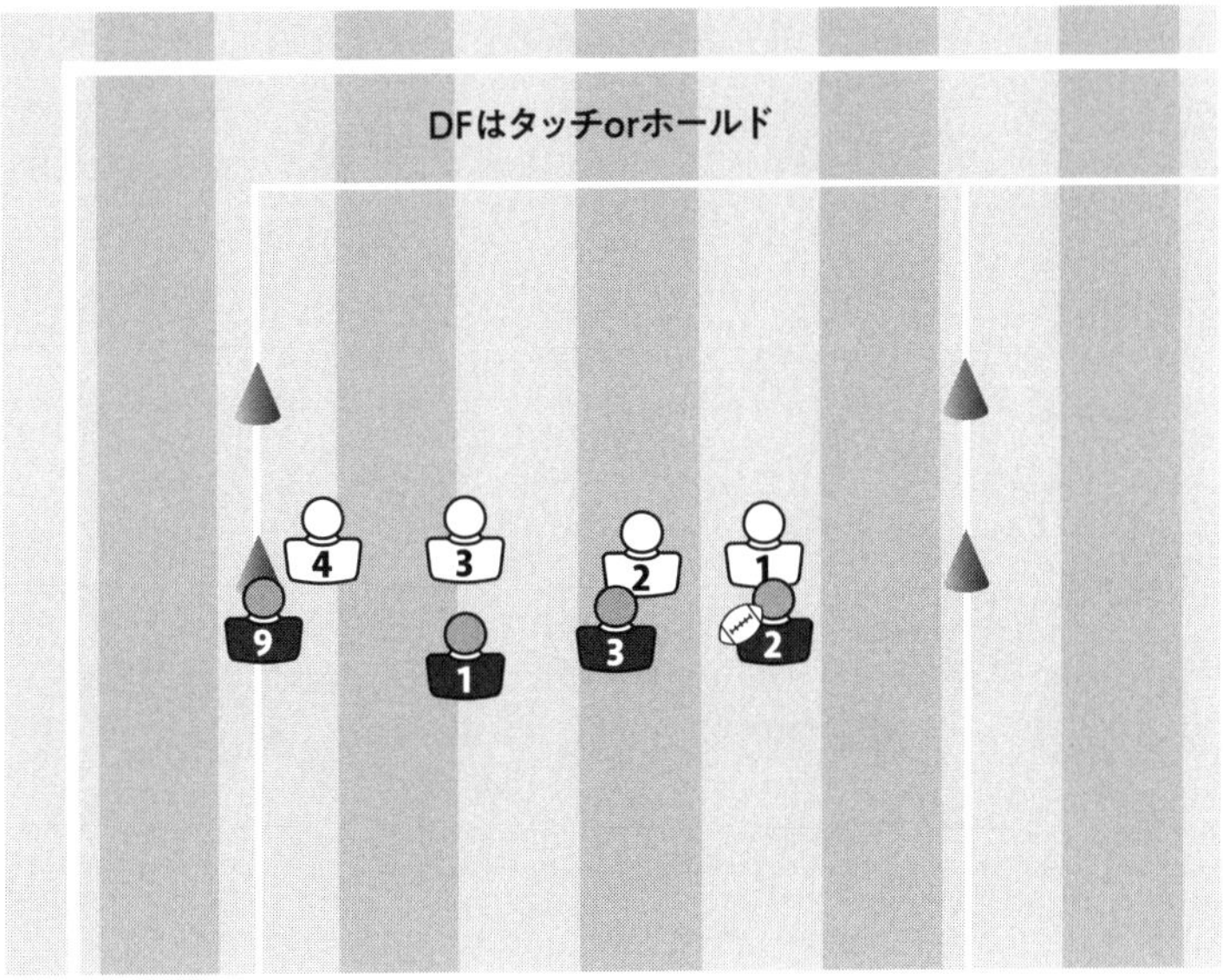

図229

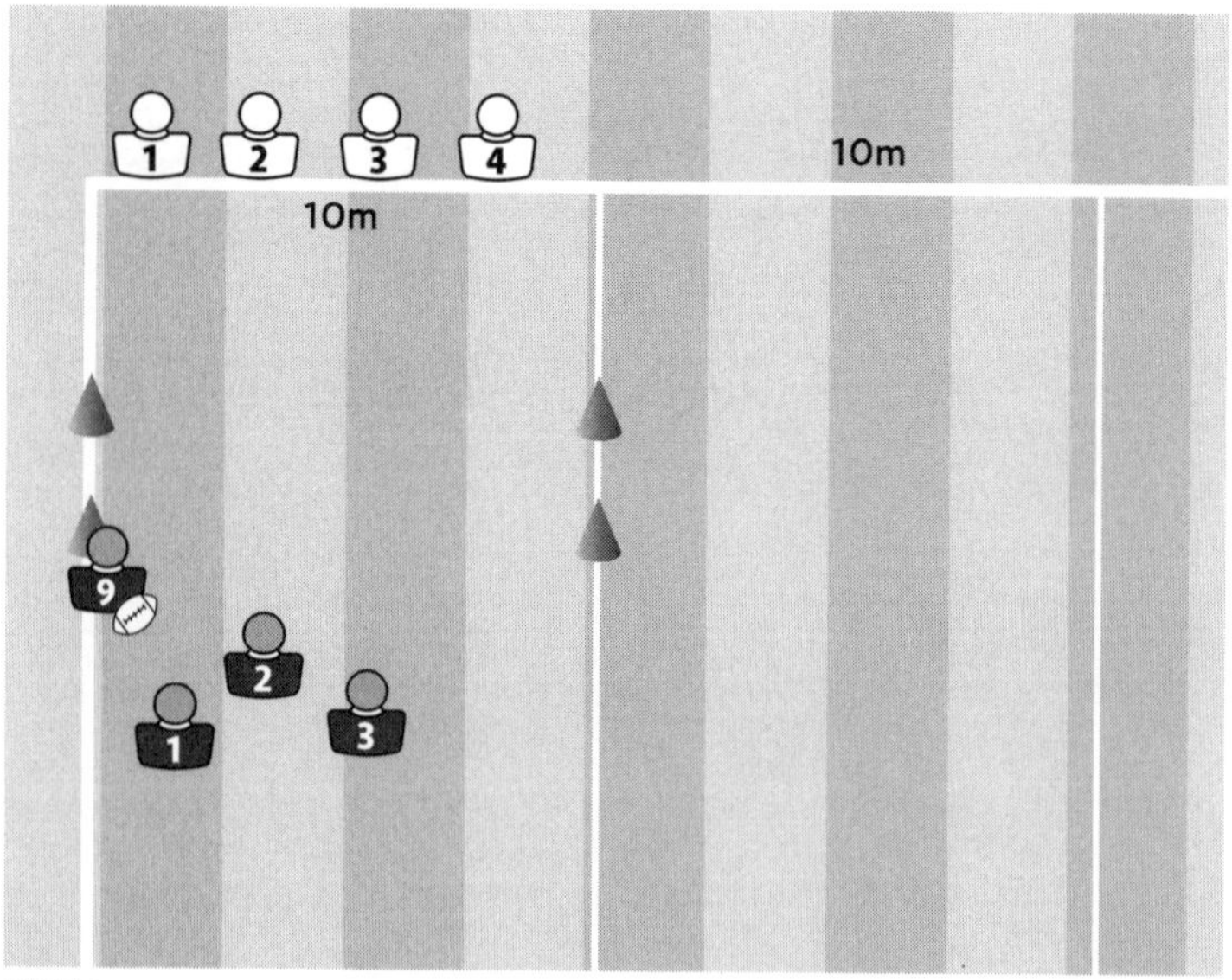

図230

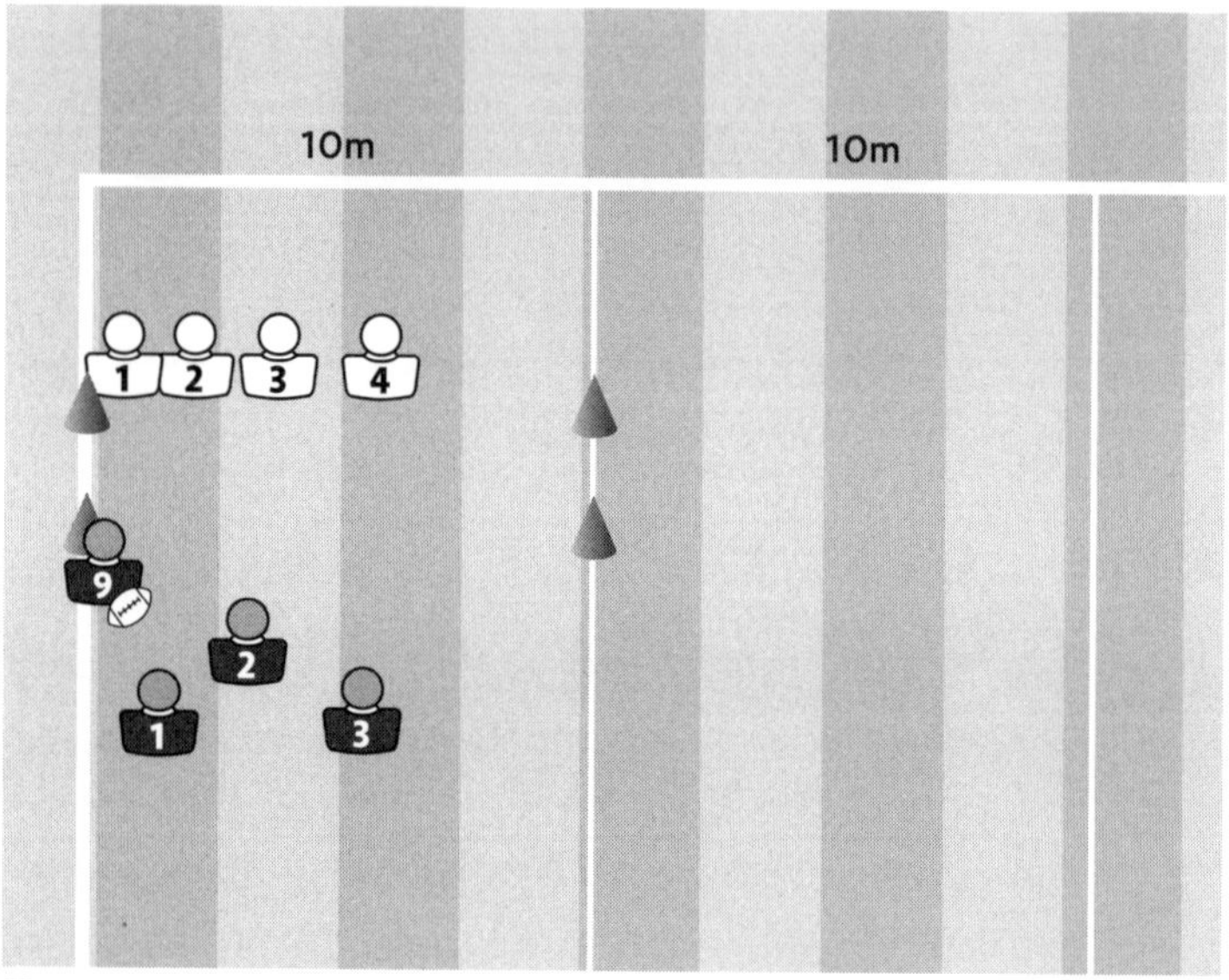

図231

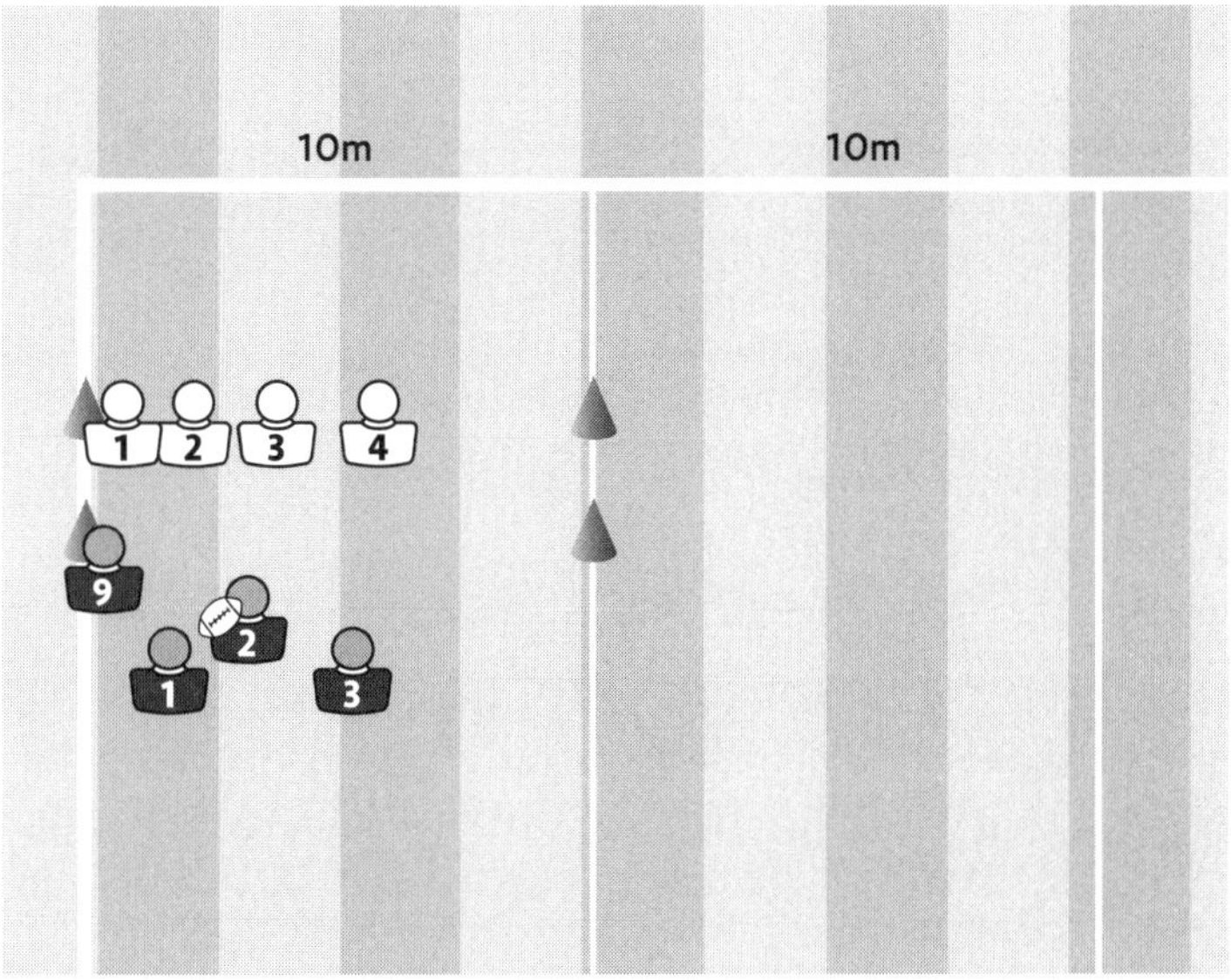

図232

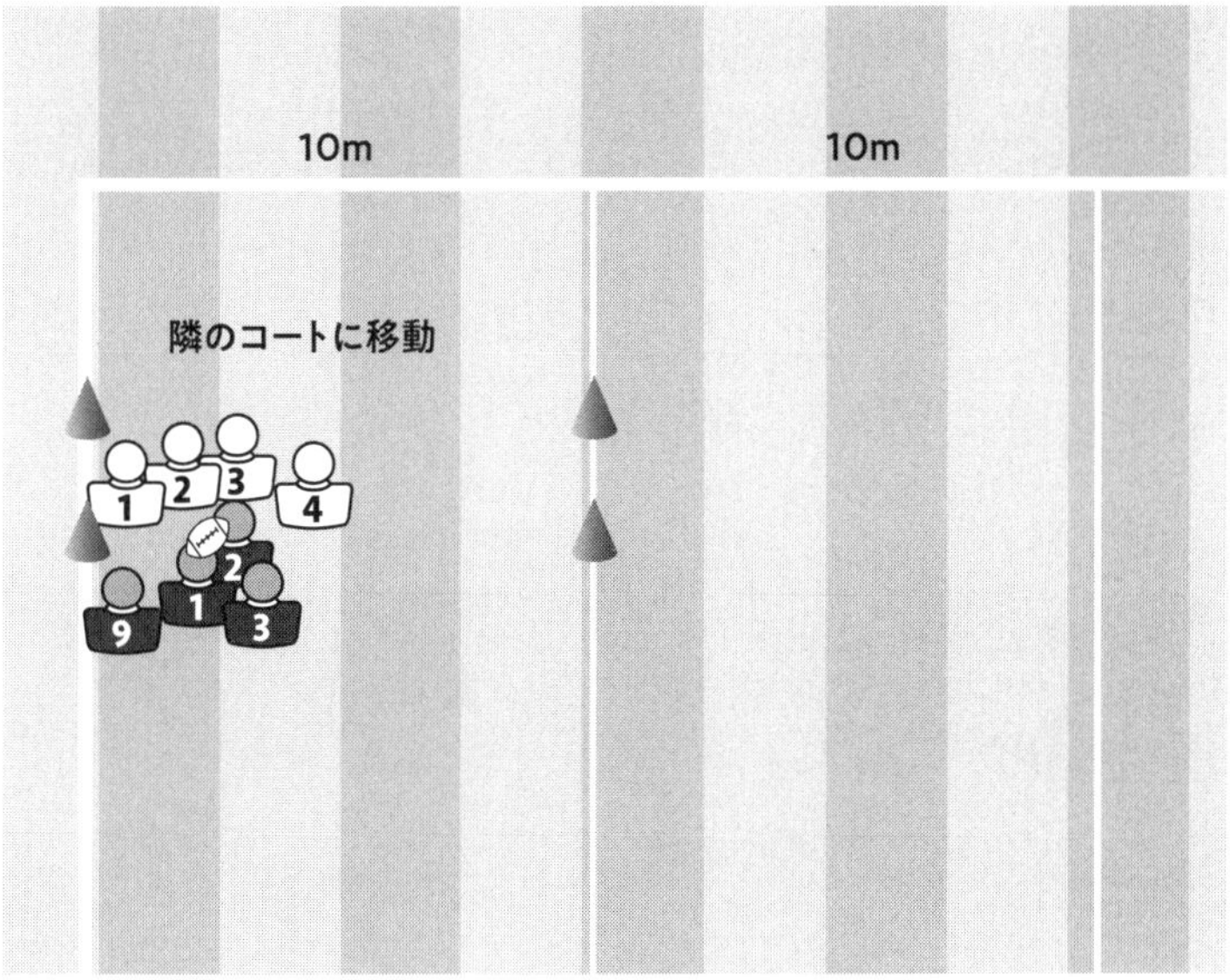

図233

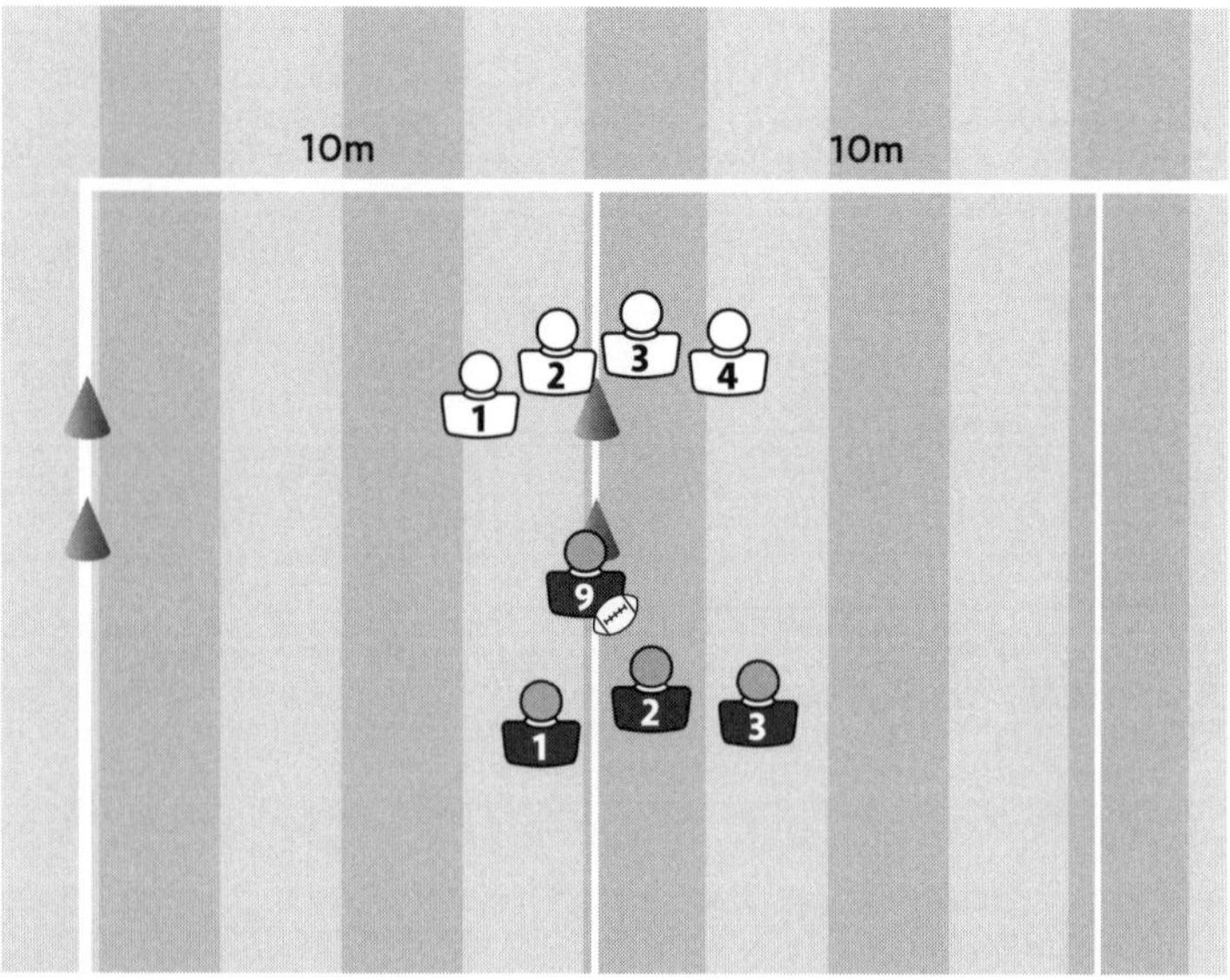

図234

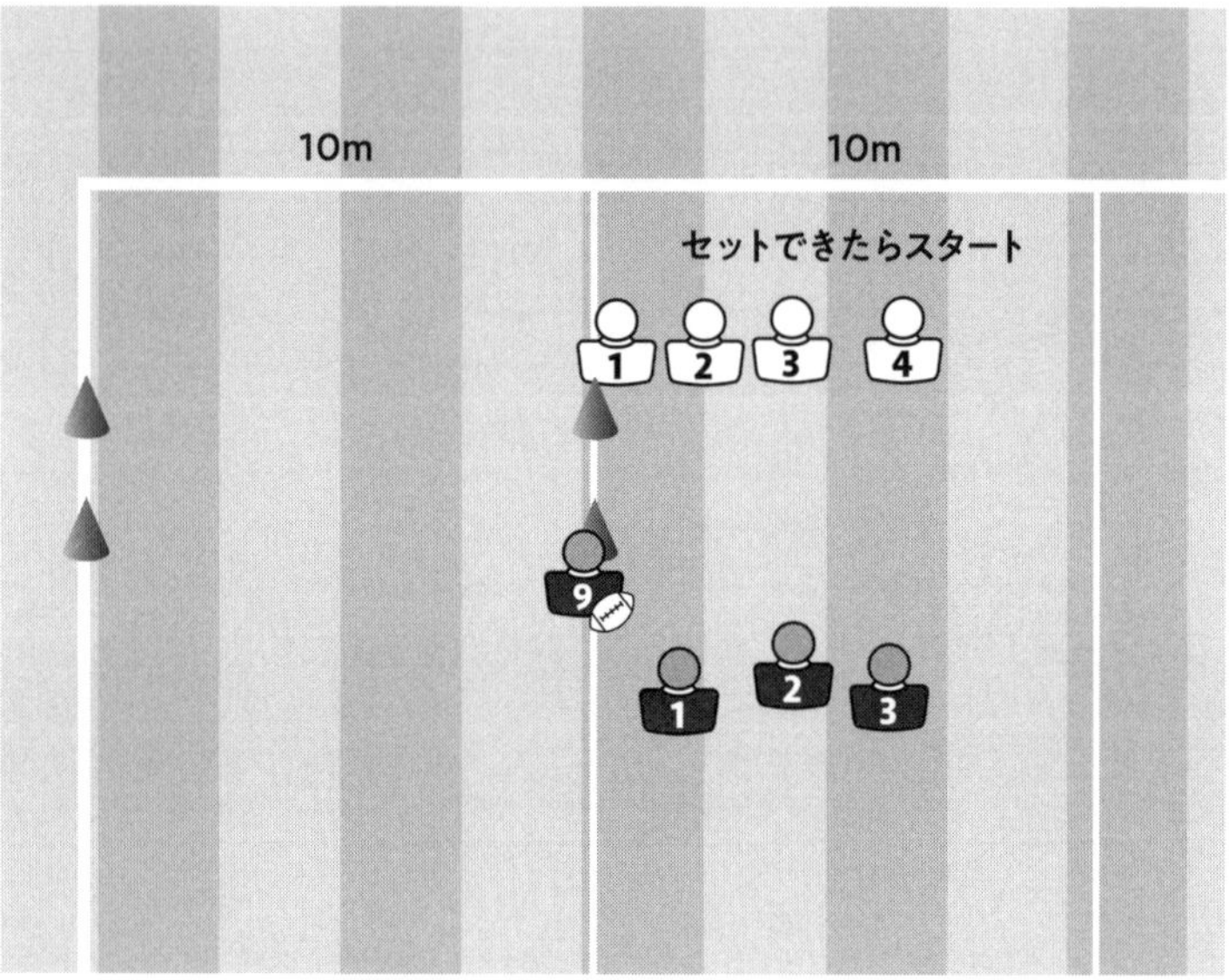

図235

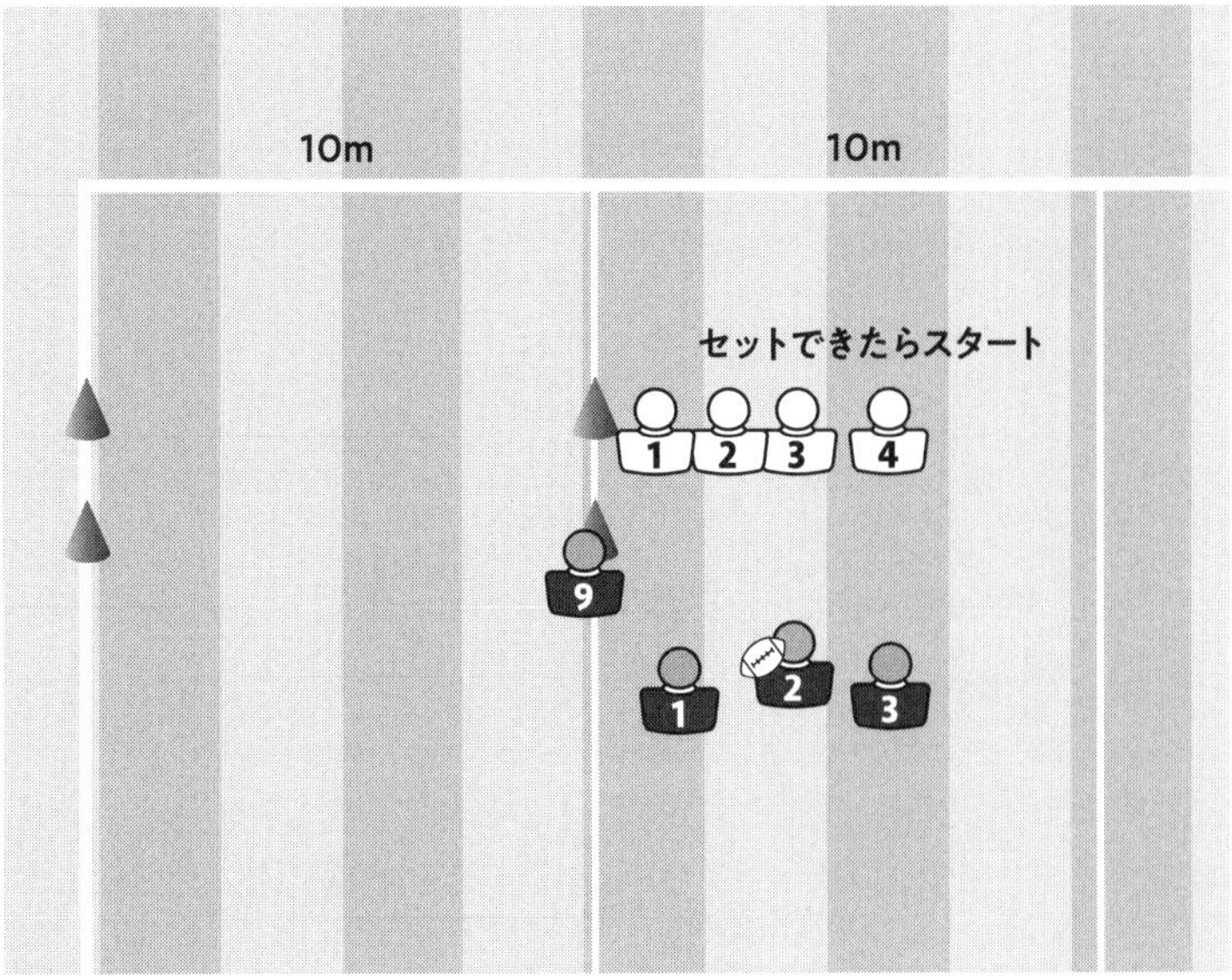

図236

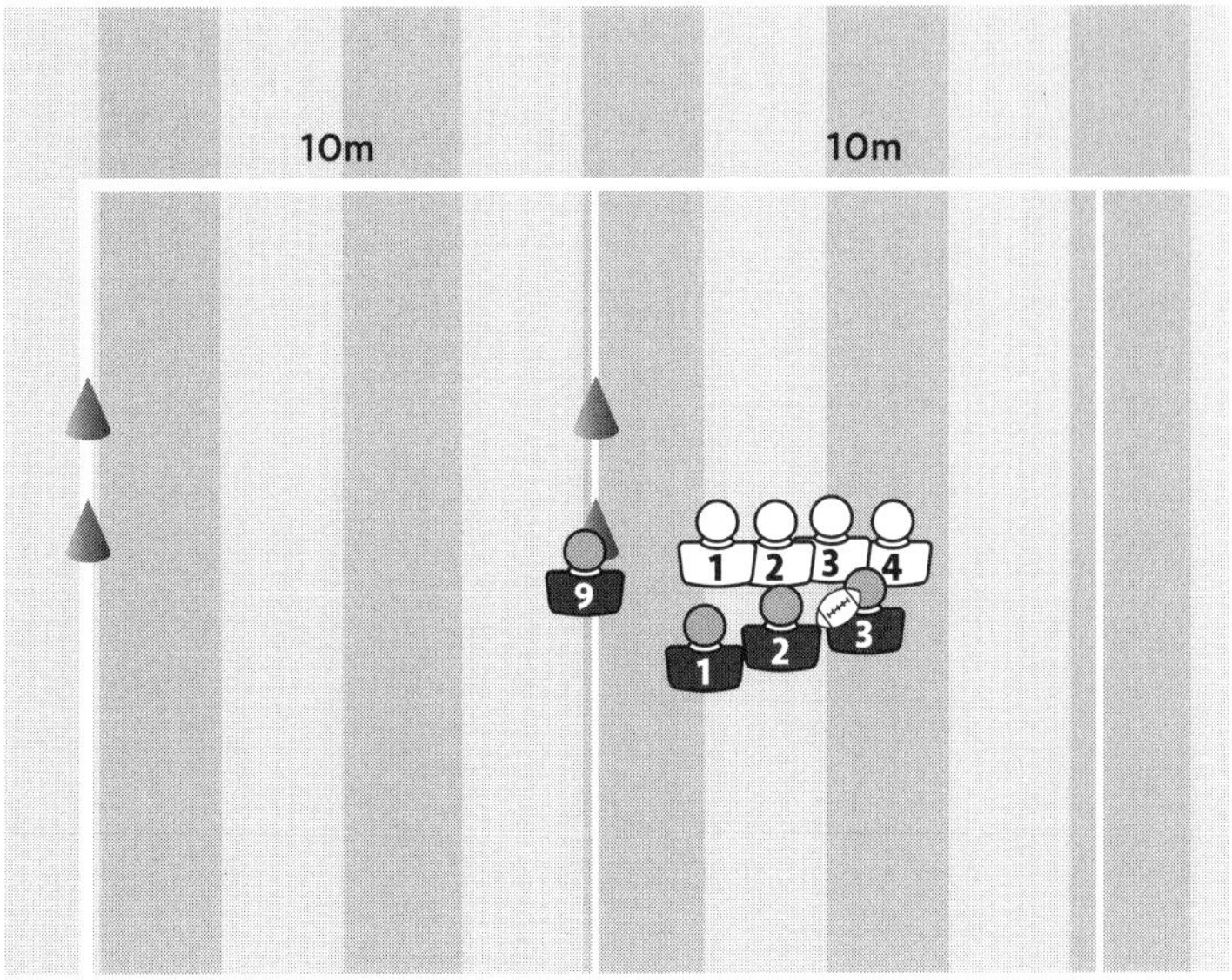

図237

後のディフェンス」などが当てはまります。

「9シェイプ→エッジ」（図238から243）

横幅30メートルのコートで7対7で行います。

フォールディングにフォーカスした練習です。

9シェイプでブレイクダウンを作った後に、ブレイクダウンから3人目の選手は対面を変えずにフォールディングして次のアタックにプレッシャーをかけます。

ブレイクダウンにはアタック3人、ディフェンス2人が入ります。

タッチからホールド、タックルまで強度をコントロールしながら行います。

「ゲイン後のディフェンス」（図244から250）

横幅40メートルのコートで8対8で行います。

ディフェンスはエッジの折り返しのアタックのイメージから行うので、ディフェンスはマーカーからスタートします。

まず、最初の攻防を行ってからディフェンスはゲインされた想定で2つ目のポイントまで下がってポジショニングして攻防を行います。

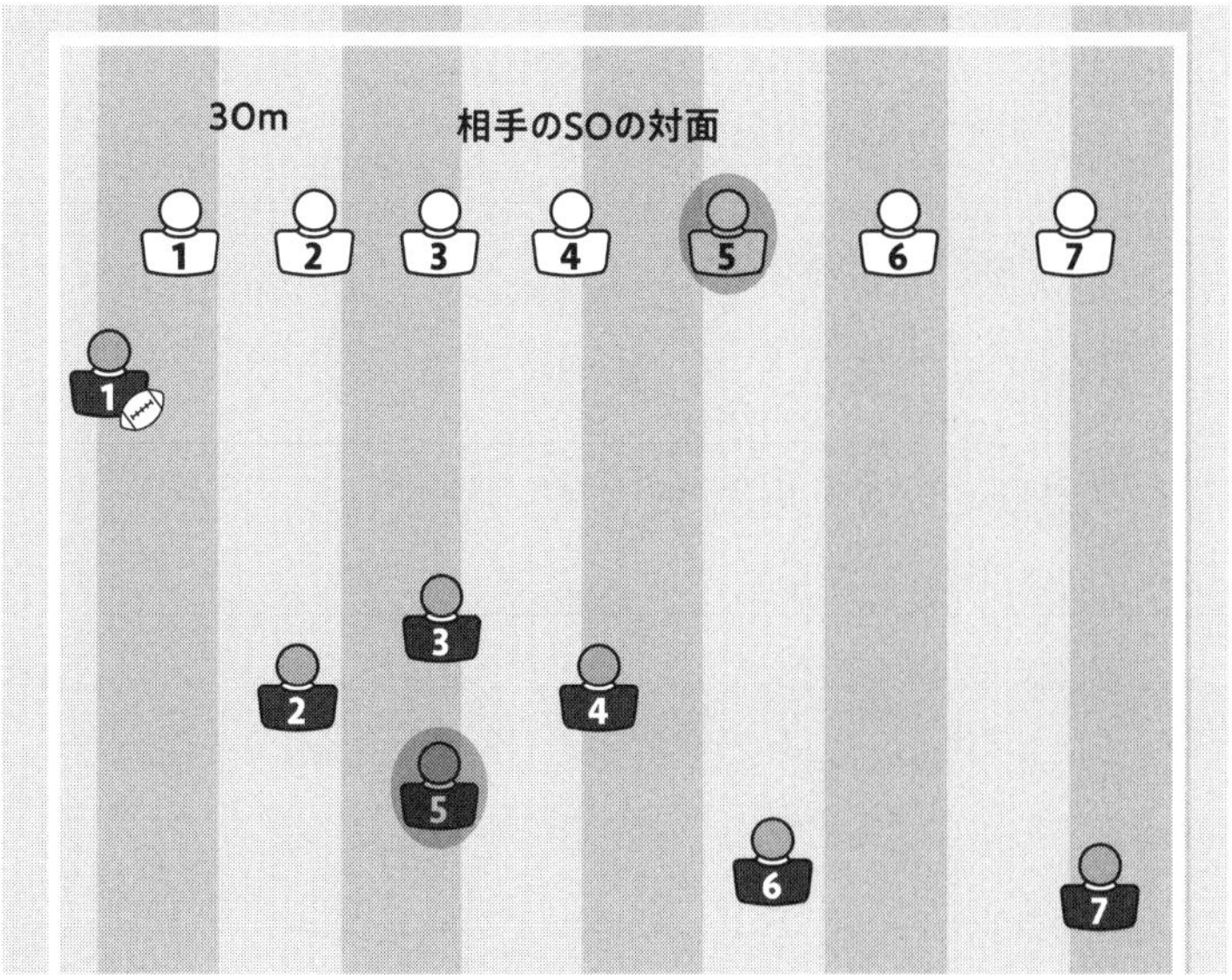
30m
相手のSOの対面
1
2
3
4
5
6
7
1
3
2
4
5
6
7

図238

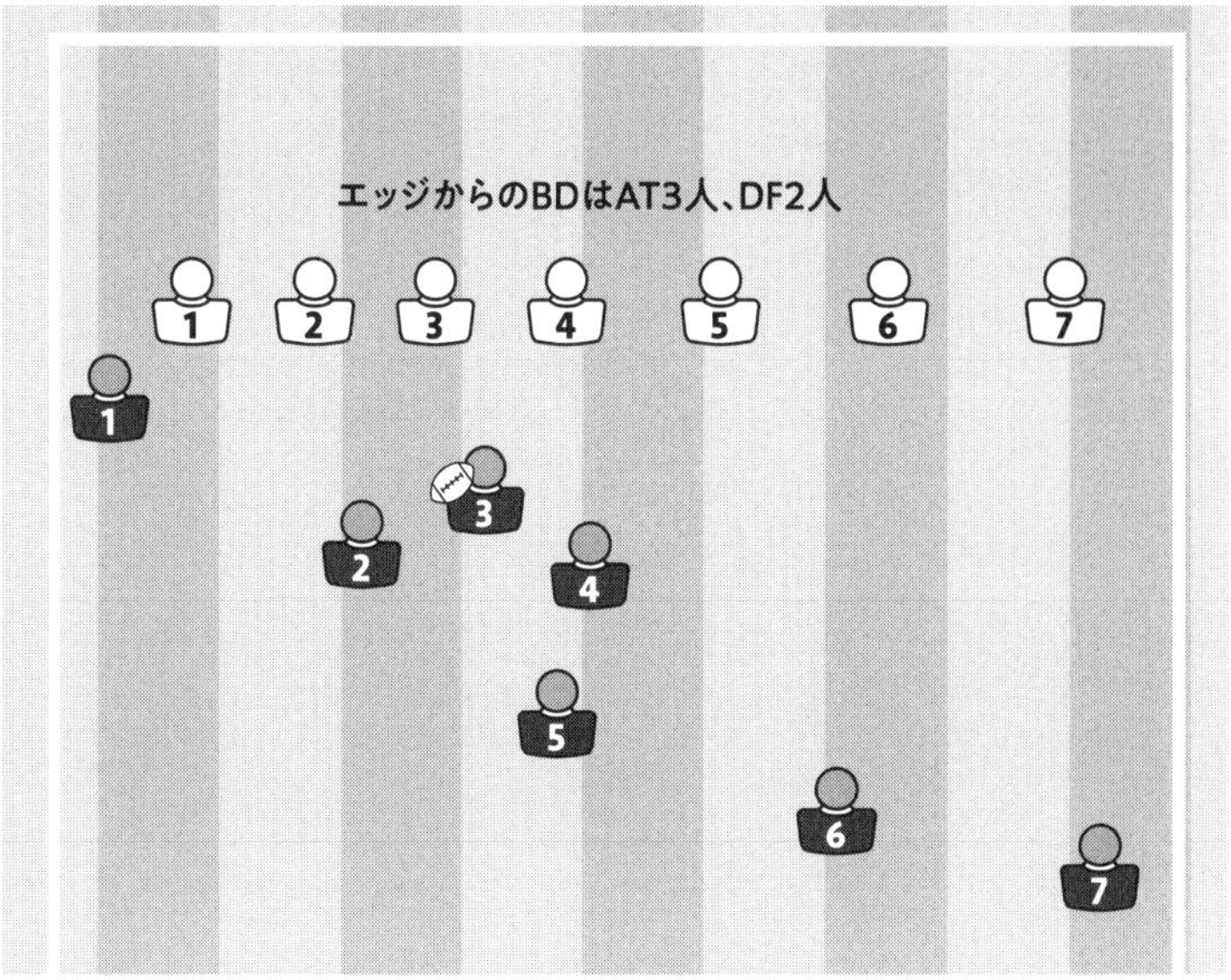
エッジからのBDはAT3人、DF2人
1
2
3
4
5
6
7
1
3
2
4
5
6
7

図239

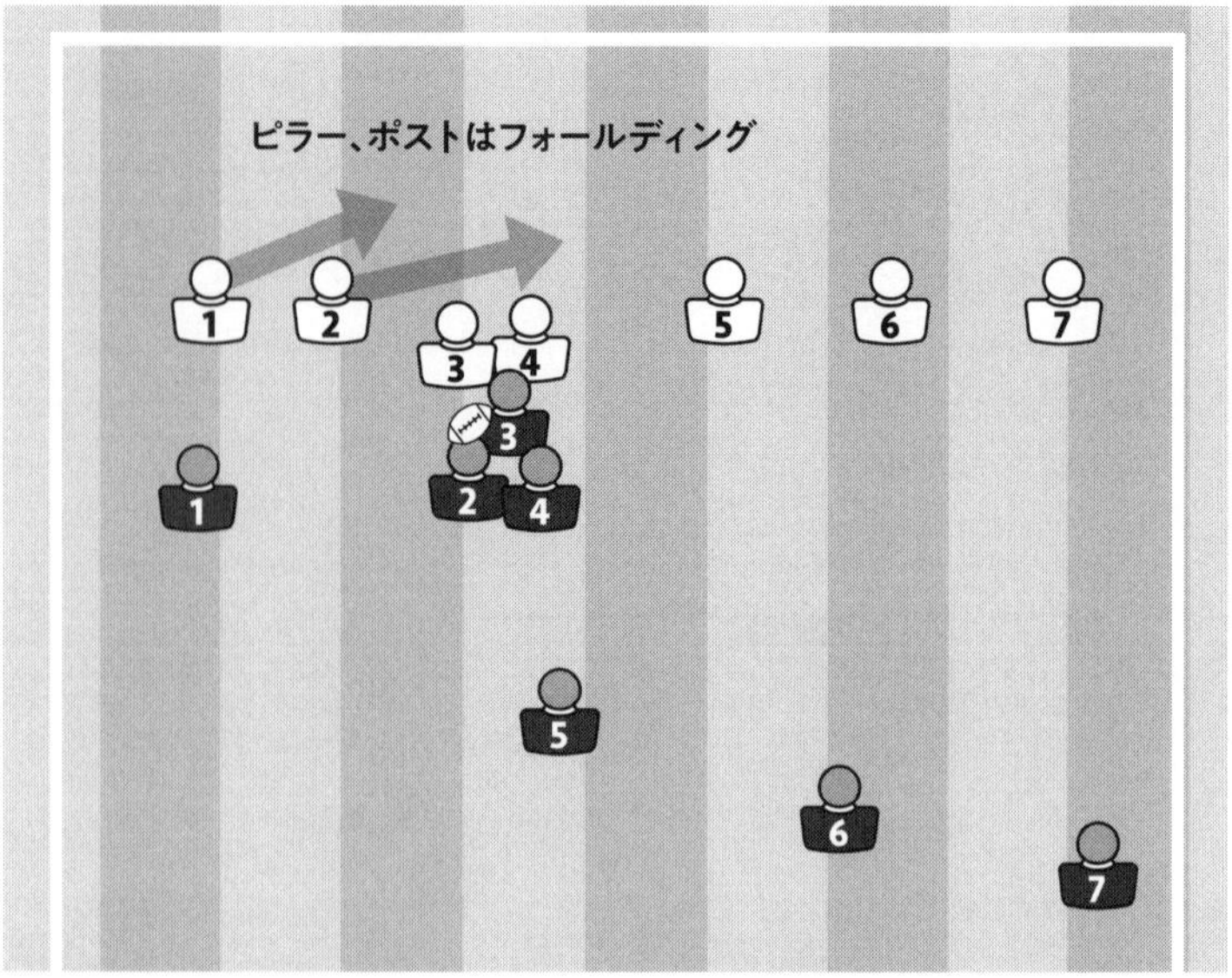
ピラー、ポストはフォールディング
1
2
3
4
5
6
7
3
2
4
1
5
6
7
図240

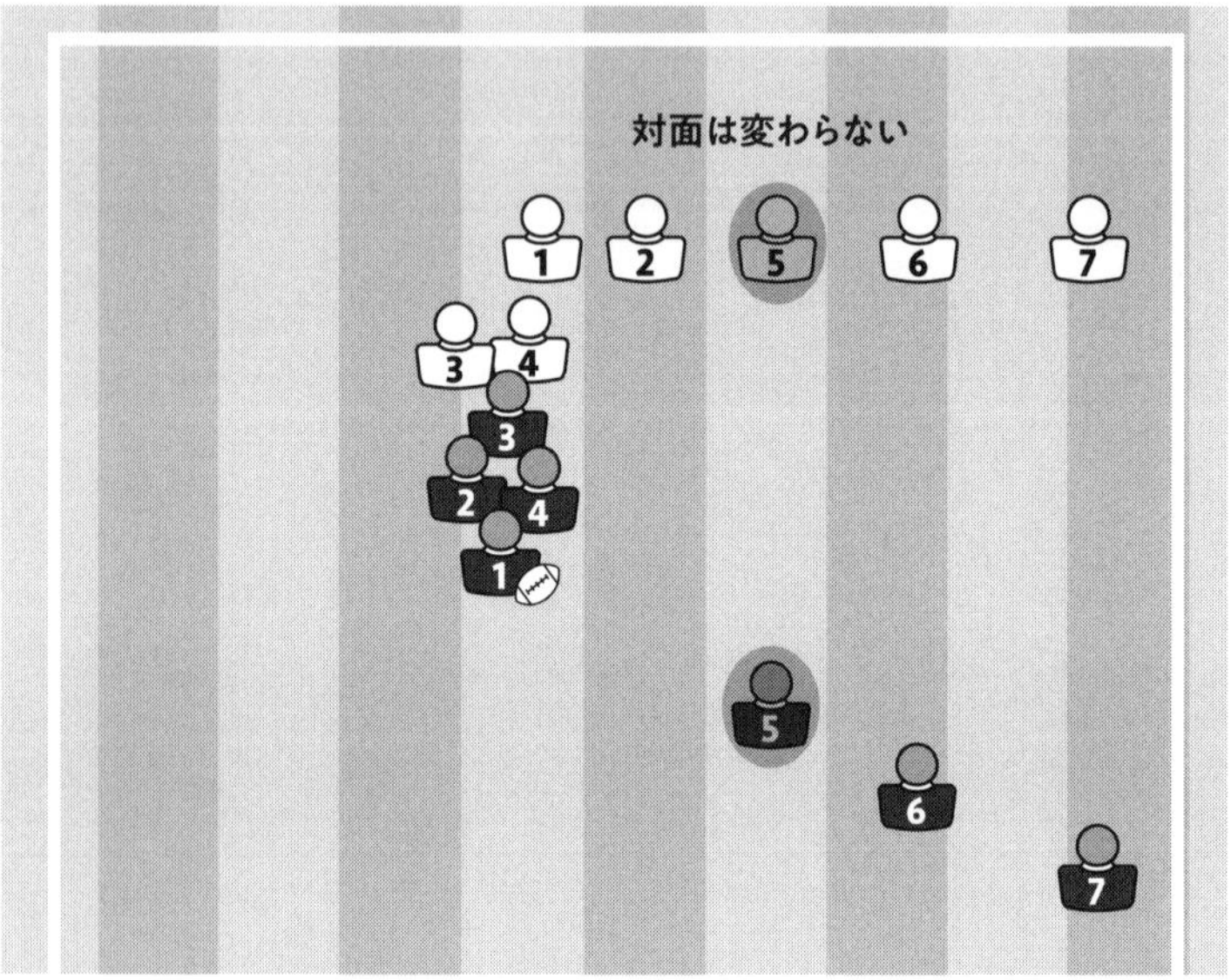
対面は変わらない
1
2
5
6
7
3
4
3
2
4
1
5
6
7
図241

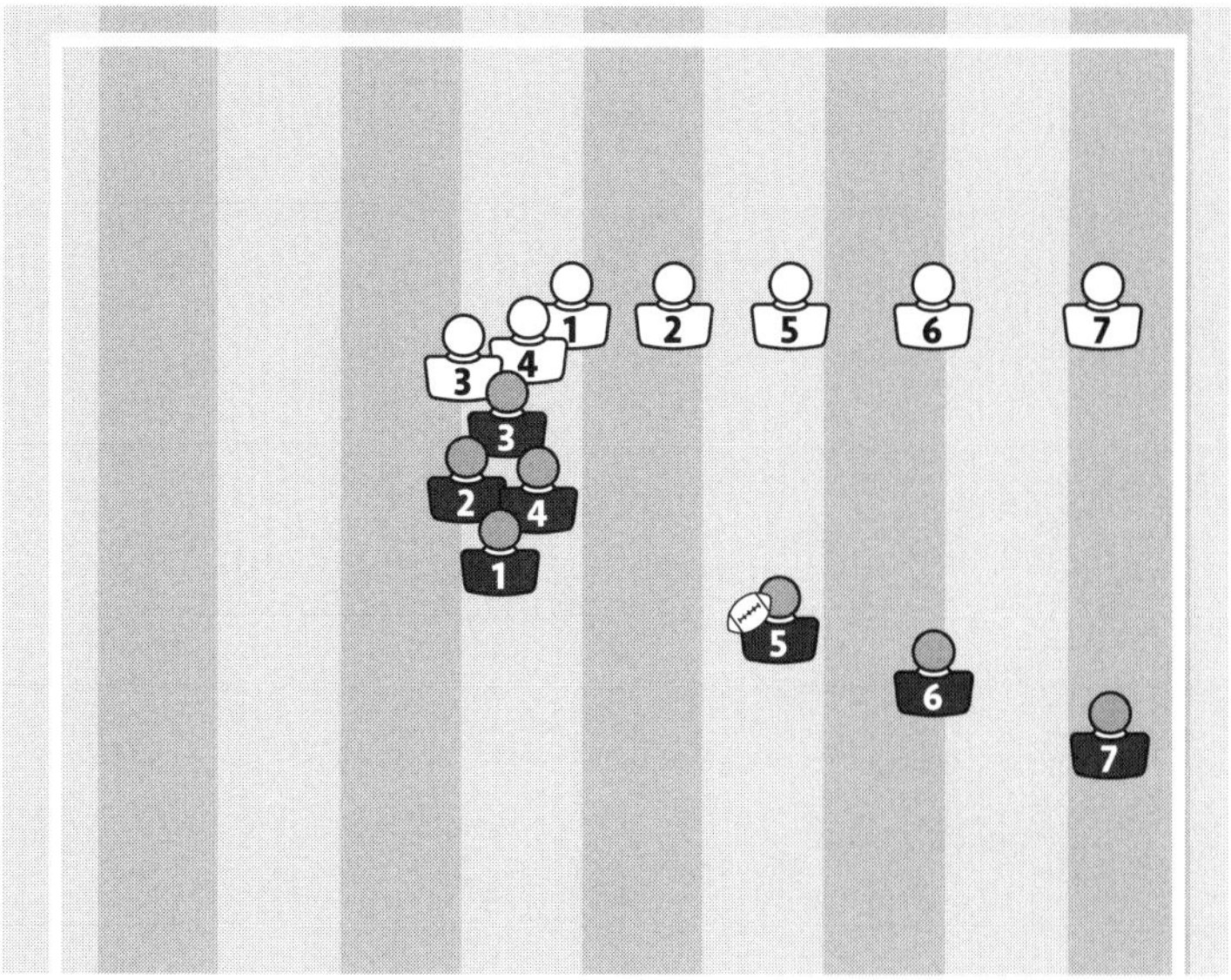

図242

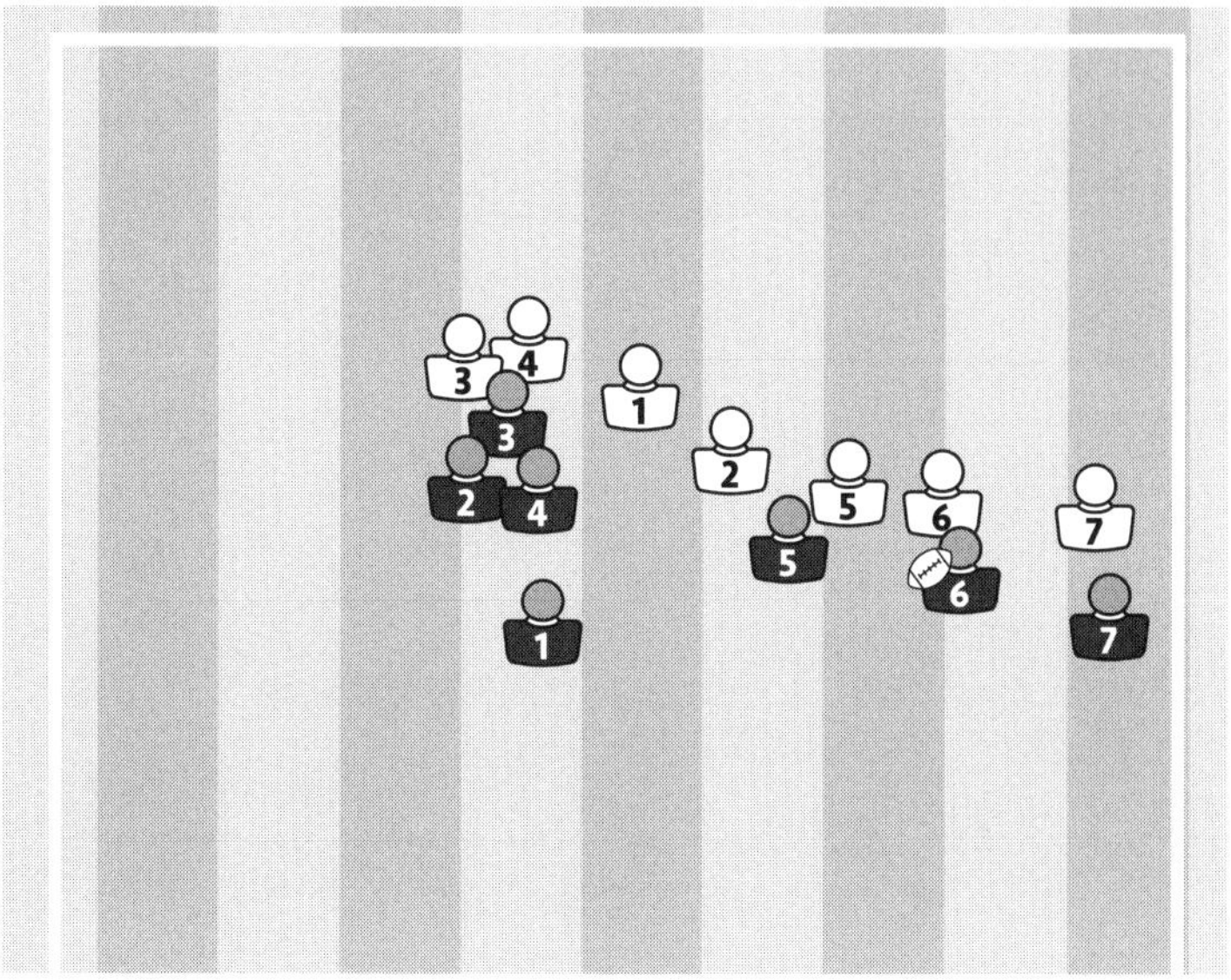

図243

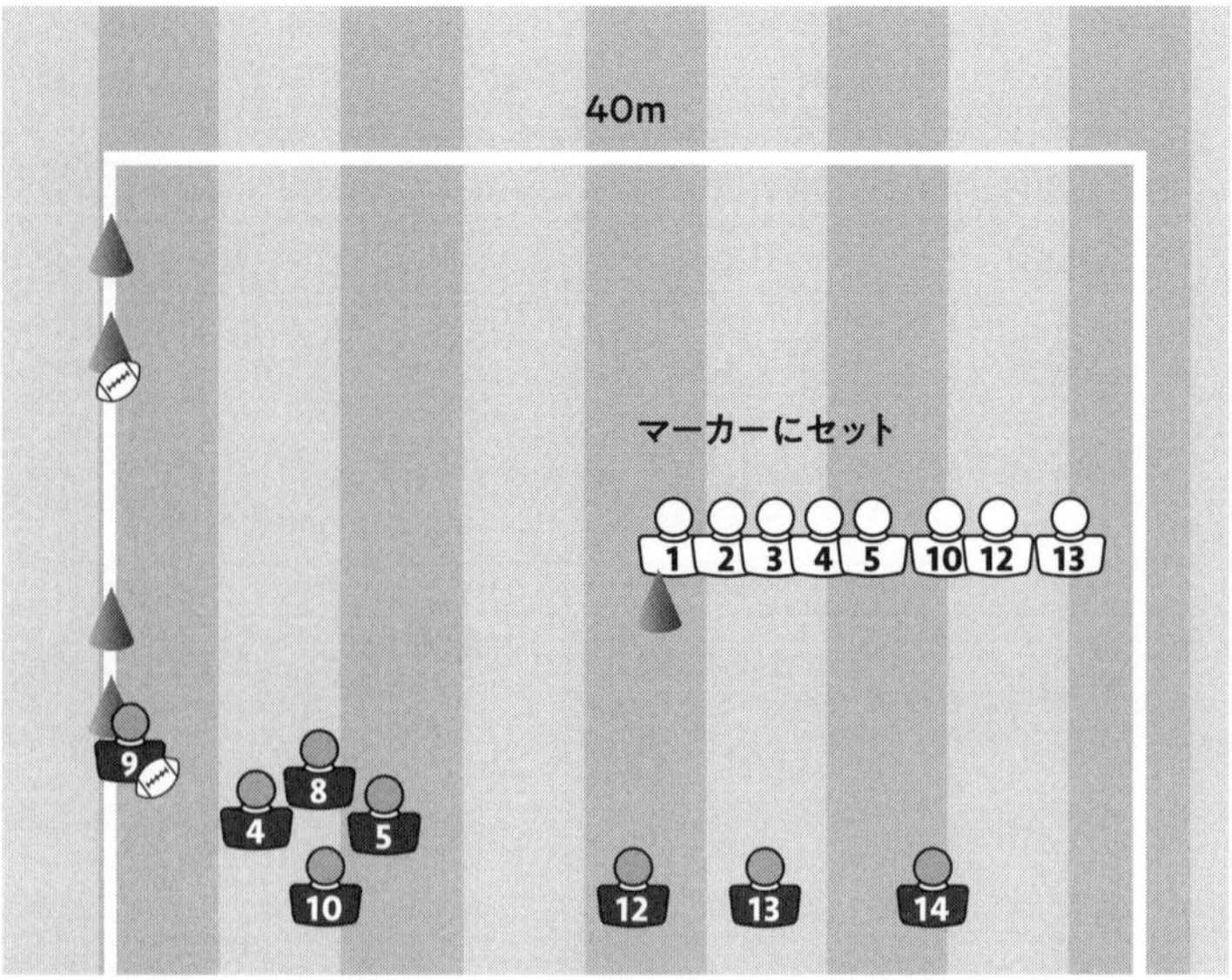
40m
マーカーにセット
1
2
3
4
5
10
12
13
9
8
4
5
10
12
13
14
図244

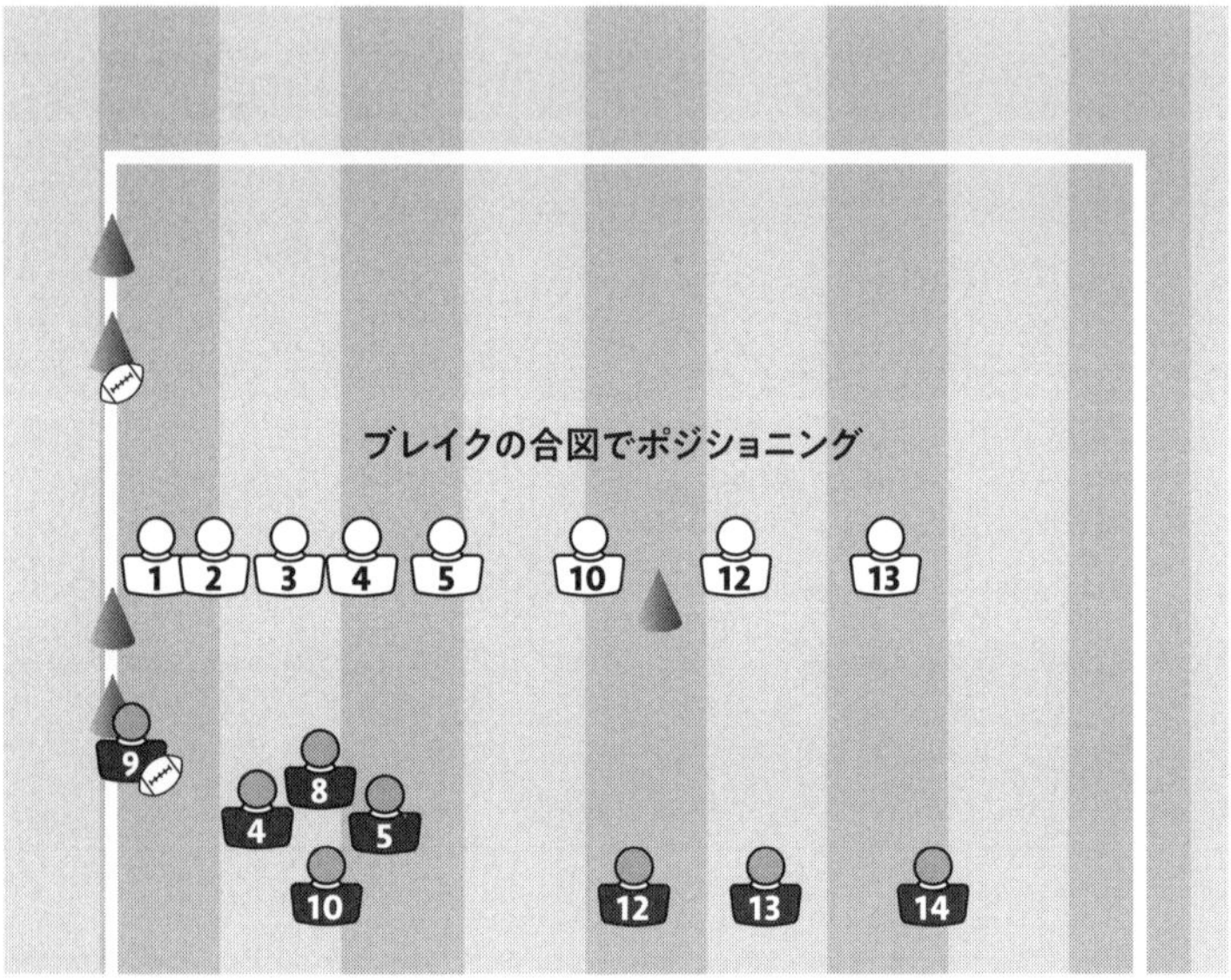
ブレイクの合図でポジショニング
1
2
3
4
5
10
12
13
9
8
4
5
10
12
13
14
図245

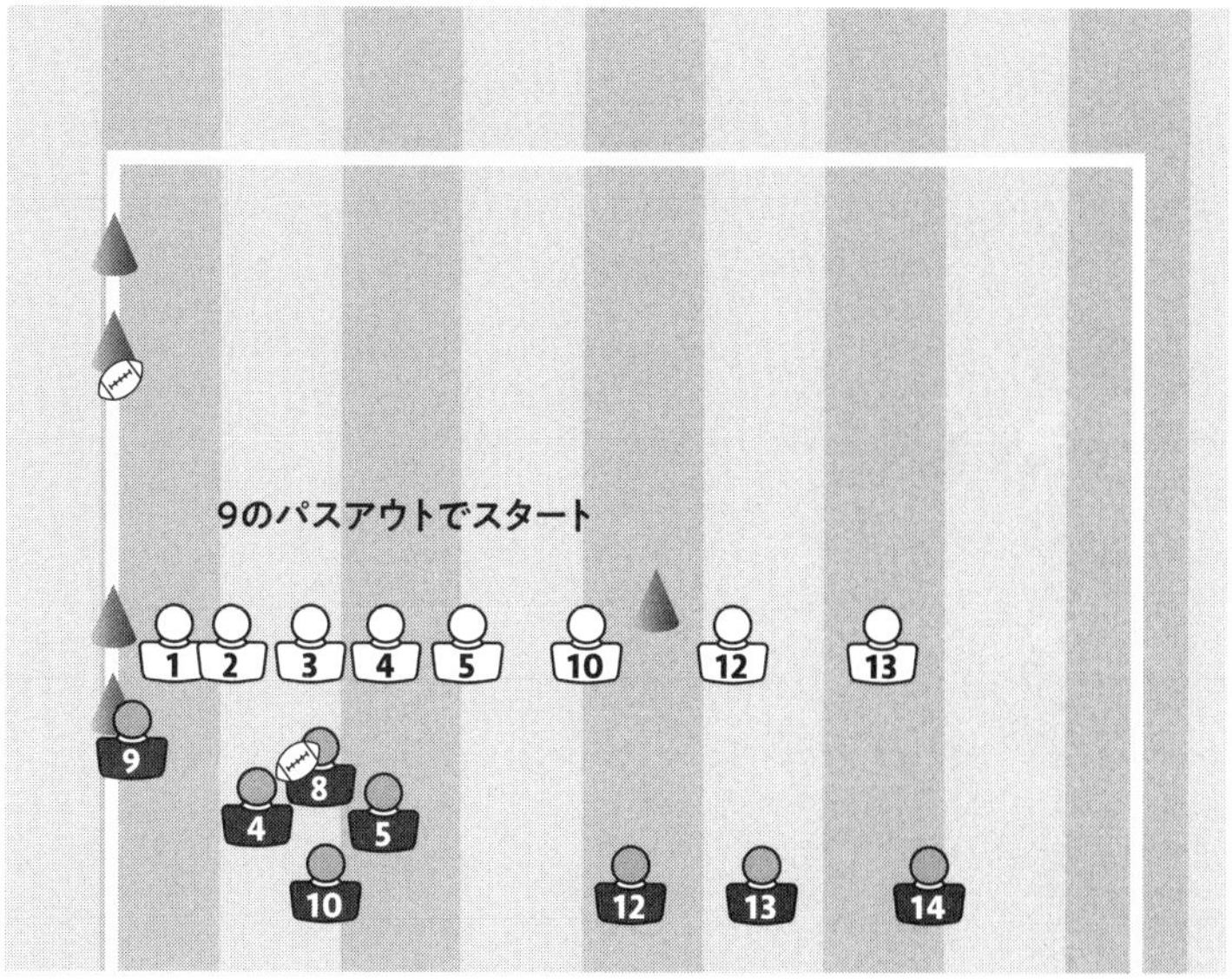
9のパスアウトでスタート
1
2
3
4
5
10
12
13
9
8
4
5
10
12
13
14

図246

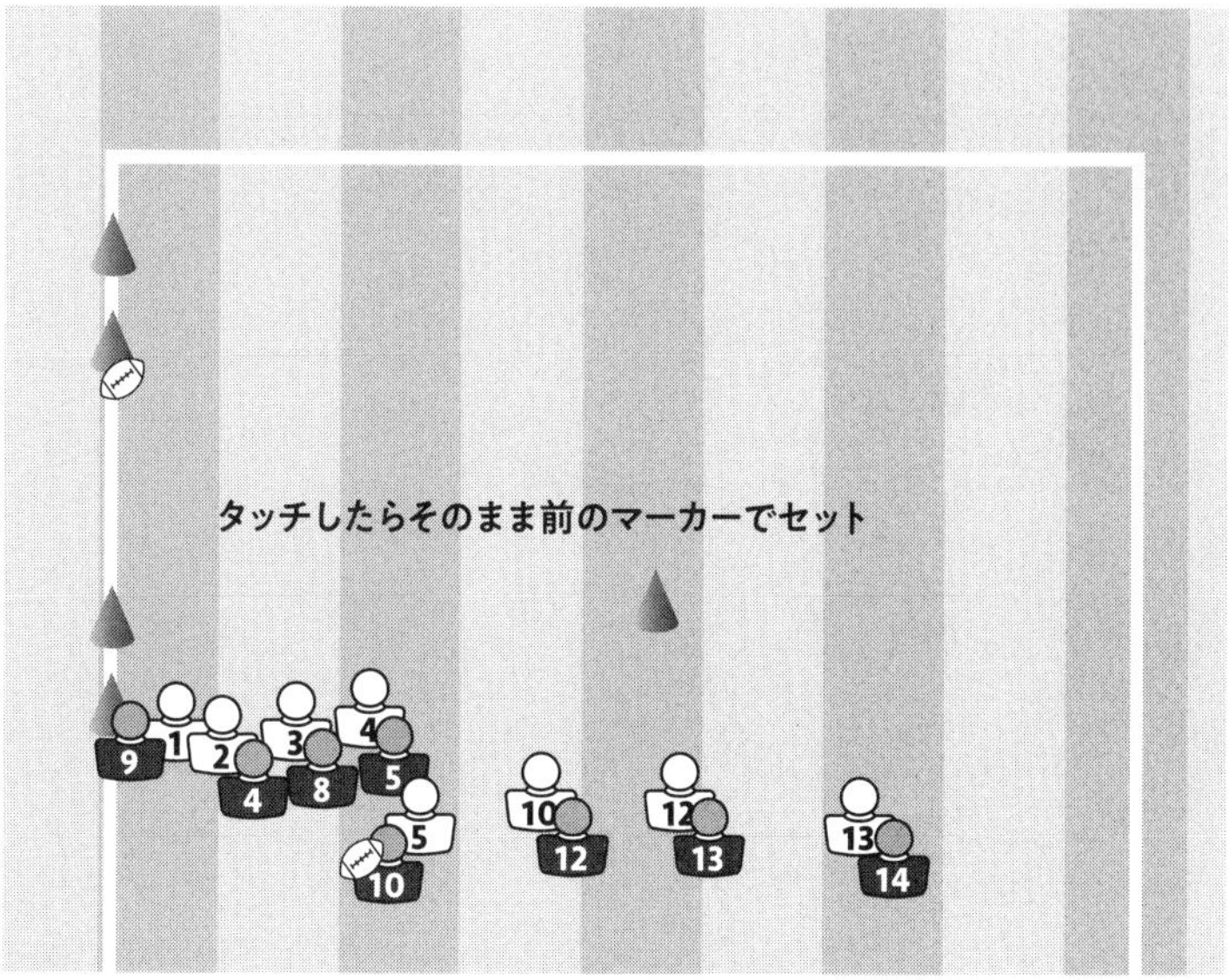
タッチしたらそのまま前のマーカーでセット
1
2
3
4
9
4
8
5
5
10
10
12
12
13
13
14

図247

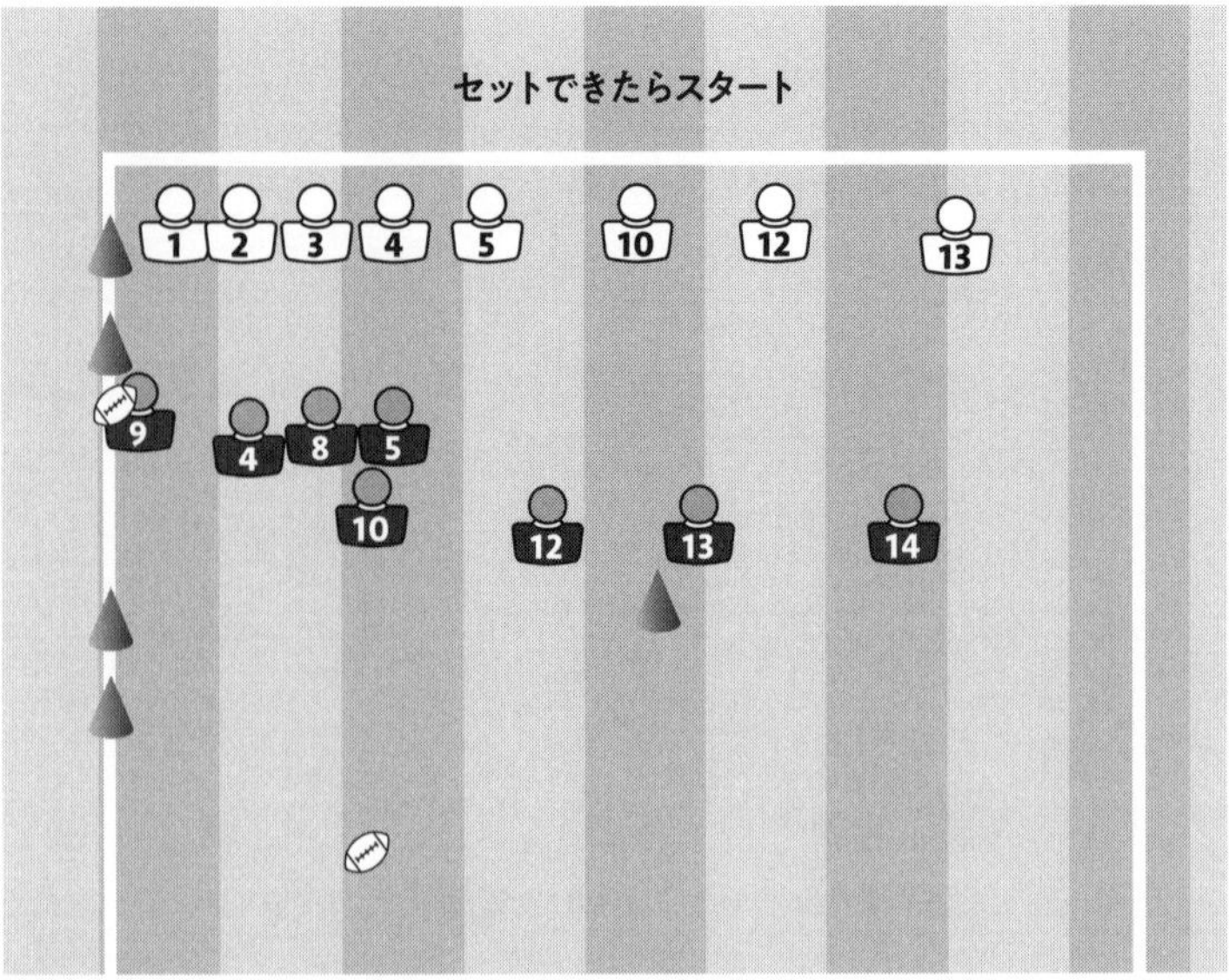
セットできたらスタート
1
2
3
4
5
10
12
13
9
4
8
5
10
12
13
14
図248

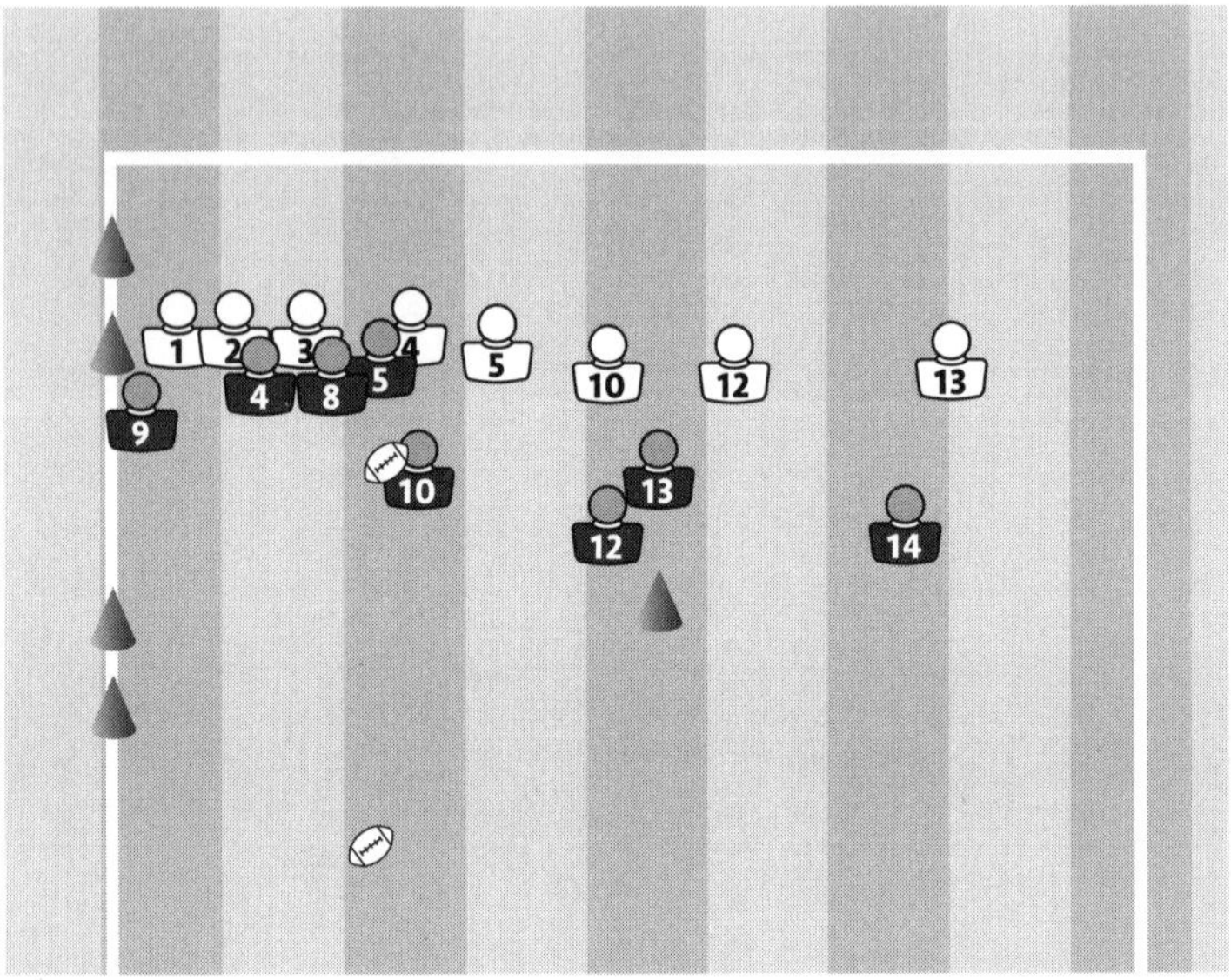
1
2
3
4
5
10
12
13
4
8
5
9
10
13
12
14
図249

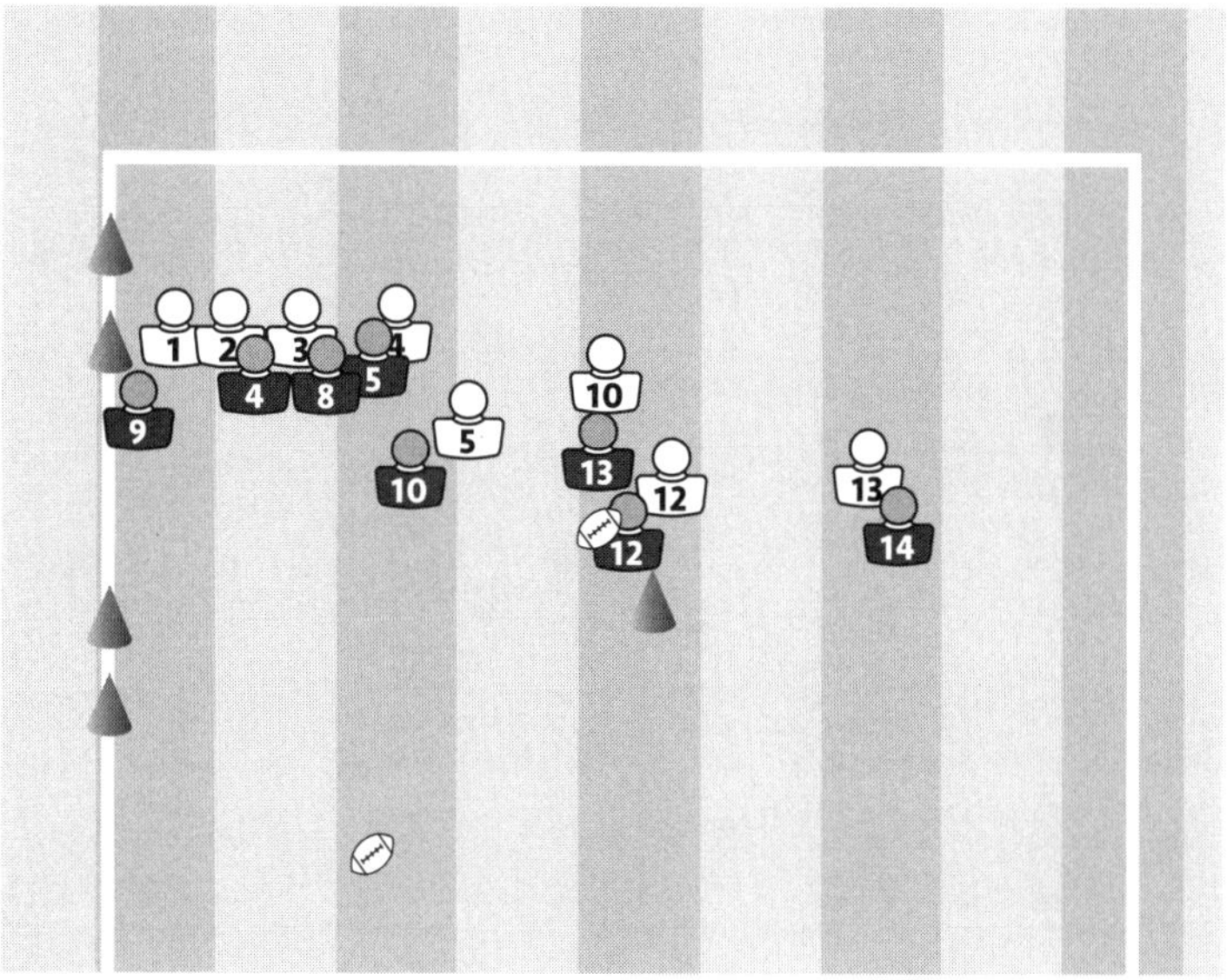

図250

2つ目のポイントに移動するタイミングはディフェンスが止めるか、もしくはアタックが抜けるかでコーチの笛で移動し、アタックがセットできたらスタートします。タッチからホールド、タックルまで強度をコントロールしながら行います。

⑤スモールサイドゲーム

ゲーム性が高く連続性も高いのでフィットネスの要素も鍛えることができます。さらに15対15よりも「ポジショニング」「ラインスピード」といった特定の要素にフォーカスすることができます。

「2ポッドタッチ」（図251から262）

コートの横幅は30メートルでコートを2つに区切って7対7で行います。アタックは交互に2つのコートでアタックしなければならないので、ディフェンスはフォールディングの必要がなくノミネートにフォーカスできます。アタックはブレイクダウンに3人参加しますが、ディフェンスは1人参加します。

ディフェンスはラックチェイス（ブレイクダウンに集まる）すると外側にスペースが生まれるので、しっかりノミネートしながらポジショニングします（図251から258）。

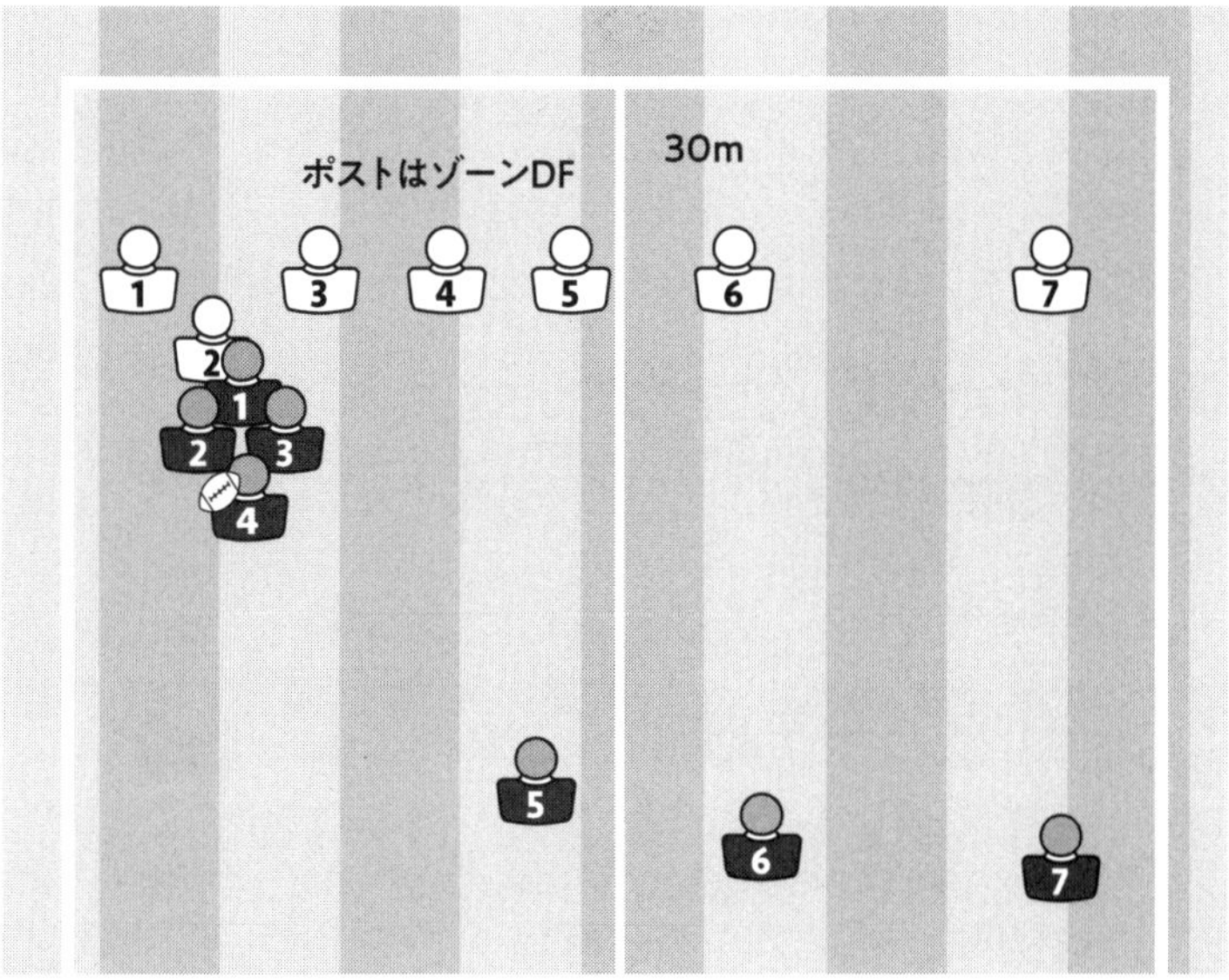

図251

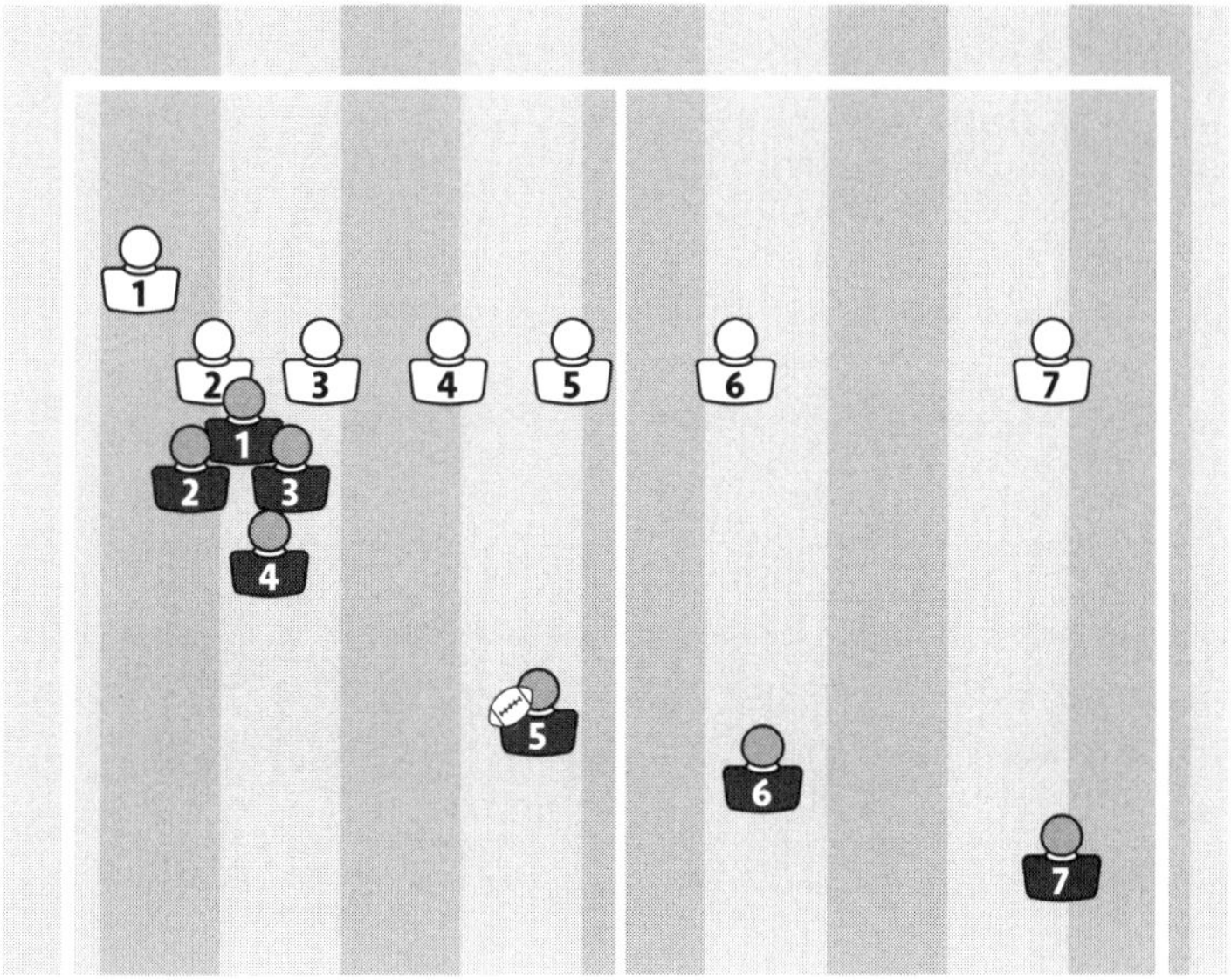

図252

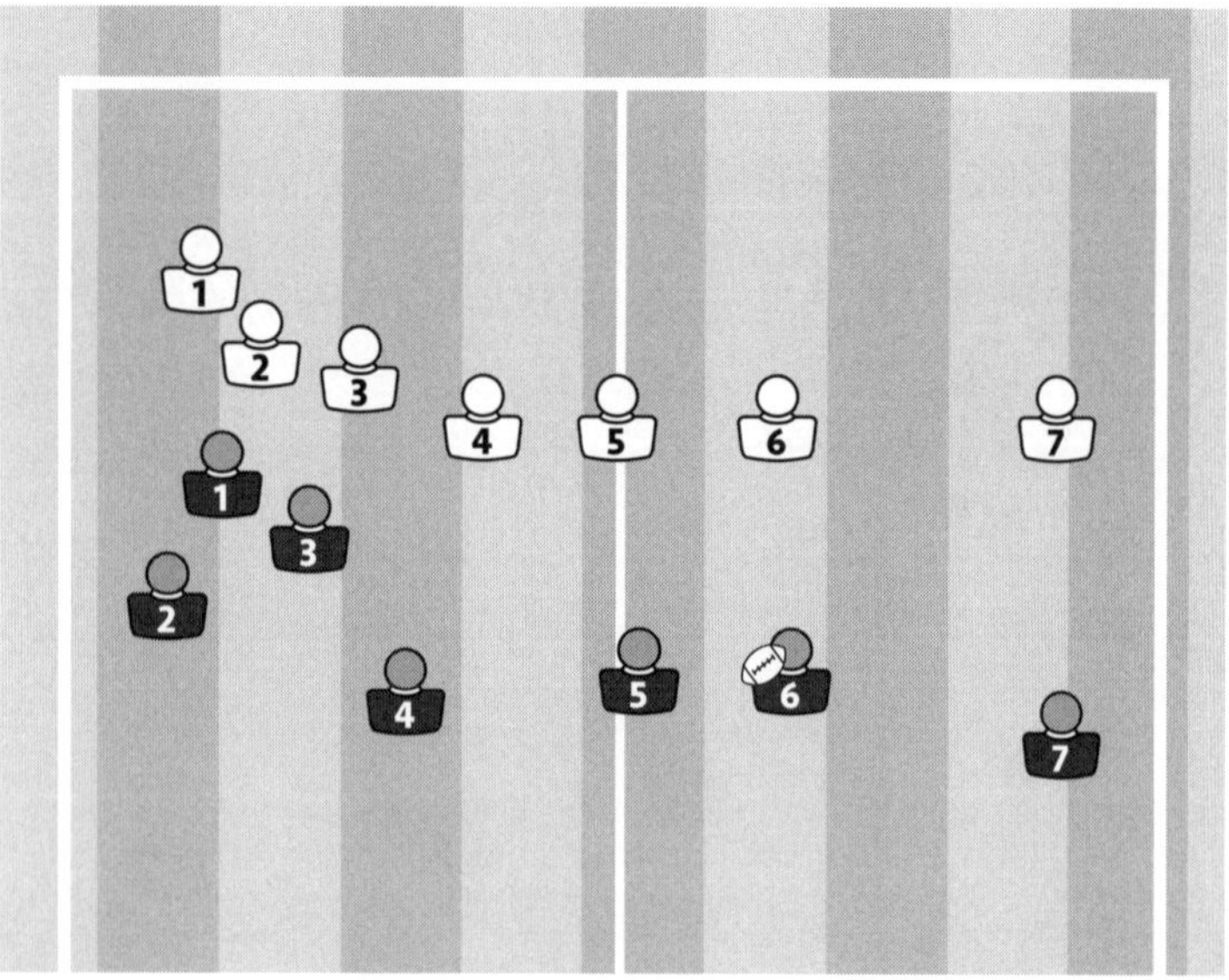

図253

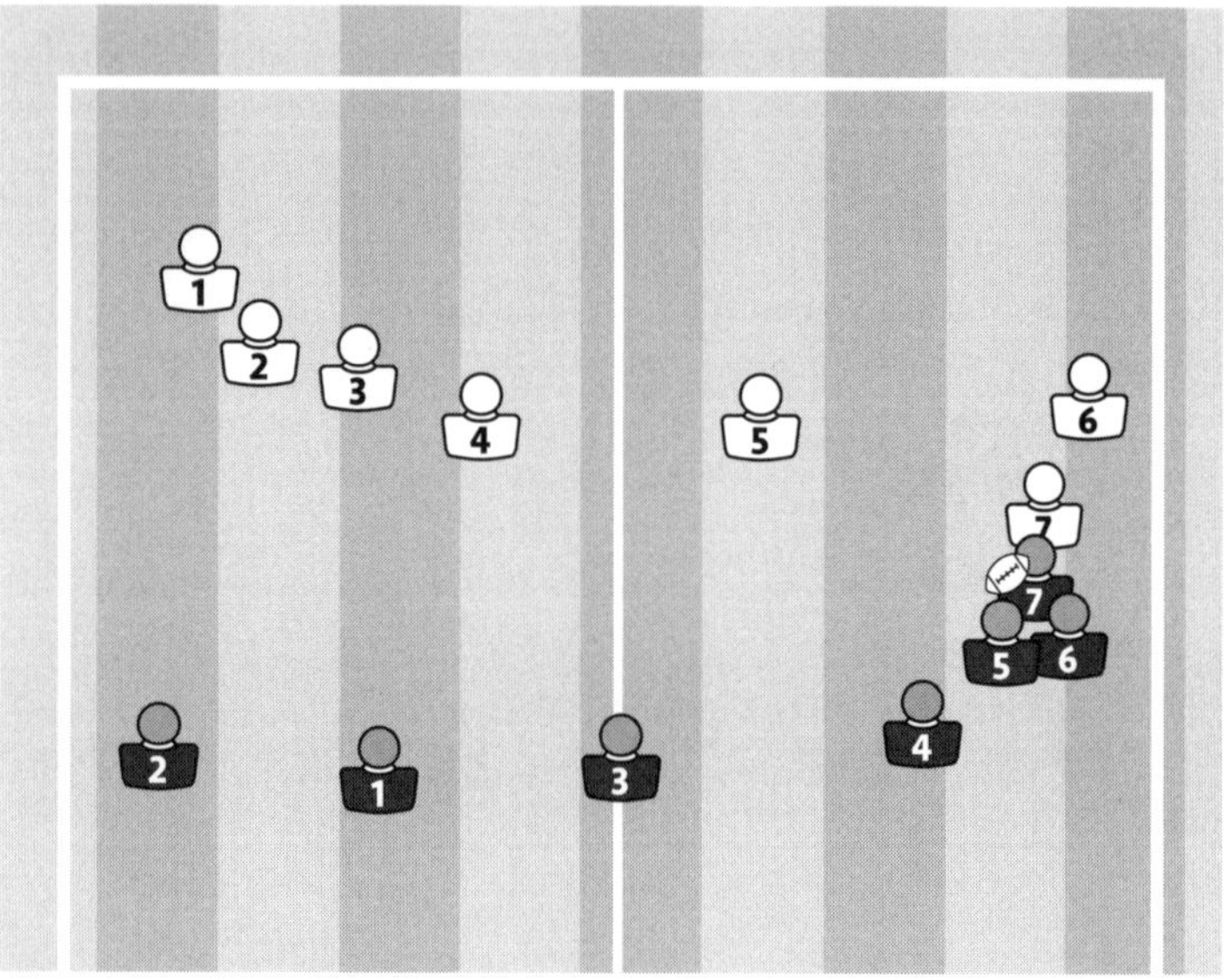

図254

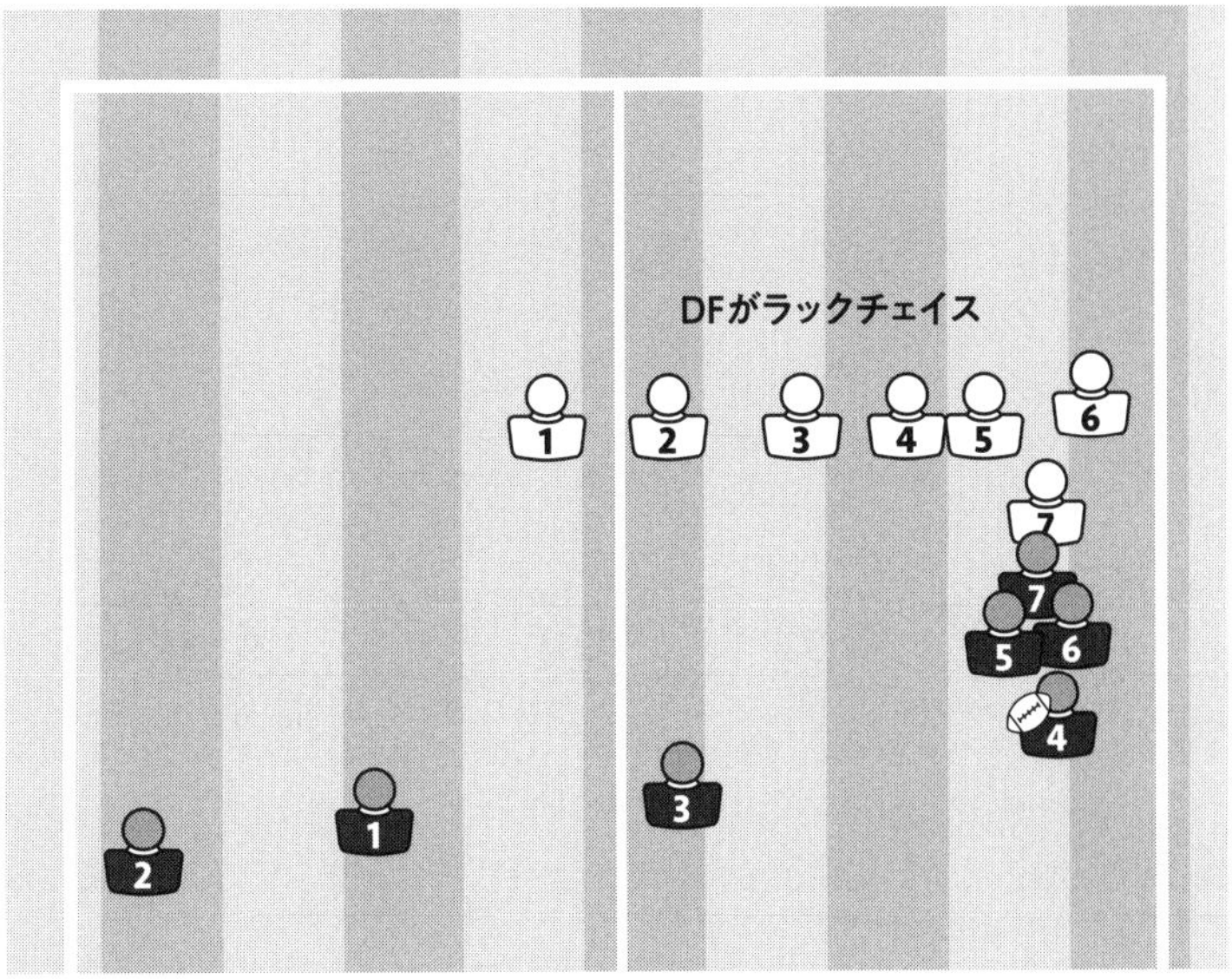

図255

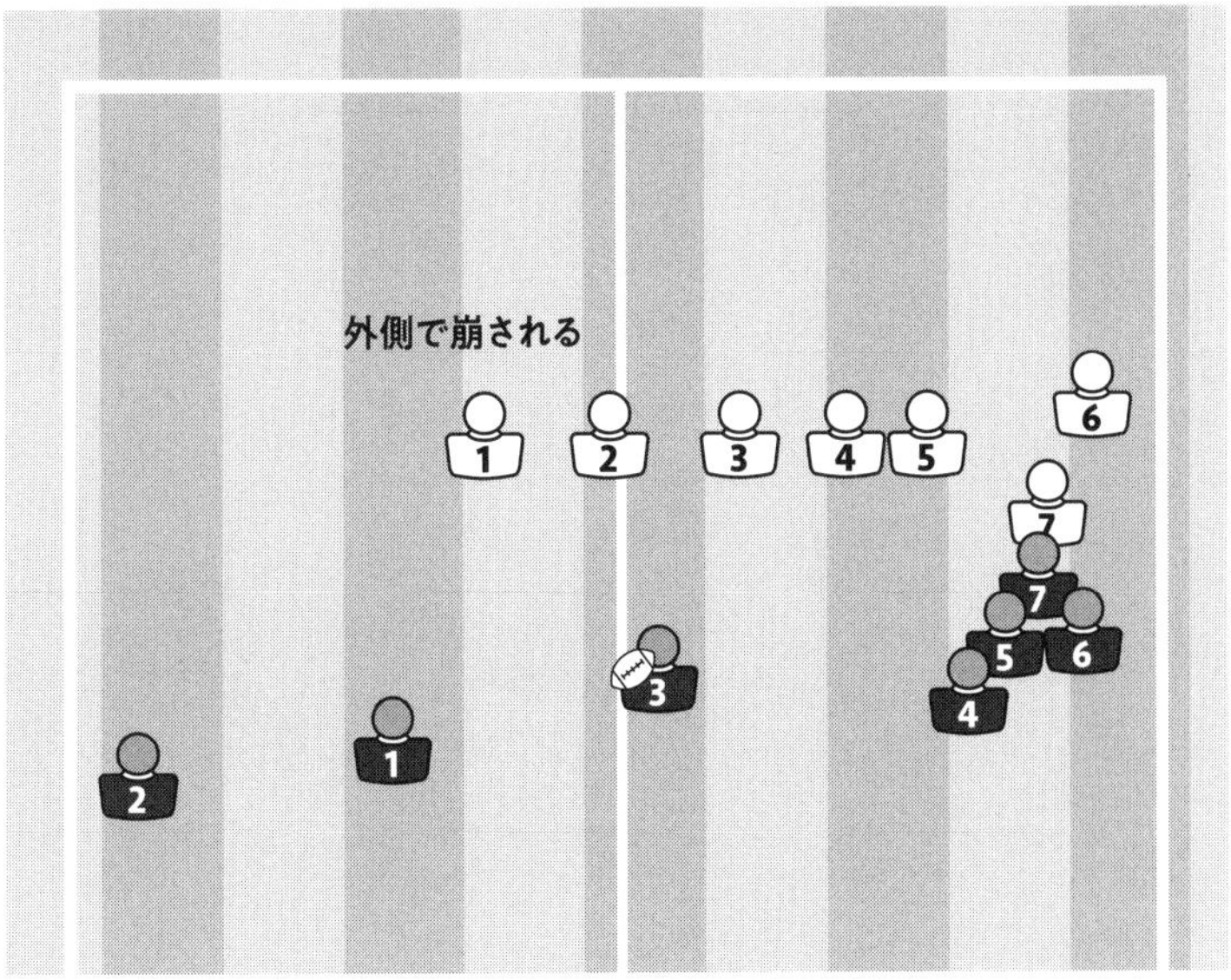

図256

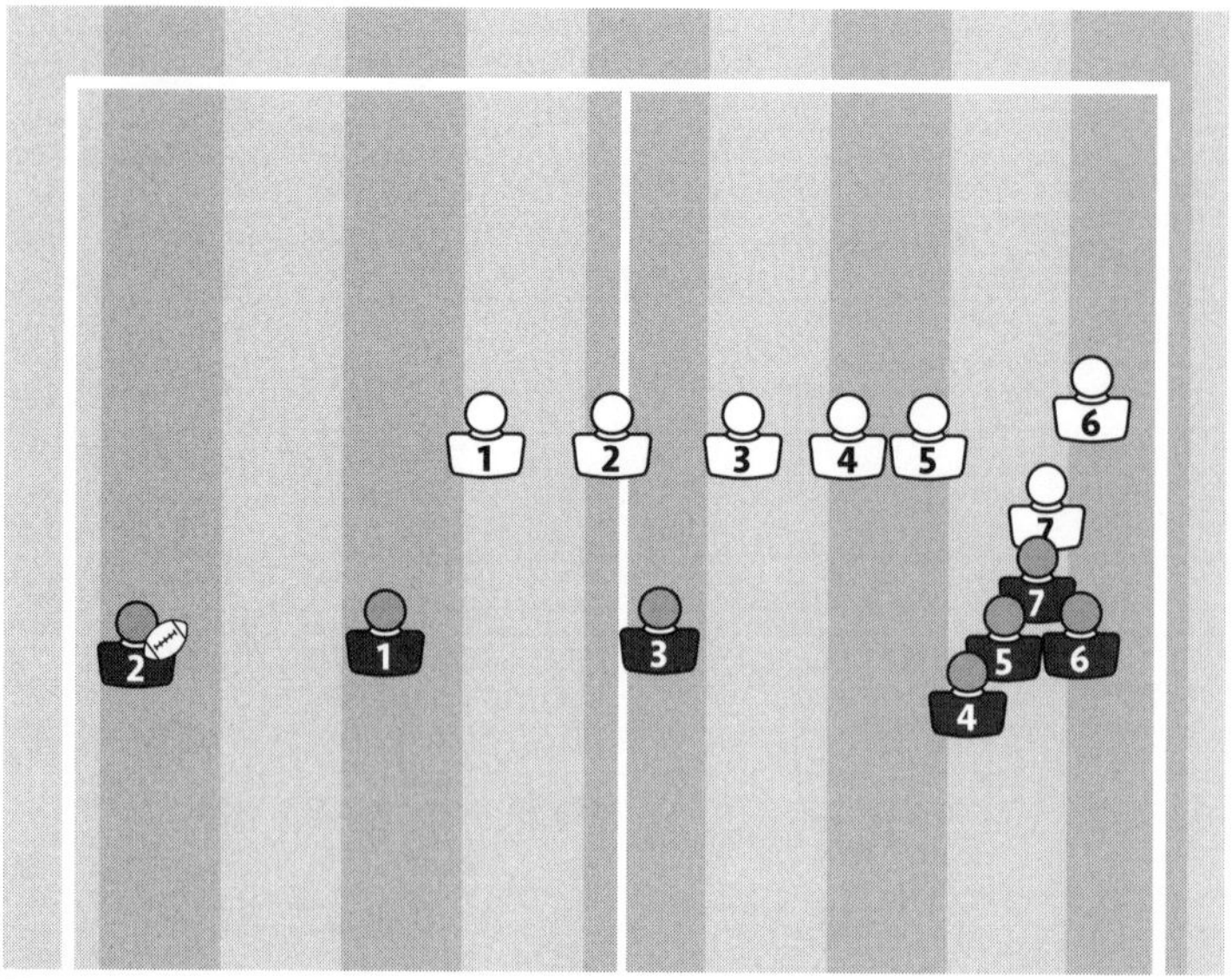

図257

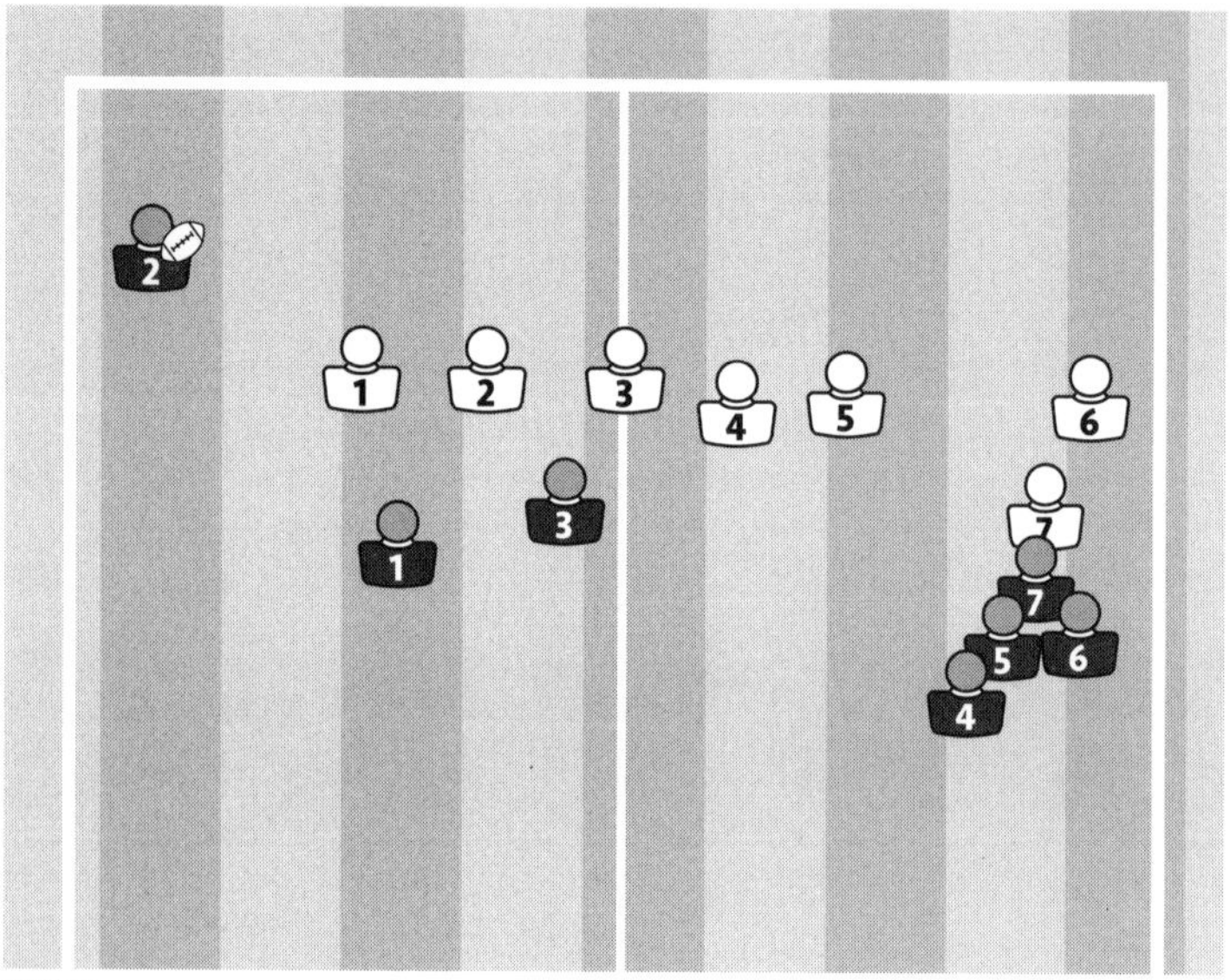

図258

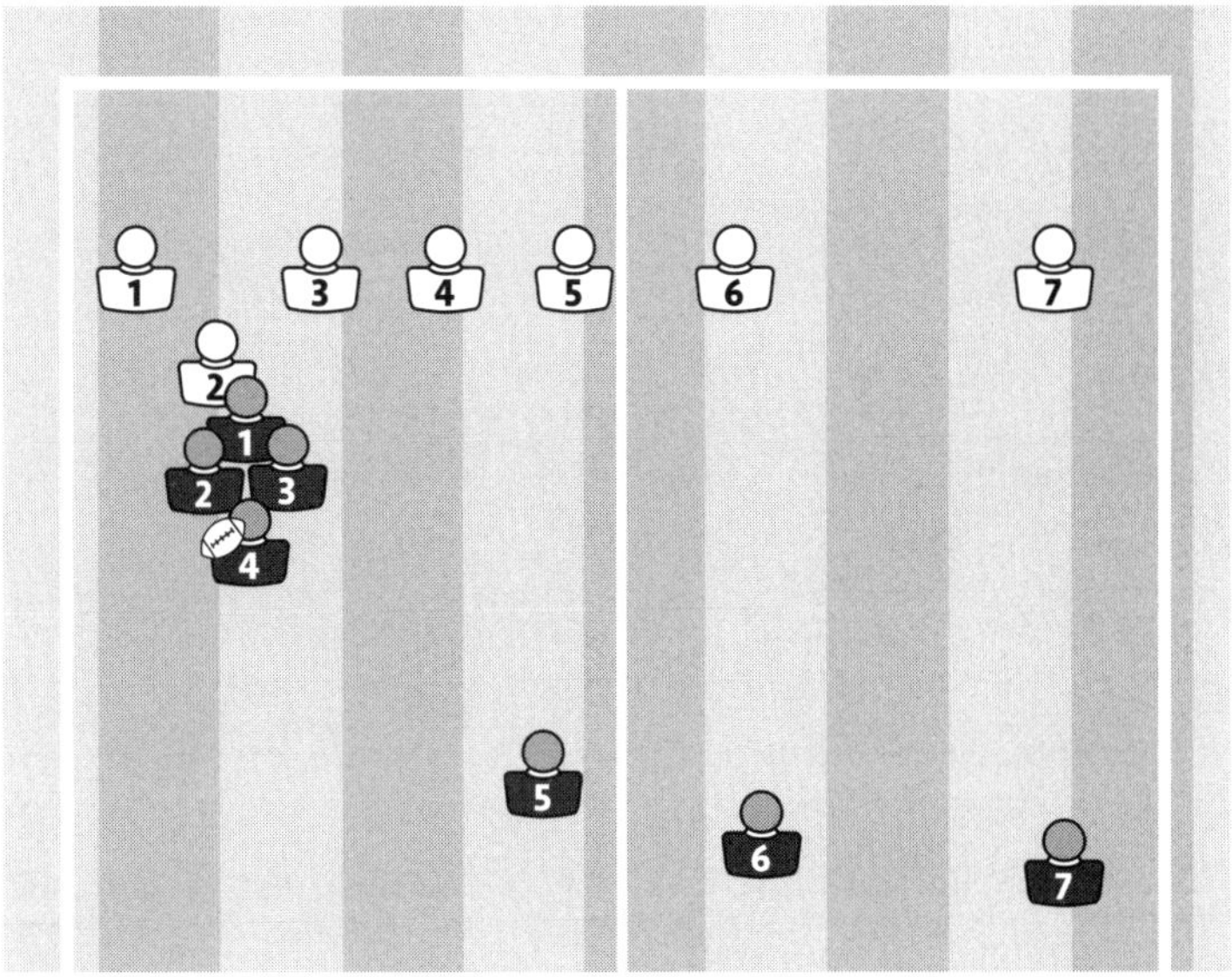

図259

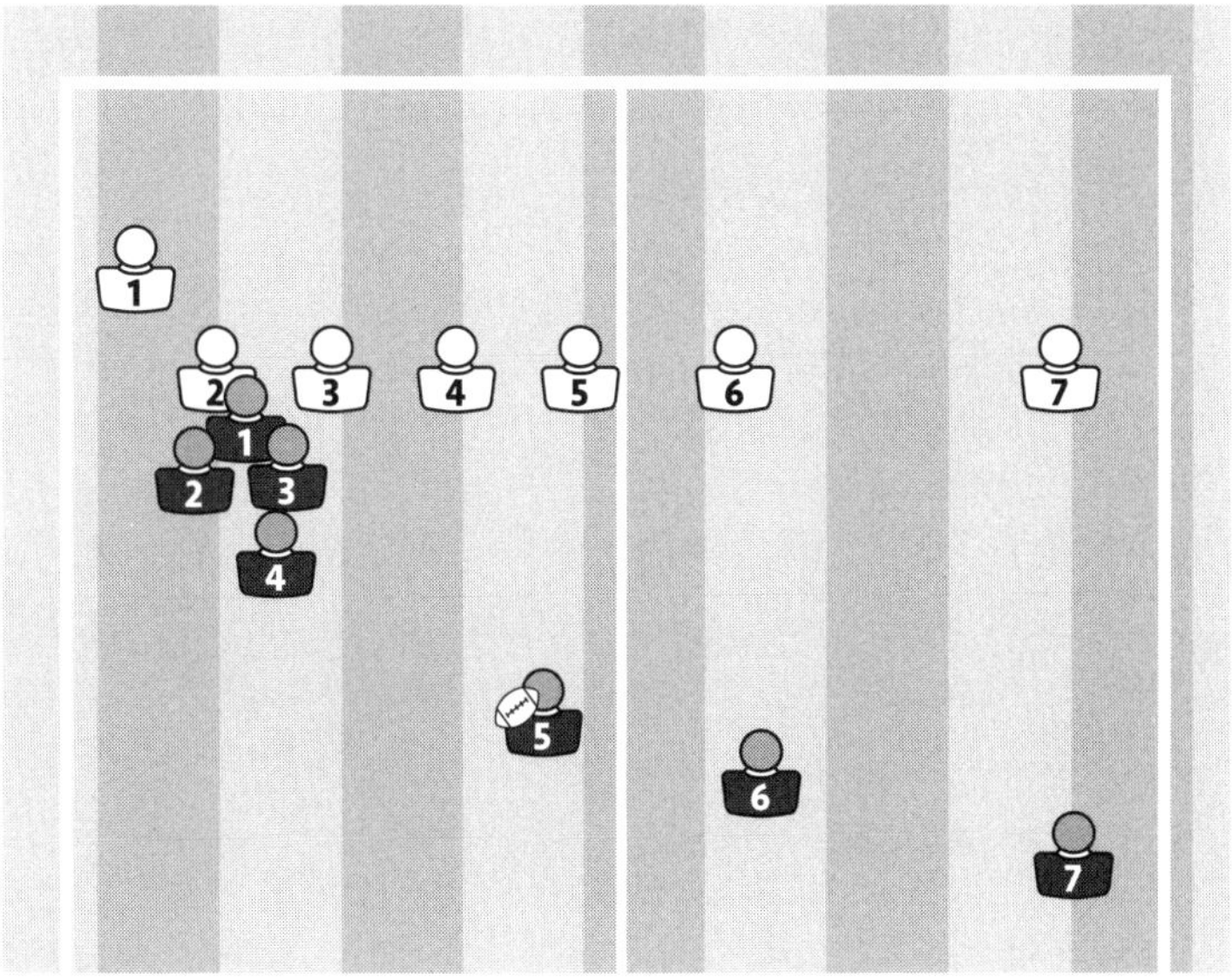

図260

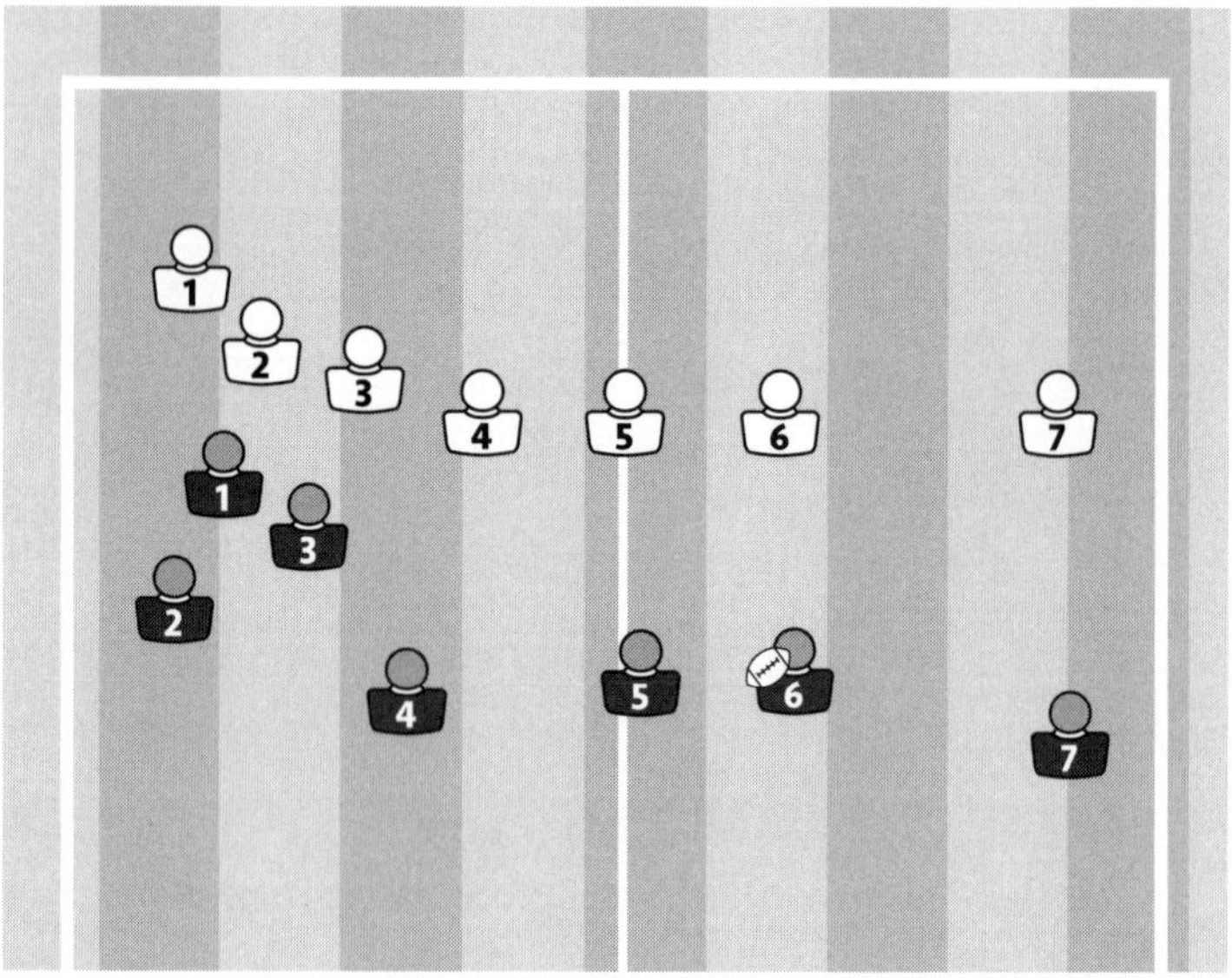

図261

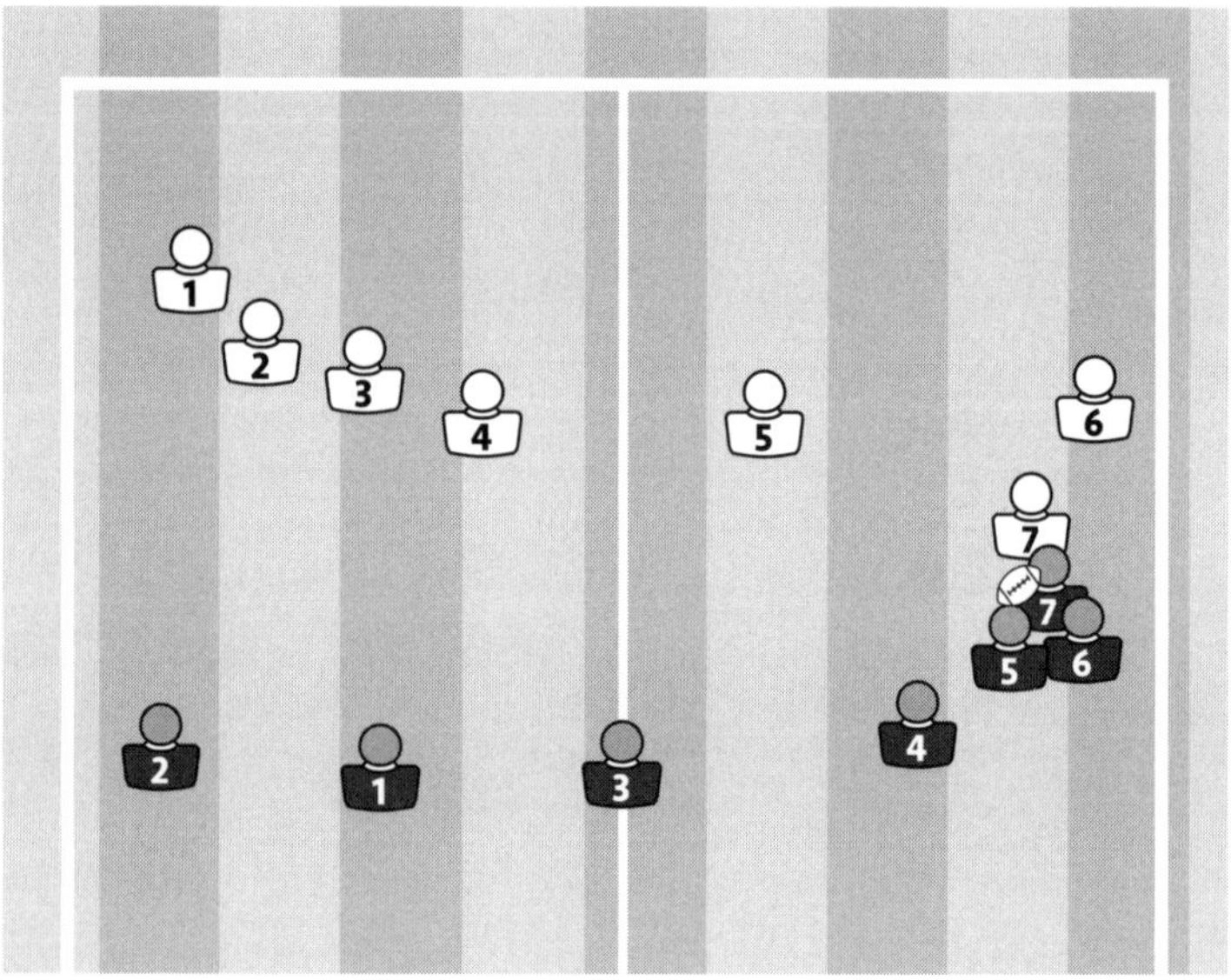

図262

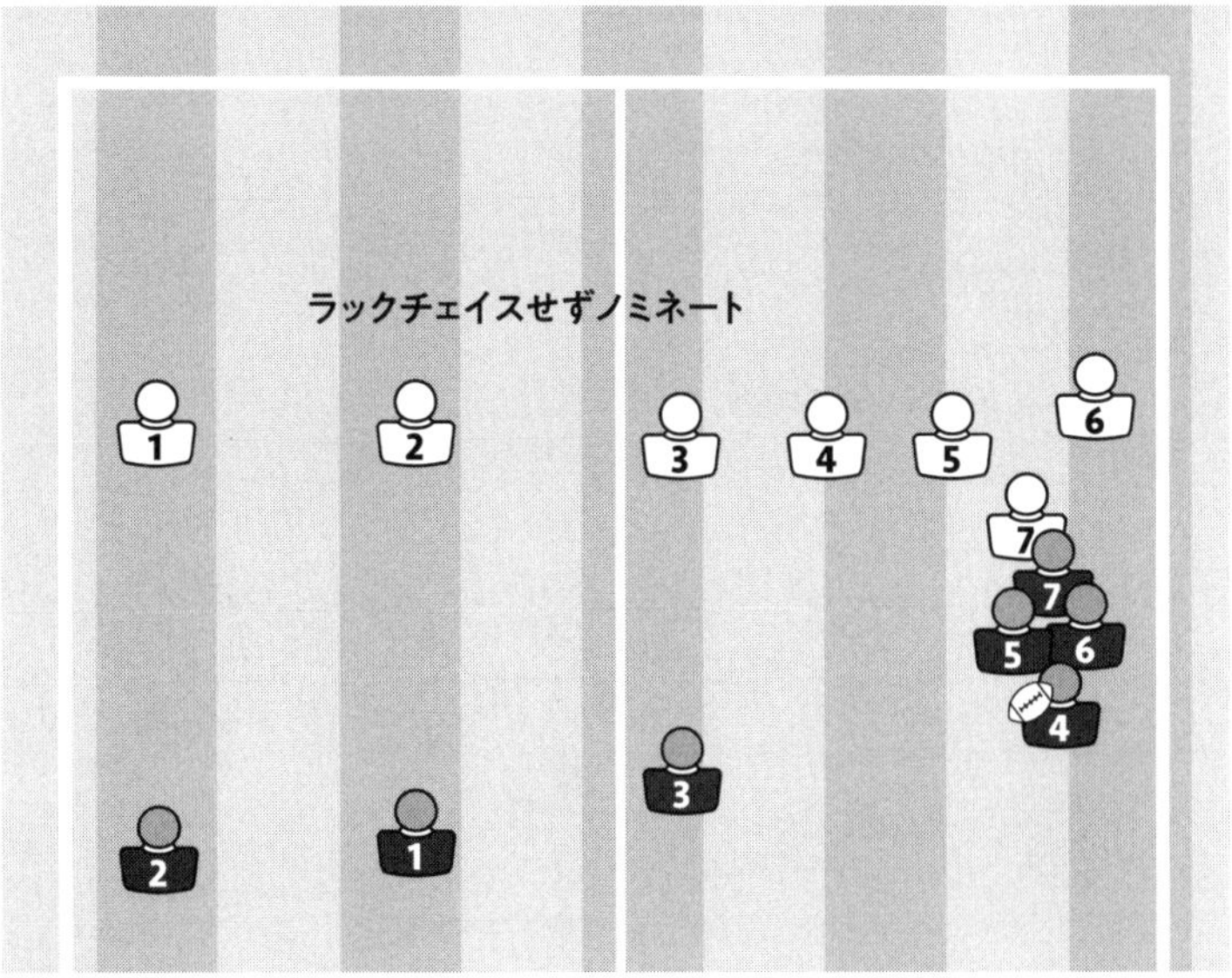
ラックチェイスせずノミネート
1
2
3
4
5
6
7
7
5
6
4
3
2
1

図263

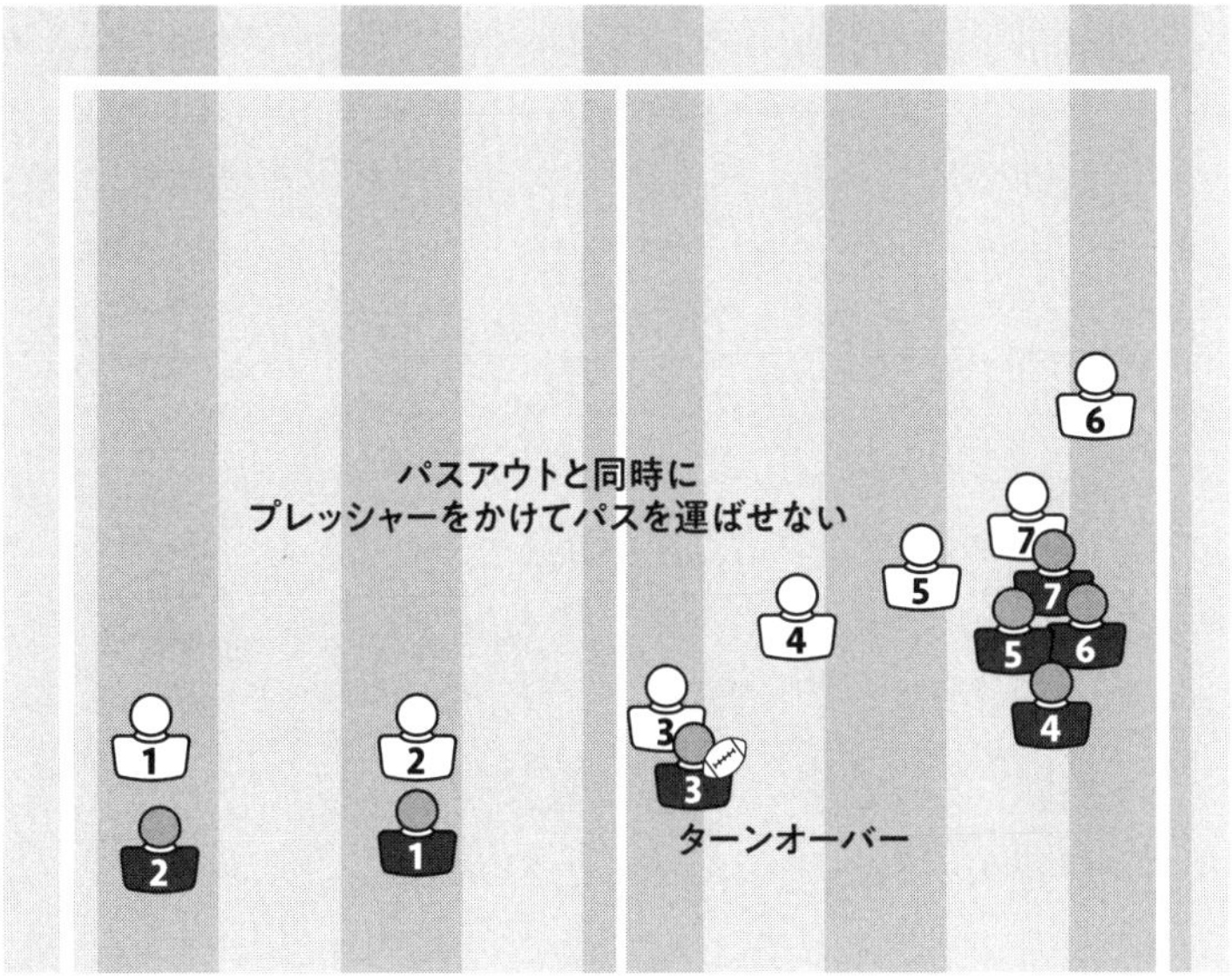
パスアウトと同時に
プレッシャーをかけてパスを運ばせない
6
7
5
7
4
5
6
4
3
1
2
3
2
1
ターンオーバー

図264

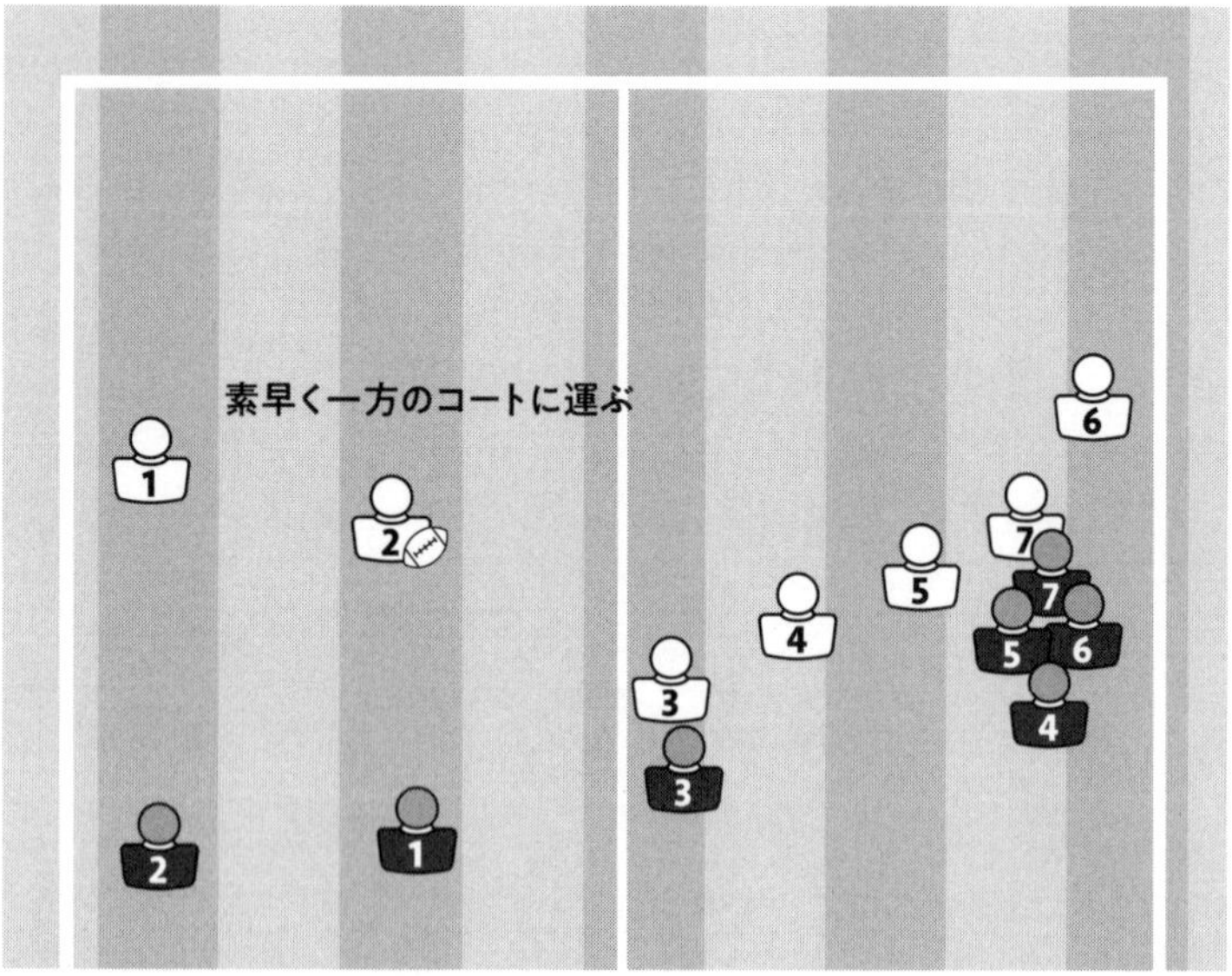

図265

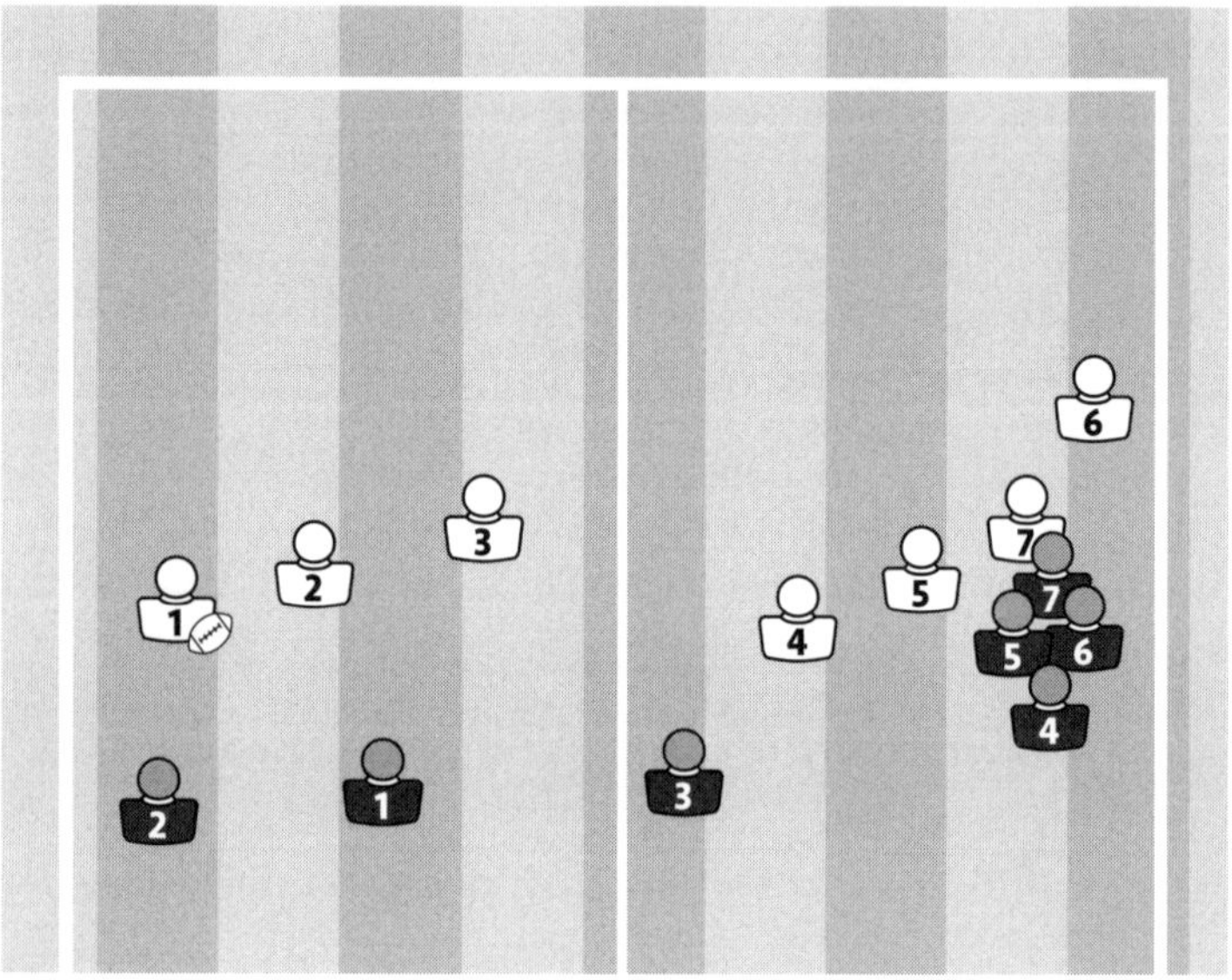
図266

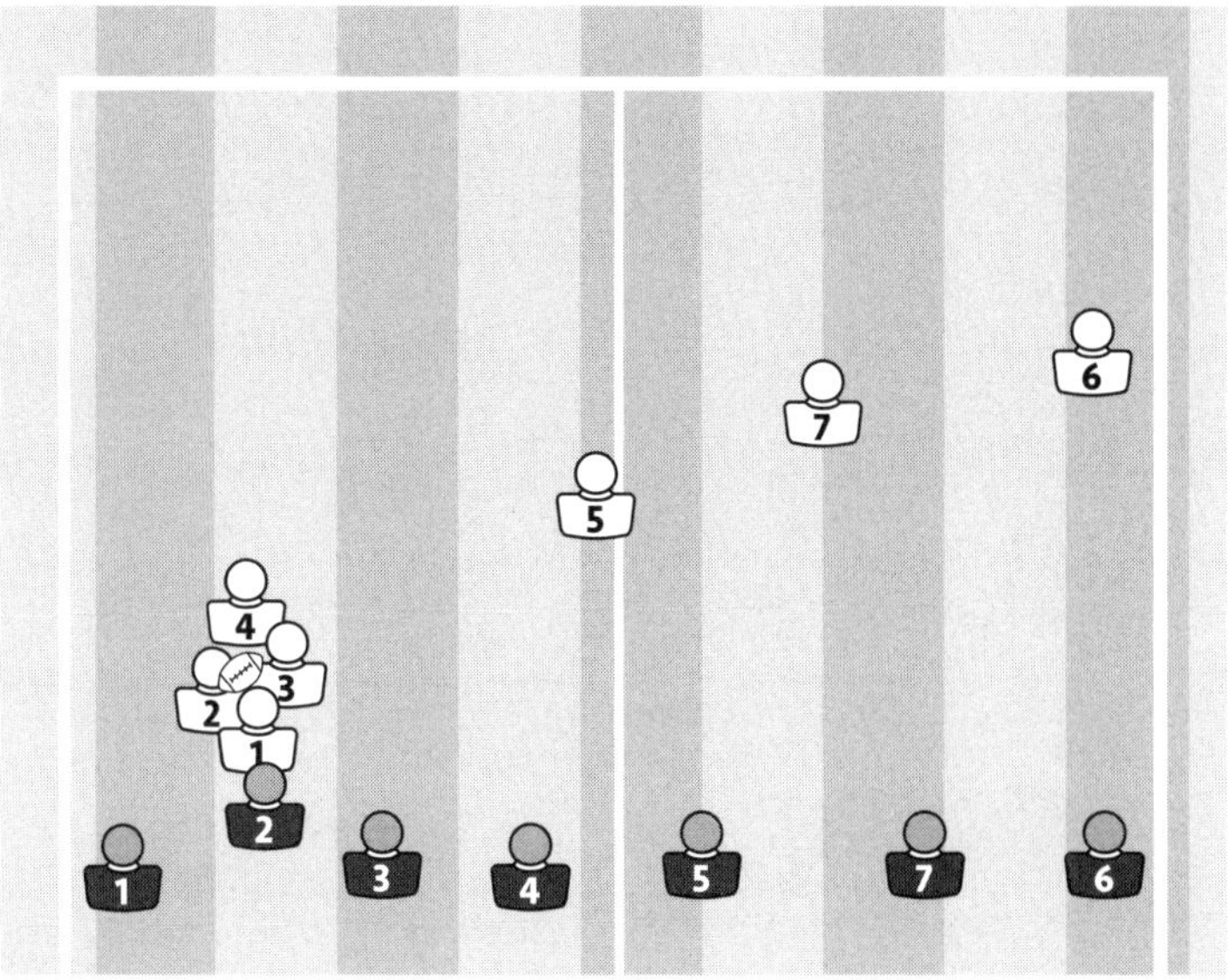

図267

アタックがコートを移動させられなければディフェンスとアタックが入れ替わります（図263から267）。

タッチからホールド、タックルまで強度をコントロールしながら行います。

「3ポッドタッチ」（図268から275）

コートの横幅は45メートルでコートを3つに区切って10対11で行います。

アタックはブレイクダウンができると別のコートにボールを運ばなければなりません。２ポッドタッチと違ってコートが３つあるので、真ん中でブレイクダウンがある時はフォールディングの必要性が出てきます。

アタックはブレイクダウンに３人参加し

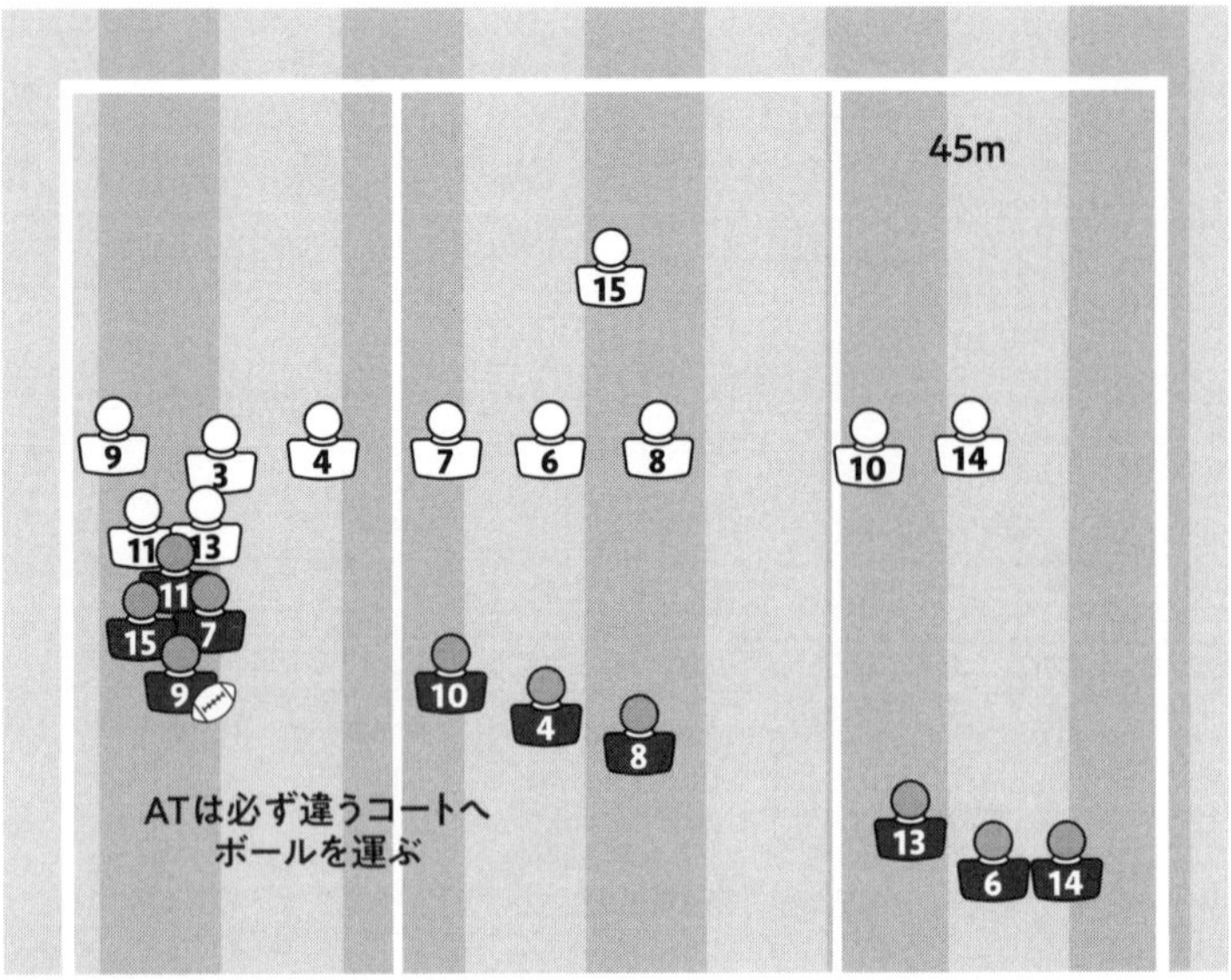
45m
15
9
3
4
7
6
8
10
14
11
13
11
15
7
9
10
4
8
ATは必ず違うコートへ
ボールを運ぶ
13
6
14
図268

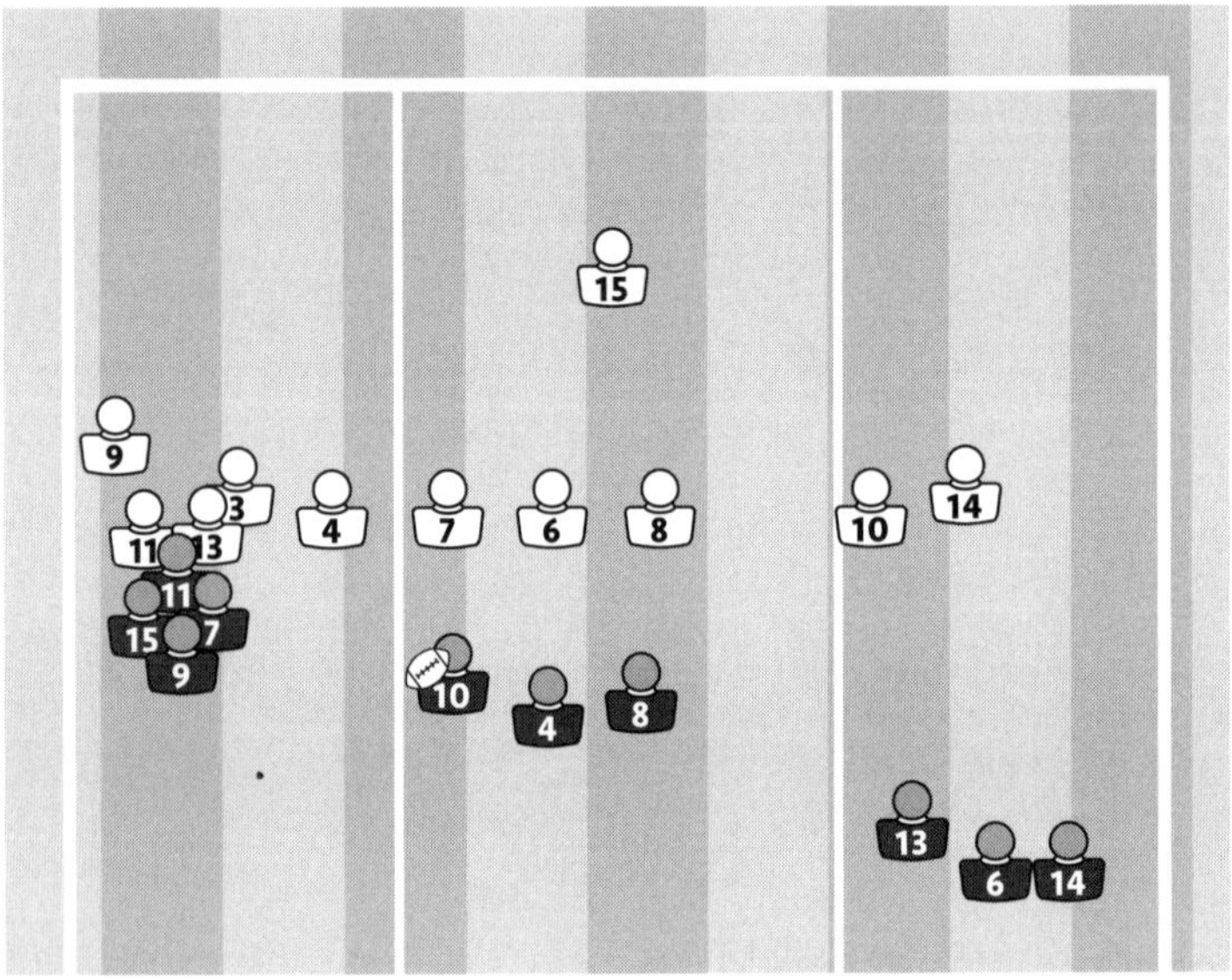
15
9
3
4
7
6
8
10
14
11
13
11
15
7
9
10
4
8
13
6
14
図269

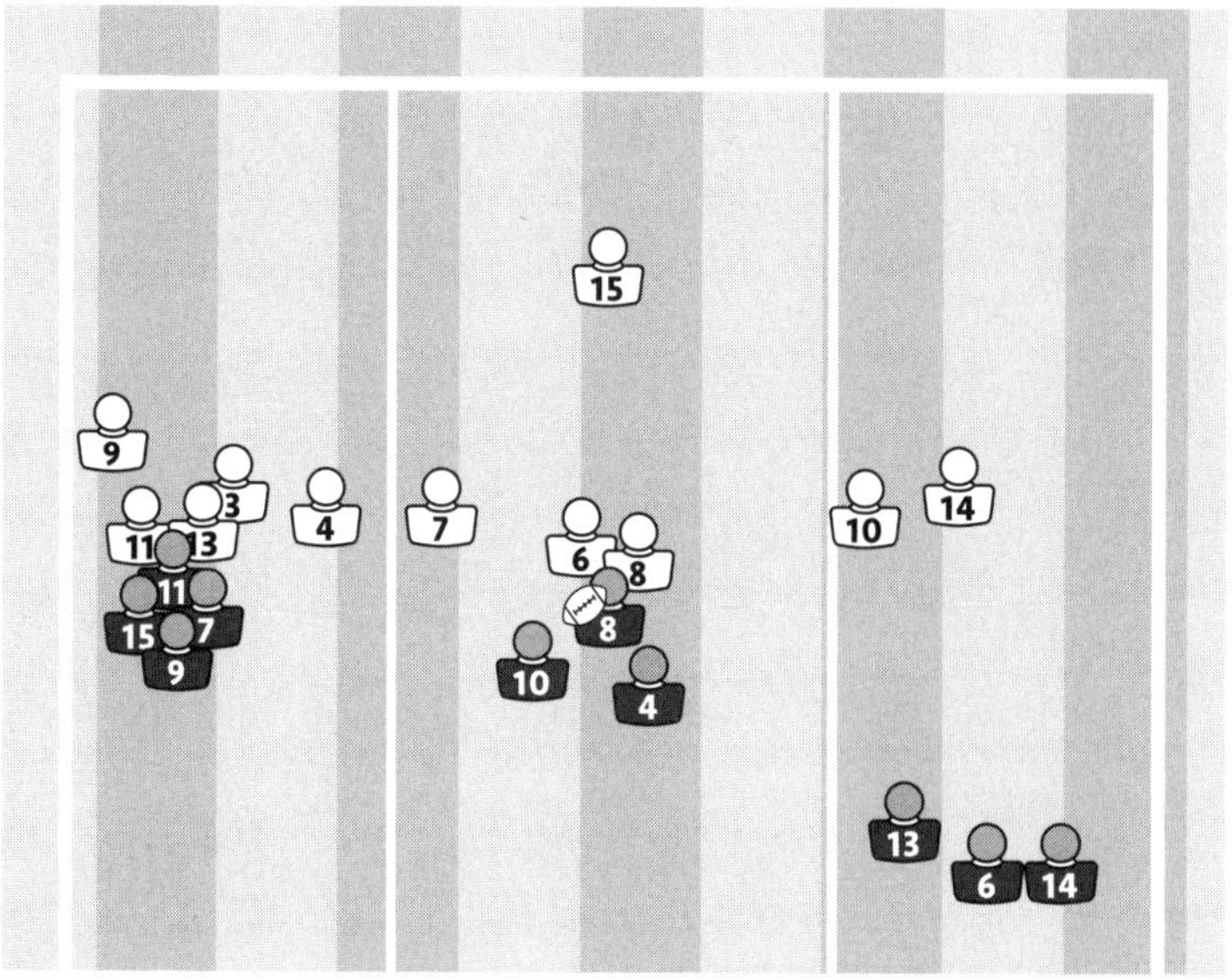
15
9
3
11
13
4
7
6
8
10
14
11
15
7
9
8
10
4
13
6
14

図270

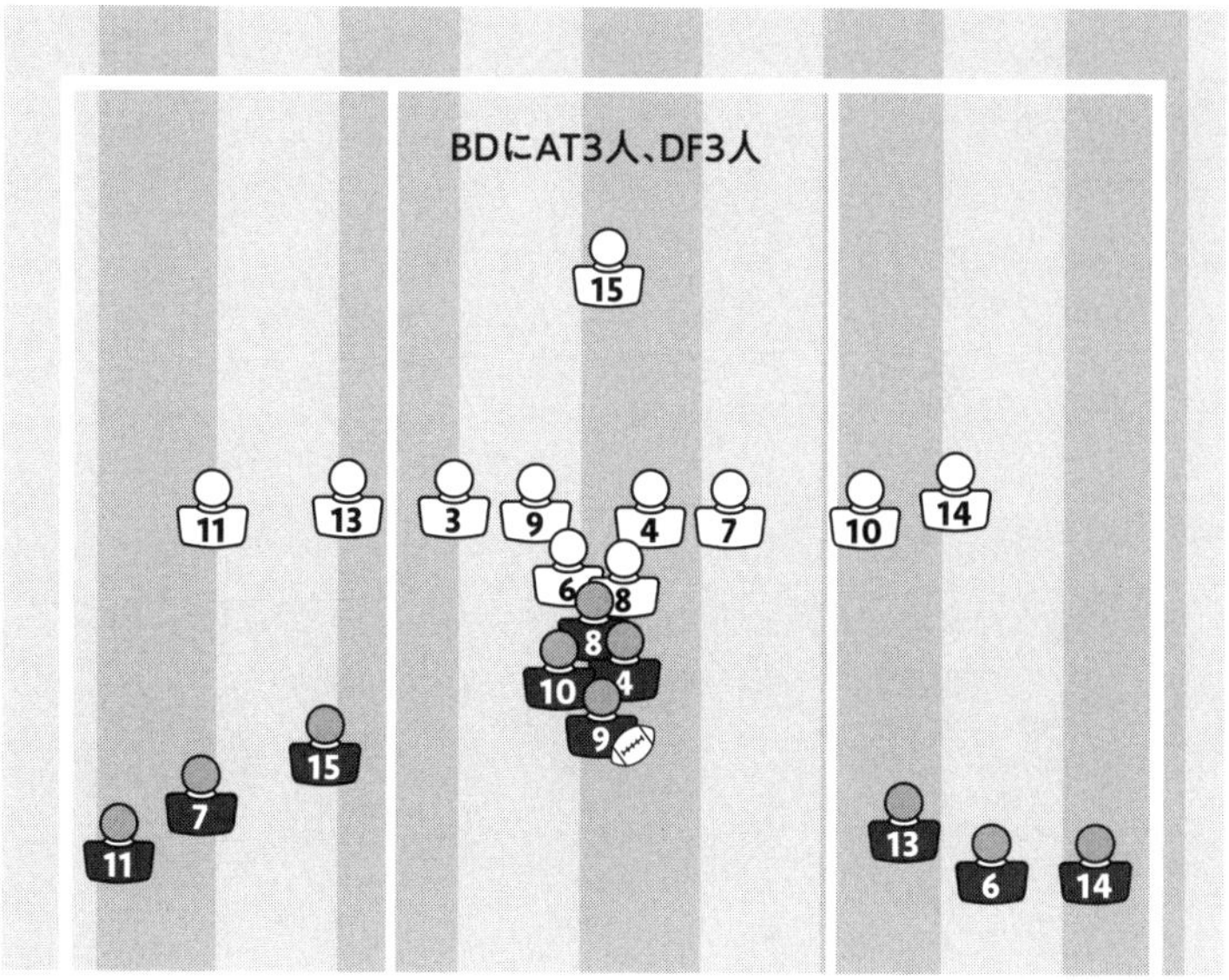
BDにAT3人、DF3人
15
11
13
3
9
4
7
10
14
6
8
8
10
4
9
15
7
11
13
6
14

図271

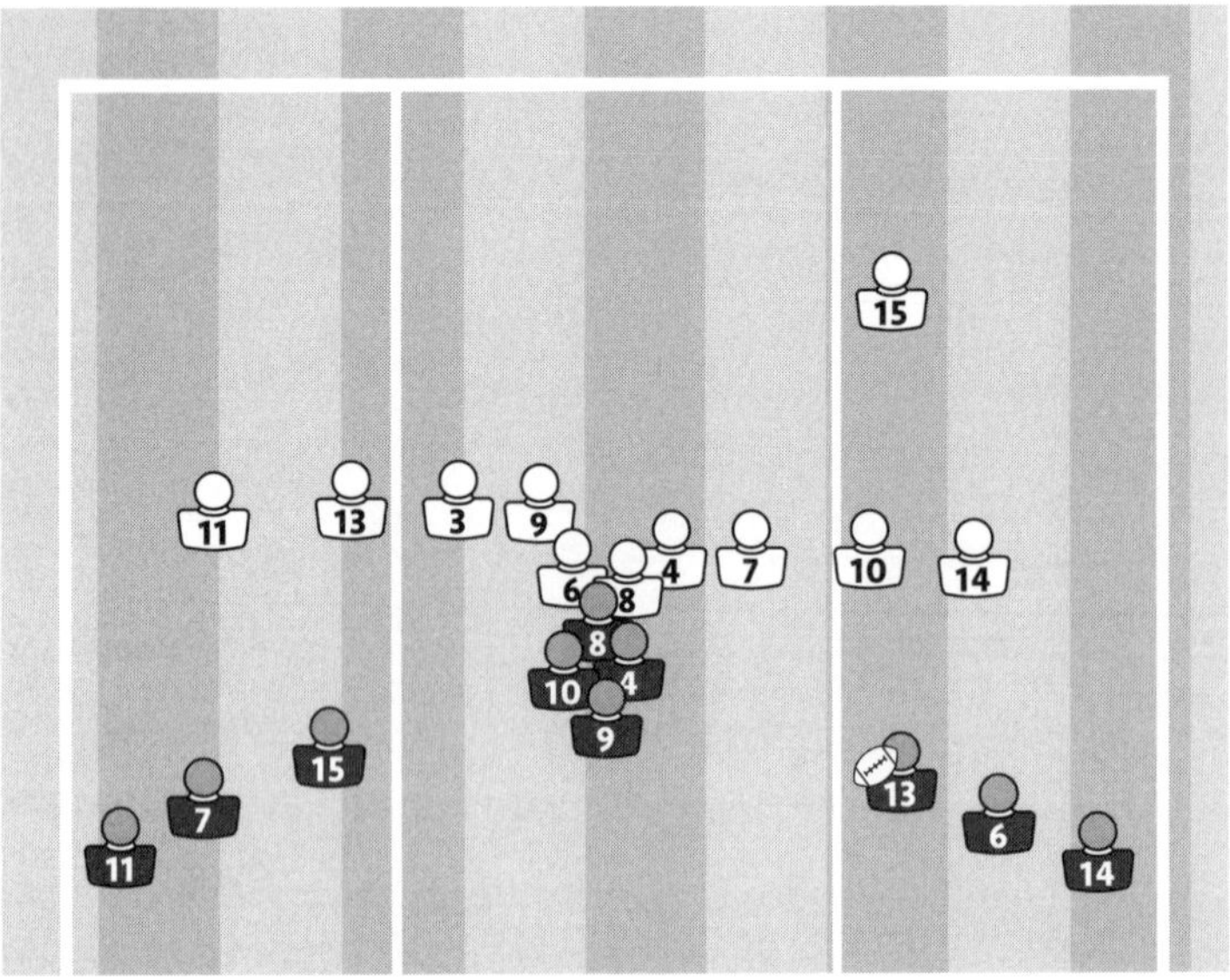
15
11
13
3
9
6
8
4
7
10
14
8
10
4
9
15
7
11
13
6
14
図272

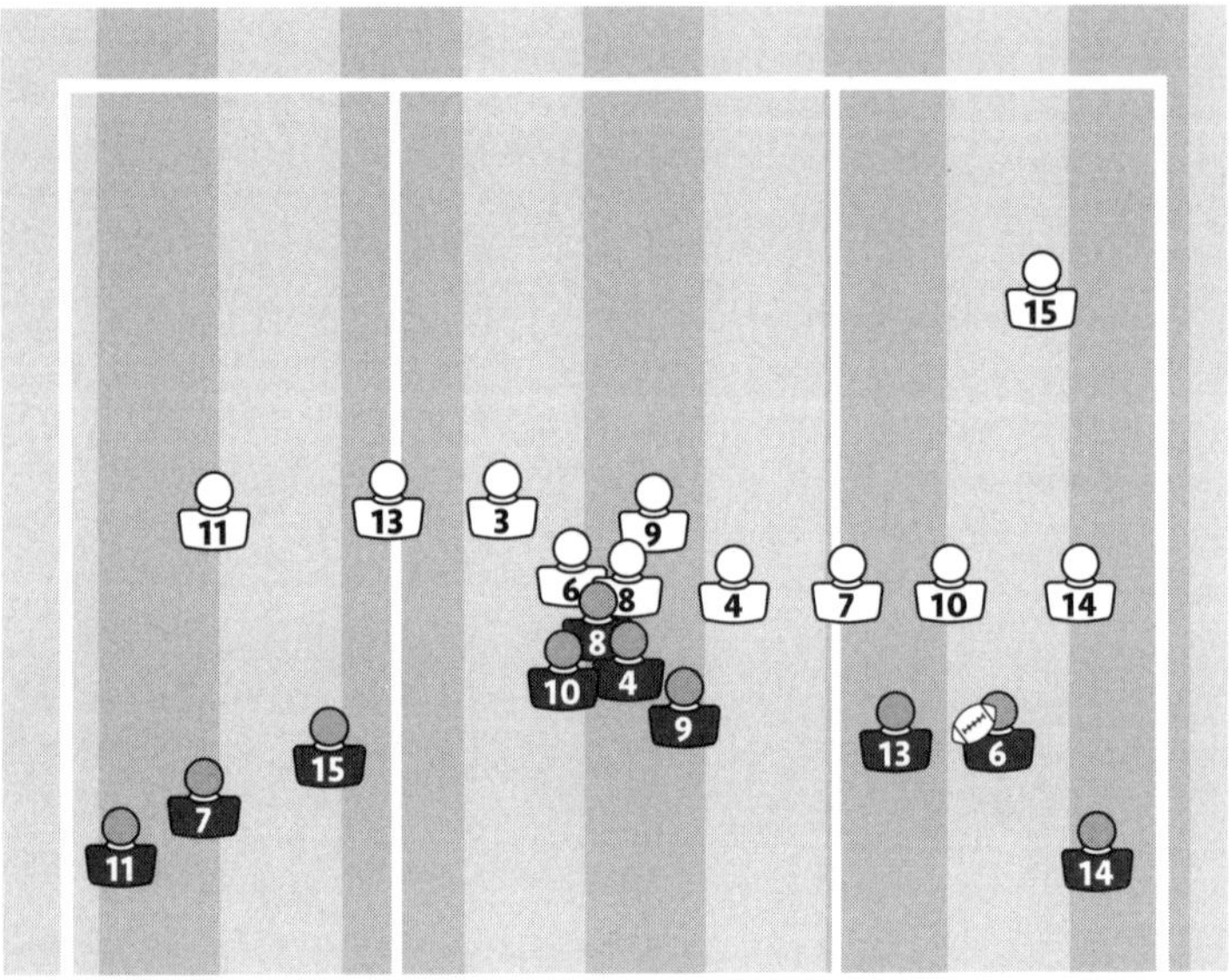
15
11
13
3
9
6
8
4
7
10
14
8
10
4
9
13
6
15
7
11
14
図273

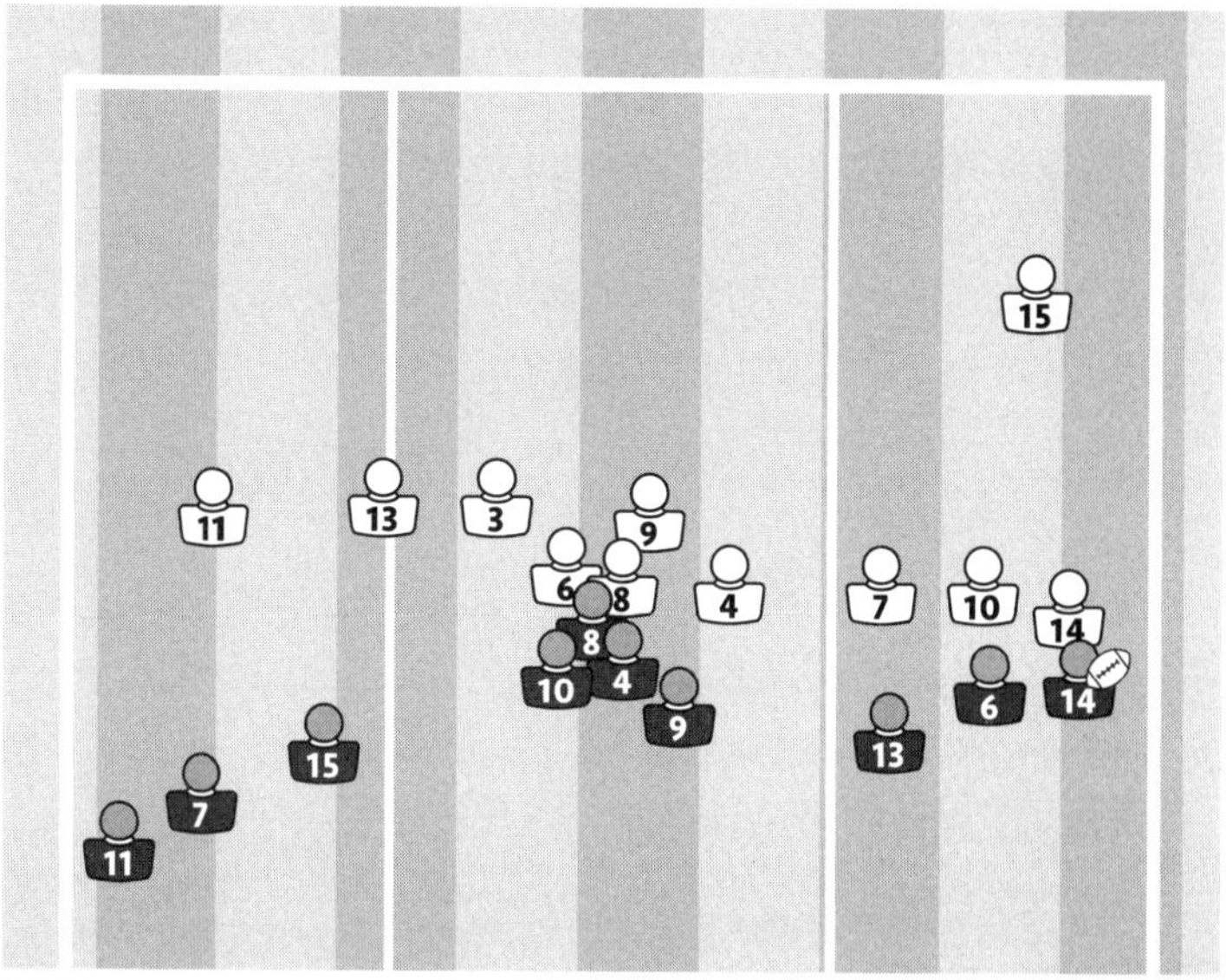
11
13
3
9
6
8
4
7
10
14
15
8
10
4
9
6
14
13
15
7
11

図274

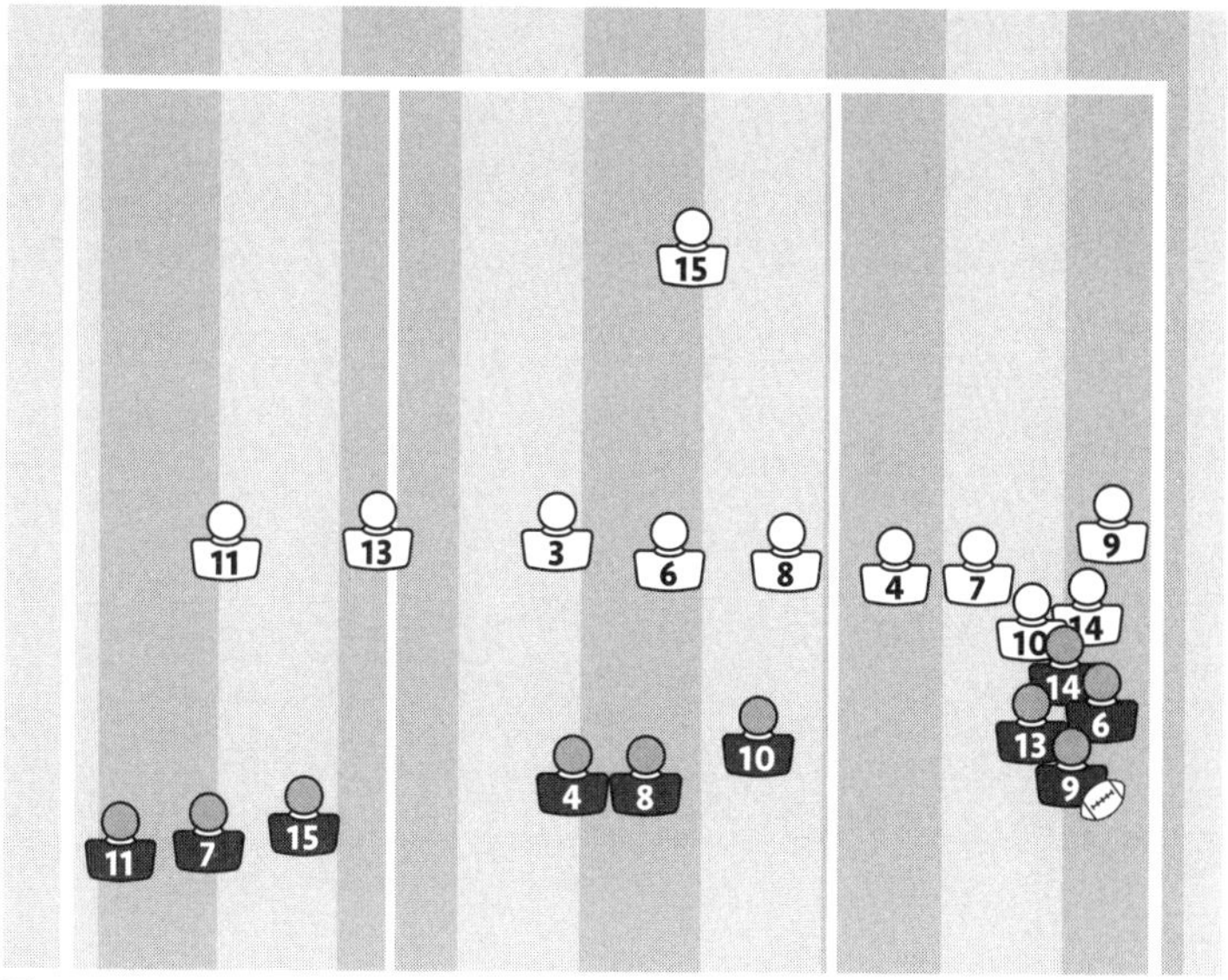
15
11
13
3
6
8
4
7
9
10
14
14
6
13
9
10
4
8
11
7
15

図275

ますが、ディフェンスは2人参加します。2ポッドタッチのようにターンオーバーありにするときは、ディフェンスのブレイクダウンを1人にして同数で行います。

タッチからホールド、タックルまで強度をコントロールしながら行います。

⑥ゲーム

15対15での実践的な練習。戦術的な要素だけでなく、怪我のリスクを考えてフルコンタクトではなくても「ブレイクダウン」や「タックル」といったコンタクトの練習もこの中で鍛えることができます。

「ブレイクダウンタッチ」

フルコートで行います。

タックルの攻防をなくしたアタックディフェンスです。

タックルの代わりにタッチですが、タッチされるとボールキャリアーは地面にダウンしてダウンボールとし、そのボールをサポートの選手同士で奪い合います。タックルがないことで怪我のリスクを抑えて、ゲームの中でブレイクダウンの攻防を行えます。

ボールキャリアーがタッチされたら地面にダウンしてそのまま倒れているという練習では、

サポートのジャッカルやカウンターラックのスキルにフォーカスすることができます。

また、ボールキャリアーがタッチされて地面に一度ダウンしてから起き上がるというルールのものもあり、そちらは起き上がってくるボールキャリアーにタックルに入れます。

こちらは地面に一度ダウンするのでスピードがコントロールされ、タックルがあっても怪我のリスクを抑えることができます。こちらはタックル、ダブルタックル、ブレイクダウンスキルが身につきます。


「2パスタッチ」（図276から285）

フルコートで行います。

ディフェンスはアタックが「2パス以内」でタッチすればターンオーバーのルールで行います。

こうした制限をつけることにより、ディフェンスのラインスピードを高めることができます。

タッチからホールド、タックルまで強度をコントロールしながら行います。

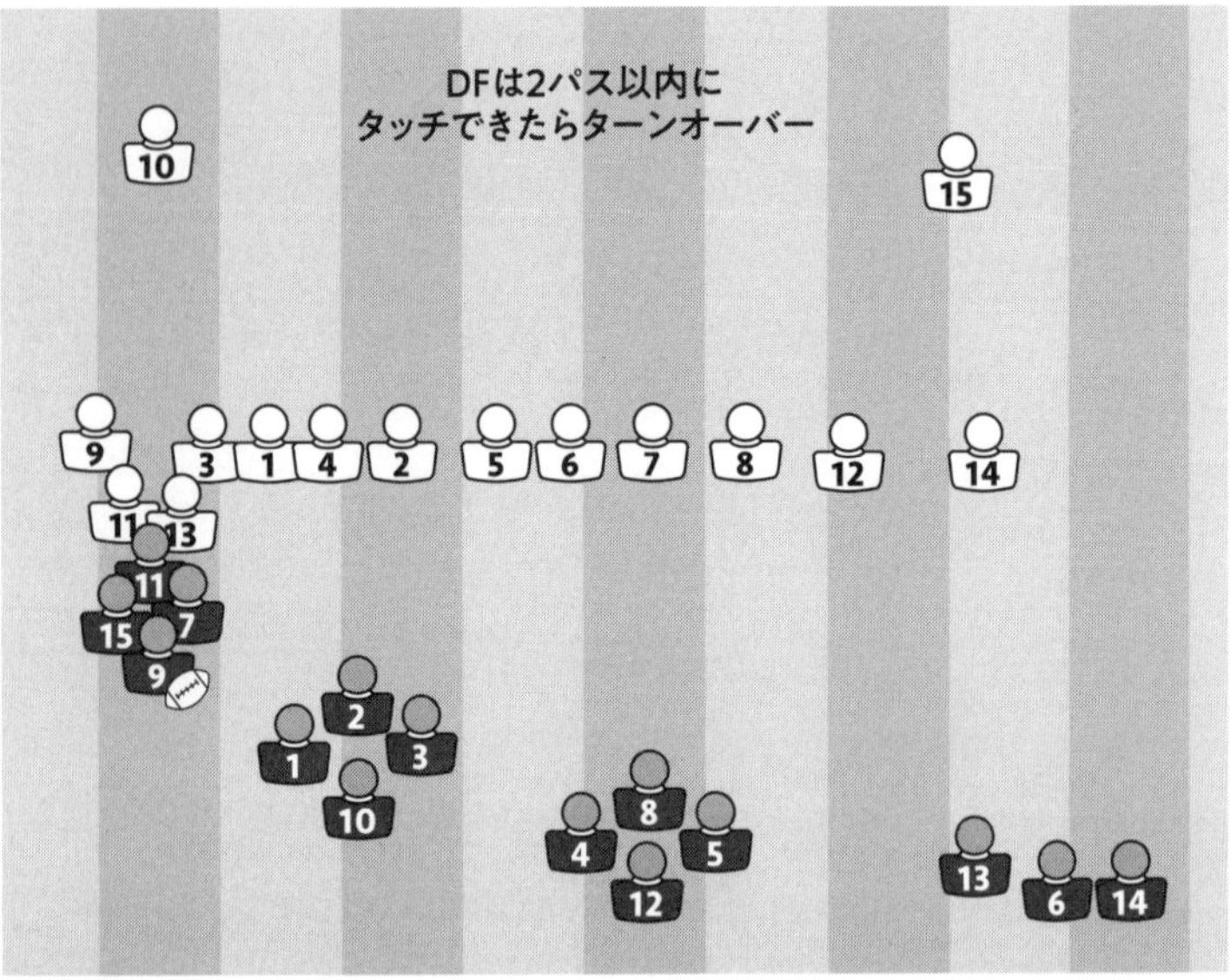

図276

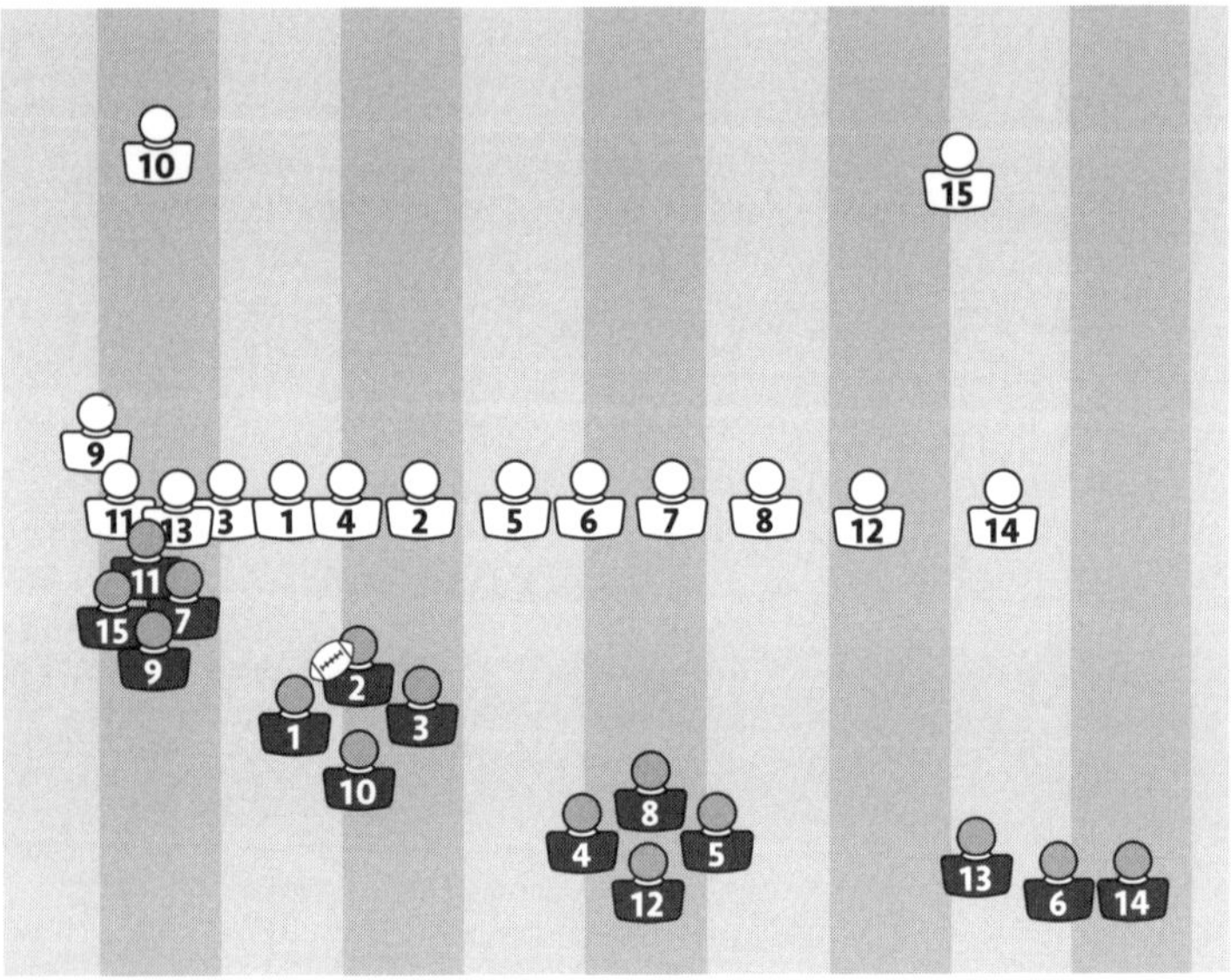

図277

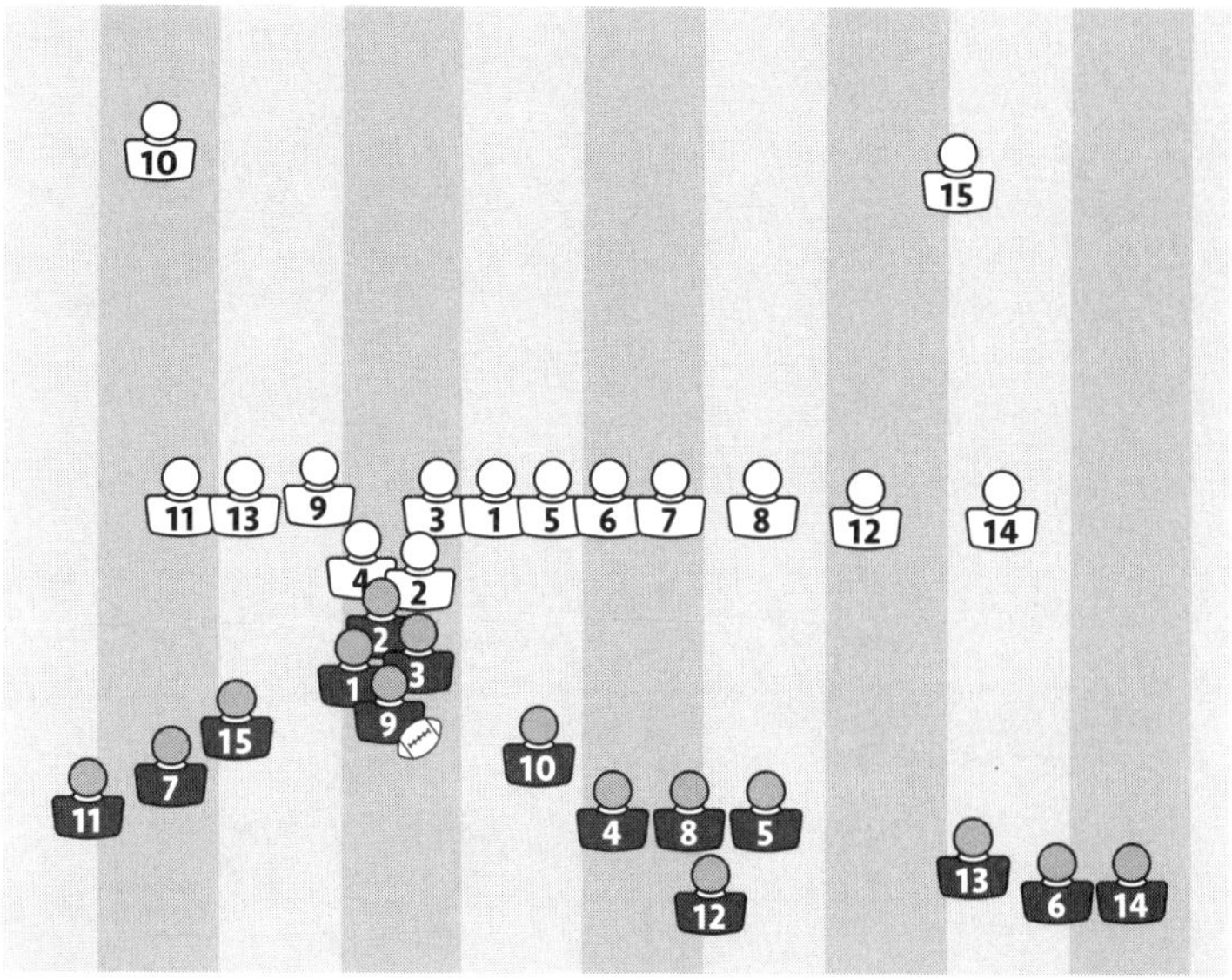
10
15
11
13
9
3
1
5
6
7
8
12
14
4
2
2
3
1
9
15
7
11
10
4
8
5
12
13
6
14

図278

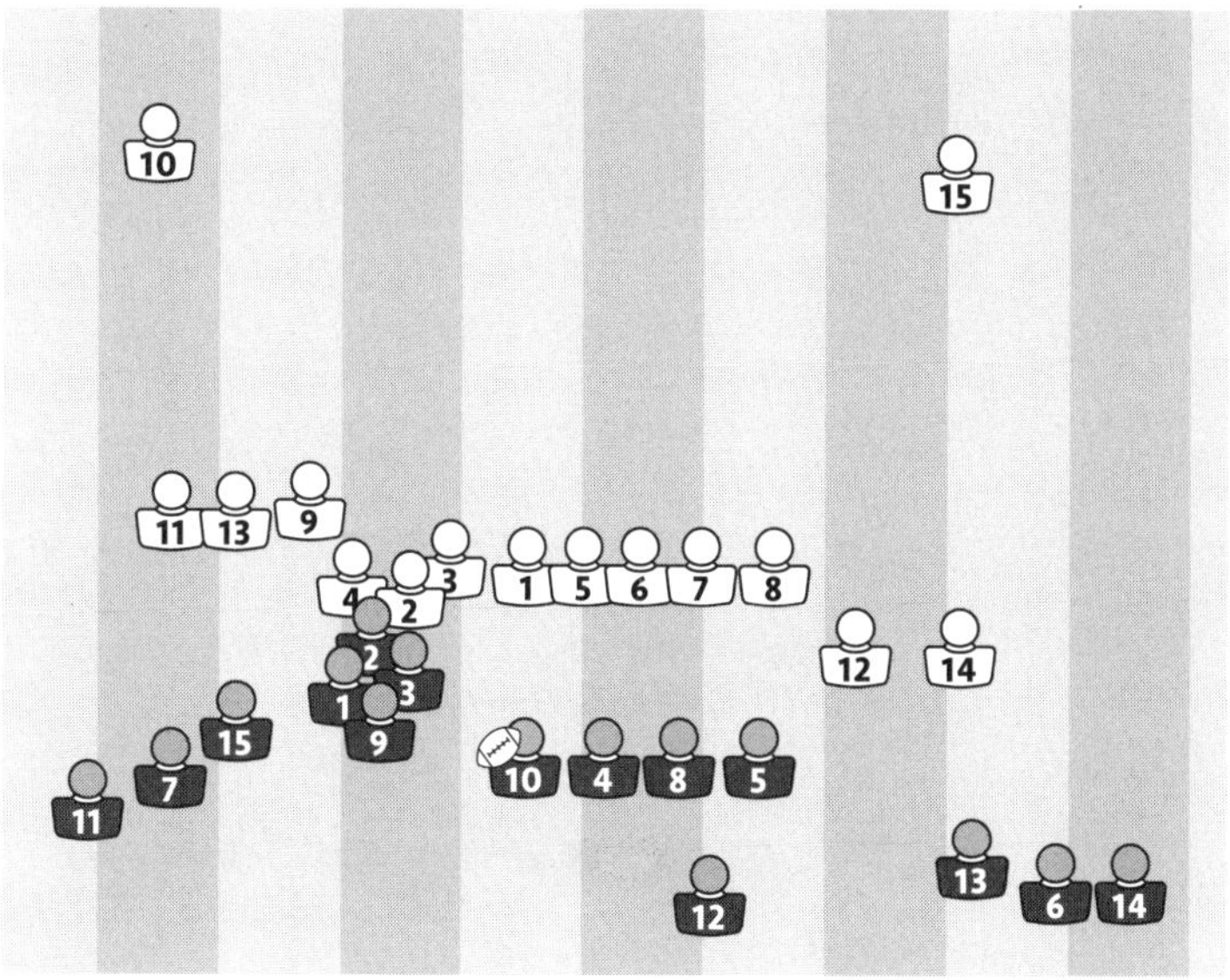
10
15
11
13
9
4
2
3
1
5
6
7
8
12
14
2
3
1
9
15
7
11
10
4
8
5
13
12
6
14

図279

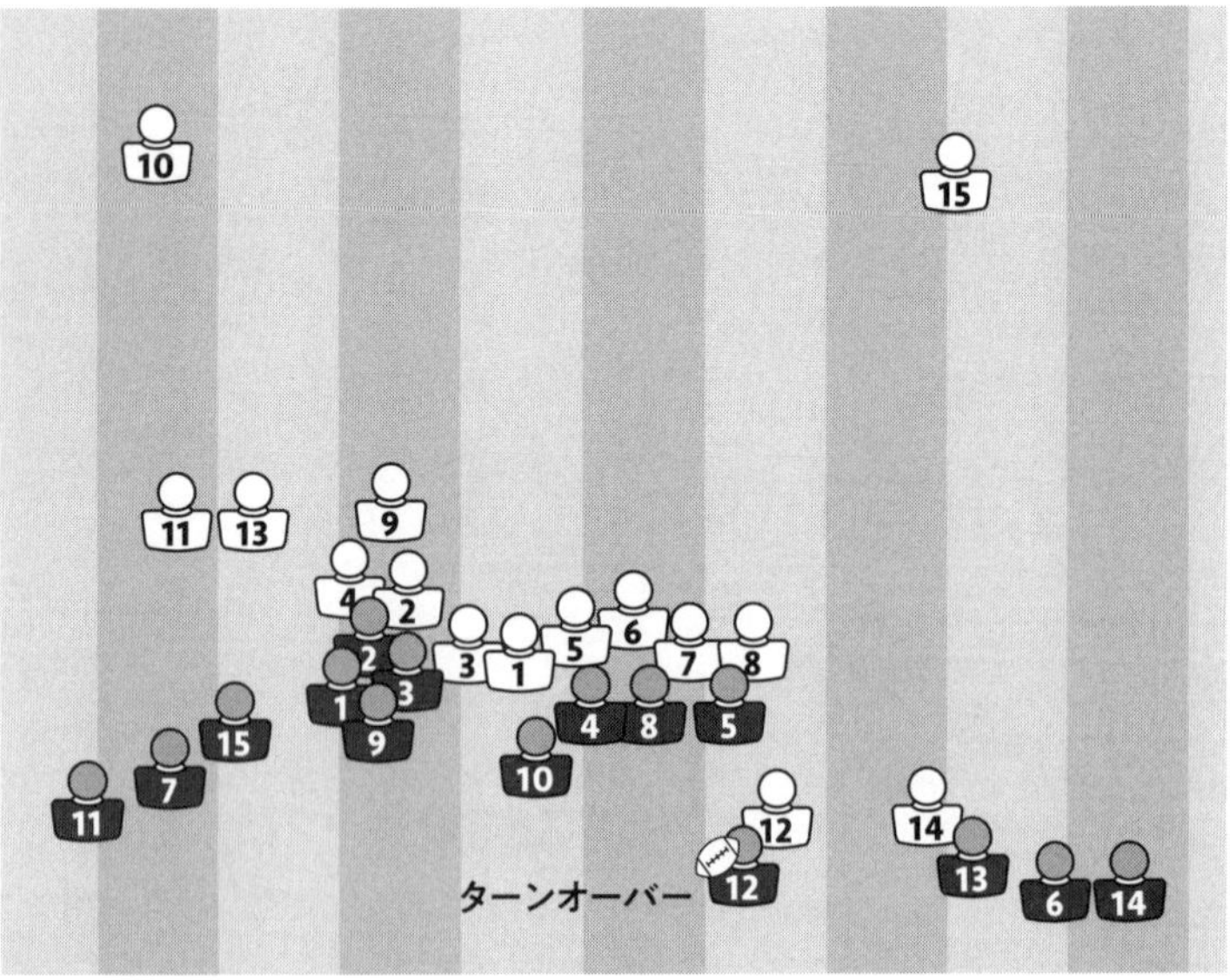

図280

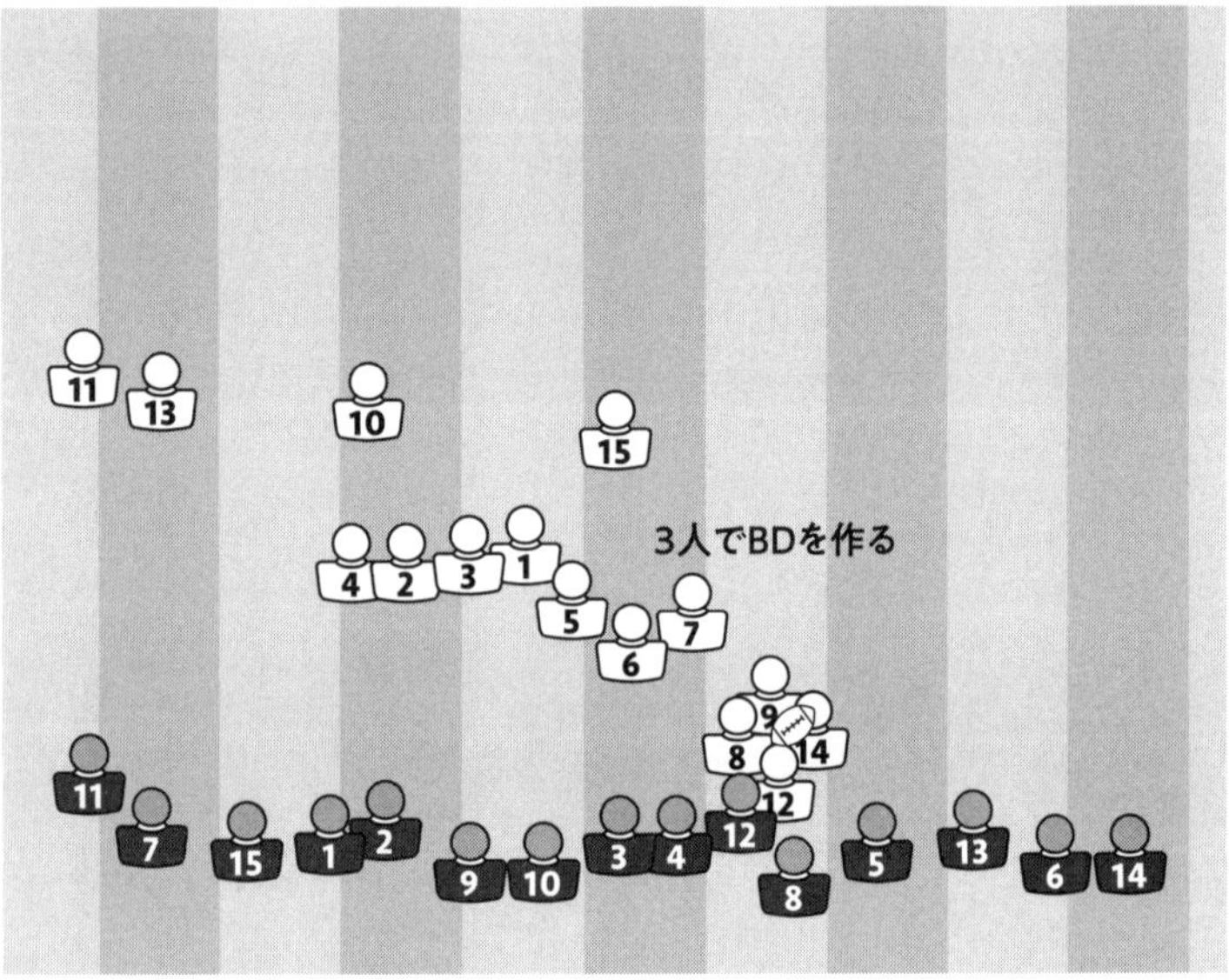

図281

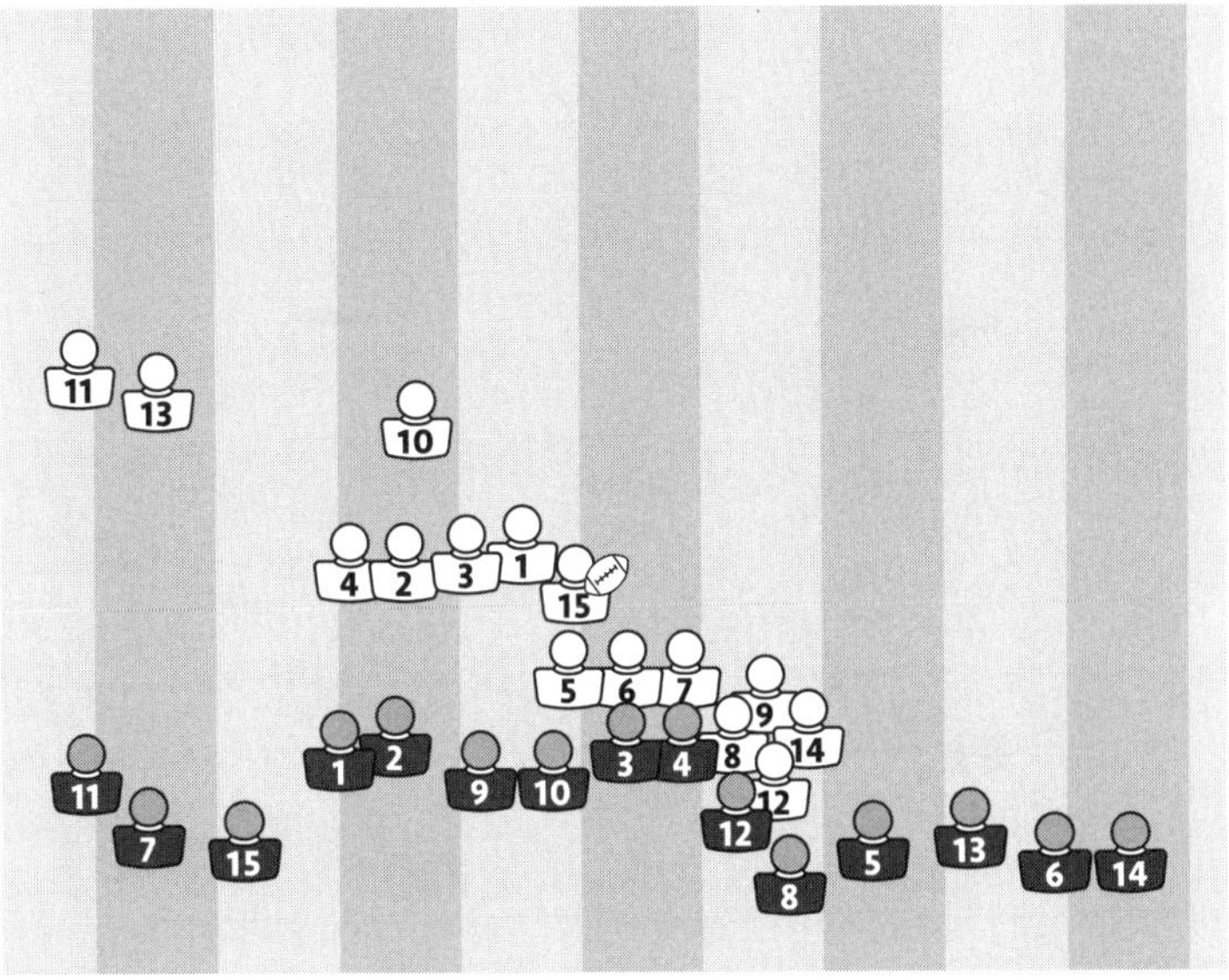
11
13
10
4
2
3
1
15
5
6
7
9
8
14
12
11
7
15
1
2
9
10
3
4
12
8
5
13
6
14

図282

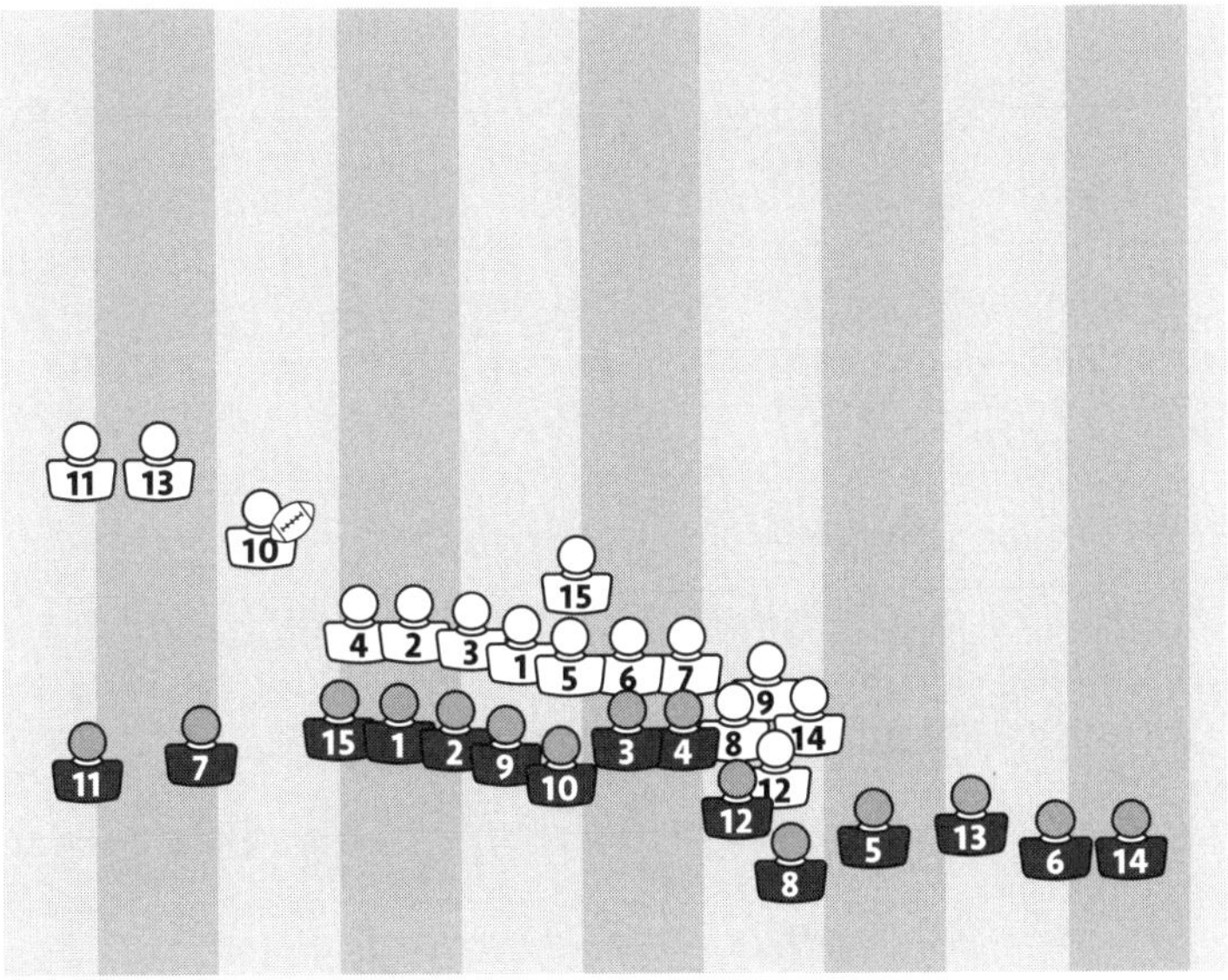
11
13
10
15
4
2
3
1
5
6
7
9
8
14
12
11
7
15
1
2
9
10
3
4
12
8
5
13
6
14

図283

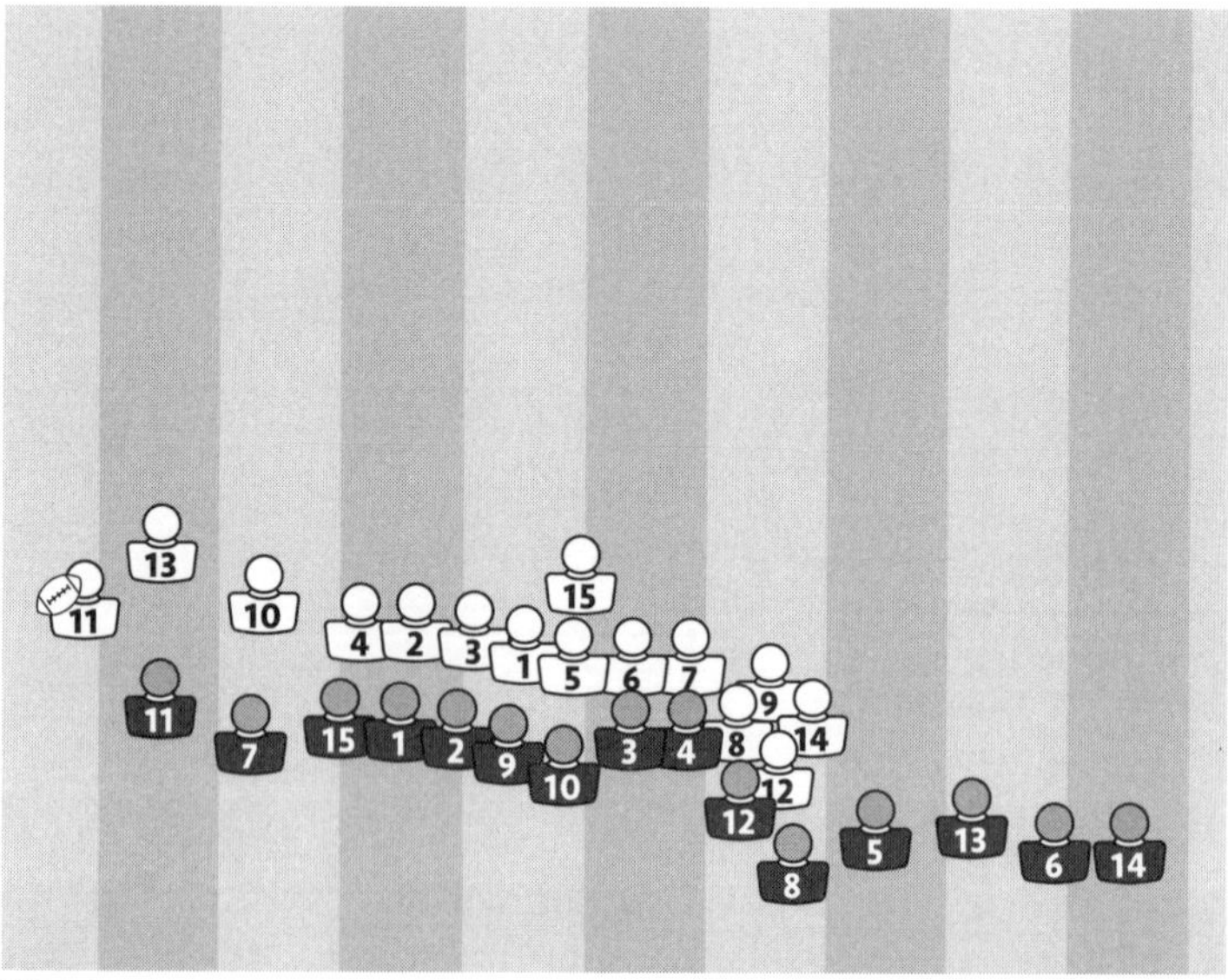
13
10
15
11
4
2
3
1
5
6
7
9
14
8
12
11
7
15
1
2
9
10
3
4
12
8
5
13
6
14
図284

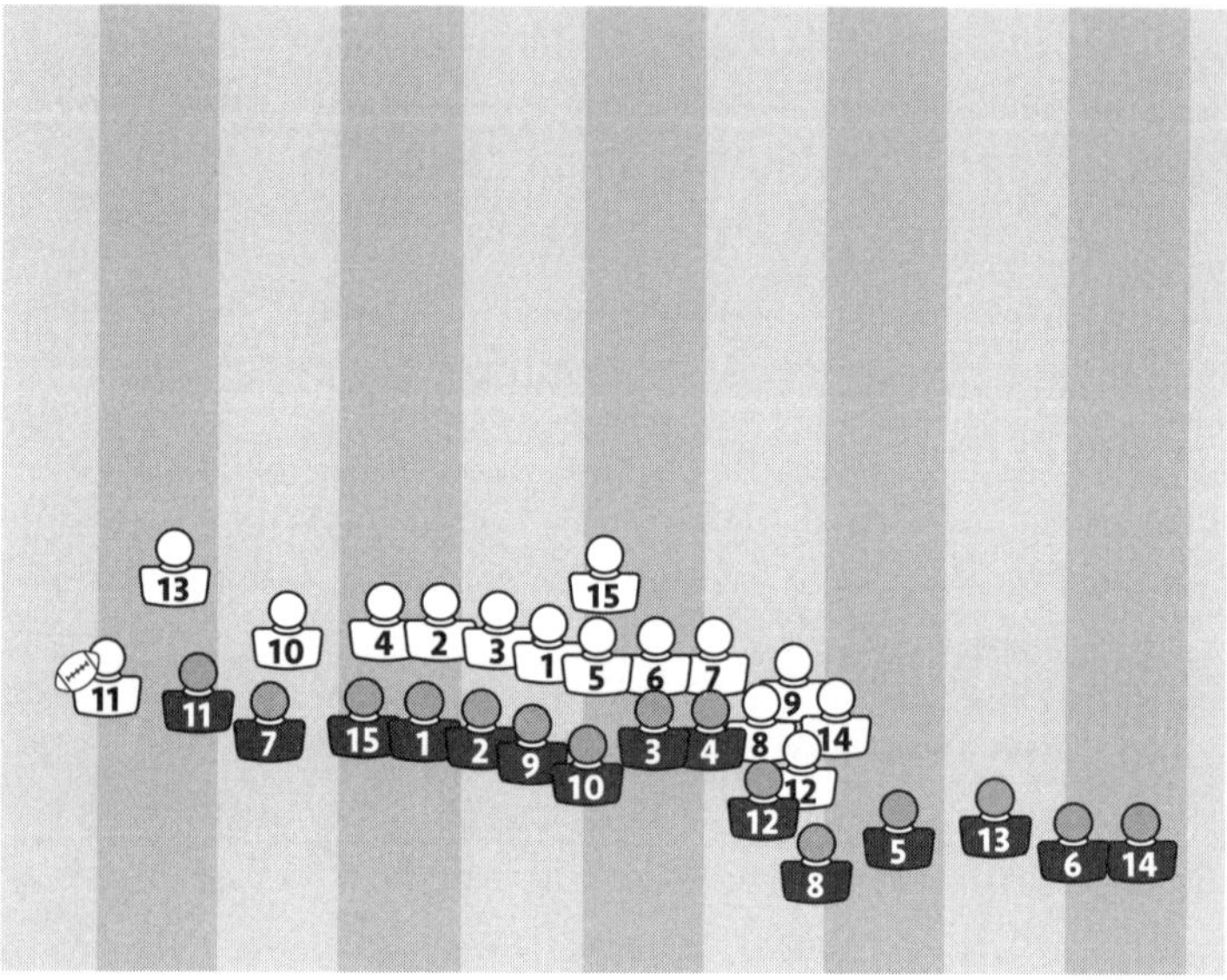
13
15
10
4
2
3
1
5
6
7
9
14
8
12
11
11
7
15
1
2
9
10
3
4
12
8
5
13
6
14
図285

制限をつけたゲームと制限のないゲームの違い

戦術的な判断を上達させるためには「制限をつけたゲーム練習」が効果的ですが、制限をつけたゲーム練習と制限のないゲーム練習とがうまく区別されていないように思います。「うちのチームではテクニックを高めるためにドリル練習だけではなく、最後にゲーム練習をしてそのテクニックがしっかり使えているかをテストしている」という指導者もおられるかもしれませんが、制限のあるゲーム練習とそうでないゲーム練習とでは得られる効果に大きな違いがあります。

制限のないゲーム練習では、戦術的な課題がある場合でもそれ以外の外的な要因が多く、選手がその課題に気づきにくかったり、指導者が戦術的な課題にフォーカスすることが困難です。また様々な要因があるため、目に見えやすい現象の「身体能力や技術」で解決してしまいがちで「戦術的な判断」の評価を見極めるには、指導者にも、より高い「眼」が求められます。

それに対し、制限をつけたゲーム練習では、ゲームに制限をかけることで選手に戦術的な判断を強いることができます。

例えば、「タックルをタッチにしてタッチされた選手は倒れてブレイクダウンを作る。ディフェンス側はタッチした選手ともう1人ブレイクダウンにプレッシャーをかけられる」という制限をつけた場合、「ブレイクダウンにプレッシャーをかけるべきかどうか」といった判断を迫ることができますし、コンタクト動作の負荷を落としてジャッカルやカウンターラックを実際の試合の文脈に沿って練習することができます。

ディフェンス側が優位な状況ではブレイクダウンでターンオーバーを狙うことができますし、ブレイクダウンにプレッシャーをかけることで味方のポジショニングを助けることも理解できます。

つまり、制限をつけたゲーム練習は、選手に戦術的な判断の基準を明確にして理解を促すものであり、「選手の判断する環境」を作り出すものと言えます。

練習の目的は「ゲーム」で勝つことです。

「ドリル」「制限をつけたゲーム練習」「ゲーム練習」とそれぞれの目的と習得できるものを指導者は区別して使い分けることで、選手はゲームを理解しながら能力を高めていくことができるのです。

巻末対談

プレーヤーは自ら「なぜ?」と問い続けよ 構造を知ることで、戦術理解度は大いに深まる

進化を続ける戦術にどう対応するべきか。指導者と選手というそれぞれの視点から、ラグビーにおける本能と理性、タックルの技術やディフェンスの論理、そして考え続けることの重要性まで、おおいに語っていただいた。

井上正幸

×

林大成 (7人制ラグビー)

1992年6月27日生まれ。大阪府出身。176cm/85kg。日本ラグビーフットボール協会所属。東海大仰星高校、東海大学を経てトップリーグのキヤノンイーグルスに入団。2018年に退団後、7人制ラグビーに特化した初のプロ選手となる。現在は2021年の東京オリンピックでのメダルを目指す傍ら、世界一のステップキングとなるべく、全国で日々精進を続けている。

「いいタックル」と「悪いタックル」

井上　今日はよろしくね。セブンズの試合（2020年11月29日に行われたJAPAN RUGBY CHALLENGE 2020）見ました。タックルなんかはすごくよくなっている感じがしたけど。

林　そうですね。練習からいい感じでした。今までは相手を押し返す時に、スマッシュ（強く当たる）の意識が強かったんです。「パワーフットと同時にスマッシュ」の意識ばかりで。でも、そうすると僕の場合は足が動かなくなってしまうんです。

井上　次の足が出ない？

林　そうです。衝撃だけは強く与えられるけど、それだけでした。そうなると力で勝たなくてはいけなくなる。ただ最近は練習でも足を意識するようになったことで、進行方向に足が動くようになったんです。それでセカンドタックルも有効にいけるようになったと感じています。

井上　この試合のタックルは、レッグドライブもよかった。ウィークショルダー（相手が力を発揮しにくい状況を作り、コンタクトすることで攻撃側が優位に身体をコントロールすること）に入ってくる相手に対しても、捕まえて、そのまま体の向きを変えて、ドライブして、みたいな流れがいい感じでできていたと思う。何か意識していることはあるのかな？

林　幸いにも今回の代表合宿ではチーム全体でタックルにフォーカスして取り組むことが多かったんです。フルコンタクトももちろんあるんですけど、しっかりレッグドライブし続けるような練習がかなりできたので、自分の中ではそこで掴めた感じはしています。

井上　なるほどね。

林　レッグドライブなんて中学の頃からさんざん言われてきましたが、この合宿で改めて確認できました。頭の中が整理されたことで「今のタックルはうまくできた」とか「今はここがダメだった」ということがわかってきたんです。

井上　僕と一緒にトレーニングしたことで何か掴んでくれたのかな？

林　そうですね。井上さんと練習したことによって頭でも体でも理解できたんです。それで「いいタックル」と「悪いタックル」がわかってきました。

ぶら下がらずに足を生き返らせる

井上　タックルも含めたディフェンスのことについて聞いてもいいかな。まず15人制と7人制の違いはどんなところ？

林　スピードを上げる瞬間がまるで違います。たとえば自分がキャリアーのインサイドにいるとしますよね。そのときキャリアーがカットインしてきそうなタイミングってわかるじゃないですか。

井上　キャリアーの対面は外側の選手だよね。

林　そうです。自分の外側のディフェンダーがキャリアーと対面で、カットインされそうなときです。

井上　ふむふむ。

林　15人制だと、そのときの自分の外側のディフェンダーとの距離がすごく近いんです。だからなおかつ自分の内側の選手とも近い。だからカットインしてきたタイミングでこちらもスピードを上げるんです。

井上　そうだね。

林　7人制は自分と隣りの味方との距離が遠いので、15人制のタイミングでスピードを上げてボールを取りにいってしまうと、インのインで自分もカットインされてしまう。だからタックルにいく瞬間、スピードを上げる瞬間はセブンズの方が遅いと思います。

井上　ギリギリまで待つということだね。

林　そうですね。外側のディフェンダーがカットインでいかれそうでも、その瞬間に上げてしまうとダメなことが多いです。

井上　なるほどね。ツイッターなどには、「大成のディフェンスがよかった」という意見があったけど、何か自分の中で意識していることはあるのかな？「ここが評価されてるな」と感じるポイントでもいいけど。

林　レッグドライブできるようになって……、できるようになってというか、いい感覚が身についてきたから飛びこむことはなくなってきたと思います。

井上　それは最近？

林　そうです。代表合宿では1対1のタックルの基本から始めたんですよ。ちょうどその前に井上さんとトレーニングをしていたので、代表の練習もいいイメージでできました。代表でも「飛びこむな」と強く言われているんです。そんなことがいろいろと重なったので、圧倒的に飛びこむことが少なくなりました。

井上　いいことだね。

林　タックルのイメージも変わりました。たとえば相手にイン、インといかれて、少し遠いけど飛びこまないと触れないかな、という場面ってあるじゃないですか。掴めないな、という感じの。その場合に飛びこんで、一瞬足が死んだとしても、すぐに足を生き返らせて、立つことができるようになった。立てるというのは相手にぶら下がるんじゃなくて、自分の足を生き返らせるということです。

井上　「飛びこまなくなったけど、飛びこんで」というのはどういうこと？

林　どうしても飛びこまないと厳しいな、という局面の場合、今までだと相手を倒せないとわかっていても飛びこんでぶら下がっていたと思うんです。でも今はイメージが変わったので、ぶら下がったとしてもすぐに足を生き返らせることができる。レッグドライブもできるし、ボールへの働きかけができることもあります。これは咄嗟にできていることなので、自分の中のタックルという概念が変わったということだと思うんです。

井上　飛び込んだ後のイメージってどういう感じ？　自分の体に引き寄せるイメージかな。とにかく大成自身の体が〝死ぬ〟ことが少なくなった。

林　そうですね。僕はもともと、タックル後のお互いに倒れた状態から起き上がる、ということに関しては速い方だったと思うんです。ただ明らかに自分の方が先に倒れたり、足にぶら下がってるのに相手が倒れなかったり、ということも多かった。それがレッグドライブの感覚がつかめてからは、明らかにそういう状況が減りました。起き上がるスピードもさらに速くなったと感じています。

井上　それ、たぶん倒れてないんだよ。

林　そう思います。

井上　今までの大成へのディフェンスの評価というのは、「タックルの衝突が激しい」とか「倒れてから起きるまでが速い」とか、一般的にはそういうことだったと思うんだど、実は僕とのトレーニング後の1カ月でディフェンスのイメージが大きく変わったっていうことだね。（トレーニングの模様はYouTubeチャンネル林大成7'sRUGBY参照）

林　その通りですね。ウィークショルダーとか苦手でしたから。

井上　でもその変化って見た目にはわかりにくいよね。「ウィークショルダー入られてるのに、自分が倒れずに相手倒してターンオーバーしてる」って一般のお客さんにはわかりにくい（笑）。

林　そうですね。わかりにくいと思います（笑）。「タックルいっぱいいいってんな〜」くらいじゃないですかね。

戦術的なプレーが勝利への近道

井上　ちょっと視点を変えたいんだけど、大成のタックルは「強い」という印象なんだけど、あれは本能的にやってることなの？

林　詰めにいって外されるってことはほとんどないので、ギャンブル的ではないと思います。ただ「どういうときに強くいってるか」と聞かれたら、基準は……。わかりにくいかもしれませんが、自分では無意識の中にも基準はあるんです。無理やり説明しろと言われればできると思いますが……。でも、その認識でプレーしているかはわからないです。

井上　ラグビーのディフェンス、とくにタックルなんかは〝本能や無意識の部分〟と〝戦術理解や理性の部分〟の境界線がわかりづらいと思う。サモアやトンガの選手たちはどちらかというと本能のままにプレーしたがるよね。

林　そうですね。

井上　日本人、とくに大成のような賢い選手は理性で勝負したいと思っているかもしれない。でも本能のまま戦いたいと思ったりすることもあるよね。そのあたりのバランスはどう考えてる？　どんなことを意識してディフェンスしてるのかな。

林　高校の頃は詰めるディフェンスをしていなかったんです。ただ自分が正面のタックルとかが得意だというのはわかっていました。大学になってかなり前に出るようになって、「やっぱり自分にはこれがあっている」と改めてわかりました。

井上　なるほど。

林　大学に入った頃は、戦術なんていうのも特に気にしていなくて、好き勝手にディフェンスしていました。特にタックルが評価されていたと思います。ただ、大学4年生の頃になると、チームとしてある程度ディフェンスも整備されてきました。僕は4年でキャプテンを任されたのですが、そのときには「チームが勝つこと」が僕の一番の目的になっていましたから、チーム内にいる「本能のままにプレーする」選手たちにも戦術的に動いてもらうよう仕向けていきました。そういう経験もあって自分も変わっていったんだと思います。結局はどちらがチームの勝利に近づくか、ということですから。

井上　そうだね。

林　大学3年生の頃に井上さんと知り合って、話を聞いているうちに少しずつ理論がわかってきたんです。本能のままにプレーするよりも、戦術的にプレーした方が勝利に近づくんだと自分で認識したときから、理性でプレーすることが多くなったんだと思います。ディフェンスのこと、井上さんに聞きまくってましたもんね。

井上　よく聞いてきてたな。

林　聞いたことの中で例をあげると、どのチームも「ダブルタックルをしよう」というじゃないですか。でもできない。なぜダブルタックルができていないのか、スライドが遅い。ではなぜスライドが遅くなっているのか、ディフェンスが崩れているのに飛び出して相手に接近しすぎたり、ボールウォッチして内側の選手よりも自分が前に出ているから。内側の選手と敵、それにボールの状況が把握できないから……。ただ「ダブルタックルができない」という現象を一つとってもこれだけの複合的な要素がある。ボールウォッチに関していえばボールと対面を見る割合とか、そのあたりが井上さんと話していて整理できてきたときに、はじめて自分の頭の中のシステムエラーみたいなものが認識できたんですよ。そこで認識できたから、チームのディフェンスとしてどのようにすればいいのか、という視点が持てた。こういうことを聞かせてもらえたのは大きかったです。

井上　それはディフェンスの構造を知ったから、戦術理解が深まったっていうことだよね。理解がないと「スライドが遅い」とだけ言われても、「足が遅いからだ」、くらいなことしか思えない。もっと前の前の前のプレーに原因がある。これは構造が理解できていないと見えてこないことなんだよ。

林　例えばディフェンスが崩れているのに「接近しすぎるな」なんていうのは、接近しすぎるとスライドしにくいなんていうことはみんなわかっている。でも接近してしまう。これは無意識というか、本能の部分で仕方のないところもあると思うんです。でもそれでも意識させる。意識して接近させないようにする。そのうちに無意識にできるようになっていく。どんなことを意識して防御していましたか、という問いについては、原点はやっぱり構造を理解することなんだと思います。

井上　その構造の理解が、本能を抑制させ、戦術の理解につながるってことだよね。

本能的なプレーを理論的に分析

井上　どちらかというと僕が〝プレッシャーや本能〟よりも〝オーガナイズや理性〟を優先するタイプの指導者だからかな。その影響を少しは受けてるのかもしれないね。

林　大学4年のリーグ戦の最終戦だったと思うんですけど、その試合で僕2〜3回くらいディフェンスで詰めてるんですよ。どれもうまくハマったんですけど、それは本能で「いける！」と思ったからいったんですけど、なぜそう思えたのかはわからないんです。どういう状況だったから詰めていけたのか、なぜハマったのか、というのはわかっていなくて。それでその試合を井上さんが見てくれていて、僕のそのプレーをSNSで理論的に分析してくれたんです。「プレッシャーにいっているのはレシーバーに対して正面にいるときのみ。パスに合わせて……」といったように。詳しい内容は忘れましたが（笑）。

井上　キャッチの瞬間はパスが出せないからと判断した、みたいなことかな。

林　確か「レシーバーの前」ということと、「その選手の正面に立てている」ということだったと思います。

井上　そうかもね。

林　キャリアーに対して詰めることはないじゃないですか。

井上　うんうん。

林　レシーバーが内側にいるのにプレッシャーにいってカットインされる、なんてこともよくありますし。「正面に立たずに相手との軸がずれているとかわされやすい」ということだった気がします。とにかく理論的だったんです。

井上　まぁ、覚えてないわ（笑）。

理論の理解なくして進化はない

井上　結局、大成にとっては本能より理性、つまり戦術を重視するというのは「勝つための近道」だから、ということ？

林　誰もが勝つための近道としてプレーしてると思うんです。そこで理論（戦術）を理解していなかったら、自分の得意なプレーを出したい、という考えに行き着くし、そこで評価されたいと考えるんだと思うんです。そうなると理論の重要性など考えもしなくなる。僕は立場的にチームの勝ちというものを誰よりも強く意識する立場だったということがひとつと、そのうえで理論を学べて理解できていたから、ということが大きいと思います。

井上　理論の理解は戦術を遂行する上で必要だってこと？

林　そうですね。勝つために戦術があって、その理論がある。戦術がなければ個人個人が得意なプレーを出していくだけになるんだと思います。ジャッカルが得意な選手ならジャッカルばかり狙うとか。そうすると各選手の立ち位置も、それぞれ得意なプレーができる場所に立つということになるんですかね。

井上　外側からバンバン詰めていって崩される、とかあるだろうな。タックル嫌いな選手の多いチームは全然タックルにいかないとか。

林　そうですね。タックルの苦手な選手って飛び出すのが早かったりするんですよ。対面の選手にボールを持たれたくない、特に広いスペースなんかで持たれたらタックルしなくてはいけない状況になる。それが嫌で早く飛び出す。でもそれをされると飛び出した選手の内側の選手の負担になるんですよね。内側の選手は外にいかれやすくなる。そうなると必然的に内もいかれやすくなるんですよ。その時にチームに戦術の理解がなければ、抜かれてしまった内側の選手の責任にもなりかねないじゃないですか。飛び出した選手は、自分のプレーがどれだけ内側の選手に負担をかけているのか知らないままなんです。知らなければひたすらそれをやり続けますよね。もちろん知ったうえで同じプレーを選択する選手もいますよ。ただ知らない選手はそれこそ本能のままなんです。これではチームの進化はないですよね。

井上　2017年にキャノンのヘッドコーチを少しだけやったグラント・バシュフォードさんのことを思い出したよ。映像だけを見て、飛び出してしまった選手のことを「彼はディフェンスが苦手なのでしょう。ディフェンスが苦手だから出てしまうんだ」と、その選手の心理状態まで見抜いたことがあった。「凄いな〜」と思ったね。なかには「あの選手は飛び出して勇気がある」というふうに考える指導者もいるからね。

林　そうですね。

井上　だから指導者の側にも理解がないといけない。正しい評価ができないことは選手にとってもよくないことだから。

本能に制御をかける戦術の進化

井上　今は15人制に関わってないから答えるのは難しいかもしれないけど、大成はラグビーの戦術の変化・進化をどう考えてる？　たとえば今はラッシュアップが全盛で、どのチームも外側のスペースをスライドして埋めるのではなくて、プレッシャーをかけてそもそも外側には運ばせない、というディフェンスをしてくる。

林　そうですね。

井上　プレーしててやりにくさは感じる？　プレッシャー速いな、とか、ここでもタックルに来るのか、とか。

林　セブンズでもプレッシャーをかけるチームは増えてきてますね。大学時代にも1カ月くらいセブンズでプレーしたシーズンがあったんですが、その頃はワールドシリーズのどの試合でもアタックのチームにかなりの余裕があるんですよ。僕らもそれを参考にプレーしていたので、「セブンズってこういうものなのか」と思っていました。今でもセブンズは15人制よりもアタック有利な競技ですが、それでもディフェンスの戦術はかなり進化してきていると思います。

井上　それは最近になってからということ？

林　2016年のリオ・オリンピックで正式種目になったあたりから各国とも力を入れてきているので、ここ数年で一気に戦術的になったんじゃないでしょうか。

井上　なるほどね。そろそろセブンズ特有のスキルが出てくるかもしれない。

林　ハンドオフカットなんかもセブンズでは必須のスキルですね。できないと通用しない。アタックもカットされること前提でハンドオフしてきますから。

井上　確かにそれは当たり前のスキルだな。では明らかにセブンズでもプレッシャー傾向は強くなってるんだね。

林　15人制でもセブンズでも、戦術は進化してきていますよね。だからこそ、アタックにおいてもディフェンスにおいても本能でプレーすることに制限をかけないと、本当にスペシャルな選手しかトップレベルで試合に出るのは難しくなってくる。それでもまだセブンズは、個人の影響力が大きいので身体能力に頼る部分もあります。個人ありきの戦術といいますか……。だからこそセブンズは国によって戦術の違いが大きいんだと思います。

マインドにも影響する間違った指導

井上　個人という視点でも聞きたいんだけど、戦術が進化していっても変わらない選手個人のディフェンスのスキルってなんだろう。

林　先ほど話題になった「飛びこまない」とか「ハンドオフカット」、それと「2人目でいく時にきちんとボールを殺せるか」もそうですし、「スピードを上げるタイミング」なども、いつの時代にも必要なスキルだと思います。

井上　「トラッキング」とかもそうかな。

林　そうですね。もっといろいろとありそうですけど。

井上　マインドについてはどうだろう。

林　マインドですか?

井上　ディフェンスの心構えというか。僕は「タックルで飛びこむ」というのもマインドが影響していると思っている。「低くいけ!」とか「相手を倒せ」と指導されるから、みんな飛びこんでしまう。そうしなくてはいけない、というマインドになっている。でもそうではなくて、本当は相手を倒しても自分は倒れないのがいちばんいい。つまり自分は倒れなくていい。

林　そうですね。

井上　相手を倒したら自分も倒れなきゃいけない、なんていうルールはない。でもみんな「相手を倒さないといけない」「とにかく低くいかないといけない」ということを刷りこまれているから、倒しにいって足にしがみつく。ラグビーが進化した現代においても、こういった指導をしているチームがまだある。

林　そうですね。どうしても疲れてくると「楽して倒したい」という思いになりがちですからね。あと一歩が出なくなる。

井上　技術的なことをいうと、タックルに低く入っていくと足と肩の位置が遠くなる。それだとどうしてもベクトルが下にいくので、相手に力が伝わらない。そうではなくて、重要なのは低く入るのはもちろんいいんだけど、手の位置さえ低ければタックルは倒せるよ、ということ。自分の手を、相手の奥側の足の膝の裏にかけることができれば肩の位置はどこにあってもいい。遠い足の膝裏に手を入れて、自分が前に少しでも押せれば相手の自由は奪える。だから本来は「相手の奥側の足を取るために、自分の手前側の足を相手に近づけなさい」と指導してあげるのが正しいと思う。

どんなときも「なぜ」と問い続ける

井上　話は戦術に戻るけど、戦術脳を高めるためにはどうしたらいいんだろう。大成はどうやって高めてきたの?

林　まずは「自分で考える」ということが一

番だと思います。「なぜ」について考える。なぜうまくいったのか。なぜうまくいかなかったのか。なぜ抜かれたんだろう……などです。その理由をわかっている人、たとえば指導者ですが、そういう人から教えられたとしても、自分で考えていなかったら本当の意味は理解できない。

井上　僕もラグビーの指導でいろいろなチームをみることがあるけど、試合後に自由に話をさせても、選手からはネガティブなことしか出てこない。国民性もあるのかもしれないけど、自分をよく見せないというか、まず課題からあげていく。その方が課題を解決しやすいと教えこまれている。でも例えばカナダの選手は「これができた」とか「あれはうまくいった」ということを先にいってくる。これってポジティブな方が物事はうまくいく、と育てられているからだと思うんだよ。

林　わかります。

井上　日本は指導者が教えすぎる。選手に考えさせるより前に「おまえのプレーはあーだった！」とか「今日の試合はこうだった」とか。選手はみんな真面目だから指導者にそう言われると「なるほど」としか思わなくなってしまう。本来は「なぜ」と思わせるきっかけを作ってあげないといけないんだよ。

林　さきほど「なぜを考える」と言いましたけど、僕はこの対談の依頼を受けてから、最終的にはそこに辿り着きたいと思っていました。

井上　どういうこと？

林　なぜ選手は考えられないのか。ひとつには日本だと選手の影響力が少ないからだと思うんです。つまり「なぜ」を考えたところで仕方がない。指導者や先生の方が立場が上だから。トップレベルの大学でプ上とされているから。

レーしている選手は、高校でもトップだった人が多い。そういう人たちは、中学ではほとんどがチームのエースで好き勝手やってきたと思うんです。メンバーから外れるなんて考えたこともなかった。それが高校、大学、社会人とカテゴリーが上がるほど周りもいい選手ばかりになってくる。その中でメンバーに入らないといけないとなると、指導者から評価されないといけないわけです。

井上　その通りだね。

林　そうなると「自分の考えなんてどうでもいい」と思う人が出てきてもおかしくないですよね。本来チームにとっていいプレーがそのまま評価されるべきではあるんですけど、「指導者の気にいるプレー」をした方が評価が高いということが多い。

井上　そうだね。ただ大成は、そういう日本の指導で育ったにも関わらず、「なぜ」と考える習慣を身につけている。それはどうしてかな。

林　僕は高校の時に考えるクセをつけられたんです。そのクセをつけて大学に進んだ。今思うとそんなことないんですけど、大学に入った時点ではミーティングなどに参加しても「僕の考えの方がレベルが上だな」と思っていたんです。大学1年では確実とはいえませんが、大学4年間で試合に出られないなんてことは絶対にないと確信していました。だから目標は「レギュラーになること」ではないわけですよ。その頃は「日本一の選手になる」という目標を持っていたので、「指導者から評価されるプレーをする選手」では足りないと思っていたんです。だから「なぜ」という戦術的な疑問とかを放っておくことができなかった。それでは「日本一の選手」という未来には到達できない。僕が無名の高校から入って、「大学でレギュラーポジションを掴む」ということだけが目標なら指導者の指示だけを聞いて、自分で考えることを放棄していたかもしれないですね。

井上　なるほど！　メタ認知か。

林　僕は頑なにそのスタンスを変えなかったんです。今思うと全てが正しかったわけではないですし、自分の考え方が上だった、なんて思いもしないですけど、当時はそれが正しいと思っていたのでいろいろな疑問が浮かぶんです。ただ多くの選手はどこかのタイミングで「そんな疑問は捨てた方がいい」となってしまう。それを捨てなかったということに関しては、信念を貫けたと思っています。

井上　それは素晴らしいことだよ。でもその考え方は諸刃の劔で、一歩間違えれば他者を傷つける方向にいってもおかしくなかった。僕はそういう選手を何人も見てきたけど、いい方に出る選手は話をしようとするタイプが多い。逆に悪い方に出る選手というのは「俺とは考えが違う」と意固地になって閉じこもってしまう。大成は誰かと意見が違ったらきちんと議論できるタイプだからうまくいったと思うんだけど、その難しさはなかった？　最初からうまくやれていたのかな。

林　悪い方のタイプでしたが変わることができたんです。評価されなければされないほど意固地になっていた時期もありましたし、チームなんてどうでもいいと思ったこともありました。そういう態度はプレーにも出ていたと思います。コーチやスタッフにも噛み付いていましたから。「日本一の選手になる」という目標のために「評価されるためだけのプレーをする選手にはならない」と言いながら、日本一の選手からも遠のいていっていた。それに気づけたタイミングがあったんです。そこから、「どうしたらいいんだろう」と考え始めて、本当の意味で自分の目標に向かえた気がします。プレーとか理論以外の部分、それを表現するための方法というものを考え始めたのが大学3年の秋だったんです。それまでも「疑問があれば話しあう」というスタンスだったので、大学4年でキャプテンに就任したときも、意見はしやすかったですね。今まで自分の意見を言ったことのない選手が、キャプテンになったからといって急に意見するのもおかしいじゃないですか。意見するということについては大学1年の頃からずっと変わっていなかったのがよかったんだと思います。おかげで自分の意見を自分の言葉で伝えることができた。ただ表現の仕方は変えました。

井上　向いてる方向が変わったということだな。

極端にいうと勝つ方向に向いてなかった考えが、いい意見を発信することでチームが勝つ方向に向かった。高校の頃から考えるクセがついていてよかった。

林　今思えば、1年の頃からキャプテンになるまで持ち続けた反骨心みたいなものがあったのかもしれません。へんに評価されなかったこともよかったのかもしれないですね。もし自分がもっと評価の高い選手だったら、どこかのタイミングでおとなしくなっていたかもしれない。

井上　そうだね。従順になっていたかもね。

林　評価されなかったからこそ、「なぜ」と自分に問い続けることができたのかもしれません。

井上　そうかもしれないね。ラグビーという競技だけに限らないけど、とにかく自分で考え続けることが重要。興味深い話が聞けてとても有意義だったよ。どうもありがとう。

用語集

■アーリーセット
速くポジショニングすること。

■キングＤＦ
ブレイクダウンから３人目の選手のこと。アタックの１ｓｔレシーバーの対面になることが多い。

■グリップ
タックル時に相手をしっかり掴むこと。

■チェイスフィート
タックル時に相手を掴んでしっかりドライブすること。

■ヒップイン
アシストタックルの選手が上体にタックルに入った時に自分の腰を相手に押し付けるように密着させてボールキャリアーのコントロールを奪うこと。

■ホーバー
ディフェンスで圧倒的な数的不利な状況で、逆側からディフェンスがフォールディングしてくるのを待ちながらディフェンスすること。

■ラインスピード
ディフェンスの前に出るプレッシャーのスピード。

■ラックチェイス
ブレイクダウン周囲にディフェンスが集まること。

■ＢＤ
ブレイクダウン。

おわりに

「これまでになかったラグビー防御戦術の教科書」を最後までお読みいただきありがとうございました。いかがでしたでしょうか？

さまざまな環境でラグビーに関わられている方や、ラグビーに興味を持っている方が、この本を手にとっていただいたと思います。

本書を通じて、防御の構造や原則、戦術に少しでも興味をもっていただけたらうれしいです。そして「自分にとってのラグビーとは何か？」を考えるきっかけの一助になれば幸いです。

私は選手としてのキャリアは誇れるものではありません。能力としても平凡で、大学に入学してしばらくすると、4年間どれだけ努力してもレギュラーとして試合には出られないと気づきました。

中学からラグビーを始め、高校までレギュラーとして試合に出て、チームの勝利へ導くことを目標にしてきました。そんな私にとって、大学でどんなに練習に打ち込んでも試合に出られないという選手としての限界値を知ってしまった時は、ここでラグビーをする意義を見失いました。

しかしやがて、周りに同じような境遇でも努力している仲間を見て、「レギュラーになれないことがわかっていて、なぜラグビーを続けるのだろう？」と自問自答するようになりました。

私がたどり着いた答えは、「レギュラーになりたいからラグビーを続けるのではなく、ラグビーが好きだから続ける。レギュラーになることを目指すのではなく、一つずつ課題をクリアすることを目標にする。レギュラーになれるかどうかはその結果でしかない」というものでした。
その頃から海外の最先端ラグビーの映像もたくさん見て、研究する毎日を送るようになりました。当時大阪体育大学ラグビー監督だった坂田好弘先生が持っておられたので、厚かましくも先生にお願いしてお借りしていました。いつしか「勝手に部屋に入っても良いよ」とまで言ってくださいました。心から感謝しています。

社会人になってからはクラブチーム（くすのきクラブ）を作ってラグビーを続け、「ラグビーがうまくなりたい」との想いは「ラグビーをもっと知りたい」となりました。14年前の2007年にニュージーランドでラグビー留学されていた谷田信太郎さん（慶應義塾高校ラグビー部コーチ）との出会いによって、ラグビーを戦術的に分析する魅力を知ることとなりました。

同じタイミングで今でもお世話になっている兵庫医科大学ラグビー部で指導者としてのキャリアをスタートさせました。兵庫医科大学ラグビー部の選手の大半は初心者なので、テクニックから戦術までの全てをコーチングしなければなりません。
この経験は、以後色々なカテゴリーのチームをコーチングする時に役立っただけでなく、視野を広く持つ大切さにも気が付きました。

多くの方々のおかげで、私のラグビー人生は大変豊かなものになりました。これからもラグビーの研究を続け、戦術分析やコーチングに生かしていくと同時に、積極的にラグビーの魅力を発信していきたいと思っています。
最後になりましたが、寄稿いただいた原礁吾氏、対談に協力いただいた林大成選手、本書に携わられたすべての方々に感謝申し上げます。

2021年2月　井上正幸

カバーデザイン	山之口正和(OKIKATA)
本文デザイン	山之口正和+沢田幸平(OKIKATA)
カバー写真	Getty Images
編集協力・図版作成	
DTPオペレーション	平田治久(有限会社ノーボ)
編集	滝川昂(株式会社カンゼン)
取材・企画協力	株式会社Nomore 片倉史隆(日野レッドドルフィンズストラテジーコーチ) 君島良夫(Japan Elite Kicking) 尾端弘行(常翔啓光学園高校ラグビー部アシスタントコーチ) マーレー志雄(サッカーコーチ)

これまでになかった
ラグビー防御戦術の教科書

発行日	2021年2月21日　初版
著者	井上 正幸
発行人	坪井 義哉
発行所	株式会社カンゼン 〒101-0021 東京都千代田区外神田2-7-1 開花ビル
TEL	03(5295)7723
FAX	03(5295)7725 http://www.kanzen.jp/ 郵便為替 00150-7-130339
印刷・製本	株式会社シナノ

ISBN 978-4-86255-583-0
Printed in Japan
定価はカバーに表示してあります。

ご意見、ご感想に関しましては、kanso@kanzen.jpまでEメールにてお寄せ下さい。
お待ちしております。